Genghis Khan
Frank McLynn

征战、帝国及其遗产

成吉思汗

His Conquests, His Empire, His Legacy

［英］弗兰克·麦克林 著

周杨 译

民主与建设出版社
·北京·

Genghis K
Frank McL

后浪出版公司

成吉思

征战、帝国及其遗产

His Conquests, His Empire, His

［英］弗兰克·麦克林 著

周杨 译

民主与建设出版社
·北京·

在我们之后，我族的子孙要穿金线绣衣，享用美味佳肴，骑骏马，拥抱美丽的女人。但他们不会说这一切都是父亲和哥哥们的功劳，他们会将我们和那些伟大的日子遗忘。

——成吉思汗

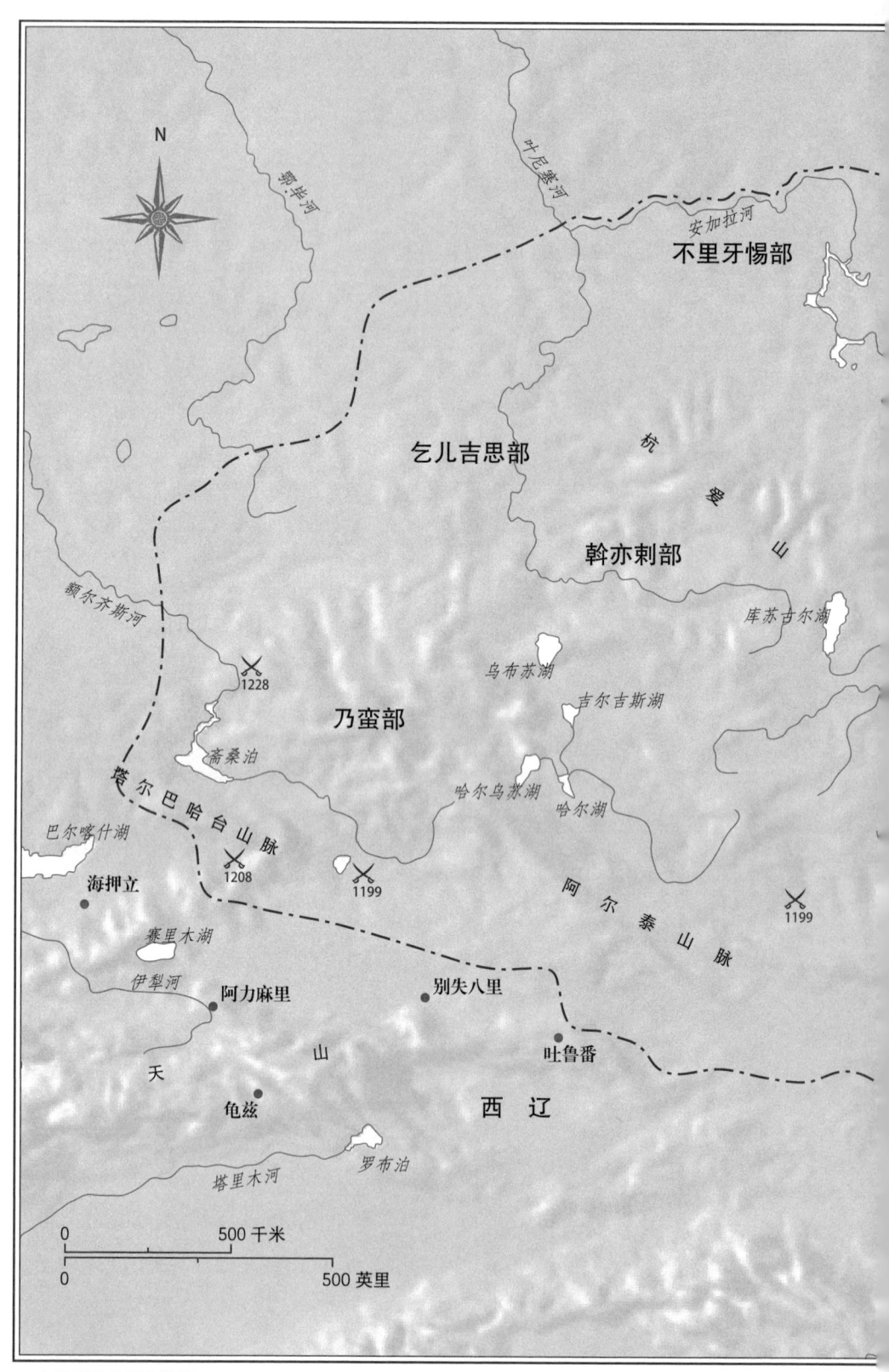

※ 本书地图系原书地图

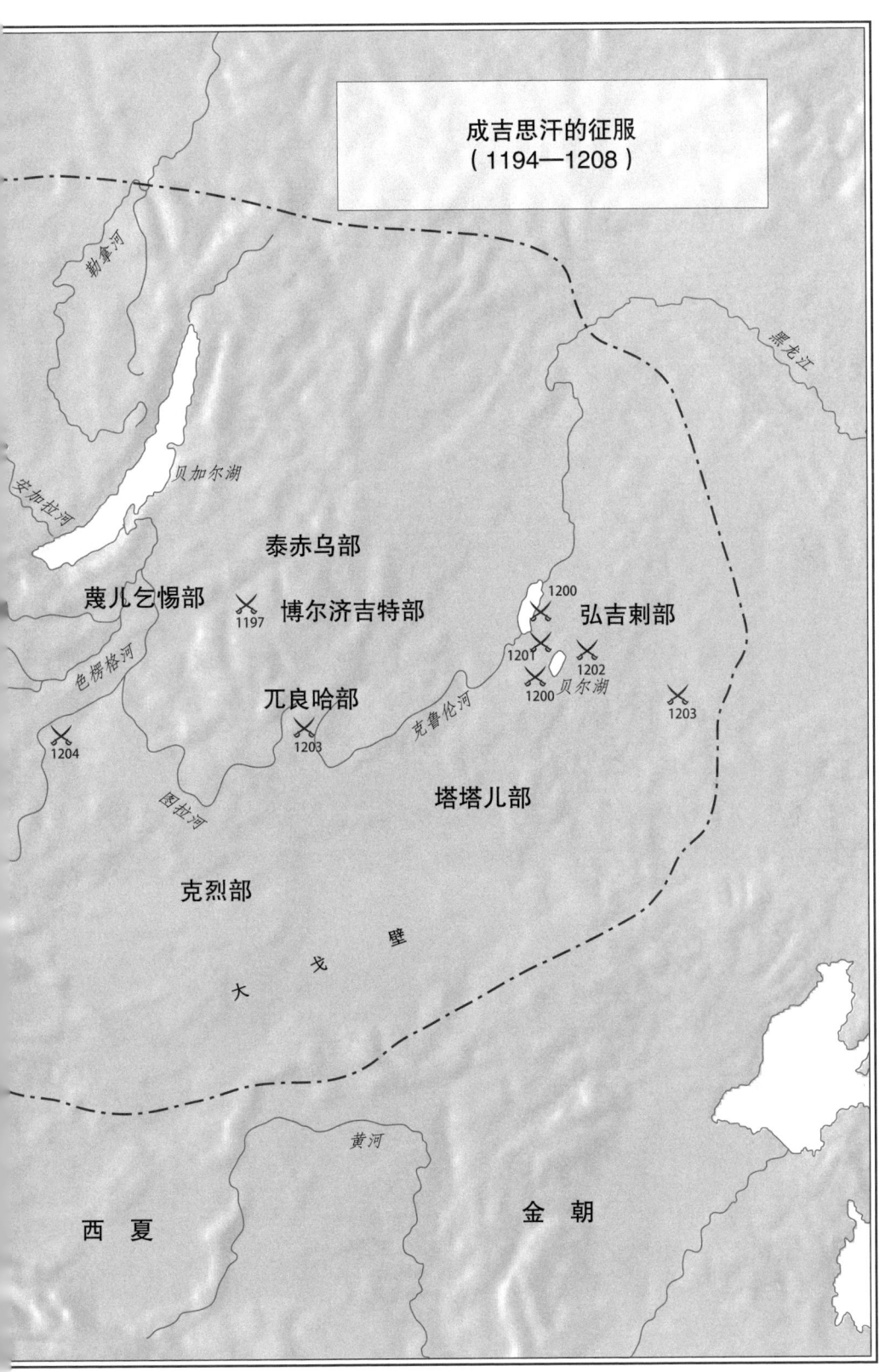

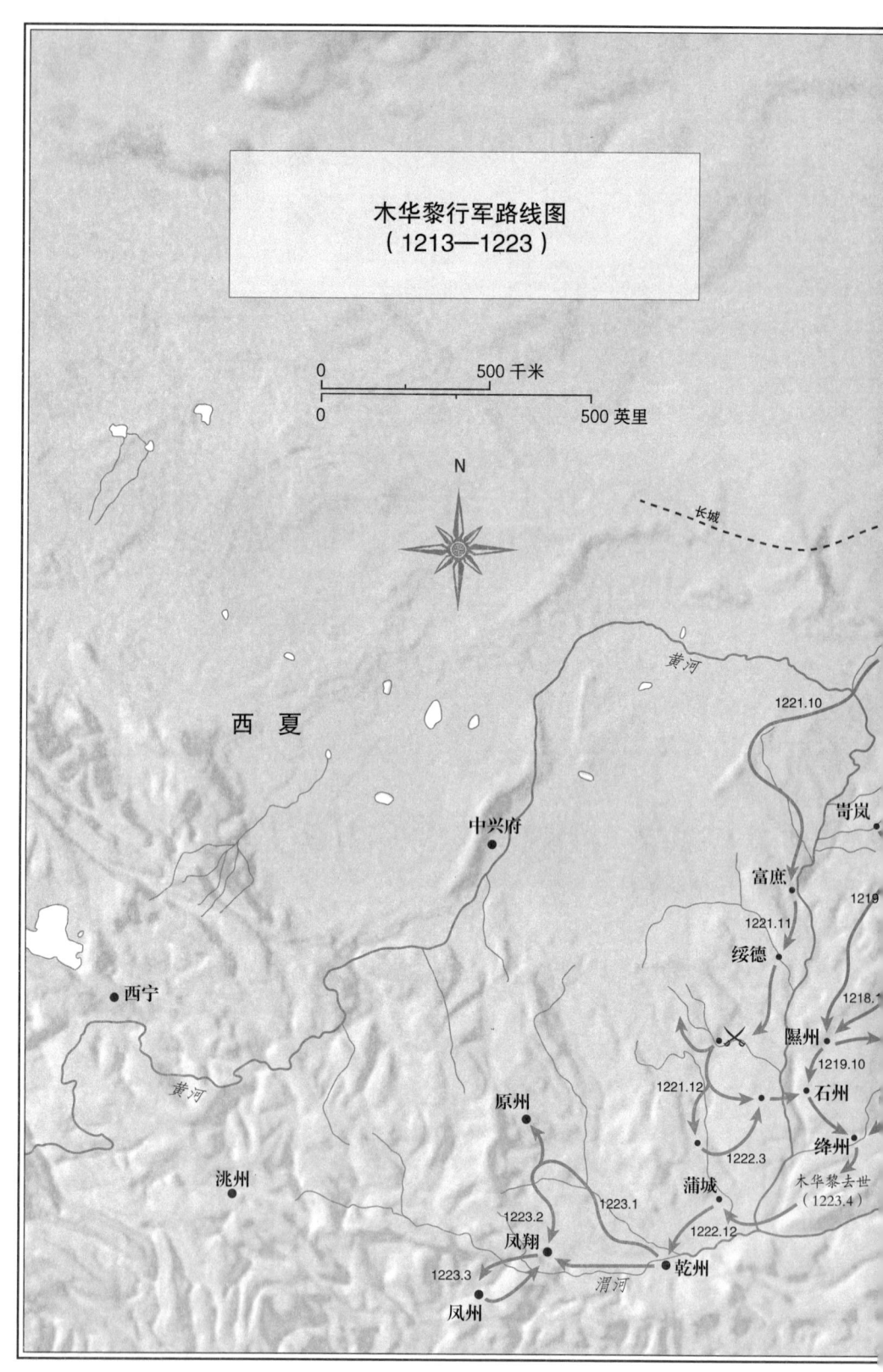

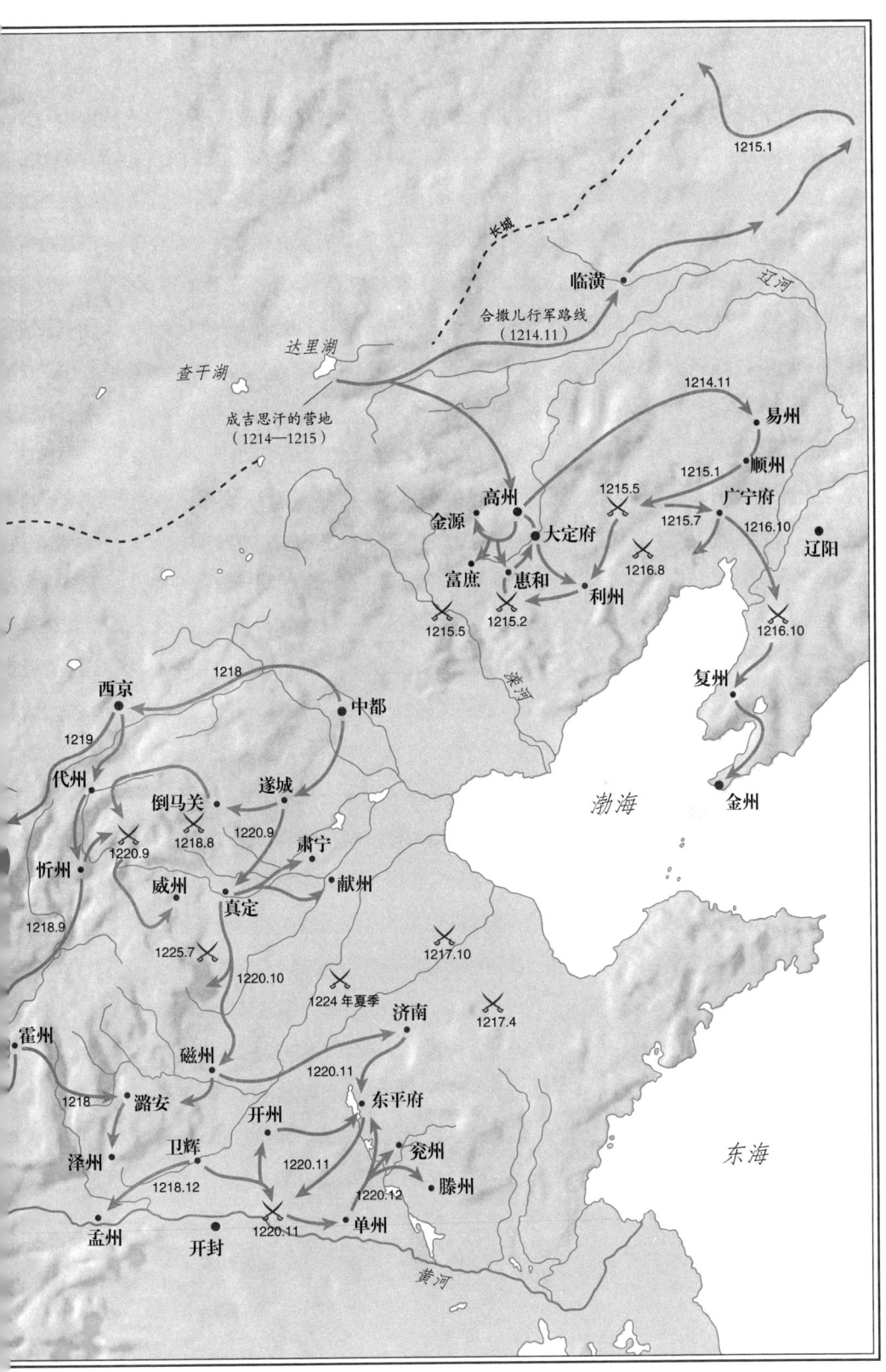

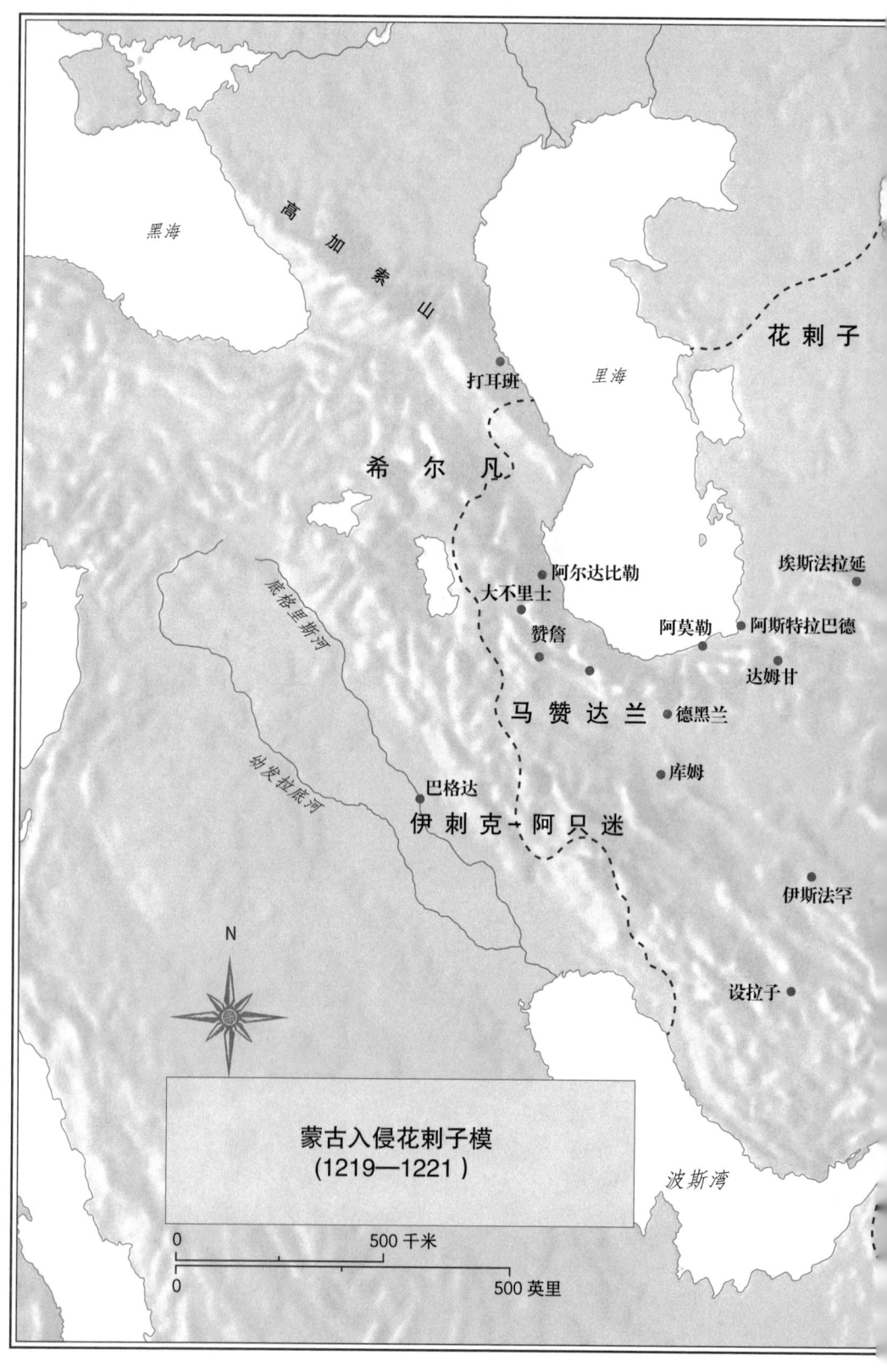

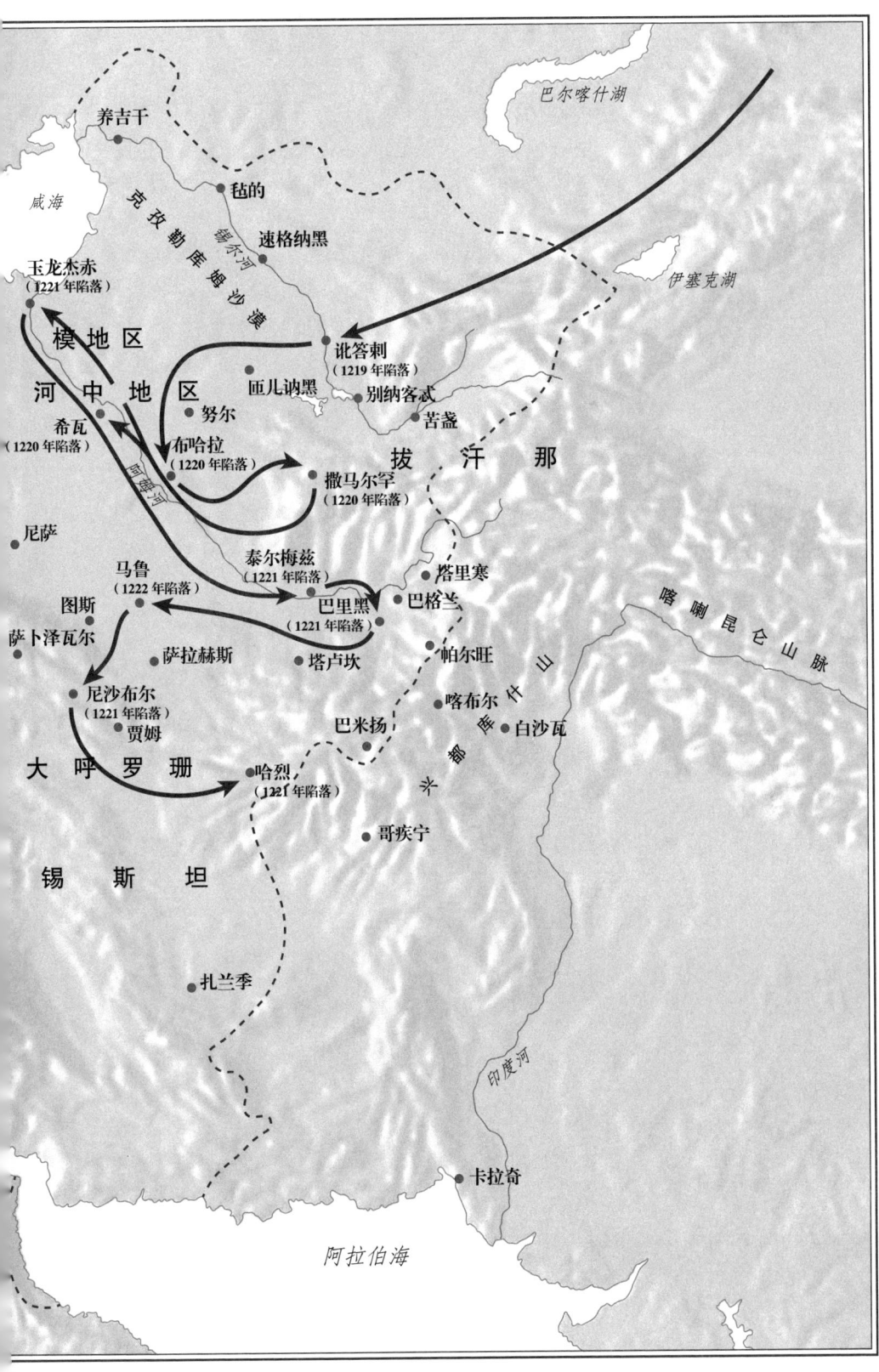

主要人物

注意：几乎所有蒙古早期历史中的日期都存在一定的推测成分。

阿剌兀思·剔吉忽里（卒于 1212 年）汪古部首领。1205 年他向成吉思汗透露了乃蛮部的袭击计划。当成吉思汗身处中原时，他被汪古部中的敌对派系暗杀。

阿勒坛（生卒年月不详）忽图剌的第三个儿子，长期觊觎着可汗之位。出于对表亲成吉思汗的妒忌，他一如既往地筹划了计划周全的背叛。据说他还离间了札木合与成吉思汗的关系。

俺巴孩（1149—1156 年在位）泰赤乌部人，蒙古部落联盟的可汗。他被金人折磨致死。

阿儿思阑（生卒年月不详）哈剌鲁部首领，在斋桑泊以北的额尔齐斯河一带活动。他曾是西辽的封臣，于 1211 年投靠成吉思汗。

阿沙甘不（卒于 1227 年）反对蒙古的党项贵族。他被夏献宗（1223—1226 年在位）任命为中书侍郎、枢密使。

巴而术（卒于 1227 年之后）畏兀儿亦都护[①]。1209 年他背叛西辽转而臣服于

[①] 高昌回鹘首领的称号。——编者

成吉思汗，并迎娶了成吉思汗的女儿。他是成吉思汗最信任和最重要的盟友之一。1227年他参与了成吉思汗灭西夏之战。

拔都（约1207—1255）术赤之子，他建立了金帐汗国。他是1236—1242年蒙古发起的"长子西征"的统帅。他与贵由不和，内战一触即发之际，因贵由突然去世而使局势缓和。其后他联合唆鲁禾帖尼别乞在忽里台大会上推举蒙哥为大汗。

别克帖儿（约1156—1180）也速该和他第一任妻子（其名不详）的儿子。他是成吉思汗同父异母的兄弟，为成吉思汗所杀。

别勒古台（约1158—1252）别克帖儿的弟弟，成吉思汗同父异母的兄弟。尽管因太过轻率而被逐出蒙古大议及最高决策层，但他一直兢兢业业地追随成吉思汗，是一位优秀的将领。

博尔术（约1162—1227）成吉思汗第一个也是最忠心耿耿的朋友。他位列"四杰"之一，曾救过成吉思汗，是一位著名的将领。他和窝阔台尤其亲密。1227年他在从征西夏的过程中去世，他可能死于帕金森病，也可能死于梅尼埃病或癫痫引起的并发症。

博尔忽（约1162—1217）诃额仑的养子，"四杰"之一。他是成吉思汗心中仅次于博尔术的二号人物。他曾在合兰真沙陀之战中挽救了窝阔台的性命。他在同林中百姓[①]的战役中阵亡。

孛儿帖（约1161—1230）成吉思汗正妻，她同成吉思汗育有四子五女。她是一位极具智慧的女性，也是成吉思汗最信任的谋士之一。

布智儿（约1200—约1264）1221—1223年，他与哲别、速不台一起攻占了花剌子模。其后他担任大都行天下诸路也可札鲁忽赤（大断事官）。

柏朗嘉宾（Carpini, John of Plano, 1182—1252）方济各会修士，后来成

[①] 对森林狩猎部落的统称，居于叶尼塞河、额尔齐斯河、乌拉尔河及贝加尔湖附近的森林地带。——编者

为大主教。1246—1247 年，他代表教皇英诺森四世出使蒙古，他是第一位去往蒙古的重要西方使者。

察合台（约 1184—1242）成吉思汗次子。他鲁莽、好斗，是反穆斯林的狂热人士，是成吉思汗最平庸的儿子。他因与术赤的积怨做了很多恶事。

镇海（约 1169—1252）族源不详（在蒙古文化中，"突厥"是一个总称），他是蒙古和平年代中重要的权臣。他于成吉思汗时期担任中书右丞相，在窝阔台汗和贵由汗时期亦担任此职位。

特薛禅（生卒年月不详）弘吉剌部孛思忽儿部首领，成吉思汗的岳父。他在 1206 年的忽里台大会上受赏。

答里台（生卒年月不详）成吉思汗的叔叔。他与阿勒坛和忽察儿为伍，共同卷入了别勒古台的丑闻。

朵儿伯·朵黑申（生卒年月不详）朵儿边部首领。他是一位以冷酷无情著称的将领。

阿勒赤台（？—1251 或 1252 年）无法确定是否有两位（据日期推断可能是两位）名叫阿勒赤台的蒙古人。13 世纪初健在的阿勒赤台是处决札木合的刽子手。他死于 1251 或 1252 年，因蒙哥的选举争端而被处死。按照时间线似乎有两个阿勒赤台，具体详见铁木哥·斡赤斤生平。

诃额仑（约 1142—1216）也速该之妻，二人共育有五名子女，其中包括成吉思汗。她是成吉思汗最信任的谋士之一。在也速该死后她再嫁给蒙力克。

旭烈兀（1218—1265）拖雷和唆鲁禾帖尼别乞之子，成吉思汗之孙，蒙哥、忽必烈和阿里不哥的兄弟。1256 年他于波斯建立伊尔汗国。1258 年他攻陷了巴格达。

札木合（1161—1206）札达兰部人。他既是成吉思汗童年时的伙伴和结拜兄弟，也是其争夺蒙古统治权的竞争对手。他可能是一位双面间谍。犹豫不决的心态导致他最终失败并被处死。

哲别（约1180—1225）蒙古泰赤乌部别速部人。1201年他用箭误伤了成吉思汗，但他得到了成吉思汗的宽恕并成为其麾下一位重要将领。1221—1224年，他在奇袭花剌子模时与速不台完成了出色的合作。

者勒蔑（约1170—1207）速不台之兄。他也是一位重要将领。他在成吉思汗中箭受伤后为成吉思汗吸出毒液从而挽救了成吉思汗的性命。在1206年的忽里台大会中他获得了特别嘉奖。其后他在与乃蛮部的战斗中阵亡。

术赤（约1182—1227）尽管几乎可以肯定成吉思汗并非其生父，但姑且还是称之为成吉思汗的"长子"。他一生都在忍受私生子的指摘。因他对帝国的看法比他的父亲更加开放，他逐渐疏远了成吉思汗，后者因此怀疑他居心叵测并最终暗杀了他。

术赤台（生卒年月不详）兀鲁兀部首领，1201年他背叛札木合投靠了成吉思汗。他获赐克烈部公主亦巴合别乞为妻。他是怯台和布智儿之父。

阔阔搠思（生卒年月不详）八邻部人，似乎是以蒙古的一种神秘仪式命名的。他被指派给察合台做"智囊"，他曾试图让察合台和术赤和平共处，最终却只是白费一番力气。

路易九世，圣路易（LOUIS IX, St Louis，1214—1270）1226年登上王位，他是唯一一位被封为圣徒的法国国王。他分别于1248年和1270年参加了第七次十字军东征和第八次十字军东征。

蒙力克（生卒年月不详）也速该的密友。他被成吉思汗尊为"精神之父"。他在其子帖卜·腾格里因谋反而被成吉思汗处死之后失宠。

木华黎（1170—1223）成吉思汗手下唯一一位常胜将军。他是灭金战役中最主要的幕后功臣。1217年他被任命为太师（实际上即可汗的副手）。

纳牙阿（生卒年月不详）八邻部首领失儿古额秃之子。他是蒙古著名将领之一。对他不愿背叛泰赤乌部塔里忽台一事，成吉思汗表示了赞赏。

窝阔台（约1186—1241）成吉思汗的第三子及其大汗之位的继承者。他宽宏大量且极具魅力，然而随时都有可能变得冷酷无情，他令蒙古的疆域面积达到了顶峰，征服了中原、高丽、中亚、俄罗斯和东欧。他和他至爱的兄弟拖雷，二人的死究竟是因为酗酒还是遭人毒害，学界对此至今争执不休。

马可·波罗（1254—1324）威尼斯商人和旅行者。他拜访了忽必烈汗统治时期的中国，是西方最广为人知的旅行者。1271—1295 年，他离开威尼斯在东方四处游历，行程达 1.5 万英里[①]。

合不勒（1130—1146 年在位）博尔济吉特部人。他是蒙古部落联盟最初的可汗，成吉思汗的曾祖父。

合赤温（1166—?）也速该与诃额仑的第三子。他是成吉思汗在所有兄弟中最为亲近的一个，除此之外，人们对他知之甚少。阿勒赤台（见上文）的父亲。

合撒儿（1164—约 1216）他是成吉思汗一众兄弟中最为不忠不信的一个。他身强体壮，是一名神射手。他始终对暗害成吉思汗一事乐此不疲。

忽必来（生卒年月不详）巴鲁剌思部人。他是蒙古的高级将领。请不要同后来的蒙古可汗及元朝皇帝忽必烈汗相混淆。

忽察儿（生卒年月不详）也速该的侄子，汗位的觊觎者。他同阿勒坛总是阴谋暗算成吉思汗。

忽都合（生卒年月不详）斡亦剌部首领，林中百姓的一员。他曾是札木合的得力助手，但在乃蛮部战败之后投靠成吉思汗。在 1217 年平定秃马惕部叛乱的行动中，他表现欠佳，被身手矫健的秃马惕部女王孛脱灰俘虏。秃马惕部最终平定后，他纳孛脱灰为妻。

屈出律（卒于 1218 年）乃蛮部太阳汗之子。

---

① 1 英里 ≈1.61 千米。——编者

忽图剌（1156—1160年在位）博尔济吉特部人。他是蒙古部落联盟的首领。他在与塔塔儿部人交战时丧生。

威廉·卢布鲁克（Rubruck, William of, 约1220—约1293）佛兰德方济各会修士。他追随法王路易九世参加了第七次十字军东征，在1254年作为使者出访蒙古。

失吉忽秃忽（约1180—1250）塔塔儿部人，他在幼时由诃额仑领养，为成吉思汗所宠信。他实际上担任了成吉思汗和窝阔台统治时期蒙古帝国的大断事官。他受过教育，据说是蒙古第一位掌握了回鹘文字的重要人物。

锁儿罕失剌（生卒年月不详）速勒都思部的一位低级首领，他帮助了年幼的成吉思汗从泰赤乌部塔里忽台的桎梏中脱身。在1206年的忽里台大会上他获得奖赏，被封为答剌罕。

唆鲁禾帖尼别乞（约1187—1252）脱斡邻的弟弟札阿绀孛之女，因此她应是克烈部人和景教教徒。作为一位老练的政治家，她是当时最具影响力和最有智慧的女性。她是拖雷之妻，是蒙哥、忽必烈和旭烈兀这三位蒙古可汗（其中一位还是元朝的皇帝）的母亲。她曾联合拔都为蒙哥赢得了继承权。叙利亚学者把·赫卜烈思这样描述她："如果我在女性群体中看到有一个这样的女人，我会说女人要远比男人优秀。"

速不台（1175—1248）兀良哈部人。据说他是铁匠的儿子。1192—1248年，他在成吉思汗和窝阔台两位大汗身边表现出色。他称得上是当时最伟大、最出色的将领之一，是蒙古人中的战略家。

塔塔统阿（生卒年月不详）本为西夏官员，他将回鹘文字传入了蒙古。他担任成吉思汗儿子们的老师，同时司内府玉玺金帛。

帖卜·腾格里，即阔阔出（？—约1208）蒙古人的第一萨满。他在1206年以前全力支持成吉思汗，但自那年的忽里台大会之后他便声称自己应该同成吉思汗平起平坐。后因试图败坏成吉思汗众兄弟的名声，他被处以折断背脊之刑。

铁木哥，即铁木哥·斡赤斤（1168—1246）成吉思汗一众兄弟中最厌战的一位，他因懒惰而遭到成吉思汗的批评。他是一位有智慧、对文教充满兴趣的优秀政治家。他后因企图从贵由手中夺走汗位而遭到处决。

帖木仑（1169 或 1170—?）成吉思汗的妹妹。关于她的信息不多，只知道后来她被嫁给了亦乞列思部的孛秃。

脱斡邻，即王汗（约 1140—1203）克烈部的统治者。他是景教教徒。作为一个反复无常的阴谋家，直至身亡，他都同成吉思汗和札木合之间存在复杂的三边关系。

拖雷（1192—1232）成吉思汗第四子，他是兄弟四人中最优秀的将领。成吉思汗认为他太过于小心谨慎而无法成为真正的大汗。他和窝阔台的关系非常亲密，和他的这位哥哥一样，他恐怕不是死于酗酒就是遭人毒害。他的儿子蒙哥、忽必烈和旭烈兀都是蒙古威名赫赫的统治者。

脱黑脱阿（?—1208）蔑儿乞惕部的统治者，是成吉思汗早期的一位强劲对手。他因极度嗜血而声名在外。

脱忽察儿（?—1221）成吉思汗的女婿。他违背成吉思汗的命令洗劫了徒思城。遭到降职后，他战死在围攻尼沙布尔的战役中。

卫绍王（1168—1213）本名完颜永济，金朝十帝中的第七位皇帝，是其中第三位也是最后一位遭到暗杀的皇帝。谥号为"绍"，后世称卫绍王。

耶律楚材（1190—1244）契丹贵族。他是一位出色的治世之才，对成吉思汗和窝阔台都产生了巨大的影响。13 世纪 30 年代，在他主持下中原地区实行了人口普查，确立了税收制度。

也速该（?—1171）成吉思汗之父。他是部落的副首领，但从未成为蒙古部可汗。

序 言

我认为写就一部成吉思汗的权威传记无疑是天方夜谭。一位理想的蒙古学者至少需要掌握蒙古语、汉语、波斯语、阿拉伯语、俄语、北印度语、乌尔都语和古吉拉特语，最好还能掌握日语、波兰语、匈牙利语，以及所有在蒙古影响辐射下的地区的语言，如越南语、缅甸语、印度尼西亚语、西伯利亚语、格鲁吉亚语、阿塞拜疆语等。如果想要在动笔之前掌握上述所有语言，恐怕要花上一个人几辈子的时间。这也就解释了为什么研究蒙古的学者更倾向于在某个独立的领域内耕耘，在"蒙古与俄罗斯""蒙古与中国""蒙古在伊朗""蒙古在西方"等特定的主题内完成一系列著作。我个人还未曾学习过上文所提及的任何一门艰深的语言，呈现在读者面前的拙著是基于对 40 年内欧洲主流语言写就的有关成吉思汗及其诸子的学术成果的综合整理。毫无疑问的是，书中一定有许多内容会遭到蒙古学专业学者们的反对，但我希望自己已经尽可能全面地展现了成吉思汗的一生。有关成吉思汗的传记大抵绕不过那些伏尸百万、血流漂杵的血腥战役，但我仍旧希望在不打扰读者阅读趣味的同时，加入有关蒙古社会、文化、思想和宗教的讨论，让叙述不囿于那"一场接着一场的战斗"。显然，我要感谢所有研究蒙古的学者以及他们的学术圈，特别是要感谢前代的学者伯希和以及伟大的当代学者罗依果。

本书所采信的史料主要包括：作者不详的官方史书《蒙古秘史》(*The*

Secret History of the Mongols）；波斯历史学家志费尼于13世纪50年代所著的《世界征服者史》（History of the World Conqueror）；拉施特于1307年完成的《史集》（Compendium of Chronicles）和术兹札尼于1260年完成的《纳昔儿史话》（Tabaqat-i Nasiri）。后三本著作包含了很多不见于别处的珍贵信息，甚至还留存了当时亲历者的证言，是研究蒙古史绝佳的材料，但一直以来学者们在运用这些珍贵的史料时关注的闪光点往往各不相同。多数学者因研究涉猎的范围更广（蒙古人的故事不过是其宏大的世界史中的一部分而已）而偏爱拉施特的著作，其书引用了许多后世佚失的蒙古语和汉语资料。也有人因各式各样的理由偏爱志费尼的记叙。众所周知，《世界征服者史》因保存了大量佚文而具有独特的学术价值，但因作者本人粗疏的考据、擅以己意改动文句的习惯、对数字近乎荒谬的夸大，以及因内心的厌恶与寄人篱下的无奈所带来的对蒙古的矛盾态度，迫使学界批判性地看待这部著作。相较于其他两位，术兹札尼的优势在于他本人就是13世纪20年代蒙古征服中亚的见证者，而且他并未居于蒙古治下，因而在遣词造句上无须谨小慎微。得益于德里苏丹国的保护，他将自己对蒙古人的怨恨与愤怒倾泻而出（在他的笔下，成吉思汗一直是"受诅咒之人"），正是这种情感上的疏离赋予其作品独有的价值。

在上述史料中最为与众不同的要数《蒙古秘史》，这部蒙文著作于1227年成吉思汗死后不久写成，是对"黄金家族"的官方记录。从"秘史"的角度看，它的确没有被泄露和传播，其读者仅限于朝中人士。这是一部充满矛盾、含糊不清但又令人向往不已的神秘著作，而谜一般的作者又进一步增添了它的神秘气息。虽然有人认为作者可能是成吉思汗母亲的养子失吉忽秃忽，但文中多处对成吉思汗采取的批判口吻又让这个猜测变得不太可能。被任命教导成吉思汗诸子的党项人塔塔统阿以及担任保定路达鲁花赤的突厥人镇海也常被认为是这本书的作者，但这同样可能性很低。最接近真相的观点是，作者是成吉思汗的弟弟铁木哥·斡赤斤身边的一位亲信，铁木哥·斡赤斤其人在窝阔台汗死后自恃权重，一直以下一任接班者的姿态自居。

《蒙古秘史》由信史、演义、谶言和圣传混合而成，我们在将其当作原始史料使用时必须格外谨慎，因为它显然对铁木真青年时期发生的重大事件有所隐瞒和回护。作者的记叙至铁木真在1206年被推举为成吉思汗之后似乎就立刻失去了活力，行文更为公式化。成吉思汗——世界的征服者，他的所有事业和那场伟大的征服运动都在极短的时间内完成。尽管如此短促，还是有一部精彩的著作记录他的伟业。《蒙古秘史》被称作草原上的《亚瑟王之死》(*Le Morte d'Arthur*)，不过两者难以相提并论：真正的历史中并不存在亚瑟王，但成吉思汗却确有其人。会衍生出这般笨拙的类比大概是由于《亚瑟王之死》同样蕴含着政治警示的作用。还有人把《蒙古秘史》奉为不出自荷马之手的《伊利亚特》(*Iliad*)，但其中的问题和前一个类比一样——实际上迈锡尼和特洛伊之间展开的是一场对贸易枢纽的争夺战，真实的历史自然不会有荷马所描述的那般浪漫。不仅如此，《蒙古秘史》中所记载的1206年之前的战斗，不仅仅是历史性的追述，而且很可能是出自一位战争亲历者之手。

最后是关于词汇音译以及专有名称翻译的问题。众所周知，将中亚及远东地区语言翻译为英语很难，而且所谓的翻译"惯例"多年来也一直在改变。北京就从"Peiping"变成了"Pekin"，接着改成了"Peking"，到现在又定为"Beijing"，谁也不能保证"Beijing"是这一变化的终点。大家都很同情那位著名的报纸编辑，他问驻扎在远东的记者从Pekin飞到Beijing要多久。在将这位伟大的征服者之名"英语化"的过程中，最正确的拼写应该是"Chingis Khan"，但由于本书的主人公在英语世界里通常会写成"Genghis Khan"，且鉴于本书毕竟是一本通俗历史读物而并非学术论文，所以我从头至尾都采用了这个更为人熟知的拼写方式。可以肯定的是，在其他的命名问题上，我并没有在每一门语言上都保持一定程度上的一致性而让纯粹主义者满意，同时，本书中相关的专有名词在多数情况下还是以谐音为指导原则的。尽管如此，书中提到的大量人物应该是要有清晰所指的，为此我附上了一份主要人物名单。在此，我和我的编辑们要向北佐治亚大学的梅天穆教授致以诚挚的感谢，是他让我们了解到蒙古和草原部落时期许多人物姓名拼写的最好方式。

弗兰克·麦克林
2015年于萨里郡法纳姆

目 录

主要人物   1
序　言   8

引　言   1
1　蒙古高原上的游牧者   9
2　草原的早期历史   32
3　铁木真的崛起   60
4　从铁木真到成吉思汗   96
5　常胜之师   126
6　可汗的品性   149
7　伐金之役   171
8　征服华北   204
9　一路向西   234
10　摩诃末的垮台   251
11　花剌子模的覆灭   276
12　大突袭   304
13　暮年   330
14　窝阔台   361
15　帝国的治理   391
16　进攻东欧   411
17　匈牙利与亚得里亚海   436
结　语   466

附录1　蒙古人的信仰   485
附录2　西辽的覆灭   491
注　释   500
参考文献   574
出版后记   597

引 言

1257年的巴格达仍旧是伊斯兰世界最伟大的中心之一。由于阿拔斯王朝的鼎盛期是在8世纪末到9世纪初，所以从一定程度上说，这时的哈里发是躺在过去的荣耀簿上的。作为阿拔斯王朝实际上的创立者，第二任哈里发曼苏尔（754—775年在位）为整个王朝打下了基础。而真正的伟业成就于第五任哈里发哈伦·拉希德（786—809年在位）的统治时期。那时，巴格达的清真寺、宫殿、医院以及灌溉系统，震惊了所有的游人。

拉希德让巴格达成了世界上所有城市争相模仿的范本，他自己也因此流芳百世。其中最有名的建筑当数智慧宫，它不仅是当时全球最大的图书馆，也是研究机构和翻译中心。特别是这里收藏了大量的卷册、书籍，荟聚了诸多钻研科学的专家，他们的研究囊括了天文学、数学、医学、炼金术、化学、动物学、地理学、制图学等领域。然而它又不仅仅是那个年代的洛斯·阿拉莫斯国家实验室或者麻省理工学院，在智慧宫里面是作风严谨、博学多闻的学者，而在外面的花花世界则充斥着耍蛇、算命、兜售商品的三教九流之辈。总之，拉希德时期的巴格达，是一个在《一千零一夜》（*1001 Nights*）精彩纷呈的故事中仍旧令人难忘的梦幻之都。在拉希德及其继任者的统治时期，巴格达取代了科尔多瓦成了当时世界上最大的城市，但是到了13世纪，相较于马鲁和呼罗珊等其他的大城市，巴格达早已失去了人口上的优势。[1] 即便巴格达已经失去了往日的辉煌，自 10 世纪晚期开始日益衰落，但诺曼征服时期一名来自伊斯兰世界的游人仍是对其赞不绝口：

> 世界上没有一个城市可以与巴格达相较，无论是其丰富的财富、其在商贸上的重要性、其据有的学者和权贵的数量、其城市的规模，还是其中宫殿、人口、大街小巷、清真寺、浴室、码头和客栈的数量，统统无可比拟。[2]

即使是那些嫉妒阿拔斯王朝而对它有偏见的人，也不能否认这座坐落于底格里斯河东岸的城市自身的宏伟之气。就像来自摩尔人统治时期西班牙的阿拉伯旅行者伊本·朱巴伊尔在 1184 年的记载：

> 它有着宏伟的市场，不仅面积巨大而且往来之人数不胜数。三座大众清真寺……据周五祷告的人说，巴格达一共有 11 座大众清真寺……市里的浴室不计其数。[3]

巴格达的作坊生产高档的丝绸和织锦材料，在意大利有一种特殊的用金线织成的布料就以巴格达命名，另一种丝棉混合布料叫作"attabi"，其名称来自巴格达的一个区，此处的制造工艺享誉欧洲。基本上，巴格达对外出口各种奢侈品：布料、丝绸、水晶、玻璃、药膏和药水。也许这座城市正在衰退，但是它的繁荣依旧令人羡慕。

然而，在那个迷信观念猖獗的时代，总有人认为这是一座充斥着饥荒、火灾和洪水的不幸之城。1057 年爆发了饥荒；1077 年和 1088 年爆发了社会革命；无数次的宗教冲突带来了无尽的暴力，最严重的还是大火和洪水带来的破坏。根据记载，1057 年、1059 年、1092 年、1102 年、1108 年、1114 年、1117 年、1134 年、1146 年和 1154 年均发生了严重的火灾。1117 年有一次地震，1106 年、1174 年和 1179 年则遭遇了洪水。1100 年、1104 年、1110 年和 1118 年爆发了大规模的骚乱，1123 年，贝都因部落联盟向巴格达靠近并企图夺城,在及时赶来的塞尔柱突厥援军的帮助之下,这座城市得以幸免于难。[4]先知和预言家们不可避免地将这些凶征看作世界末日的先兆,巴格达城也将毁于这场末日。

后任哈里发平庸的资质似乎也将巴格达的未来指向了末日。穆斯台绥木,自1242年在其31岁之时即位以来,一直统治着这个国家。他是一个既缺乏判断力又庸懦无能的人,同时也是一个把时间浪费在无聊的消遣上,终日被美女、音乐和戏剧包围的享乐主义者。和很多具有类似行为的人一样,他傲慢自大,毫无根据地认为自己是一名伟大的统治者。他的态度激怒了朝臣,尤其是大维齐尔。大殿的走廊上回荡着对现状不满、想要废黜他的人的抱怨之声。特别值得关注的是,穆斯台绥木似乎并没注意到来自蒙古人日益增长的威胁。这些来自东方的神秘入侵者曾在不同时期（1236年、1238年、1243年和1252年）朝着巴格达的方向发动过四次非常具有威胁性的攻击,只是因为在最后关头发现了更合适的猎物才突然改变了侵略方向。[5]

但是到了1257年,这个威胁已不容忽视,哈里发所面对的正是20世纪人们所说的迫在眉睫的危机。蒙古人正在一步步地逼近,这一次不是演戏也不是烟幕弹。成吉思汗之孙旭烈兀正带着战争的阴云靠近。旭烈兀是当时任大汗的蒙哥、后来的元朝皇帝忽必烈以及颇具野心的阿里不哥这三人的兄弟。蒙哥命令旭烈兀拿下穆斯林手中的亚洲部分,将其置于蒙古的统治之下。他还决定席卷西方的伊斯兰世界,让军锋直抵埃及。于是,蒙古有史以来最庞大的军队集结在旭烈兀的麾下。中世纪的资料显示这支军队有15万人,从当时的蒙古历史来看,这个规模在人数上的确是可能的。[6]旭烈兀首先进攻的是伊斯玛仪阿萨辛派,这也是伊斯兰世界最为可怕的对手。阿萨辛派原属于伊斯兰教伊斯玛仪派支系尼查里派,独立后他们建立了自己的势力和武装,在波斯西北部阿拉穆特的城堡中建立"国家"。在"大师"——也就是"山中老人"的指挥下,伊斯玛仪将信徒们训练成职业刺客,负责刺杀大人物和有权势的人。他们常常在公众场合出现,恐吓所有畏惧他们的人。阿拉伯人的伟大领袖萨拉丁就十分惧怕他们,一些著名的十字军将领也葬身于他们的刺杀行动之中。但是在1256年的12月，阿萨辛却遇到了比他们还要可怕的势力。在旭烈兀率领的蒙古铁骑的进攻下，曾经被认为是坚不可摧的堡垒被夷为平地，阿萨辛的威胁被永远地终结了。据说这场战争的诱因，是阿萨辛的首领对旭烈兀的一次轻率的威胁。[7]

这场胜利让旭烈兀志得意满，他给哈里发送去消息，要求他投降、行礼并宣誓效忠，而且要主动撤去巴格达的防御工事，以及进贡大量的黄金。穆斯台绥木对此的态度同当年教皇遭到一位欧洲世俗领袖的威胁时所表现的一样。穆斯台绥木告诉旭烈兀的使者，他是伊斯兰世界的领袖，也是每一位世俗统治者的精神领袖，他拥有从中国到西班牙数以百万人的忠实拥护。"年轻人，回到蒙古去吧"，这似乎就是他给只比他小7岁的旭烈兀带去的傲慢消息的要旨。背着哈里发，大维齐尔（苏丹以下最高级的大臣，相当于宰相）给旭烈兀送去了一封密信，不仅支持旭烈兀发动进攻，而且他还向旭烈兀保证胜利必将手到擒来，因为巴格达到处都是希望哈里发驾崩的叛军和间谍。旭烈兀发出了最后通牒："只有当太阳藏起它那炽烈的光晕，月亮才能发出光芒，"这是在暗示是因为蒙古的宽容，穆斯台绥木才能够自吹自擂。[8]这一次，哈里发选择了一条死路，他处决了蒙古的使者。这在蒙古文化中可是极重之罪。当穆斯台绥木发现战争已经不可避免时才对自身的处境感到恐慌，他召集朝会询问大家是否有办法让巴格达从蒙古大军的席卷中逃脱。普遍的意见是用大量的黄金讨好旭烈兀让他接受和谈。然而，穆斯台绥木注意到了被一群预言家所支持的首席天文学者的意见，他认为"据说"袭击阿拔斯王朝注定会自取灭亡。这位天文学者还详细地描述了旭烈兀如果继续这种遭天谴的愚蠢行为将要面临的灾难：太阳不再升起，天空不再下雨，土地将寸草不生，大地震会吞噬入侵的军队，旭烈兀也将活不过一年。他非常确信自己所说的一切，并立下重誓愿意用生命做赌注。[9]当信息传到旭烈兀那里，他自己的天文学者肯定了这些不幸的预兆，表示哈里发的预言家们说的都是事实。旭烈兀立刻因"通敌罪"处决了他。当哈里发得知旭烈兀并不在意预言中等待着自己的厄运时，他再一次吓得发抖。这次他同意献上旭烈兀所要求的巨额黄金。旭烈兀粗暴地回应说，这样的谈判已经是过去式，现在他只想看到哈里发的首级。[10]

1257年11月，旭烈兀满怀信心地率军从驻地出发向巴格达行进。已被征服的亚美尼亚人和格鲁吉亚人被征召过来补充旭烈兀的军队，他们从很早以前就认为反抗蒙古人是没用的。更令人意想不到的是，这支军队中还有一些来自安提俄克的基督教军队。旭烈兀还有一支以中原的攻城专家和工兵组成的精锐部队，由同为40岁的郭侃率领。郭侃的际遇证明了蒙古人只看功勋而不看出身的人才提拔政策，因而得到了后世广泛的关注。

1258年1月18日，旭烈兀抵达巴格达城郊包围了这座城市，并开始调查其防御工事。最初由哈里发曼苏尔兴建的环形防御工事已经不复存在，但底格里斯河西岸的内城依旧被长约10英里的半圆形城墙所围绕。这座城墙由烧制而成的砖块砌成，上面散布着巍峨的瞭望塔。但是用来防御的砖砌壕沟已经被频繁的洪水彻底破坏失去了作用。[11]穆斯台绥木将他最精锐的突厥军队部署于战船上，组建起外围防御。蒙古军队沿着底格里斯河两岸一同进发。但哈里发为了分割逐渐逼近的掠夺者，在没有正确认识到蒙古人用兵谋略的情况下错误地向西岸派出了2万名精锐骑兵。蒙古人的工兵破坏了底格里斯河沿岸的堤坝，洪水阻断了突厥骑兵的退路。这时，蒙古军队将突厥骑兵一步步引入自己的陷阱之中，并将其有序歼灭。城外河面上的突厥士兵的表现则稍好一些。

在整场战斗中，旭烈兀表现得极具耐心且有条不紊。他先是令投石机向特定的瞭望塔，尤其是"波斯塔"，发动了密如雨水、攻势猛烈的投射，无数被猛火油包裹的投射物倾泻而下。由于底格里斯河与幼发拉底河附近都没有石头，蒙古人就从附近的山上采运石头送来。他们还砍下棕榈树制成投射物。面对突厥人的阻碍，蒙古人采取了多点渡河的战术，并对半圆形城墙最薄弱的地点发起猛攻。格鲁吉亚人则在前面进行不间断的挖掘行动。连续的炮击从1月29日一直持续到2月10日，波斯塔最终倒下，进城的阻碍被一扫而光。这时候巴格达方面正式请降，但旭烈兀拒绝让步。在下达最后的进攻命令之前他等待了三天的时间，除了让自己人好好休息，更可能是要诱使容易上当受骗的巴格达贵族们说出埋藏金银财宝的位置。旭烈兀还要求哈里发交出那位天文学者，拿这位学者所预言的灾祸来讥讽他，并提醒这位学者他"以命担保"了预言。然后旭烈兀顺理成章地处死了他。[12]

2月13日起，巴格达遭到了连续六天的洗劫。波斯的一位历史学家用极富戏剧性的语言对这个后续事件进行了描写。

> 早晨，海平面泛起日光的红晕，日光巧妙地在天空的水银毯上变出了繁星的印痕，旭烈兀一声令下，军队向着巴格达打响了劫掠之战……他们首先把城墙夷为平地……填满了如人的思绪那般深的护城河。随后他们像饥饿的猎鹰攻击羊群一般扫荡了整座城，无所顾忌、厚颜无耻，到处都在谋杀、四下皆是恐惧……屠杀后的鲜血似乎将城外的河流变成了尼罗河，河水红得像染色的木头。《古兰经》里的经文"种子和茎都枯萎了"是对此时巴格达的物产和财富的如实描写。他们用抢劫的扫帚扫走了巴格达所有闺房的宝物；他们又愤怒地挥起铁锤，把城垛砸下去，好像这些很丢他们脸似的……你听这一声声恸哭……从屋顶到房门……黄金与珠宝装饰的床和靠垫被刀切、手撕得粉碎。那些深藏在面纱之下的闺中人啊……在大街小巷里被拖来曳去，好像圣人的毛发一样被示众；她们中的每一个人都沦为了鞑靼怪物们手中的玩物。[13]

掠夺持续了六天六夜。清真寺被席卷而空，壮美的建筑被推倒，居民惨遭屠杀。保守估计，巴格达围城和掠夺期间的死亡人数约有9万。人们在哈里发的宫殿里发现了700名宫女和1000名宦官。在这场肆意的破坏中，最恶劣的行径就是摧毁了智慧宫。这座图书馆的消失相当于亚历山大图书馆的毁灭。据说，丢到底格里斯河里的书实在是太多了，以致于原先还是被血染红的河水现在却满是墨汁，一连数日河水都是黑色的。[14]据说，基督徒认为智慧宫的毁灭是上帝对穆罕默德及继承其哈里发之位的欧麦尔在642年征服埃及期间对亚历山大图书馆所做行径的复仇。根据叙利亚正统教会神学家、与巴格达覆灭同时代的把·赫卜烈思的说法，欧麦尔是这么说亚历山大图书馆的藏书的："如果这些书的观点与《古兰经》一致，我们就不需要它们；如果这些书的观点与《古兰经》相悖，那就更要毁掉它们。"[15] 这一回，轮到伊斯兰典籍被无视文本价值的蒙古人摧毁，西方社会中狂热地反伊斯兰教的人一定会对此幸灾乐祸。

上述的惨剧还在继续，大约有700名贵族和他们的家人被旭烈兀杀了头。穆斯台绥木则因焦虑自己的命运而陷入极大的痛苦。旭烈兀先是让他挨饿，之后让人把他带到自己的面前。这个饿坏了的男人向旭烈兀乞求食物。旭烈兀递给他一根金条，说："吃吧。"哈里发像米达斯王一样悲凄地回答道："没人能吃金子。"旭烈兀说："如果你早就知道这个，为什么不一开始就把金子送给我呢？如果你那么做了，现在还能在自己的地盘安然地吃喝呢。"[16] 哈里发道出了国库财物的下落，但旭烈兀坚持认为这还不够，他还想知道穆斯台绥木的私人积蓄藏在了哪里。绝望的哈里发被迫透露了财宝的地点。最后，旭烈兀没有耐心再继续戏弄他，于是下令将他处死。2月21日，穆斯台绥木的私仆被斩首。处决哈里发和他的儿子时，蒙古人采用了贵族和尊者适用的死法：用毯子将他们包裹起来，让他们自己的马将其践踏致死。[17] 在这之后旭烈兀厌倦了杀戮，他宣布幸存者都是他的所有物并置于他的保护之下，这才叫停了屠杀。

巴格达遭受的破坏是毁灭性的。灌溉系统中的水渠和河堤被彻底地摧毁，农业生产和基本生存已毫无可能。巴格达在人口、政治、社会和经济上全面衰败了。[18] 3000人被留了下来作为守备力量，城里剩下的人口只勉强抵得上一个省城的，自那以后，伊拉克的统治中心变成了大不里士。巴格达的幸存者也许宁愿自己在大屠杀中死去，因为伊尔汗国施加的税赋太过沉重，而他们的支付能力下降到了1257年的三分之一左右。到了13世纪的尾声，巴格达的许多郊区变得荒无人烟，而河的西岸更是如此。

由于蒙古人更喜欢通过霍尔木兹海峡与印度人做生意，巴格达的港口巴士拉也开始没落。一些历史学家认为，在阿拔斯王朝宣告结束之后，伊斯兰世界再也没能真正地从创伤中恢复过来。[19] 伊斯兰世界最伟大的中心之一被毁的事实，震惊了整个阿拉伯和西方世界。巴格达不幸进入了被蒙古人摧毁的知名城市名单，这个名单还包括：北京、开封、撒马尔罕、布哈拉、基辅、莫斯科、克拉科夫和布达佩斯。新一批的使者和旅行者从欧洲出发，试图探寻这些残忍的人究竟是什么样的？这群来自蒙古的游牧者是怎样成为全球大部分地区的征服者的？旭烈兀和他那些著名的兄弟是谁？他们的父亲拖雷又是什么人？他们尤其想要了解一个已经成为历史和传奇的人，那位后来成了成吉思汗、名叫铁木真的男人。

1
蒙古高原上的游牧者

中亚是许多事物的发源地，如尼安德特人、游牧生活、战争，不明飞行物最早也是在这里被人们目击到的。但我们对它的了解也仅限于此，"中亚"在历史学上不过是一个无用的阐释性概念。我们对于"大草原（the steppe）"这一个概念的理解则稍显透彻一些，即便如此，这也只是一个笼统的术语。它囊括了在植被、海拔以及气候上都有巨大差异的各类地区。一些作者喜欢笼统地把"大草原"想象成一个从匈牙利延伸到中国东北的连续的统一体。这一统一体正是地理学家哈尔福德·麦金德所谓的包括了欧洲、亚洲和非洲在内的"世界岛（world island）"①的核心或者说是其心脏地带。1 在这个模型中，草原的任意一端都被山脉阻挡。在欧洲，喀尔巴阡山脉将俄罗斯草原同匈牙利平原分开；而在东亚，兴安岭将蒙古草原同其位于中国东北的部分分隔开来。另一些作者更倾向于采用"二元模型"，包括了锡尔河以北及毗连的东部地区、里海北部以及南俄罗斯平原在内的"低地草原（low steppe）"，以及由新疆地区和内外蒙古构成的"高地草原（high steppe）"。正如其名称所示，高地草原的海拔为4500—1.5万英尺②，而低地草原地区则处在海平面的高度。2 还有人提出了三分

---

① 即欧亚非大陆。——编者
② 1英尺≈0.31米。——编者

法，将草原划分成三层。第一层涵盖了从匈牙利到乌克兰南部、黑海北部以及里海与乌拉尔山脉之间的所有土地。被叫作"中部大草原（central steppe）"的第二层从哈萨克斯坦北部绵延到与沙漠地区交错的亚洲中南部地区。第三层是蒙古以及新疆北部的广大草原地区，从"大戈壁（Gobi Desert）"的北部边缘一直绵延至中国东北的兴安岭。想要进入这片草原就要穿越阿尔泰山和天山山脉中间位于准噶尔盆地的缺口。[3]

当然仍有其他的地理学家对这种将"大草原"视作核心概念的思路并不满意，并进一步强调"欧亚边缘"（Outer Eurasia，土耳其、伊拉克、阿拉伯半岛、伊朗、阿富汗、巴基斯坦、印度、泰国、缅甸、老挝、越南、柬埔寨、印度尼西亚、中国和日本）与"欧亚腹地"（Inner Eurasia，乌克兰、俄罗斯、蒙古和现代的"斯坦"，如哈萨克斯坦等）之间的差异。[4] 需要说明的是，即便是那些坚持从横向视角来理解亚洲的人，有时也会选择将沙漠或者水系——而非草原作为这片大陆最为重要的自然特征。基于此观点，我们应该直接将目光投射到草原南部连续的沙漠地带。这个地区包括了大戈壁、塔克拉玛干沙漠、咸海东南部的克孜勒库姆沙漠、里海东部的卡拉库姆沙漠和伊朗的卡维尔盐漠。值得注意的是，在该纬度上，连绵的沙漠从中东和阿拉伯半岛一直蔓延到撒哈拉，直到大西洋的出现才最终阻止了这一蔓延趋势。[5] 同样地，通过对于亚洲水系的横向观察，我们可以发现其连续性始于黄河和长江，途经印度河和恒河，最终至底格里斯河和幼发拉底河。

对于草原的重视为研究蒙古地区提供了一个东西向的横向模型。不过，有人认为研究蒙古地区的关键在于南北向的垂直纵轴，这一个纵轴从北西伯利亚和北冰洋的冻土带开始，穿过蒙古北部的针叶林，经过草原来到大戈壁，再从中国北部的山区南下抵达南方沃野。因此，有些专家更倾向于把蒙古北部的"森林草原（forest-steppe）"和南部的"荒漠草原（steppe-desert）"区别开来。[6] 这一观点强调了山地而非草原地区的重要性：阿拉善、北山和昆仑山脉；帕米尔高原（拥有高达 2.5 万英尺的山峰和峡谷般深邃的河谷）；天山山脉（拥有高达 2.4 万英尺的山峰）；位于蒙古北部的肯特山脉（最高峰超过 9000 英尺）；位于蒙古西部的阿尔泰山脉

（最高峰 1.4 万英尺）以及坐落在其西边的好似侍从的塔尔巴哈台山脉[7]。

阿尔泰山对于关注蒙古的作者一直具有特别的吸引力，这可能是因为萨彦-阿尔泰高原与森林草原之间存在着极为密切的联系。在蒙古的历史中，大片的松木针叶林起到了至关重要的作用，全靠它们涵养了鄂毕河、勒拿河、叶尼塞河以及黑龙江这四条重要河流的水土。[8]阿尔泰山脉的亚高山带山谷是极好的牧场，碎石、盐晶、黏土都被肥美的牧草所覆盖。尽管不存在类似曾经比属刚果（今刚果民主共和国）境内的伊图里森林到开阔的稀树草原之间的突然转变，或是从亚马孙丛林到拉诺斯草原之间的鲜明过渡，但还是有一些旅行者声称在针叶林与草原之间可以辨识出一片无人居住的黑土地。

在森林与大戈壁中间的是蒙古草原，有些人甚至将它定义为从天山北麓到阿尔泰山南麓之间的所有区域。其中大部分是没有树木的牧场，许多地方的海拔都低于海平面，但也有树木葱郁的高山，比如位于该区域中北部的蒙古人的圣山——不儿罕山。[9]这些山地都至关重要，因为这里在夏天水草丰美，还有大量鸟兽可供狩猎。对蒙古人来说最为重要的还是那里的河流，尽管它们中的许多都只是时令河。对那里的居民们而言，水永远都是最珍贵的资源。虽然有很多溪流，也有一些泉水，西南边还有咸水湖和沼泽湿地，但依然可以毫不夸张地说，北部被高山环绕的贝加尔湖（这里因大量的海鸟而闻名，特别是海鸥）才是这片区域的大水库。[10]

本质上，蒙古地区是一个海拔从 3500 到 5000 英尺不等、面积约 100 万平方千米的平原，其大小远超锡尔河以北及其毗连的东、西部草原。它的中央是常被人们提起的大戈壁，它占据了整个蒙古地区三分之一的面积（草原和牧场占据了大约 50%，森林占据了 15%）。虽然都是沙漠，但大戈壁与撒哈拉并不相同，因为它的地表包括草地、沙地、大大小小的石子、岩石或者条纹状的盐沼。一些纯粹主义者反对用"沙漠"这个词来描述它，因为他们认为大戈壁主要还是一片干旱的草原。[11]在外围，茂密的草原如同透明的面纱一般轻轻地遮住了这片土地，但如果深入其腹地，就会发现那里的植被只剩下了数量有限的灌木和杂草。在这之后，人们会遇到或移动或固定的沙丘、黏土平原、盐滩、孤零零的井和各类沙漠植物，比如白色的梭梭树（可用作柴火）和麻黄。大戈壁在东西方向上延伸了1200英里。[12]如果要骑着骆驼，从今天中国的边境朝着俄罗斯边境进行一场全长约800英里的南北向旅程，大约要花费1个月的时间。而这之中，基本有一半的时间，要在起伏不平的草原上进行一段艰苦卓绝的跋涉。接着会迎来历时四天、约50英里如同行军一般艰难的行程。这期间要穿越一片无垠的沙漠，翻过两个布满岩石的高耸山脊，一位旅行者生动地写道："浑圆的山丘在热浪中晃动，好似水中银色幻影里的鲸鱼。"[13]这片沙漠虽然终结了一成不变的平原景色，但严重放缓了我们旅行的速度。在这之后的一周将全都是砾石平原，那里的土壤呈现出深红色，色泽亮丽的半透明宝石和水晶是其最负盛名之处。游牧人群认为大戈壁拥有自己的灵魂，它是一个让人感到恐惧和不安的地方。那里的海市蜃楼甚至让后来的欧洲旅行者们仓皇不已，他们记录道："最主要的颜色是一种模糊的、半透明的白色，确切地说就像只和水搅拌在一起的竹芋粉或玉米粉。"[14]到了晚上，这片荒漠异常地宁静，一位作家曾因此陷入冥想，他描述道："大熊座的璀璨亮光，仙后座和昴宿星团的柔弱微光，呈现出在其他纬度所罕见的迷人景象。"[15]显然，穿越大戈壁的旅行者所面临的首要问题就是水。在正常的情况下，每30英里左右就必须挖一口10英尺深的井，只有夏天的暴雨才能略微缓解干旱。[16]大戈壁中还有一个威胁来自沙尘暴，不过旅行者们并没有在其出现的频率和严重程度上达成一致。有人说，夏天的沙尘暴压得人喘不过气，冬天的沙尘暴则如同凛冽刺骨的冰刀，不过也有亲身经历者认为那只不过是一种极为罕见的现象。[17]

蒙古地区的居民一边忍受着严寒的气候一边面临着缺水的困境。由于缺乏足够的降水（年均降水仅有10—20英尺），这片土地过于干涸，以致于如果没有昂贵的灌溉设施就完全无法发展农业，因此该地的人口规模始终被限定在一定范围之内（估计在70万到200万之间，与其邻近的定居者的人口密度形成了极为鲜明的对比）。[18]过于靠北的纬度加上远离海洋，使得该地相较于亚洲的其他地区平均气温更低、日照时间更短而且存在极寒天气。蒙古的冬天格外寒冷，一年中有六个月的气温在0℃以下。甚至只在短短的一个月里，就能够体验到所有的天气状况。1942年6月进行的一次气象研究就证实了这种巨大的变化：原本平静而晴朗的傍晚突然间迎来一阵时速60英里的狂风，扬起了遮天蔽日的沙尘。这场风暴持续了一个小时，消散之后则是晴空万里，夜空中的群星似乎都变得更加明亮。到了凌晨一两点又突降暴雨，黎明时分再一次乌云密布。第二天上午9点雾气大作，随后风雪交加，气温降到了0.6℃。[19]

不过同海洋的悬隔，也使得蒙古地区在一定程度上因祸得福。尽管这个国度普遍比较寒冷，但空气湿度较低使得其相对而言很少降雪，积雪的深度极少能够超过三英尺。较低的空气湿度也使云层难以形成，这使得蒙古地区相较于同纬度的瑞士以及美国中西部各州在夏天多享受了500个小时的日照时间。一旦这种气候模式被打破，后果将会十分严重——13世纪40年代，方济各会的使者卡尔平尼修士写下的关于蒙古的著作中提到了仲夏时节猛烈的暴风雨和暴风雪（在1246年6月29日的日记中他记录了当天的大雪），还有堪比飓风强度的大风、冰雹以及沙尘暴。[20]即便是这样随时要遭受极端天气袭击的夏天，也不过从6月到8月，仅仅持续三个月。9月份的时候蒙古已经非常寒冷，10月份就可能迎来今冬的头一遭暴风雪。到了11月，河流会全部冰封，接下来直到第二年的5月，整个蒙古一连六个月都成了"雾之国（Niflheim）"①。蒙古地区一年到头，总是充满各种完全无法预测的极端天气，且四季温差极大，可以从夏天的37.8℃降到冬天的-41.7℃。由于缺少天然的挡风屏障，狂风总是肆虐于此。人们会同时遭受来自西伯利亚冻土地带的狂风和来自大戈壁的沙尘暴的袭击。[21]

大草原在一年中的不同时间会呈现出迥异的样貌，这一点实在不足为奇。最为壮美的景色大概出现在5月。那时，广阔的平原覆盖上了苍翠欲滴的绒毯，上面装点着各色鲜花——朱红色的虞美人、龙胆、天竺葵、凤眼、飞燕草、紫菀、杜鹃花、雪绒花、素白的旋花以及勿忘我，这一盛景会一直持续到夏末。中亚的植物具有极其丰富的多样性，当地一共有8094种植物，其中大约1600种属于沙漠所特有的。[22]

---

① 北欧神话中一个终年充满浓雾的寒冷地区，死者居住之所。——编者

不必说，蒙古某些地区要比其他地方更受青睐。一些地理学家划分了两个气候带，一个位于远至阿尔泰山和天山山脉的西部地区，另一个则位于东部。在西部气候带，夏天几乎没有降雨，但是冬天因为受到大西洋暖湿气流的影响，降雪量要大于东部。虽是缺乏河流的山脉，但在蒙古西部，山间的溪流与泉水形成的高山草甸能为牧民提供良好的冬季牧场。在东部气候带，季风在夏季带来了充足的水汽，而在冬季带来了盘旋在草原上空的反气旋。人们在冬季常常能遇上阳光明媚、平静无风的天气，加上不怎么下雪，所以在这里一年四季都可以放牧。[23]

因此，蒙古地区的东部为游牧者所偏爱，而其中又以鄂嫩河与克鲁伦河流域为甚（这里恰好是成吉思汗出生的地方）。鄂嫩河长约500英里，发源于太平洋水系与北冰洋水系的分水岭——肯特山脉的东麓，圣山不儿罕山可能也被包括在这片山脉之中。鄂嫩河是最终汇入了黑龙江的石勒喀河的支流（如果将鄂嫩河-石勒喀河-黑龙江看作是一整条河流，那么2744英里的总长度能使之成为世界第九长河）。[24] 克鲁伦河发源于肯特山脉南麓，流经蒙古草原东部，最终注入中国境内的呼伦湖。在降雨充沛的年份里，缺少出水口的呼伦湖通常在其北岸溢出。一部分溢出的水经长约20英里的达兰鄂罗木河汇入俄罗斯与中国的传统界河——额尔古纳河。河水沿着额尔古纳河的河道奔涌600英里后同前文所说的石勒喀河汇合，成为我们所熟知的黑龙江（有人提出，如果把黑龙江看作由克鲁伦河-额尔古纳河-黑龙江所组成的一条完整的河流，而非像前文所说的将鄂嫩河-石勒喀河-黑龙江视为一个整体，那么黑龙江就凭借其3000多英里的长度成为世界第六长河）。[25] 位于鄂嫩河与克鲁伦河之间的400余平方英里的森林，可谓是草原当中宛若仙境一般的宜居区，正是这里成了蒙古人的龙兴之地。这里能找到许多在蒙古其他地区非常罕见的树种：野樱桃、犬蔷薇、红醋栗、山楂、白杨、桦树、榆树、野苹果、西伯利亚杏、柳树、桦木、鼠李、俄罗斯桦木、杜松、胡桃、槭树以及阿月浑子。[26]

蒙古的气候一直都将至关重要的农业生产拒之门外。供水不足以及因蒸发和太阳辐射导致的水分迅速流失不过是其中最严重的问题。除此之外还有过短的生长季、大片大片的湿地和沼泽、干冷的环境以及盐碱地和冻土。当时（包括现在）的蒙古人主要是过着游牧生活的牧民。这种简单的说法其实是将其背后的复杂性给掩盖了起来，毕竟有些牧民的生活并非游牧式，而有些居无定所的人又并非牧民。比方说，尽管并不放牧，但西伯利亚的丛林土著是拥有马匹且四海为家的流浪者，而美洲的高乔人和牛仔虽然是牧民但他们并不四处迁徙。我们甚至没有必要去细分畜牧业和农业。蒙古地区周边的一些人群（居住在长城以北的汪古部以及生活在叶尼塞河沿岸的部落民）部分从事放牧，部分从事农业生产。[27] 如果考虑到季节性和非季节性迁移放牧的概念，我们还可以发现其中更多细微的差异。通常两者的区别在于，季节性迁移放牧模式会在冬季与夏季牧场之间来回迁移牲畜，而牧民们有像村落这样的固定居住点。而对于游牧式的放牧生活，赶着牲畜的人居无定所，他们住在可移动的帐篷里，跟随着季节的变化同牲畜一起迁移。[28]

虽然牲畜是私有财产，不过牧场却是由数个血缘共同体共同拥有的，其中最强大的部落和部族可以在一年中最适宜的时节占据最好的牧场。水资源总是草原上需要考虑的首要问题，所以各个游牧团体都会独占那些关键的水井，而外人想要使用就要支付报酬。[29] 到了冬天，营地和牧场通常会选在有自然屏障保护、积雪较少的区域，这些地方往往位于低矮的山谷、冲积平原、山的南坡，或者是草原的洼地。春天的时候，度过了寒冬的牲畜非常虚弱，这也是最为艰难的时候。到了5月末或者6月初，水汽的蒸发和逐渐变干的牧草预示着草原生机的复苏，每当此时，牧民们便开始迁往更高纬度的夏季牧场，牲畜也开始养膘。他们一边迅速撤离冬天的营地，一边让家畜在融化的雪水池子边尽情地饮食。冬季牧场和夏季牧场之间的距离通常在50英里左右，最近也不会少于20英里，但在鄂嫩河-克鲁伦河河谷这样极受欢迎的地方距离则远至60英里。对那些在大戈壁的边缘唯有竭尽全力才能生存下去的人来说，转场距离可能会有75英里甚至更长。这段行程以每天不超过20英里的速度不慌不忙地进行，当然，也不是每天都照此速度前进，牧民们也可能会选择隔日再继续上路或者干脆休息得更久一点。[30]

夏天的营地一般搭在有凉风吹过的高地上。在这个季节里，有酸奶、奶酪以及从马奶发酵而来的马奶酒。从绵羊、山羊和骆驼身上薅下来的毛被织成了线，再用线制成绳子、垫子、地毯和包。蒙古人非常擅长制作用在帐篷上的毛毡。制作方法是首先打羊毛，然后给羊毛浇上开水，接着来回不停地碾，直到这些纤维具有足够的韧性以便制成织物。由于毛毡能够在狂风天起到隔绝和保护的作用，所以毛毡是称为圆顶帐篷（我们更熟悉的"蒙古包"是后来俄罗斯新造的称呼）的蒙古帐篷关键的组成部分。秋天正是最为安宁的时期，是喂养春季产下的羊羔的好时节，此时的牲畜也最为健壮。[31] 当天气开始转凉，牧民们便启程返回冬季牧场。他们喜欢在冬季牧场的外围放牧，只有当天气变得极其恶劣、温度骤然下降时才会把牲畜转移到牧场的腹地。接着，蒙古人会根据经验估算出有多少牲畜能在冬季牧场里存活，然后宰掉最弱小、最不耐寒的那些。它们的肉经过熏制将成为牧民冬季的食物储备。因此，蒙古人的饮食也具有季节特性：夏天吃乳制品，冬天吃肉。[32] 受制于水和饲料的储备，可以存活的牲畜数量有限，但牧民们通常会试着保留尽可能多的活畜。冬天总是令人担忧的，你永远无法准确地预测到环境可能有多恶劣。在霜冻、干旱和疾病一起降临的时候，一个拥有若干牲畜的牧民会发现他的财产一夜之间就消失得无影无踪。因为冬天饲料的限制和春天的产羔都会使牲畜极为虚弱，所以季节性的规律至关重要。如果春天反常地出现了暴风雪，那么许多的牲畜尤其是那些刚出生不久的幼崽就会丧命。幸运的是，这种情况通常在一代人里发生不超过一次。规模大的队伍总是做得最好的，毕竟拥有牲畜最多的牧场总要比那些只有少量牲畜的牧人们恢复得更快。[33]

　　蒙古牧民们需要解决的问题太多了，他们永远在刀刃上过活。最严重的问题包括：植被退化，沙尘暴的侵蚀，风力作用导致的土壤矿化以及土地的盐碱化。如果土地的这些问题再加上过度放牧，那么结果就是牧场变成一片不毛之地。无论如何，土地的盐碱化和普遍的干旱都限制了水资源的总量。这也就意味着，畜群的数量永远都不会出现实质性的增长，而出于同样的原因，人口自然也不会增加。这其实就是说，畜牧业无助于人口的稳定与持续。[34] 即便是处在稳定的状态，牧民们也必须精确地计算需水量以及水井、水潭等水源之间的距离。这是因为不同种类的牲畜有着不同的移动速度,而且它们对水的需求也不尽相同。

在这种情况下,雪对于蒙古人而言算是好坏参半的。一方面,它为牧场带来了更多的降水,促进了牧草生长,要是没有这些就会出现过度放牧并最终导致土地荒漠化;另一方面,积雪可能带来致命的危险,因为它覆盖在草地和其他植被之上,使得牲畜无法进食。[35] 当时(现在也是)尤其让人感到担心的是一种被称为"阻碍(zud)"①的现象,因为融雪会反复、交替地解冻和冻结,在雪下形成厚厚的不可逾越的冰层。由于它可能影响到整个蒙古地区,所以这个现象尤其令人恐惧,干旱就从来没能造成如此普遍的影响。[36]

蒙古的牧民们不得不在饲养和管理绵羊、山羊、牛、马和骆驼这五种不相同的家畜时,于气候的不断变化中寻找平衡。不同于主要饲养单峰骆驼的阿拉伯贝都因人以及饲养驯鹿、生活在针叶林地带的林中百姓,蒙古人并不仅仅饲养一种动物。因此他们在放牧时需要根据家畜种类轮换牧场,就像农学家需要根据农作物的种类进行轮种一般。[37] 马和骆驼需要比羊更加湿润的牧场,所以它们需要在溪流流经的肥沃土地上进食。在蒙古,这就意味着要把它们和其他的牲畜分开放牧。绵羊和山羊是出了名的"铲草机"(绵羊和山羊几乎会把牧场上的草全部啃秃),也就是说大群的家畜不能紧随其后在同一个地方放牧。过度放牧绵羊和山羊会导致极其严重的问题,它们的蹄子破坏了土地的表面,让土壤直接裸露在外遭到风蚀。[38] 合理的牧场管理方式要求牧场必须在进行时段性的彻底休牧之后,再放牧骆驼和马这些不同的牲畜,好让牧场从"所过之处,寸草不生"的羊嘴下得到喘息。不言而喻的是,无论哪片牧场都不应该年复一年地放牧同一类牲畜。除了防止侵蚀之外,技术层面的原因是在土地累积同一种牲畜的粪便和尿液一段时间之后,这些粪便和尿液不但做不了肥料而且会变成有毒物质,在减少提供的养分的同时还会增加让牲畜患上疾病甚至染上瘟疫的风险。[39] 因此,牧民的可选项并不充裕,要么为牛和马腾出专门的牧场,要么就必须在绵羊和山羊之前先放牧其他牲畜。

---

① zud 为蒙古语,形容导致牲畜大批死亡的寒冬。——译者

进一步地观察这五种家畜将有助于发现牧民和牲畜贩子们所面临的那些复杂的问题。蒙古文化的核心之中恰好存在这样一个疑问，关于人们如何看待客观的事实和主观的感受。客观地说，他们所拥有的最具经济价值的资产是成群结队的羊群，但主观上他们最为珍视的却是马。在他们的价值体系里，这几种牲畜对蒙古人的重要性由高到低的排列如下：马、骆驼、牛、绵羊和山羊。[40] 不过他们饲养的 50% 到 60% 的牲畜都是绵羊，绵羊无疑是这种原始经济的支柱。正如上文所提到的那样，由于草原恶劣环境的限制，20 世纪早期的蒙古与其在 13 世纪的时候几乎没什么不同，因此我们可以通过引用一些现代的统计数据来进一步细化我们对于 13 世纪蒙古牧民畜群结构的认识。在 1918 年，蒙古的牧场面积约为 3 亿英亩，有 115 万匹马、108 万头牛、720 万只绵羊和 23 万头骆驼。在 1924 年，该数据变为 135 万匹马、150 万头牛、1065 万只绵羊和山羊以及 27.5 万头骆驼。到了 1935 年，数据分别为 180 万、235 万、1770 万和 56 万。[41] 虽然 20 世纪的特殊经济计划导致整体数据呈现出迅速的增长，但是各牲畜数量的比率基本保持不变，而且绵羊的中心地位非常明显。

蒙古绵羊的体型较小，它们与欧洲绵羊相比产肉量少。绵羊的毛虽然没有什么商业价值但是可以做成毛毡和衣物。绵羊最重要的产物是羊奶，羊奶要么制成黄油、奶酪，要么制成乳酒。[42] 在春天从冬季牧场向夏季牧场的移动中，绵羊证明了自己的价值，因为它不需要专门的水源，它们可以从露水和被融雪湿润的草地中获得充足的水分。春天当然也是危机四伏的季节，在向高山牧场转移之前绵羊既要产羊羔又要剪羊毛。牧羊人必须永远保持小心谨慎，高海拔、干旱或是位处森林边缘都会使牧场条件变得糟糕，这时羊群的数量可能会有令人惊慌的骤降。[43] 在冬季一开始屠宰的多余牲畜几乎也都是羊，但蒙古人似乎在消耗绵羊和山羊肉时比较节省。根据方济各会的使者柏朗嘉宾的记载，一只绵羊可供 50 人食用。[44] 旅行者圣昆廷的西蒙在一篇关于可怕的蒙古餐桌礼仪的长篇论述中写道："他们几乎不吃肉，这在其他民族看来简直活不下去。"[45] 一个普通的家庭在随季节迁徙的旅途中通常会带上 100 只绵羊、少数的牛、五匹可以骑着上战场的马以及另外三匹小马驹。传统的观念认为，绵羊群的最佳规模在1000只左右。与绵羊在一起放牧的是山羊,这同样是一个重要的游牧资源,山羊能产羊奶和羊毛。它们的优势是可以靠牧场以外的草地为生,不过它们的缺点则是会破坏根茎以及树木,后者常被蒙古人用作木柴或建筑材料。[46] 虽然并非出于任何宗教上的禁忌(蒙古人很乐意食用猪肉或肉牛),但猪从来都不是游牧生活的一员。人们不养猪的原因很简单,因为猪要吃在大草原上无处可寻的橡子,也因为猪无法完成长距离的迁移。[47]

蒙古人大约有9%的牲畜是牛。其中最具代表性的蒙古长角牛主要被用作驮兽,它们拖着载有移动蒙古包的车,不过有时候也被食用或者制成兽皮。它们很少被成群饲养。对蒙古人来说公牛更具饲养价值,公牛的优势在于被阉割之前它们可以充分地育成肌肉。蒙古最珍贵的牛可能要数牦牛。人们曾经以为牦牛只被用在高山地区,但这种看法似乎已被放弃。重达2200磅①、站立时肩高五至七英尺的牦牛无论作为驮兽还是在产出牛奶、牛肉和纤维制品等方面都非常实用,它的粪便也被当作最好的燃料。[48] 著名作家维克拉姆·塞斯就把牦牛描写成了一台能将草转变成黄油、燃料、搭帐篷的皮子和服装的高产机器。[49] 不过用处最多的品种却是犏牛,这是牦牛与奶牛杂交的品种。由于能够同时适应高、低海拔,容易被驯服并产出更优质的牛奶,所以这种杂交品种尤其地宝贵。方济各会的修士威廉·卢布鲁克和马可·波罗都很喜欢犏牛。卢布鲁克是这样写的:

> (他们有)一群极其强壮的牛,这些牛的尾巴上有像马尾那么多的毛,肚子和背部毛茸茸的。它们的腿比其他的牛要短,但是更加强壮,可以一路拖着蒙古人巨大的房子前进。它们扭曲的犄角又长又细且特别锋利,以至于要不时地锯掉尖尖的角。你休想得到它的奶水,除非有人为它歌唱。而且它们也有公牛的脾气,如果看到穿红装的人,它们就会猛冲上去想要置人于死地。[50]

然而通常情况下,不管是犏牛还是其他牛种都无法在实用性上同蒙古

---

① 1磅≈0.45千克。——编者

人第二珍视的动物——骆驼相媲美。因为它几乎能够适应所有的环境，骆驼简直可以称得上是一种万能的动物，它可以在任何平面上行走，尤其是在蒙古人挚爱的马匹难以前进的区域，比如大戈壁、鄂尔多斯、阿拉善和塔克拉玛干沙漠，这凸显了骆驼的珍贵。然而旅行者对骆驼的印象却一直都很负面，特别是来自维多利亚时代探险家理查德·伯顿爵士和弗莱德·伯纳比的评价，他们刻薄地评论道："飞奔起来的骆驼就好像在用猪的前腿和牛的后腿奔跑。"[51] 然而那些了解骆驼的人却认为，它们不仅感情丰富而且和人类很亲近。像狗和马一样，它们本能地依附于人类来保证自己的生存，人对于它们而言不是掠夺者而是保护者。[52] 中亚的骆驼是有两个驼峰的品种，称为双峰驼。在爱马的蒙古人眼里，即使双峰驼很早就以蒙古为家、脾气也比单峰驼更温顺，但是它们并未获得单峰驼在贝都因人那里享有的崇高地位。由于中亚地区很早就有了车轮，所以骆驼难以成为不可或缺的"沙漠之舟"。但与此相反的是，仅有的关于骆驼的文学作品是以蒙语写成的。[53] 双峰驼在亚洲历史中的作用是不容忽视的。中古时期，它在安纳托利亚、伊拉克、伊朗、阿富汗、印度、蒙古和中原都很常见，而且正是它让丝绸之路成为可能。[54]

双峰驼的优点有很多。它的寿命可达20—40年，能够驮起320—370磅的货物。如果能吃到优质的牧草，它可以30天都不喝水，而且，双峰驼可以饮用比海水含盐量还要高的水。如果有机会喝水，它最多能一口气喝下57升。它还擅长游泳。骆驼奶能做成骆驼奶酒，它的毛发对蒙古织品来说也是必不可少的。双峰驼在无负重的情况下时速可达四英里，若承载300多磅的货物，它们每天能以每小时2.5—3.5英里的速度行驶30英里。[55] 然而作为"神奇的动物"，双峰驼还是有些缺点的。这是一种昼行性动物，但是在军事行动中有时急需在夜间行军。在放牧的过程中，双峰驼有可能会走失，因此相较于绵羊和山羊，双峰驼需要更多的人手来照看。它们每天需要八小时的时间吃草。双峰驼不喜欢被独自留在沙漠里，当发现自己身处这样的困境时，它们很可能会一路跋涉直到倒地身亡。如果冬天在冰上滑倒，那对骆驼来说就是必死无疑，因为它们没办法再站起身来。即使是骆驼用处很大的粪便或碎屑，在做燃料使用时也会产生浓重而又刺鼻的烟雾，熏得蒙古的放牧者们视线模糊，就好像坐在篝火的周围那样。[56]

助力蒙古人最终统治了整个大草原的动物是马，它们是"马背上的民族"不可缺少的好帮手。正如人们所言，没有马的蒙古人就好像失去翅膀的鸟儿。草原上的马在品种上同野马或者普氏野马有些相似。[57] 早在公元前3200年，大草原上就有了被驯养的马，但是在早期文明中它们被用于战车战而非骑兵战。首次被蒙古部落驯服的战马可能出现在公元前5世纪到前3世纪之间（但在西部的草原上，直到公元前1世纪才出现由塞西亚人驯服的战马），随着马镫在公元5世纪左右出现，马便成了更加强大的战争武器。[58] 蒙古马约有12—14手①之高，头大腿粗脖子直，毛皮极厚，身体结实有力，与中世纪西欧的军马相比，它们体型更短、更显矮壮也更结实。它们耐力惊人，可以一口气飞奔六英里。尽管在西方，根据它们的高度只能将它们归为被视为宠物或是供儿童骑乘的矮种马而非真正的马，但是动物学家们一致同意将蒙古马视为真正的马。它们能够忍受夏季30℃的高温和冬季-46℃的低温。对蒙古马的小短腿而言，走路太慢而奔跑又容易疲劳，所以它们正常的前进方式是一路小跑。[59] 它们的步态有些笨拙，对外行来说骑上去很不舒适。它们最重要的天赋在于能够用蹄子刮去草原表面的积雪从而接触到下面的草地或地衣，它们靠吃树叶生存，不用额外给它们喂豆子、谷物或者其他饲料。与许多其他品种的亚洲马一样，它们可以完全依靠放牧存活。这与常规的马种不同，如果让后者在任何天气里都待在室外并且没有食物补给，那么它们的数量会迅速地减少。蒙古马可以在冬日里作战，正是这种能够适应所有天气条件的能力让蒙古人击败了他们的敌人。[60] 在作战的过程中，每个蒙古人都有三匹马来替换（蒙古人在九天的时间里能够骑行600英里，显然他们不是骑着同一匹马），在强行军时，为了避免疲劳，每两个小时就会更换。高机动性让武装起来的牧民们几乎无可匹敌。不过，就算是如此结实的蒙古马在面对反常的天气时也很脆弱。牧民真正害怕的是，在忍受了几个月的半饥饿

---

① 测量马的高度的单位，1手≈10.16厘米。——编者

状态后，春季一场晚来的暴雪会对处在最虚弱状态的马匹造成毁灭性的打击。[61] 除了这种天灾，蒙古人相信他们的马在任何情况下都能很好地为自己服务。马的重要性还体现在蒙古人日常通行的计量方式中，蒙古人以马作为基准来估算他们的财富以及换算家畜的价值。蒙古人认为如果一个住着五个人的蒙古包拥有超过 10 匹马，那么每个人就都可以过上富足的生活。如果一个人要想过上更加富裕的生活则需要五匹马，也就是说一个五口之家需要 25 匹可供骑用的马以及四至六匹用来驮物的马。一匹马的价值等于五头牛或者六只羊。一个两岁的孩子算半匹马，一岁的就是四分之一匹了。[62] 蒙古人饲养的主要是母马，毕竟它们更容易被驯服，同时还能提供制作马奶酒必不可少的马奶。如果食物短缺，他们有一种技术能切开马的血管饮血，之后再将伤口缝合好。最为强壮的公马会被保留作为种马，每只种马都拥有 50—60 匹母马以供配种。虽然种马饲养起来有点麻烦，但是它们对守夜人来说却非常有用，因为种马不会让它的母马逃走，在看守马群时就像放牧人对狼一样警惕。[63]

在蒙古不管是男人、女人还是儿童都能对马了如指掌。儿童自三岁起就被放在马背上，甚至在更小的年纪就被绑在了上面，如此一来即使还是儿童也能够熟悉他们坐骑的动作。蒙古有许多在会走路之前就会骑马的婴儿骑手的实例。[64] 蒙古人把马训练得像狗一样，马可以回应他们的召唤和哨声，以免需要安排专人牧马。他们早早地就开始驯服自己的坐骑，向它们反复下达需要其服从的指令，但直到马长到五岁才开始加大训练强度，激发它们最大的潜力。之所以在马年龄尚幼时就开始驯马，其原因之一是为了训练它们不乱踢乱咬。[65] 在这之后的一个环节是要让它们习惯马鞍和其他马具。蒙古马的马具包含了一根简易的缰绳和一种短踏板、深坐垫的马鞍，同时还配有很短的马镫。马鞍上有非常厚实的毛毡坐垫，缰绳连接着简单的环形马嚼子。鼻羁和面部的勒带连在一起，所以只要一下雨，马的鼻子连同口、唇和舌头都能感受到压力。[66] 蒙古人并不打理马的毛发，而是任由马的鬃毛和尾巴肆意生长，长到几乎拖到了地面。在他们看来，这样能让马在冬天保暖，在夏天驱赶苍蝇，而且，如果缰绳或马鞍断了也能随手用马的毛发来进行修补。[67]

在这之后的训练里，他们先是让马保持静止的状态，然后去习惯噪音，特别是习惯战斗的喧嚣。接着，当马行动时骑手坐在马鞍上射箭，这样做的目的是让马能够适应骑手们从剑鞘里拔出箭、把弓弦拉开然后从不同的角度将箭射出这些不同的动作。马必须学会在收到来自骑手腿部的信号前一直保持笔直前进，因为骑手不会握着缰绳驭马，而是把绳子打成结。对于骑手来说，他们必须一直把腿伸直以免误导坐骑，在马鞍上仅利用腰和臀部的力量进行转身。其他的技巧还包括让战马习惯甩开来的绳子和套索、扔出去的长矛以及挥舞的宝剑，这些武器有时会距离它们的头部非常近。[68] 奇怪的是，蒙古人发现比起慢跑，反而是在马飞奔的时候更容易射中目标。这是因为当抛开缰绳的束缚而驰骋的时候，马会压低整个背部，身体得以舒展，头部和颈部的位置也会变低，这样就为弓箭手提供了自由发挥的空间。为了保证这些马能够迅速地转向，蒙古人首先让它们围成一个大圈，接着渐渐地把圈子缩小，直到让急转弯变成一种本能。13世纪晚期，马可·波罗就注意到蒙古马训练有素，它们甚至可以像狗一样快速地掉头。[69]

接下来便是关于口令的训练。蒙古人注意到不同品种的马各有特点，所以他们更喜欢在设伏时候选用骟马，这种马不像种马和母马那样总是嘶鸣。[70] 蒙古人非常喜爱他们的马，在艰苦的战役中幸存下来的马可以就此退役，过上放牧吃草直至终老的日子。只有在非常极端的环境下马才会被杀掉作为食物。由于马是珍贵的资源，所以蒙古人非常关心它们的境遇。牧民在春夏两季不会去使用马匹，而是将它们赶去草地，让它们尽情地休息和放松。离开草地之后蒙古人就把它们拴在帐篷附近，定量地供应牧草直到甩掉它们所有的脂肪，让它们做好上战场的准备。[71] 用马之后，蒙古人总是会卸下马鞍，然后把它们的头抬高防止它们进食，直到它们冷静下来，呼吸恢复正常——这个方法能够控制马进食的过程，而且还可以预防疝气和蹄叶炎。[72] 通常他们不给马钉马掌，因为在蒙古这种干燥的气候里生存的动物，蹄子比起其他气候里的要更硬，也更能够抵抗擦伤。不过一旦它们去到蒙古以外的地方征战，蒙古人就常常发现这些马需要钉马掌了。

当然，游牧者的牧群并不是仅有的在蒙古生存的动物。这里永远都是野生动物的天堂。13世纪时。即便是蒙古人大规模的狩猎也没能对它们的数量造成任何削减。就算到了今天，整个中亚还拥有超过800种的脊椎动物。[73]其中大部分都是蒙古地区具有代表性的品种，而在13世纪时这个数目还要多得多。它们中的一部分曾与蒙古的畜群相互竞争。牧民的牲畜取代了许多野生偶蹄类动物的位置（马鹿、黇鹿、瞪羚、羚羊、野山羊、西伯利亚野山羊、野猪），值得注意的是，只要蒙古人将畜群从冬季牧场赶走，数以千计的瞪羚和羚羊便会聚集在那里吃草。[74]作为过着游牧生活的牧民，蒙古人主要狩猎的目标自然是肉食性的捕猎者，其中又以狼群为甚。为此，他们用自己培育出的烈性犬和经过了特别训练的老鹰来狩猎。此外蒙古人需要对付的还有熊、豹、猞猁和猎豹。后来，当蒙古人将领土扩张到亚洲中部的其他区域后，他们还遭遇了更庞大的猫科动物。那时候亚洲还生活着很多亚洲狮，蒙古人就像他们的帝国前辈罗马人一样，被"野兽之王"这个名不副实的称号所吸引，他们有时会收下那些被征服的国家献上的狮子作为贡品。[75]在蒙古统治时期的亚洲还生活着大量更为凶猛的老虎，特别是在阿姆河流域。[76]然而，在蒙古人同猫科动物的互动中，最让人感兴趣的还是蒙古人和雪豹的关系。虽然现在我们只能在海拔1.1万到2.2万英尺之间找到它，但是在13世纪，雪豹的数量很多，它们可以被驯养，并被蒙古人用于大规模的围猎活动，有时甚至还会被驮在马背上转移到战场上。对蒙古人来说，雪豹是一种很容易饲养的宠物，因为它们除了吃肉还食用大量的植被、草和树枝。[77]

在游牧民活动的范围内还会常常闯入众多的野味：野骆驼、狐狸、兔子、松鼠、獾、貂、野猫、野兔、成群的野驴以及蒙古鼠，旅行者形容蒙古鼠为"一种柔软、漂亮的小动物，有着羽毛般的尾巴……不像那些常见的挪威大鼠或英国大鼠那样让人恶心"。[78]在包括老鼠、沙鼠、仓鼠和旅鼠在内的许多啮齿类动物中，蒙古人对土拨鼠情有独钟，他们认为那是难得的美味佳肴。尽管土拨鼠非常难捉，捕猎土拨鼠需要游牧猎人煞费苦心，但除了作为牧民们的食物之外，它们还因为一种奇特的迷信活动而倍受重视——人们可以通过观察土拨鼠的行为来判断未来的天气和季节将会怎样，这个习俗与当代美国有关美洲旱獭（通常归类于土拨鼠）的娱乐活动没有太大的差别。[79]

蒙古人经常会遇上蛇，尤其是蒙古毒蛇，虽然这种蛇能够分泌毒液，但毒液很少能对人造成致命的伤害。但当蒙古逐渐扩张成为帝国的时候便完全是另外一种情形，他们遇到的是眼镜蛇这种真正危险的大蛇，特别是在伊朗和咸海-里海盆地。然而，蒙古人好像总是与蛇有一种矛盾的关系。虽然他们会杀死毒蛇后挤出毒液制作毒箭，但他们通常对这种被罗马博物学家普林尼称为"可憎的生物"的物种有着迷信的看法，理由是这种生物与龙有关，拥有控制水的力量。[80] 总之可以肯定地说，蒙古人开发越多新的疆域，他们就会发现越多奇异的、闻所未闻的生物，包括阿富汗的条纹鬣狗、里海的海豹、西亚的鸵鸟还有锡尔河流域的毒蜘蛛。[81]

让人惊讶的是，除了隼和猎鹰，他们对蒙古地区鸟类的生活基本毫无兴趣。尽管在旅行者的故事里有对野鹰、秃鹰、老鹰、猫头鹰等肉食性鸟类的丰富描写，也有对人畜无害的小翠鸟、松鸡、天鹅、鸿雁、鹤、琵鹭、白鹭、鹈鹕和鹳的记载，[82] 却没有来自蒙古人的记录。同样的情况还出现在蒙古人对鱼类的记载上，这与蒙古人反对捕鱼这个根深蒂固、延续至今的文化偏见有关。正是因为蒙古地区的湖泊没有因蒙古人的捕猎而受到影响，蒙古地区那76种鱼类得以很好地保存至今，其中包括鳟鱼、茴鱼、鲈鱼、斜齿鳊、梭鱼、鲟鱼和巨大的淡水鲑鱼。贝加尔湖这样的大型水域也得以始终潋滟潋滟、浮天无岸，宛若被白色的浪花和岸边雪山所衬托出的湖蓝宝石。

蒙古人的外貌一直都让见到他们的欧洲人和西亚人倍感惊讶。在13世纪40年代中期，一位陪同柏朗嘉宾进行那场著名的蒙古之旅的方济各会修道士描述蒙古人身材矮小、体型纤细，并认为这是艰苦的生活方式及饮用马奶的饮食习惯造成的。他进一步地描写到，蒙古人面部宽大、颧骨突出，发型似乎融合了基督教徒和阿拉伯人的风格：一方面他们就像方济各会修士一样在两耳之间剃出三指宽的距离；另一方面，他们把额头上的头发留成直抵眉毛的月牙形刘海，再把剩余的头发像穆斯林一样编起来。[83] 在他之后的另一位基督徒威廉·卢布鲁克写到，蒙古男人在脑后留有长发，在恰好是耳朵的位置挽成两股辫子。虽然认同柏朗嘉宾关于蒙古男性身材矮小的说法，但卢布鲁克发现这里的女性通常都很丰腴。女性把她们的头发从中间剃到额头。蒙古人对鼻子有一种极端迷恋，他们认为鼻子越小的女人越漂亮，因此蒙古的女性甚至会切除鼻梁，从而使鼻子几乎消失不见。[84] 这两种说法都被柏朗嘉宾的一段著名的描写所证实（他把蒙古人称作"塔塔儿人"）：

> 塔塔儿人在外表上同其他人完全不同，他们两眼及颧骨的距离要更宽。与面颊相比，颧骨格外突出；鼻子扁而小；眼睛小且眼睑上翻一直与眉毛相联结。除了少数例外，大多数人身材苗条，几乎所有人都是中等身高……他们如同僧侣一样在头顶上戴一环状头饰，所有人在两耳之间剃出三指宽的间隙，以使头顶的环状饰品得以相接。另外，前额同样削去了两指宽的头发。至于环状头饰与已剃光的头皮之间的头发，他们让它一直披到眉毛以下，把前额两侧的头发大部分剪去以使中间部分的头发显得更长。其余的头发就如女子的青丝一般任其生长，他们会将这些头发编成两根辫子，分别扎在耳后。[85]

上述方济各会修士的描写显得极为平和，大概痛苦的经历并没有让他们对蒙古人产生不满。不过，西亚人将蒙古人看作"上帝之鞭（the scourge of God）"，他们在表达对蒙古人的感受时也因此受到影响。在波斯和阿拉伯的资料中，蒙古人不可避免地被描述为丑恶、可怕的形象。他们主要强调蒙古人面部无须、目光如炬、声音凄厉、体魄强健。仅举两名目击者的证词就足以说明这一点。以下的记录来自一位13世纪的亚美尼亚基督徒：

> 他们看起来很可怕也难以描述，如水牛一样的大脑袋，雏鸟一样的小眼睛，猫一样又短又翘的鼻子，狗一样凸出的口鼻部分，蚂蚁一样的细腰，猪一样的短腿，再加上他们天生就没有胡须。他们壮如雄狮，能发出比鹰还要尖锐的声音。[86]

接下来是一首波斯的诗歌：

> 他们小而锐利的眼睛好像能把黄铜罐凿出个窟窿，那股臭气要比他们的气色更加恐怖。脑袋就那样紧连着身体好像完全没有脖子，脸颊好像皮制的壶布满了皱纹和疙瘩。那鼻子从这边的颧骨爬到另一边的颧骨。鼻孔犹如腐烂的坟墓，鼻毛从那儿拖到了嘴唇。胡子的长度有些夸张，不过下巴上的胡须却几乎找不到。一半白一半黑的胸部满是虱子，像是劣土上长出的芝麻。他们全身都是这些虫子，皮肤也像鲨革一样粗糙，只能用来做鞋子。[87]

蒙古女性对于外国观察者来说有着极强的吸引力。对她们的描述既有带着偏见的厌恶，认为她们肥胖、丑陋、和男人没什么两样；也有勉强的赞美，称她们毫无怨言地忍受艰辛、马骑得和男人一样好、驾车技术一流、箭术高超等等。观察者们最厌恶的是她们在身上涂抹的那些俗不可耐的纹饰，而最敬佩的则是她们能够像没事人一样一边站着干活一边就把孩子给生了。也有人指出蒙古人因女性与民族自身的月亮信仰密切相关，故而格外尊敬女性。[88] 尽管欧洲记录者抱怨蒙古女人太过中性，但他们对男女两性衣着差异的关注，实际上使自己陷入了自相矛盾的境地。在成吉思汗时代到来之前，蒙古人还享用不到世界性帝国带来的奢侈品，他们只能依赖于那些用毛皮、皮革、羊毛、毛毡和骆驼毛制成的衣物。他们标准的装束是在一件长到脚踝的长袍下面再穿一条宽松的裤子。为了对抗恶劣的气候，他们穿戴上了毛毡披风、皮靴、毛毡短靴和毛皮风帽。毛皮衣服是双层的，这样里面和外面就都有毛了。[89] 他们的最爱是狐狸、猞猁和狼的毛皮。尽管草原上没有极端的富裕和贫穷，但每个人拥有不同规模的畜群，富人最为明显的标志是富裕的女性穿戴的被称为"顾姑冠"的奇特头饰。一名观察者将这种头饰形容为把一个男人的脚穿在了女人的头上。顾姑冠"用铁丝结成，形如竹夫人，长三尺许，用红青锦绣，或珠金饰之。其上又有杖一枝，用细青绒饰"。[90] 坚忍不拔的蒙古女性所具有的略显俗气的一面，或许可以看作是一种对其乏味家庭生活的补偿。

在成吉思汗时代以前，蒙古所有帐篷的搭建和拆卸都非常迅速。这些穹顶结构的帐篷由生牛皮扎起的柳条格子制成，再在外面覆盖一到两层的油毡。因此，蒙古包是一种由交错的树枝和支架组成的环状建筑，在顶部围出一个较小的环，从那里伸出一根烟囱似的柱状凸起。蒙古包的最外层通常覆盖着白色的毛毡或是用骨粉制成的白色混合物，直径长达14英尺。蒙古包内的地面铺有毛毯，四周的格子上固定有钩子，以便将食物、武器和其他物品挂起来。一家之主总是面对朝南开的入口。男人坐在西侧，而女人则坐在东侧。[91]

在成吉思汗崛起之前，蒙古人的饮食因规模有限的游牧经济的限制严重地依赖奶和肉。相对于肉类，蒙古人更喜欢马奶，夏天马奶的产量很大，但到了冬天，奶成了奢侈品，只有富人才吃得起。只有在非常时期人们才会吃生肉，肉类通常都是以煮或烤的方式食用。普通的蒙古男女在冬季的主食是小米粥。冬季维持生计的艰难使牧民们不会奢侈地用骨头去喂狗，即便他们喂骨头也会先将骨髓剔出来。[92] 所有人都用手从一口锅里吃饭，大家小心翼翼地分享食物。然而所有的观察者都认为，要想在草原上生存就必须成为饮食机会主义者，来者不拒什么都吃。蒙古人能吃任何肉，包括土拨鼠（如前文所见）、小老鼠和其他小动物。一些观察人士声称，他们会摄取除禁忌的母驴肉之外的任何蛋白质：来自猫、狗、硕鼠、虱子，甚至是母马的胎盘。对蒙古人很是着迷的英国修道士马修·帕里斯指出，青蛙和蛇也在蒙古人的食谱上。蒙古人的饮食文化中唯一的通行禁忌是不能吃被闪电击中的动物。[93] 还有人声称蒙古人吃人肉。尽管被证实，极少的吃人案例出现在1231年拖雷攻打金朝时，当时在极端情况下蒙古军队发生过吃人的事件，但关于蒙古人的这个谣言始终在西欧流传。根据这个说法，蒙古人吃人肉是为了寻欢作乐或者吓唬他们的对手。在西方盛行的最为离奇的说法是，游牧民们把年迈无用的父亲那烧焦的尸体拿来当作佐料撒在食物上。[94]

众所周知，蒙古人极为好酒。马奶酒是游牧生活的主题。蒙古的夏季长达三至五个月，母马正是在这个季节里产奶，此时蒙古人会用大皮囊将搅拌好的马奶酒挂在蒙古包的门口。马奶酒也可以用绵羊和山羊的奶来做，但做出来的酒会很劣质。冬天，蒙古人还会用米、麦、粟和蜂蜜制作一种低度酒。口感醇厚的马奶酒对舌头的刺激类似于发酸的葡萄酒，但会在口中留下舒服的杏仁味。[95] 此外还有专供可汗、部落首领以及高级权贵饮用的上好的清马奶酒，被称为"黑马奶酒"。由于马奶酒的酒精含量最多只有 3.25%，所以游牧民习惯于豪饮。在只有马奶酒可供饮用的无忧无虑的年代里，酗酒和斗殴都很少见。直到后来蒙古人开始喝上真正的酒，酒精才成了严重的问题，这些酒的劲头是马奶酒的三或四倍。就算是成吉思汗对此也无能为力，毕竟酗酒已是蒙古文化不可分割的一部分。[96] 醉酒被认为是一件骄傲的事，是一种光荣的行为，也是男子气概的终极体现。第一轮畅饮之后，酒徒们喜欢吐了之后再回来继续享受新一轮的狂欢。然而，让外来的观察者恶心的并不是呕吐，而是蒙古人因对水的迷信和崇拜而造成的普遍的污秽和不卫生。威廉·卢布鲁克记录到，蒙古人可以在谈话的中途停下来小便。如果有便意，他也会直接走到一边，蹲下、解手，然后继续聊天。[97]

蒙古居住环境的严酷以及游牧畜牧业的复杂性有助于解释最终由成吉思汗激发出的蒙古社会中的种种潜力。照看数量庞大、品种繁多的畜群带来了一系列的结果：杰出的适应性以及出色的反应力和能动性；能够迅速转移的机动性；精湛的军事技艺；有限的财富以及不太明显的经济不平等；几乎不存在的劳动分工；以及动荡不安的政治格局。流动的生活方式意味着牧民要一直保持警觉并随时做好战斗的准备，因为在面对突袭、掠夺和偷窃的时候，作为财富的牲畜可以说是极其的脆弱。管理大量的牲畜比培育庄稼需要花费更多的精力并面临更大的风险，所以相较于农耕生活，游牧生活本就更加艰辛。在和平时期的迁移中，牧民能够将过剩的精力用于训练，培养适用于战斗的军事素质，毕竟在和平的环境里，战士们可以把放牧和驱赶牲畜这种琐事交给妇女和儿童。[98] 当战争降临时，游牧社会所遭受的破坏要远远小于定居社会的，因为后者不得不去保卫农作物、城市、寺庙以及其他固定的场所。

游牧生活在军事方面带来的衍生品还有很多。迁移大规模的牲畜练就了他们的后勤能力，以及在未知的地形中辨别方向的同时协调分布在各地的伙伴的能力。[99] 狩猎的作用也非常重要。蒙古人的狩猎生涯从射猎狼群和小型动物开始，他们冷酷无情地追捕前者，利用从后者身上得到的皮毛换取衣物和其他物品。不过很快他们就会成长为大型狩猎活动中的猎手，而这些大型的围猎行动（后文将会进行详细的描述）正是一种重要的军事训练方式。

一些学者提出，相对来说，沙漠栖息地更有利于渐进主义的形成，而草原栖息地的人则更倾向于快速且粗暴地解决问题。草原上的游牧生活容易让人变得孤立并缺乏对彼此的了解，从而让互相的劫掠成为生活中固有的一部分。由于劫掠成了游牧生活的一种消遣，牧民天生就倾向于展开野蛮凶狠的袭击，以致于那些定居生活中的农民一旦尝到苦果之后便会毫不反抗地缴械投降。概言之，游牧生活在某种程度上是在鼓励霸凌。[100]

草原上财富和地位的不平等并没有像定居社会那般明显。蒙古没有农业用地，没有手无寸铁只靠土地为生的农民，没有地主，没有城堡、要塞或是防御性的堡垒，除了牲畜他们也没有食物或财富的积聚。因此，无论是对财富的所有权还是对领土的控制权都非常不稳定，与此同时，强烈的土地产权意识（依然没什么财富可言）也不可能得到发展。导致的后果之一便是蒙古社会缺乏劳动上的专业化和分工，尤其是没有区分牧民和士兵，因为每一位蒙古男性都同时承担这两种身份。[101] 再者，由于不论男女都要照料畜群、驾驶车辆，性别之间的差异也很小。虽然在实际上，男人倾向于看管马和骆驼，女人负责照看牛、绵羊和山羊，但柏朗嘉宾却试图通过男人在战事之外懒到了极致而女人承担了营地中所有艰苦的工作来暗示劳动上的性别分工。这个观点被其他更有利的证据所驳斥，这其中就包括柏朗嘉宾在蒙古汗廷中的继承者、方济各会修士威廉·卢布鲁克的记述。[102] 卢布鲁克认为蒙古的男女都极其勤劳，但在事务上他们则根据理性的偏好进行了分配。男人们制作弓、箭、马镫、马嚼子和马鞍，建造住宅和马车，照看马匹，给母马挤奶并搅拌，照料骆驼并给骆驼装货。妇女们织布，驾车，把帐篷装到车上，挤牛奶，制作黄油和奶酪，缝制皮具、鞋子、袜子和衣服。[103] 柏朗嘉宾之所以被误导，是因为蒙古人轻视农民们日复一日的日常工作。柏朗嘉宾笔下那些懒惰放纵的享乐之人不可能拥有熬过饥荒的耐心和能力,也不可能被那种尊崇在饥荒年代与其追随者分享食物的领袖的文化所接纳。[104]

有关草原游牧社会,最后一个需要注意的方面是其极度动荡的政治生活。每一位部落首领都不得不面对这样一个不可避免的事实——如果他没能提供大量的物质财富,那么其追随者就会离他而去融入草原。没有任何自然的或是形式上的血亲关系、对于氏族的忠诚、世袭的分封制度、毗连的领土或是其他的任何传统能够防止这种情况的发生。草原是一个背信弃义的世界,人们无论出于何种理由都无法保证忠诚。在没有争执和仇杀的情况下,政治上的结盟多变且短暂,部落、氏族甚至是个人之间的关系令人眼花缭乱。部落领袖唯一凌驾于追随者之上的权力是他得以用掠夺牲畜、进行屠杀、奴役人口以及"收养"妇女和儿童来恐吓敌人。但若是某位领导者拥有此等权力,那么他就不太可能立刻遭到背弃。然而他的领导地位也并非固若金汤,毕竟草原上的部落成员非常善于揭穿自吹自擂或装腔作势之人。[105]

2

草原的早期历史

在 13 世纪以前，草原上已经存在过许多强大的联盟甚至是帝国——斯基泰、阿兰、匈人、阿瓦尔、黠戛斯，特别是回鹘。但是如果真的存在一位对历史投注的赌徒，那么他绝对猜不到迄今为止最伟大的帝国将诞生在蒙古部。蒙古部最初只是中亚一隅一个不起眼的小部落。他们的起源神话讲述的是苍狼与白鹿的故事，相传它们登上了肯特山脉靠近鄂嫩河与克鲁伦河源头的一座高峰，在那里进行结合后诞下了一个名叫巴塔赤罕的人类男孩。历经十数代之后，巴塔赤罕的后裔朵奔篾儿干和他的妻子阿阑豁阿生育了两个儿子。在朵奔篾儿干死后，阿阑豁阿又生下了三个儿子，据说孩子们的父亲是一个"像太阳一样颜色金黄"的神秘人，他伴着月光穿过烟囱进入了阿阑豁阿的帐篷。在帐篷里他用手抚摸她的腹部，身上散发的光线进入了她的体内，接着他便如来时一样被烟囱里的光柱带走，飘然离去。朵奔篾儿干的五个儿子（包括他亲生的两个以及神秘人所赐的三个）在成年后分别建立了各自的氏族，他们由此成了庞大的蒙古部落中错综复杂的氏族体系的源头。[1]

阿阑豁阿最小的儿子孛端察儿建立了著名的博尔济吉特部，未来的成吉思汗便是该部族的后裔。孛端察儿的玄孙海都首次实现了蒙古部落的完全统一。根据传说，最初蒙古人身材高大，拥有浅色的毛发和蓝色的眸子，但在与异族彻底地通婚之后，他们便长成了身材短小、黑头发、黑眼睛这种广为人知的模样。[2]

自大约1050—1100年的海都汗起,我们的讲述终于可以从模糊不清的传说故事进入清晰(可以说是相当明了)的历史叙事。蒙古人被第一次提及是在9世纪的唐朝文献中,在唐朝之后的辽朝,他们成了皇帝可靠的盟友。根据一些记载,蒙古人原本是居住在森林中的民族,他们从北方的针叶林地带移居到了南方。中原人将蒙古人的起源追溯至蒙兀部,那是唐朝时期统称为室韦的部落中的一个分支。那时候他们就已经在蒙古的鄂嫩-克鲁伦河地区建立了稳定的统治。[3]在海都汗统治时期,两件事情改变了蒙古部。首先,海都汗开始私下同东北地区的女真人密谋,后者在12世纪初灭亡了辽朝并建立了金朝。接着,海都汗果断地将蒙古部的经济形态从畜牧业和农业的混合转变为完全的畜牧业,他还引入了绵羊和骆驼等新物种。一些历史学家认为这次改变是一种倒退,蒙古人的生产方式由此远落后于经营农场和田产的回鹘人。[4]尽管海都汗的能力卓绝,但他还是给蒙古留下了一个有毒的圣杯,即博尔济吉特部和泰赤乌部这两个最主要的部族之间长期的不和(虽然蒙古有13个部族,但这两个部族是最重要的)。海都汗的大儿子拜姓忽儿·多黑申作为长子被推举为博尔济吉特部的首领,由于兄弟间一些不甚明了的冲突,小儿子察剌孩·领忽独立出去并建立了自己的家系,也就是泰赤乌部。两部争斗不已,仅仅是他们之间你死我活的对峙关系就令海都汗的继任者们难以统一蒙古部落。[5]

蒙古在12世纪动荡不安,这主要是由于它与刚刚建立的金朝之间错综复杂的关系。据资料显示,造成混乱的原因有二:一是中原人同草原游牧民族间持续不断的战争;二是草原上的内战。草原上五个主要的部落:蒙古部、蔑儿乞惕部、塔塔儿部、克烈部以及乃蛮部之间频繁爆发武力冲突,五部互为掣肘。除此之外,蒙古内部的博尔济吉特部和泰赤乌部之间也存在持续不断的斗争。然而,蒙古部落并非包含了所有以蒙语为母语的氏族和子部落,塔塔儿部、克烈部和乃蛮部等部落中也有在民族学和语言学上属于蒙古的子部落。唯一能够简便区分蒙古部和其他部落的方式就是,只有蒙古部落是纯粹的异教徒,而其他部落则信仰一种融合了景教和萨满教的宗教。

中古时期中原的史学家对边疆地区各式各样的异族人进行了粗略的区分：居住在大戈壁之南、长城沿线的"开化"的"白塔塔儿"，他们主要是汪古部人；而克烈部或称"黑塔塔儿"则在草原上过着简单但充满生气的日子，他们因为自己没有像怯懦的"白塔塔儿"那样为了眼前的利益就把与生俱来的权利出卖给中原人而感到自豪。还有在西伯利亚南部被称作"生塔塔儿"的族群，他们以渔猎为生，所获只能勉强糊口。[6] 至于蒙古部人，中原的史学家将他们单独划分为一类，置于"白塔塔儿"和"黑塔塔儿"之间。直到海都的势力大增，中原王朝才意识到他们比预想中的要可怕得多。

蒙古地区权力架构的实际情况则更加复杂。其中实力最强大的是乃蛮部，该部最早是居住在阿尔泰山南麓以及额尔齐斯河上游的突厥人，之后他们渐渐地分散于塔尔巴哈台山脉以及色楞格河和鄂尔浑河的上游地区。乃蛮部认为自己是9世纪中叶覆灭的回鹘帝国的后裔。直到13世纪早期，他们还保有政治上的凝聚力，接受了被本土萨满教改良的景教。在文化上，乃蛮部也比蒙古北部和中部的各部落更为先进。[7] 其次重要的部落是位于乃蛮部以东并与之结盟的克烈部，该部落同样信奉景教，他们聚居在色楞格河和鄂尔浑河的上游河段以及图拉山谷附近。[8] 塔塔儿部由六个不同的部族组成，他们占据了大草原到克鲁伦河南部的广阔区域。在12世纪时他们是中原人的秘密武器，有时候他们还被称作"金朝的宪兵队"。中原历任统治者都力求通过系统化的"分而治之"来缓和北部强邻所带来的威胁，一直到12世纪末期塔塔儿部人都出色地发挥了这样的作用。早在10世纪，中原史学家就将阻卜（几乎可以肯定这是指塔塔儿部）看作是蒙古东部地区具有统治地位的部族。塔塔儿部是克烈部自古以来的敌人，据说他们在12世纪初期曾消灭了克烈部一支4万人的军队。[9] 对蒙古部来说，塔塔儿部尤其危险，因为蒙古部人居于鄂嫩河与克鲁伦河流域，而塔塔儿部就居住在其领土以南。在蒙古部的西南方向，在贝加尔湖以南的色楞格河的下游以及库苏古尔湖周边，活跃着另一个好战的部落——蔑儿乞惕部。不过对蒙古人来说，幸运的是，这个部落分裂成了三支，且每一个分支都有自己的首领。可以说蔑儿乞惕部的支离破碎和乃蛮部的万众一心正好处在天平的两端。[10]

在 12 世纪的前半叶，海都曾孙合不勒的统治在蒙古史上影响深远。虽然有时候他被人嘲笑胃口好得就像巨人一样，但他无疑是一个富有才干之人。1135 年他前往金朝参加金熙宗的登基大典，据说当时他在宴会上豪饮暴食，把东道主看得目瞪口呆。大概是在随后的一次拜访中，他仪态尽失，在宴席上喝得酩酊大醉，还拨弄着皇帝的胡子并大肆诽谤朝臣。[11] 不过金朝并没有因他出格的行径误将他当成小丑看待，毕竟他凭借着对草原政治的娴熟把控已经在边境上形成了一股极具威胁的势力。金朝允许侮辱了朝堂的合不勒离开，但他们又实在对他难消戒心，于是思索再三后还是派出一支军队对其紧追不舍，要将他带回金朝并强迫他签下表示归顺的条约。合不勒在察觉到追兵之后将金兵诱进埋伏圈，并将他们赶尽杀绝。双方自此公开决裂，1135—1147 年金朝和蒙古之间爆发了更加激烈的战争。金朝又一次使出塔塔儿部这个秘密武器，但合不勒不仅多次击败他们，还在 1137 年给了穿越北方边境进入蒙古的一支金朝远征军一个沉重的教训。[12] 合不勒设法将主要的蒙古部族组织起来建立了一个暂时性的同盟，但这离至高无上的统治者或者"汗中之汗"还是相去甚远。合不勒只是临时的军事首领，而非长期的统治者。同盟很快解体了，而且也从未展现出超级部落主义（supertribalism）必备的永恒性特征。[13]

尽管合不勒在草原政治中展现出诸多才技，但他选择了一位来自泰赤乌部的贵族作为继任者，这给他的七个儿子留下了致命的祸端。而在泰赤乌部看来，这个举动让他们取代了博尔济吉特部，由此跃升为地位最尊贵的蒙古部族。至此，这两个部族之间的相互指责和妒忌已然达到了新的高度。有些学者认为，相较于海都汗早先非常不明智地给下一代划分领土的行为，这次才是真正削弱了蒙古部势力的大事件，它甚至有可能让蒙古部再也没法成为一股强劲的政治力量。[14]

那个被选中的泰赤乌部贵族是俺巴孩。1143 年他满怀信心地向金朝宣战，并且拿下了 20 座长城附近的要塞。于是金朝开始面临信誉危机，1146 年金朝向北方派出了一支远征大军。当远征再次失利之后（中原人再也没能在会战中战胜蒙古人），金朝不得不接受一份耻辱的和约。该和约中要求金朝赔偿大量的羊、牛和谷物，放弃一些让蒙古人感到威胁的边境要塞，并给予蒙古补助。[15]不过金朝对此进行了报复，这一次又是塔塔儿部做了恶人。为达成目的，塔塔儿部不惜打破草原殷勤好客的神圣习俗。俺巴孩自诩是与合不勒相当的政治家，他在12世纪50年代初来到塔塔儿部的领地，将自己的女儿嫁过去，借助通婚表明与塔塔儿部结盟是一个再聪明不过的想法。而塔塔儿部只是假意配合他，实际上他们不想参与俺巴孩的任何计划，反而转手将他交给了金朝，后者将俺巴孩钉死在木驴上。在濒死之际，俺巴孩号召所有的蒙古人为他复仇。[16]因金朝的暴行所堆积的愤怒将在蒙古人心中代代相传，并将在七十年后喷薄而出，对金朝造成毁灭性的打击。

鉴于蒙古早期的历史日期均为推测而来，我们姑且认为俺巴孩死于1156年。俺巴孩死后继位的是忽图剌，他来自博尔济吉特部，这样博尔济吉特部便成了部落"天然"的统治者。然而，关于忽图剌的当选还有很多不甚明了的地方。有人认为当时泰赤乌部肯定是背弃了蒙古联盟，他们还在贝加尔湖的北部和东部找到了新的据点，从地理上与博尔济吉特部分离开来。[17]还有人则声称，忽图剌孤注一掷，主张进行一场他参选但只有泰赤乌部的人投票的新选举，以选举的结果证明他当选的正当。不过还有一个离奇的因素，那就是忽图剌其实是合不勒的儿子，但在合不勒选择俺巴孩为继承人时，他被排除在外。

无论忽图剌即位的实情究竟如何，其结果令博尔济吉特部和泰赤乌部之间剑拔弩张的关系进一步升级。按照蒙古人的说法，有"光之子"之称的尼伦与名为迭列斤的小人物是不同的①——这有点像柏拉图《理想国》中国家的守护者与军人阶级的区别。[18]问题在于，博尔济吉特部和泰赤乌部都认为自己是尼伦，而对方部族的地位远远不如自己的。这种等级差异在后来蒙古帝国的"圣经"《蒙古秘史》中被着重强调。书中提到，只有博尔济吉特一脉的成员才是真正的蒙古人，而泰赤乌部则是远亲或者穷亲

---

① 两者同是阿阑豁阿所生五子的后裔，如前文所述。阿阑豁阿与朵奔蔑儿干所生两子被称为迭列斤蒙古，指"一般的"蒙古；阿阑豁阿感孕而生的为尼伦蒙古，指出自阿阑豁阿纯洁之腰的蒙古。因尼伦蒙古为神所生，他们被认为血统更为高贵。——编者

戚，他们和别速部、斡罗纳儿部以及阿儿剌部等附属的小部族没什么两样。[19] 所有这些内容都属于蒙古秘闻，但长期不和造成的实际结果是蒙古部在 12 世纪 50 年代无可救药地衰落下去，并且他们再也没能恢复合不勒时期的武力。这一点被金朝彻底地利用，金人挖尽国库充实兵力，并再次派出塔塔儿部发起一系列猛烈的袭击。在这十年中，忽图剌打了 13 场硬仗，或许是因为泰赤乌部的远走让蒙古的兵力捉襟见肘，他没有获得一次完全的胜利。

忽图剌似乎是一位不太走运的大汗，毕竟所有的资料都谈到了他具有卓越的品质。据说他继承了他父亲惊人的食欲，而且他感受不到疼痛，他的手如熊掌一般有力，清脆洪亮的声音可以媲美丹东和老威廉·皮特等伟大的演说家。有人写道："他发出的声音仿佛群山中的雷鸣……他可以像我们折断一支箭一样将人折成两段。冬天的夜晚，他睡在大树堆成的火堆旁，丝毫没有觉察到飞溅到身上的火花和火星带来的烙印。当他一觉醒来，他误以为那些烧伤的痕迹是被昆虫咬的。"[20] 忽图剌一口气能吃掉一头羊，喝掉一大碗马奶酒。有一次躲避塔塔儿部人时，他藏进了芦苇荡，取了一支芦苇当作呼吸管隐匿在水中。塔塔儿部人只发现了他那匹即将被沼泽吞没的坐骑，于是推断他们搜寻的目标已经葬身于这片沼泽之中。而他们刚一离开，忽图剌就拽着马的鬃毛将它从沼泽中拉了出来。[21] 然而尽管他拥有这些出色的品质，他还是缺少足够的兵力同塔塔儿部一决胜负。在他瞻前顾后地打完了 13 场仗之后，金朝最终断定他的实力已经彻底衰落，他已经沦为他们的囊中之物了。

于是金朝和塔塔儿部集结成一支强大的联合军，于 1161 年在贝尔湖大胜蒙古军。我们并不清楚忽图剌是否在这场战斗中丧生，但在这之后不久他便销声匿迹，与此同时博尔济吉特部也几近灭族。[22]

接下来掌权的博尔济吉特部人是也速该。他本人及其出身可以说是一个谜。官方也就是《蒙古秘史》的说法是，也速该是合不勒的二儿子把儿坛的第三子，因此很明显他是统治阶级中的一员。[23] 然而也速该并没有像合不勒、俺巴孩以及忽图剌那样统领过蒙古部联盟。他在靠近现在古尔班淖尔的鄂嫩河建立了营地，指挥着一群来自博尔济吉特部、泰赤乌部和其他部落的乌合之众，不过他从未拥有足够的势力成为大汗。[24] 他的团队本质上就是游击队，是一个包含了一帮闲散人员和不法游民的团伙，他们对血缘关系强加的责任和约束感到烦躁，于是逃脱原始的部族成为大草原上自由的灵魂。在蒙古，独行的生活方式极其危险，所以他们这样的人倾向于跟从一个极具号召力的领导人，以不断地打家劫舍为生。[25] 也速该本质上就是雇佣军的头目，于是便有人怀疑《蒙古秘史》中将他纳入蒙古统治阶级族谱其实是一种政治宣传，是为了强调成吉思汗的荣耀和身份而有意杜撰的。也速该很可能是一个小部落的首领，不管与把儿坛抑或是合不勒都毫无关系，他的称号不过是把阿秃儿（勇士），这个称谓通常赐予那些并非王室出身但非常杰出的游牧民。[26]

12 世纪 50 年代也速该与忽图剌结盟，但他有自己的目的和野心，也正因为如此他常常不服从首领的命令。也速该最主要的目的是在蒙古的等级制度中攫取更高的地位，为此他同克烈部的首领脱斡邻（该名字的意思是"海东青"）结盟，后者由于长期受到同族持续的威胁所以非常需要盟友。脱斡邻的一生颇为坎坷。他 7 岁时便被蔑儿乞惕部抓去做了奴隶，负责用杵臼磨米。虽然他被父亲通过突袭解救，但六年后他又一次遭到奴役，这一回他和母亲一起被塔塔儿部人抓住，沦为照料骆驼的农奴。虽然他最终还是想办法逃走了，但是这两起事件强有力地表明脱斡邻的成长充满背叛和波折。[27]

脱斡邻成年之后被拥戴为克烈部的首领，他也同时遭受两个满怀嫉妒的兄弟带来的压力。脱斡邻决定消灭这些觊觎王位的人，但他们却成功逃走并且向蔑儿乞惕部首领脱黑脱阿寻求庇护。脱黑脱阿不久就将这二人交还给了脱斡邻，他们随即遭到了处决，他们的遭遇正说明背信弃义在这一带的大草原上几乎成了惯常套路。脱斡邻的叔叔无法忍受侄子的残忍和自大，于是他公开责难其为杀人凶手。因为这位叔叔真正地关心人们的福祉，而不是像脱斡邻那样只关心他自己，脱斡邻的叔叔在克烈部的声望很高，他号召大家将这个暴君赶出去，他的号召得到了热烈的响应。然而脱斡邻幸运地逃过一劫，他带着仅有的 100 名追随者往南逃向了中原。[28]

这个并不讨人喜欢的人就是也速该选中并与之结盟的伙伴。忽图剌对此激烈地表示反对，他坚持认为这是一个非常危险又十分愚蠢的策略。此时博尔济吉特部正一边奋力地与塔塔儿部人和金朝开战，一边与来自泰赤乌部的蒙古高层竞争，实在不必再去插手克烈部中的权力斗争。[29] 然而也速该却不为所动，他甚至举行仪式和脱斡邻结为安答（歃血为盟的兄弟）。脱斡邻被迫以金朝奴隶的身份在边疆游走长达七年。他和也速该最终积聚了足够强大的力量，他们入侵了克烈部的领土，推翻了他们的政权，逼得脱斡邻的叔叔落荒而逃，前往党项人建立的西夏（今日中国的西北部）避难。[30]

但是也速该傻乎乎地掺和克烈部的政治斗争并不是他所做的唯一蠢事。他也与蔑儿乞惕部结仇，这体现出他对政治常识一无所知。蒙古人对和异族通婚很积极，他们能够不远万里只为寻找一位合适的妻子，但是他们也不反对通过偷窃得到女人，如果机会降临，哪怕是其他男子的妻子或未婚妻他们也不会放过。此时的也速该是一个臭名昭著的花花公子，他已经拥有了一位正式的妻子和一众后宫。1159—1160 年中的一天，他看上了年方十五的少女诃额仑，她是蔑儿乞惕部首领脱黑脱阿的兄弟也客·赤列都的未婚妻，而也速该在尚未完全理清楚状况的情况下就将她掳走了。[31] 这一毫无责任感的荒唐行为导致了蒙古部与蔑儿乞惕部随后长达五十年的不和。也速该的儿子们将因此背负世仇，虽然这并不是他们自己的错，但是荣誉和教养却让他们必须坚持下去。[32]

也速该和诃额仑生下了五个孩子，包括四个儿子和一个女儿，他们分别是：铁木真，生于 1162 年（详见下文）；合撒儿，生于 1164 年；合赤温，生于 1166 年；铁木哥·斡赤斤，生于 1168 年；以及女儿帖木仑，生于 1169 或 1170 年。[33] 也速该还与另一个妻子育有两个儿子，关于她的名字一直存在争议。资料中亦暗示，这位也速该早年的妻子可能不忠。[34] 在这段婚姻中诞生的两个儿子是别克帖儿和别勒古台。诃额仑的族属在所有有关早期蒙古历史的资料上记载不一。比较通行的说法是她来自归属为林中百姓的不里牙惕部，直到今天不里牙惕人依然将其祖先追溯至成吉思汗的母亲。另外一些人认为，尽管存在着间接的联系，比如成吉思汗的妻子孛儿帖埋葬在不里牙惕部的领地，但诃额仑来自不里牙惕一说纯属虚构。持这种观点的一方认为诃额仑是弘吉剌部下的斡勒忽讷兀惕部成员，他们的领地坐落于蒙古地区的最东方。[35]这种解释倒是能让也速该绑架诃额仑一事具备些许合理性，毕竟弘吉剌部是蒙古人最理想的通婚部族，蒙古人甚至还将弘吉剌部称作"配偶部落"。

铁木真，也就是未来的成吉思汗，生于1162年。尽管从拉施特开始，一些历史学家认为他出生于1155年，但只有生于1162年才能解释文献里的其他事件。另一个极端的观点认为他生于1167年，这就比较奇怪了，因为这样需要重铸传统叙述中的其他所有元素。[36]关于他生于何地的观点并没有达成一致。一种说法是他出生于名为古尔班淖尔的一座山谷，另一种说法是他生于达达勒的德伦宝立德格，此地位于今天的乌兰巴托东北部350英里，是肯特省的一座小村落，被美丽的森林、群山和湖泊所围绕。比起任何文献中的确凿证明，这个假设似乎更能让人与柏拉图所言的"美的环境诞生伟大"这个观点产生共鸣。通行的观点认为，他有可能出生在鄂嫩河上游河段的某处，或者可能是物产丰富的鄂尔浑河地区，也有人提到巴勒渚纳（实际上是鄂嫩河上的一座半岛）以及迭里温孛勒答黑。[37]

他的出生不可避免地诞生了各种各样的传说。其中有一个故事说，一束来自天堂的光照进了他的母亲的子宫，于是母亲受孕生下了他——这个故事和基督教中童贞女产子的典故非常相似，而且也很容易让人想到阿阑豁阿生下孛端察儿的传说。据《蒙古秘史》记载，铁木真呱呱落地的时候拳头里攥着指节大小的血块，这被当作他将会成为一名伟大的征服者的预兆。帖木儿帝国的创建者帖木儿也有一个相似的故事。[38]因为"铁木真"的意思是"铁匠"，这个名字让学者百思不得其解——如果以此为儿子命名，那也速该的社会地位就会比推测的更低。更为合理的解释是，也速该用自己刚刚抓住的塔塔儿部首领铁木真·兀格的名字为儿子取名。按照蒙古的习俗，若想要将这位首领的力量转移到孩子身上，就必须杀了铁木真·兀格。据此推断，人们以屠杀来庆祝铁木真的出生——犬儒主义者可能会觉得这种行为实在是"恰到好处"。[39]

铁木真以传统的方式成长，他在小小年纪就学习骑马，在猎鸟时磨炼箭术。冬天，他穿着用骨头或木头制作的鞋在冰面上飞驰，学习追捕松鼠和松貂，当他的捕猎水平提升之后他就开始狩猎鹿这样的大型动物。他很早就开始学习驯鹰术，因为这被认为是领导者必备的技能。从我们的观念来看这些训练并不是教育。铁木真从来没有学过读、写，这位后来被称为成吉思汗的伟人一直以来都目不识丁。虽然铁木真孔武有力、耐力极佳且充满活力，但他还是被弟弟合撒儿超越了，据说合撒儿是名副其实的大力士。合撒儿成年时拥有非常宽阔的肩膀和胸脯，他还有着纤细的腰身，当他侧身躺下时身下能容一条狗穿过。[40] 据说合撒儿和忽图剌一样能将人像柳条一样折成两段，而且他很快就成为博尔济吉特部最有名的弓箭手。也许正是因为合撒儿如此优秀，他和铁木真才总是相互妒忌、彼此充满敌意，铁木真更欣赏谦逊的合赤温以及他最心爱的弟弟铁木哥·斡赤斤。然而对铁木真来说，那时候最重要的还是他和札达兰部的年轻贵族札木合之间的关系。他和札木合一起玩打髀石的游戏，虽然后来两人分道扬镳，但他们都会记得儿时的太平日子。尽管只有六七岁，他们就已经立下誓言互结安答，安答一般被认为是比血缘更加强有力的联系。[41] 蒙古人之间的安答关系意味着氏族、子部落，甚至不同部落和国家之间的联合，这实际上是一种政治关系，与诸如塞西亚人或维京人中歃血为盟的兄弟情谊不同，后者是战士个体之间的私人关系。[42] 札木合被带走的那天铁木真很是伤感，二人至此一别便是八年。

在铁木真九岁那年（那时札木合刚离开不久），也速该决定让铁木真同一位来自享有威望的家族的女孩定亲。蒙古人一般早婚，而且儿子们头一个合适的婚约可以为家族和氏族带来声望。[43] 传统上，和蒙古通婚的部落是位于蒙古东南的弘吉剌部。一般认为弘吉剌部人是蒙古化了的突厥人，他们有复杂的起源传说、世系和世俗神话，这些一直让人类学家摸不着头脑。根据蒙古传说，弘吉剌部之所以与蒙古关系密切，皆因为他们拥有相同的姓氏，蒙古人是"黑骨头"而弘吉剌部是"白骨头"。① 1129 年

---

① "骨头"指亲属等级制度下的世系，"黑骨头"和"白骨头"可以追溯到同一祖先，两者可以相互通婚。——编者

弘吉剌部人出席了由西辽（位于今新疆地区）的建立者耶律大石召集的一次会议，那也是他们第一次明确地出现在史料中。[44]

对铁木真来说，从蒙古去往弘吉剌部意味着先要翻越一座又一座的山脉，接着再穿过大戈壁的东南隅。这是一次前所未有的经历。此前，他只在夏冬转场时沿着鄂嫩河与克鲁伦河之间的山谷移动过。旅程刚开始时他们便身处高海拔之地，周围只有黑色的岩石、多刺的灌木丛和无尽的荒野。也速该和他的队伍经过艰苦的跋涉才翻越了达尔罕山，夜晚他们就在湖边扎营，在那儿也有更多狩猎的机会。在见识了各种各样让铁木真好奇不已的地形之后，他们便开始穿越大戈壁。因为正值秋季，马儿膘肥体壮，加上战士们也习惯了在这个时节越过沙漠以抢劫中原的边境地区（今天的甘肃境内），所以也速该表示自己对沙漠无所畏惧。事实也的确如此，虽然水源短缺，然而只要向地下挖大约30英尺深就能找到地下水。一走出沙漠，蒙古人就进入了一个富饶的世界，那里牧草肥美，遍布着果园和农田，榆树、柳树和胡杨组成了一片片绿洲。

按照惯例，蒙古人和弘吉剌部人会在位于扯克彻儿山和赤忽儿古山之间的某地相会。[45]在此之前，也速该已经向铁木真解释了有关弘吉剌部的一些复杂情况。弘吉剌部分成了溺儿斤部和孛思忽儿部两个主要的部族。尽管溺儿斤部通常被看作是更为重要的一支，但与也速该相会的是孛思忽儿部以及他们的首领特薛禅。[46]特薛禅热情地迎接了他们，但当他听到也速该联姻的提议时却甚是不悦。上层的游牧民理应为新娘准备彩礼。也速该虽说具有部落首领的声望，然而他在经济上却是一穷二白，他唯一能给特薛禅的只有一匹作为预付定金的马。[47]弘吉剌部的女人是大草原上公认最漂亮的，也速该早已打定主意要让特薛禅10岁的女儿孛儿帖成为自己的儿媳妇。[48]由于暗地里对也速该寒酸的彩礼感到气愤，特薛禅接连抛出了一个又一个难题，打算在敷衍之后就拒绝他们的请求。

在此，铁木真的人格魅力第一次得以展现。孛思忽儿部首领最宠爱的儿子按陈那颜几乎立刻就喜欢上了铁木真，他央求父亲让这个蒙古男孩子成为家族中的一员。在提出了一个非常高的彩礼数额之后，特薛禅最终同意了这门婚事。[49]他接受用那匹马做定金，但在结婚之前，也速该必须补齐余下的部分。与此同时，他要将铁木真留在身边干活，就当为这笔巨额的债务支付利息了。当没法立即付清彩礼时，这种"入赘女婿"的情况在草原上较为常见，不过这通常局限于穷人之间。[50] 尽管并不讨厌与按陈那颜做伴，但铁木真还是为父亲的贫穷感到耻辱，而且他对自己不过是政治联姻中任人摆布的小卒感到生气。后来，他曾毫不留情地这样评论父亲的行为："只看财富来决定一门婚事，浑似商人们的勾当。"[51]

在也速该踏上返程的旅途之前，有天早上特薛禅说他做了个梦，梦见一只苍白的海东青将太阳和月亮一起抓住，同时梦中还莫名其妙地出现了铁木真，他认为这个迹象表明了这个准女婿将会统治整个世界。[52] 这件事似乎让他接受了这个一文不名的男孩，这个男孩因此得以与弘吉剌部一起度过了大约三年非常愉快的时光。根据推断，铁木真负责放牧，毕竟草原上的民族实在不会容忍有人游手好闲。

和特薛禅在一起的时期正是铁木真启蒙教育的重要阶段。这里的地理环境与他的家乡完全不同，很可能通过对这个部族近距离的了解，铁木真在不知不觉中为将来统治一个帝国打下了良好的基础。[53] 在弘吉剌部期间，他学到了很多珍贵的经验教训，他注意到草原上的债务纠纷是何等地常见，认识到草原上的人们是如何为复仇而聚集，也理解了草原上原本薄弱的亲属关系、部族身份认同以及部族内团结是如何依靠家族之间的仇杀而加强，他从草原的规则中洞悉了部族间的仇视所造成的草原民族之间的隔阂与分裂。[54] 他还发现弘吉剌部同长城以南的贸易在迅速扩大，人们将毛皮、兽皮、马匹、母羊、阉羊、骆驼、牦牛和盐送到南方，从那里换回漆器、纺织品、象牙、饰品以及铁制的武器。特薛禅曾提到金朝的富裕和强大，不过铁木真提出了疑问：既然这样他们为什么不干脆征服草原上的部落、拿走他们想要的东西，而不必通过买卖才能获得？特薛禅回答说中原人不是一个战斗民族，这让铁木真思考或许战斗民族可以去征服他们。

然而太平的日子很快就到了头。铁木真12岁那年传来了也速该过世的消息。据说他是在一次突袭行动中遭遇了塔塔儿部的大部队。两方可谓势均力敌，从而让这起武装斗争的结果变得难以预料。但是塔塔儿部人认出了他们的宿敌，于是便引诱他们进入了陷阱。因为双方是在塔塔儿部的领土上相遇,塔塔儿部人就邀请也速该及其部下参加他们的盛宴,同时在他的食物里下了慢性毒药。[55] 在恐怖的大草原上被人投毒的可能性一直存在,但按照大草原上不能拒绝东道主邀请的习俗,若是也速该拒绝接受招待,那么他就可能遭到塔塔儿部人极度的羞辱,他不得不权衡利弊,在二者之间做出选择。离开营地不久,也速该就感受到胃部剧烈的阵痛,疼痛持续了一段时间,之后他就死了。根据游牧民的行事准则,为守护名节而死的也速该是一名烈士。[56] 在垂死之际,也速该托付他那忠实的家臣蒙力克将铁木真带回家。他的追随者们深切地哀悼他的离去,一切已今非昔比:"深池已干矣,坚石已碎矣。"[57]

蒙力克艰难跋涉来到弘吉剌部,并将这个消息带给了特薛禅。弘吉剌部的首领极不情愿让铁木真离开,尤其是这会让女儿孛儿帖的婚姻陷入不稳定的状态,但是迫于草原风俗,他又必须让这个少年启程前往鄂嫩河。

之所以紧急地将铁木真召回,是因为也速该知道继承人的问题会在他死后再次爆发,到时候如果自己的儿子不在场,就没有人可以为他说话了。正如法国人常说的,缺席总是错误的。但是也速该无法预料究竟会发生什么。出现问题的第一个征兆是俺巴孩的遗孀们禁止诃额仑参加年度仪式祭拜那些受人敬仰的泰赤乌部的祖先们。[58] 接着,诃额仑想要团结博尔济吉特部却徒劳无功,她声称自己会领导他们,但是博尔济吉特部人拒绝了这个提议。对他们而言,这与其说是对女人的轻视,还不如说是他们不愿意将部族交给一个十二三岁的孩子来领导。而且可以合理地推断,既然诃额仑不是一个像她丈夫那样的佣兵头子,她无法为了钱不顾一切,那么通过战争和抢劫获得的战利品以及其中他们的分成都将会大幅度地减少。

此外,也速该最小的弟弟答里台依据弟弟继承寡嫂的惯例要求迎娶诃额仑,这也让博尔济吉特部人感到不满,不过这个提议被诃额仑拒绝了。答里台是把儿坛的第四个儿子,他因为遭到了拒婚这样严重的羞辱于是开始勾结泰赤乌部,打算彻底地消灭博尔济吉特部。[59] 一个接一个的首领、一个接一个的部族陆陆续续地抛弃了诃额仑,第一个离开的是泰赤乌部的首领、傲慢自大的塔里忽台,他宣布泰赤乌部如今已重新获得了蒙古部的领导权。不过对诃额仑来说,最绝情的还要数蒙力克的出走,这个被也速该托孤的人也变成了叛徒。这些叛徒不仅赶走了所剩无几的博尔济吉特部人,让他们成为真正的亡命之徒,还抢走了诃额仑母子所有可以拿走的财产。

眼下诃额仑一家只剩下六匹马以及少数几名农奴和仆人,他们一贫如洗。[60] 他们开始依靠浆果、根茎、可食用的植物以及土拨鼠和獾这些小型哺乳动物勉强维生。这些食物能让他们度过夏天,但是到了冬天动物们都不见了,他们的日常饮食也只剩植物、根茎和煮熟的小米,这些都是也速该在世时他们一家非常瞧不上的食物。全家人的饮食在很大程度上依赖于合撒儿的箭术以及铁木真专业的追踪技巧。适者生存是一回事,但是不幸的是,很快,两个长得更高大强壮的、也速该和前妻所生的同父异母的兄弟别勒古台和别克帖儿成了"狮子身边的鬣狗",他们开始从诃额仑的儿子们那儿抢走捕到的猎物。当铁木真和合撒儿发挥他们多才多艺的本事捉到了一条大鱼(我们知道的是,捕鱼并不是蒙古人的技能,而且蒙古人把捕鱼看作下等人的工作)时,两方的斗争进入了最紧要的关头。[61] 别克帖儿从他们那儿把鱼拿走弄熟之后吃得精光。铁木真冷静地思考着除掉这两个同父异母的兄弟的方法。他等啊等啊,直到别勒古台去捕鱼,他就同合撒儿悄悄地包围了别克帖儿,用箭把他射成了筛子。据一些资料记载,别克帖儿已经知道自己无力回天,于是他接受了命运的审判并平静地迎接死亡。[62]

这起发生在铁木真 13 或 14 岁时的谋杀已经表现出他的极端的冷酷无情,也展现出即便他还只是一个青少年,他就已经具备思考一连串因果关系的能力。凶杀案因为别克帖儿违反了草原上未成文的法典而被视为合法,但是实情却不止如此。铁木真一直将别克帖儿视为意志坚强的对手,作为也速该的长子别克帖儿也许更有实力成为博尔济吉特部的继承人。[63] 而别勒古台却没有让他感到这样的威胁,别勒古台好像总是一副软弱、顺从的样子,或者他可能不过是一个聪明的幸存者,毕竟他活到了 90 岁,在那个时代这几乎是闻所未闻的年纪。[64]

值得注意的是,别勒古台从没有想过为哥哥的死复仇,而且他还成了铁木真最为信任的一位追随者。当成为"众汗之汗"之时,铁木真曾(作为成吉思汗）向他那些在苦难的日子里陪伴诃额仑的伙伴们致以崇高的敬意："我将这对世界帝国的征服归功于别勒古台的力量以及合撒儿作为弓箭手的勇猛。"[65] 这也是蒙古人的特点，他们总是喜欢用委婉的说法来描述杀人，因此在战斗中的谋杀和杀戮被说成"遗弃""解散""丢弃"或"摧毁炉灶"。[66]

但是如果说别勒古台是温顺且毫不反抗的，诃额仑则完全相反，她表达出了对此事的盛怒。她撕扯着铁木真和合撒儿，用她能想到的所有比喻来表达她的轻蔑：撕咬胞衣的狗，冲向峭壁边缘的黑豹，愤怒的雄狮，眼睛比腹部还大的蟒蛇，追逐自己影子的海东青。她质问到，如果他们甚至不能联合同父异母的兄弟，怎么还有望找泰赤乌部或塔塔儿部复仇？"你们就像把自己的肉撕裂的狼和疯狗，就像从后面袭击它的母亲的年幼的疯骆驼，就像发了狂似的向岩石猛冲的秃鹰。"[67]

也许别克帖儿被杀一事传到了泰赤乌部，抑或是他们只想知道诃额仑一家是不是真的食不果腹已经死了。不管怎样泰赤乌部人进行了侦察，他们愤怒地发现这一家人都好好地活着。自封为蒙古部首领的塔里忽台敏锐地意识到，随着时间一天天过去，铁木真对自己地位的威胁更大了。最简单的解决办法就是杀了他，但是这样一来他就会和铁木真的兄弟结下梁子，他们必定会集结所有的博尔济吉特部人来对付自己。如果把他们也都除掉，那么自己作为蒙古部有史以来最具智慧的统治者的名声就会烟消云散。最好的处理方式是完全奴役铁木真，从而彻底地把他赶出权力舞台。大批的泰赤乌部人赶到了诃额仑的营地，然而令他们意外的是铁木真出去打猎并不在家。塔里忽台千方百计地向合撒儿和他的兄弟们保证自己不会伤害他们，自己只对铁木真感兴趣。[68] 出于对公信力的考虑，塔里忽台必须证明此次俘虏行动的正当性，他要让蒙古人相信铁木真确实做了一些足以使他受到惩罚但又罪不至死的坏事。他想到了上文提到的谋杀别克帖儿一事，尽管他并不在乎被杀的人究竟是谁。[69]

但首先他必须抓到铁木真，这就不是一件容易的事。塔里忽台包围了铁木真藏身的森林，而铁木真一收到兄弟们的提醒就逃到了森林的深处。在六天的时间里，铁木真躲藏起来，独自在水上生存。最后饿极了的他铤而走险想冲过包围却被抓住了。塔里忽台把铁木真带到自己的大本营之后给他戴上枷锁囚禁了起来。枷锁是一块很沉的板，中间有一个洞，大小刚好可以塞进一个人头，左右两边在脖子的位置合上，通过边上的锁栓紧，并将囚徒的手牢牢地分别系在各边上。枷锁中间的开口尽管不能让头部挣脱出来，但它足以保证俘虏能够轻松地呼吸和进食，除非需要加重惩罚的力度。若是有意如此，那么板子的大小和重量就可以让囚徒没办法用自己的手碰到嘴巴，他只能任凭过路的人来决定是否帮助他吃饭、喝水。资料暗示此处所用的枷锁是较轻的一种，而且塔里忽台非常自信地认为他的俘虏是逃不掉的。但是他没有想到铁木真如此足智多谋。泰赤乌部非常愚蠢地只派了一个年轻人来看守他们的俘虏。当这个小伙子开始打盹的时候，铁木真悄悄地靠近他并用棍棒朝他挥了过去，然后成功地逃走了。[70]铁木真没能跑得太远，他只是躲在了河里，芦苇到他的脖子那么高，而枷锁发挥了救生衣的作用，为他提供了浮力。很快，周围就响起了追捕犯人的叫喊声，泰赤乌部展开了一场疯狂的搜寻。

  铁木真的运气一直不错，这一次又得到了证明。在所有寻找他的人中，唯一看见他藏在芦苇中的是速勒都思部的锁儿罕失剌，而锁儿罕失剌一直是博尔济吉特部的秘密支持者，这个速勒都思部人是被迫成为泰赤乌部的附庸的。锁儿罕失剌大胆地把这个饥寒交迫的年轻人转移到自己的帐篷里，把他藏在一堆绒布下面。有一个版本的故事写到，实际上泰赤乌部的搜寻者们用长矛戳了戳这些绒布，但长矛并没有接触到铁木真。搜寻的喧嚣一平息下来，锁儿罕失剌就为铁木真取掉了枷锁，给他食物和水，还准备了弓和箭作为装备。午夜时分，当月亮已经下沉，铁木真偷了一匹马逃跑了。深感担心的锁儿罕失剌为了保证铁木真能够径直回到家里就没给马安上坐具，而且只为他准备了刚刚足够的食物。[71]铁木真从来没有忘记锁儿罕失剌为他所做的这一切，在之后的岁月里铁木真慷慨地赏赐了锁儿罕失剌。

  传记作者们时常认为，被泰赤乌部俘虏的经历给成吉思汗的一生造成了严重的创伤。不过除了被套上枷锁的部分，这些经历在大草原上都比较常见。正如我们所知，脱斡邻在年轻时就有过两次类似的经历，而他的兄弟札阿绀孛在很长时间里都是党项人的俘虏，札木合也曾处于被蔑儿乞惕部奴役的危险之中。[72] 我们无法确定铁木真从第一次在鄂嫩河被抓到在锁儿罕失剌的帮助下逃跑究竟经历了多长时间，但应当不会超过几个月，除非如一些学者所言，《蒙古秘史》会将持续数年的事件缩减成短时间内发生的若干件事。似乎泰赤乌部想要再次抓住他，但是铁木真偷偷地躲进了不儿罕山，那里的山隘、小道和隐秘的山路只有博尔济吉特部人知晓。

传说铁木真在这片荒野中是由一只海东青给他喂食的，就像《圣经》里的以利亚据说是由乌鸦供养的。当泰赤乌部人放弃搜捕、危机解除时，铁木真便开始寻找他的家人，结果他发现一家人的处境可谓是前所未有的悲惨，他们主要依靠土拨鼠维持生存，而且还丢掉了所有的财产，只剩下九匹马。[73]

这时候铁木真14岁了，体格上的早熟让他看上去几乎就是一个成年男子。有一天，当他和合撒儿、别勒古台外出打猎的时候，一群泰赤乌部的袭击者席卷了他们的营地并抢走了所有的马匹，唯一留下的坐骑还是别勒古台恰巧在森林中骑的那一匹。铁木真征用了这匹马，在遭遇突袭的当晚便出发去追赶袭击者。虽然他成功地找到了泰赤乌部的踪迹，但因为母马需要长时间的休整，所以他怎么也赶不上他们。

追踪到第四天，马儿已经奄奄一息，而他自己也是又累又饿。[74] 就在这时他遇到了一个和他差不多年纪的年轻人，名叫博尔术。就像当初吸引了特薛禅的儿子一样，铁木真对他也产生了如同磁铁一般的吸引力。年轻人宣布自己是铁木真永远的朋友，给他提供了食物、水和精力满满的坐骑，只求有幸陪伴这位新朋友。他们又艰苦地骑行了三天，来到了能看得见袭击者的地方。在夜幕的掩护下，勇敢的年轻人重新获得了失去的骏马，但是两人很快就遭到追赶。[75] 铁木真告诉博尔术他们有备用的骏马所以没什么可担心的，但是随着泰赤乌部追捕他们的先锋队逐渐赶了上来，他也忧郁地陷入了沉思。

然而自信过头的泰赤乌部人此时犯了错误，他们的队伍连成了一列，由统帅驾着一匹绝世良驹冲在队伍前头，且统帅的速度越来越快。而铁木真早就已经明白在战斗中利用局部优势的原则，于是他向博尔术指出，在短时间内他们拥有二打一的优势。泰赤乌部的统帅离得越来越近了,很快他就开始解开套索,准备抓住这两个年轻人。这时候博尔术展现出了他作为一位出色的弓箭手的天赋,他张弓搭箭,瞄准目标,准确地射穿了这个泰赤乌部人的胸部,导致其身受重伤。当泰赤乌部的同伙赶来的时候,他们纷纷停下马以照料首领的伤势,追捕就此告一段落。[76] 随后,博尔术带着铁木真来到父亲纳忽伯颜的面前,纳忽伯颜派了一个保镖护送铁木真回鄂嫩河。博尔术和铁木真同行,他发誓他们的友谊会持续一生一世。[77] 这颗友谊的微小种子之后将逐渐生长成参天大树。

博尔术带领着他的手下加入了铁木真的队伍,许多自由的博尔济吉特部年轻人意识到一位新领袖正在崛起,他们也加入了进来,特薛禅还秘密送来了不少变节的速勒都思部战士,铁木真以此为基础慢慢地确立了他身为新兴军阀的地位。从这个时期开始,他的许多传奇事迹都有了确切的日期,比如他何时独自杀死伏击自己的 6 名强盗。[78] 他必须通过这些袭击积累足够的财富好向特薛禅迎娶他的女儿,因为接下来他人生中的一件大事就是和博尔术一起穿过大戈壁、踏上迎娶孛儿帖的旅途。我们认为这件事发生在 1177 或 1178 年。资料显示,特薛禅满怀热情地迎接了他。此言不虚,除了考虑到彩礼的价值,那时他的女儿已经 16 岁了,按照蒙古的标准,在这个年纪还未成婚会有沦为老处女的危险。既然多年前铁木真和孛儿帖的婚约就得到了双方正式的允诺,那么除非所有的手段都已用尽,不然既不会有其他的追求者前来提亲,特薛禅也不会冒险抛弃蒙古部与弘吉剌部之间古老的通婚关系并与博尔济吉特部为敌。或许是婚礼最后得以顺利进行让他感到安慰,特薛禅拿出了一件奢华的棕黑色貂皮大衣作为嫁妆。[79] 严格地来说,这件貂皮并不是嫁妆,而是特薛禅的妻子搠坛送给新郎的母亲诃额仑的礼物,这种做法是蒙古婚姻程序里的固定组成部分。特薛禅深感满足。如今他不再只是铁木真的忽答(准岳父),而是真正拥有了一位红发宽肩、帅气的战士女婿。

在婚宴上人们按照惯例用无数的马奶酒进行庆祝。特薛禅吹嘘了部落复杂的起源,他称弘吉剌部其实是黄金血脉的后裔,他还指出了弘吉剌部在炼铁方面的造诣。[80] 虽然这部分的记载比较模糊,但是铁木真和孛儿帖似乎的确算是某种意义上的远亲。[81]

特薛禅坚持遵守蒙古婚姻习俗中的每个细节，因此他认为自己有责任陪伴女儿回到新郎的家乡。然而他想到也速该在穿过敌人领土时饮毒酒身亡，更别说俺巴孩等其他人的悲惨命运，于是他决定不再全程陪同女儿回到鄂嫩河。他好像把新婚队伍留在了大戈壁的另一边（也有可能是克鲁伦河的大拐弯处）后就回到自己的驻地，让他的妻子搠坛继续前行并将貂皮送给诃额仑。队伍一路经历了千辛万苦，他们穿过克鲁伦河来到桑沽尔河，再一路沿着河道向上游前进抵达铁木真的营地。[82]之后大约过了两年，铁木真持续壮大着自己的军队。在此期间他接纳了另一位著名的成员博尔忽，后者很快就成为仅次于博尔术的二号人物。[83]。

接着灾厄降临了。蔑儿乞惕部并没有原谅也没有遗忘当年也速该抢走了已经同脱黑脱阿的弟弟订婚的诃额仑。从那之后他们就想着报仇，在1179—1180年中的某天，机会出现了。至少由300人组成的蔑儿乞惕部大型突击队找到了铁木真的营地，然后他们发动了袭击。寡不敌众的蒙古部人着实被打得措手不及，他们万分惊恐，在仅做了象征性的抵抗后便逃走了。铁木真和4个兄弟带着诃额仑一起逃了出来，而孛儿帖却被落在了后面。

在铁木真的战斗生涯中这是极不光彩的一章，《蒙古秘史》隐晦地记述道："没有给孛儿帖准备的马。"[84]很显然铁木真抛弃了她。唯一不大清楚的是，铁木真这么做究竟是因为懦弱而感到害怕，还是丢下她作为诱饵好让其他人得以逃脱，就像他常常想出的那些邪恶的招数一样。如果真是故意如此，那么计划的确奏效了，蔑儿乞惕部人将目光聚集在孛儿帖身上，他们完全放弃了继续追捕其他人的念头。[85]铁木真和他的人马逃到了不儿罕山，感激上天他们还活着。铁木真按照仪式取下腰带，以示自己完全臣服于圣山的神灵。[86]

当蒙古人最终回到营地时，眼前已是一片废墟：帐篷、马车、畜群、女人全都消失了。有些资料认为被掳走的人中还有那时来看望女儿的搠坛。铁木真最初认为那些袭击者是塔塔儿部人，然而各种证据都暗示他们来自蔑儿乞惕部。他意识到当初若是自己被抓，自己就会面临死亡或遭到最可怕的奴役。[87]不仅如此，他还认识到自己正处在千钧一发的紧要关头。如同蔑儿乞惕部人从没有原谅诃额仑被拐之事，铁木真直到报了孛儿帖被夺之仇之前一刻也不曾松懈。一个新的历史阶段就此开启，有人称之为"大草原上的特洛伊战争"。[88]铁木真知道无法凭借一己之力对抗蔑儿乞惕部的三大氏族，于是他开始四处寻找同盟。显然这个候选人就是父亲的安答脱斡邻，不过要想把他争取过来，铁木真需要使上所有的手段。而他也证明了自己完全有能力胜任这个任务。

总是能从多角度入手去解决问题是铁木真的一大特点。因此在向脱斡邻提议时，他从许多不同层面进行表述，迎合了这位克烈部首领的贪婪、骄傲以及对权力政治的了解。一开始，铁木真将搠坛带给诃额仑的那件貂皮大衣送给了脱斡邻，后者贪婪地收了下来。然后，他强忍着骄傲表示自己要成为脱斡邻的养子。接着，铁木真提醒脱斡邻，他是也速该的安答，而自己父亲生前为他做了不知多少事。也速该在这位克烈部的首领与其叔叔交战的时候，以及脱斡邻遭遇流放的七年中坚定不移地支持他，当脱斡邻的兄弟（同母异父或同父异母）额儿客合剌发动政变将他推翻之后，也速该又帮他重新夺回了汗位。[89]

听完这些，脱斡邻保证自己会倾尽全力支持铁木真对抗蔑儿乞惕部。一些人指责脱斡邻受不住奉承和情感上的勒索，还会被一件貂皮大衣迷惑，是个容易上当的蠢蛋，然而脱斡邻可并没有这么傻。精确、现实的考量表明，成为铁木真的盟友意义重大。克烈部传统的敌人乃蛮部正在逐渐崛起，并成为蒙古地区一支主要的政治力量。乃蛮部早已同斡亦剌部、汪古部、蔑儿乞惕部、泰赤乌部结成了同盟，对克烈部更不利的是，同盟中还加入了塔塔儿部，此时塔塔儿部已经与金朝产生了嫌隙，他们进而大加否认自己曾经身为金朝在草原上的代理人。脱斡邻处于被孤立和被包围的危险中，除了这些外患，家里人也对他充满恶意，比如他那令人恐惧的、野心勃勃的儿子桑昆和脱斡邻的叔叔，他们一直在觊觎首领之位。[90]作为一位精力旺盛、具有人格魅力的蒙古部领袖，铁木真是值得他栽培的人才。

脱斡邻调动所有武力发动了一场针对蔑儿乞惕部的战役，他想要趁着那些盟友们有时间赶来帮忙之前消灭他们。有人评估了克烈部的实力，认为他们可以派 50 万名勇士上战场。尽管这样的夸大很可笑，但克烈部确实是一个拥有众多人口的强大部落。铁木真加入了脱斡邻的队伍，他们横扫了蔑儿乞惕部的领地。铁木真和脱斡邻的同盟穿过了奇科伊河，进行了持续数月（大概在 1180—1181 年）的艰苦战斗。[91] 战役的具体经过并不清楚，几乎可以肯定资料弄混了铁木真对抗蔑儿乞惕部的数次不同战役，但脱斡邻和铁木真大获全胜的结局是可以肯定的。脱黑脱阿及其兄弟们的遭遇即便不算致命，那也是相当地惨重了，他们如游击队一般被迫四散开来。如果不是铁木真称自己的损失太重而突然从进攻中撤出（这让他的盟友十分懊恼），蔑儿乞惕部很可能会就此被根除。[92] 但真实的情况是，铁木真的脑子里已经在计划着统治整个蒙古，所以他并不希望克烈部变得过于强大。

他们夺回孛儿帖的同时发现她已怀有身孕，人们直言不讳地指出这是赤勒格尔·孛可的成果，他是已故的也客·赤列都（也速该就是从他那儿抢走了诃额仑）的弟弟。孛儿帖的母亲也受到了羞辱，她被故意交给一个低贱的蔑儿乞惕人做妻子。让她觉得难堪的并不是自己受到了性上的侮辱，而是这是一次有辱社会地位的婚配。通过"各种手段"，铁木真找到了当初袭击他们的 300 名袭击者中剩下的每一个人，将他们全部处决并奴役了他们的妻妾。[93] 孛儿帖的身孕让铁木真倍感为难，以至于后来他命令朝廷的史官重新书写了这段历史。阿拉伯历史学家拉施特接受了蒙古人的模糊记载，他进而写下了孛儿帖在被蔑儿乞惕部捉走之前就已经怀孕的故事。根据这一则虚构的故事，蔑儿乞惕部为了祈求和平，一抓到孛儿帖就把孛儿帖送给了脱斡邻。当铁木真自顾自地从战争中撤退，脱斡邻的智囊们出于报复就建议脱斡邻去强奸孛儿帖，但是脱斡邻只是把她送还给了铁木真。这整个故事就是为了掩盖孛儿帖的耻辱及其私生子的流言。就连《蒙古秘史》都没有收入这个荒诞的故事。[94] 不过，孛儿帖还是在 1182 年左右生下了赤勒格尔·孛可的孩子，铁木真把他当作自己的儿子，取名为术赤。

同蔑儿乞惕部的这场战争带来许多意想不到的结果，其中之一就是铁木真与儿时的伙伴札木合重逢。出于和铁木真相似的考虑，札木合早就加入了克烈部，似乎当他听说铁木真也已经处在克烈部的羽翼之下时，他才突然想起他们曾结为安答。[95]

札木合如今是札达兰部或称札只剌部的首领，早年他也经历了一段和儿时伙伴一样艰难的日子。他很小的时候就被蔑儿乞惕部捉去为奴，逃跑后他集结了一群勇士意图反抗，但仔细盘算后他发现蔑儿乞惕部太过强大而自己根本无力对抗，于是他决定效忠脱黑脱阿，这使他被赦免了之前逃跑的罪名。效忠的条件是札木合能够拥有一支30人的私人护卫队。他通过暗示（可能也是事实）自己比其他的谋士更有智慧，从而一点一点地取得了脱黑脱阿的信任。

拉施特笔下的一个故事就讲述了这个年轻人展示谋略的一次行动。一天札木合注意到一只鹌鹑在高高的草丛里筑巢，他便悄悄记下了那个位置。第二天当他和脱黑脱阿的那颜（贵族的泛称）们一起骑马出巡时，他突然指向那个位置说，自己记得一年前见到一只鹌鹑在那里筑巢，不知道它是不是还活着。他装作一无所知的样子说道："我们去看看它是不是还在那里，是不是产下了幼鸟。"蔑儿乞惕部的显贵于是靠近了那个指定的地点，他们发现鹌鹑飞走了，不过留下了它的幼鸟。他们吃惊地直挠头："什么样的人能够记得一年前的一片草丛呢？这个人一定是天才。"[96]

人们一字不漏地将这件事报告给脱黑脱阿。然而这种魔术师的小花招不过是札木合为接下来的重头戏所准备的序幕。他发现脱黑脱阿帐篷外的守卫非常地松懈和马虎，于是他让自己的人做好准备并突然地出现在了一脸震惊的脱黑脱阿面前。札木合平静地解释说，自己前来只是为了证明那些卫队根本不堪一击。[97]脱黑脱阿意识到自己能在睡梦中被轻易地杀害，他对自己的幸存感到宽慰，也对札木合的提醒非常感激。但是当他被要求解除札木合对蔑儿乞惕部的义务和效忠以为回报时，脱黑脱阿并不应允。帐篷里的气氛变得异常诡异。最终札木合表示脱黑脱阿所面临的选择非常简单：要么答应他的要求，要么立刻受死。脱黑脱阿发现札木合并不是在虚张声势，于是他接受了札木合的要求。[98]在旁观者看来，显然札木合同铁木真一样既有实力又很狡猾，很多人都想知道，他们的重逢究竟会带来什么。

札木合相较于铁木真有一个致命的缺点——他的性格，他是一个妄自尊大、性情暴躁而且爱慕虚荣的人。和蔑儿乞惕部的战争刚一开始，当铁木真派合撒儿和别勒古台作为使者前来提议联合远征时，札木合就明确地表现出了对他们的轻蔑。[99] 很快札木合就给人留下了我行我素的印象。按照原计划，脱斡邻的2万大军在肯特地区不儿罕山东边与铁木真的兵力会合，札木合也带兵前来会合。但是札木合拒绝了这个安排，他要求他的盟友们到他的地盘会合，也就是说，脱斡邻的大军与铁木真会合后要再次行军至札木合处。让铁木真和脱斡邻大吃一惊的是，札木合带上了几乎和他们一样多的战士来到了集合地点，然后公开指责脱斡邻以及铁木真和他的兄弟迟到了整整三天，以此来表现自己的特立独行。[100]

札木合显然很乐意看到，铁木真在干掉蔑儿乞惕部之前就抛下了脱斡邻，从战场上撤兵并与自己一起离开。两支队伍撤到札木合位于鄂嫩河的营地，那个时候脱斡邻则穿过不儿罕山的河阔儿秃山谷，回到了他在图拉河的大本营。[101] 接下来便是持续了18个月的太平日子，两个年轻人在这段时间里形影不离，可以说他们成了莫逆之交。他们交换金皮带和骏马。札木合动情地追忆他们的童年、打髀石的游戏以及诸多琐事。他们一起打猎、一起饮酒、一起嫖妓，以及如《蒙古秘史》所述，"夜晚他们盖一床被子入眠。"[102]

这种关系很奇怪且有点让人摸不着头脑，不仅仅是因为在对付蔑儿乞惕部时札木合对安答的态度明显非常冷酷，而且不同的游牧群体之间很少像这样同居。有人认为，为了推进自己的野心，铁木真需要朋友的支持，毕竟在这个阶段札木合的追随者在数量上占据了很大的优势。不过，札木合的动机究竟是什么呢？[103] 孛儿帖从来都不喜欢也不信任札木合，她提醒丈夫，札木合是在利用他来实现自己的野心（诃额仑也支持她的观点），不过铁木真起初只把这当作是女人的悲观认识，所以并没有加以理会。[104]

可能是在1183年，在经历了18个月和谐、甜蜜和轻松的相伴之后，札木合忽然千方百计地挑起了争端，他用一种暧昧而又令人难以理解的方式说话，但似乎是在暗示因为铁木真的牧羊人，他的牧马人利益受损。[105]

这就反映出了一个事实,那就是即使铁木真取得了对蔑儿乞惕部的胜利,但他相对而言还是缺少马匹。

究竟该如何解释这一矛盾的爆发呢?有些人认为犹如表面上一样,这是关于畜牧业的一场含义模糊的争论,札木合可能受到了来自追随者的压力,他们认为铁木真在这段关系中占了上风。另一些人则表示札木合在责怪他的伙伴太过沉溺于和平的环境,而他们应当考虑通过战争来实现雄心。在20世纪初期的苏联历史学家中流行的观点最是奇怪,他们认为铁木真和札木合代表了原始的阶级斗争中相互对立的两方,铁木真站在贵族一边,而札木合是人民的捍卫者。[106]这种解释存在的问题在于,真实的情况似乎恰恰相反。能够遵照精英模式提拔军官是铁木真的一大优势,而札木合则坚持旧的寡头统治模式。那么只剩下了几种可能性。要么是札木合提出了某种深奥的、神秘的观点,它的含义在当时只有少数人知道,而如今我们已经无从知晓。但若是如此,为什么铁木真自己也认为这次的大爆发是一个谜呢?[107]要么,另一个解释就是孛儿帖是对的,札木合是在等待时机,直至他自认为自己的实力足以摊牌,而在他表明态度之前就已经最终认定了铁木真对他而言已然毫无利用价值。这种观点认为,札木合给了铁木真一个回应的机会,然而不论铁木真说什么,札木合都不会同意和解。[108]最后一种可能性是这两个人在暗中谋划统一蒙古的大业。而他们之间最深层的分歧在于,他们中的哪一个将是重新统一整个蒙古民族的那个人。

不论采用什么样的解释,显然他们之间的矛盾无法调和。在夜晚铁木真与其最亲密的家人和支持者偷偷地溜走了,并在克鲁伦河建立起自己的营盘。在这起突如其来的决裂之后不久,除了泰赤乌部,蒙古部内的所有部族聚在一起召开了最高级别的大会,迥异的观点立刻被摆上了台面。这种分歧主要因年龄而异,部落中的长者希望在札木合的领导下成立一个全新的部落联盟,但这遭到了年轻勇士们的反对。

铁木真的吸引力在于,他已经建立了一个天堂,在这里人们背弃了以僵化陈旧的亲属关系为基础的部族结构。自12世纪60年代起开始,大草原上战火频仍,泰赤乌部和博尔济吉特部长期争斗,塔塔儿部以金朝名义入侵，蔑儿乞惕部突袭，克烈部和乃蛮部争权夺利，这是一场所有人对所有人的战争。正如霍布斯的观点，那里的生命很廉价，牛群不是被偷就是被屠宰，马儿被粗鲁的年轻人骑到断气。因为反抗亲属关系、祖先崇拜、尊重长者和所有传统的风俗习惯，蒙古的年轻人欢迎铁木真，把他看作一股清新的空气，一个因军事胜利和掠夺而拥有魅力的领袖，一个真的能够带来财富而不只是嘴上说说的人。[109] 不利的一面则是这助长了对大男子主义和暴力的推崇，人们认为武装抢劫和强奸是男子气概的展现。在年轻人看来，札木合领导的全新的部落联盟只是新瓶装旧酒，而对于徒有新名的沉疴他们一概不想要。

结果就是在札木合和铁木真两人的支持者之间爆发了暴力冲突。札木合告诉所有愿意聆听的人，他和铁木真之间的不和不是他造成的，真正的幕后黑手是铁木真的叔叔阿勒坛和忽察儿，他们早就看他不顺眼。资料中提到有1.3万名勇士选择冒险支持铁木真，不过我们必须对蒙古文献中的确切数字保持谨慎，毕竟它们是出了名地靠不住。[110] 铁木真已经展现出超高的组织和管理天赋，他把追随者们分成十三翼①。他和自己的儿子、伴当②们组成一队，他的兄弟及兄弟们的人马组成一队，剩下的勇士则临时按照部族进行划分——主儿勤部、伯牙兀惕部、札剌亦儿部、八邻部等。值得注意的是，札木合以往的一些忠实盟友倒戈了，这就意味着他们认为铁木真将会赢得最后的胜利。[111] 十三翼在铁木真的训练下很快就不复散兵游勇的模样，达到了可以随时作战的水准。铁木真鼓励队伍之间的相互竞争，他还进行了模拟战争，有时队伍甚至会在演习时失手而引发杀戮。铁木真还勾勒出此后一些著名改革的轮廓，他让值得信赖的人充当箭筒士和带刀侍卫，任命专人负责饮食、酒水、羊群、马群、帐篷和马车。铁木真的另一个创新是营地的搭建方式，在驻屯时他们不再随意地将蒙古包排成网格，而是以同心圆的方式布置马车和帐篷，将首领和他的家人安排在最中央，从而形成一个临时的防御基地。[112]

---

① 指十三个营，营是蒙古游牧和军事的组织形式。——编者
② 蒙古人对仆从的称呼，后也泛指同伴。——编者

在这段时期，铁木真旺盛的精力与对手们有些迟钝的表现形成了鲜明对比。在各种资料里，那时的脱斡邻被描述成奸诈、贪得无厌、忘恩负义、优柔寡断而又愚钝的形象，即使他在本质上其实是一个温顺、软弱、在性格上容易妥协的人，他的敌人总是把他的妥协解读为软弱无能。[113] 而札木合毫无疑问具有强大的能力，在大草原传统准则的范畴中也算得上诚实、正直，他是一个阴谋家，也是一个短期主义者，他背信弃义、反复无常，因为对朋友出其不意而且残酷的背叛而臭名昭著。虽然从某个层面上，札木合在泰赤乌部、阿儿剌部以及溺儿斤弘吉剌部的支持下掌握了整个局势，但从长期来看其缺陷十分明显。当铁木真已经试着在军队中营造超越部族的团队精神时，他还在依照传统的部落组织划分军队，按社会等级而不是功绩发号施令，而且还拒绝像铁木真那样将牧羊人纳入军官阶层，反而认为这样做有失身份。[114]

铁木真的优势还在于他所倡导的新型组织模式吸引了众多的高水平人才。博尔济吉特部的统治阶级中绝大多数的资深贵族都支持他，其中甚至包括一直都不喜欢他的叔叔答里台。支持者中还有合不勒的曾孙、主儿勤部的首领撒察别乞（主儿勤部和博尔济吉特部都声称继承了合不勒汗的血统）和他的兄弟泰出、也速该的哥哥捏坤太师的儿子忽察儿，以及忽图剌的儿子阿勒坛。也就是说，铁木真得到了蒙古部落最后两位统治者的继承人的支持，尽管在那个节骨眼上，很可能是因为他们认为铁木真具有很强的可塑性，而且比起我行我素的札木合，铁木真更容易被控制才选择了他。

不过他们的忠诚也存在风险，因为所有年长的人都比铁木真更有资格成为博尔济吉特部的可汗。[115] 其中就有八邻部野心勃勃的豁儿赤，但他宣称自己在加入铁木真的队伍之前见到了祥瑞，这预示着铁木真将成为蒙古的大汗。对于豁儿赤的支持和赞颂，铁木真感到很高兴，他允诺若是取得了胜利就将自己的军团赏赐一部分给他。不过好色的豁儿赤回答说，除此之外他还想亲自挑选30名年轻的绝色美女，铁木真也答应了。[116] 就连两面派的蒙力克也改变了主意来到铁木真的身边。

更令人瞩目的还是聚集在铁木真周围的精英们。博尔术的弟弟离开了阿儿剌部投身于铁木真的大业，同时前来的还有后来成为名将的者勒蔑，他来自森林中的兀良哈部，是铁匠札儿赤兀岱之子。[117]未来的统帅木华黎也来了，那时他还是一名不到20岁的少年。木华黎称赞铁木真是民间传闻中的伟大人物。[118]未来另一位军事奇才速不台也被铁木真纳入麾下，他是者勒蔑的弟弟，来到铁木真身边时年仅10岁。在此之前，这个有着闪亮双眼的男孩一直生活在针叶林带的鹿群中，从未见过草原。他不像一般的蒙古男孩那样会骑马、打猎以及搏斗，他的唯一技能就是滑冰。[119]但是他极其聪明而且学得很快。他被雇为杂役，同时肩负保护铁木真大帐的职责，他迅速地掌握了蒙古战士所必需的技能。在某种程度上，速不台当然是靠着哥哥者勒蔑上位的，而者勒蔑在铁木真心中地位仅次于博尔术和博尔忽。[120]铁木真很擅长寻找人才和鼓励追随者之间进行配合，他能劝说最聪明的人聚在一起，对特定的问题进行"头脑风暴"，为此他喜欢把别勒古台和博尔术凑到一起。[121]

效忠铁木真的队伍里一片欢欣雀跃，1186年他们推举他为博尔济吉特部的可汗，这可是一个巨大的荣耀。在传统认识中，撒察别乞、阿勒坛和忽察儿是这个事件的主要促成者。首先被赋予可汗之位的是忽察儿和阿勒坛，铁木真知道，只有当他们拒绝了这个荣誉，自己才能更进一步。而他们二人也的确都拒绝了，理由也非常明显。他们都不可避免地受到1161年在贝尔湖发生的那起灾祸①的影响，而且不管怎样，他们意识到部落中不论谁掌握了正式的领导权，背后都无疑会是铁木真的势力。过去他们抛弃了札木合就是因为他太过强大，并以为自己能够操纵铁木真，事到如今他们已经认识到自己的错误。[122]除此之外，铁木真具备了成为可汗的所有资格：他在同蔑儿乞惕部的战斗中证明了军队的实力；他得到了脱斡邻和克烈部的肯定，毕竟脱斡邻正式地提出了认可，而没有其他哪个想要登上汗位的人拥有这种待遇；[123]以及他让追随者们获得了丰富的畜群和战利品，因此获得了极高的人气。

尽管如此，哪怕追随者们发誓自己一定会在战场和猎场上效忠于他、

---

① 指1161年金朝和塔塔儿部人在贝尔湖大败忽图剌领导的蒙古部，见前文。——编者

让他第一个挑选被俘虏的女人，但是他们绝不承认他是最高的统治者——那是二十年之后的事情了。虽然泰赤乌部和其他几个重要的部族并未在场，但这次可汗大选具有伟大的象征意义。铁木真是第一位通过非传统方式成为可汗的人。他既非世袭的统治者也没有人民的授权，他一直都只是非正式的可汗。即便是那些表示自己会有条件地效忠于他的人，他们一旦发现麻烦的迹象也会立即离开。作为一个外来者，铁木真从非传统的起点出发，克服一切爬到了权力的顶端。这时的铁木真没有部落的支持作为牢固的基础，他只不过是脱斡邻资历尚浅的合作伙伴。铁木真正在深入一片未知的领域，因为他没有草原帝国作为惯例或榜样可以依靠（上一个由回鹘人建立的草原帝国将近四百年前就消失了）。为了获得稳固的政治基础，他就要在这片土地上获得更多的胜利，也就是说，他将要冒着巨大的风险去赢取战果。[124] 仅仅是这一点就几乎让他的事业戛然而止。

3
铁木真的崛起

对铁木真来说，1186年是值得庆贺的一年。不仅因为他成了博尔济吉特部的可汗，而且因为他的妻子又为他生下了一个儿子窝阔台（也是实际上铁木真与她的第二个儿子）。然而铁木真并没有机会享受太久的和平时光。札木合因为铁木真的崛起而感到焦虑，他可能一直在寻机好挫挫他安答的锐气。第二年札木合就找到了开战的理由。札木合的兄弟给察儿从铁木真的朋友拙赤·答儿马剌处偷盗了几匹宝马，后者复仇的时候将给察儿一箭射死了。[1] 札木合就利用这起事件向博尔济吉特部宣战，并召集人马向他们进军。资料显示，札木合投入了3万兵力来对付铁木真的1.3万人。这些数字至少被夸大了三倍，但札木合队伍的人数三倍于铁木真队伍的是可信的。于是一场可怕、凶残的战斗在答兰版朱思（意为"七十沼泽"）打响了，这个鲜为人知的地点可能位于克鲁伦河流域桑沽尔河源头的附近。

札木合取得了胜利，但他也为这场战役付出了极大的代价，他不得不暂缓了军势。[2] 在一次追击中，札木合轻而易举地就将铁木真封锁在了鄂嫩河附近的一个山谷中。然而每当札木合将铁木真逼入岌岌可危的境地中时他总是犹豫不决，于是他没有抓住时机反而让铁木真逃走了。之后札木合因为一桩残忍的暴行而面临指控，他因此在草原上臭名昭著。据说他因为不满捏古思部投奔铁木真，于是烹杀了部落中的70名元老。[3] 人们一直怀疑这个"烹人"的故事不过是博尔济吉特部的宣传。有人认为，札木合实际上是杀了 70 匹狼以进行祭祀仪式。[4]

不管这起事件的实情如何，根据史料的说法，这起"烹人"事件离间了许多追随者与札木合的关系，他们纷纷抛弃札木合转投铁木真。这一个说法可能是源于《蒙古秘史》笨拙的掩饰，实际上被大家抛弃的人应该是铁木真，答兰版朱思一役似乎一夜之间削弱了铁木真的地位。值得注意的是，自这场战斗之后《蒙古秘史》便放弃了按照时间叙述的方式，而直接将场景切换到了 1195 年。

针对历史上的这段空白存在多种解释。有人认为《蒙古秘史》以及拉施特的著作中所有关于铁木真早年生活的内容都是日期错乱、顺序颠倒的，他们所详细描述的事件其实发生在更长的时间跨度中，1187—1195 年的空白从而得以解释。[5] 更可信的猜测是铁木真实际上回到了起点，他不得不经历再次建设军事力量的艰苦过程。这个观点认为他可能接受了金朝"札兀惕忽里"的封号，金朝那时已经开始对塔塔儿部人感到不满，但是接受封号毕竟影响了铁木真的传奇色彩，所以这个真相遭到了掩盖。或者更为合理的解释是，他可能已经流亡到了中原并成了金朝的座上宾，他在那儿生活了八年，随时等待着卷土重来的机会。[6]

无论我们选择相信哪种解释，显然铁木真在那些年里遭遇的一系列逆境丝毫没能增强他的声誉。不仅如此，他的失势也影响到了脱斡邻。失去了铁木真的脱斡邻完全无力对付包括乃蛮部、塔塔儿部、蔑儿乞惕部、泰赤乌部以及他自己的叔叔和兄弟在内的一大帮敌人。在铁木真南下后不久，他也被迫流亡。有人说他和铁木真一起去了金朝并一直待在那里，但是更有力的证据则为我们展现了一条复杂得多的流亡路径。作为克烈部的首领，脱斡邻的地位一直不太稳定，归根结底是因为他的兄弟以及实质上已经成了乃蛮部代理人的叔叔对他无休止的敌意。[7] 在答兰版朱思之战过后没多久，他就在一次政变中被赶下台。他可能一开始去了金朝，但他最终的目的地却是位于金朝西部的西辽。这一次他又不知用了什么办法建立起一支对付统治者的叛军，然而在叛军被击败后他只能被迫逃亡。他和一帮亡命之徒向东方前进，在到达由党项人建立的西夏进行休整之前，他们在回鹘地区实施了抢劫。也许是动用了一些家族关系（他的一个兄弟曾和党项人来往数年），他在那儿建立了一个安全基地，资料显示他曾两次抵达西夏，去西辽时路过一次，从西辽返回时又路过一次。[8]党项人一开始非常热情地接待了他，但他逗留得太久，那些饿极了的追随者们开始在当地大肆掠夺。他最终被西夏赶了出来，一路兜兜转转又回到了蒙古，成了山中的土匪，苟延残喘地维持生计。从来没有哪个历史学家能够解释，为什么在1187—1195年札木合的两个主要的竞争对手都出局之后，他却没有建立起稳固的霸权。这可能是因为塔里忽台和泰赤乌部，或者更可能的原因是乃蛮部太过于强大了吧。

与此同时，在金朝境内，铁木真正在伺机而动。我们所能读到的关于那些年的描写几乎只来自速不台的传记，他在开始流亡时才11岁，到结束的时候他已经19岁了。在那段日子里，这个年轻人表现谦逊但又野心勃勃。作为者勒蔑的人，他很可能参加了蒙古全员出席的大会，通过这次会议，他明白了如何规划战争的进程以及如何把控参战的人的心理。[9]《蒙古秘史》中的证据可以证明速不台义无反顾地拥护铁木真。具体来说，他是这样支持这位博尔济吉特部的流亡可汗的：

> 我会像一只小鼠一样鼓舞大家的士气。我会像一只乌鸦一样将大家聚集成一群。我会像毡垫一样保护马群，我会召集士兵掩护您。我会像毡垫一样保护帐篷免受狂风的侵袭，我会集结强大的军队庇护您的住处。[10]

铁木真能够恢复在蒙古的声望要归功于金朝和塔塔儿部人之间的龃龉。他们之间的关系一直都不太稳定，若是塔塔儿部人对突袭的结果不甚满意，他们就时常攻击他们的领主、掠夺他们的财物。1195年金朝决定扫平弘吉剌部，虽然真正的原因并不明了，不过很可能是由于这个部落离金朝的北部边界太近而让金人感到不自在，而且弘吉剌部表现出的想要摆脱金朝附属地位的迹象也令金人颇为不安。金朝征募塔塔儿部人为此次行动的同盟军。弘吉剌部被打败，但塔塔儿部目中无人的首领斜出愤恨地抱怨金朝的战利品分配制度，并因此直接与金朝交战。塔塔儿部人战败后被赶到北方。但是金朝也在战争中损失了大量的人马，从而让弘吉剌部抓住机会再次崛起。1196年2月弘吉剌部大败金军。[11]

一直留心观察此事的铁木真试图抓住时机，他向金帝提议由他和手下取代塔塔儿部人前往平定弘吉剌部，之后再来对付斜出及其叛军。这个提议意味着金帝需要正式地将铁木真视为同盟，不过当时在位的天子并没有理会这个异族人的无礼请求。接着铁木真向金朝边境的兵马都总管重申了诉求，这位官员比较好说话而且他当时确实身处困境。于是一支金蒙联合讨伐大军向北挺进，他们追上了塔塔儿部人，在斡里札河流域重创了敌军，塔塔儿部的另一名首领蔑古真也在一次交战中被杀。[12]

最终铁木真意识到自己已经报了杀父之仇。他们获得的战利品多得让人咂舌。铁木真把一个银制的摇篮和一些镶有大珍珠的华丽毯子收起来作为私人财产。[13]听闻养子大获全胜，脱斡邻看到了翻身的机会，于是他递出消息说想要和铁木真见上一面。铁木真从克鲁伦河的源头出发，在一个秘密的地点[14]与脱斡邻碰头。这时两个人的命运已经彻底地改变，铁木真如今权力在握，而脱斡邻成了摇尾乞怜甚至可以说是一无所有的人。不过铁木真很是宽宏大量，铁木真将脱斡邻请入营地并慷慨地招待他，还允诺会让他重振雄风。在这之后他们同克烈部中反对脱斡邻的派系之间经过几轮恶仗，直至1197年脱斡邻才得以重新成为克烈部的首领。[15]

金朝枢密使兼平章政事完颜襄在同章宗协商之后宣布因铁木真及其同盟军镇压塔塔儿部有功，故赐予他们金朝的官衔。其中最为尊贵的官衔是脱斡邻获封的"王"，此后脱斡邻就被称为王汗，而铁木真获得的荣誉则要小得多。人们觉得这里有点讽刺的意味，毕竟脱斡邻成了这场他丝毫没有参与的事件中最大的受益者，而真正带领大家取得了胜利的铁木真却只从金朝得到"札兀惕忽里"的头衔。[16]于是问题来了：金朝在知道发生何事的情况下，为什么要在贬低铁木真功绩的同时授予他这样一个尊号呢？大家通常给出的理由是，脱斡邻是在很久之后因为其他的功劳而受封为"王"。但这一个说法长久以来都缺少切实的证据作为支撑。

更有可能的解释是，金朝早就已经注意到铁木真令人畏惧的才能，他们怀疑他会成为第二个斜出。而金人更为熟悉久经考验的脱斡邻，不仅对其知根知底，而且认为他可以成为自己在蒙古可靠的耳目。不管金朝有怎样的想法，也不论他们如何冷落了铁木真，铁木真事实上已经是蒙古地区比脱斡邻更为重要的政治角色，他还将进一步地证明自己在知识、战略和政治上都要比克烈部名义上的领袖优秀得多。[17]

针对塔塔儿部的这场胜仗还带来了一系列重要的后续。首先，在战胜了一个死敌之后，铁木真感到自己已经具备了足够的力量，可以攻下已休养生息数年的蔑儿乞惕部。1197年铁木真决定让21岁的速不台第一次单独行动，并希望他能从中积累一些经验。速不台的表现超过了所有人的预期。得益于速不台非蒙古部人的身份，他自告奋勇地担当打入蔑儿乞惕部内部的间谍任务。速不台巧妙地完成了任务，带回了蔑儿乞惕部完整的作战计划。

蒙古部轻而易举地获得了胜利。[18]尽管年轻，此时的速不台已经完全称得上是一位战争大师，他在人才管理上显得游刃有余，同时在战术、计谋，特别是总体战略方面他也堪称天才。除了一流的头脑以及如拿破仑一般赌徒的灵魂，速不台在人员的分配、迁移以及集结等方面也非常专业，这确保他在任何时候都能在局部范围内具有人数上的优势。

铁木真强调要将九成的战利品送给脱斡邻，好让他恢复从前的地位。[19]在塔塔儿部和蔑儿乞惕部的双重威胁下，铁木真趁机打探到了内部反对派的所有踪迹。他一直与撒察别乞所领导的主儿勤部存在矛盾，他对亲信说撒察别乞是一个"凶猛、傲慢、无情、狠毒之人"。[20]曾经发生过一次引人注目的反抗事件，虽然《蒙古秘史》在日期上的含糊不清让人抓狂，以致于我们无法确定这件事所发生的具体时间，不过这很有可能是发生在铁木真流亡中原的那些年。那是在一次宴会上由女人之间的口角所引发的事件。主儿勤部前任首领的大妃豁里真和忽兀儿臣声称，额别该身为前任首领的庶妃，却在宴会上先于她们得到服侍，这有损于正庶有别的传统礼仪。[21]由于撒察别乞以及包括他的拥护者不里·孛阔在内的随行人员都喝得酩酊大醉，他们也卷入了争吵，不仅出言不逊而且出手袭击了铁木真核心圈子中的成员。于是口角很快就演变成大混战，人们抓起罐子、盘子、水壶狠命地扔,互相大打出手,从树上掰下树枝当作武器,这些勇士们挥舞着装马奶酒的皮囊就好像举着战斧或者狼牙棒似的。不里·孛阔甚至伤了别勒古台的肩膀,这让铁木真愤怒至极。别勒古台一向善于交际,他劝慰同父异母的兄弟说,因为一点皮肉之伤而终结同盟关系是非常愚蠢的,然而铁木真却不愿再容忍,他召集守卫用树枝把主儿勤部赶出了宴席。[22]

不里·孛阔的言行完全激怒了铁木真,更何况他还是博尔济吉特部的叛徒,这就让情况变得更加恶劣。不里·孛阔自认比铁木真的随行人员甚至是可汗本人都要优秀,于是他同主儿勤部领导层的一号和二号人物撒察别乞和泰出结成了联盟,并借由此擢升为主儿勤部的第三号人物。在铁木真眼里,他的行为等同谋反。通过与主儿勤部结盟,不里·孛阔爬到了铁木真的头上,社会等级也从底层跃到了高层,相较于他极端的自负(正是自负将他引到了同样傲慢自信的撒察别乞和泰出面前),这无疑是更加严重的罪过。而现在,还有别勒古台的伤以及宴会上的混战要记到他的账上。不里·孛阔已经被盯上了。[23]

铁木真按兵不动,等待着一个与主儿勤部算账的机会。1196年当他们联合金军攻打塔塔儿部人的时候机会降临了。撒察别乞和家人没能及时抵达会合地点,他们抵达的时候发现铁木真早已出发。铁木真声称主儿勤部擅离职守,需要被立刻逮捕。他以违背十二年前选举他为可汗时所立下的誓言为由处决了撒察别乞和泰出。当时的协议包括永不在战时背叛铁木真,违者以死论处。[24] 就算撒察别乞和泰出提出抗议也无济于事,他们认为从来都没有人会因为迟到被处死,何况众所周知的是,铁木真本人就曾经因为没有及时与札木合会合而遭到后者的责难。[25]

铁木真与撒察别乞的相互攻讦简直满天飞。铁木真声称,因为撒察别乞在对塔塔儿部的战争中缺席,防线出现了漏洞,这让塔塔儿部人得以趁机袭击他的营帐并杀掉了10名守卫。撒察别乞认为这一项指控完全是胡说八道,袭击营地的实际上是乃蛮部人。根据撒察别乞的说法,反而是他本人挽救了局面、击溃了敌军,他完美地表现出他的忠心(他认为那10名被杀的其实是乃蛮部的人,而他则给铁木真另外送去了大约50名被扒光了衣服的俘虏)。[26] 铁木真对此并不满意。他确定脱斡邻会站在自己这边，于是他告诉脱斡邻撒察别乞和主儿勤部并不忠诚。他们甚至想着分裂。接着他派出一支劲旅前去对付他们。撒察别乞和地位较高的主儿勤部人带上家眷逃走了，然而蒙古的追兵可是出了名地不知疲倦和毫不留情。经过几个月的逃亡，主儿勤部人陷入了绝境并（可能是在靠近克鲁伦河与桑沽尔河的交汇处）惨遭屠杀。铁木真已下达指令，因为在自己当选为可汗时撒察别乞所做的超出常规的宣誓，所以相应地他必须接受更加严厉的惩罚。铁木真明确否认了撒察别乞和泰出身为贵族所拥有的不流血而死的特权，选择用利剑处决了他们。[27]

铁木真向不里·孛阔隐瞒了两位首领的命运，邀请他到自己的帐篷里和别勒古台来一场摔跤比赛。众所周知，论摔跤的话不里·孛阔可以说是战无不胜，然而从铁木真不怀好意的脸色中他察觉到了危险，于是他故意让别勒古台把自己扔了出去。这时候铁木真咬了咬嘴唇，向别勒古台发出事先安排好的信号。别勒古台跳到不里·孛阔的身上，打断了他的后背。[28] 铁木真野蛮的举动展现出了他的复仇之心。他无法忘记在宴会上不里·孛阔弄伤别勒古台时自己感受到的侮辱，于是设了这样一个局让他同父异母的兄弟亲自动手复仇。

除了对撒察别乞长期以来的举棋不定感到愤怒之外，撒察别乞也有可能在觊觎可汗之位，所以除掉他从政治上来看也是有益的。铁木真自然没有将这样的动机昭告天下，他声称自己针对主儿勤部的行动是受脱斡邻的指示而非出自他的本意，显然他是一位狡猾的、肆意玩弄政治艺术的大师。[29] 此外，铁木真对他的表兄弟（撒察别乞是铁木真爷爷的大哥的孙子）采取如此激进的行动，表明他已经跨越了蒙古部落传统的统治模式，转向了全新的军事化领导模式。然而对主儿勤部的大屠杀并没有被同盟所接受。许多人觉得铁木真展现出了他残忍的一面，同时也表现出他的不确定性。即便是五十年之后，蒙古的官方历史学家依然对这起事件感到不安，于是他们开始大肆宣传，试图强调撒察别乞那令人发指的背信弃义和邪恶本性。[30]

铁木真想要征服蒙古，对于这个他无法一蹴而就的雄心壮志来说，很关键的一点就是让脱斡邻成为可靠的同盟，然而后者作为克烈部首领的地位却并不稳固。铁木真想通过让脱斡邻和其兄弟和解来巩固其地位,尤其是让脱斡邻与其二弟札阿绀孛和解,因为脱斡邻的另一个有影响力的兄弟额儿客合剌一直都是脱斡邻的死对头,休想将他争取过来。作为克烈部分支的秃别干部和董合亦惕部的首领,札阿绀孛在克烈部中拥有巨大的声望,但是当脱斡邻遭到驱逐时他也随之被拖垮。同众多游牧民的首领一样,他也流亡中原。铁木真派出武装卫队将他带回,授予他一切荣誉并为他举办宴会,这让铁木真觉得两兄弟之间的关系已经得到了恢复。[31]

很快,脱斡邻就证明了自己是一个彻头彻尾的忘恩负义之人,他觉得自己的地位已经稳固,于是在1198年他对蔑儿乞惕部发起了进攻,不仅未曾通知铁木真,更糟糕的是他连战利品都没有分给盟友——这与1196年在相似的情况下铁木真的慷慨形成了鲜明对比。克烈部杀了脱黑脱阿的儿子,生擒了他的两个兄弟、女儿以及其他的家眷,更是一举消灭了蔑儿乞惕部本就越来越少的战士。正是因为行动取得了巨大的成功,所以这成了一次对铁木真公然的侮辱。对这种背信弃义的行为,铁木真深感愤怒,但他依然需要脱斡邻作为垫脚石来获得至高无上的权力,他最终选择了对此忍气吞声。[32]

对铁木真和脱斡邻来说,下一个目标显然是强大的乃蛮部。1199年他们说服札木合联手攻打乃蛮部的不欲鲁汗。他们一致认为这是采取行动的最佳时机,因为从前强大的乃蛮部现在已经四分五裂。乃蛮部伟大的领袖亦难赤刚刚过世,正是亦难赤同额儿客合剌密谋策划了推翻脱斡邻的政变,让克烈部始终不得安宁。不过就在他临终之时,亦难赤将他的领土分给了两个儿子不欲鲁和拜不花(称太阳汗),而他们二人当下正在互相厮杀。草原上的流言蜚语说他们是为了争夺一个女人,但实际的情况是不欲鲁觉得父亲欺侮自己,只给他留下阿尔泰山的山区,相反他的兄弟却得到了黑额尔齐斯周围环境更为理想的大草原。[33]

至于札木合,他延续了自己一贯的作风,想方设法从远征不欲鲁的行动中脱身,不过铁木真和脱斡邻取得了标志性的成功,他们在阿勒泰北坡的乞湿勒巴失湖(今乌伦古湖)击败了不欲鲁,后者穿过群山仓皇而逃。太阳汗曾对不欲鲁受袭作壁上观,但眼看兄弟溃败,太阳汗重新考虑了自己的判断。在取得了胜利之后,铁木真和脱斡邻在返家的途中突然遭遇了一支乃蛮部的生力军,由乃蛮部最优秀的将军可克薛兀·撒卜剌黑率领。双方遭遇的地点位于杭爱山脉南部山麓丘陵的拜德拉格河。两军严阵以待,厮杀到夜幕降临时才鸣金收兵,准备在第二天重新开战。[34]

让铁木真感到惊慌的是,他当晚得知脱斡邻已经率部撤军。根据谣传(并不可信),是札木合现身说服脱斡邻相信铁木真秘密地与乃蛮部勾结并想要弃他而去。[35] 脱斡邻以为被他抛弃的铁木真已经成了乃蛮部唾手可得的祭品,然而第二天早晨,可克薛兀·撒卜剌黑并没有追击逃跑的蒙古人,而是回过头来袭击了脱斡邻,并在杭爱山中的一个山口将他击溃。脱斡邻的儿子亦剌合(即桑昆)失去了他的妻子、孩子和护卫,同时,至少半数的克烈部军队不是被屠杀就是被俘虏,而绝大部分的牛群和物资都成了乃蛮部的战利品。[36]

亦剌合向父亲祈求复仇。脱斡邻则向札木合求助,但他不出所料地被札木合拒绝了。于是脱斡邻便转向铁木真,向这个被他遗弃在杭爱山上应该已经死去的人求援。铁木真表面上宽宏大量地回应了他,实际上铁木真是在权衡了利弊之后,认为若失去了克烈部的势力,乃蛮部将会变得更强大。为此,铁木真派出了最精锐的队伍和最优秀的大将:博尔术、博尔忽、冉冉升起的新星木华黎、另一位重要的勇士赤老温以及铁木真的兄弟合撒儿。[37] 此次远征取得了非凡的成功。蒙古援军在亦剌合就要输掉第二场战役的紧要关头赶到,使他免遭团灭。乃蛮部先是被击退,随后更是被赶出了克烈部的领土,而大部分的牛群都被找回,最终合撒儿大胜溃军,为这次复仇战画上了完美的句号。[38]

这一次脱斡邻恰当地表达了他的感激之情。他和铁木真在军事会议中决定了下一步的行动,二人一致认为应当消灭蔑儿乞惕部的残余势力,算清他们和泰赤乌部之间的账,毕竟这两部依然是草原上主要的威胁,不幸的是,蔑儿乞惕部、泰赤乌部已经和札木合结盟。当铁木真的间谍传来消息称,实际上泰赤乌部的沉忽·阿忽出早已经与蔑儿乞惕部结盟时,他们便下定决心不再犹豫。1200年在鄂嫩河岸取得的胜利并非如铁木真所想的那样圆满,但他还是击败了这个联盟,俘虏了上千名妇女儿童。他的老对手、如今又老又胖的塔里忽台也被生擒了，他似乎还（挺荒谬地）期待着大赦，他和泰赤乌部其他所有的贵族一起被处决。塔里忽台被铁木真的爱将之一赤老温切成了两半，沉忽·阿忽出则逃之夭夭。[39]

自1196年以来克烈部接连不断的胜利很快又被部族内部越来越频繁的动荡所带来的阴霾笼罩。脱斡邻又一次踏上了流亡之路，这回他是在一次政变中被札阿绀孛赶下了台，讽刺的是，当初铁木真把札阿绀孛带回来是为了维持局面的稳定。札阿绀孛似乎总是对他的兄弟与铁木真的亲密关系，以及自己作为一个既是脱斡邻的部下又在其背后算计的角色一事感到不安和矛盾。这让乃蛮部人看到了洗清1199年所受耻辱的机会，并且做好了所有必要的准备。接下来再听到关于脱斡邻的消息便是他像以前四处徘徊在西夏和西辽一样，在中国东北地区到处游荡，处境很是凄凉。[40]

铁木真的敌人们抓住了机会。事到如今众人都清楚，铁木真并不满足于成为草原上的一方诸侯，他的目标是得到整个蒙古草原上至高无上的权力。蒙古部的保守势力以及其他游牧贵族们听闻铁木真的野心以及他背弃大草原传统生活方式的恶行之后着实吓了一跳，他们果断地采取了行动。人们在额尔古纳河畔召开了大会。代表们聚集一堂解决了分歧，接着他们顺着河流来到了与刊河汇合处的一个悬崖上，选举札木合为古儿汗（最高统治者或世界的汗），然后宣誓效忠于他。授予札木合古儿汗这一称号的目的是有意贬低铁木真。有人指出这个称号比铁木真的要更加显赫，因为它真正具有草原法统，而铁木真的汗位不过是家族内部的玩意儿。

这次会议不同寻常的地方在于，它将迄今为止都互不相容的游牧民族和部落聚集到了一起。除了札木合自己和他的札达兰部外，还有来自15个部落的代表出席了会议，其中包括斡亦剌部、弘吉剌部、蔑儿乞惕部、亦乞列思部、散只兀部、合塔斤部、豁罗剌思部，再加上泰赤乌部的三个派系、塔塔儿部的三个主要部族，甚至还有从乃蛮部分裂而来的两个部分。[41] 这是札木合、铁木真以及脱斡邻之间首次出现的三方对抗，部落间的争斗变成了一场形势更加危急的蒙古草原内战。札木合率领的联盟在另一个方面的重要性在于，联盟代表了传统寡头政治最后的挣扎，因此或许可以将蒙古草原内战看作是某种阶级斗争。[42] 所有支持札木合的人代表的是旧的价值观、特权、等级制度和生活方式。额尔古纳河上的选民们忠于血缘，尊敬那些与生俱来的领袖，然而那些想要效忠值得的领袖、拥有更多自由和个人利益的人将会站在铁木真这一边，他麾下的许多战士都是年轻人，他们因家族或部族中的长者或首领对待自己的方式感到失望和痛苦。显然历史的大势更加偏爱铁木真，毕竟古老的宗族制度正在逐渐分崩离析，而且在忠诚的传统和精英体制的较量中，似乎很明显是后者将会取得胜利。

然而应当强调的是，大草原上的忠诚向来不可靠。铁木真身边的一些人，像是阿勒坛、忽察儿以及合撒儿，他们对铁木真的做派感到不满，并在私底下赞同札木合联盟的社会目标。[43] 不过通常情况下，不满的情绪对铁木真来说是利大于弊的。许多人因为部族和部落领袖的正式承诺而不得不与铁木真作战，他们对这一决定感到不悦，这就解释了为何札木合领导的新兴联盟所制订的作战计划毫无隐蔽性可言。至少有三个关键的信息几乎在第一时间就被泄露给了铁木真，一个来自他安插在会议中的间谍，一个来自一位不想被族长决定其未来的豁罗剌思部人，还有一个则来自铁木真的老朋友、也是他的岳父特薛禅。[44] 尽管弘吉剌部和博尔济吉特部之间有着千丝万缕的关系，但弘吉剌部还是选择了站在铁木真的对立面。因此特薛禅不得不在对部族的忠诚和亲属的关系之间做出艰难的抉择。他选择了家人，之后便立刻和儿子们投奔了博尔济吉特部。铁木真后来责备特薛禅竟花了这么长的时间才与他会合，但这位长辈回答说自己必须等待合适的时机，否则家族上下都会遭到屠杀。事实上铁木真的人将特薛禅的女婿误认为泰赤乌部人而意外地杀了他。特薛禅还指出，正是在那一年早些时候铁木真的兄弟合撒儿私自对他们进行了掠夺，才导致弘吉剌部在一开始加入了札木合的联盟。[45]

在得知联盟计划向他发动突然袭击之后，铁木真紧急要求脱斡邻带上全部力量前来。同时，由于札木合想要赶在脱斡邻到来之前发动袭击，他犯下了一个严重的错误：还没等到同盟军集合所有的士兵，他就为了荣耀率领一支主要由他的人和前年战败后幸存下来的泰赤乌部成员组成的队伍冲了上去。铁木真计划在鄂嫩河拦截他们。[46] 铁木真把自己人精心安排在各个位置，同时还发布了一项严格的命令，不许他们在战斗的过程中进行抢劫，毕竟在赢得胜利之后有的是劫掠的时间。不用说的是，在几乎注定会反水的阿勒坛、忽察儿和答里台这三人组的精心煽动之下，人们对此感到愤愤不平。

当队伍进入足以看见敌军的范围内时，札木合要求术士们召唤暴风雨向铁木真发起进攻。为此他们使用浸在水中的雨石或牛黄（这实际上是反刍动物肠道中的硬核结石），[47] 然而法术却发生了灾难性的差错。吹向札木合及其支持者那边的暴风雪致使其军队的各部分之间失去了联系。让札木合更加狼狈的是，脱斡邻带着他的援兵赶到了战场。随着敌军陷入了一片混乱，铁木真得以轻松地获得胜利。乃蛮部、斡亦剌部、蔑儿乞惕部和泰赤乌部在惊慌中撤离了战场，各部各自为战。胜者也分散行动，脱斡邻紧紧追赶札木合及其手下，铁木真则对泰赤乌部穷追不舍——对他而言复仇总是胜过更长远的政治利益。[48]

泰赤乌部未能逃离溃败的命运，但在战败之前，泰赤乌部还是在鄂嫩河岸进行了激烈的抵抗并且造成蒙古部的大量伤亡，他们甚至差一点把蒙古部的将军给掳了去。铁木真也因为脖子中了一支毒箭而身受重伤。在远东地区的战争中，箭头上通常都会抹上毒蛇的毒液，而且刃口还会故意做成锯齿状，这样箭头便能在伤口中停留得更久以让毒药有机会扩散。[49] 为了治疗那些受了箭伤的人，人们往往会先吸掉他们伤口上的毒药，之后再给他们喝奶，但是铁木真的伤势非常严重（其颈部的动脉被刺穿），当时他可谓奄奄一息。这时候者勒蔑挺身而出。铁木真毫无意识地躺在那里，而血已经止不住了，者勒蔑只能不断地把血吸出来再吐掉。由于血液大量泵出，他无法把所有的血都吐出去，所以不得已吞下不少。就这样，他估计喝下了两品脱①可汗的血。

与此同时，被蒙古军队包围的泰赤乌部重整旗鼓步步逼近，他们想要打败这些围困住他们的士气低落的蒙古军队，然而最终还是军纪严明的蒙古军取得了胜利。午夜时分，铁木真一恢复意识就要喝奶，然而周围一点

---

① 1 英制品脱 ≈0.57 升。——编者

奶都没有。这时足智多谋的者勒蔑又成为勇士，他做出了惊人的壮举。者勒蔑脱掉了裤子来到附近泰赤乌部的营地，他假扮成札木合手下一支败军中的难民。在发现一只装着奶的动物犄角之后，他把奶连同容器一起偷走带回，为铁木真解了渴。[50]

这里说的就是阔亦田之战。这场战斗导致了一些直接和重要的后果。乃蛮部和其他部落的叛变激怒了札木合，当这些部落刚离开铁木真的势力范围，札木合就袭击了他们并且没收了他们设法夺取的所有战利品。这因一时冲动采取的鲁莽行动严重地影响了他的信誉。乃蛮部人非常合理地指出，他们是先锋队，在这场战斗中他们首当其冲，如果不是札木合的主力部队姗姗来迟，他们的联盟甚至有可能会获胜。[51] 随着越来越多感到失望的团体和部族离开了札木合，这个原本被寄予厚望的联盟开始瓦解。

不过札木合并非唯一一个激怒了同僚的领袖。尽管铁木真在早些时候就明确地否决了战斗中的掠夺行为，但阿勒坛和忽察儿还是违背命令实施了抢劫。铁木真也以没收赃物作为回应，这激怒了阿勒坛和忽察儿，同时也让他们的关系陷于近似公开决裂的境地。[52] 草原上的依附和结盟便是如此地不稳固，以致于有时候就像在玩一场音乐椅子的游戏。这场战役所导致的一个确定的结果就是，泰赤乌部已不再是一股重要的政治力量。他们此后再也没有被蒙古帝国招募出征，他们的财富直到14世纪帝国衰落的时候才得以恢复。[53]

接下来便是阔亦田之战对铁木真本人的心理及性格的影响。者勒蔑果断的行动挽救了铁木真的性命。为了去除血块而吮吸伤口意味着血液能够保持流动的状态，这样一来不仅降低了中毒身亡的概率而且还防止了血栓。铁木真一开始的自救措施错得离谱，因为他反而想要去止血。者勒蔑出于对铁木真的忠诚而吞下了大量的鲜血，而无论是把血吞下还是吐出来都统统违反了蒙古人普遍的禁忌。[54] 不过对于这般英勇的事迹铁木真却表现得忘恩负义、疑神疑鬼。出于对背叛近乎病态的恐惧，铁木真不知怎地在者勒蔑半裸着偷偷溜出去的时候认为他是要逃走。铁木真提出疑问：难道者勒蔑一定要脱掉衣服吗？者勒蔑解释说那是在考虑了当时环境的状况下的明智举动，脱掉衣服他就能自称难民而不至于遭到质疑，要不然一个人为什么要半裸着身子跑到泰赤乌部的营地呢？者勒蔑非常坚决地为自己辩护，还指出自己已经三次救下了主人的命，一次是在不儿罕山，那时铁木真正受到蔑儿乞惕部的威胁，一次是帮他吸出毒血，还有一次是去泰赤乌部的营地偷奶给他喝。铁木真勉强地承认这些都是事实。[55]

当用猜忌回应者勒蔑英雄般的行为时，铁木真阴郁的一面在众人面前展露无遗，但与此相反的是这位可汗明智且极具政治风度地将差点杀了自己的人纳入麾下。在战后被抓获的俘虏中，有一个人来自别速部，一些目击者认出就是他向铁木真射出了几近致命的一箭。很显然，他是一名技艺高超的弓箭手。他被带到可汗的面前，说希望自己被处死。铁木真在宣判前问他还有什么想说的。这位族人回答说，他本人并不反对可汗，但他是泰赤乌部的一个分支别速部的人，他必须服从泰赤乌部领袖的命令。正是这样的忠诚吸引了铁木真。这位别速部的勇士还说，如果可以继续活下去，他会成为铁木真最优秀的战士。这人身上的某些东西引起了铁木真的共鸣，于是他宣布要将此人收为自己的伴当，从此以后他就被称为哲别（意为箭）。[56]铁木真的判断非常准确，哲别在被任命指挥一支队伍之后很快就证明了自己的才能并得到了提拔。他的地位升得很快，不久他就当上了千户长，后来他成长为蒙古最伟大的将领之一。

1202年札木合一边疗伤一边仔细地考虑着下一步的计划。如今他的同盟分散在蒙古草原各处——乌拉盖地区的乃蛮部，贝加尔湖南面色楞格河沿岸的蔑儿乞惕部的残余势力，库苏古尔湖西边色也勒吉河沿岸的斡亦剌部。这一年是胜利者的渔猎期。在这一年里，脱斡邻对蔑儿乞惕部的残余势力穷追猛打（显然他对这个部落有些痴迷了），与此同时铁木真准备了一场自称是针对塔塔儿部的种族灭绝之战。他在军事会议上声称要把所有高于马车轮子的塔塔儿部男子全都杀光。[57]这个本该属于"最高机密"的筹划却因为出席了会议的别勒古台愚蠢地向朋友们吹嘘这是他的点子而最终传到了塔塔儿部人的耳朵里。铁木真的大军依旧不依不饶地搜寻着塔塔儿部人，最终将他们逼到了位于蒙古东部哈拉哈河（答阑捏木儿格思的凹处，可能位于大兴安岭的西坡）附近。铁木真再次下令禁止在战斗的过程中抢劫，在战后他会进行公正合理的分配，不过阿勒坛和忽察儿也再一次认为这样的命令管不了他们。这场战斗和以往的屠杀没什么两样,也以塔塔儿部人彻底的失败而告终。[58] 随后塔塔儿部的男子们排着队等待处决,但是突然间混战爆发了,之后便是满是血腥的抵抗。据说塔塔儿部人因别勒古台的随意之辞知晓了自己的命运,所以他们已经为世界末日的到来做好了准备,并藏起了刀子准备战斗。执行死刑的博尔济吉特部人死伤惨重。[59] 愤怒的铁木真本应因为别勒古台泄露机密将他处决,但最终铁木真却通过任命他去管治所有涉及平民的案件来羞辱他,命他负责处理和仲裁所有琐碎的争端。就铁木真个人而言,他一直很喜欢别勒古台,但他对别勒古台才能的评价并不高。尽管别勒古台能够继续享受身为可汗家族成员应得的日常礼遇,但是铁木真将他排除在了决策层之外,并宣布他将永远不能从私下里得知有关重要决策的任何信息。[60]

然而别勒古台并不是唯一一个闯祸的家族成员。不出所料的是,阿勒坛和忽察儿为了满足对战利品的狂热追求不惜停止了战斗。这一次铁木真公开地羞辱了他们。赃物被全部充公并分给了队伍里最贫穷的人。阿勒坛和忽察儿气得发狂,他们偷偷跑去投靠了札木合,还指责铁木真是个暴君。[61] 铁木真将塔塔儿部公主也遂和也速干纳为妃子以为慰藉。[62]

在1202—1203年的冬天,铁木真和脱斡邻面对了乃蛮部主导的又一个联盟。不欲鲁集结了一支强大的军队,他动用所有的资源招揽了蒙古各地反对铁木真的人:脱黑脱阿和幸存的蔑儿乞惕部、少数年长的不再上战场的塔塔儿部人,而最重要的可能是札木合及其盟友们,如今这其中还包括了阿勒坛、忽察儿以及铁木真的叔叔答里台和兄弟合撒儿。阿勒坛、忽察儿和答里台对铁木真没收了他们的战利品感到非常气愤,而且他们认为自己是博尔济吉特部中比铁木真地位更高的上级。合撒儿的情况则要更加严重。他一步步地背叛自己的大哥,在短暂的一生中从不安分守己,总是因缺乏行动力而导致任务中断,这让铁木真最终别无他法,只能将其处决。此时他已经有三次严重的抗命行为:他曾试图与别勒古台密谋,那时铁木真因为有关塔塔儿部的事件打压了这位同父异母的兄弟;他拒绝可汗的指令不愿意处死1000名塔塔儿部俘虏,因为他的妻子就是塔塔儿部人;也正是他无缘无故地攻击了弘吉剌部,使得他们暂时投靠了札木合。[63] 以上这些要是在一些统治较小族群的蒙古寡头政治家那儿完全可以视作背叛了。由于不欲鲁关系疏远的弟弟太阳汗也是札木合的同盟,这位较年长的乃蛮部领袖的美梦便是在统一部族的同时抛下过去的龃龉。这场战斗便是为之所做的努力,战火从阿尔泰山一直燃至大兴安岭,范围遍及整个蒙古地区。[64]但是铁木真在每一点上都智胜乃蛮部和他们的盟友一筹,在这场战斗中开始有明显的迹象表明,铁木真正在从一名资深的草原战士向开拓者转变。

当乃蛮部依例行事、亦步亦趋的时候,铁木真证明了他的多才多艺和灵活多变,这一次他坚守阵地进行激战,下一次他就转向了游击战。乃蛮部的队伍行动缓慢、步履沉重,反观蒙古人,他们好像在用法术让队伍快速分散和重组。铁木真强大的人格魅力和对其才能与日俱增的信心鼓舞了士气,战士们非常乐意听从他那令人费解或者说是不同寻常的指令。铁木真似乎每周都有新的想法,这令他的敌人无力招架。

1202年末或1203年初的某段时间,在图拉河岸的黑森林中脱斡邻正式将铁木真收为义子,这就暗示着铁木真将成为他的继承人以及克烈部的继任者——脱斡邻告诉铁木真现有的继承人亦剌合"一无是处"。[65]仪式包含了正式的宣誓,赋予了铁木真称脱斡邻为父亲的资格。双方一致认为,这是当初脱斡邻同铁木真之父也速该之间的安答关系顺理成章的结果。[66]这段父子关系有一个令人愉快的初始。在那年冬天,可能是在彻彻儿山附近的一个叫作徹徹的地方,乃蛮部遭遇了惨败。那次交战发生在暴风雪中,双方都伤亡惨重,但乃蛮部的情况更糟,因为据说他们部队中的许多人在撤退时或是冻死了,或是严重冻伤,或是与他们的坐骑一起在寒风和黑暗中跌落悬崖。[67]虽然名义上是乃蛮部的盟友,但本该在最后关头加入战斗的札木合按其一贯作风,只是在骚扰和抢劫遭受打击的乃蛮部人。

1203年充满希望地开始了,但是对铁木真来说这却是一个伴随厄运的不祥之年。为了考验与脱斡邻之间新的关系,铁木真为儿子术赤求娶脱斡邻的女儿察兀儿别乞,然而这次求婚却被克烈部毫不客气地拒绝了。回到大帐的亦剌合对于出现了一个新继承人相当愤怒。当得知铁木真前来提亲并提议自己家族也娶一名蒙古新娘时，亦剌合向父亲提出了强烈的抗议，认为这是更进一步的羞辱。他指出安排这个提议是不平等的："他的女儿如果嫁到我家，是坐在正位上（做主人），俯视站在门后的（妾婢们）！我们家的女儿如果嫁到他家，（她）只能站在门后（做妾婢），仰看坐在正位的（主人的脸色）！"[68] 亦剌合建议父亲果断地和铁木真分道扬镳，同时加入札木合正在召集的新联盟。脱斡邻愤怒地拒绝了他，毕竟拒绝求婚是一回事——这样或许会冒犯对方，但不是要宣战，而与札木合结盟就不同了。事到如今他怎么能背弃他的安答呢？他可是曾经发誓要把安答的儿子当作自己的儿子一样来对待的。不仅如此，脱斡邻从来都不在乎札木合这个人，他明确地对儿子说："札木合是一个马屁精，他既无关紧要也不值得信赖。"[69] 于是亦剌合暂时不再争辩，而是秘密地联系札木合，偷偷地跑去与他的同谋交换意见。

评论者对铁木真提亲的举动有着不同的看法。有人觉得这在政治上非常愚蠢，铁木真是在得寸进尺，同时他也太过于明白地透露出想要统治蒙古的野心，这导致脱斡邻开始和他保持距离而且愈发地小心谨慎。比较令人信服的说法是铁木真是在试水，他想要看看与"父亲"之间的协议到底有怎样的价值。他怀疑脱斡邻和他的儿子在背地里都是势利小人，他们认为自己的身份不够高贵，不配和杰出的克烈部执政家族通婚。铁木真也觉得脱斡邻永远都不会真正地接纳自己做他的继承者，而且认为在反对亦剌合时脱斡邻的抗议太过激烈，背地里他反而对于形势的变化暗自高兴。铁木真的这些怀疑都是正确的。脱斡邻现在可以声称自己原本想让铁木真得偿所愿，只是他的儿子和克烈部的人民不会让他这么做。[70]

孛儿帖作为这一事件幕后的策划者助长了丈夫的怀疑，她小心翼翼地向铁木真提出建议，并且以清晰、中肯的方式复述了自己的观点。她认为脱斡邻完全不值得信任：你能相信或者依赖一个在战争最激烈的时候抛弃盟友（正如脱斡邻曾对铁木真那样）、在铁木真的斡旋下恢复地位却在1198年与蔑儿乞惕部一战之后没有分享一丁点战利品的人吗？那场战斗如果不是铁木真帮他重整旗鼓，他是不可能取胜的。[71]

就在此时，札木合、亦剌合、合撒儿、阿勒坛和忽察儿聚到一起商议他们该如何行动。札木合建议最好的方案是暗示他们拥有明确的证据可以证明铁木真正在与乃蛮部进行秘密会谈，从而将克烈部置于随时可能爆发叛乱的危险境地，同时向脱斡邻发出最后通牒（要么选亦剌合要么选铁木真），以既成事实和哄骗相结合的方式把脱斡邻拖垮。札木合清楚自己很有胜算：脱斡邻年纪大了也累了，他已经非常虚弱，因而最终会选择阻力最小的路线。[72]

反对铁木真的同谋一起来到脱斡邻的营地见他本人。脱斡邻的营地位于黑森林，从此地骑到位于撒阿里草原的铁木真那里大约只需要两个小时。由于王汗如今是铁木真的义父，而且他们目前依然是同盟，离得如此之近并无可疑之处。札木合口若悬河地谈到铁木真的浮躁和反复无常，同时将之和自己坚定不移的毅力进行了对比。可能就是在这个场合中，他发表了那段名言"我是一只待在原地的凤头百灵，铁木真是一只会停下来回家去的云雀"，他认为自己坚定不移的特性与铁木真好似性喜迁居的云雀般的轻浮大相径庭。[73]

脱斡邻可能对与会的一支来自欧亚腹地的代表团有着更加深刻的印象，这支代表团来自西部大草原的一个全新同盟，在这支代表团中有来自西辽的代表，有回鹘人，有人认为甚至包括来自河中地区（位于阿姆河和锡尔河之间）的新势力、沙赫摩诃末二世的代表。[74] 出于商业上的考虑，这些人都很关注铁木真的崛起，而且他们迫切地需要克烈部取得胜利。到如今持续了大约三十年的草原战争已经从小规模的部落争端升级为两个主要的深层结构上的大冲突。一个是社会斗争，是铁木真及其领导下的贫民与传统贵族之间的对立，铁木真对传统寡头政治的蔑视才是让阿勒坛、忽察儿以及合撒儿不满的深层原因。另一个是为了控制西伯利亚和远东的商业而进行的隐形贸易战。回鹘人和西方的景教徒希望脱斡邻获胜，因为这样他们就能够获得蒙古地区的贸易特权。然而铁木真偏向于他们的竞争对手、来自伊斯兰世界的商人，就在最近他还接待了伊斯兰商人们派来要求获得西伯利亚地区贸易特权的使者。在这些伊斯兰商人中有一个叫哈桑的人，他从蒙古人那里购买了大量的松鼠和貂皮。[75]

脱斡邻慢慢地被说服，最终血缘和亲缘的纽带战胜了他对铁木真的誓言。不过脱斡邻知道，在战场上没有事情是必然的，在紧张和混乱的战争中就连最弱小的大卫都能战胜最强大的歌利亚。他坚持从一开始就使用诡计，于是他发出了邀请：脱斡邻宣称他重新考虑了蒙古人的提亲，现在想要开始准备。为了庆祝此次联姻，他邀请铁木真参加正在准备的盛宴。同谋们打算在铁木真到达营地后立即将他暗杀。[76]

铁木真丝毫没有怀疑便高高兴兴地动身了，他打算一路悠哉悠哉地前去赴宴。他首先拜见了"父亲"蒙力克，他因为最近娶了铁木真的母亲诃额仑而得到了这个身份。蒙力克告诫铁木真一场暗杀正在策划中，而且他提到下毒是阴谋家的首选。铁木真决定停下脚步不再前行，而是从队伍中派出不合台和乞剌台两名使者赴席。[77]之后不久，此次阴谋的所有细节就被乞失里黑和巴歹这两位牧马人透露给了铁木真。只要铁木真一死，亦剌合就打算向博尔济吉特部发动突然袭击，博尔济吉特部因为失去了首领肯定意志消沉，突袭必然能将他们一网打尽。这一条来自两个"可怜人"的情报让铁木真的"无产者联盟"获益甚大。铁木真从来不会忘记他曾受到的侮慢与恩惠，三年后他将乞失里黑和巴歹提拔为将领作为他们告密的奖赏。[78]

铁木真现在不得不为脱斡邻的联军即将发起的进攻做好准备，他们在人数上是自己的三倍。他急招他的部族迅速集结。一些人承诺会带上他们的武装力量，然而令人震惊的是，另一些人竟声称这是他作为博尔济吉特部可汗的私事，他的行动没有得到全体大会的批准，因此他们保留不响应召集的权利。实际情况是他们因被许诺能够获得大量的战利品才加入铁木真的队伍，现在却被要求决一死战，他们中的许多人并不喜欢此间落差。他们的回复中最明显的潜台词是"我们没有为参加这种事情签过字"。铁木真恨恨地责备其兄弟所树立的坏榜样，几乎是在向他的心腹厉声咆哮："我受够了我的兄弟。谁能忍受见到他的随从？"[79]

铁木真为这些胆小部族的背信弃义感到焦虑，他率领部队奔赴中原边境希望找到新的盟友和武器，或许还能得到金朝的帮助。敌人则紧追不舍，在东北边境靠近喀尔喀河的合兰真沙陀追上了他。随后爆发了草原上最为血腥也是最为激烈的战斗之一。[80]脱斡邻指挥着反铁木真联军，这支军队本来是要让札木合担任指挥，不过札木合拒绝了。札木合在这个节骨眼上的这一行为简直令人匪夷所思。若是指挥先锋队迅速行动，他完全可以在铁木真前往东北地区的路上轻而易举地打败他，但札木合却以需要脱斡邻主力部队的加入为借口放缓了行动。在拒绝了最高指挥权后，札木合通过强调蒙古人的顽强来打击盟友的信心，而且还进一步向铁木真派遣秘密信使提供关于克烈部大军部署的情报。[81]当脱斡邻几乎逼近到可以攻击的距离时，铁木真完成了拔营撤军的工作并留下继续燃烧的营火，让敌军以为己方已经锁定了他的位置。当一支克烈部军队迅猛地冲进空无一人的营地时，他们失望万分，但是脱斡邻最后还是找到了真正的敌军并挑起了战事。铁木真推迟了进攻，希冀增援部队能够前来，终于他在敌人的后方看到一面己方的旗帜。铁木真没有意识到只有少数几个部族响应了他的号召，他严重高估了自己在敌人背后布置的兵力，结果发现自己陷入了一场被克烈部掌握了整个局势的大战。[82]

幸运的是，从后方进攻克烈部的两个部族都是由勇敢的战士所率领的一流队伍。忙忽惕部的忽亦勒答儿勇猛无比，他发誓要把他马尾上的旗帜立在敌人那一边的斜坡上，令人惊讶的是这个豪言最后竟然兑现了。随后他冲向了克烈部的阵中，并在他们准备冲锋时设法打乱了他们的队形。克烈部后方的另一位首领兀鲁兀部的术赤台一步一步进击并迫使敌人退却，他还用箭射伤亦剌合的面部立下战功。[83]正是这二人英勇的战斗使铁木真和他的手下没有被击溃，铁木真后来证实正是亦剌合偶然的受伤才让自己的部队免遭灭顶之灾。最后铁木真寡不敌众，他在夜幕的掩护下撤军并在附近游荡，期待蒙古幸存者能够找回队伍。亲信们催促他赶快逃走，但他解释说不能放弃在脱斡邻后方的队伍。他向那两支队伍传达了停止战斗并绕过克烈部前来集合的信号。[84]

这就是合兰真沙陀之战。尽管克烈部没能对铁木真造成致命一击，但是铁木真在这一战中严重失利，哪怕他的宣传机构试图让后世相信他取得了惨胜。拉施特和《蒙古秘史》都相信了这个弥天大谎。[85]

岌岌可危的铁木真再一次承蒙札木合的"好意"而获得了恢复的时间。一开始脱斡邻想趁着黑夜追击蒙古人，不过札木合建议他最好去看看他受伤的儿子,反正一团乱的蒙古人已经奄奄一息又没有避难的去处,很容易就能剿灭他们了。愚蠢的脱斡邻不仅接受了这个建议,还将其作为自己的旨意传达给了核心集团的成员。他认为,毕竟札木合、阿勒坛、忽察儿以及合撒儿站在他这边,而且铁木真已经被打败,未来的一切都会是他的。"如果他们不回来那我们就去追,把他们像马粪一样搜集起来然后带回来。"他大言不惭地这样说。[86]

铁木真需要喘息的空间,不仅因为他的军队遭受了惨痛的打击,而且因为博尔术、博尔忽,以及最重要的他17岁的儿子窝阔台全都下落不明。铁木真焦急地度过一夜,黑暗中他坐在马背上熬过了数个钟头,和随时准备行动的部下一起等待克烈部的下一次进攻。他的军队拥有优秀的纪律:这是一支战败的军队,或许正准备迎接致命的一击,但他们并没有惊慌失措。在天亮的时候,博尔术一瘸一拐地回来了。战斗中他的坐骑在中箭之后倒了下去。当他只能依靠步行而且眼看就要被抓住的时候,亦剌合的突然受伤令克烈部调转方向在他们的王子周围组成防护屏障。后来,博尔术想办法偷了一匹马,找到一条迂回的道路重新回到了蒙古部队。[87] 随后不久,博尔忽带着受了伤的窝阔台也回来了,窝阔台已失去了知觉被绑在马背上。阔亦田事件离奇地重演了,博尔忽为窝阔台脖子上的伤口吸血,当他向铁木真报告时嘴角还在滴着血,铁木真一看到他血淋淋的儿子就流下了眼泪。蒙古的医务人员灼烧了伤口(这是历史上第一次描述这个过程),铁木真当众感谢长生天救了他的儿子,但随后他便吹嘘说即使被敌人追上,他仍可以打败他们。[88]

在这个时刻进行吹嘘非常愚蠢,因为战斗开始时他有4600人去对抗脱斡邻的1.3万人,如今他只剩下了2600人,伤亡情况非常可怕。他带着这些残兵败将撤退了,他们首先来到了答阑捏木儿格思,那是一年前他们完胜塔塔儿部人的地方,接着他们沿着喀尔喀河向弘吉剌境内的贝尔湖撤退。[89] 考虑到前来求助的铁木真只率领着一队残兵,弘吉剌部却同意与其结盟并壮大他的队伍,这一举动令人惊讶。这一早期的迹象表明,游牧民中最精明的头脑已经得出了结论,从长远来看铁木真将成功地征服草原。[90]

1203 年初夏铁木真的漂泊仍在持续。从行程来看，他一开始好像向南潜伏在大兴安岭的森林中，接着回到北方来到喀尔喀河，在那儿他进行了一次大规模的围猎活动，同时对队伍进行了彻底的整顿。不幸的是忽亦勒答儿因为在合兰真沙陀之战中受的伤而丧生，还有消息称另一名指挥官、秃马惕部的博尔忽（合兰真沙陀之战的又一名英雄，与救出窝阔台的博尔忽同名）遭到敌方侦察兵的伏击而被杀。随后铁木真继续向北，他再次来到呼伦湖，并在那建起了夏季营地。铁木真从呼伦湖递出了一连串冗长的信函来斥责他的敌人们。铁木真严厉地斥责阿勒坛和忽察儿的背信弃义，他对亦剌合传达了悲伤更甚于愤怒的情绪，而他指责札木合是在羡慕与嫉妒自己，这表明札木合不是一位合格的安答。鉴于阿勒坛和忽察儿并没有以博尔济吉特部可汗的候选人的要求去表现自己，却想要获得领导权，这就好像他们指望公众的喝彩就能让他们当选一般。铁木真告诉阿勒坛和忽察儿他们还有最后一次机会，如果（这部分的信息被加了密）他们可以充作特务在脱斡邻的身边再待上一年，那么自己会在算完同脱斡邻的账后饶他们一命。[91]

到目前为止铁木真最长的一封信是写给脱斡邻的，铁木真在文中狠狠地指责了这位老人家难以原谅的背叛，不仅仅是因为他打破了曾经在草原上宣读的神圣誓言，还因为铁木真帮了他很多忙，包括将他的很多栗色马从火海中营救出来、让他恢复原来的权力、帮助他摆脱一无所有的窘境等等。他继续说到，如果脱斡邻心怀怨恨，他应该以男人的方式解决此事，而不是将铁木真的家人卷入这场纠纷中：

有两条辕的车，
如果第二条辕折断，
牛就不能向前拉，
我不曾是你的第二条辕吗？
有两个轮子的车，
如果第二个轮子折断，
车就不能移动，

我不曾是你的第二个轮子吗？[92]

脱斡邻似乎真的被铁木真的信打动了，他提议向博尔济吉特部抛出橄榄枝，不过他的儿子亦剌合恶狠狠地拒绝了这个想法并对自己收到的那封信公开地表示蔑视，说唯一可能的回答是战争已经开始了。[93]

铁木真机智地让读了这些信件的人觉得他已身处绝境，只能无谓地抱怨和指责。事实上，他正在积蓄力量准备在最意想不到的时候进行反击。他逐渐召集了一个新的联盟——弘吉剌部、亦乞列思部，尼伦蒙古诸部，以及对脱斡邻而言很不幸地背叛了克烈部的嫩真部，在这群人中包括了后来成为铁木真最信任的顾问之一的镇海。作为精通权术的政治家，铁木真懂得怎样吸引他人的兴趣：对伊斯兰商人，他承诺会在获得最终的胜利之后给他们一个贸易的黄金时代；对自己的部下，他让他们认为获胜之后能够分得无尽的财富；对曾经统治北方而如今被赶走的契丹人，他则许诺一旦他成为蒙古的统治者就让他们恢复原来的地位。[94]

与此同时，铁木真转移到了位于班朱尼湖的最后一个夏季营地，此地位于蒙古东南部靠近金朝边界。[95]这片沼泽地是安全的，然而此地的生存条件却非常恶劣，湖水几乎干涸，只能从泥土里挤出水来。[96]但就是在这里发生了铁木真一生中最为著名的事件：19名将领宣誓将在对抗克烈部的战斗中站在铁木真这边，并且坚持奋战到最后一刻，这就是班朱尼河盟誓。为了签订这一崇高的协议，蒙古人杀掉了一匹马并在烹饪之后分而食之。文字记载中有关誓言的措辞可谓五花八门，不过有一个版本这样写道："愿泄露计划的立约人像这片河堤一样坍塌，像这片森林一样被砍伐。"铁木真自己则握住一把干枯的泥块许下了相对的誓约："我若是完成了这番伟业，我会与大家同甘共苦；若是我违背了誓言，那就让我的下场像这水一样吧。"[97]这就相当于亨利五世在阿金库尔战役前动员演讲的蒙古版本，而那些宣誓的人就注定同样"我们人很少，但我们很快乐"（莎士比亚戏剧《亨利五世》(*Henry V*)中的著名台词）。蒙古人通常都会背叛或抛弃在战场上失利的领袖，这就是为什么后来成吉思汗会极为珍视班朱尼老兵。

这帮兄弟们在班朱尼逗留了很长一段时间,铁木真则在此消化从克烈部传来的消息。草原上大多数的情况是胜利者们很快会自相残杀。札木合、阿勒坛、忽察儿、合撒儿以及答里台的五人组一起密谋取代脱斡邻,一是他们觉得这人如今很是多余,二是他们需要一个更强大的领袖来对博尔济吉特部的可汗——是时候展开最后的搜寻与歼灭行动了。虽然脱斡邻向他们证明了自己的智慧,但是这些阴谋家们还是离开了他。阿勒坛、忽察儿及札木合去了乃蛮部,答里台及合撒儿觉得归顺铁木真会有更好的机遇。[98]答里台要求铁木真重新接纳他,还给他的侄子送上了宝贵的情报,比如很多克烈部人曾加入叛军参与反对脱斡邻的叛乱,在他们以失败告终后,这些人正在逃亡,因此蒙古军能够将他们招入麾下;以及脱斡邻手上没有一支固定的军队,他只能依赖于季节性的征兵。合撒儿为了重新效忠于大哥组建了一支军队,成员主要来自曾经支持战败一方的克烈部人,然而脱斡邻击败了这支队伍,还掳走了合撒儿的妻、子充作人质。合撒儿幸免于难,他带着部分子女和少数的仆人逃走了,据说在他逃亡生涯的有段时间里他们几乎全靠鸟蛋为生。[99]后来他不得不冒险加入驻扎在班朱尼湖的铁木真。尽管缺少实在的证据,但合撒儿自称自己遭到克烈部持续不断的袭击,并在一路抗击后来到这里。可以肯定的是,一抵达班朱尼湖他就企图夸大自己在重返兄弟阵营的过程中所遭受的困难,而铁木真并没有因为他之前的背叛而责怪他。[100]

与表面上的大度相反,铁木真在一场精心策划的骗局中把合撒儿当作一枚棋子。首先他以合撒儿的名义给脱斡邻送去了一则消息,说自己非常绝望和穷困,从哥哥那儿自始至终都无法得到公平的对待,他已经无路可走只能乞求王汗的赦免。此外他还补充说铁木真的军队已经绝望地解散了,而且这位博尔济吉特部可汗也是个逃亡者。因为脱斡邻的间谍也证实了这条情报,脱斡邻最终上了钩,还安排了一名使者前来主持兄弟结拜的仪式。合撒儿将会在仪式上宣誓成为脱斡邻永远的同盟。这名被脱斡邻派来的倒霉蛋名叫亦突儿坚,他在路上被铁木真的人拦截后带回了班朱尼,铁木真命令合撒儿将其处决以表忠心。合撒儿别无选择,不杀了他,自己就得死。[101]铁木真断了合撒儿变节回到脱斡邻身边的任何可能(但没有杀死合撒儿），毕竟杀害使者这一举动不仅在大草原上被视为一项战争罪，而且也违反了铁木真自己根深蒂固的原则。用异教徒的话说，铁木真是不得不将自己的灵魂置于危险之中，但是对于谙熟权谋的政治家来说，事情的结果总能让手段变得正当合理。

铁木真最初计划在 1204 年同脱斡邻来个了结，然而现在一个大好的机会自己送上了门。考虑到来自铁木真的威胁已经成为过去时，再加上合撒儿已是自己人，脱斡邻越来越自鸣得意。不仅如此，班朱尼湖的食物短缺意味着在艰苦地度过数月之后，铁木真军中的人数会急剧下降。所有这一切都决定了初秋必定会有一场闪电战，这正好与敌人在这年的春天对铁木真采取的战略相反。铁木真决定采用诡计也说明了他的实力不足以与克烈部进行一场激战。蒙古人向西连夜行军，从班朱尼湖来到克鲁伦河，他们在那里得知脱斡邻驻扎在黑森林中的图拉河岸那个他最喜爱的营地中，正在准备一场盛大的筵席，这也就是说克烈部的战士将会喝得酩酊大醉。[102] 然而闪电战似乎并没有完全地出乎敌人的预料，脱斡邻一定在最后一刻收到了警告，因此两方决定性的战斗发生在折折运都山，人们普遍认为此地位于图拉河和克鲁伦河的源头之间。[103]

虽然被打得措手不及，但克烈部还是进行了激烈的反击。战斗持续了三天，双方伤亡惨重。最终在第三天，铁木真属下刚崭露头角的将领木华黎席卷了脱斡邻的武装营地并攻下了它。亦刺合顽强抵抗，但是到了第三天夜幕降临之际，他和脱斡邻都被迫逃亡，他们的军队被彻底地击溃。[104] 尽管得以借着黑夜侥幸脱身，但脱斡邻很快就死于乃蛮部的一帮农民或者捏坤河附近的土匪之手，据称他们没能认出他。他们砍下脱斡邻的头颅后将之带给了乃蛮部的首领太阳汗，太阳汗把它镀上银置于宝座上方以示对英勇盟友的尊敬。[105] 亦刺合起初逃到了西夏，他差点在那儿遭到谋杀。随后他来到了契丹人统治的地区，接着又辗转到仍属于回鹘的喀什，短暂地在龟兹地区做了一阵子土匪后他被当地的酋长所杀。[106]

考虑到铁木真曾经对塔塔儿部和蔑儿乞惕部进行的种族灭绝式的屠杀，铁木真并没有下令对克烈部的贵族进行大屠杀让人感到有些意外。实际上，铁木真私下里与他们中的很多人熟识，战争双方一直认为争斗并非必要，战争不过是亦剌合的自尊和野心加上脱斡邻太过软弱的产物。这同铁木真与塔塔儿部以及蔑儿乞惕部的矛盾完全不同，不论从个人角度还是出于为部落复仇的想法，铁木真都对这两部感到厌恶至极。铁木真将所有极具才能的克烈部军官都吸纳进了自己的队伍中。出于对合答黑把阿秃儿将军的欣赏，铁木真让合答黑把阿秃儿用一生守护刚刚就义的英雄忽亦勒答儿留下的妻小。[107] 铁木真的消息总是很灵通，他知道脱斡邻的哪些谋士只是在尽自己的职责，哪些谋士与亦剌合一样憎恨和厌恶蒙古人，在此基础之上他赦免了脱斡邻核心集团的成员之一合答黑把阿秃儿。[108] 铁木真以正式的仪式继承了克烈部的汗位，他宣布从今以后克烈部和蒙古部就是同一部族，并建立起一套两者之间普遍而又强制的通婚制度。

从表面上看克烈部的首领拥有更多的战士、资源以及更广的政治人脉，那么铁木真为什么能够战胜脱斡邻呢？这个问题的答案有很多。脱斡邻既软弱又残忍，他是一个杀害兄弟的奸人，他优柔寡断，无法像棋手那样提前做出预判——在这点上铁木真就比较游刃有余。脱斡邻时而胆怯时而摇摆不定，任由札木合愚弄。他的弱点在面对儿子的时候表现得尤为突出，他本应为了维持局势果断地镇压后者，但他却任由身为父亲的软弱决定了克烈部的未来。他声称为了防止出现叛乱和内战而向儿子做出了让步，然而这个主张不太可信。[109] 比起脱斡邻，铁木真就聪明得多了，作为更为出色的政治家，他的军队更加训练有素，情报和间谍系统也更高效。其中一个被赦免的克烈部首领是脱斡邻的弟弟札阿绀孛，后来才知道原来他一直是铁木真在克烈部中最可靠的间谍之一。[110] 不仅如此，脱斡邻在决战到来之前以及在折折运都山三天的对战期间一直遭受着遗弃和背叛。[111]

蒙古人另一个关键的优势在于指挥官们卓越的才能。名副其实的军事天才至少有三人——27岁的速不台、年纪相仿的哲别以及34岁的木华黎，更不用说才华横溢的者勒蔑、博尔术和博尔忽了。即使是所谓的"次要角色"也能为小部队增光添彩。后来位列铁木真九位从龙功臣之一的赤老温在同克烈部的战斗中从马上摔了下来，但他依然紧握着长矛击败了骑在马上的对手。铁木真这样描述他听闻此事之后的目瞪口呆："人怎么可能从马上跌落之后还能继续战斗？就算真的站了起来，怎么可能冲向一个骑手还战胜了对方？你们可曾见过一个人徒步作战还能带着敌人桀骜不驯的头颅回来？我从未见识过像这样的勇士。"[112] 与此形成对比的是，据资料记载，除了合答黑把阿秃儿和亦剌合本人，克烈部的将领们个个都自命不凡但实际上却庸懦无能，他们遇到危机立马躲起来以逃避责任。拉施特对克烈部的凄惨已经总结得非常到位："这是克烈部统治者的末日，这是整个部落的灭亡。上帝知道什么是最好的。"[113]

如今铁木真制霸蒙古草原的唯一障碍就是乃蛮部，这是一个非常强大的对手。在得知铁木真出乎意料地击败脱斡邻、推翻克烈部的统治之后，太阳汗着实感到非常震惊，他在1203—1204年的冬天召集了第四次也是范围最广的一次联盟，结合了他自己的部落以及数个互不相干又鱼龙混杂（不过数量众多）的战争团伙，这些战争团伙来自那些被蒙古人击败的部落和部族。按照他的标准，他聚集了札木合、阿勒坛、忽察儿、阿邻太师（脱斡邻的弟弟）、"正统"克烈部（拒绝接受铁木真领导的人）自封的领袖、脱黑脱阿和蔑儿乞惕部寥寥无几的残部、斡亦剌部的忽都合别乞及其他一些人。[114] 资料中明确地记载1204年的战争是由太阳汗发起的，但他也是别无选择，毕竟他与铁木真建立的新兴国家无法共存。

太阳汗的伟大战略是联合汪古部在两次交战之内击败蒙古人，由汪古部从南面进攻而乃蛮部则从西面进攻。汪古部是一个强大的部落，人口众多，由4000多个游牧家庭组成。因为乃蛮部与汪古部都是突厥部落并且都信仰景教，太阳汗希望得到汪古部的支持，然而这个设想很快就破灭了。事实上这是一个永远都不切实际的想法，若太阳汗在政治上不那么天真，那么他就会意识到这一点。汪古部的首领阿剌兀思·剔吉忽里已经稳稳地站在了蒙古阵营，而且他的儿子娶了一位博尔济吉特部的贵族新娘。[115] 除却两部的姻亲关系，就权力政治的角度而言，汪古部认为铁木真在蒙古的霸权能够稳定中原边境。汪古部很难在那里安居乐业，因为每当游牧民族袭击南方进入中原抑或是金朝派出讨伐远征军进行反击时，他们都不得不被卷入这些战争中。

同时金朝担心在自己的北部边界出现一个稳定又强大的帝国，他们反而害怕乃蛮部会赢得即将到来的对垒（他们总是低估蒙古人，直到一切为时已晚），于是把太阳汗联合包抄的意图告诉了蒙古人。据说他们的使者在阿剌兀思·剔吉忽里的使者到达后不久也抵达了蒙古部的营地，并传达了与汪古部使者同样的信息。[116]

不过双线作战的策略遭遇失败也并不是太阳汗的唯一问题，他的家族带来了更多阻碍。首先他的哥哥不欲鲁拒绝合作也不愿与他结盟，因此乃蛮部的军事实力被一分为二。更糟糕的是，太阳汗完全受制于他的妻子古儿别速，她是狂热的主战派，并且能够威逼丈夫服从她的意愿。尽管古儿别速是一位年轻的女性，但因为曾经嫁给太阳汗年迈的父亲，她比太阳汗在舆情上更具优势。父亲去世之后太阳汗依照收继婚的惯例娶了她，所以关于古儿别速的原始资料令人迷惑，有时称她是太阳汗的母亲，有时候则称她是他的妻子。古儿别速公开地表达了对蒙古人的蔑视，说他们毫无用处，"只有我们把他们的脏手洗干净了，才能让他们给牛羊挤奶。"[117]

铁木真为战争所做的准备让人更为印象深刻。甚至在同太阳汗的战斗之前他就开始对蒙古军队进行了彻底的重组，在1206年之后他又进一步地进行完善，他以十、百和千为单位来组建军队。统治中国北方的女真人就是采用十进制的军制，但这种军事建制实际上可以追溯到公元1世纪的游牧民族匈奴。[118] 除了这些采用十进制的队伍之外，他还设置了一支怯薛部队（近身侍卫队），由80名精心挑选的宿卫（负责夜间值守）、70名散班（负责日间值守）组成。怯薛（侍卫）是军队的精英，就像古代波斯的"不死军"或罗马的禁卫军一样。接下来他开始试图组建一个服务于游牧帝国的统治模式，试图建立一套制度来安抚他最近征服的所有民族。他选择了极具魔力的数字"九"，将非蒙古部族的领地分成了九个部分，以忠实的家臣为基础，建立起一个分层级的地方制度。铁木真的部下以"监管者"或地方长官的身份统领一地，他们的职责就是不惜一切代价维护当地的稳定，防止在铁木真进攻乃蛮部时后方发生叛乱。

铁木真派出使者宣布，鉴于今后整个蒙古都是他的领土，如果正式表示归顺，那么所有的部落和部族都会拥有实际上的自治权。许多部落如汪古部、弘吉剌部和斡亦剌部都很欢迎这个政策，但也并非所有部落如此。

对于拒不归顺的后者，铁木真发出了后来闻名于世的警告：不投降就受死。他向顽抗者保证，除了无情而残酷的战争之外他们什么也得不到，投降之后也不会得到任何的怜悯。[119]

从战略上来说铁木真享有一些优势。征服克烈部让他拿下了对后勤保障至关重要的鄂尔浑河，打开了进入鄂尔多斯沙漠和金朝西部的大门，在另一个方向上这也疏通了穿越阿尔泰山山脉进攻乃蛮部的关键之路。[120] 主要的将领推演了战争中可能出现的各种情景。考虑到乃蛮部在人数上远胜过己方，加上蒙古人必须向西远征，他们在抵达时可能会疲惫不堪，军需官计算了在长途跋涉中需要带上的牲畜数量以及规划了沿途水源的位置。一直精通欺诈之术的铁木真鼓励军队透露己方士气低落的情报，暗示乃蛮部若是他们先发制人便能轻易获胜。[121] 最出名的虚假情报的案例是蒙古人在乃蛮部的营地附近丢下一匹马，装作它是从蒙古军中逃出来的。那匹老马瘦骨嶙峋、面容憔悴、可怜巴巴，一瘸一拐地恰好走进了乃蛮部军队中。乃蛮部人看到这匹老马，继而想到普通的蒙古战马不过如此，于是人群中爆发出一阵阵自负的哄笑。[122]

铁木真原本打算在1204年的盛夏发动对乃蛮部的进攻，然而他希望自己永远不要被视为暴君，于是铁木真宣布从今往后所有战争的细节和时间都要在忽里台大会（大朝会）上决定，出席的人员包括他的高级将领以及最信任的谋士。在会议上，一开始绝大多数的观点都是支持可汗的想法在夏季出征的，因为在七月之前战马太过瘦弱，不足以应对激烈的战斗。但是后来由别勒古台、铁木哥·斡赤斤以及铁木真的叔叔答里台（刚刚重新得宠）所组成的三人组强烈支持对敌人进行出其不意的打击。别勒古台的观点尤其具有说服力，他认为先发制人的进攻必能奏效，因为乃蛮部被大量的牛群和羊群包围，从而对大规模的袭击准备不足。[123] 铁木真最终还是被说服了，他派哲别与忽必来带领先头部队，自己随后于1204年5月17日出发。

令人痛心的是，我们所拥有的资料在这场战争的一些琐事上着墨过多，而对于四个月后的最后一役的记录则杂乱得让人绝望。[124] 能够明确的是，蒙古军穿过克鲁伦河和图拉河缓慢地向西进军，在6月末的时候他们走完700英里来到乃蛮部的领地。蒙古部和乃蛮部的第一次接触战似乎发生在哈只儿兀孙河的西部，据说位置在今日哈拉和林附近的杭爱山脉。参加战斗的乃蛮方包括由太阳汗率领的最为精锐的乃蛮部军、札木合以及其他盟友。据说就是在这里，太阳汗目睹了铁木真的"四獒"（速不台、者勒蔑、哲别和忽必来）战斗时的英姿。太阳汗问札木合这些人都是谁，对所有的贵族都了如指掌的札木合能够一一认出他们。[125]太阳汗惊叹于"四獒"的勇猛无畏，或许他在此时首次微弱地察觉到胜利的艰巨。在听了札木合对蒙古人卓越军事才能的褒奖之后，太阳汗的精神再也无法振作。真正拥有政治常识的人（不包括太阳汗）可能震惊于铁木真已经建立起一个泛蒙古联盟，因为"四獒"中没有一个是博尔济吉特部人：忽必来显然来自巴鲁刺思部，哲别是泰赤乌部人，而者勒蔑和速不台则是兀良哈部人。然而此时的太阳汗还在享受着无知的喜悦，因为铁木真发现自己在人数上被对方压制，也知道向西长途跋涉之后大家是多么地疲惫，于是选择在黄昏时撤退了。[126]铁木真随后郑重地发布了一项命令，违者即死。他要求军中的每一个人都要点燃五堆火并在每堆火旁边放上假人。乃蛮部人看到这个黑暗中的火海和火堆旁的人影，便会认为蒙古人得到了大量的增援，于是便不会再进行追击。[127]

或许太阳汗怀疑，面对着这样的对手，自己能否在开阔的地势中通过运动战取胜，于是他宣布要实行费边战略（战略核心是拖延时间）。他要把蒙古人引到乃蛮部的中心地带，那里地处阿尔泰山脉，对入侵者极其不利。太阳汗的这一决定立即在军官中引起骚动，他们抗议说，这样做显得极度懦弱，而且这一战略还会严重影响军队的士气。人们还说了一些刺耳的话，其中许多人认为太阳汗还不如一个女人。据说有一位将军指出应该将指挥权立刻交给古儿别速，因为她比她的丈夫表现得更加坚强。[128]虽然太阳汗的策略毫无疑问是正确的，然而反对的声音非常普遍，而且反对派以太阳汗的儿子屈出律为首，札木合也是其中之一。因此乃蛮部的首领别无他法，他只能勉强地同意多数人的意见。

随后在1204年的盛夏，两方之间又进行了一场捉迷藏，显然铁木真是想先把敌人拖垮再接近猎物并一击必杀。关于这段猫捉老鼠的经过，文献资料的描述非常模糊,不过还是提到了杭爱山脉东部的康合儿罕山峰、图拉河与多伦山之间的撒阿里草原以及多伦山和鄂尔浑河之间的区域,基本上是在杭爱山脉以南和库苏古尔湖以北的区域内。[129] 最后要么是铁木真将敌人围困至死,要么是太阳汗负隅顽抗。跨过了鄂尔浑河之后,太阳汗率军行进至察乞儿马兀惕,这里位于鄂尔浑河附近的纳忽崖东坡山脚处。[130]

蒙古人正在逼近,他们已经做好了准备:合撒儿在中路指挥主力部队,精锐部队分布两翼,铁木哥·斡赤斤负责后备力量,铁木真则在"四獒"(速不台、忽必来、哲别和者勒蔑)的拱卫下亲自率领先锋。就在双方交战之前札木合及其队伍突然临阵倒戈,这几乎决定了战役的胜败,因为太阳汗在顷刻间就失去了军队数量上的优势。[131] 札木合这只狡猾的老狐狸一直行事诡谲,而这次背叛是其中最让人感到费解的。更诡异的是,据说此时札木合给铁木真传达了消息,劝说他相信太阳汗不过是一只纸老虎。另有传闻,每当札木合向太阳汗谈起蒙古人的武力,太阳汗都会更为沮丧,札木合最后的反叛不过是这场大战之中他所有古怪行径里最为浓墨重彩的一笔。[132] 另一些观点则认为这个消息本身就是虚构的,札木合早在太阳汗拖延时间的战略被否决起就断定乃蛮部会失败,他只是选择在能够对乃蛮部造成最大伤害的时机背叛。还有一种观点认为,文化上的差异导致札木合手下的蒙古部人和乃蛮部人之间存在裂痕,札木合因此担心一旦强迫自己的下属与铁木真作战就会引发叛乱和逃亡。不管怎样解释札木合的行为,战争刚一打响,他的部队就陆续退出了战场。[133]

博尔济吉特部可汗很快获得了他战斗生涯中成就最大也是最为关键的一次胜利。他的敌人乃蛮部在面对走投无路的困境时表现得非常英勇,这让铁木真极为惊叹,因为他没有料到他们是如此坚毅的战士。但是对乃蛮部来说,札木合的叛逃是一记重击,而且他们面对的是亚洲最强大的战士,因此挣扎也是无济于事。合撒儿常常令哥哥失望,但他最终还是因指挥蒙古军主力的出色表现而声名大噪。然而最辉煌的战绩还是来自铁木真和"四獒"率领的先锋,他们的"提前"进攻让还没有进入作战距离的乃蛮部人大吃一惊。[134] 先锋队和两翼的压力迫使乃蛮部人渐渐地退到山脚。

因为担心遭到包围，太阳汗将军队组成了方阵，还从山侧调集人手，然而这实际上增加了被包围的风险。无论乃蛮部战士们是如何地勇猛，乃蛮部都无法在军队纪律和领导才能这两个方面同蒙古相抗衡，这点很快就会在双方的交战中清楚地显现。太阳汗为逃避被俘虏的命运，被迫打散方阵并向山上撤退。黄昏时分，伤亡惨重的乃蛮部人被迫退到了纳忽崖顶。他们努力将马和车拉上悬崖并试图通过狭窄的隘口，在黑夜中数百人跌入悬崖和峡谷，惨状正如《蒙古秘史》所述："（他们）跌碎骨骼，如烂木头般相压而死。"[135] 太阳汗在战斗中受了致命伤并大量失血，他已无力重整旗鼓，然而他的将领们一上到崖顶就决定要反攻。他们壮烈地向山脚冲锋，一直奋战至被包围和被砍成碎片，其悍不畏死的精神让铁木真目瞪口呆、肃然起敬。蒙古人提出，如果乃蛮部人愿意放弃抵抗并投降就会将他们视作值得尊敬的敌人免于一死，但乃蛮部人拒绝如此。[136]

到了早上铁木真如同预想中一样大获全胜。乃蛮部军被完全击溃，太阳汗在被俘的几个小时后就因伤势过重而死，这个信奉景教的突厥人政权也不复存在了。[137] 这场战争于1204年10月24日正式结束。太阳汗的儿子屈出律同一小撮追随者设法逃走了，起初他们逃到了额尔齐斯河。听闻乃蛮部的惨败，曾经组成反抗铁木真的叛军和游击队的残余部落势力，例如泰赤乌部、弘吉剌部中反蒙古的部族等都认为与蒙古的争斗已告终结而选择投降，只剩蔑儿乞惕部继续抵抗。[138] 同对待克烈部一样，铁木真也没有对乃蛮部进行屠杀，因为他打算将所有能打仗的男丁都招入他的常胜军。

此次大捷的两个战利品给铁木真带来了独特的乐趣。古儿别速被抓获，为了惩罚她曾经的傲慢和无礼，她被铁木真纳为妃嫔，但在后宫中被置于非常低下的地位。第一次与她同房时铁木真残酷地奚落她道："你不是说过蒙古人很臭吗？那为什么到我这儿来？"[139] 如果这则逸事体现了铁木真野蛮的一面，那么将乃蛮部的文化中一切有用之物都吸取过来的决策则展现了他的智慧与敏锐。在乃蛮部被捕的民政官员中有一个名叫塔塔统阿的人，他是太阳汗的掌印官。在塔塔统阿说明了文字记录的重要性之后，铁木真深受触动并任命他保管新创制的蒙古印，回鹘文也成为新的蒙古帝国的官方文字。铁木真深知识字的重要性，他还让塔塔统阿做儿子们的老师，尤其注重教他们用新的文字来阅读和书写。[140]

铁木真的下一步行动是和所有曾经支援乃蛮部来对付自己的家伙们算账。阿勒坛和忽察儿终于得到了他们应得的报应，他们被施以极刑，答里台也被处死，尽管他在班朱尼湖重新归入铁木真的队伍。不过最重要的当然还是札木合。据说他在战后不久就只剩下60名部下，因为他大部分的追随者们都意识到铁木真的"新模范军"并不会屠杀而是会吸纳他们，所以他们一发现乃蛮部已经溃不成军就纷纷缴械投降，归顺了铁木真。铁木真派出队伍搜遍整个蒙古找寻他这位儿时的伙伴，他认识到札木合是他实现大一统所剩下的唯一的严重威胁。在经历了一年的奔波之后，札木合只剩下五名同伴，他们在唐努乌梁海山中以做强盗谋生。听说捉拿首领有赏金可拿，札木合的同伴们就突然把他围住捆了起来，吊在马背上带去献给了铁木真。

札木合非常清楚他的安答的想法，于是他提醒同伴们，他们无法因为背叛自己从铁木真处获得任何好处，然而他们全然不予理会。[141] 不过他们倒是允许札木合给蒙古首领写信，于是他发出了一条喻言，这似乎一直是他和铁木真之间进行交流的方式："黑乌鸦捉住鸳鸯，此事已然应验。"[142] 事实证明札木合确实有先见之明。背叛他的人被铁木真立即处死，毕竟铁木真始终坚守一个原则：背叛部族或部落首领的人应该被处死。[143] 但是问题随之而来：该如何处置札木合？

下这个决定花费了很长时间，这表明这两位伟大的蒙古首领之间持续一生的分分合合确实有些奇怪。资料中的很多内容都说不通。从札木合与铁木真第一次对战（于1187年的答兰版朱思）时起，札木合的态度似乎就有些矛盾。他在具备优势的情况下突然中断了战斗，也没有继续追赶铁木真，同样的事情又在后来多次重演。在阔亦田之战之后，他掠夺那些曾经选举他为大汗的人；在与脱斡邻联合攻打铁木真之前，他同脱斡邻商讨计策，却又主动放弃追击博尔济吉特部；脱斡邻让他领导军队对抗铁木真，他却拒绝了；察乞儿马兀惕之战伊始他便抛弃了乃蛮部。札木合在做什么？他一时联合脱斡邻，一时又向铁木真报信，一时又联合乃蛮部。为什么他总是宣称蒙古人实力强劲,让他的盟友们在战前就深感挫败?[144]

脱斡邻的一些谋士曾经断言札木合精神失常。札木合放弃盟友的模式是否意味着一种让历史一再重演的神经质的冲动?解答这个问题在很大程度上取决于我们对札木合心理和性格的分析。资料显示这是一个永远处在躁动不安状态中的人,就好像他拥有使不完的能量但缺少明确的人生目标。这也预示了作为草原领袖,他的成就不如铁木真,因为他在军队中保留了不同部落之间的传统界限,而并未尝试塑造一种全新的整体风气和意识形态,也因为他并未给底层提供人才选拔的渠道和高级职位。尽管札木合是一个有能力的人,但他缺乏远见,基本上可以概括为一个狡猾的阴谋家,是一个注重短期利益、靠不住而又善变的人,他没有荣誉准则而且乐于牺牲朋友来达到自己的目的。[145]

问题是这些描写都来自《蒙古秘史》,这本书致力于歌颂由铁木真建立的蒙古帝国的辉煌,是一部带有倾向性的宣传作品。更重要的是,这导致了《蒙古秘史》中记载的一些其他事件变得毫无意义甚至荒谬。评论者经常使用"泄露天机"一词,他们认为,编纂蒙古帝国起源历史的官方人员将事实与神话相混杂,有时他们会偶然地在错误的地方记录下真相从而使我们注意到事情的真实情况。这个问题混合着暧昧的含义,在许多有关札木合的重大事件中几乎都有着神秘深奥的象征意义。[146]但通过历史的分析手法也可以对此进行推断,用夏洛克·福尔摩斯的名言便是"当你排除了不可能的事情之后,不管剩下什么,不管有多么不可能,那就是事实的真相"。[147]

在排除掉令人难以信服的精神病理论后只剩下两种可能性。要么,札木合是个彻底的阴谋家,总是想方设法确保他在草原上的竞争对手不会变得太过于强大,耐心地等待所有的竞争对手都被削弱,此后他便能够渔翁得利、坐享其成。不过渔翁得利的假说并不能解释他在察乞儿马兀惕的撤退,因为他的行动几乎使铁木真锁定胜局。那么有没有可能在某个阶段,也许是在1196—1198年左右,铁木真和札木合达成了一个秘密协议,两人通过欺骗和诡计来瓜分帝国呢?这也符合两人的心理特征,而且还能解释很多看似神秘、混乱甚至是毫无意义的事情。

这一假设最主要的漏洞是它无法解释在铁木真获胜后札木合为何会逃往唐努乌梁海山。为何他不去铁木真那儿论功领赏？当然这很可能是因为铁木真告诉他自己需要时间组织新的帝国，之后会公开"原谅"札木合这位"旧敌"。当然在《蒙古秘史》所记载的长篇对话中，铁木真几乎是承认了札木合是个双重间谍。[148]如今是时候更仔细地来审视这一点了。

根据《蒙古秘史》的记载，铁木真提出同儿时的伙伴分享他的帝国，不过札木合拒绝了并选择了死亡，他说天空中永远不会有两个太阳也不会有两个可汗。铁木真的讲话包含了对札木合为他所做的一切的赞颂，其中还包括了许多逃亡时的插曲。他问道："为什么我们不能成为一辆马车上的两副车轴呢？"显然在此处编年史的作者直接交换了说话人的名字，事实上是札木合意识到铁木真正在认真地考虑杀掉他，于是复述了他为铁木真所做的许多事情以及可汗对他的诸多亏欠。铁木真则相反，他说不能有两个最高统治者，不然会引起内战。[149]《蒙古秘史》荒谬地借札木合之口说他一旦死去，他的灵魂会主管和保护蒙古这个崭新的国度："我将守护你们、你们的孙子和他们的孙子，直到遥远的未来。我将是你们永恒的精神守护者。"然而一个愚蠢的书记员还是记录下了在铁木真宣判其死刑时札木合几乎肯定说过的话："（你）在漆黑的夜晚做梦时，我都不会放过你。"[150]

如果这个假设是正确的，铁木真确实欺骗了一个忠诚的间谍，我们不得不提出疑问，铁木真如此行事的动机究竟是什么。在现代背景下，像盖世太保那样杀死自己的间谍是取信敌人的手段。但在札木合事件中并不存在这样的考虑，所以留给我们的令人恐惧的可能性就是，铁木真处决了自己的间谍以保护自己的信誉。铁木真声称自己是受到上天的委托来统治世界的人，如果他不是一个仅仅凭借军事才能就打败了克烈部和乃蛮部的无可匹敌的战士，而只是依靠欺骗和背叛才攫取胜利的阴谋家，那么后世的子孙将会怎么看他呢？但是就让我们承认最有利于铁木真的说法吧，札木合就是一个真正的敌人，十年里他竭尽全力想要打败铁木真从而掌控整个草原。那么如何证明他后来行为的合理性呢？

就算我们接受了《蒙古秘史》中胡说八道的宣传，相信札木合自己要求一死，这也是以不流血的碾压致死为前提的，毕竟这种死法同他的等级和地位相称。[151] 然而铁木真不仅想出了他所能想到的最骇人、残酷的死法，而且还不惜违背了所有蒙古的风俗和道德准则。为了不让自己的双手沾上安答的鲜血，他找到了一个对札木合恨之入骨的人，那就是自己的侄子、弟弟合赤温的儿子阿勒赤台。阿勒赤台是一个身处暗中的角色，是历史上经常出现的那种阴险人物，他在没有展现出任何才能的情况下仅靠着一路欺骗便闯入了权力的中心。我们知道的是他作为铁木真的心腹之一，认为自己凌驾于法律之上。据悉有一回他因缺少官方的许可或口令但想要穿过铁木真的警卫而被捕。[152] 札木合的命运一旦落入阿勒赤台的手中便会是最坏的情况。札木合最后被记录的话语大意是铁木真乃平庸之辈，他之所以能够打败克烈部仅仅是因为兀鲁兀部和忙忽惕部军队的英勇，而战胜乃蛮部人只不过是得益于"四獒"的才华。至于铁木真，他唯一可以称赞的是他请的盔甲工匠还不错。之后札木合便被阿勒赤台和他的手下们带出去剁成了肉泥。[153]

与处决阿勒坛、忽察儿和答里台时所采用的正常手段相比，这种处刑方式很残忍也很少见。就像在六百年后拿破仑暗杀昂基安公爵一样，札木合的死也是成吉思汗人生中一个可怕的污点。[154] 不管札木合的行为是否可以归结为双重间谍的狡猾、判断错误抑或只是犯蠢，铁木真亏欠他的都实在太多。没有他就不会有成吉思汗，正如一位俄罗斯学者所评论的那样："可汗的头颅会连同九旄白纛（蒙古的徽旗，是蒙古权力的象征）一起被拖进草地。"[155]

4
从铁木真到成吉思汗

1205年是战火纷飞的一年，也是在这一年铁木真残忍地处死了札木合，而在剩下的大部分时间里，铁木真则纵横于沙场。1205年春天铁木真穿过阿拉山口、越过阿尔泰山脉进入额尔齐斯河河谷，他准备大胆地开拓全新的领地：进攻党项人的王国西夏。铁木真发动这场战斗的动机有二：一方面，他意识到若要避免队伍沦落成一帮恶棍和懒汉就不能停止对外行动；另一方面，他想利用不一样的敌人练兵，毕竟党项人是以强大的军事实力著称的。官方的宣战借口是党项在1203年为亦剌合提供了庇护。铁木真的军队在边境发动了袭击，他们有意地避开了军事重镇哈拉浩特（黑水城），选择围攻力吉里寨和落思城。党项方面并没有派出军队与蒙古人对抗，而是作壁上观试图厘清这次入侵究竟是短暂的袭击还是长期的威胁。蒙古的袭击确实是短暂的，对掠夺和练兵的结果感到满意的铁木真在年底召回了军队。[1]

入侵西夏的同时，铁木真还派出部队进攻蔑儿乞惕部的残余势力。这个对手就好似九头蛇的头，斩断一个还有一个，麻烦不断。不论将他们击退多少次，那些残兵败将都能够再次集结起来。比起泰赤乌部、塔塔儿部、克烈部和乃蛮部，蔑儿乞惕部让铁木真头疼得多。除了蔑儿乞惕部，这些部族都接受了新兴的蒙古国的同化。铁木真派出的追击蔑儿乞惕部的军队在河边一处无名之地追上了脱黑脱阿并杀了他。更多的蔑儿乞惕部人以及拒绝投降的乃蛮部人在蒙古人的追赶下试图渡过另一条河却溺水而亡。[2] 有资料显示脱黑脱阿是在战斗中中箭身亡的，据推测这支箭并非瞄准他而射，而是来自蒙古人在战前为了扰乱敌人阵形和军心而习惯性制造的箭雨。[3]

可惜的是脱黑脱阿的儿子们逃脱了，其中包括最麻烦的忽图。铁木真耐心地集结了一支新的队伍，由29岁的速不台带领展开搜索和歼灭行动。铁木真对速不台的指示为后人津津乐道：

> 如果他们（蔑儿乞惕部）展开翅膀飞上天，你就变成老鹰在半空截获他们。如果他们像雪猪（旱獭）一样用指甲挖开泥土，你就变成铁棒刺到地里把他们挖出来。如果他们变成鱼潜入深海，你就变成渔网把他们一网打尽。[4]

非常奇怪的一点是，在这段生动的指示中铁木真还对军队的日常运转提出了详细的建议，这对速不台这种经验丰富的指挥官来说真是班门弄斧。对此唯一比较合理的解释是，铁木真还是不太放心把主要的独立指挥权交给非蒙古部出生和成长的人。[5] 此外，还有个与这段记载有关的小插曲，《蒙古秘史》中的注释提到，速不台创造性地使用了有着铁框架和铁轮子的车，这让人们误以为速不台是一个大胖子，所以必须加固载具才能承受他的重量。然而真相可能是史书的作者把速不台"钢铁之躯"的外号理解成他乘坐的车是铁做的。[6]

在辉煌的1205年之后已然没有任何阻碍可以阻止蒙古建立一个新的帝国。1206年所有蒙古贵族在鄂嫩河源头召开了忽里台大会。首领们迫于压力全都出席了会议，在会议上他们讨论的都是那些最重要的议题：未来的军事行动和策略、法律规范、继承问题、个人的统治范围和特权。为给忽里台大会提供场所，铁木真在一片空地上建起了一座巨大的白色华盖，上面装饰着锦缎，承重的木制立柱上镀了一层金。会议还邀请了国外的达官贵人，莅临的人包括来自金朝、未来会成为皇帝的卫王完颜永济。所有出席大会的客人都收到了奢华的礼物作为与会的回报。[7]

大会的第一项内容是贵族们正式地请求铁木真成为最高领导人并接受成吉思汗的尊号。这个著名的尊号激起了学术上不少的争论，有些人认为成吉思汗的意思是"所有住在帐篷里的人的汗"；有人将它和水联系在一起，认为这指的是"大海的汗"；还有人表示"成吉思"是蒙古人所崇拜的光明之神；而大多数人支持其意指"世界的统治者"。学术界现在最认可的解释是这个名字的真正含义为"坚强的统治者"，压根没有宇宙也没有海洋的含义。[8] 铁木真告诉这些贵族，他愿意接受这个新的职位和头衔，但前提是所有的蒙古人无论身份为何都必须无条件地服从他的命令，不管那是奉命去往世界的尽头，抑或是奉旨结束他人的生命。在场的所有人都表示赞同并向他致敬。自此铁木真宣布成为成吉思汗。成吉思汗安坐于他的白色毛毡王座上，手握金色宝剑。众人高高地举起他的王座作为庆贺，他们先在原地连续举起三次，再抬着他绕着大会的会场走了一圈，狂热的呼声在场地内此起彼伏。象征大汗的王冠上装饰着牦牛角和四根黑色的马尾。[9]

随后便是丰盛的宴会，肉食多得连锅都装不下，马奶酒也灌满了酒壶。成吉思汗的面前是成堆的金银、皮毛、丝绸和锦缎。大帐前摆着异常显眼的白帆，旗帜上有九个点，代表了蒙古的九个部落，数字九和白色的组合象征着成吉思汗是命运的宠儿。[10] 几天后成吉思汗对他最忠诚的追随者们进行了奖赏，同时开始了对新兴王朝的大规模重组和改制。1206年的忽里台大会是蒙古历史上的一个分水岭，它象征着一个新的国家的诞生，自此一切将大不一样。如今31个部落共200万人口都将对成吉思汗言听计从。他所统治的疆土从大兴安岭到阿尔泰山，东西跨越了1000英里；从贝加尔湖到大戈壁的最南端，南北跨越了600英里。[11]

1206年5月，成吉思汗颁布法令奖赏他最亲密的朋友和追随者以及那些曾经给予他特别而又难忘的恩惠的人。排在前列的是博尔术和博尔忽。博尔术是老友和同盟，博尔忽则在成吉思汗年轻时救了他的性命从而立了大功，不过这件事情在《蒙古秘史》中并没有记载。博尔术被任命掌管蒙古右翼万户（这表明了他的重要性，而不是说他在右翼真正具有统帅的地位），还被赐予九次犯罪不罚的特权，这些罪行通常会被判处死刑。

博尔忽同样也获得了九次犯罪不罚的特权。[12] 犯罪处罚的根据是由成吉思汗提议并将随后公布的新法典，该法典的原则和纲要已经在忽里台大会上得到了批准。成吉思汗告诉博尔术和博尔忽，他会向速不台、哲别和木华黎这些高级将领下达军事命令，但自己永远不会对他们这样做。他们惊讶地询问原因。成吉思汗说："你们的地位太高了，我无法对你们下令。"而且成吉思汗还表示他们今后将仅居于大汗之下，地位高于其他统帅。[13]

木华黎被任命掌管蒙古左翼万户，这不仅是奖励他在某次埋伏中救了成吉思汗的命以及他一贯的勇气与才华，更是为了表彰他的父亲拼尽性命帮助成吉思汗逃脱乃蛮部的追捕。[14] 失吉忽秃忽是一个容易发脾气又爱慕虚荣的人，他对博尔术、博尔忽和木华黎所得的荣誉妒火中烧。铁木真总是宠着失吉忽秃忽，为了安抚他，除了让他也享受九次犯罪不罚的待遇外，还任命他为大断事官。[15] 术赤台也得到奖赏，虽然赏赐的等级不算高（赐予他一位出身高贵的女人为妻）。这一奖赏主要是因为三次重大功绩：一箭射伤了亦剌合，以及身为优秀的间谍在击败乃蛮部和克烈部时发挥了巨大作用。[16] 者勒蔑也享有九罪不罚的特权。[17] 极具才干的纳牙阿被封为中军万户。[18]

成吉思汗也没有忘记那些给予过他帮助的附庸民。曾经提醒他小心亦剌合谋害的牧民乞失里黑和巴歹被赦为自由民并被赐予了财产。他还让另一位曾经的大恩人锁儿罕失剌自己挑选奖赏，后者挑选了从蔑儿乞惕部那儿没收的一大片土地。[19] 另有一些重要的提拔。兀孙、迭该、忽难和阔阔搠思被授予别乞（蒙古对部族长老的称呼）的头衔，并被指派给术赤作为他的副手。但阔阔搠思随后又被成吉思汗分配在察合台身边执行任务以便密切监视察合台，若是这个放纵的次子做出任何愚蠢或不良的行为，阔阔搠思便可以提醒大汗。[20]

最后成吉思汗宣布他的核心成员将由从龙功臣组成，他们将享有仅次于可汗而高于其他所有人的地位。成吉思汗已经指定了他的"四骏"——博尔术、博尔忽、木华黎和赤老温，以及"四獒"——速不台、哲别、者勒蔑和忽必来。为了凑成极具有魔力的数字"九"，他还将最宠爱的失吉忽秃忽列入其中。[21] 即使我们假定九位从龙功臣之间地位是平等的，但依然存在一些反常和奇异之处。比如博尔术和博尔忽凌驾于其他七人之上，哲别和速不台并没有享受九罪不罚的特权，尽管他们后来获得了统军长的头衔。另一个例子是忽必来，虽然他被任命为军事行动的负责人，但他不得不与别都温共享这个职位。除了记载中他的固执曾惹恼了成吉思汗之外，我们并不知道别都温为何人。[22]

论功行赏不过是1206年里成吉思汗比较轻松的一项任务。他面对的巨大难题在于怎样设计出一个能够瓦解所有对旧的部落、部族和地区的忠诚而让帝国中的每一个人都认同自己是蒙古人的社会和行政体系。他的目的如稍加变动，可以用圣保罗的名言加以表述："并不分犹太人、希利尼人，自主的、为奴的，或男或女，因为你们在基督耶稣里都成为一了。"[23]那么怎样才能让人们既不是克烈部人也不是乃蛮部人，既不是博尔济吉特部人也不是泰赤乌部人呢？

为了充分认识成吉思汗所面临的巨大且难以克服的困难，我们必须对他横空出世之前的草原局势加以分析。那时整个蒙古部落因各部族之间的派系斗争而四分五裂，各部族本身也处在支离破碎的状态中。12世纪初出现了可汗的氏族，通过通婚或自愿效忠与可汗的氏族结合的"内部氏族"，以及那些敌视可汗或因军事上的失利、经济上的边缘化而被迫暂时效忠的"外部氏族"。[24]这些不同的氏族将形成更多的分支，这取决于成员是否来自某个斡孛黑（oboq，氏族）或牙速（yasoun，亲族）。斡孛黑是一个父系氏族群体，成员们共同拥有一名虚构的祖先，而牙速则来自一名相对较近且已知的祖先，如海都或也速该。这两个组成不同的父系氏族群体有时被分别称为"黑骨头"和"白骨头"，两者的区别在于"白骨头"和"黑骨头"之间允许通婚，但在群体内部则禁止通婚。[25]在斡孛黑世系中，博尔济吉特部人声称自己是传说中的孛端察儿的后裔，孛端察儿可以说是蒙古的罗慕路斯（传说中罗马人的祖先），据说他在父亲过世之后降生，由一道圣光孕育。但根据另一个虚构的谱系，孛端察儿还能追溯到苍狼和白鹿，也就是所有蒙古人最初的祖先，所以事情甚至变得更加复杂了。[26]不仅如此，斡孛黑世系趋向于分成不同的亚系，而这些亚系又产生了全新的世系。由于一切都处于不稳定的状态，所以想要清楚地解释草原上的社会结构以及氏族、亚氏族和部落之间的关系就变得极其困难。[27] 然而矛盾的是，在实际上反而是虚构的而非真实的血统更为有利，因为与首领没有血缘关系的家臣会被"公认"来自同一个斡孛黑。

不过氏族体系中令人困惑的还不止如此。一些独立的部落首领脱离了僵硬的社会阶级，集结家臣们建立起自己的团伙，正是这些强盗团体在最初就被铁木真所吸引。氏族分裂成了子群，这些子群再以各种方式重新形成新的氏族。[28] 氏族整合的结果就是一片混乱，因为各种氏族、亚氏族和独立的团体全都朝着不同的方向发展重组。任何氏族中的全部贵族成员都有权获得氏族的领导权，因此每个人都是所有人实际上或潜在的敌人。即便某个部落实现了政治统治上的连贯性，它也不会拥有独特的部落文化。[29] 毫不意外，许多人把12世纪的蒙古社会比作"爱丽丝梦游仙境"，那里在进行一场随心所欲的槌球比赛，球、球框和球棒都各有想法、随意移动。在草原上，任何基于部落、氏族和世系的政治形态都必然具有与生俱来的不稳定性，它们缺乏真正的社会黏合剂，这也就解释了在成吉思汗出现之前的游牧帝国为什么总是昙花一现、转瞬即逝。[30]

秉承着与生俱来的天赋，成吉思汗立刻意识到，不仅必须在清除这一团乱麻的同时落实一套全新的体系，而且在旧的制度中有一个因素可以作为建立美好新世界的基础而为他所用。一针见血的洞察能力让成吉思汗发现，在他的时代之前，蒙古社会真正的特征是任命那可儿（首领可靠的伙伴们）的制度。我们很难明确地解释那可儿这种关系，它有几分类似于罗马皇帝及其亲信的关系，但或许它同盎格鲁-撒克逊统治者及其侍卫之间的关系具有更多的相似之处。[31] 如果有一位强大的首领能够向普通的蒙古人提供他们渴望获得的丰厚的战利品以及免受外部威胁的安全感，那么他们很快就会忘记虚构和真实的血统之间那微乎其微的差异。

凭借对人性的深刻认知，成吉思汗发现在本质上所有的人都希望要么能够成为可汗这样的人上人，要么拥有独立、自由的灵魂。对蒙古人来说，对可汗以及马背上的领导者的崇敬之情与个人主义甚至是无政府主义的心态共存。迎合这种矛盾心态的唯一方法是提供巨额的战利品来缓解他们永远没法成为可汗的抑郁。[32] 唯一的目标是确保他们忠于大汗本人而非部落或氏族，而且只要回报足够多就能够确保他们的忠诚。成吉思汗早就意识到，仅仅依靠贵族来建立政治基础就是死路一条（贵族向来只关心自己的部落而非任何超越部落的集体），因此在1206年的忽里台大会上他任人唯贤（提拔牧羊人和牲畜贩子）。在那时首领们同拥有大量家畜的平民之间的财富差距还没有后来那么大。成吉思汗将小贵族封为他的那可儿，平民甚至是从前的奴隶也根据才能得到了提拔，而高级贵族则被他用其他的职位搪塞过去。[33]

有了九位从龙功臣的齐心协力，再加上在忽里台大会中占绝大多数的平民，成吉思汗可以确保自己在忽里台大会中随心所欲。虽然与会者在具体的政策上可能会与自己的意见相左，但考虑到他的支持者将一切成就都归功于他，所以他们不太可能质疑他在政治层面或战略层面上的领导权。为了保持超然的领袖地位，成吉思汗需要大量持续涌入的财富，这就意味着他政权的稳固需要建立在常年不断的征战之上。过于长久的和平会让政权中那些强大却失意的拥趸转而各自为政、自相残杀。

不过成吉思汗也非常善于把握节奏。他意识到太过迅速的改变会使人感到不安和疏远，于是他便走走过场，假意支持延续1206年以前的旧体制。[34]他决心打造一种以十进制为基础的军事化社会，但这种体制需要伪装，新、旧体制的区别不能太明显。因此他发明了全新的世系（实际只是以另一种方式重申十进制），这保持了与虚构世系的传统理念之间的联系。实际上，通过巧妙的手法成吉思汗构建了一种双重虚构的体系——根据一个本就出于想象的原始血缘系统，创作出完全虚构的民族神话谱系。[35]

成吉思汗在1206年之后的体制包括两个关键性的内容：万户和怯薛。万户的字面意思是1万，类似于罗马军团的建制；怯薛则是成吉思汗的禁卫军。成吉思汗首先规定15岁到70岁的所有男子都有义务服兵役。他将自己95万人的大军以十、百、千和万为单位编制。在蒙古的200万人口中，每一名男子、妇女和儿童都被分配到一个千户中，并强调这就是如今他们首要效忠的集体。[36]千户既是政治和社会单位也是军事单位，尽管万户更加为大家熟知，但千户才是成吉思汗的新政权中最为重要的组成部分。千户制度的目的是要取代旧的部落、氏族和世系，从而为统一的蒙古民族打造基础。

值得注意的是,成吉思汗任命了许多从前的木匠和牧羊人来领导这些组织。大约20%的人作为精英被提拔,10%的人通过婚姻或收养与成吉思汗建立新的同族关系,70%的人是传统氏族的领袖。只要可汗宣布"解禁",这些人就有权留下在战争及内斗中获得的战利品。[37] 千户长的试用阶段非常严格,任何时候他们都可能因为未能有效地履行职责或是未能满足可汗的要求而遭到罢免。千户长都要服从万户长的命令,后者全部都是可汗值得信赖的朋友并由他亲自遴选。

九位从龙功臣并不必然是万户长。显然应该让他们全都成为领导万人的指挥官,然而成吉思汗却没有这么做。[38] 豁尔赤在忽里台大会上所获得的唯一奖赏是七位美女,如今他被任命率领一个万户前去对付西伯利亚的森林部落。从未被作为主要人物提及的忽难也被封为万户指挥,纳牙阿和布吉也是如此,然而他们中没有一个是从龙功臣。[39] 反之,《蒙古秘史》中提到,虽然速不台和哲别是从龙功臣,但两人只各自得到一个千户,更离奇的是,另一位从龙功臣赤老温什么也没有。[40] 在从龙功臣中,只有木华黎、博尔术和忽必来得到了万户。同样也没有解释为什么博尔忽没有出现在这些万户的任命名单中。

虽然这种十进制体系并没有立即摧毁部落概念,但它让可汗绕过传统的获得部落权威的途径树立了自己的权威。投降的乃蛮部、克烈部和其他部落被拆散,通过将人口安置在不同的千户中分散到蒙古大地的各个角落,防止他们以部落为单位再次集结。千户长根据可汗的命令,决定在哪里以及以何种方式生活。95个千户之所以有88名首领而不是95名,是因为作为可汗赐予的特别恩典,最忠诚的斡亦剌部、汪古部和亦乞列思部可以在族内组合千户而无须打散原有部族体系。因此三个斡亦剌部千户只有一名千户长,五个汪古部千户和两个亦乞列思部千户也同样如此。[41] 为了构建对团体的忠诚,人们不被允许离开自己的千户或是被调往其他千户,违者将被处死。[42]

整个大蒙古帝国的行政系统从这里萌芽。随着征服范围的扩大,对辽阔领土的管理越发必要,于是蒙古增加了新的改进措施,特别是设置了由大汗亲自任命的专门负责技术与财政的色目人官僚,以及地方上的达鲁花赤(长官),但这基本上是在13世纪20年代到30年代设置的。[43] 现在成吉思汗可以自豪地宣称自己的重组成果堪比公元前6世纪初克里斯提尼在希腊雅典推行的著名改革。这是一个很恰当的类比,因为克里斯提尼将雅典的政治权力基础从四个传统部落改变为10个基于居住地或德谟区的全新"部落",并以德谟区名取代父姓成为公民新的姓氏。此外克里斯提尼改革也以十为单位进行管理,同样涉及虚构的亲属关系群体或称"胞族",据说"胞族"的成员在混乱模糊的远古神话时代拥有共同的祖先。这些德谟区由30个三分区组成,每个德谟区包含了三个三分区,分别来自城市、沿海以及内陆地区。[44]

至此,在蒙古历史上经常被提出但由于派系主义以及领导人有限的想象力而从未实现的"超级部落主义"终于成为现实。用讨人厌的政治学语言来说,蒙古建制就是"国家建设"的巅峰之作。早期建立泛蒙古政体的尝试都需要达成一个更为低级的短期目标,那就是在战争中取得尽可能多的成功。[45] 成吉思汗非常聪明地打破了旧的氏族体系,所用的方法被一位观察家称为"重置的十进制部落结构"。[46] 新设立的官员等级无法世袭,因为成吉思汗任人唯贤,同时"以结果论"的奖励制度排除了任何裙带关系的可能。正如一些"老蒙古人"所看到的那样,这种公开招募的模式可能造成的一个问题是,那些来自被征服民族的成员终有一天将在千户长和万户长中占据大多数。[47]

成吉思汗的批评者有时对他的成就颇有微词,他们迂腐地把整个十进制体制都归功于曾经在草原上占据统治地位的契丹人。然而真相却是,这种归纳分析法并不能用于概括成吉思汗和蒙古人的全部成果。他们在许多方面都创造了前无古人的奇迹,同时也带来了很多灾难。他们秉持一种普世主义的观念,能够进行大规模的军事动员,他们浩浩荡荡地前进,徒留满目疮痍。他们的思想和实践中还吸纳了包括突厥、波斯、中原和契丹在内的许多不同文化。[48] 当然成吉思汗的新帝国也具有独创性,它不仅仅是十几个部落的集合,更是通过解散氏族制度、重新分配各个组成部分并将它们融合在一个新的政体中而创造出的一个单一民族。

值得再一次强调的是成吉思汗引导下的草原社会变革。蒙古部族从一个小的亲族或者说延伸式的家族逐渐发展成50—100人组成的游牧群体，虽然其中充斥着派系斗争和四分五裂的氏族群体。当时的草原存在着奴隶制度或者至少是附庸制度，贫穷的家庭把他们的儿子送给氏族首领做仆人以换取基本的生存条件。与自由的氏族成员不同，这样的年轻人（称为斡脱古·孛斡勒）必须终生为主人服务。[49]蒙古最主要的两个部族（泰赤乌部和博尔济吉特部）在任何问题上都争议不断，他们甚至会互相争论谁对奴隶更加仁慈（历史学家认为是博尔济吉特部）。[50]虽然每一个部落传说中都存在"光明之子（尼伦）"和"小人物（迭列斤）"的区分，不过泰赤乌部和博尔济吉特部都认为自己才属于尼伦，而另一个部族则是地底的野蛮人。[51]只有在追逐战利品或发动大规模突袭时两个部族才会合作。成吉思汗出生时，蒙古人还在向金朝进贡，他们还是"微不足道、愚蠢的民族，贪婪、野蛮又残酷"。然而在1206年改革之后，每个人、每个部落都在与曾经的敌人一起并肩作战，这得益于成吉思汗对战败的如克烈部、乃蛮部等部落的合理安排，他将他们拆散，以难以重新集结的比例分配到各个千户之中。[52]在成吉思汗之前，蒙古各部落的战斗只是为了战利品，或是为了争夺继承权。1206年后虽然战利品已经多得难以想象，但蒙古也诞生了一种新的战斗观念，他们认为每个人都有机会通过战斗赢得荣誉，而非像从前那样将士兵的战果自动归功于领袖的才华。

自然观念的改变也有不利的一面。在丢弃血统以及氏族文化中不必要的部分的同时，成吉思汗也舍弃了一些宝贵之物，包括从前至关重要但在1206年后渐渐处于次要地位的安答关系。大规模的人员调动和随之而来的新的政治结构也成为国家政权诞生的沃土，草原上财富、等级和地位的不平等现象变得愈发严重。矛盾的是，任人唯贤的精英主义也孕育了蒙古权贵阶层。[53]当然所有这些变化都是相互影响、相互渗透的，前所未有的经济机遇削弱了安答关系的重要性。正如一位历史学家所说："成吉思汗统一草原后，安答关系几乎消失了，因为游牧民族的首领们成了新帝国的一部分，他们再也不能只遵循自己的意志随意行动。"[54]

在建立行政制度的尾声，为了确保安全，成吉思汗建立了自己的禁卫军,即怯薛军。根据统计数据可以明显地看出成吉思汗新政权的军事化程度。1206年以前他有150名侍卫,其中80人值夜班,70人值日班。根据1206年忽里台大会颁布的法令,成吉思汗将怯薛部队增加至1万名:8000名散班、1000名宿卫和1000名箭筒士。[55]这就是著名的怯薛军。数量上的骤增并非出于安全上的考虑(蒙古战争结束之后,可汗受到的威胁少多了),组建怯薛军是成吉思汗维持铁腕统治的方式。为了确保千户长以及所有有权势之人的忠诚,成吉思汗征募了他们每个人至少一个儿子作为实际上的人质和恪守纪律的担保。[56]成吉思汗按照精英主义以及只忠于可汗的理念来教导这些15岁的孩子,从而保证自己拥有一支与帝国紧密相连的军队,而不是寄希望于古老的氏族价值观和习俗或是传统、混乱的强盗行为的影响。怯薛军是支只接受成吉思汗领导的多部落混合精锐。

怯薛军成功的关键是日夜相处带来的熟悉感。凭借着超群的记忆力,成吉思汗一眼就能认出这1万人中的每一个人,知道其中重要人物的名字,而他最亲密的心腹会低声地告诉他其他人的姓名以便于他假装在私下里了解他们每一个人,后来拿破仑也有类似行事。[57]成吉思汗规定了宿卫、散班和箭筒士各自的职责,一如既往地精确到细节,例如宿卫无论遇到什么危险都不可以擅自突围并弃营地不顾,除非可汗亲自下令如此。怯薛军的纪律可谓非常严明。擅离职守者,初犯杖责三下,第二次再犯杖责七下,第三次是三十七下,若还不知悔改就会被流放。未经可汗的允许,怯薛队长不得解除任何一名怯薛的职务,不得殴打(擅离职守的除外)或处决他们。作为忠诚勤勉的回报,怯薛军的成员享受金钱、酒水和女人等方面的特权,而且至关重要的是他们拥有高于所有常规部队甚至是包括千户长在内的将领的地位。[58]于是这就导致了荒谬的局面,速不台和哲别即使身为从龙功臣正式进入了决策圈,但因为他们只是千户长,所以在理论上他们的地位要低于怯薛军中的每一个人。

怯薛军的职能或许是体现成吉思汗偏执性格的又一个实例。怯薛军本来是一股军事力量,但也逐渐接管了行政职能,同时还成为类似于军事参谋学院和官僚培训学校的组织。最终怯薛军被一分为十,每一部分都有其具体的职能,从家务、厨房和营地工作、放牧营地动物到担任外交任务成为使者。[59] 随着时间的流逝，成吉思汗越来越多地从怯薛中挑选行政管理人员，这与成吉思汗构建的体制中许多反常现象相一致：这些人身为护卫在大帐中没什么地位，但被外派时却又作为大汗的亲信身居要职。[60] 夜班宿卫还能够作为顾问与断事官失吉忽秃忽一起坐在他的官邸中商讨要事。[61] 怯薛军成为后来帝国政府发展的核心。[62]

成吉思汗对帝国的组织与管理方式非常成功，从他的儿子及继任者窝阔台于1241年去世直到帝国最终解体，蒙古历经了多年极端的派系斗争，但他构建的体制依然存续。但成吉思汗自己最终也宿命般地屈服于人性的弱点，这削弱了他那近乎完美的制度。他向儿子们毫不留情的指责妥协，他们认为1206年忽里台大会上的和解令他们的"荣誉"蒙羞。从字面上来看，他们的说法很是可笑。拖雷被任命为军队总司令，术赤被任命为负责狩猎和追捕的最高领导，察合台被选中去执行成吉思汗的新律法，即《大札撒》，而窝阔台实质上是管理帝国的大断事官。[63] 然而除了拖雷之外，其他人只是千户长而并不担任其他军事角色，他们与帝国之中其他的千户长并无地位上的区别。此外兄弟们还抱怨成吉思汗把他们当作棋子，通过让他们迎娶外族的公主来安抚被征服的臣民，窝阔台娶了蔑儿乞惕部人的遗孀、乃蛮部人脱列哥那（亦称乃马真氏），拖雷娶了克烈部公主唆鲁禾帖尼别乞。[64] 他们甚至不能住在自己喜欢的地方，因为可汗指定了所有万户长的住所，而万户长又指定了千户长的住所，一级级向下类推，每人都有固定的住所。[65]

因此成吉思汗于1209年宣布了划分帝国的新办法，他将军队、土地和财富分配给他的儿子们，这即是封地制度。在中世纪的欧洲，这意味着将土地和金钱赠送给国王较年幼的儿子（既然幼子并无继承权），然而在蒙古实行的是幼子守产制（由幼子继承父母财产），在实践上肯定略有不同。不容置辩的是，分封帝国是成吉思汗犯下的一个大错。他建立起一个中央集权的官僚机构，摒弃了所有传统的亲属关系，但是迫于儿子们的压力他让这些传统又死灰复燃。

首先成吉思汗宣布了新的部队分配方式。现在4.45万人的军队被分配给了他的家人。成吉思汗诸子中，术赤获得9000名士兵，察合台获得

8000名，窝阔台获得5000名，拖雷获得5000名。成吉思汗的二弟合撒儿分到4000名，异母弟别勒古台分到1500名，大汗最喜欢的阿勒赤台（成吉思汗三弟合赤温之子，合赤温此时已死）分到2000名，同时母亲诃额仑和小弟铁木哥·斡赤斤共用1万人。成吉思汗的母亲当即抗议，说这种分配方式是一种侮辱：为什么要让她和儿子共享分封？[66] 新的土地也将分配给成吉思汗的儿子和兄弟们。术赤得到了额尔齐斯地区以及西部"只要我们的马蹄够得着"的所有土地。察合台得到了天山和塔里木盆地的西部，以及锡尔河以北及毗连的东部地区（通过进一步的征服，最终他的领土将会从撒马尔罕延伸到西辽）。窝阔台得到了准噶尔和阿尔泰山的西麓，加上巴尔喀什湖东部和东北部原本乃蛮部的领土。根据幼子守产的传统，拖雷继承了蒙古的心脏地带。合撒儿的后代得到了额尔古纳河和海拉尔河附近的土地，而铁木哥·斡赤斤在1219年后将继承高丽。[67] 这些封地后来被称为"兀鲁思"，而伴随着土地和军队的分配，当地的所有民族成为臣民，蒙古人以广大的牧场养活这些人口，而通过封地他们就可以获得维持朝廷运转和享受高端生活水平的收入。光是兀鲁思制度就使成吉思汗的王国成为一个能够不断征服的帝国，因为只要依靠贡品他们便可以获得维持军事力量的财富。[68]

兀鲁思制度所带来的麻烦要远远超过它本身的价值。虽然成吉思汗给予四个儿子封地并不是要让他们将来各自为政，但总是存在这样的风险，而且最终不可避免地会发生这种状况，这是历史上又一个事与愿违的案例。成吉思汗因父爱而蒙蔽了双眼，也就是说，他一贯的精明和远见都没能发挥作用。[69] 成吉思汗将兀鲁思授予儿子们时相信他们可以通过扩张获益。然而除了术赤的汗国，这种不切实际的希望永远不会有结果。成吉思汗还指望他们会招募军队、向国库上贡，同时还受制于中央的掌控，然而儿子们只是对平添限制很是恼火。

成吉思汗想通过在各封地委派断事官（札鲁忽赤）作为耳目来防止儿子们违抗命令甚至造反。札鲁忽赤需要在封地进行人口普查，估算出可供分配的战利品和财富，从而将兀鲁思的收益在封地和中央政府之间进行分配。[70] 贪污腐败的可能性也是可以想见的。为了防止贪墨，成吉思汗任命了税务官达鲁花赤,由他们将征得的丝税中的70%上缴中央。在游牧文化中,哪怕是稳定且持续地征税这种形式也是非常陌生的(常见的是为了战争或缓解财政困难而实行的临时征收),所以问题在于普及税收概念并形成纳税的共识——过着游牧生活的纳税人"解决"纳税问题的方案通常是一走了之。[71]

还有一个问题是不少封地边界的划分并不够清晰,这样就导致了兄弟之间以及封君和当地的其他统治者之间没完没了的争论。兀鲁思制度违背了成吉思汗本来的设想,他本希望进行羁縻统治,地方只需要呈上贡品而其他当地事务皆交由自治,而非代价高昂的永久军事占领。[72]此外王子们的目中无人又成了另一个问题,成吉思汗的各级官员与他们之间存在诸多矛盾,他们常常感到被王子们侵犯了身为当地管理者的主权和尊严。成吉思汗不得不从怯薛军中拣选人手派驻各地以提醒他的儿子们谁才是掌权者。

在这一限制下,乖戾的王子们可以被召集到蒙古大会(札鲁忽),这个机构被赋予审查行为不端的官员、反叛的附庸和暴躁的皇室成员的权力。这样的皇家审判本应由别勒古台领导,但在特定的审讯制度下成吉思汗会引进一些专业人士,王子们也会拥有自己的法律顾问。[73]成吉思汗对儿子们的轻蔑态度(也许是事实,也许只是成吉思汗的臆想)格外敏感,他常因儿子的桀骜不驯而试图处决他们时被人劝阻,所以牵扯进涉及诸子的事务常常是危险的。

但兀鲁思制度带来的最糟糕的问题是,它制造了封地内的自由与帝国属于整个成吉思汗家族共同财产的固有思想之间的矛盾,这暗示了一切起源于成吉思汗对自我身份以及共有财产的认知。[74]这是私人财产的需求与共同利益相冲突的一个典型事例。由于种种原因,也因为害怕死后可能会爆发内战,成吉思汗在他生命的最后一年里把分配给家人的军队从4.45万人减少到2.8万人。拖雷作为军队首领被认为不需要再分配任何军队,而其他三个儿子和他们的后代则被削减至每人4000人。阿勒赤台、铁木哥·斡赤斤以及成吉思汗的儿子阔列坚(与他最喜爱的妻子忽兰所生)之前分到的军队都很少,但在此时他们却成了主要的受益者。[75]

1207—1208年（具体日期尚无法确认）成吉思汗面临着更直接也更紧迫的难题。大萨满帖卜·腾格里（名为阔阔出，在蒙力克的七个儿子中排行第四）已经忠心耿耿地服侍了成吉思汗二十多年。正是他第一个宣告铁木真为博尔济吉特部的可汗，也是他在1206年的忽里台大会上称成吉思汗为天选之子。帖卜·腾格里极富表现力地向世人证明，在救世主成吉思汗到来之前，草原早已因各自为政而四分五裂。[76]也许帖卜·腾格里认为他理应得到丰厚的回报，然而他却一无所获。与他相反，博尔术、木华黎、者勒蔑以及其他从龙功臣们，更不用说许多他认为被"过度提拔"的牧羊人和"低贱之人"都收获了令人惊喜的赐物和特别的待遇。

无论如何在1206年的忽里台大会之后，他似乎变得非常不合群，而且还开始策划取代成吉思汗——毕竟他是一个和天神有着独特联系的大祭司，理应享有更为尊崇的地位。帖卜·腾格里这个头衔，似乎就是"通天"之意。

于是他开始与他那六位兄弟秘密地组建了阴谋团伙，同时挑起旧蒙古部贵族中的不满情绪。这些昔日贵族抱怨说，当成吉思汗新的那可儿、万户长以及宿卫们获得海量赏赐时，他们却被弃置一旁且一无所获。[77]帖卜·腾格里仔细地权衡了局势并得出了结论，他认为成吉思汗的弱点在于其对兄弟合撒儿的矛盾心态，这可能就是他撬开成吉思汗所精心构建的新政府的突破口。当合撒儿试图镇压晃豁坛部叛乱却失败后，帖卜·腾格里的机会来了。成吉思汗为他这位兄弟的无能大发雷霆，合撒儿则无法忍受这种公开的指责，于是怒气冲冲地离开了。[78]这就轮到帖卜·腾格里出场完成一记绝杀。合撒儿前所未有地连着三天未曾露面，帖卜·腾格里便开始向可汗打小报告，言之凿凿地称合撒儿正在策划造反。

成吉思汗并不需要太多的怂恿，毕竟他对他的兄弟也有很多不满。在与脱斡邻长期的斗争中，合撒儿一直是个两面派，有一次成吉思汗不得不令他将脱斡邻的使者斩首以证明忠诚，这让他难以忘怀。[79]而且如今撒察别乞、札木合、阿勒坛和忽察儿都已被处决，倘若发生宫廷政变，那么合撒儿就是唯一觊觎王位的嫌疑人。作为最后的刺激（我们不知道这是不是一个狡猾的"阴谋"），帖卜·腾格里指出合撒儿曾经紧紧握住可汗最喜欢的妻子忽兰的手。成吉思汗这才下令将合撒儿逮捕,并通知亲信们要处决他。合撒儿被剥去了帽子和腰带(象征自由之身),并被戴上了锁链。

紧接着便发生了成吉思汗家族史上极富戏剧性的事件之一。成吉思汗之前把自己的母亲嫁给了蒙力克,想借此拉拢蒙力克那麻烦的家族。[80] 在蒙力克的帐篷里,诃额仑听见了蒙力克的儿子们吹嘘他们对合撒儿的所作所为。她在得知他们的计划后骑上一匹白色的骆驼,连夜兼程赶往成吉思汗的大本营。在那里,她扑倒在儿子的脚下,乞求他饶恕合撒儿一命。一开始成吉思汗试图敷衍她,但这让诃额仑大为光火,她站起身来严厉地斥责可汗意图处决弟弟,她指出,这可是曾经与他分享过母亲乳汁的弟弟啊。成吉思汗把她扶起并说,出于对母亲的爱和顺从,他会饶恕合撒儿。[81]

事情的真相是他最信任的博尔术、木华黎和博尔忽早已经劝说他处决合撒儿是极其不明智的。成吉思汗采纳了他们的建议,但依然想方设法用其他的手段惩罚合撒儿。最后他决定公开地羞辱他。1206年忽里台大会上授予合撒儿的4000名士兵被减少到了1400名。据说母亲诃额仑听到这个消息后因休克而死。[82] 我们唯一可以确定的是,诃额仑在那趟充满传奇色彩的骆驼之旅后不久就去世了。成吉思汗明智地等到风波过去,在1211年攻打金朝时,他将合撒儿派上了前线,不久后者就在战斗中阵亡了。[83]

在让合撒儿蒙羞之后,帖卜·腾格里愈发傲慢自满。他的下一个目标是成吉思汗的另一个兄弟铁木哥·斡赤斤。因为铁木哥·斡赤斤和诃额仑共同支配1206年分到的1万名士兵(当时诃额仑认为这个安排是一种侮辱),而且因为她嫁给了蒙力克,诃额仑刚一过世,帖卜·腾格里就称这1万人应该移交给作为合法继承人的蒙力克家族并彻底取消铁木哥·斡赤斤的份额。[84] 但是成吉思汗没有对此做出回应,他向心腹们担保帖卜·腾格里就是个愣头青,此人对所有权的主张完全是一时兴起。

此时帖卜·腾格里正用他那狂妄的态度激怒对手,他单方面宣布这1万名士兵是他的人。铁木哥·斡赤斤冲进帖卜·腾格里的帐篷,要求他立即撤回这种言论并承认自己才是合法的继承人。帖卜·腾格里不仅拒绝了他,而且还任由兄弟们粗暴无礼地强迫他向自己下跪。如今蒙力克家已经公开侮辱了一位皇族成员。然而,成吉思汗似乎还在犹豫该如何应对,但孛儿帖作为他一直以来的一位重要的顾问警告他说，若不采取果断的行动，帖卜·腾格里的下一步行动就是针对他了。[85]成吉思汗派人去找铁木哥·斡赤斤，告诉他自己正传唤帖卜·腾格里以让他进行解释，同时还授权铁木哥·斡赤斤可以用任何他认为合适的方式去处理此事。

气势汹汹的帖卜·腾格里和他的六个兄弟来到成吉思汗的帐篷。铁木哥·斡赤斤立即锁住他的喉咙，要和他比试摔跤。成吉思汗申明，皇室的帐篷不能被这样不得体的事情弄脏，于是命令他们去外面解决问题，而将帖卜·腾格里的兄弟们留在帐中。一来到室外铁木哥·斡赤斤就向他的保镖们点头示意动手。保镖们抓住了帖卜·腾格里，折断了他的背，考虑到他是蒙古贵族，所以他们小心地避免在谋杀时流血。铁木哥·斡赤斤回到大帐内，告诉成吉思汗事情已经了结。帖卜·腾格里的兄弟们先是呆若木鸡，随后暴跳如雷并僭越攻击可汗，同时他们还试图挡住门槛形成包围圈。成吉思汗召唤了侍卫，他们冲进来后制服了蒙力克这些狂暴的儿子们。[86]随后成吉思汗公开训斥蒙力克，当这位老人试图为自己辩护时，可汗粗暴地打断了他。他的儿子们的行为理应被立即处死，但成吉思汗认为让他们家族蒙羞是更好的惩罚。根据可汗的命令，蒙力克及其儿子们被剥夺了所有的头衔、特权和优待，从今以后，他们必须永远地受到监视，在这个国家默默无闻地生活。接着成吉思汗发表了公开的讲话，向他的子民们通报了这次未遂的政变，同时宣布道："因为帖卜·腾格里伤害了我的兄弟们并且到处散布有关他们的恶言，他不再得到上天的眷顾，他的生命和肉体都已不复存在。"[87]成吉思汗当众痛骂蒙力克，责备他没能好好管教自己的儿子，他还补充说，如果自己早知如此，他就会将这整个家族根除了："当我意识到你们的本性时，就应该像对札木合、阿勒坦、忽察儿和其他人所做的一样惩治你们。"[88]

帖卜·腾格里带来的危机引发了许多讨论。在某种程度上，这与40年前英王亨利二世和托马斯·贝克特之间发生的冲突类似①，是一场世俗

---

① 托马斯·贝克特代表教会抵抗国王亨利二世所代表的世俗权力的控制，于1179年遭到杀害。——译者

力量和精神力量之间为了争夺最高权力的斗争。甚至有可能是成吉思汗巧妙地在暗中策划了这场"危机",这样他便能一次性地消灭帖卜·腾格里,毕竟帖卜·腾格里已成为他通往绝对权力的唯一障碍。[89] 整个事件似乎让成吉思汗进一步加深了对祭司和萨满日益增长的蔑视,他将他们视作无所事事的懒汉和寄生虫,尽管这个观点他只在私下里向他的密友们表达。因为其强大的影响力,萨满们必须被拉拢,然而他们在唯一能衡量一个人是否有价值的战争中却一无是处。[90] 在另一个层面上,这次事件是成吉思汗的新制度对亲属关系和氏族精神的胜利。按照草原的旧制度,蒙力克和他的家人有理由继承诃额仑的军队,不过成吉思汗明确地表示在新的分配制度下唯一重要的决定因素是他自己的意志、命令和法条。

随后他任命八邻部人兀孙别乞为萨满,这虽然提高了新头衔"别乞"的地位,但也明确了从今以后所有的祭司都将直接听命于可汗。[91] 他本人承担了许多大祭司的职责,不久就传闻他会像萨满一样进入与神沟通的恍惚状态。[92] 帖卜·腾格里的垮台降低了萨满教对蒙古的影响力,也提高了对至高天神腾格里的异教信仰和其他宗教的地位。萨满教起源于草原上的混战和分裂的时代,但对至高天神腾格里的崇拜更适合如今这个世界性的帝国。[93] 由于乃蛮部人得到了许多行政职位,他们早已被安抚,在帖卜·腾格里垮台后,他们更是因为景教获得了更多的传教机会而感到高兴。帖卜·腾格里的死亡让景教迎来了黄金时代,景教得到了成吉思汗的支持,因为他需要一种不会对自己产生威胁的宗教。[94] 不过奇妙的是,即使在蒙力克及其家人的名誉彻底败坏之后,成吉思汗和他的继任者们却依然认为让蒙古人知道帖卜·腾格里曾经宣布可汗为上天所选非常重要。[95] 或许是成吉思汗的直觉再一次灵验,他意识到改革的步速不能太快,过于迅速的变动会让蒙古人深感惶恐、意志消沉。

与此同时,这次事件也使他更加坚定了推行自己的法典的决心,以便让大家意识到世俗的高于宗教的,现世的高于神圣的。成吉思汗暗示帖卜·腾格里实际上犯了叛国罪,他颁布了一项新的法令,规定任何人在他不知情的情况下勾结外部势力都将被判处死刑。[96]

关于帖卜·腾格里之死,最后要说明的是,除了不流血的杀戮之外,此次事件与札木合的死异常地相似。两人都是极富才华的人物，他们为成吉思汗立下了汗马功劳，但当他们失去作用或试图染指成吉思汗的霸权时，他们却被无情地抛弃了。两人在几年内相继死亡，这就给后来者提供了一个可怕的警告：如果有人蠢到去挑战可汗的意志或是法律将会遭遇什么。[97]

在1206年的忽里台大会上，成吉思汗最伟大的成果之一是出台了一部法典，称为《大札撒》。1218年的忽里台大会及其后的大会则有条不紊地修订了这部法典。《大札撒》涉及多个方面。它部分是指导军事行动的"王之规章"，部分是大草原传统禁忌的系统整理，部分是大汗本人各种思想、笔记和洞见的汇总，部分是对帝国未来可能面临的问题的思考。

上述的每一个部分都很重要，在理想状况下它们应该单独成章。最容易处理的部分是那些源自蒙古游牧生活方式本身的规范、价值观、神话、观念和准则。捕猎是其中的一个焦点。蒙古人的捕杀方式是让动物腹部朝上平躺在地上，控制它使其保持镇静，再由屠夫切开它的胸膛、撕开它的主动脉造成致命的内出血。[98]通过这样的屠宰方式，所有的血液都存留在了动物体内，可以将其取出来做成香肠。蒙古人很少在夏天捕杀动物，但如果死掉了一只，那么就把它的肉切成条状后晒干。即使在冬天他们也只会杀羊以供食用，除非在特殊仪式上需要供奉马。[99]所有针对马的暴行都会受到严厉的惩罚，无论那是愤怒地用缰绳抽打马、蓄意地弄伤马还是最恶劣的盗马。盗马贼会成为全民公敌，因为在草原上，马不仅可以提供应急的干粮（比如在马腿上割开血管，饮完血后再把伤口缝合起来），而且有没有马还意味着生与死的差异。甚至于倚着马鞭（已经取下了马刺）以及用鞭子接触箭头都是不允许的，因为你必须像对待动物本身那样对驯马的工具满怀敬意。

对动物普遍的崇敬还包括禁止捕捉幼鸟。摧毁年幼的生命当然是一种自我毁灭的行为，因为物种可能会因此灭绝。[100]其他的禁忌涉及各种元素。比如出于对火的敬畏，就不允许把刀插入火中，不允许用刀接触火，也不允许在火的旁边砍柴，因为这好像是火本身遭到了"斩首"，火神可能会引发森林大火进行报复。[101]关于水的说辞也有很多，大多数似乎都是出于对雷电交加的暴风雨的恐惧——这样的暴风雨在蒙古非常频繁,若是大群的牲畜在空旷的草原上遇到了暴风雨,那就是一场灾难。[102] 也正是因为害怕闪电(蒙古人认为闪电来自龙之类的动物),所以蒙古人才禁止春夏两季在流水中洗澡或洗衣裳。并非如西方游客最早以为的,是蒙古人天生不在意卫生问题所以不洗澡,而是因为他们害怕洗涤会冒犯到水神从而带来雷雨和洪水,这也就解释了为什么要禁止在水中小便或把液体洒在地上。[103]

关于食物的禁忌也与害怕冒犯神明和恶魔有关。不论出于什么原因,只要把食物吐出来都会面临非常严厉的处罚。人们会在违规者的帐篷上挖一个洞,然后从洞中将他拖出来处决。[104] 还有一个禁忌是禁止踩踏首领帐篷的门槛。通常的惩罚是死刑,但是在 1246 年当柏朗嘉宾及与他同行的传教士们在不知情的情况下违反了这一禁忌时,他们只受到了严厉的警告,毕竟不能指望外国人了解草原上的规矩。[105] 门框和门槛本身对蒙古人来说具有某种神圣的意义,门的两边都会挂着家神的画像。[106]

成吉思汗认为传统禁忌和习俗中的大部分内容都要纳入新的法典中,但他制订法典的主要目标是打破旧的文化和思维方式、推动蒙古帝国内部新的有机的结合,并通过他的《大札撒》极力地灌输一种共有的意识形态。因此法典的核心是矛盾的,一方面,它必须利用旧的方式提供文化上的连续性,而在另一方面它又要试图去摧毁旧俗。[107]

可惜的是,几乎所有和《大札撒》有关的课题都尚无定论。核心的问题在于这部法典没能以书面形式流传下来,现存的只是一些片段,且其中一些出处尚有疑虑。这就令学术界的极端怀疑论者质疑《大札撒》究竟是否曾以书面的形式存在过,或者它是否仅是成吉思汗个人的格言、臆想和随笔的汇总而不具有法典的意义。[108] 怀疑论者持有多种观点。有人认为这样一个成文法典的概念对蒙古人来说毫无意义,因为他们是文盲。另一些人则说,成吉思汗在意的是培养人们信奉法典(无论这个法典是否存在),人们的信奉赋予了他极大的自由,让他可以发布那些本来可能被认为是随意的,甚至是专制的命令和法令。[109] 然而伟大的阿拉伯学者伊本·白图泰向我们保证,这部法典的确以完整系统的书面形式存在过,并以畏兀儿文字著就。[110] 所谓的《大札撒》也许是皇帝自己的参考手册，是仅供帝国的法学家们用来参考的深奥文件，与被称为"必里克"的公共法令集共存于世，被大肆传播、广为人知。[111] 而收集了部落和部族风俗习惯的《小札撒》可同《大札撒》共存，除非在内容上发生冲突，若是这样自然以《大札撒》为先。

若是《大札撒》真的是一个神秘的文件，就像《蒙古秘史》一样因其神圣或忌讳只有精英才能查阅，那么难题显而易见。为什么要制订一部想让人们遵守、却又不让人知道其条款的法典呢？[112] 自然这种状况会给解释札撒时留有可供操纵的余地，就像诠释《圣经》时那样，但这种方法肯定会弄巧成拙。尽管众所周知的一条法律原则是不懂法律就不能为自己辩护，但同时也有一条古已有之、不言自明的原则是：不存在秘密的法律，未颁布的法律即无义务遵守。然而大量的证据很清楚地表明，《大札撒》是一部隐秘法典的猜测并不属实。支持其"隐蔽性"的论点是，伟大的波斯历史学家拉施特没有提及《大札撒》。但在拉施特的时代，该法典普遍被认为是宇宙的组成部分，因此无须特别说明。此外另一位几乎与拉施特同样重要的历史学家志费尼则相当关注《大札撒》，对怀疑论者来说，只有强调志费尼对蒙古的厌恶来质疑史料的真实性才能够无视这条证据。[113]

围绕《大札撒》的讨论还常将其与人类历史上其他著名的法典进行比较。成吉思汗的法律体系与著名的巴比伦《汉谟拉比法典》之间有所相似，后者成书于公元前18世纪。两者不仅都秉持着严刑峻法的精神（《汉谟拉比法典》贯穿着"以眼还眼"），而且在巴比伦法典中也有一半内容涉及家庭观念、继承法则、父子关系、离婚和性行为以及商业合同。相较于《大札撒》，《汉谟拉比法典》更为关注消费者的利益，比如拟定了牛车夫和外科医生的薪资标准以及对缺德建筑商的处罚方法。[114]

上古时期另一部伟大的法典是《摩西律法》，其中涉及了保障个人卫生的方法、对洁净食物和不洁食物的规定、献祭和供品的要求，以及关于谋杀、盗窃、婚姻、离婚、通奸、财产、继承等的道德规范。[115] 这些问题在《大札撒》里也被重点关注。此外，两者的相似之处还有若无法以牲畜支付彩礼就要以劳作代替（成吉思汗年轻时在弘吉剌部就有这样的经历），而这样的案例在《圣经》中也存在，《圣经》中雅各为拉班工作，他劳作满七年可以娶利亚，再满七年娶拉结。这两个法典都严厉谴责兽交和鸡奸行为。[116]

其他可以比拟《大札撒》的著名法典距离成吉思汗的世界更为遥远。6世纪的《查士丁尼法典》在很大程度上是现存罗马法律的纲要，其中包括了公法、私法和习惯法，以及自哈德良以来所有帝国法令的汇总和博学的法学家们所有的相关评注。当时的罗马帝国是一个比成吉思汗和他的大草原复杂得多的世界，然而即使在这里，通过对异端和异教的严禁也可以看出法典中渗透着控制帝国的心态。[117]甚至有人分析，1804年颁布的著名的《拿破仑法典》与蒙古并非毫无关联，例如，它偏向于在刑法中采用审问制度，而判例法的缺失使得理论上行政和立法的区分难以在现实世界中实现。[118]当然在成吉思汗的帝国里，没有立法机构能够质疑他的行政命令，不过今天在美国也有保守派指责，在重要案例的判决中，美国最高法院篡夺了原本属于行政机关的权力。甚至有偏激的观点认为成吉思汗的法典比拿破仑的更自由开放，因为这位法国皇帝废除了妇女离婚的权利。

仔细研究《大札撒》，它与其他法典之间的这些相似和分歧都愈发明显。意料之中，在蒙古帝国这样一个军事化的社会里，法典的大部分内容都与军事事务有关，包括军队的动员、战事的诉讼、与外国或战或和的关系。不履行职责或不服从可汗命令的将领会被处死，若是可汗怒不可遏，即使是无心之失或情有可原的罪过也会被判死刑。[119]千户长只能与可汗沟通而不能彼此交流，如果他们犯下了法律条文中的任何罪行，他们必须拜倒在可汗的使者面前自辩。在这种情况下，成吉思汗会特地派遣低等的使者以增加羞辱的效果。[120]所有的将领必须每年到汗庭述职，因为成吉思汗认为那些不露面的属下就像"掉进深水的石头或射进芦苇中的箭一样消失了。这样的人不适合指挥他人"。[121]据法令规定，凡是不服兵役的人必须为国家无偿劳作，而服劳役的环境又很艰苦，两相对比下参军成了较好的选择。在收到动员令后士兵们必须带上自己最好的武器和盔甲前来报到，否则会被罚款。若是本人未能到场，那么军队将会征召他的妻子或一位女眷以作替代。若是士兵在获得将领的准许之前就进行抢劫，那么他就会被处死。若是没能拾取前排的士兵遗落的武器,他也会遭到同样的处刑。[122] 若是大量蒙古军人阵亡,那么幸存者可能会因为未曾竭尽全力拼死战斗而被处决。成吉思汗相信可以通过在战前保持食物短缺和强迫士兵进行艰苦的劳作来提高战斗力。将士只有像一条野狗一样疯狂地战斗才能够短暂地逃离这个食不果腹、手足胼胝的噩梦,在胜利之后他们就可以食饥息劳、大肆抢掠。[123] 蒙古严酷的军法是为了在军队中灌输非胜即死的信念,就像斯巴达人一样,"要么从战场上凯旋,要么躺在盾牌上"。[124]

由于狩猎是和平时期一种主要的军事训练方式,所以狩猎行动也需要遵循严格的规则。凡是在大型狩猎中让动物从致命的封锁里逃脱的士兵都要遭受棍棒的围击,他们被迫从两排拿着棍棒的士兵之间穿过并遭受拷打。在10月到次年3月间,蒙古严格禁止捕杀鹿、羚羊、野兔、野驴和所有鸟类。[125]

《大札撒》中几乎没有关于私法的内容,因为这类问题通常依据部落习俗处理。除军事事项外,公法还涉及税收问题、行政制度问题以及可汗及其家人的地位问题。在税收方面,宗教团体和外国商人享有最大的豁免权。人们常常提及成吉思汗对一切宗教的尊重,而他的动机总是非常务实的——宗教有助于控制社会秩序,或许还能帮助蒙古的首领健康长寿甚至实现长生不老。尽管有着现实的考量,成吉思汗在征兵和税收方面对祭司、喇嘛、伊玛目、传教士和其他各类神职人员的豁免也显得格外地慷慨。虽然医生和熟练的工匠也享有一定的豁免额度,但在总数上却从未像神职人员享有的那么多。[126] 实用主义也体现在给予商人优惠条件和法律向于他们有利的方向上倾斜。《大札撒》严格规定了丢失财物和走失牲畜的处理办法,成吉思汗既担心商人因为盗窃或是抢劫而遭受损失,也担心围绕财物出现新的争斗和仇杀,除非他严厉打击盗抢行为。[127] 据推测,《大札撒》中许多有利于商人的条款是在1218年之后增加的,大约在成吉思汗征服花剌子模后的1222年左右,这引爆了帝国对商人和富裕游客压抑已久的强烈不满。到蒙古迎来彻底的和平为止(将在后文讨论),对商人的保护都是蒙古政策中关键的一环。[128]

类似的法律倾向还体现在无法缴纳罚款或第三次破产时会被处以死刑

的规定上。这一法律条款的提出也相对较晚，甚至很有可能是在1234年征服金朝之后才添加的。[129] 因为前现代的大多数法典在宣告破产时都会以监禁作为惩罚，所以对一些如今通常不被视为刑事犯罪的行为的处罚堪为量刑的准绳和判刑的风向标。实行死刑这么严重的刑罚再次体现了《大札撒》对商人群体的倾斜以及成吉思汗保护商贸的决心。奴隶是外国商人财产的重要组成，因此法令规定每个人都必须归还逃跑的奴隶，否则就会被处死。根据成吉思汗的法典，即使是草原传统习俗中视为轻罪的盗窃、拦路抢劫以及部落的内斗，犯此罪者也会被判处死刑。[130]

《大札撒》中一条具有宗教意味的法令规定，屠宰动物必须严格按照蒙古的传统方式（不割喉）进行，违者就会被处死。穆斯林们称成吉思汗对一些行为实行了最为严厉的处罚，而这些行为在他们自己的道德和法律体系中不仅不应有罪而且是一种义务。一些学者认为《大札撒》中的这一条款不过是体现了成吉思汗本人的夙愿而不具有法律效应，同盟的部落对这一条款毫不理会，而他自己的属下也并没有去执行。比如，斡亦剌部的屠宰方式还是用棍棒击打动物直至它们死去。在1251年选举第四任大汗时，西部的蒙古世界早已伊斯兰化，若根据成吉思汗的《大札撒》，包括皇室成员在内的在场所有人都应该因为以穆斯林的方式屠宰动物而被处死。[131]

公法也赋予了可汗及其家人特殊的地位。尽管成吉思汗奉行在军队中贯彻任人唯贤的原则、在下层社会之中推行共产共享，尽管他在与札木合、克烈部和乃蛮部的草原战争中成功地获得了贫民的支持，但在涉及自己及家族的特权问题上他绝对不算是一个平等主义者。所有法令的受众都是贵族而非平民。[132] 只要认为某一争端危及境内的和平与秩序，他就声称他有权对部族或家庭之中的任何事务进行"微观的干预"。通过任命自己最喜欢的失吉忽秃忽为帝国的大断事官，他在《大札撒》中展现出了法典背后的现实。有人认为成吉思汗对群众的关心一直都是虚情假意，而在他之前的草原领袖们对群众的关心才更加真诚。[133]

《大札撒》规定大汗之位的继承者必须是成吉思汗的直系后代。除了可汗和别乞的头衔外，不允许存在其他的头衔。而在同时代的英国还未出现所谓的荣誉制度。在蒙古帝国之中，甚至连附庸的首领或同盟的统治者也不被允许授予荣誉称号。如果必须对皇室成员进行审判，他们会交由一个经过特别挑选和召集的最高审查机构裁决，而不会在普通审查机构中判刑。[134]如果皇室成员被判定有罪，他们基本上都会被判处驱逐出境或监禁，但在被判处死刑的极端情况下他们必须以不会流血的方式处死，通常是被绞杀或被用地毯闷住窒息而死。成吉思汗很喜欢儒家"刑不上大夫"的说法，总之他总是豁免他所爱的人，免除他们的刑事处罚。[135]

尽管成吉思汗本人受其法律原则的约束且必须遵照法律的形式，但他基本上可以随心所欲地做任何事情并具有赐予刑罚的特权，例如惩罚自己的侍卫。[136]成吉思汗统治下的蒙古社会是法治还是僭主政体？对于这一疑问，其答案只能是两者兼具。[137]唯一限制专制统治的是可汗必须以公开的形式进行审判，而且不公平的等级制度存在疏远他的追随者的风险。针对哲学家休谟所提出的著名问题"一个以武力统治的人怎样控制自己的护卫和士兵？"成吉思汗会以与休谟本人相似的方式回答：通过舆论或合法性。简而言之，就是声称自己得到上天的指示，同时声明若是王公贵族们不服从《大札撒》，国家就会垮台，那时"人们将要急切地寻找一个成吉思汗（来统领他们），却不能如愿"。[138]

《大札撒》的独特性不仅在于其严厉的刑法，而且在于有相当多的问题被定性为犯罪。今日可见的36条明晰的法规中，有14条明确地规定了死刑作为处罚措施，不过其他条目可能会加重判刑从而增加了法条中适用于死刑的数量。[139]尽管在法庭上进行的陈述必须得到三名证人的证实，但总体上无罪开释的比率很低。判处死刑的罪行包括谋杀、通奸、与他人的女儿或奴隶性交、鸡奸、同性恋、强奸、兽交、叛国、逃兵、撒谎、偷窃、盗用公款、从他人口中夺食、不与陌生人分享食物、浸入活水、以使用过的脏水污染活水、在活水中小便、盗窃马匹和牲畜、破产诈骗（第三次破产被归入其中）、妨碍他人的奴隶或俘虏、保护在逃奴隶或逃犯、在未经许可的情况下向俘虏提供食物、干涉宗教崇拜和自由、污染骨灰、未以蒙古方式屠宰动物、巫术、间谍活动、施舍俘虏、擅离职守、士兵及搜寻者的重大过失、没有财产来支付罚款或没有妻子儿女为奴来抵债、作伪证、不尊重长者、暴食、踩踏首领帐篷的门槛、弄伤马匹的眼睛，以及在别人面前吃东西却没有同他分享食物。[140] 会被判处死刑的罪行非常宽泛，特别是在认为人命的价值还不如家畜贵重时。更残酷的是，家庭要对个人所犯罪行负全责。一旦被判处死刑，罪犯的妻子和孩子可能被当作附属一并处死，蒙古人坚定地认为父罪子偿是应有之义。[141]

死刑不可避免，部分是因为一旦宣判有罪，受害方便有权决定惩罚的内容。在某些情况下，有人仅仅因为诽谤或中伤他人就被判处死刑。[142] 此外还有变相死刑。对于贵族来说，变相死刑可能意味着被派往残酷的战争前线或是被派去出使某个将杀害使者视为理所当然的敌国。对于普通人来说，变相死刑通常会采取鞭刑的形式，比如说对于偷羊的惩罚。由于体罚的鞭数可以定为7至107之间的任意数目，被判处鞭刑的人往往因此丧命。[143] 但有钱的盗贼和杀人犯（如果受害者不是蒙古人而是汉人或穆斯林）往往可以花钱免死，在盗窃案件中，窃贼可以支付所盗货物九倍以上的财产来脱罪。[144]

成吉思汗的血腥法典无疑是残酷的，但总的来说也并不比当时金朝、伊斯兰世界或中世纪欧洲的法律更甚。无须赘言，蒙古人的暴行总是被充满敌意的评论家们大肆渲染。蒙古实行的死刑处刑中，有一种处决方式被认为尤其地野蛮。为了不让受害者迅速死去，蒙古人往往把有罪之人绑在柱子上，然后给他涂上一层厚厚的脂肪。伴随时间推移，脂肪中慢慢生出的蛆虫会把此人活活吃掉。[145]《大札撒》的执行常常很随意，有时判决还大相径庭。例如，蒙古人对强奸犯的惩处比任何其他民族都要严厉。中世纪其他地区惩罚强奸的方式从诺曼王朝的阉割到威尼斯的罚款或六个月监禁不等，但都远没有死刑这般严重。[146] 不过与法令中对强奸的毫不容忍形成对照的是，成吉思汗发布了一项永久命令，要求战争中所有被俘的漂亮女人都必须在他、他的儿子和他宠爱的人面前接受检阅，好让他们最先挑选侍寝者。类似的指令也传达给所有的蒙古家庭，要求他们的女儿接受拣选，若是被选中应视为极大的荣耀。[147] 这不就是另一种形式的强奸么？同样，成吉思汗还对蒙古人中的通奸判处死刑，认为这导致了族内争端，然而却允许蒙古人与外国妇女通奸，因为这不会危及蒙古民族的和谐。[148]

总之我们可以认为，蒙古的征服让《大札撒》中很多有关"性"的法规形同虚设。针对诱拐妇女的法律条文并不存在，之所以如此肯定，是因为在《大札撒》编纂之时成群的被掳妇女被用来满足蒙古战士的性欲，而在成吉思汗的时代之前，由于性欲横流和对欲望的不满足，诱拐妇女是影响草原安宁的最大威胁之一。[149]

成吉思汗确实没有装模作样地出台关于过失杀人或血亲复仇的法规——当样，这也是他许多行为的动机。至于《大札撒》是否适用于国家之间，成吉思汗并没有发表任何观点，只是说除非其他国家投降，否则绝不可能与其和平共处，但他并没有进行公开的武力威胁。成吉思汗的态度是让一切都由神来决定，但既然他把自己看作是上天的代理人，那么其结果就是显而易见的。蒙古人在与外国势力打交道时常用的说辞是"没有人知道会发生什么，只有神才能决定"，这最终被广泛地理解为"不投降就受死"。[150] 外交使者的不可侵犯性这一唯一与国际法有关的准则是成吉思汗的个人信条，但这在严格意义上还未被纳入《大札撒》中。

《大札撒》究竟是专制政府的工具、是用来保证贵族领导权的手段，还是能够真正惠及全体人民的法条呢？这一问题反过来又引发这样一个疑问，既然《大札撒》的内容比可汗的语录和箴言中推断出的所有信息都要严厉，那么《大札撒》是否仅仅是成吉思汗的思想在法律上的体现，抑或是其中存在更多的准则？[151] 通行的准则又有哪些？

关于最后的问题，答案是蒙古大众文化和宗教中珍贵的原则、禁忌和偏好都在法典中得以巩固。蒙古人对与食物有关的一切都非常关心，所以首先从这个领域就能发现《大札撒》在为草原习俗背书。例如认为吃东西时呛到是被魔鬼附身的迹象，这样的人就应该死掉，因为只有将被附身的肉体处决才能赶走魔鬼。[152] 浪费食物也是一项重罪。蒙古人还对中毒有一种病态的恐惧，所以《大札撒》中警告说当有人给你食物时，要等对方品尝之后你才能吃。[153] 在成吉思汗的法典中，还提出和水有关的禁忌。把液体洒到地上是严重的犯罪行为，此外还有许多条例规范人们应该如何对待活水。出于对水的敬畏以及关于沐浴的禁令，蒙古人才会看起来如此地肮脏和不讲卫生。他们甚至不允许在活水中洗衣服，尽管一些学者表示，《大札撒》只是严禁在雷暴天气中洗衣服，毕竟雷暴是仅次于毒药让蒙古人害怕的东西。[154]

在上述以及其他例子中，《大札撒》只是确认了那些既有的规范。这方面一个很好的例子就是严禁说谎，在蒙古文化中说谎早已是一种忌讳（尽管在与他国打交道时蒙古人精通此道）。有一则颇为著名的故事可以说明蒙古人对"睁着眼睛说瞎话"的厌恶。13世纪20年代初，在出征阿富汗地区时两名哨兵在站岗时睡着了，他们被带到指挥官面前接受审问时承认打了瞌睡，尽管他们知道承认意味着死亡。一名当地的旁观者对蒙古人的诚实以及判决的严厉表示惊讶，对此指挥官表示："你为何感到惊讶？你们阿富汗人也有类似的惩罚，你们只是我行我素。"[155]

《大札撒》之所以能够造福于人民，在很大程度上是基于它对传统草原习俗的认可，不过仍有一两个"例外"值得我们注意。作为其平等思想的一部分（至少在军队里是不论出身任人唯贤），成吉思汗提议在营地中央的柱子上用绳子挂一个"意见箱"。任何人都可以匿名撰写投诉信或请愿书，密封后放进箱子里，可汗会在每个星期五开箱并对此做出裁决。[156]可惜的是，我们缺乏数据了解书面投诉或请愿的成功率。他还试图将景教中的基督教元素（爱你的邻居、忍受侮辱、宽容大度）融入《大札撒》中，当然这些道德准则只适用于蒙古人之间。正如一位学者诙谐地写道："如果《大札撒》中的条款是爱别人如爱自己、不侮辱别人等，而且违者要处死，那么第一个被处死的应该就是成吉思汗本人，因为他彻底摧毁了哥疾宁、巴里黑等城镇，并屠杀了那里所有的居民。"[157]然而排除对大众文化和利益做出的让步，《大札撒》在本质上仍然是贵族们实行霸权统治的工具，因此对普通的民众来说《大札撒》是一个沉重的负担。为《大札撒》辩护的主要理由是，在成吉思汗时代之前，杀人、通奸、抢劫和强奸在草原上很常见，然而此后这些行为就变得非常罕见了，其中的改变就是《大札撒》的功劳。[158]

审慎地回顾《大札撒》，其具有两面性。它一方面回顾了过去并将草原文化的重要内容编成了法典，另一方面它也将目光投向了未来并思考世界性帝国存在的问题。有人发现各种外来因素对《大札撒》存在影响，于是契丹人进入研究视线，因为根据一些蒙古人的说法，契丹人在诸多方面都对成吉思汗产生了主要的影响。[159]虽然这一点有待商榷，但是中原文化对《大札撒》的显著影响是不容否认的，这在1218年以后尤为明显。《大札撒》里提到杖责，这一处刑方式特别值得注意，因为这来自中原，而在成吉思汗时代之前的蒙古人习惯使用鞭子。除此之外，在成吉思汗死后的时代，人们逐渐通过支付赎金和罚金替代《大札撒》中的死刑，这也明显地体现了中原文化对他们的影响。[160]然而来自蒙古南方边境的影响并不一定朝着自由的方向发展，蒙古人自由开放的性观念与《大札撒》中对通奸极为苛刻的态度之间的反差让人惊讶，这种差异通常被归结为受到中原文化的侵蚀。[161]有人认为《大札撒》在尚未发展为成熟的法典时就被逐步取代，罪魁祸首就是窝阔台汗（成吉思汗的继任者）及其对伊斯兰教的袒护。[162]窝阔台残暴的兄弟察合台强调保持《大札撒》的纯粹性，也秉持着强硬的反穆斯林立场。反观窝阔台，虽然他避免同兄弟产生公开的冲突，但他认为出于对帝国安全的考虑，更应该采取宗教上的宽容政策而非一丝不苟地遵守《大札撒》，因此他对违法行为"睁一只眼闭一只眼"。窝阔台为其亲信颁布了一些法令，赋予了他们公然违背其父法典的特权，这些法令被称为圣旨。[163]其后的蒙古可汗们倾向于颁布称心的法律并声称这些法律完全符合《大札撒》的精神，尽管这显然是无稽之谈。关于合法性，至关重要的是从未有人否定有关成吉思汗的公共记忆或精神遗产，所以遵循《大札撒》仅是"高贵的谎言"或是冠冕堂皇之词。[164]

在蒙古帝国更为安定的地区里，《大札撒》其后的影响力似乎微不足道。蒙古人同意保留金朝、波斯和罗斯的法律，只要它们不与成吉思汗的法典发生激烈的冲突。在俄罗斯地区《大札撒》似乎形同虚设，因为它与斯拉夫民族的文化和宗教信仰并不相衬。对于那些声称俄罗斯在蒙古的枷锁下受尽苦难的历史学家来说，无论是反驳还是无视这个事实都是一个显著的难题。[165]关于《大札撒》在金朝的影响力存在悖论：尽管中原的思想和文化对《大札撒》影响深远，但在蒙古征服金朝后，《大札撒》对汉地的影响微乎其微（对元朝的法律法规影响极小），只剩下统一的帝国需要一部法典这样的观念存续。而这一观念与其说来自《大札撒》，也许更是来自西方世界的基督教庭。[166] 正如预想的那样,在后成吉思汗时代《大札撒》主要的影响范围局限在亚洲内陆的游牧社会,这里保留了更多对帝国缔造者的尊崇。然而,1241年后帝国的变迁和衰落不可避免地让《大札撒》伴随其一同落幕。[167] 成吉思汗对此早有预感,而且他可能平静地接受了它。如同常说的,世事无常:

> 在我们之后,我族的子孙要穿金线绣衣,享用美味佳肴,骑骏马,拥抱美丽的女人。但他们不会说这一切都是父亲和哥哥们的功劳,他们会将我们和那些伟大的日子遗忘。[168]

5

常胜之师

　　1206—1209年成吉思汗将大部分时间都花费在了队伍的管理和重组上，为他一直以来的梦想——征服金朝做准备。要实现征服需要具备两个先决条件：一个完全安定的蒙古大后方，让他在出征金朝时无后顾之忧，以及一支纪律严明、精干强悍的军队以对付强大的金军。他要确保他的军队是一台补给充足、装备精良、训练有素、无惧挑战的战争机器，不同部落的军阵能够配合无间，战士们在取得胜利之前心无旁骛、一心杀敌。

　　成吉思汗首先对他的两个伟大的创举——万户制和怯薛军实施了改进与调整。军队在名义上被分成了三翼，但这并不代表军队在战斗中的实际部署和编制。三翼中最强大的是左翼万户，它由木华黎领导，纳牙阿为副手。在战时，这支队伍有时会分割成由纳牙阿领导的中军万户以及由木华黎领导的真正的左翼万户。截至出征金朝时，这支队伍已经增至6.2万人。[1]由博尔术和博尔忽领导的右翼万户有3.8万人，忽必来被任命为参谋长。而三翼中名义上的大中军实际上是大汗的护卫队（即怯薛军），它由成吉思汗亲自指挥。怯薛军包含宿卫在内总计1万人，是精锐中的精锐，类似于波斯战争中波斯王薛西斯的"长生军"或者后来拿破仑的老近卫军。这支军队从箭筒士中拣选了1000名骑兵和400名弓箭手，由成吉思汗的养子、党项人察罕领导，在战斗时他们环列在成吉思汗周围组成铜墙铁壁。[2]

万户的管理制度也发生了变化。新的制度要求千户长必须让一个儿子担任副职，同时还要征募一名亲戚以及十名值得信赖的伴当；百户长必须征募一名亲戚和五名伴当；十户长必须征募一名亲戚和三名伴当。[3] 尽管成吉思汗承认，出于各种原因每个万户的人数可能不足 1 万（这点和理论上有 6000 人编制的罗马军团很相似），但各级指挥官必须尽最大的努力去实现征兵目标。[4] 为了避免万户间的相互勾结，万户长们被禁止私下合作或交流。成吉思汗若是疑虑某个万户内的私相勾结，他可能会将一个万户的指挥权分给两人以形成制衡。同时，成吉思汗扩大了死刑的适用范围，比如在战斗中还未接到命令就先行撤退将被处死。[5] 放眼未来、畅想着将大片领土收入囊中的可汗还开始训练万户们适应错综复杂的当地局势并维持占领的能力，以便他们能够领导一支高效的探马赤军[①]或驻军。在成吉思汗的设想中，这些部队将由他自己的部队与当地倒戈的军队混合而成。[6]

怯薛军也依照更为严格和正式的标准进行了重组。1 万名孔武有力的怯薛士兵被分成了四组，每组负责三个日班和三个夜班的值守。法令规定：每个班次的怯薛长必须亲自值夜班；与怯薛争吵的人将遭到严惩；值班的怯薛有权处置任何在天黑之后存在"游荡"嫌疑的人；任何人未经允许而接近大汗营帐皆会被立即处决；任何人不得与值宿怯薛做伴或交谈；安全起见，每天晚上都要改变值班的口令和换岗的次数；透露换岗时间或口令即可构成泄漏官方机密罪，犯此罪者将被处以极刑；夜间所有的拜访都必须得到当值怯薛长的许可；换班的怯薛长必须出示得到授权的官方证件自证身份后才能接班，而且为了防止伪造，证件每晚都会更换。[7]

除了军事职能外，成吉思汗还试图以怯薛军充当初期的行政部门——由怯薛军中的 11 名高级成员分别统领专门的部门：医疗、外交、翻译、测量、记录、地图绘制、军需、外勤和情报分析。[8] 从草创时期开始，成吉思汗就拥有自己精心挑选的间谍队伍或称特务机关，他们不仅向可汗报告敌人的兵力和部署情况，还负责监视己方的军队，监察账目造假和冒领

---

① 为蒙古的精锐先锋，战事结束后通常驻扎于被征服地区。——编者

军饷这些在中世纪时期的其他军队中颇为常见的问题。⁹在蒙古监管成群的马和骆驼被认为是一项重要而享有声望的工作，因而蒙古的军需官不会像他们在中世纪时期其他军队中的同行那样被视为势利小人。军需官必须统筹粮食补给和通讯系统，当成吉思汗的精锐部队向南、左翼部队朝东而右翼部队朝西分别挺进时，军需官需要确保在一天的行军结束后各支部队的营地位置相对固定。¹⁰怯薛军中的服役条件非常艰苦，怯薛犯错之后还会面临十分严重的惩罚，常常会被判死刑。以防怯薛感到得不偿失，成吉思汗规定怯薛的地位高于其他部队成员，可汗非常精明地以优越感作为劳苦的补偿。怯薛身穿黑色的卡兰衫（束腰外衣）和镶着红边的盔甲，骑着带红色皮具和马鞍的黑马。成为怯薛最大的好处是享有获赐美妾的机会，成吉思汗准确地领悟到此种激励方式的力量。¹¹

确保怯薛和各万户成员在和平时期依旧保持高度戒备状态的主要方式是打猎或称围猎。在围猎中战士们将习得发射信号和远距离通信的技术，士兵的机动性以及冷酷无情地包围目标的能力也会得到锻炼。围猎通常于初冬进行，一般可以持续一至三个月。围猎活动对蒙古来说意义非凡，它包含了三重价值，它既是军事技巧的训练，也是食物来源的重要途径，还是向人们灌输团结理念的大型社会活动。术赤是这项年度盛事的组织者。《大札撒》中有许多与围猎相关的严格法规，任何违反者都会遭到严厉的惩罚。¹²

万户成员们沿着一条起始线排成80英里长的队伍，终点线大约在100英里开外，由他们组成的包围圈可达数千平方英里。每个区域由一名千户长率领，他们同副手们按照百户、十户为单位组织队伍。千户长有一面专属的鼓用来向附近的队伍下达指令。每个千户都在进行军事演习，侦察兵远远地冲在前面，其他千户在左右两侧谨慎地保持步调一致、齐头并进。随着队伍推进，其两翼逐渐散开并扩展成半圆形。千户成员们一天天地赶着动物，越逼近终点包围圈就越小。随后，当所有的千户足够接近彼此并组成包围之势时，其中的部分人就转过身与其邻近的千户靠拢，将这个包围圈彻底封锁。此时正是最危险的时刻，若在此时让包围圈中的动物逃脱，或在可汗出现之前先行射杀动物，包括各级指挥官在内的人都要受到严厉的惩罚。[13] 最后，这些动物被限制在一个狭小的圈子内，各种动物因惊慌失措而乱作一团，狮子的咆哮、雄鹿的哀号、野牛的低吼，各种刺耳的叫声此起彼伏。

成吉思汗通常会选择一个适当的观赏地点，与家人和妃嫔们一起一边野餐一边观赏狩猎，直到指挥官向他报告决定性的时刻已经来临——包围圈最终完成。随后他将同随行人员一起下场屠杀猎物。[14] 作为肉类食用的野兽很快就会被捕杀运出，以将更多的时间用于捕猎大型猎物。这时人们放出带来的花豹、猎豹和老虎去攻击那些毫无还手之力的有蹄类动物。原始资料没有说明，在捕猎结束后这些珍贵的捕猎伙伴是被蒙古人召回，还是它们自己也是猎物。当可汗及其亲信们的杀戮欲望得到满足，千户长们会得到动物们的头颅。[15] 最后轮到普通的士兵上场。对于雄心勃勃的士兵们来说，这是一个向可汗展示自己卓越技能的好机会，他们很可能因此得到提拔。如同罗马的角斗士，勇敢的人才会试着下马步行或只用剑或刀与野兽搏斗，有些知名的猎人甚至想要徒手与危险的动物搏斗。

最后当可汗观赏尽兴，他就会叫停狩猎。一些猎物被留下饲养而其他幸存者则会在举行一个象征性的奇怪仪式后释放。在这个仪式上，将由一群老人请求"大赦"这些动物，这个请求会得到恩准，于是这些极少数的幸运儿得以安全地离开。[16] 狩猎活动之后紧接着还有持续九天的盛宴和狂欢。宴会后剩下的食物都被分赐给部队。

围猎活动透露了蒙古人取得成功的部分秘诀。狩猎使战士们能够熟练地挥舞旗帜，使用火炬和火把，也能完善驿站和运输系统的运作，为战争提供了珍贵的训练机会，更何况围猎还提供了大量宝贵的高蛋白食物。[17] 一些朝臣警告成吉思汗，狩猎的混乱为刺客行凶提供了完美的机会，然而成吉思汗始终认为，只有小规模的私人狩猎才会存在这样的危险，没有人会在战士们群情激昂屠杀动物时还企图杀人。[18]

成吉思汗还会确保战士们装备着最好的武器、盔甲和其他装备。蒙古人日常身披长至膝盖以下的毛皮大衣，套着毡靴，头戴可以护耳的毛皮帽子。战场上他们佩戴头盔，这是一种钢制的帽子，它的上部以及遮盖脖子和耳朵的部分用皮革制成。上战场时，战士们内着丝绸内衫，外披盔甲，盔甲或者由几层既厚实又柔软的皮革条组成并涂上清漆以防潮，或者由铁制鳞片重重叠叠地绑在一起制成并打磨光亮。此外还有肩板以及保护手臂和腿部的额外防护措施，有时他们还会套上外面覆盖着一层皮革的铁甲。高级将领的特制盔甲则是定制的，为了合乎身型，他们的盔甲是将六层皮革余烫软化后再紧密地缝合成型的。[19]成吉思汗称穿在盔甲内的丝绸内衫是他本人的创新，他在首次出征西夏之后提出这种设计，它能提供让士兵免受箭伤的防护，因为箭的旋转运动会将丝线一起带入伤口之中，丝线对箭头起到了一定的阻碍作用，从而减少了箭头刺入身体的深度。而且救援人员在治疗伤口时可以通过脱掉这层衣物更轻易地将箭杆拔出。盔甲也被用来保护马匹，重装骑兵将连人带马全身着甲，盔甲会覆盖着马的身体的每一个部位。而轻骑兵不着甲，因为他们需要更多的机动性和灵活性。[20]

除了弓箭这种主要的兵器，蒙古重装骑兵每人还会携带一支12英尺长的长矛，矛头的后面有一个镰刀形状的钩子，用它可以将敌军的骑手从马背上拉下来。此外将领还佩有一把微微弯曲的马刀，刀的一侧被磨得非常锋利。[21]每一位骑手都有一把斧头、一个马鬃套索、一个水壶、一块磨刀石和一根用来鞭打马腿的鞭子。除此以外他们还携带两个皮包，其中一个用来储藏备用的水，另一个则用来在过河时放置武器和衣服以防止将其弄湿。在寒冷的天气里，他们会穿上一件皮面朝外的羊皮大衣。按照标准，每十个人就要配备一顶帐篷。[22]

蒙古人使用的盾牌分三种类型。第一种由皮革或柳木制成，它的尺寸很大，供士兵在站岗时使用。第二种要小得多，它由柳条或藤条制成，先锋队用它来抵挡敌人的射击。还有第三种盾牌，它由龟壳制作，用于攀登城墙。[23]轻骑兵们携带刀剑、钉头锤以及两到三支标枪。当战争即将打响时，蒙古人会换一顶帽子，他们摘下行军时戴着的带护耳的传统镶边毡皮帽，换上皮制的无颊头盔。

然而蒙古人最主要的武器始终还是弓和箭，以及永远可靠的战马。骑射是游牧民族典型的作战方式。蒙古人常配备一长一短两把弓，每一个骑在马背上的战士都会携带两个箭筒，各装有30支箭。蒙古的复合反曲弓是一款复杂的手工制品。它由数层动物的角和肌腱叠合在一个木制框架上压制而成，并涂上漆以防止潮湿导致的分层，最终制成一把灵活有力的弓。骑手把弓装在一个盒子里并绑在马的一侧，使用时以右手拇指上佩戴的一个石指环扣住弓弦。大型长弓的拉力高达166磅（远远大于英国长弓），射程可达300码①。[24]拉动这种复合弓需要惊人的力气，只有从小接受训练的人才能使用它。复合弓可以一直上着弦却不会失去弓弦的弹性。

蒙古弓箭手的辉煌成就举世瞩目。成吉思汗的兄弟合撒儿就以高超的箭术著称，不过合撒儿的儿子移相哥更具弓箭天赋：在1225年的一场射箭比赛中，他射出了550码的惊人成绩。[25]蒙古人几乎在学会走路之前就被放到了马背上，他们娴熟的骑术与射术完美结合，共同造就了蒙古军队的强大。骑射的结合成为蒙古骑手最重要的训练内容，年轻的射手们要养成在马的四只蹄子同时离地的那一刻放箭的习惯，这样马蹄落地的震动就不会使他们偏离射击的目标。蒙古人用的箭也分成三种：短的是狩猎用箭，用来射老虎、熊和雄鹿；另有两款战争用箭，轻的一款搭配小而尖的箭头，用于远距离射击和追击；重的一款则搭配大而宽的箭头，用于近距离作战。此外还有鸣镝用于发射信号。骑兵们所携带的60支箭里便包含了轻、重两种款式，他们必须了解箭并具备在一瞬间判断出用哪一种箭来搭配自己的弓的能力。[26]这些箭的设计宗旨是彻底地消灭敌人，而不是远远地射出去以打乱敌人的队形。箭头经过特殊设计以便刺穿盔甲，箭头的每一棱面都被切割得像剑一样锋利，箭头在磨削之后再在烧得通红时浸入盐水之中淬火。箭头通常由骨头制成（但也有一些是金属制的），而箭杆是由木头或芦苇（芦苇更为常见）制成。[27]在远东地区的战争中，使用的箭通常都是有毒的。在蒙古地区，人们在毒蛇的毒性最强时收集毒液以制作箭头上所用的毒药。[28]

蒙古人另一个伟大的武器装备是他们的马。每一名战士都至少拥有六匹马，有的人甚至多达18匹。官方的指导意见要求每个千户必须提供5000匹装备齐全的战马。所有拥有30头以上牲畜的个人按照每百取一的比例贡献马，但到了窝阔台统治时期，征收马的比例提升到了每十取一。[29]蒙古

---

① 1码≈0.91米。——编者

马一天只需喂一次草和水,它们的耐力举世闻名,可以在九天之内跑600英里。在成吉思汗时代之后蒙古马才打上了马蹄铁,据观察者说它们可以像山羊一样在岩石地里奔跑。马鞍是用涂了油的木头做的,十分贴合马的身形,所以弓箭手可以在马鞍上转身,在马朝向前方飞奔的时候旋身向后射击。[30]

蒙古人在二月至三月间举办的一年一度的忽里台大会上讨论他们的战略,对目标及其可行性以及取胜的各种战略都进行全面的预演,并规划包括粮食、牛、马在内的后勤储备。成吉思汗的战略思想中存在着一以贯之的部分:分开行军、统一进攻;充分利用蒙古马出色的速度和机动性;绝不能被敌人预测到己方的行动;绝不双线作战;尽早将敌人卷入战斗;尽一切可能消灭敌人或减少其数量。难以预测是成吉思汗取得成功的关键:当他在1205年4月对阵乃蛮部时,他打破了马需要增重因此不能在早春战斗的观念。他也并未顾忌冬季休战的传统观念,曾在凛冬时节带兵穿越寒风踏上征途。[31]

作为战斗的前期准备,成吉思汗总是尽可能多地收集敌人的情报,包括他们的文化和宗教观念、重要人物的信息、国土的地理位置、各个部落之间风俗习惯的细微差别,等等。他调查他们的弱点:当地的精英阶层是否有分裂的迹象?各地区中是否存在不满的情绪?是否有人觊觎王位?当地是否存在反叛势力?这些情报的来源五花八门,有的来自他自己的间谍和侦察人员,有的来自当地的反抗者以及乐于用情报换取贸易特权的穆斯林商人。[32]他的谍报系统在收集情报方面非常出色,但他还会狡猾地用它散播谣言。

最常用的迷惑敌人的方法就是想方设法得到他们的官方印章或羊皮卷后伪造信件或文件,以此透露蒙古人的虚假行踪,或是声称各支部队均已叛变,总之编造任何能够迷惑、欺骗或打击敌人的内容。[33]不仅如此,由于蒙古人的对手总是占据数量上的绝对优势,所以成吉思汗很执着地在敌人面前隐藏自己真正的兵力并虚张声势。为此他采用了各种方法,比如让随营的妇女骑在马上,这样从远处眺望,队伍就会看起来比实际规模要大得多;比如把假人放到马背上;还有把树枝绑在马尾巴上扬起尘土,暗示敌人一支强大的军队正在逼近。在夜晚行事则更为容易,他让每个人都举三到四支火把,分别点上几团火,营造人数众多的假象。[34] 成吉思汗的特务机关越来越大胆,也越来越具有冒险精神。蒙古人最初对攻城战一无所知,但是他们很快就掌握了包括投石机和攻城车在内的相关技术,其中负责情报收集的特务机关功不可没。[35]

攻入敌方领土时,蒙古人会分散开来形成多支纵队越过边界。一支机动部队行进在这些纵队前方35—70英里处,它负责通知主力部队有关合适的宿营地点、可提供补给的城镇、潜在的战场的信息,以及有关敌对势力的所有迹象。在主力部队的后方和侧翼也有类似的支队,因此正如人们普遍认知的那样,想要出其不意地打败蒙古军队是不可能的。[36] 蒙古人即便是带着营帐(有时甚至包括家眷,毕竟游牧民族不觉得随军出征有何困难可言)和大批牛羊,他们还能保持惊人的速度、机动性和单日行军里程。

一旦深入了敌国境内,分开的纵队甚至可能因为需要为马匹寻找牧草而进一步地散开,但他们总是为危险来临时做好进行闪电般重组的准备。这些更小的团队选择在较高的地方扎营,他们不间断地进行巡逻,并通过信使每小时联系一次。为了进一步地防范突然受到袭击,他们会砍伐营地周围的树木,确保周围事物尽收眼底。使用的密码总是一成不变,密码通常是长官的姓名。分散在各地的团队之间高效的信息交流是蒙古人在军事上取得成功的一大秘诀。[37] 成吉思汗认为应该先避开重兵把守的城镇,这样只要将敌人击败,这些城镇总是可以留待以后"扫荡"的。他选择占领和洗劫小一点的城镇,迫使大批难民涌入附近拥有强大防御工事的城市,在城内制造恐慌和沮丧的气氛,同时增加城市内部粮食供应的压力。与此同时,在村庄和小镇夺取的战利品能够鼓舞己方士兵的士气,巩固他经常灌输给士兵的理念:过去的首领只把战利品分给身为贵族的亲信,而成吉思汗却会将财富分给所有人。[38]

这一点非常重要,因为成吉思汗的士兵没有军饷,不过他们会得到战利品和赃物。尽管新鲜食物供应是个难题,但在行军过程中,蒙古军队也总是能够得到军用口粮,代表性的军粮就是每人2升马奶酒、一定量的腊肉以及10磅晒干的凝乳。士兵的一餐就是将半磅的凝乳溶于水后在水壶中摇动制成糖浆或质地松散的酸奶。肉或肉干被放在了马鞍下面，马的运动可以让肉质变得更嫩。在紧急情况下，游牧者才会切开马的静脉吸血，之后他们再将伤口缝合。[39]

在战争的战略阶段取得的进展是蒙古军队严格的纪律、迅速的行军、及时的通信和一流的参谋工作共同创造的奇迹。战士们可以全副武装地骑在马上入睡，甚至在马吃草的间隙也能进行休息。他们一天可以骑行65英里，已知的最高纪录是九天前进600英里（在拿破仑之前，没有任何一支军队能与他们匹敌），而且他们不用地图就能够抵达遥远的地方。他们能精确地联系上另一支部队，还可以解读旗帜、号角和灯笼传达的各种信号。在渡河时，他们会把衣服和其他辎重装进一个皮袋里，再把皮袋紧紧地捆成一个垫子，将马鞍放在最上面，共同组成一套浮标，他们要么抓着它划水渡河，要么把它挂在马尾上由马牵着前进。游泳健将则会下水引导马队抵达对面遥远的河岸。[40]

一旦侦察兵接触了敌军，双方便进入战斗状态，此时蒙古人就会采取各种巧妙的战术。首先是召集分散的部队，将军队重新集合，接着侦察兵谨慎地上前估算敌人的数量并勘察战场地形。当小股部队在前方诱敌时，蒙古的其他士兵便四下散开迫近敌人的侧翼。随后指挥官（1206年之后通常并非成吉思汗本人）将军队分成五个部分，每个部分为一支大约100人的中队。前面的两队由铁甲重装骑兵组成，他们头戴铁盔，手握长矛，身着重型胸甲。后面则是三队轻骑兵，他们装备弓箭，身着漆皮头盔和轻型胸甲。[41]每两支队伍距离200码左右。

一般的战斗流程是首先让轻骑兵穿过重骑兵预留的缺口向敌人射出箭雨，以期打散对方的阵形。这一阶段通常不会有什么突破，因此轻骑兵会一边撤回重骑兵的后方一边回身射击。[42]就在同一时刻，重骑兵发起正面冲锋，有时这就会锁定胜局。若是冲锋未能奠定胜局，但指挥官断定突破已近在咫尺，蒙古人则可能会采取他们所谓的"凿"的战术，即重骑兵部队一支接一支地发起冲锋，直到对手崩溃并转身逃跑。这种战法存在的致命问题是当所有已经发起冲锋的部队重新集结并从四面八方同时发起猛攻时，各部队之间往往会彼此冲撞。[43]

然而在更常见的战斗中，作战过程都存在一定程度的损耗，轻骑兵向敌人射出连绵不断的箭雨以为试探时，敌人可能会像面对斗牛士的公牛一样被激怒。在这一阶段中，敌军要么在伤亡惨重的情况下坚守阵地，要么发起反击，这也意味着敌人将立即与重骑兵展开激战。据称，蒙古轻骑兵的箭雨是史上第一次系统性地采取以火力掩护制胜一击的作战方式。[44] 因为军队训练有素、不会落入任何圈套，蒙古人会派遣轻骑兵负责攻击敌军的侧翼和后方，也会一并进攻数个方向来迷惑和削弱敌军，以便重骑兵发起决定性的进攻。[45] 真正意志坚定、行事果决的敌人在面对蒙古人时可能会先在地面上挖坑，然后在坑里插上尖桩，这样就有可能一次性除掉蒙古的战马。当面对此种情况时，蒙古人会一边保持距离一边继续向敌人放箭，并耐心地等待敌人的食物和水消耗殆尽。敌军一旦采取开挖战壕的战术就很容易被蒙古人团团包围，最终沦为他们的囊中之物。[46]

上文对蒙古战术的粗略速写既不能充分地体现他们无穷的创造性、灵活性和适应性，也无法反映蒙古诸多杰出指挥官的癖好。例如，成吉思汗本人就喜欢把敌人围困在山脚下，再派侦察队去调查敌人后方的峡谷和隘路，接着派出第二支部队突然出现在他们的身后。[47] 有时，他会让弓箭手带着盾牌下马诱敌，让他们在盾牌和马匹的掩护下一齐射箭阻挡敌人的进攻，为了歼灭敌人他可以大胆地以后备力量直面敌军。一旦诱敌深入，成吉思汗就会派出重骑兵发起全面的进攻，打乱敌方阵脚。有时他还会把马和牛赶到敌人的队伍里，让敌人分不清敌我，不敢攻击。[48] 在1200年攻打泰赤乌部时，他在一个侧翼只驻防了一辆马车，并将马车交给妇女和儿童守卫，同时将重骑兵集中在另一侧。通过这样的布置，他将薄弱的中路显露出来，同时隐藏了骑兵的主力。泰赤乌部的许多盟友是希冀轻松取胜才结盟的，于是他们袭击了那辆马车，期盼大获全胜。然而马车的守卫抵抗之顽强超乎想象，而当泰赤乌部及其盟友们为了决胜而重新集结时，他们的后方遭到了蒙古骑兵出乎意料的袭击。[49]

蒙古人还有一个钟爱的计谋就是将敌人追至河岸，这样他们就可以从三面包围背水一战的敌人。值得注意的是，所有这些战术都是通过更换旗帜、传递旗语、挥舞战旗和以日象为号悄悄地进行的。只有下达了发起最后一击的指令、即将开始冲锋时，战鼓的轰鸣声和战士们的叫喊声才会打破寂静。蒙古人还占据着独特的优势，他们自己和他们的马都散发着恶臭，这巧妙地削弱了近身的敌人。[50] 一些蒙古将领总是偏爱使用在围猎中充分训练了的两翼包抄战略，或是在侧翼配备远超中军的部队来包围对手，这种战术后来被称为"野牛之角"，在祖鲁战争（1879 年大英帝国与南非祖鲁王国之间的战争）中声名大噪。[51] 他们还有一个爱用的策略：当敌人被包围并陷入绝望时，蒙古军会突然卖个破绽供敌人逃出生天。一旦逃窜的敌军达到一定数量，纪律严明的蒙古人便会将他们重新包围，由后卫部队顺手将其围歼。[52]

如果这些五花八门的手段都失败了，蒙古人还会采用他们最喜欢的一个战术：佯退。他们会突然从战场上仓促地撤离，留下成堆的金银取信于对手，以此来佯装战败并表现得士气低落。接着，追击的敌方部队就会被带进一个精心准备的埋伏圈里惨遭屠杀。[53] 有时他们这种装模作样的撤退可以持续好几天，败退的距离长达 40 英里，这时就能显现出蒙古坐骑的优越性。为了追赶他们，敌人的战马早就已经筋疲力尽，蒙古马却依旧充满活力。[54]

关于蒙古的战术还有两点需要强调。他们尽可能地避免肉搏战。与对东方游牧部落常有的不顾人命、以人力对抗敌军的刻板印象不同，蒙古人恪守将伤亡降到最低的准则，若是为了取得胜利而失去太多的人手，他们便会大发雷霆。[55] 同样，在战场上笑到最后的人才是获胜者的现代观念对他们来说毫无意义。对蒙古人来说，胜利就意味着把敌人歼灭，而且他们为了实现这个目标会十分冷酷无情。战斗结束后对战败者的追击可能会持续好几天。在他们看来尤其关键的是，要把战败的敌军领袖全部赶下台，不给他们任何喘息的机会去缩编、改制或是围绕核心重新集结残兵。[56]

1206—1218 年的战役既复杂又混乱，加之《蒙古秘史》将它们合并记载（这是《蒙古秘史》的固有问题），哪怕埋首案头也无助于厘清这些战役的脉络。书中不仅将针对蔑儿乞惕部的两次不同战役合并到了一起，还合并了针对林中百姓的两起完全不同的战争。为了表述清晰，在此最好按照专题而不是严格的时间顺序来记述这些战役。简而言之，可以将1206—1218年的对外事件（不包括攻打中原）划分为五个专题：成吉思汗与乃蛮部的最后一战、消灭蔑儿乞惕部的漫长征程、征服林中百姓并镇压其后续反抗、畏兀儿人加入、与党项人作战。在此阶段最为棘手的是追杀屈出律，追杀行动与上述事件搅和在一起，因此具有更广泛的地缘政治意义，这点将稍后再议。

1206—1209年成吉思汗只亲自上阵一次。在1206年底，成吉思汗从间谍那里得知乃蛮部首领之一不欲鲁的势力还未被消灭，自己的手下败将正洋洋得意地在阿尔泰山脉狩猎，于是他闪电般地跨越了整个国家，出其不意地一举拿下了乃蛮部的残余势力。不欲鲁本人被杀，这是又一次彻底的、令人震惊的胜利。[57] 同年稍早，速不台大获全胜，脱黑脱阿被杀，蔑儿乞惕部的幸存者们纷纷逃到了乃蛮部，自以为可以高枕无忧。伴随着不欲鲁的失败，他们中的很多人再次逃走，继续成为蒙古的威胁，于是速不台再次奉命追击。1208年速不台终于追上并又一次将他们击溃，他杀死了脱黑脱阿的两个儿子，但是死而不僵的蔑儿乞惕部仍未完全灭绝。幸存者逃到了畏兀儿境内寻求保护，但当地亦都护（意为"神圣的陛下"）害怕惹怒蒙古可汗，于是强制驱逐他们离开。[58]

蔑儿乞惕部的下一个目标是逃到遥远的北方并与西部草原上的库曼人结盟。速不台曾两次战胜蔑儿乞惕部，此时他因未能将他们赶尽杀绝而招致成吉思汗的不满，成吉思汗认为他不尽职，竟让自己最痛恨的敌人逃脱了。这位倒霉的从龙功臣被冷落和外调，直到1216年才被召回，他再次受命追击蔑儿乞惕残部，无论他们向西逃到多远。[59] 1217—1218年速不台终于在锡尔河以北的扎姆木兰追上并彻底消灭了刚与库曼人结盟的蔑儿乞惕部，永久地结束了这个永不言败的部落引发的种种麻烦。脱黑脱阿的残部奋战到了最后一刻。[60] 在这次远征中，速不台一路穿越塔尔巴哈台山脉，途经阿力麻里城（今新疆伊犁霍城县西北）、进入巴尔喀什湖以南友善的哈剌鲁部的领地。他与哲别和术赤合作进行了多次扫荡以找寻他的目标。[61]

在入侵中原之前，成吉思汗必须确保后方没有任何威胁。1207年他派术赤率领一支军队前往蒙古西北部和西伯利亚南部，要求当地独立的部落归顺。这些部落统称为"林中百姓"，主要包括乞儿吉思部、斡亦剌部、不里牙惕部、秃马惕部、图瓦部、巴儿忽惕部、兀儿速惕部、撼合纳部、失必儿部、客思的音部、秃巴思部、伯牙兀惕部、谦谦州部、帖良兀惕部、脱额列思部、塔思部、巴只吉惕部，其中前六个最为重要。不里牙惕部人生活在安加拉河及其支流沿线以及贝加尔湖的东侧，巴儿忽惕部人生活在不里牙惕部人的北方，兀儿速惕部人和撼合纳部人居住在湖的西侧，乞儿吉思部人和谦谦州部人在叶尼塞河谷活动，秃马惕部人居住在伊亚河和安加拉河沿线，图瓦部人生活在西伯利亚南部现唐努乌梁海，其他部落则生活在额尔齐斯河的上游。[62]

　　这片广袤的地域覆盖着由桦树、杨树、雪松、落叶松和冷杉组成的大森林，林中遍布着杜鹃、苔藓和地衣。亚洲北部的四大河：勒拿河、叶尼塞河、鄂毕河和额尔齐斯河都流经这一地区，这里有丰富的动物资源，包括麋鹿、林鹿、驯鹿、马鹿、麝、狼、熊、貂、水獭、海狸和西伯利亚松鼠。林中百姓主要靠打猎和捕鱼为生，他们的心态与蒙古人截然不同。过着游牧生活的牧民们不得不营造集体至上、协同合作的风气和文化，但是森林猎人主要还是依靠个人技能维生，因此他们更倾向于个人主义。值得一提的是，萨满教在北部地区的控制远比在草原地区强大。[63] 林中百姓部落林立、族群分散，这让蒙古人在战争中占有明显的优势，也导致他们对林中百姓的态度居高临下、不屑一顾、轻蔑有加。蒙古人尤其乐于嘲笑林中百姓不用马鞍且以驯鹿为坐骑。据说有一句著名的蒙古谚语概括林中百姓愚昧的本性："对清水一无所知的鸟儿，一年到头只会饮用咸水。"[64] 另一个广为传播的描述来自蒙古的传奇领袖孛端察儿："身体应当有首脑，衣服应当有领子，这才好……那些人……他们没大没小、不分尊卑、不分上下、一律平等，是容易制服的一群人，咱们可以把他们全部掳来。"[65]

　　在蒙古地区持续不断的战争中，所有这些部落都倾向于保持中立，但有少数部落曾经支持札木合。斡亦剌部的首领忽都合别乞曾在不同时期与蔑儿乞惕部、乃蛮部以及札木合结盟对抗成吉思汗。[66] 由于这些原因，加上林中百姓行事普遍难以预料，成吉思汗决定在将注意力转向南方之前征服他们。

术赤顺利地完成了此项任务。斡亦剌部并没有抵抗,术赤得以悠闲地视察自己位于查干湖支流的领土,这片土地朝着西南方向延伸得很远。成吉思汗遵循惯例以联姻巩固联盟,他将二女儿扯扯亦坚嫁给了忽都合的儿子,并安排忽都合的其余子嗣与自己家族的女性进行联姻。[67] 此外成吉思汗还将忽都合的 4000 名战士编入蒙古军队,并授予这位首领千户长的称号。忽都合很快就证明了他对蒙古军队的作用,他手下的登山向导带领蒙古人越过 9000 英尺高的乌兰隘口到达布赫塔玛河,布赫塔玛河是额尔齐斯河的一条支流,1208 年速不台在此打了一场著名的胜仗。[68]

1207 年乞儿吉思人在叶尼塞河流域和平地归顺了蒙古,他们的军事力量很强大,有多达 1 万名战士,而且当地还是重要的粮食产地。其他的林中百姓随后也降服了。成吉思汗允许他们保有正式的独立地位,只要他们承认蒙古的宗主国身份并向蒙古进贡。[69] 术赤凯旋后,成吉思汗十分欣喜于他的战果。成吉思汗从斡亦剌部人、乞儿吉思部人和秃马惕部人那里得到了最为奢华的礼物:黑貂皮、毛皮、海东青(包括珍贵稀有的白色品种)以及白色的骟兽,这些都是传统上仅供别乞们享有的奢侈品。[70] 如今北部的边境已经安全,成吉思汗认为他可以集中精力攻打中原了。

但是术赤通过展示军事实力取得的成果并不容易在和平时期维持。虽然在成吉思汗身处中原的五年(1211—1216 年)里,林中百姓并没有造成明显的问题,但成吉思汗发现被他任命为该地区最高领导的豁尔赤表现令人失望。蒙古对额尔齐斯河、叶尼塞河、安加拉河以及色楞格河流域的统治依然脆弱且不稳定。[71] 事实上正是豁尔赤的愚蠢和迟钝导致了 1217 年林中百姓的激烈反抗。在叛乱发生之前成吉思汗刚刚从中原返回,这对蒙古人而言可称万幸。豁尔赤一直沉溺于女色,他在 1206 年的忽里台大会上要求将七位美女赐予他作为奖赏,但那依旧不足以满足他的欲望。作为承担管理林中百姓这一艰难重任的条件,豁尔赤要求成吉思汗允许他从最漂亮的秃马惕部妇女中挑选 30 人为妾,成吉思汗并没有对此多加留心,直接应允了他的条件。但当豁尔赤来到秃马惕部拣选美女时,秃马惕部人感受到了冒犯和羞辱。盛怒之下,他们抓住了豁尔赤并囚禁了他。[72] 成吉思汗随后要求林中百姓之中首先投降的斡亦剌部首领忽都合来解决这一纠葛以表忠心,谁让他充分了解林中百姓呢?然而忽都合一到达秃马惕部也被关了起来,这实际上等同于宣战。可怕的是,其他林中百姓也紧随秃马惕部起义。眼下成吉思汗正面临着一场严重的叛乱。更糟糕的是,本该忠心耿耿的乞儿吉思部人拒绝出兵,他们公然违逆了成吉思汗镇压叛乱的命令。[73] 整个北部边境似乎呈土崩瓦解之势。

成吉思汗首先要求纳牙阿领兵讨伐林中百姓,但纳牙阿称病不行,实际上他是不愿接受这一看似风光实则麻烦的差事。成吉思汗后来找到了博尔忽,博尔忽同样不愿接受如此艰巨的任务,并且他有强烈的预感,如果他出征平叛就会丧命。不过出于对可汗的忠诚,他还是摒弃了更深层的忧虑领命前往。博尔忽在对抗秃马惕部时取得了初步的成功,不过他的预感还是应验了,他死于一次伏击之下。[74] 成吉思汗听闻博尔忽的死讯后怒不可遏,他想要亲自率兵攻打秃马惕部,但被木华黎和博尔术劝阻了。[75] 作为替代,他集结了一支庞大的军队出征平叛,由术赤指挥。术赤幸运地得到了能干的朵儿伯·朵黑申的帮助,他是蒙古西北朵儿边部的首领。

术赤听从了其父永远不要最先攻击最难目标的建议,他决定首先应对较弱的叛乱势力。他派朵儿伯·朵黑申尽全力对抗秃马惕部,并承诺在自己消灭其他叛军后会加入其中。术赤从乌布苏湖盆地向北行进,通过隘口越过唐努乌拉山脉,到达叶尼塞河上游的河谷。[76] 1217—1218年冬天,术赤穿过冰封的色楞格河和叶尼塞河打败了规模较小的反叛分子,接着他对背信弃义的乞儿吉思部人施以严厉的惩罚。他跨过冰封的贝克穆河来到萨彦岭,深入河谷打败了谦谦州部和其他邻近的部落。[77] 术赤随后拆分了军队,他派一支特遣队北上前往阿巴坎草原(阿巴坎河和叶尼塞河之间),征服了乞儿吉思部所有的附庸,接着越过克姆丘格河来到乞儿吉思部的产粮地并将这里夷为平地。不幸的乞儿吉思部人投降请和,术赤应允了,但出于谨慎,他带走了部落里的所有贵族,没有留下任何可以带头造反的人。[78]

与此同时,朵儿伯·朵黑申的大捷堪称蒙古军事史上的杰作。他假装埋伏在通往秃马惕部大本营的路上(埋伏于此很容易被秃马惕部人识破),

随后沿着动物的足迹穿过荒野。这条路径遍布倒下的树木、树根和高高的杂草缠绕的灌木丛，黄色的相思木和野醋栗树组成了屏障，此地本该无法穿越。朵儿伯·朵黑申随后绕到秃马惕部的上方和背后，趁他们大吃大喝的时候发起了进攻。他出其不意地把秃马惕部一网打尽。[79] 豁尔赤和忽都合得以解救。豁尔赤像他一贯那样，获释后第一件事就是将索取的30名漂亮的少女重新弄到手。朵儿伯·朵黑申将捷报传给了术赤，自己则留在秃马惕部的地盘以待术赤的不时之需。[80]

成吉思汗听说了术赤和朵儿伯·朵黑申的功绩，高兴得心花怒放。他下令献祭100名秃马惕部的那颜（低等贵族）来安抚博尔忽的在天之灵，并亲自照顾博尔忽的子嗣，赐予他们大量的财富和恩惠。秃马惕部幸存下来的4.4万人全都因叛乱而遭到应有的惩罚，他们被发配到帝国各地充作奴隶。忽都合在囚禁期间遭受的磨难获得了回报，秃马惕部女王孛脱灰被赐予他为妾。最后成吉思汗有意地怠慢豁尔赤，他任命术赤而非豁尔赤去掌管所有被重新征服的土地。[81]

在林中百姓先降后叛的同时，畏兀儿亦都护在1209年请降，他依仗成吉思汗的势力，在当地发起一次成功的政变。畏兀儿人，一个在8世纪和9世纪统治蒙古的突厥民族，已经告别了过去的辉煌，经历了长时间的衰落。从745年至9世纪中叶，他们统治着从中国东北地区延伸至里海地区的帝国，但他们后来被黠戛斯人推翻。然而后者并没有建立帝国的野心，而是返回了他们位于叶尼塞河沿岸的家园。[82] 之后辽朝再次进入当时处于真空状态的蒙古高原，这让许多操着突厥语的人群被迫西迁，因此在一些历史学家看来，畏兀儿的衰落为蒙古人腾出了空间从而促成他们最终的崛起。[83]

畏兀儿人向两个方向分散。第一批移民在今天的甘肃省定居，他们大约于公元850年在那里建立了一个王国，直至1036年被西夏的党项人征服。第二批畏兀儿的残余势力则要为成功，他们建立了高昌回鹘，其首都设在蒙古高原西南今新疆维吾尔自治区的高昌和别失八里（今新疆吉木萨尔县境内）。[84] 畏兀儿人最初是摩尼教徒，他们在11世纪改信佛教和景教，这种二元宗教状态一直保持到了蒙古时代。他们是拥有高度文明的民族,有文字和文学传统,对贸易和商业有着显著的兴趣,但高昌回鹘最终被迫接受西部的西辽为其宗主国。[85]

13世纪初期,畏兀儿人对西辽统治者的不满达到了顶峰。造成紧张局势的根源主要有两个。第一,仅畏兀儿商人缴纳的税收就能养活整个西辽,然而当他们要求名义上的长官帮助他们抵制穆斯林在西辽的商业活动时却遭到了拒绝。第二,西辽对畏兀儿人采取的高压政策日甚一日,他们似乎有意将残暴专横的人都派遣到别失八里以维持统治。[86]最近一任特派官员是一名佛教徒,但他不仅违背宗教戒律,而且专横跋扈、独断专行、反复无常,行为处事傲慢无礼。

在1209年,畏兀儿人的统治者、亦都护巴而术·阿而忒·的斤受够了。他与畏兀儿贵族和主要官僚一起决定改换效忠对象,从西辽换成蒙古,他的首席大臣必勒格·不花或许是他最重要的支持者。西辽的特派官员、那个无礼的和尚逃到一座高塔上寻求庇护,但畏兀儿人摧毁了高塔,轻而易举地杀死了他。[87]巴而术随后正式向成吉思汗请降,请求成吉思汗的保护并接纳自己成为"仆人和儿子"。成吉思汗派出使者前去调查情况,使者带回的消息表明一切顺利。巴而术敏锐地把握了对方的心理,他以最恭敬的辞藻给新的保护者写信:"如今云开见日,冰消河清,您的使者使臣转悲为喜,臣高兴至极!"[88]

成吉思汗被畏兀儿人的谦恭口吻所打动,他也一贯对网罗人才乐此不疲。[89]因此他叫巴而术亲自前来。这位亦都护不紧不慢,直到将近两年后的1211年才终于踏上了蒙古汗廷——实际上是成吉思汗在克鲁伦河上的营地。[90]推迟的原因尚不明了,也许是巴而术要求蒙古担保他的人身安全;也许是畏兀儿精英阶层中的商人团体希望游说成吉思汗保证制裁穆斯林商人;或是因为成吉思汗要求巴而术事先证明他的忠诚,比如对西辽发动象征性的军事袭击。有人说推迟仅仅是因为1209—1211年成吉思汗正在进行对党项人的战争,然而成吉思汗经常在作战期间接待来访的权贵,因此这个理由也不够有说服力。无论出于什么原因,在正常的情况下,拖延意味着很难得到圆满的结果。然而结果超出了所有人的预期。成吉思汗非常喜欢巴而术,他还宣布巴而术成为自己的"第五个儿子"——这是一项鲜有人获得的荣誉,在蒙古汗廷的"外族人"中更是享有至高无上的地位。[91]

畏兀儿人始终不渝地效忠成吉思汗,巴而术陪同成吉思汗以及他的儿子们和将领们参加了许多重要的战役,他在1216年加入了哲别搜捕屈出律的远征,随后在1220—1221年的花剌子模战役和1226—1227年的西夏战争中也表现出色。因过于喜欢巴而术,成吉思汗同意了1225年巴而术提出的请求,即允许所有散布在蒙古帝国各地的畏兀儿人重返家园。当然并非所有畏兀儿人都接受了这个提议,因为有许多人当时已经在军队或政府服役,不过还是有一大批人返回了家园。这是成吉思汗所给予的一个了不起的恩惠,不仅仅是因为它违背了成吉思汗确立的以防叛乱必须分散安置所有非蒙古部族的基本原则,还因为成吉思汗不得不因莫须有的罪行处决一些畏兀儿贵族以防群聚叛乱。[92]

成吉思汗还采用联姻的政治手段,将他最喜欢的第五个女儿也立安敦嫁给了巴而术为妻。也立安敦死后,巴而术又娶了她的姐妹阿剌真别吉——她后来因涉嫌毒害窝阔台遭到处决。[93]

再怎么强调畏兀儿人在蒙古帝国中的重要性也不为过。它是蒙古以外第一个自愿投降的国家,并且它还向帝国贡献了大量的人才。畏兀儿人被任命为将军、军需官、法官、文书官、特务、达鲁花赤、收税员,以及其他许多重要的职务,他们引入了一系列技能,让蒙古人能够管理定居的人口而不致陷入混乱。[94] 由于他们运用高超的技术、出众的才干和独有的文化为蒙古人服务,他们的书写文字也被统治阶级接受而成为帝国第一种官方语言,帝国在他们的帮助下构建了意识形态上的合法性。此后蒙古人将不再只被视为一群残忍、嗜血的野蛮人。蒙古人成功的部分原因就是他们利用来自战败或归顺国家的人才来管理与自身不同的民族。同为定居民族,这些民族有着相似的社会经济基础,因此派驻的官员对当地的农业生产、污水处理和下水道建设、城市发展和税收问题有着深刻的了解。[95]

巴而术的加入让成吉思汗相当愉快,于是他宣布凡是和平归降的统治者都将在帝国内获得极高的地位和特权。1211年西辽的另一个附庸哈剌鲁部的统治者阿儿思阑汗接受了归降的要求,带着大量的礼物和待嫁的女儿从位于巴尔喀什湖以南伊犁河谷的首都出发前往成吉思汗的驻地。他受到了热烈的欢迎，作为归顺的回报，蒙古人将公主嫁给了他，他成了皇家的女婿，地位公认为仅次于巴而术。然而这个女婿可能并不十分满意自己的新地位，因为成吉思汗除去了他可汗的头衔，称号从阿儿思阑汗降为了阿儿思阑·撒儿塔黑台——除了成吉思汗，没有人能再被称为可汗。[96]

成吉思汗为入侵中原做的第五项准备是与党项人开战。13世纪初，在当代中国境内有四个独立的民族国家：长江以南的南宋；统治着从蒙古边陲的长城以南至长江以北的金朝；地处遥远西北部的西辽；以及位于今天甘肃和宁夏地区的西夏。

党项人于1038年建立的西夏（又称为"大白高国"）是一个拥有300多万居民的多民族社会，人口以党项人、吐蕃人和汉人为主，少数民族有畏兀儿人、契丹人和突厥族属的其他部族，这里的人种结构或许堪称是多元文化主义的早期典型。[97]那里气候宜人、地理位置优越，年降水量20英寸，地处中原与西亚长途贸易的十字路口。[98]西夏赖以生存的经济模式是固定的农垦经济和移动的游牧业的混合体。西夏以牲畜、猎鹰、骆驼毛地毯、带插画的印刷书籍、高质量的盐以及包括大黄在内的一系列草本植物的出产而闻名于世。这些物品的市场需求量大，生产所得可以用来交换商品。他们的特色工艺包括编织、制革、铸币、造纸、占星、酿制葡萄酒和烈酒以及生产一系列的奢侈品，他们生产的手工制品是繁荣的国际贸易的基础。党项人的公共设施和灌溉系统也备受推崇，他们因向金朝出口马匹而获得了丰厚的利润，事实上据说马匹和骆驼才是党项人财富的真正基石。[99]

党项是一个非常复杂的民族，他们拥有自己的语言和文字（与藏语和缅甸语有亲缘关系，与汉语的亲缘关系则更为疏远），但他们早期的历史和民族起源却鲜为人知。[100]一些学者认为，西夏的结构特质具有不稳定性，因为农业和游牧业将它往两个不同的发展方向拉扯，但从政治学的角度，更有说服力的原因可能是11世纪西夏发动的与邻国之间旷日持久的战争，当时他们同北宋和辽朝的战争非常激烈（1069—1099年几乎未曾间断）。[101]许多人认为，到1100年西夏已被耗尽且濒临崩溃。那么究竟是什么让党项王国避免了如其他中亚国家一样譬如朝露的命运呢？原因有三：佛教作为国教得到巩固，从而提供了一种具有支配性的同质文化；[102] 经济达到了新的发展高度；国家在两位国王（或是党项人更喜欢的称呼"皇帝"）长期且连贯的统治下加强了中央集权。夏崇宗（1086—1139年在位）和夏仁宗（1139—1193年在位）具有政治家的风范，他们是英明的统治者。他们没有像祖先那样四处出击、盲目树敌，而是采取了更可靠的行动，首先是支持辽朝镇压女真人的起义，接着当女真人在1125年推翻辽朝时，他们转而支持金朝这一新政权。辽金易代后，伴随着新边界的出现，西夏与南宋不再接壤，这也就避免了领土争端带来的冲突。随之而来的便是长久的和平时期，他们在12世纪中叶的金、宋血战中保持了中立。1185年南宋试图怂恿西夏和西辽加入他们的抗金战争，但党项人理智地选择了置身事外，他们并不想破坏与金朝良好的经济关系。[103]

夏仁宗以后，西夏历经五个短命的统治者。1205年成吉思汗的突袭引发了一场西夏的政变，李安全在政变中杀了夏桓宗（1193—1206年在位），即位为夏襄宗。在1205年的这次突袭中，蒙古人并未长期停驻，不过他们卷走了大量的家畜，特别是骆驼。[104] 两年后蒙古人又故技重施，这一次他们有着更为严肃的军事目的——希冀通过劫掠财富以增加收入。成吉思汗的这个新兴军事国家需要大量的财富维持统治，就像鲨鱼不得不一直向前以免死亡一样，蒙古人也只有通过不断的征战并获得战利品才能维系帝国。然而无论是追剿蔑儿乞惕部还是征服林中百姓都未能带来多少财富。

因此，得到战利品是成吉思汗在1207年下令再次入侵西夏的主要动机之一，[105] 但这远远不是驱使他们行动的唯一因素。由此再次体现成吉思汗的政治动机几乎总是包含多个决定性因素，这说明他是一个多么难以捉摸和心思复杂的统治者。他已经把侵略中原的梦想放在首要的位置，因此他急需通过将经过改革的军队与以汉地方式作战的敌人交手来进行演习，这就需要一个将骑兵、射箭的步兵、战车、由骆驼背着的大炮和两栖部队或水军有效整合起来的军事组织作为对手。[106] 成吉思汗还意识到，1206年之前不间断的战斗（气候的细微变化可能加剧了影响）令他损失了大量的牛羊，所以他需要进行充分的补充，而党项人的牧场就是一个好的来源。[107] 西夏位于主要贸易要道上，所以对它的入侵也具有经济上的意义，控制了西夏就能够牢牢地掌控西边的贸易路线。与此同时在军事方面，征服西夏将在西部开辟一条通往中原的道路，作为北线之外的军事路径的补充。

复仇的动机也很重要。成吉思汗没有忘记，西夏曾经站在他敌人的一方并为他们提供庇护，更何况西夏与克烈部的关系紧密。而且他们对草原的干预也未必只是过去式，西夏与扩张后的蒙古接壤，对蒙古来说存在西夏入侵的风险，可以说成吉思汗对西夏的进攻是出于先发制人的考量。[108]

出于这些原因，同西夏的开战在政治上似乎很有必要。成吉思汗一如既往地做了周密的准备，他查明了敌人所有的弱点，其中有三点似乎很是突出。在12世纪后半叶，西夏的官僚机构与军队逐渐产生了裂痕，这对运行中的西夏军事机器产生了不良影响。甚至早在1205年蒙古入侵之前，腐败的官场就在持续地削弱整个国家。从本质上来说，党项人具备商人和学者的属性而不是天生的军人，他们天生是个人主义者，而不是像成吉思汗的将领和士兵那样的集体主义者。[109] 尽管如此，西夏的军事力量依然令人畏惧，哪怕他们再也无法如从前那般集结超过15万人的大军。[110]

1207年成吉思汗再次入侵西夏并迅速占领了乡村地区，他表示只有西夏承诺每年进贡才会归还这些土地。[111] 西夏惊恐地向金朝求援，指出他们长期以来对女真政权的忠诚和支持应该得到回报。但金朝却拒绝帮忙，不仅是因为他们正忙于与南宋的战争，也因为他们对西夏商人的欺诈手段不再抱有任何幻想：金朝称西夏用不值钱的宝石和翡翠换取了高质量的中原丝绸和其他纺织品，使得市场上充斥着毫无价值的垃圾。[112]

只得独自面对蒙古军的西夏表现得实在可怜，但他们可以退回到对蒙古人而言坚不可摧的、由重兵把守的城镇，毕竟蒙古人从未面对过攻城的问题。然而蒙古人造成的破坏是巨大的，最后党项人得出结论，认为从长远来看向这些入侵者纳贡的花费更低，于是他们答应每年向蒙古人进贡以换取蒙古撤军。成吉思汗不愿就此罢休，但将领们说服了他。将领们指出他们本来可以轻松地实现征服，但军队正面临着攻城的难题，他们可以利用和平时期研究攻城技术以备下次征服。[113]

在两年的时间里党项人定期向蒙古进贡，一切都很顺利。但是1209年西夏停止了上缴贡品。这一次成吉思汗决定用最严厉的惩戒让西夏摆正态度。他集结了当时最强大的军队，远征军的粮草和行军日程都已做好精心的准备。1209年4月6日至5月5日，蒙古人沿着达布苏诺尔盐湖东侧跋涉了650英里，前往1207年他们曾攻打过的兀剌海城。[114]部队在行程刚开始的450英里就已经十分劳累，因为这里牧草有限。最后的200英里路程则是穿越沙漠地带，一路从灌木覆盖的小丘延伸到典型的金字塔形沙丘。在行程的第一部分，成吉思汗让军队将羊群贮藏起来充作军队的口粮，但在穿越沙漠时他们就不得不消耗自己携带的补给。一旦抵达富饶的兀剌海城周边，他们就可以发动突袭并劫掠大批的羊群。[115]

西夏的皇帝夏襄宗派出一支5万人的军队保卫兀剌海城，由他的儿子李承祯和他信任的将领高逸率领。虽然赢得了与蒙古人小规模战斗的胜利，但西夏方面却不知如何利用这一最初的优势。成吉思汗随后诱使西夏军队展开决战并取得了压倒性的胜利。李承祯想方设法逃走了，高逸被俘，他因拒绝向蒙古可汗鞠躬行礼而被处死。蒙古人随后攻入兀剌海城，经过激烈的巷战，他们暴风骤雨般地拿下了此城。[116]

成吉思汗的下一步行动是挺进贺兰山，进攻西夏的首都中兴府（今日的银川）。通往首都的道路只有一条，沿此路进军需要越过重重高山、通过守卫森严的克夷门要塞。西夏将军嵬名令公奉命在此阻截蒙古人，他向敌人的先锋发起了猛烈的进攻并取得了胜利，然而嵬名令公的部队也遭受了巨大的损失。[117]

随后两个月成吉思汗耐心地等待着党项人再一次的猛攻，他计划用"喇叭"阵形将他们击败，但党项人并没有上钩。于是成吉思汗用诡计打破了僵局。为了将党项人引诱到开阔地带，1209年8月成吉思汗精心设计了声势浩大、目的明确的撤退计划。他捣毁营地并开始撤退，只留下后方的警卫，后备部队与主力部队之间似乎留下了过大的空隙，但实际上他隐藏了一支精锐部队于此进行埋伏。嵬名令公上钩了，他离开山坡上的有利地形来到平原，渴望轻松取胜并赢得荣誉。蒙古的后卫部队状似惊慌失措地逃走了，他们引导着党项人进入一个完美的陷阱，党项军在那里被蒙古军势吞噬了。[118]西夏遭遇惨败，嵬名令公被俘，克夷门要塞被攻克，通往首都的路至此门洞大开。

虽然蒙古人在两年内学到了足以围攻较小城镇的方法，但是围攻大城市依然超出了他们的能力范围。围攻中兴府的行动从八月开始，然而到了十月还是没有什么进展。夏襄宗的军队精力充沛、技巧高超地抵御了蒙古军队，环环相扣的灌溉渠系统使这座城池更加难以突破。[119]城墙上连个凹痕都凿不出，这着实让成吉思汗心灰意冷，他只好求助于天气。十月底下起了秋雨，成吉思汗注意到附近的黄河泛滥了。他突然想到建一座大坝然后利用洪水攻城的点子，不过在1210年1月大坝决堤反而冲毁了己方的营地，他们不得不搬到了地势更高的地方，围城越加困难了。[120]

然而此时，党项人也已经陷入了绝境，他们再次向金朝求援，承诺若能得救将给予对方最优厚的回报。金朝的许多大臣主张支援西夏并向皇帝谏言，如果对蒙古的威胁听之任之，那么很快就轮到金朝去面对游牧民族可怕的怒火了。[121]曾经的卫王、现在的金朝皇帝认为蒙古和西夏都是自己强大的敌人，应该任其自生自灭，因此最好是鼓励他们自相残杀，自己隔岸观火。[122]但是战事又有了转机，就在西夏军奄奄一息即将投降之时，成吉思汗也因为不适宜的围城战术而放弃取胜，于是双方开启和谈。和平协议很快达成，入侵者不久就会离开西夏的土地，党项人因此松了口气。战事持续接近一年，几乎所有的农业和商业活动都已停滞，他们已近崩溃。

西夏同意向蒙古可汗正式投降，并承诺为蒙古可汗提供军事增援、参加可汗针对第三方的所有远征、保证每年向蒙古可汗进贡、贡献骆驼和毛织品作为预付金，以及将西夏统治者的女儿嫁给可汗为妻。[123]西夏为了洗刷战败的耻辱向金朝宣战，他们于1210年渡过黄河，掠夺了河对岸的金朝城市，战争就这样爆发并一直持续到1225年。[124]然而鹬蚌相争、渔翁得利，这场西夏与金朝之间的战争是在为成吉思汗铺路。他知道在西夏侵略金朝时不可能再威胁到他的后方。现在正是他美梦成真的时候。

6

可汗的品性

无论成吉思汗的性格在诸多方面上有多么地令人生厌，也无法否认他是一位政治奇才。他的天赋究其本质体现在四个方面。尽管并不因身为谋士和领兵将领而闻名于世，但成吉思汗的确是屈指可数的军事战略大师。他有最为高超的行政管理才能。他识人善用，在解读心理上的能力举世无双。运用他那超凡的想象力，他不仅构思出世界帝国的概念，而且还能通过透彻的思考预见由此引发的种种问题。

作为个体的人总是更为复杂且难以捉摸的。有迹象表明，成吉思汗易紧张焦虑甚至可称神经衰弱的性格可能源于他的人生中曾经经历的三次重大创伤：在父亲去世之后，蒙古人遗弃了他的家族，从此他的生活变得极端贫困；那些曾经推举他为可汗的同族（合撒儿、阿勒坛、忽察儿、答里台）背弃他选择出走；在他成为最高统治者后，他与亲人之间出现诸多纷争。[1]资料中的很多内容都指向了成吉思汗的个性和深层的人格特质，然而可惜的是，《蒙古秘史》对其形象的刻画含糊不清且充满矛盾。根据书中的描写，他富有远见、精明、公正、克制、慷慨、才华横溢、坚忍不拔、意志坚强，是天生的统治者；同时他又懦弱、奸诈、狡猾、无情、忘恩负义、报复心强、邪恶甚至愚蠢，当需要坚忍不拔时他又会痛哭流涕。[2]在蔑儿乞惕部掳走孛儿帖后，他在不儿罕山上的祷告并没表现得多么崇高："我沉重的躯体骑着一匹笨重的马，在飞驰中寻求安全的庇护……就像一只蝴蝶，我感受到巨大的恐惧。"[3]最重要的是，孛儿帖被劫持一事展现出了年轻的铁木真在惊慌失措时胆小懦弱的一面。尽管包括诃额仑在内的大多数女性都得以逃脱，但他还是抛弃了妻子，把她留给了蔑儿乞惕部处置。细读《蒙古秘史》便可以清楚地知晓在蔑儿乞惕部搜捕他的妻子时，铁木真并没有为了保护孛儿帖而战，相反，很可能是因为铁木真将她的坐骑充作自己替换的马匹才导致孛儿帖被掳。[4]当杀害别克帖儿时，他的母亲责备他胆小懦弱，称他为野兽和恶魔。[5]别勒古台、博尔术、者勒蔑甚至合撒儿都表现得比他们的可汗更具男子气概。

然而在所谓的对懦弱性格的记载中，有一点必须为他开脱。据说成吉思汗十分怕狗，不言而喻，怕狗似乎是怯懦之人的标志。[6]不过对此更为恰当的评判是铁木真的惧怕恰恰展现出了他令人钦佩的判断力，因为蒙古犬的残忍和杀气臭名昭著。以下是一些旅行者对蒙古犬的叙述："蒙古犬健壮有力，它们对陌生人来说非常危险。即使你骑在马或者骆驼上，它们都会向你扑过来，如果你是步行，那你根本无法对付它们。"[7]还有，蒙古犬是"体型庞大、骨节粗壮的畜生，毛又长又乱，它会大声咆哮且十分狠毒，让人害怕得躲着走"。[8]根据草原上的传言，因为蒙古犬过于可怕，只有傻子才会走近陌生的蒙古包。在1885年一个麻痹大意的哥萨克军官在蒙古犯了这个错误，结果他被大小和外形如同藏獒一样的大狗撕成了碎片。[9]审慎地总结成吉思汗的胆量，结论是他就是一个普通人。他极其谨慎小心，不像狮心王理查（英国国王理查一世）那样将自己暴露在无谓的风险面前并身先士卒，也不像帖木儿（帖木儿帝国开国君主）习惯地那样总是以命相搏。毕竟真正的勇气不是一时疯狂的自杀式冲动，而是对风险和威胁的理性权衡。[10]

成吉思汗的其他负面人格特征包括忘恩负义、病态的猜疑、偏执、欺诈、愤怒和嫉妒。关于忘恩负义，最为明显的例子发生在1200年他与泰赤乌部的战争中。当成吉思汗被哲别的箭射中脖子之后，者勒蔑将伤口的血吸出吐掉从而挽救了可汗的生命。但成吉思汗却粗鲁地对他说："你不能吐得再远一点吗？"随后当者勒蔑变装去泰赤乌部的营地偷取牛奶给可汗解渴时，他又怀疑者勒蔑背信弃义投敌，他的反复怀疑堪称错上加错。[11]

  这可能是成吉思汗最糟糕的时刻，但绝不是他唯一一次暴露出自己是一个无可救药、偏执的忘恩负义之人。他对自家亲戚的态度最常见的是怀疑，最恶劣的是狠毒。不论是确有其事抑或是道听途说，他总能嗅到阴谋的味道并处死了十几名潜在的篡位者，而且他仅仅因为某个亲戚有侵犯他权力的可能就会大发雷霆。仅凭帖卜·腾格里的影射和暗示，他就打算在没有任何证据且不经过审判的情况下处决合撒儿。[12] 由于他的暴怒习性，他将与主儿勒部在醉酒后发生的争吵升级成了全方位的争斗。[13] 他几乎将忠实的纳牙阿折磨致死，就因为他毫无根据地怀疑其与自己的妃子忽兰有染。[14] 早在同札木合剑拔弩张之前，他就很明显地妒忌自己安答的才能，尤其憎恨札木合正直的名声，因为札木合是一位无畏无惧、义勇双全、坚守严格的道德标准的战士。[15]

  成吉思汗还因其难以琢磨的脾气而令人胆寒。13 世纪 20 年代，在征服了河中地区之后他从当地雇用了一位语言学家兼文书官以与西亚的伊斯兰王子通信。哲别曾告诉他有一位摩苏尔的波斯王子想要进攻叙利亚，所以成吉思汗给他写信以阻止他的行动。这位文书官自认为是一位外交家，他以波斯人的风格转述并编辑了这封信，信中极尽空洞繁复之辞，采用的是伊斯兰社会中常见的谄媚称呼。当成吉思汗命人将这封信译成蒙古文读给他听时，他勃然大怒："你是个叛徒，"他告诉瑟瑟发抖的文书官，"摩苏尔的王子要是读了这封信会变得更加傲慢。"他拍手招来侍卫，命令将其拖出去处死。[16]

  如果成吉思汗在表达情感时没有弄虚作假，那么这种愤怒也没那么糟糕。满腔怒火的成吉思汗从不羞于表露自己的感受，然而他发布了一项长期适用的命令，要求朝廷上的其他所有人都要控制自己的情绪，甚至包括他自己的儿子察合台，后者正希望对自己儿子的死表示沉痛的哀悼。已知的唯一一次成吉思汗控制住了自己的脾气，是在一名伊斯兰教阿訇指责他到访伊斯兰领土后造成生灵涂炭时。因为此人之前的言论，成吉思汗本来想将他视为宠儿，但他的"背叛"之辞气得成吉思汗脸色发紫并扔下了弓箭。在场的所有人都认为成吉思汗肯定会下令处死这个阿訇，但他却在愤怒的顶峰恢复了理智并完全控制了自己。朝臣们建议这位傻气的阿訇赶紧离开别再露面。[17]

若是把上述的所有情况同成吉思汗在战场上死气沉沉的表现结合起来便会得到一个非常负面的形象。《蒙古秘史》似乎在着重强调，铁木真在征服蒙古之路上的所有战斗不是靠他团结的一群天才将领，就是靠运气和欺诈获得胜利。虽然他于答兰版朱思失利，但因为反博尔济吉特部联盟突然间莫名其妙地分裂，铁木真侥幸赢得了阔亦田之战的胜利；击溃蔑儿乞惕部主要是札木合和脱斡邻的功劳，战胜克烈部是依靠察忽儿罕，对乃蛮部的胜利则应归功于朵歹·扯儿必的建议以及哲别、忽必来、者勒蔑和速不台的奋战。那么存在这样一个问题：如此冷漠、忘恩负义、多疑、偏执、不能控制自己脾气，甚至对亲人也毫无情感可言的人，究竟是如何建立一个世界帝国的呢？[18]

答案自然是，这样的形象完全是取自《蒙古秘史》自相矛盾的描写中最为负面的段落。现在需要通过引入成吉思汗的许多积极正面的优点以平衡对他性格的描述。成吉思汗善于耐心地聆听任何人的意见并做出正确的判断。他知道自己的将领非常优秀，所以他通常都会听从他们的建议。他具有巨大的个人魅力和非凡的领导才能，许多人与之萍水相逢后便蜂拥来到他的阵营，其中最著名的有博尔术、契丹人耶律阿海、锁儿罕失剌的孩子们和特薛禅的儿子们。虽然他对亲戚们很苛刻，但他对宠爱之人以及那些在逆境中帮助过他的人都非常慷慨。在1206年的忽里台大会上，他不仅仅赏赐博尔术和木华黎这些了不起的人物，还赐予巴歹和乞失里黑（向他通报脱斡邻和亦剌合刺杀阴谋的牧民）恩惠，这一举动基本上说明了他的重情重义。[19]他对已故英雄的子女（比如说忽亦勒答儿留下的一个孩子）以及在答兰版朱思被札木合所杀的察合安豁阿的儿子纳邻·脱斡邻勒都很大方。[20]

他偏爱那些年轻的支持者，尤其是失吉忽秃忽，后者15岁时在晚上溜出去打猎，差点因玩忽职守罪而被营地的宿卫长处死。他对孙儿们的感情之深非常出名，当他其中一个孙子在围攻巴米扬时战死后，他下令消灭巴米扬城中包括猫、狗和家禽在内的所有活物为其陪葬。对于养子，成吉思汗也不吝展示自己的仁慈。在某一次对西夏的战争中，成吉思汗的养子察罕想要阻止屠杀以挽救自己的家乡，他恳求成吉思汗并指出，自己担任地方长官的父亲曾想向蒙古人不流血开城却被城中的强硬派军官否决。[21]他还会心血来潮地慷慨解囊，比如看到一个农民在烈日下艰难地背负重物就决定免除他的赋税和劳役。

从没有人称成吉思汗是圣人，几乎所有人都认为他残忍、报复心重、奸诈且口是心非。有些人甚至说他是一个真正的精神病患者，用一连串的合理性来掩盖他杀戮的欲望，凡是被他处决的人总是被加以不忠、奸诈或怯懦的恶名。[22]但他到底有多残忍呢？就残忍这点来说，当时的人并不会认为他有什么不同，因为他犯下的暴行以及那些在21世纪被视为战争罪的行为，在13世纪对包括基督教十字军在内的人而言都是司空见惯的。成吉思汗不像16世纪的英格兰国王亨利八世那样以异常的残忍著称，也无法与帖木儿在凶残的暴行方面相匹敌，而且根据史料记载，他也没有同时代的契丹人、波斯人和金人那样嗜血成性。[23]对比他同时代的死对头札兰丁（见第9—10章），成吉思汗似乎也不那么残暴。札兰丁面带微笑地看着手下将木桩插进蒙古俘虏的耳朵里，将俘虏交给暴徒，任由俘虏在街上被撕成碎片或殴打致死，然后他再亲自砍掉一些人的头颅。

一些历史学家认为，成吉思汗最严重的暴行（包括将熔化的铅水倒进讹答剌地方长官的嘴里，或是将一位老妇人切开以得到她吞下的珍珠）都是杜撰的，这些是敌人宣传的产物。[24]成吉思汗坚持认为自己推行的"要么投降要么死"的政策总是能给敌人一个自我救赎的机会，只要不流血开城，城内居民就不会死。他的一名谋士如此总结他的屠杀政策，认为其并非不分青红皂白："国家的基础是人民。如果征服了国家就对它的人口进行屠杀，那么这个国家还有什么用呢？而且如果杀害无辜的群众，那么只会增强敌人抵抗的意志。这并不符合领导者的意愿。"[25]

但是根据蒙古的意识形态，任何反对可汗意愿的人在事实上都是反叛者，而所有国家都认可君主拥有处决反叛者的权力，所有"令人遗憾的"屠杀其终极理由都是如此。据说按照字面意思理解，成吉思汗就是上天的儿子，因为是一束光进入他的母亲的帐篷使她怀上了成吉思汗。在官方的教义中，不幸的也速该被降格为《圣经》中玛利亚身边手持长矛的约瑟夫，他仅是成吉思汗名义上的父亲。后世的西班牙征服者在征服南美时辩称，如果你代表神，而土著居民拒绝受洗、拒绝听从神的指令，那么你就有正当的理由屠杀他们；如果你是神的儿子，如同神话中所有最伟大的英雄一样，父亲是不朽的神而母亲是凡人，那么这个论证就更有力了。[26] 成吉思汗具有神性的证据不仅仅来自帖卜·腾格里口中的幻象，还有他多次从死亡中奇迹般的生还，特别是其早期从六名暗杀者的埋伏中逃脱的事迹，这进一步说明了人类无法杀死一个被神选中的指定代理人。[27] 在44岁时，成吉思汗拥有了与大汗名号相称的统治权。他身体强壮健康，个子高，眉毛宽，拥有长长的胡子和像猫一样的双眼。在征服大草原的艰苦奋斗中，他高大的个头、强壮的身躯、令人难忘的眼睛以及乌黑的头发让他显得平静、无情、精于算计而且自控力强。1203年在与脱斡邻和克烈部的最后一战中，成吉思汗注意到自己的毛发开始变白，于是他顺水推舟，宣称因为上天指定他为世界的统治者，所以要把一切庄严的标记（蒙古文化崇尚白色）都授予他。旁观者也认为，胡子变白实际上增加了他的魅力。[28]

也许是到1205年，所有的敌人都被击败让成吉思汗获得了更多的信心，他越来越频繁地对各种话题发表看法，这些言论被他的文书官记录下来并广为传播。其中自然有许多言论涉及军事方面。他告诫说，将领若是不能维持队伍的秩序就应该被视为罪犯。[29] 但将领若是太过强硬也一样不行。有一名将领名叫也孙·帖额，成吉思汗评价其是最勇敢的勇士，但这人对手下的期望太高，因此他并不适合进行指挥。只有能感受饥饿和干渴之人，才会注意不让队伍和动物们缺吃少喝，太过强硬亦是劣势。[30] 关于马匹，成吉思汗的观点有时听起来就像来自乔治·博罗讲述的民间智慧故事中的吉卜赛人："无论在体型肥胖、半肥半瘦还是瘦削的时候都能跑得好的马才是一匹好马，只在其中一种状态下跑得好则不算好。"[31] 和平时期与战争时期需要不同的行为方式："（你）在人群中必须像一个幼崽，弱小而沉默。但在战争中，（你）必须像狩猎中饥饿的鹰隼，呐喊着投入战斗。"[32] 对于琐事他也有很多忠告。成吉思汗建议人们不要空泛地进行纯理论性质的争论，除非他们能够从三位公认的圣人那里引经据典。此外毋庸置疑的是，事实的真相无论是严肃还是戏谑地加以阐述，都永远无法撤回或者改变。[33] 他告诉我们，一个人的好名声会因妻子的善良而广为人知，反之亦然。一般来说，通过妻子来评判一个人是比较明智的办法。[34] 有些准则听起来并不诚恳甚至有些玩世不恭，比如"每个人都有自己的用处，即使只是在大戈壁中收集干牛粪作为燃料"，再比如"每个能诚意正心的人，都有能力净化一个满是土匪的国度"。[35]

1206 年新兴的蒙古帝国开始接触一些闻所未闻的奢侈品，其中就包括西亚上等的葡萄酒，随着这种酒逐渐地取代了马奶酒，成吉思汗开始认真地关注臣民们酗酒的问题。[36] 作为通晓人性的大师，他知道直接取缔和下达禁令都是毫无意义的，这对于解决酗酒问题起不到任何帮助，因此他希望通过颁布法令来缓解这一问题，法令规定每人每月醉酒不得超过三次。其中说法大有酒神赞歌的意味："如果不能戒酒，（他）一个月可以喝醉三次；如果一个月醉酒三次以上，那么（他）就该受到惩罚；如果（他）一个月喝醉两次，那么很好；如果（他）一个月喝醉一次，那便更值得称赞了；如果有人压根就不喝酒，那还有比这更好的吗？但是，在哪里可以找到这样的人呢？如果真的存在这样的人，那么他值得获得最崇高的敬意……醉汉又聋又瞎而且不讲道理……（他）就像头部受到敲击的人……他从醉酒中得到的只有羞耻。酗酒成性的君主做不成任何大事。喜欢喝酒的将领不适合领导部下。酗酒的恶习使受其折磨的一切事物都丧失了能力。"[37]

成吉思汗还设定了自己的人生目标，对其最为贴切的表述是军事化的享乐主义。他这么表达自己对麾下勇士们的期许："我的任务和目的是用蜜糖来满足他们的口腹之欲，用锦缎装饰他们的前胸、后背和肩部，为他们准备良驹，给他们饮用清甜的河水，让他们的坐骑吃上大量优质的牧草，清除路上的垃圾、树桩和所有坏事以保证良好的路况，以及不让帐篷里出现泥土和荆棘。"[38] 他又说道："对于男人来说，征服叛军、战胜并消灭对手、夺走敌人的一切、让敌人的仆人大声疾呼、让敌人痛哭流涕、骑上他们步伐轻盈的坐骑、让他们妻子的腹部和肚脐成为自己的床和卧具、让女人们的身体成为自己的睡衣、欣赏她们玫瑰色的脸颊、凝视和亲吻她们红润的胸脯、与她们接吻并吮吸她们的红唇，这是何等快活又幸福的美事。"[39]

成吉思汗的形象始终是一个无情、实际和务实的人，他痴迷战争和征服，不择手段地追求权力，他精力充沛、敏锐、精明、富有魅力、令人敬畏、公正、果断、无畏、无情、血腥，是一个残忍的屠夫，他对自己信任的朋友和看中的人慷慨且友善，但他对圈子之外的人却暴躁、多疑、嫉妒甚至恶毒。他自称超越一切的传统宗教，因为他是自己的萨满巫师，他可以沟通至高天神腾格里和魔鬼两方——总之，他是一个真正的尼采式的超人。[40]

尽管如此，他对现实宗教的态度还是颇为吸引人的。作为一个实用主义者，他对后来威廉·詹姆斯所提出的不同教义的"兑现价值"感兴趣：这些教义有助于获得食物、赢得战争、让一个人过上幸福长寿的生活，甚至实现长生不老吗？因为秉持这样的宗教观点，只要能够实现这些目标他就能够容忍任何仪式或信仰体系。[41] 还有一种观点认为，作为一个迷信之人，他不能完全肯定已成系统的宗教一无是处，也不能完全肯定他们的牧师、喇嘛和阿訇们没有超自然的力量，因此他无法对这些宗教不屑一顾。除此之外，宗教战争是危险而致命的，而且宗教冲突还威胁着国家的稳定，因此如何加以避免也应纳入考量。由于成吉思汗对外来宗教采取了一种放任的态度，而且只要这些活动不与他自己的法律发生冲突便允许任何传统的宗教活动（比如穆斯林在流动的水中接受洗礼），[42] 蒙古人常常被誉为宗教的解放者。不过，各个宗教还是有所分别的。伊斯兰教的优势在于它是好战分子的宗教。而佛教在蒙古并不受欢迎，至少在一开始成吉思汗认为它无关紧要。对他而言，将世界看作虚无、声称完全的不作为是正义战胜邪恶的唯一途径，这些完全是骇人听闻的谎言。虽然蒙古帝国在后期基本上分为信奉佛教和伊斯兰教的两部分，[43] 但从成吉思汗统治时期至1241年窝阔台去世为止，对帝国影响最大的外来宗教是克烈部和乃蛮部的信仰——景教，其巨大的影响力与其信徒的极少人数不成比例。[44]

景教，也即基督教聂斯脱里派，以428—431年君士坦丁堡的主教聂斯脱里的名字命名，他认为耶稣基督的人性和神性是不同的，没有处女怀孕一说，圣母玛利亚的故事是并未得到认可而在《福音书》中新增的。在聂斯脱里看来，耶稣基督与上帝之子并不完全等同，但前者确实带有后者的特性。耶稣基督的本质是人，但他以某种方式"吸收"了神性——来自上帝而非魔鬼。[45] 当聂斯脱里的观点在431年的以弗所会议上被谴责为异端后，聂斯脱里出走叙利亚。他的许多支持者前往波斯传教，正是在东方，他的学说开始产生变化，首先便是其与摩尼教二元神论相结合。

摩尼教区分了作为真主使者的耶稣以及历史中来自拿撒勒的耶稣，尽管他们之间的区别往往很模糊。聂斯脱里的头脑则更加清醒，他发现上帝作为"道"或"上帝大能"（《圣约翰福音》中的"圣言"）与三位一体的教义之间存在矛盾。让传统的教义和层累缔造出的教义都有意义的唯一方法就是假设耶稣有两个本性——作为神性的圣子和作为人类的耶稣。只有后者才是玛利亚所生（不管她是谁），因此她正确的称谓应该是"基督之母（孕育基督之人）"，而不是正统的说法"圣母（孕育上帝之人）"。[46] 对正统基督徒来说，一个人具有两个不同本性的概念很荒谬，但正如聂斯脱里指出的，这远比上帝是三位一体的概念更为清晰。

到公元1000年，摩尼教已注定失势，与之相反，景教的力量却越发强大，它从7世纪开始逐步传遍整个亚洲。大约在635年，景教传入中国并受到官方满怀善意的欢迎。[47] 景教在哈里发的统治下受到保护，而在中国唐朝（618—907），其传教士更是将景教发展成天朝上国主要的宗教少数派别之一。[48] 9世纪的唐朝皇帝禁止佛教发展但允许景教传播，直到845年朝廷才改变主意，宣布将景教、佛教和摩尼教全部列为非法宗教。经受了这一破坏性的冲击，比景教生命力更强的佛教和摩尼教在一些地区开始进行融合。[49] 在辽、金时期，景教的衰落严重，直到蒙古人建立元朝之后景教才得以复兴。然而事实证明，蒙古扶持下的景教不过是一朵娇弱的花朵，在1368年明朝建立之后它便迅速地枯萎了。[50]

景教对成吉思汗的重要性在于这是亚洲征服地区非穆斯林们的主要的意识形态，信奉景教的群体包括克烈部人、乃蛮部人和畏兀儿人。成吉思汗最重要的一部分官员和行政人员都是景教徒，特别是镇海，此人可能是景教徒中最具有影响力的。[51]依仗成吉思汗，景教徒们在草原上度过了五十年太平的日子，在13世纪40年代接触蒙古人的西方方济各会传教士柏朗嘉宾和威廉·卢布鲁克发自内心地反感景教的繁荣。[52]虽然信奉原始宗教的成吉思汗及蒙古人在世界性宗教（特别是道教、佛教、伊斯兰教和景教）的海洋中身处孤岛，但在面对宗教上的对手时，身为草原宗教领袖的成吉思汗却从未感到哪怕一丁点的自卑，世界统治者成吉思汗在面对"强敌"时的泰然自若令人由衷地钦佩。

与包容的宗教态度相异，成吉思汗因其对亲戚们的轻视及其对兄弟们普遍的低估而著称。他与合撒儿之间的数次争吵广为人知，这段关系注定不会有一个愉快的结局。合赤温与合撒儿走得很近但与铁木哥·斡赤斤合不来，据说合赤温是所有兄弟中同成吉思汗关系最好的一个，但从资料上来看，他实际上是一个默默无闻的人，所以关系好可能也说明不了什么。大多数时候成吉思汗似乎会挑逗似的对铁木哥·斡赤斤表示蔑视，但偶尔他也会拍拍弟弟的头，就像1204年在与乃蛮部的战争期间发生的那样："铁木哥，"成吉思汗宣布，"是母亲诃额仑的儿子，他以胆大妄为著称。他不会因为天气而迟到，也不会因为停顿一下就落后。"[53]

铁木哥·斡赤斤生于1168年，是诃额仑的儿子中活得最久的（他在政变失败后于1246年被处决，终年78岁）。他是最小的儿子所以被称作斡赤斤（"守灶子"），按照蒙古文化，幼子是最重要的男性继承人，他继承父亲生前的住所和所有的妻子（亲生母亲除外）。[54]作为诃额仑母亲最心爱的儿子，他是一名经验丰富的政治家，当成吉思汗在外征战时，他和诃额仑一起统治蒙古的心脏地带。成吉思汗对他有些许的反感，可能是因为他传闻中的懒惰和热衷智谋，以及他对金、西辽和西夏的文化的浓厚兴趣。[55]

然而成吉思汗对大家庭缺乏感情的问题并没有蔓延到自己的儿子身上，至少在最初他切实地喜爱儿子们。最年长的术赤大约生于1182年，因为被认为是孛儿帖被蔑儿乞惕部人强暴后产下的孽种，他的身份一直被蒙上了一层阴影。值得赞扬的是，成吉思汗从来没有受其身世的影响，他曾在好几个场合斥责仇视术赤的察合台，要求察合台自我反省，毕竟他们可是来自同一个子宫。[56] 术赤开始进入人们的视野是在 1203 年，当时成吉思汗正试图通过联姻来巩固与脱斡邻的同盟关系，于是他为术赤求娶脱斡邻的女儿。但只有当术赤在 1206 年忽里台大会上获得许多显赫的奖赏时，他才真正地走入众人的视野并成为令人瞩目的焦点。[57] 尽管成吉思汗对他很是体贴，但非常明显的是术赤从来都不曾喜爱他的父亲，成吉思汗也认为，作为军事指挥官的术赤还不够强硬，两人之间经常发生冲突。或许是在人格形成时期术赤不怎么能见到父亲（成吉思汗几乎总是在四处征战），这影响到了他们之间的关系。

这个观点来自阔阔搠思，他是成吉思汗最有智慧的朝臣之一，1206 年他被委任为察合台的"守护者"。阔阔搠思认为，成吉思汗多年来忙得不离马背，也从来没有睡过一张像样的床，他经常饿着肚子，长期处于对死亡的恐惧之中："他那黑色的头颅绑在了马鞍上，他黑色的血液被注进一只巨大的皮桶。"[58] 其他导致父子离心的原因还有，术赤虽然自负，但他可能是成吉思汗最聪明的儿子，因此他就更倾向于质疑父亲的政治决策以及帝国的发展方向。尽管父亲并未对术赤的军事才能给予很高的评价，但所有证据都表明术赤好战、精力充沛且勇猛无畏，他喜欢射猎和搏斗。传言成吉思汗在背地里对他倍加赞叹。[59]

术赤一直反对成吉思汗"要么投降要么死亡"的政策，认为这样不加区分一律屠杀的方式是对人才的浪费。在战胜了蔑儿乞惕部之后，有一次术赤请求父亲对蔑儿乞惕部的传奇弓箭手忽勒突罕蔑儿干网开一面，因为他未来会为帝国增光添彩。成吉思汗坚定地回答说，任何蔑儿乞惕部人都不能免死，他们是蒙古人的死敌，常常背信弃义，以卑鄙的手段陷人于不义，总是为金人和他人所利用以充当草原上的内奸。成吉思汗愤怒地对术赤说："我已经为你打下了这么多领土，你要他（忽勒突罕蔑儿干）有什么用？"[60] 这起事件可能是术赤与父亲严重不和的开端。术赤娶了必克·秃忒迷失·旭真，她是成吉思汗的妻子之一亦巴合别乞以及拖雷的妻子唆鲁禾帖尼别乞的姐妹，据说（无人知道是否确实）两人生了 14 个儿子。历史记载只记录了这些儿子中的前三个，第一个是斡儿答（他基本上无足轻重），接着是拔都和别儿哥，这二人因其后成为蒙古帝国西北地区著名的金帐汗国的可汗而声名远播。术赤还有许多其他妻子和妃嫔，据说她们一共给他生了将近 40 个儿子。如此庞大的家庭，不难理解为何有关术赤的妻子们和家庭具体细节的记载都有些混乱。[61]

第二个儿子察合台（约 1184—1242），《蒙古秘史》中很迟才出现关于他的记载，直到他在 1206 年忽里台大会上得到应得的战利品，他才被史书提及。因为在那时成吉思汗的其他儿子们，比如术赤和窝阔台早已参与到成吉思汗几乎从未间断的战争之中，所以有关察合台的记载的缺失显得有些奇怪。或许是因为他多疑的性格，成吉思汗想让察合台在长大成人之前远离视线的焦点？[62] 另一种观点认为，成吉思汗对儿子们的教育出了问题，因为他给儿子们任命的导师、掌印官塔塔统阿将这一职责丢给了畏兀儿教师。[63] 不管怎样，成年之后的察合台变成了一个严厉冷漠、刻板教条、一板一眼的书呆子，他被人们委婉地评价为"士兵中的士兵"。所有资料都认为他是一个目光短浅、脾气暴躁的急性子。[64]

在两个问题上察合台显得异常地顽固。首先是他坚持认为术赤是蔑儿乞惕部的私生子，而非他同父的兄弟。他经常提起这件事，由此引发的争吵扰乱了会议，激怒了他的父亲。成吉思汗为这种争执感到心烦意乱，以至于他决定把这两个年长的儿子从汗位继承的候选者中除名，只把窝阔台和拖雷列入最终的候选名单之中。成吉思汗常常劝告兄弟二人并试图调和他们的分歧，但都被察合台愤怒地拒绝了，尽管成吉思汗力劝他善待兄弟，因为当一个人走投无路的时候，最终唯一可以依靠的还是家人而不是朝臣、奉承者以及所谓的"朋友"。[65]

察合台决不妥协的另一点是他对伊斯兰教发自内心的憎恶。可能是因为知道察合台决不会允许人们以伊斯兰教屠宰法宰杀动物，且他在执行法令时毫无商量的余地，成吉思汗才任命他来管理《大札撒》。即使在成吉思汗去世以后，支持与伊斯兰教和解的下任可汗窝阔台（察合台的弟弟）在处理相关问题时也不得不谨慎行事，以免激怒察合台。察合台有一次竟然指使僧人，让他声称他梦见成吉思汗说，所有的穆斯林对蒙古帝国都是巨大的威胁，应该把他们全部杀光。[66]

察合台的另一个特别之处在于，他是成吉思汗的孩子中名副其实的花花公子。所有的蒙古王子都能接触到数以百计的美女，但似乎只有察合台真正地沉迷于性事（拖雷和窝阔台更爱美酒）。整个帝国的人都知道，若是察合台看中了哪个女人，那么她就必须屈从于他，否则就会招致可怕的后果。察合台也会强占已婚妇女，尽管成吉思汗曾正式地禁止通奸。[67]察合台毫无吸引力的性格特质数不胜数，他还是一个傲慢自大、孤注一掷的人。成吉思汗有一位著名的妃子木格可敦，成吉思汗非常喜欢她，但她没有生育孩子。成吉思汗死后，陪伴父亲身侧的窝阔台立刻娶了美丽的木格可敦。察合台此时还在蒙古边境，当他听闻父亲去世时，他立即向新任可汗窝阔台讨要这位美人。可汗回复说，唉，察合台的消息来得太晚了，自己已经娶了她，但还是可以去挑选其他女人。察合台的回答非常粗鲁："她才是我要的人。如果得不到她，我也不想要其他人。"[68]察合台有许多妻子，其中最重要的两位是斡亦剌部的也速伦哈屯以及在也速伦去世后续娶的她的姐妹秃坚。他有八个嫡子，他们都是有名的酒徒，其中他最喜欢的是在13世纪20年代初远征花剌子模时在巴米扬被杀的二儿子木阿秃干。[69]

成吉思汗的第三个儿子窝阔台（约1186—1241）被很多人称作是他最杰出的后代，尽管窝阔台的一生饱受酗酒问题的困扰。虽然窝阔台也许不如术赤有天赋，但窝阔台在学识上更胜一筹，而且他希望与所有兄弟都保持友好的关系，他和同为酒徒的拖雷尤为亲近。他肥胖、亲切、快乐、和善、友好，他被一位历史学家毫不客气地描述为"一个笨拙的、有魅力的、天性快活的醉鬼"。[70]成吉思汗认为他是帝国和平时期理想的统治者，是一位能够整顿内政、巩固统治的可汗。窝阔台处事灵活，他有优秀的判断力和外交天赋，此外他还具备政治家的风度和天生的调解纠纷、安抚他人的才能，他稳重务实、通情达理而又和蔼可亲，尽管在酒精的影响下会突然地陷入可怕和凶残的愤怒之中。他有四位妻子，包括孛剌合真、曾是成吉思汗妃子的木格可敦、札真以及脱列哥那。脱列哥那是一位智力超群的妇人，她育有五个儿子，其中就包括未来的贵由汗。窝阔台还有60位妃嫔以及另外两个爱子——阔端和灭里。[71]

非常慷慨是窝阔台最讨成吉思汗喜欢的一个特质，因为成吉思汗总认为贪婪以及对金钱的过分钟爱是可鄙的。[72] 此外，蒙古军队的高级贵族认为窝阔台不会是一个专制统治者，因此他们不太可能叛乱或反抗。考虑到窝阔台的种种优势，成吉思汗最终没有让他心爱的小儿子拖雷登上可汗之位，哪怕成吉思汗珍视拖雷胜过其他任何人。

有人说拖雷（1192—1232）会在不必要时残忍，有近乎虐待狂的特质，是那种会带来业火拖垮帝国的暴君。在成吉思汗的预期中，他死后的这段时间是和平的整合期，因为他认为到那时蒙古已经战胜了所有主要的敌人。拖雷作为一位杰出的将领，只适合在战争持续的阶段充当可汗。还有一个原因使成吉思汗不想让拖雷获得至高无上的权力，那就是他不信任拖雷的妻子唆鲁禾帖尼别乞，她是克烈部人和景教徒（也是脱斡邻的侄女），更麻烦的是她还是一个很可能不会继承蒙古伟大传统的自由主义者和改革者。[73]

不过将拖雷从汗位继承的候选者中剔除让成吉思汗非常痛苦。显然拖雷是他所有儿子中性情最像他的那一个，是天生的战士和伟大的将领，还在少年时期就已经取得了了不起的军事成就。不仅如此，成吉思汗还觉得许多征兆都表明拖雷是一个特别的人，他深受至高天神腾格里的宠爱。当成吉思汗在外征战的时候，某一天尚为孩童的拖雷突然告诉母亲可汗即将回来。母亲对此不以为然，毕竟她以为成吉思汗远在几百英里之外，但拖雷的预言应验了，这让蒙古的长老认为这个男孩有特异功能。[74]

据说在拖雷五岁时，一名逃脱屠杀的塔塔儿部人在佯装乞讨时遇见了拖雷，于是他试图杀了拖雷为自己的族人报仇。博尔忽的妻子阿勒塔泥看见了这一幕，她失声惊叫后冲上去夺刀，其他蒙古人也纷纷前来营救，拖雷得以幸存。[75] 不管怎样这是《蒙古秘史》中的故事。拉施特和其他作者都认为这个故事是虚构的，是成吉思汗的臣子们为了给可汗最喜欢的博尔忽增添恩宠而杜撰的。官方的说法是该事件发生在1202年，但当时拖雷十岁左右而非五岁。此外拉施特补充说，那个挥舞刀子的是一个泰赤乌部人而非塔塔儿部人（这是有道理的，因为那正好发生在蒙古部对抗塔里忽台之后），并且实际上的救星是孛儿帖和失吉忽秃忽。作为最后的补充，有人指出博尔忽娶的是别乞而非阿勒塔泥。关于此事，还有许多细节存在不确定性。[76]

拖雷（这个名字在蒙古语中意为"镜子"）一直是成吉思汗的骄傲和快乐源泉。对成吉思汗来说重要的是，他认为他的儿子中应该有人成为一位英勇无畏的指挥官，总是怀有四处征战的梦想。他还赞赏拖雷是兄弟中唯一一个从未嘲笑过术赤身世的人。[77] 某种程度上，拖雷的确是成吉思汗最重要的那个儿子，因为他自己的四个嫡子（他与众多的妻子和妃嫔一共育有10个儿子）后来都在蒙古的历史上留下了印记：蒙哥成为大汗，忽必烈成为中国最著名的皇帝之一，旭烈兀成为波斯的第一位蒙古统治者，阿里不哥带领蒙古的守旧主义者反抗忽必烈（尽管没有成功）。[78] 其实成吉思汗就曾预言拖雷将子嗣出众："当你最终拥有一支庞大的军队时，你的孩子们将比所有其他的王子们都更加强大。"[79]

但是除了与孛儿帖所生的四个儿子外，成吉思汗还另外指定了三人为"第五个儿子"，这是一个享有极大特权的荣誉身份。这三人都是成吉思汗出于各种原因而特别宠爱的人：失吉忽秃忽、畏兀儿亦都护巴而术，以及一位名叫察罕的党项官员。除与孛儿帖所生嫡子之外，他还有两个庶子，分别叫兀鲁赤和阔列坚，但他们都鲜为人知。[80] 失吉忽秃忽似乎有某种能力，尽管这项技能无法确保他在蒙古领导层内位高权重，却令他在各个时期都成为皇家的宠儿。他曾是一个塔塔儿部人的孩子，在蒙古击败塔塔儿部后成吉思汗发现他在摇篮里啼哭，不过这则传说在时间上存在矛盾之处，因为成吉思汗在1206年的忽里台大会上任命失吉忽秃忽为大断事官，而根据失吉忽秃忽身为弃儿的传说，忽里台大会上他应该还是个十几岁的少年。更为合理的说法是他大概出生在1180年左右，在26岁时他就得以掌管蒙古的司法机构。后来他成为少数几个真正长寿的蒙古人之一。[81]

成吉思汗最大的乐趣就是同儿子、官员和名士们一同打猎，或是沉迷于他最喜欢的消遣活动：猎鹰。我们很难以现在的视角理解遥远的中世纪精英圈子中对猛禽的狂热，但在那个时代猎鹰无疑是王者的游戏。[82] 与成吉思汗同时代的伟大人物、神圣罗马帝国的皇帝腓特烈二世，这位被称作"世界奇迹"的皇帝曾被称为有史以来最伟大的猎鹰者。但他对鹰的狂热不可能超过成吉思汗，因为据说可汗曾梦见过这种猛禽，并记得它们是草原征服者的先驱、匈人之王阿提拉的象征。猎鹰活动也深深地嵌入蒙古文化之中，因为鹰是萨满教变形者最喜欢的形态。[83] 在蒙古文化中，这些鹰受到尊敬，杀死一只鹰与谋杀同罪。驯养猎鹰也被看作是男子气概的典型象征，因为在中世纪的社会观念中，驯服猎鹰就类似于吸引女性。[84] 成吉思汗养了 800 只猎鹰和同样数量的驯鹰人，为了给这些猛禽提供食物，他要求每周由骆驼队向他的营地运送 50 批次的天鹅。[85]

成吉思汗非常珍视自己的儿子，他对妻子和女儿则秉持一种实用主义的态度。成吉思汗至少有 7 个官方记载的女儿：火臣别吉、扯扯亦坚、阿剌海别吉、秃满伦、也立安敦、阿勒塔伦别乞和阿剌真别吉，但成吉思汗总是将女儿们当作联姻的棋子。[86] 他和儿子们以两种不同的方式娶纳妻妾：与联盟部落如弘吉剌部和亦乞列思部通过正式契约娶妻，以及从乃蛮部、克烈部、蔑儿乞惕部、塔塔儿部和西夏等战败者中带走首领的女人。如果说成吉思汗和他的正妻孛儿帖的婚姻是以爱情维系的那就太荒谬了。以 21 世纪西方人认可的方式，成吉思汗可能从来没有"爱"过任何一个女人，但他的确对第二位妻子忽兰存在激情和超乎常理的喜爱，他总是带着她一起参加各种活动。忽兰（约 1164—1215）是蔑儿乞惕部首领答亦儿兀孙的女儿，她为成吉思汗生下一子阔列坚，但其后来在今俄罗斯地区遇害。[87]

因为与孛儿帖婚后不久就再次娶妻，成吉思汗一开始担忧孛儿帖对第二位妻子的态度。木华黎被成吉思汗指派去说服孛儿帖。木华黎耐心地对孛儿帖解释说，成吉思汗没有丝毫怠慢她的意思，但蒙古人不会尊敬一个只娶一位妻子的可汗，再说成吉思汗娶忽兰是出于对局势的考虑。孛儿帖向这位使者保证自己对此并无异议，凡是可汗所想就是王法。虽然忽兰很明显最受宠爱，但成吉思汗一直尊敬孛儿帖，并特别让她在 1206 年的登基大典上列于自己身侧。[88]

在蒙古后宫的等级制度中，塔塔儿部人也遂是可汗位列第三的妻子，金朝皇帝的女儿"公主皇后"位列第四，也遂的姐妹也速干列第五位。据说公主皇后长得不好看，因此成吉思汗和她没有生孩子（她就像是亨利八世身边那位来自克里维斯的安妮)。脱斡邻的兄弟札阿绀孛的女儿亦巴合别乞位列第六。成吉思汗娶了亦巴合别乞以后,将她的一个姐妹许配给拖雷,另一个姐妹许配给术赤。[89]成吉思汗一共有23位官方认可的妻子、16位正式的妃嫔以及500位非正式的后宫侍妾。在妃嫔中他最喜爱的是古儿别速,刚开始时他们的关系摇摇欲坠,但随后两人却愈发亲密。[90]此外蒙古还有一个长期的规定,即所有被俘虏的漂亮女人必须在成吉思汗的面前列成队,让他看看其中是否有他喜欢的。据波斯史学家术兹札尼记载,在1220—1221年花剌子模战争期间,成吉思汗从俘虏中特别挑选出1.2万名处女跟随他的队伍。[91]他还有一支由17人组成的女子乐队。不过成吉思汗的传记作者当然可以一本正经地告诉我们,成吉思汗从来不纵欲![92]

尽管他是大草原的统治者,但成吉思汗也要面对妻子们可能不忠的问题,虽然这并非她们有意为之。先是孛儿帖被掳,接着他怀疑纳牙阿花了三天时间才带来忽兰是为了与她发生关系。[93]当他得知也遂曾经订婚、她的未婚夫很英俊而且她仍然很喜欢对方时,成吉思汗就把那人找出来当作间谍处死了。[94]虽然看起来像是因爱生妒,但更多的可能还是因为他觉得自己的地位受到了冲击、尊严受到了侮辱,又或者是拒绝服从他的意愿构成了冒犯国家领袖的罪过。但婚姻问题依然存在。也速干明确地表示她讨厌成吉思汗,为了报复她的言论,成吉思汗降低了她的级别,而把她的姐妹也遂升为位列第三的妻子。[95]婚姻问题甚至成为成吉思汗的噩梦。一天晚上,他从噩梦中惊醒,浑身发抖,汗流浃背。随后他的行为透露了噩梦的内容——成吉思汗召唤怯薛长术赤台并命令他迎娶自己位列第六的妻子亦巴合别乞,同时接手她所有的佣人、家什和财富,这对术赤台来说实际上是相当大的晋升。[96]

若是把现代的情感投射到13世纪的蒙古妇女身上似乎有些不合时宜,但孛儿帖是一位奇特的女性。为了减少丈夫的冷酷带来的恶劣影响,她收养若干养子,而成吉思汗对她的收养行为很是宽容。她收养的人包括别速部的阔阔出、许慎部的博尔忽以及党项人察罕,后者成了可汗的"第五个儿子"。有人认为收养的真实性很是可疑,但鉴于收养习俗在中古时期的蒙古十分普遍，我们有理由认为这些收养确有其事。[97]而且考虑到养子来自不同的部落，收养可能是成吉思汗刻意所为。

成吉思汗对女儿们的态度肯定是务实且不带有任何感情色彩的。他可能不同意拿破仑"拥有最多孩子的便是最好的女人"这样的观点，但是他肯定认为能够帮助他巩固政治联盟的是最有用的女人。他和孛儿帖所生的五个女儿都嫁给了势力强大的统治者或首领，并非孛儿帖所生的也立安敦和阿剌真别吉也嫁给了畏兀儿亦都护巴而术。孛儿帖的五个女儿中，扯扯亦坚嫁给了斡亦剌部首领忽都合的儿子亦纳勒赤，小女儿阿勒塔伦许配给了成吉思汗的舅舅泰出，秃满伦嫁给了特薛禅的孙子、弘吉剌部的赤古，[98]最年长的火臣别吉嫁给了亦乞列思部的孛秃，而成吉思汗的第三个女儿阿剌海别吉则嫁给了汪古部的统治者。汪古部位于金朝的北方边境，笼络这个部落对征服金朝的计划至关重要。在阿剌海别吉和汪古部的首领阿剌兀思·剔吉忽里结婚之前，成吉思汗对她说：

> 你应该下定决心成为我的一只脚。当我去远征时，你应该做我的助手；当我飞驰的时候，你应该做我的战马。你必须记住：生命是短暂的，但名声是永恒的！没有比你自己的聪慧内心更好的伙伴，没有比充斥着怨恨和邪恶的内心更可怕的敌人。[99]

换句话说，阿剌海别吉是成吉思汗在汪古部的眼线，她根据蒙古人的利益需求调整当地的各项政策，并提醒成吉思汗注意周边的不利事态。成吉思汗对她是如此信任，以至于在名义上她的地位比伟大的木华黎更高。阿剌海别吉以实际行动证明自己无比的忠诚。她在一生中与汪古部三位不同的王子缔结婚姻，先是与阿剌兀思·剔吉忽里，在他死后是与他的侄子镇国，最后是与阿剌兀思·剔吉忽里的幼子孛要合——所有这些婚姻都是本自一种英勇的献身精神，是她为了让成吉思汗能够牢牢地控制住汪古部而缔结的。[100]

成吉思汗最满意的政治联姻对象一直是弘吉剌部，更确切地说是特薛禅的部落。[101]他只允准与弘吉剌部、亦乞列思部和斡亦剌部之间的相互通婚，而同畏兀儿人和汪古部的婚姻只能是单向的——换言之，尽管那里的男人可以娶蒙古的公主，但成吉思汗不允许自己儿子入赘这些部落。[102]

从中世纪而非现代的标准来看，蒙古妇女的地位相对较高。造成这种现象的主要原因可见前文：在游牧以及狩猎采集社会中不可能存在劳动的高度社会化分工，而在定居的、安土重迁的中世纪农业社会中，土地的所有权至关重要，因此妇女被区别对待，她们的主要职责就是培养男性继承人来耕种土地。[103] 相比之下，蒙古社会需要妇女从事许多工作，特别是当她们的男人外出征战时，而这些工作在更"先进"的社会中则被认为是男人的事。[104] 成吉思汗有句名言："男人不像太阳，他不可能在任何地方都被看到。当主人外出打猎或打仗时，妻子必须让家庭井井有条。"[105] "家庭"和"井井有条"两个词掩盖了许多罪恶，因为妻子们的工作普遍很繁重。除了所有的家务和农活以外，妇女还要驾驶大车，在1206年后蒙古贵族间开始流行以精致的帐篷在帝国各地巡游的活动，运载这些帐篷的车需要20匹马才拉得动。一名妇女常常需要驾驶多达30辆头尾相连、拼接而成的货车。为首领运送一顶精致的帐篷需要七位妇女通力合作，因为一顶帐篷在转移时可以塞满200多辆马车。不仅如此，一名贵族会拥有多位妻子，他可能有好几个这样可移动的宫殿，工作量之大可想而知。[106] 妇女们驾车必须非常专业，因为当她们驾驶车队的车头时，她们需要非常好的判断力来分配各个马匹和骆驼运载的货物，以确保车队的良好运行。扎营之后，她们还要负责将帐篷和住所重新搭建起来，搭建时她们还要确保每两位夫人的住所之间保持一箭之遥。[107]

在极端情况下，女人们也可以成为战士。也速该死后诃额仑被其他蒙古人遗弃，她在被泰赤乌部忽视的情况下独自提高了博尔济吉特部的作战水准，她甚至亲自参与了一些小规模的战斗。[108] 在后来的蒙古历史中甚至出现了更多让人印象深刻的女战士的案例。在1220—1221年河中地区的战争中，一个蒙古人闯进了一所房子并大肆屠杀。直到当地居民最后发现他们面对的"不过是"一个女人时，他们才得以制服并杀死了她。[109] 忽必烈汗的侄子海都有一个女儿是摔跤好手，她和卡吕冬的阿塔兰忒一样，拒绝嫁给不能在她指定的运动中战胜她的男人。每当她击败一名挑战者，败者就必须送给她 100 匹马。就这样，她战胜了 100 多个男人，从而赢得了 1 万多匹马。[110]

蒙古人并行多妻制（娶多名妻子）和多妾制（纳多名侍妾），但前提是只有正妻的孩子才有权利接班。蒙古的婚姻需要考虑整个家族的利益而不仅是私事，在缔结最重要的婚姻时，蒙古人甚至需要考虑到整个部落的利益需求。婚姻不仅仅是为了眼下的生活，一段婚姻关系是永恒的，夫、妻的身份甚至会延伸到死后的来世。寡妇不可以"外嫁"，以防丈夫在来世还需要她，因而蒙古人实行收继婚制——死者的弟弟或堂弟会娶寡居的正妻也就是继承者的母亲，[111] 而死者的儿子（通常是最小的儿子）会娶生母之外已故父亲的所有妻子。[112]

游牧民族认为，为了防止近亲繁殖，与异族通婚至关重要，为此他们会关注双方是否存在一级或二级血缘关系，而完全不关心两人是否互为姻亲。博尔济吉特部的成员不会娶泰赤乌部的女人，因为两部的亲缘关系，两部间的婚姻被认为是内部通婚。但是在蒙古帝国晚期，成吉思汗防止近亲结婚的措施逐渐被忽视，建构于血缘关系之上的通婚屏障被打破，这主要是博尔济吉特部和弘吉剌部之间长期的通婚，导致夫妻双方可能本是表亲。人们注意到，从 13 世纪 20 年代到 14 世纪 50 年代的帝国晚期，蒙古可汗的寿命迅速缩短（只有元朝的忽必烈比成吉思汗活得久），一些学者认为预期寿命的缩短与近亲结婚有关。[113]

就像所有的中世纪社会一样，在婚姻关系中妇女无疑被视为动产，尽管当时大多数被当作炮灰、伐木工、取水工，甚至奴隶或农奴的普通男性的命运也不值得羡慕。但在成吉思汗的统治下，女性的境遇得到了改善。首先，强奸完全是非法的，而在此之前，妇女遭到强奸或绑架都被视为生活中难以避免的事情。此外，在成吉思汗的时代之前，只有妇女会因为通奸被处决，但是现在男女都要受到同样的惩罚，除非他们有钱洗脱罪行。[114] 妇女现在可以决定是否要结婚，而对于平民家庭的普通妇女来说，她们还可以选择是否再婚。尽管理论上与尚未结婚的处女发生性行为应判处死刑，但蒙古人从来不把童贞作为结婚的先决条件，而且已有过婚史或育有子女也不会让新娘招致污名。这就是为什么察合台对术赤可疑的身世喋喋不休被认为是特别古怪而且有失尊严的。

根据成吉思汗的新法典《大札撒》，在男女双方同意的情况下可以离婚，虽然可汗并未允许妇女像她们的丈夫一样理所当然地享有解除婚姻关系的权利。[115] 而且妇女可以随心所欲地处理家庭财产，进行买卖、交换和交易。根据成吉思汗的最高指示，妇女必须确保家庭随时有财力供男人参战。她们还必须为冬天储备足够的食物。随着蒙古人在亚洲的地位越来越高，妇女也从越来越多的财富积累和繁荣发展的社会中受益。随着织锦和其他织料的引入，蒙古著名的头饰顾姑冠也愈发精致。[116]

根据上文可以大胆地进行归纳，成吉思汗治下的女性要比中世纪其他任何地方的姐妹们生活得更好。蒙古世界里没有明显的厌女现象，聪明的老妇人会因为她的智慧而倍受推崇，而且游牧民族认为某些妇女拥有宝贵的神奇力量。[117] 蒙古妇女没有中原的缠足、波斯的罩袍以及阿拉伯布卡的禁锢，她们可以在公共场所自由走动，也不像伊斯兰教社会里的女性那样需要被隔离。信仰基督教或伊斯兰教的外国观察者们证实蒙古妇女具有较高的地位，他们强烈反对由妇女担任萨满教的巫医、军政的谋士甚至是帝国的摄政者。伊本·白图泰认为照此趋势将会招致最恐怖的后果：两性之间完全的平等。[118] 耐人寻味的是，随着帝国后期伊斯兰教、佛教和儒学的影响越来越大，蒙古社会对妇女的约束也越来越多，金帐汗国是为典型，元朝也同样如此。[119]

正是因为成吉思汗的支持，13 世纪时涌现了一大批著名的蒙古女性，在帝国之中她们的力量难以忽视。第一个成就伟业的是克烈部札阿绀孛的女儿、拖雷的妻子唆鲁禾帖尼别乞。在拖雷死后，窝阔台想将她嫁给自己的儿子贵由以联合两家势力，但她以皇后和公主可不被收继为由拒绝了。在短命的贵由可汗当政时，她耐心地静待时机，贵由一死，她就想办法为自己的儿子蒙哥争取汗位，哪怕她的盟友拔都（术赤的次子）一开始并不支持她的举动，她也毫不动摇。[120]

另一位著名的公主脱古思可敦也是一位克烈部的景教徒，她嫁给了后来成为伊尔汗国皇帝的旭烈兀，极大地影响了他的宗教政策。[121] 还有嫁给察合台孙子哈剌旭烈的兀鲁忽乃，她统治察合台汗国长达 10 年。[122] 最著名的女性掌权案例发生在窝阔台死后的政权过渡期，当时窝阔台的遗孀脱列哥那密谋将自己的儿子贵由推上汗位。原始资料在脱列哥那究竟是聪敏绝顶抑或仅仅是傲慢无知且生性狡猾一事上有所分歧。在13世纪40年代，她大力清洗了丈夫遗留的地方长官、行政人员和朝臣，她以血腥残忍和杀戮成性著称。她的闺蜜法蒂玛早年是集市上的皮条客，帮助她做了不少脏活。据悉脱列哥那的死因存疑，可能是被毒杀，在其死后的清算中，她的闺蜜法蒂玛因施展巫术而判处死刑，被溺而死。[123]

但这些仅仅是蒙古的出色女性之中因统治或摄政而名扬四海的几例，蒙古其他的杰出女性还有：海迷失后、秃儿罕可敦、帕忒沙可敦、忽图伦、巴格达哈屯。[124]毫不夸张地说，如果没有最初成吉思汗对女性的尊崇，她们是不可能青史留名的。

7

伐金之役

1211—1216 年成吉思汗离开蒙古去追寻他那征服金朝的伟大梦想。当成吉思汗最开始萌生这念头时，他还没有实现它的把握。有人说，他幼年寄居弘吉剌部的经历让他见识到长城以南的大帝国所拥有的惊人的财富，那在他的心中种下了征服中原的种子。另一些人的观点则更为有理有据，他们认为 1196 年对塔塔儿部的战争是成吉思汗的思想的一个转折点，并断言蒙古人在那次战争中得到的银制摇篮及镶有珍珠的贵重毛毯让成吉思汗难以抗拒。[1] 以大约只占金朝 1% 的人口来实现征服似乎是一个不可能实现的梦想，但是在 1206 年忽里台大会之后发生的一系列事件表明，成吉思汗对此早有规划，并要求所有人和他一起坚定信念。他们首先征服西部草原上的所有敌人，接着有条不紊地消除来自西夏、畏兀儿、哈剌鲁部以及汪古部的潜在障碍。[2]

成吉思汗的梦想无疑具有实现的可能，这其中涉及许多复杂的因素，但最主要的是强大的中华帝国在当时不复统一。那片古老的土地，或者说至少是包含了今日中国东半部的土地，当时处于三足鼎立的状态：党项人的西夏（1038—1227）、华南的宋朝（960—1279）和华北的金朝（1115—1234），三者都是上一个璀璨的统一王朝唐朝（618—907）的继承者。在唐朝时期，中国的诗歌最为繁盛，那段岁月也常被视作是中国的黄金时代。[3]

在游牧部落的历史中，袭击中原北境掠夺战利品乃是家常便饭，有人坚称成吉思汗正是沿袭了这一传统才在1211年大举入侵金朝，但他因军队一路势如破竹才走向攻城略地并实行占领。[4]与这一论断相反，成吉思汗的目的绝不仅仅是掳掠，他的想法前无古人。从前的草原统治者们犯了一个错误，他们只是简单地南下侵袭并在当地建立王朝，但这样他们就会轻重失衡，无法兼顾汉地与自己的大本营，由此造成的草原地区的权力真空自然会由其他的部落联盟来填补。成吉思汗的伟大战略意味着他要在打败金朝的同时维持蒙古在草原上的势力，如此一来他便可以构建一个囊括中原和内亚的帝国。[5]

考虑到成吉思汗的独特创制，在理解蒙古入侵时无须理会学界在游牧征服者如何选择入侵时机这一命题上的分歧。游牧民族会选择在中原王朝虚弱还是强盛时南下饮马，相关的争论由来已久。一种观点认为，尽管常识上虚弱的中国唾手可得让人觊觎，但现实却是虚弱的中原王朝通常会事先收买其北部边境的"野蛮人"，厚赂之下无须入侵。只有在中原王朝足够强盛且不会被入侵者来势汹汹的气焰、兵临城下的威胁和临时起意的袭击所慑时才有征服的必要。[6]事实上1211年对金朝的调查显示，这个垂暮的帝国依旧有着不容忽视的实力。因此无论从成吉思汗还是金朝方面考虑，认为1211年蒙古的南下只是一次大规模突袭的观点显然并不成立。

同时仔细研究1121年蒙古攻金的动机，可以揭示出成吉思汗对中原的思考是多么地复杂和多维。蒙古征服最为明显的动机就是复仇，而且成吉思汗也明确地表明，攻金是在报复对方于12世纪时施加在蒙古人身上的种种侮辱和暴行，特别是他要为被钉死在木驴上的蒙古首领俺巴孩复仇。成吉思汗也对自己作为人质时的遭遇感到愤怒，尽管他是被金朝的附庸塔塔儿部人扣押的。不仅如此，在成吉思汗人生中的头30年（或者更确切地说是1162—1189年）里，金朝时不时地袭击草原，并掳掠蒙古儿童充作奴隶。[7]金朝的傲慢态度，尤其是他们断然拒绝蒙古使者过境前往南宋一事，无疑又成为成吉思汗的一个心头之恨。[8]

再则，正如成吉思汗的动机常常是出于多重因素，蒙古人对金朝的袭击也同时是一次试探。如果成吉思汗声称自己是天之子，金朝的皇帝也宣称自己受命于天，那么只有通过战争才能证明成吉思汗所言为真，成吉思汗才是真正得到上天庇佑之人。因此，根据蒙古人固有的意识形态，其他所有民族都必须承认蒙古人的优越性。[9]另外，成吉思汗从可信赖的亚洲穆斯林商人处获悉，此前曾经长期忽视北方边境的金朝，眼下却在西北边界上重建边墙和关塞并在该地区增加兵力，如此迹象令人担忧，这很可能是在为进攻蒙古做准备。成吉思汗必须先下手为强。[10]

更为深层的动机是成吉思汗受到了一系列社会和经济因素的驱动。他必须保证建立在对外扩张和瓜分财富的基础上的帝国不会因为内部冲突而分崩离析。战争导致蒙古经济出现了特殊的问题。1196—1206年因几乎未曾停歇的战斗，蒙古的牲畜基本上都被食用殆尽而未能繁殖生息。成吉思汗发现自己不得不为养活军队而踏上征途。这就给军队营造出"永久革命"的狂热气氛，同时意味着蒙古帝国必须解决全民武装这个棘手的问题，这是历史上任何社会都不曾面对的。若是没有钱，那么任何政府都无法存活，而赚钱显然要通过税收，但是显然是无法向服役的军人征税的。即便成吉思汗能够推行军人纳税，并且以富余的税收统治整个帝国，这也必然会引发帝国内部的叛乱。然而，若是把草原上所有的部落都召集起来与金朝决一死战，他就能够将所有反叛的势力转为己用以对付金人。[11]这样做有两方面的好处：一方面，如果最好的战士全都在中原地界，那么蒙古大本营就不会出现骚乱；另一方面，蒙古可以通过掠夺、赎金、赔款以及转嫁于民众的丹麦金（为了缴纳避免侵略的赎金所征的税收）获得所需的财富，正是这种经济掠夺让蒙古人有了贪婪之狼的恶名。[12]换个比喻来说，蒙古帝国就像鲨鱼，它必须不断前进。

此外，强有力的证据表明，在成吉思汗崛起之时蒙古正处在严重的经济动荡之中。有人说，由于腐败、抢劫及其他导致财产缩水的原因，很难将战利品全部上交汗廷。[13]还有人认为真正的问题在于草原的气候变化，干旱的气候或是过多的人口，导致草原人民的生存条件受限。[14]而金朝长期以来因禁止或限制与草原交易剩余的农牧产品而招致蒙古人的敌意。[15]

从根本上说，正是帝国的这些需求使他们决定入侵金朝。如今已经没有其他的游牧团体可供他们侵袭以进行财富的积累，所有的游牧团体都已被征服。这就意味着,定居社会将要成为被掠夺的对象,但要组织这样的掠夺性远征并团结帝国内迥然不同、多种多样的部落就需要"超级部落主义"或"超级政体",为此筹措经费又只能依靠进攻金朝。[16] 从前游牧部落拒绝将权力交给超越部落的"超级政体",因为当时他们能够同农业社会进行和平的贸易,所以他们完全不需要一个跨部落的中央权力机构领导他们征战。成吉思汗的征服已经构建出政治和行政架构来计划和实施他梦想的伟大事业。通过有条不紊地入侵金朝,成吉思汗超越了以往游牧民族的局限——历史学家曾俏皮地称之为"东北地区的皇帝候选"。[17]

那么由此产生一个显而易见的问题:为什么金朝没能及早发现危险,从而先发制人呢?对此有许多可能的答案。由于同南方的宋朝之间持续不断的战争,金朝未能阻止大草原的统一。而他们自信地认为,在经历了长期的斗争之后,乃蛮部会获得最终的胜利而成吉思汗则会被消灭。由于古往今来中原总有办法对付北方游牧民族的威胁,所以他们有些自以为是。过去他们成功地"改造"了在一定程度上被汉化的内蒙古地区部落,在此基础上的过度推断使他们低估了蒙古人与那些部落的不同。[18] 他们间歇性地处理边境问题,处理时还极其笨手笨脚。首先,金朝设法疏远了乣军,那是在金朝-西夏-汪古部边界上生活的多种族混杂的群体。结果在大戈壁为金朝维持秩序的汪古部首领阿剌兀思·剔吉忽里投奔了成吉思汗。后来金人愚蠢地选择了暗杀阿剌兀思·剔吉忽里。这样做对控制局势完全无济于事,因为阿剌兀思·剔吉忽里的侄子接替了他的位置,还正式地承认蒙古人为他们的领主。[19] 不仅如此,正如我们所知,当成吉思汗进攻西夏时党项人向金朝求援,而金人希望他们两败俱伤。

当面对强大的敌人时,成吉思汗一如既往地先理智分析战略,他仔细地研究目标团体的方方面面以找寻它的弱点。为了再现成吉思汗当时的分析,我们必须穿越到中国的历史中去,去了解金朝是如何建立的。

唐朝在907年犹如空中楼阁一般坍塌了,随后中国进入将近四百年的分裂时期,并经历了很长一段时间的"异族"统治阶段。首先填补权力真空的是契丹人,他们是东北地区的森林部落之一,作为一个有组织的部落可以追溯到公元4世纪,但从7世纪初开始契丹人在草原上才越发具有影响力。[20] 契丹人在907年建立了辽朝（顺带一提，契丹也是中北亚和中世纪的西方对中国北方的称呼），这个王朝是他们伟大的统治者耶律阿保机（872—926）的杰作，作为辽朝的第一位皇帝，他于907—926年统治中原。[21]

在960年，一个新的王朝——宋朝在辽朝以南建立了。最初宋朝试图将契丹人赶出中原，但这些战争带来的唯一结果就是增强了党项人的实力，唐朝曾允许这些党项人在黄河沿岸鄂尔多斯一带定居。[22] 而如今，北宋要同时向契丹人和党项人进贡。1005年北宋接受了一个由辽朝主导的耻辱和约，和约中列明，为了保卫宋朝边界的安全，宋朝需要每年向辽朝进贡20万匹布和10万两的白银。[23] 吸取了战争带来的惨痛教训后，宋朝在11世纪的大部分时期都与辽朝保持着友好的关系（在1042年及1074—1076年短暂爆发了战争）。然而在1050年之后，辽朝并未享受太久的和平时期，尤其是在1069—1099年，蒙古和东北的游牧部落开始频繁入侵，而辽朝担心西边党项势力的崛起，开始频繁（但并非持续地）与西夏交战。[24]

辽朝在施行贸易保护主义的同时又处于围攻之中，他们的统治地区横跨朝鲜半岛到阿尔泰山的广袤区域，其孤立主义的政策切断了宋朝与西域的联系。满腹狐疑且偏执的辽朝被描述为"猛虎处四战之地而无敢犯者"。[25]

这个王朝相对衰落的原因一直备受争议。有人认为是制度的汉化、接受儒家文化和中国传统的体制严重地削弱了辽朝的实力，但也有人将"弱化"归因于以佛教为国教的宗教政策。[26] 第三种观点认为，辽朝愚蠢地允许大量来自东北的女真人在帝国内部定居，从而造成了类似于1821—1836年英格兰人涌入墨西哥的殖民地得克萨斯州时的局面——女真人鸠占鹊巢、反客为主。[27]

辽朝的末日降临得很突然。毁灭它的是新兴的女真部落联盟。女真人来自东北，他们是依靠渔猎、农耕和畜牧业生存的半农业化森林居民，因此同草原游牧民族有着很大的区别。他们主要的家畜是牛而非马，他们勤劳且富足，因出产鹰、隼、黄金、珍珠、蜂蜡和人参闻名。[28] 到11世纪末，女真人的生产方式日益多样化，他们从事育马和养猪，还因骑射技术闻名于世。他们与蒙古人有许多相似的技能，但他们从未放弃以村庄为基础的农业生活。女真社会中总是容易出现分歧：一部分人坚守传统的部落生活方式，而另一部分人居于今日符拉迪沃斯托克附近，他们试图模仿契丹人且尽可能地向契丹人学习先进的技术特别是骑兵战术。[29]

女真人的首领完颜阿骨打（1068—1123）密谋取代辽朝、入主中原。他认为这个雄心勃勃的计划在北宋的帮助下应该能够实现。难以解释辽朝面对女真的攻势时为何那般无力，不过契丹人内部的政治危机和分裂以及辽朝境内爆发的一场农民起义均为女真人创造了机会。但辽朝最为致命的问题是契丹显贵与劳苦大众离心离德。[30]一位历史学家这样描述辽朝的瓦解："对守土之责的背弃、大军的溃败以及皇族的投降，无一不表明辽已经失去了与自己民众的血肉联系。"[31]

更让人吃惊的是女真人征服的速度。用同一位历史学家的话来说，他们对辽朝的入侵"如此之快，与其说是征服不如说是意外的成功……他们在历史中的上位速度远超一个世纪后的蒙古人"。[32] 1120年宋、金签订海上之盟共同灭辽，之后女真人十分迅速地占领了华北。在契丹统治时期，辽朝的边界到黄河为止，这一边界被女真人继承。在北宋与完颜阿骨打达成的协议中，双方约定这条边界永久保留，同时宋朝还将拥有极北地区的飞地。完颜阿骨打证明了自己的诚信。作为全面战争的序幕，金朝在1116年之后的几年里占领了辽朝五京中的四个，完颜阿骨打于1122年攻占了最后一个（中都，即后来的北京）并很快将其移交给了盟友北宋。[33]然而他之后不久便去世了，他的继任者金太宗（1123—1135年在位）迅速地推翻了这一亲宋政策并出卖了盟友。1125年宋被赶出了华北地区。

接下来金朝将领土延伸到了黄河与长江之间。最终他们在1129年越过了长江并侵入宋朝的心脏地带。有那么一段时间他们似乎要征服宋朝全境，但最终证明他们是被胜利冲昏了头脑才如此行事，漫长的信息传递路线以及宋朝在海战方面的优势都给女真人造成了巨大的阻碍。战争断断续续地持续到1141年，在绍兴和议中双方议和，承认淮河（位于黄河和长江中间）以北的所有土地为金朝的领土。自此金朝扩大了旧时辽帝国的疆域。他们击败了东亚最强大的两个国家辽朝和宋朝，这样的成就简直不可思议。[34]

金朝是一个强悍的对手，但成吉思汗发现他们存在很多弱点。首先是有关汉族和其他民族的问题。数量上的劣势使金人总是危如累卵，在华北只有400万女真人，大约占到总人口的十分之一（大部分女真人在1125—1145年移居到此并获得土地和耕牛，他们的人数共有300万）。[35]然而本地的汉人早在辽朝时就已在此安居乐业，所以他们从未真正地接受金朝的统治，由此地方性的叛乱频发。

更糟糕的是，契丹人也从未接受被金朝取而代之的命运。只有大约一半的契丹人向西移居到新的国度西辽，其余人则留在了金朝，怀抱着不满和愤怒，他们等待着光复辽朝的时机。[36]让人担心的是，许多契丹人在金军中位居要职，他们对金朝的忠诚值得怀疑。[37]更有甚者，尽管金朝断断续续地接受了汉化，向当地人靠拢，但留在金朝的契丹人却抵制汉化，他们迫使当地人接纳自己的文化，由此引发了文化上的冲突。[38]

此外在困扰辽朝的朝野分离问题上，金朝也面临着相似的困境。金朝有三个层面上的势力斗争：于汉地定居的女真人与留在东北的"纯"女真人之间，朝廷与官僚机构之间，以及朝廷与军队之间。无论是东北地区的部落领袖还是军方都对早期金朝皇帝们推行的过度中央集权制及"一刀切"的政策感到不满，在"一刀切"的政策下，朝廷甚至会取缔所有离经叛道的宗教派别，特别是道教以及所有脱胎于佛教中的派别。[39]最有作为的金世宗（1161—1189年在位）就在朝堂上受到来自东北南部的部落贵族和地方军事领袖的联合施压。[40]

金朝官员中有些深谋远虑的人也质疑皇帝在外交上的挑衅姿态。金朝对西夏和西辽这两个新兴政权积怨已久，在两者互相达成合作关系后对他们更是怀恨在心。为了惩罚西辽、西夏的紧密接触，金朝长时间地取缔了西部边境的贸易往来。[41]金朝有时会对西夏开战，但若要同时应对西夏和西辽，金人则更倾向于选择贸易战，以贸易禁令迫使这些"次等"群体乖乖就范。[42]这一行动的意外后果是使欧亚内陆地区的穆斯林商人更加紧密地团结在成吉思汗周围。他们推断，只有蒙古征服了华北，他们才能进入利润丰厚的中原市场。[43]

然而，金朝的外交政策中最具有自我毁灭性的是他们与宋朝的战争。

除了早期的冲突外，辽朝在大多时候与宋朝和平共处，然而金朝和宋朝在12世纪的大多数时间里都处在争斗之中。金太宗曾经背叛盟约的行为自然不算是和平的开端，且金朝被征服全中国的野心驱使，而宋朝则受到复仇主义的刺激，双方战端频开。[44] 从某种意义上来说，这两个帝国生活在不同的世界里，这在一定程度上也解释了他们之间令人费解的关系。华北是种植小麦和谷子的旱地，在冬天寒冷，在夏天干燥。长江以南的南宋则是一个完全不一样的国度，那里由湖泊、河流和地势平坦的田野组成，气候温暖湿润，能够大规模地种植水稻。这两个帝国都很难征服对方，因为征服北方需要熟练的骑兵（这是宋朝最薄弱的战斗领域），而骑兵在长江以南则毫无用处。马匹在南方会陷入泥沼，因此比起马术，南下更需要水战方面的专业知识。

尽管如此，金、宋之间的关系比单纯的死敌更为复杂，和平时期双方还会发展跨境商贸。宋朝主要向金朝出口茶叶，其次是出口药材、生姜、香料、高档丝绸和锦缎，并从金朝进口黄金、珍珠、松子、甘草、皮毛和普通的蚕丝。金朝还通过宋朝得到华南各港口的舶来品：皮毛、生皮、毯子、波斯和印度棉布、外国丝绸、武器、盔甲、马鞍、香水、稀有木材、药品、鱼翅、槟榔、玳瑁、珊瑚、宝石、象牙和香料。凭借贸易的净利润，宋朝能够轻松地支付在1141年绍兴和议中约定的每年纳贡的数额。[45] 宋朝在经济上令人望而生畏，他们懂得怎样通过减税来鼓励贸易，宋朝甚至被一些历史学家誉为"世界体系"的代理人。[46]

但是正规合法的商业并非宋、金之间经济联系的全部，与此同时双向的走私贸易也日益兴盛。来自南方的走私品是钱币、牛和米，这三样都是宋廷明令禁止出口的。来自北方的主要违禁品是马，这在金朝总是供不应求，因此需要小心囤积并禁止出口。然而大规模的马匹走私一直在持续，宋人以这种方式逐渐了解到金军骑兵作战的一些机密要点。反过来，宋朝的重要将领和军官一直在向金朝叛逃，这也暴露了宋朝造船以及水战的秘密。[47] 在常规的战争中，金朝一直占据着上风（金朝的骑兵部队对宋朝优势明显），但成吉思汗意识到，宋朝的1亿人口肯定会被动员起来并对人口只有4000万的北方邻国构成可怕的威胁，特别是考虑到金朝人口之中只有400万是女真人。[48]成吉思汗一直将宋朝当作制胜的法宝,他等待在关键时刻打出这张牌。

金廷财政富足,从表面上看成吉思汗应该很难找到金朝经济的弱点。的确,农业、丝织业和畜牧业都是金朝的特色产业。在山东省,盐业至关重要,酒的产量也非常庞大,在其他地方还出现了混合经济生产模式。虽然对外贸易由国家垄断,但黄金、白银、铜和铁的开采权则下放给私人。金朝对土地、财产和商业贸易征税,在12世纪20年代战胜宋朝之后他们更是获得了一笔横财,而且金朝还占领了宋朝位于开封的国库。这些战利品包含了5400万匹丝绸、1500万匹锦缎、300万锭(1.5亿两)黄金、800万锭(4亿两)白银和数百万石谷物,还有多个装满了武器、绘画作品和其他手工制品及奢侈品的货仓。

然而到1191年,金朝的储备只剩下1200锭黄金和55.2万锭白银。[49]储备的流失一部分归结于文化因素,另一部分则归因于腐败。女真的习俗着重送礼,人们会投入巨资以尽待客之道或投桃报李。比如,一位凯旋的将领收到的谢礼包括2000两银子、2000匹布、1000名奴隶、1000匹马和100万只羊。[50]腐败之气弥漫于权力高层。负责土地改革和均衡财产的官僚似乎在竭尽所能地制造不平等,他们往往只为自己及其家族攫取土地。军队的士气低落,因为大家清楚所有的军官都很腐败,他们精通所有惯常的骗术,比如虚报人数,以及在粮草短缺的时候克扣军饷。腐败的女真贵族和官员们控制着官方船运并以此向商人勒索费用。他们还非法贩售私盐以及酿造的酒水。[51]没有人真正在意储备粮的保存,哪怕军队主要依靠大米和其他谷物作为口粮,而且谷物完全不同于贵金属,它们容易腐烂,也很容易受到干旱和洪水的影响。

如果说腐败削弱了军队的力量,那么马匹的严重短缺对军队的影响则更大了。金朝在军马的管理上远不如辽朝明智。[52]不过金朝受到了来自两个不同方向的攻击,这也是造成他们战马短缺的重要原因。在帝国的东部,流寇长久存在且导致了严重的问题,因为流寇主要是偷马贼。而且在1160—1162年契丹人的一次大规模反叛导致金帝国的牧群几近消亡。多亏金世宗高效又能干,在他的统治末期,金朝的畜群储备已经恢复到了

47万匹马、13万头牛、4000头骆驼和87万只羊——尽管羊的数量甚至大大低于上文提到的那位凯旋将领所获赠的。马的数量与蒙古人相比显得甚是可怜，而且将近50万匹也不过是辽朝在近一个世纪前的1086年统计的马匹数量的一半。[53]

不过正如成吉思汗清楚意识到的那样，金朝最大的弱点在于黄河带来的自然灾害。黄河是世界第六大河，它全长3395英里，流经中国的九个省，最后注入渤海。黄河的上段绕过西夏，先朝东北方向，接着再向东、向南形成一个并不完美的三角形，最后它向东通过函谷关和华北平原流进大海。[54]黄河围绕的三角形区域就是著名的鄂尔多斯高原，这里缺少降水，主要由草原和沙漠组成。渭河谷地以北是黄土高原，正是高原上的黄土将河流变成了黄色。频繁的洪水泛滥和历史上河道的多次改变，让中国人把黄河称为"中国的悲哀"和"华夏儿女的灾难"。[55]直至第二次世界大战结束前，在中国有史可载的2540年间，黄河泛滥了1593次，河道发生了26次重大的偏移，这两种自然现象都导致了饥荒和广泛传播的疾病。1887年的洪水夺去了200万人的生命；1931年的死难人数则在100万到400万之间，而在蒙古统治时期的1332—1333年，那次黄河泛滥据说害死了700万人。暴发洪水的主要原因是黄河从黄土高原冲刷了大量细质黄土，这些黄土在下游沉淀后垫高了河床。建造越来越高的防洪堤可能很危险，因为若是河水冲破了防洪堤，那么河水就会一泻千里，毕竟如今河道的地势已经高于周围的乡村。导致洪水的另一个因素是爆发于内蒙古区域的黄河上游的凌汛。[56]

11世纪和12世纪是黄河泛滥尤其严重的时期。洪水和河道的变化毁掉了最肥沃的土地，从而导致了饥荒并引发了1166—1168年、1171—1177年、1180年、1182年、1186年和1187年的农民起义。金世宗尽了最大的努力并采取了救援措施，但在1189年他去世之后，政局一片混乱，金朝政府根本无力解决黄河问题。[57]1194年黄河决堤，河水淹没了山东省，随后河道自山东半岛以南夺淮入海。这引发了大规模的饥荒，而当时的中央政府正处在一场财政危机之中无力进行救济。金朝政府还未能兑现其发行和流通的纸钞，致使人们对金融体系的信心崩溃。在货币体系崩溃后，所有的救济举措都需要使用金银才能实现，然而正是由于这些贵金属的短缺才让金朝一开始选择发行纸钞。[58]

从世纪之交开始，金朝便同时面临着一系列的危机：黄河泛滥、金融崩溃、皇帝软弱无能、继承问题存在争议、契丹人和其他的关键将领的忠诚让人生疑、官场腐败、外部威胁（特别是来自一直都被低估的蒙古人的）日益严重。成吉思汗在与外部势力的战争中总是很幸运，这一次他也不例外，尤其是如一些历史学家推测的那样，所有依赖农业的亚洲社会都在当时一同衰落了：金、宋、花剌子模、西夏和西辽。[59]这正是游牧战士们最好的时代。

就在这个关键时刻，南宋选择发动一场对金朝的复仇之战。1204年他们跨过黄河，却一败涂地。金章宗（1189—1208年在位）无可置疑地证明了尽管存在种种问题，但在军事上金朝并不是纸老虎。1206年14.5万金军强渡长江，他们再次打败了宋军而迫使南宋求和。金朝的条件非常苛刻。首先，他们索要执掌南宋朝政的韩侂胄（约1151—1207年）的人头，他们如愿了。接着，他们大肆索取贡品。根据1208年的条约，南宋必须按照最初那份1165年的条约中商定的数额纳贡，每年交付34万两白银和25万匹丝绸并外加39万两白银作为战争赔款。此外，宋朝还必须割让淮河流域的一些城镇，同时承认金朝是其宗主国。[60]

但是金朝从这次胜利中获得的所有利益很快就被他们自己内部的动乱毁灭了。1207年契丹人在北方策划了一起大规模的叛乱，乣军也参与其中。金朝曾想在北境修建一道新的边墙，分别由自己的军队和党项人驻守。但契丹起义爆发后，几乎所有偏远的北方部族都加入了叛乱：党项人、乣军，以及金朝内部遭到遣散并心怀不满的部队。[61]在这背后煽风点火的正是成吉思汗。蒙古人和契丹人之间关系密切。他们说着相近的语言，拥有非常相似的文化，维系着紧密的政治关系，且契丹人通晓汉地情状，而这正是蒙古人急迫需求的。契丹人与蒙古人还一致认定，如果金朝决定转而对草原发动全面战争而不是和宋朝继续无意义的角力，那么金朝将成为己方巨大的潜在威胁。[62]

早在12世纪90年代末，中原的契丹人就开始向蒙古叛逃。耶律阿海曾作为金朝的使者出使蒙古,他惊于自己所见,当即决定臣服于成吉思汗。他首先回到金朝并将兄弟耶律秃花带去蒙古作为人质以表诚意。成吉思汗免去了纳质环节,他直接将耶律秃花安排为自己的侍卫,同时将耶律阿海纳为谋士。耶律阿海被迫抛下妻子和孩子,任由他们被金朝处置(金朝立即将他们监禁了起来),而耶律阿海则继续跟随蒙古人开创辉煌的事业。兄弟俩都参与了班朱尼河盟誓,耶律阿海在对抗西夏的战役中负责指挥军队并最终在1211年哲别领导的攻金先遣队中担任要职。[63] 这些来自契丹的新人并非仅有的从金朝叛逃的官员。1208年四名土生土长的汉人(同时也是金朝的高级官员)投奔了蒙古,他们赞同耶律阿海一直重复强调的内容——金朝实在是不堪一击。[64]

尽管成吉思汗早在1206年就决定发动灭金战争,但他行事谨慎,若是势力更小的首领可能会因为相信面临如此众多问题的金朝已经穷途末路而采取鲁莽的行动。契丹人的叛乱以及金朝的内乱为成吉思汗创造了许多有利的条件,不过他还是等到1210—1211年饥荒发展得异常严重之时才跨过边境。虽然成吉思汗的确是"一个大胆的局外人,一个站在权力边缘、愿意铤而走险以夺取决定性力量的人",[65] 但是比起赌徒,成吉思汗更像是一位棋手。要想在征服金朝的冒险中获得成功,先决条件就是让西夏陷入困境以免除侧翼受敌(在1209—1211年的战役中达成)、畏兀儿人的投降(因成吉思汗最喜欢的亦都护巴而术主动投诚而实现),以及汪古部的忠诚。

最后一个条件尚未实现,因为阿剌兀思遇刺后汪古部出现了权力真空,成吉思汗不能确定阿剌兀思的后继者是否会延续先代的亲蒙古政治路线。为了促使征服金朝的条件达成,他使出了最喜爱的政治联姻手段,将自己的女儿、阿剌兀思的遗孀阿剌海别吉嫁给了汪古部的继任首领(以及随后的继任者)。[66]

让成吉思汗满意的是,他在大草原上巩固了自己的权力基础,确保了当他在中原时后方的部族不会叛乱。1211年初成吉思汗在克鲁伦河河岸召开了忽里台大会,他将自己的总体构想、宏伟的战略以及战术上的细节都告诉了核心集团的成员以及亲密的盟友们。出席大会的盟友有亦都护巴而术和哈剌鲁部的阿儿思阑。[67]

成吉思汗不太可能向他们透露自己对金朝新皇帝特殊的敌意，但他最亲密的伙伴们早就意识到了这点。卫王曾经作为金朝摄政者参加了1206年的忽里台大会（正是在那次大会上铁木真成为成吉思汗），然而成吉思汗认为此人死板专横，还有些傲慢无礼，对自己不够毕恭毕敬。成吉思汗再一次见到卫王是在两年之后，当时他宣布自己不会再向金朝进贡。卫王又一次向北长途跋涉前往蒙古进行交涉，不过他并没能扭转成吉思汗的印象，因为他固执地坚持蒙古有义务上贡，因为既然蒙古征服了克烈部，他们就应该向金朝补齐克烈部人欠下的贡品。成吉思汗挥挥手打发了他，把这当成是一个政治门外汉的胡言乱语。[68]卫王在回程的途中得知金章宗已经驾崩而自己成为继任者。他于1208年11月正式即位成为皇帝。

当成吉思汗得知何人登上了新帝位时，他放声大笑。以前他的蔑视还很含蓄，而如今他向世人表明了态度："我谓中原皇帝是天上人做，此等庸懦亦为之耶？何以拜为！"[69]成吉思汗希望并预料到这个公开的表态会传到这位新帝的耳朵里，与此同时，这位从前的卫王又提出了一个更加愚蠢的"要求"。看起来两次到访蒙古的失败经历未能让他吸取什么经验，新帝派了一位使者去见成吉思汗，要求对方叩头以表忠心，他的愚蠢堪称登峰造极。在把倒霉的使者赶出去之前，蒙古人还让他向新帝完颜永济捎去了一条更具侮辱性的信息，而这位使者在回到朝廷后根本不敢复述口信的内容。[70]

在忽里台大会上，成吉思汗对从战争的总体战略到细节部分的安排都做了详细的阐述。他解释说，自己打算在进攻中原的同时维持蒙古在草原上的权力基础。从前的侵略者（包括契丹人的辽朝和女真人的金朝）就是因为没有这么做才犯下了大错。他的最终目标是要建立一个同时包含中原和欧亚内陆的帝国。[71]成吉思汗强调了蒙古人从穆斯林和畏兀儿商人那里获得的巨大支持，他们希望成吉思汗建立东方的超级大国。大约从1200年起，这些商人的海上贸易就岌岌可危。由于基什岛和霍尔木兹岛之间的战争，两座岛屿都拒绝任何与敌方交易的船只通过波斯湾。与此同时，来自中国的竞争者（宋朝和金朝的都有）越发壮大，东侧航海路线上的竞争也愈演愈烈。因此，贸易路线对穆斯林和畏兀儿商人来说相当重要。[72] 成吉思汗仅仅凭借一个战略就成功拿下来自西亚的伊斯兰商人：一旦来自金朝和宋朝的商人试图抬高商品的价格，成吉思汗就下令没收他们的货物。一位穆斯林商人从中得到启示，将他想要出售的货物转而作为礼物献给成吉思汗。在启程离开时他发现自己的骆驼载满了黄金和白银。由此产生了贸易的全新定义：来自亚洲西部的旅人为可汗准备奢侈的礼物，并期待成吉思汗在他们离开的时候赐予更为丰厚的回报。[73] 除此之外，成吉思汗从各个领域的商业群体获得了宝贵信息，这意味着蒙古人的情报工作的成果要远远超过金人所能设想的。

在忽里台大会上，成吉思汗概述了前文提及的金朝的所有弱点。不过他警告听众说，即将到来的战斗不会轻易取胜。金朝在军事上是强大的对手。与其他许多敌人不同，女真人信奉全面战争而且愿意拼个你死我活，而聪明人知道如何屈服、成为附庸国从而享受地方自治。我们可以想象成吉思汗说到此处时会向他最宠爱的畏兀儿亦都护巴而术点头致意。[74]

成吉思汗继续讲述与军事有关的问题。的确，金朝服兵役的人数超过了600万，他们有常备步兵50万，还有12万弓箭手。此外，他们还据有几个公认难以攻克的要塞。[75] 但这些可怕的统计数字掩盖了敌人的许多弱点。数量上的悬殊因蒙古兵更出众的灵活性而变得无关紧要。金朝的弓箭手们真的能像蒙古人那样精准地射出5支箭，然后再骑马跑出敌方射程吗？要想发挥如同蒙古弓箭手那样的才能，仅仅让弓箭手骑上马再扔给他们弓和箭是不够的，骑射是必须自出生起就接受训练的。而且，动员蒙古战士并不会对游牧经济造成如同征召农民对农业带来的影响。金朝训练骑兵的花销相当大，但对蒙古人来说骑射只是一种生活方式。[76] 蒙古人天生就为战争做好了准备。他们普普通通的马驹就可以充当骑兵的坐骑。他们不必另购战马配备给受过专门训练的骑兵。弓作为蒙古人主要的武器一直在狩猎中使用。他们赶着的牛羊可以解决所有的粮食问题，而与此同时，我们都知道中原正遭受严重的饥荒，金军的粮草问题很严峻。对于蒙古的妇女和儿童来说，随军也不存在任何的困难，但对于定居社会来说带家属随军是绝对不可能的。[77] 最后，成吉思汗鼓励追随者们对金人一定要残忍，不能对敌人有丝毫同情，必须牢记就是这些人曾经想要灭亡蒙古民族，特别是在 1135—1147 年和 1162—1189 年。[78]

成吉思汗随后派遣了一支由哲别率领的先遣队南下，以确保汪古部为蒙古大军的到来做好准备。作为回应，金朝皇帝派大军北上截击，然而他的将领们并没有兴致向大戈壁进军，反而把时间花在了对长城附近汪古各部的洗劫上。哲别出现在这群乌合之众的面前，将他们迅速地击溃，从而促使那些原本犹豫不决的汪古部人和乣军最终彻底倒向了蒙古人这边。[79] 完颜永济将多位将领和谋士送进了大牢以应对这些挫败，但他主要还是被蒙古人"蔑视金廷"的举动吓得不轻，而且对蒙古人尝试这样一项不可能完成的任务感到难以置信。他受到文化局限上的束缚，认为游牧民族的野蛮人不该与自己平起平坐。完颜永济仍然认为自己可以轻易地打败成吉思汗和他的游牧部落，但迄今为止，金帝对敌方的行军速度、打击力量、组织结构、军队纪律和战术战法都一无所知。[80]

成吉思汗登上了圣山不儿罕山与至高天神腾格里商讨意见进行交流，与此同时所有的蒙古家庭都在山下斋戒三天。成吉思汗摘下帽子，把腰带搭在肩上，以传统的姿势臣服于神明。接着，他跪拜了九次，按照惯例祭上了马奶酒，然后进入全身僵硬的通神状态，持续了 72 小时。第四天成吉思汗下了山，宣布神已应许他胜利。[81]

成吉思汗清楚地知道自己入侵中原是个冒险之举，因为一旦他在那里遭遇惨败，整个帝国都会发生剧烈的震荡，所有新近征服的民族都将采取行动脱离蒙古人的控制，他的襁褓中的帝国将退回到他父亲的时代的状态，当时的蒙古仍是个微不足道的部落。[82] 蒙古军队仔细地为后勤和补给做了准备。成吉思汗为大后方可能遭遇的敌袭安排了留守，他可能带了大约 11 万人的军队前往中原，并希望能从汪古部增调 1 万—2 万人的辅助部队。[83]

这样规模的军队至少需要配备 30 万匹马，而它们都需要水和饲料。为了供应肉食，成千上万的牛羊也将一起上路，运输战利品和辎重需要使用的骆驼和双轮牛车也已准备好。即便物资如此充足，蒙古人也必须小心配给并节约资源。幸运的是，蒙古人早就习惯了在普通人认知中的食物短缺的状态下进行长途旅行。主要的行军障碍在于穿越大戈壁，因为那里的水井和水坑都十分有限。为此，成吉思汗巧妙地安排在初春时节穿越大戈壁以避免出现物资短缺。他知道，初春的融雪会大大缓解当地常年稀缺水源的问题，积雪融化后会积聚在土槽以及小坑里成为天然的饮水池。他已经派出侦察兵前往大戈壁各地，命他们仔细地在地图上标出所有可能会经过的路线，并对最佳的饮水和放牧地点进行特别标记。[84]

铁木哥·斡赤斤负责留守帝国处理日常事务，他的副手则是成吉思汗的女婿脱忽察儿，成吉思汗还另外留有一支 2 万人的部队，他们可以随时动身前往蒙古后方任何遇到麻烦的地方。成吉思汗将出征的军队分成东西两路，再将规模较大的东路一分为二，各路分别行动以减轻水和粮食的供应压力。东路的这两支队伍于 1211 年 3 月从克鲁伦河出发。由成吉思汗统率主力部队，拖雷为他的副将，木华黎为左翼指挥。在这支部队的东部是由哲别、速不台和合撒儿领导的另一支部队。木华黎仪表堂堂、气度不凡，他不仅是一名优秀的弓箭手还是一位战术大师，他早已列为"四骏"之一，而如今他正成为成吉思汗最喜爱的将领。[85] 西路由术赤、察合台和窝阔台三位王子指挥，他们从图拉河出发，目标是黄河以北约 50 英里处的云内州要塞，河流在那儿急转向南形成了一个倒马蹄铁的形状。这支军队计划向南进攻，然后转向东南，从汪古部的最西侧进入中原。

我们必须强调汪古部在整个行动中是多么至关重要。这群突厥人像克烈部、乃蛮部以及蔑儿乞惕部一样都是景教徒。汪古部属地辽阔，他们的疆域从鄂尔多斯高原以北沿着现在的长城一直延伸到东部，与斡亦剌部接壤。[86] 他们的归顺为成吉思汗进入金朝大开方便之门，否则成吉思汗突入中原会非常地困难，毕竟金朝的西边是西夏和黄河，东北部是茂密的森林，而东部则是汪洋大海。同年 3—4 月两支队伍平行向东南方向行进，他们相距约 230 英里，而王子们的部队不得不多行一段（大约 530 英里，而主力部队为 500 英里）以保持平行。尽管成吉思汗同几个儿子之间相距甚远，但他依然通过接力奔驰的驿马与他们保持联系。两支队伍最多还需 48 小时就能会师。[87]

王子们一路挺进，他们进入大戈壁的西部但没有遇到任何阻碍。每年的此时都是沙漠最宜人的时段，春季的到来使黄色的沙丘、盐滩、黏土沟壑、盐湖和低矮的灌木互相交替，为旅人带来了感官上的享受。5月时王子们抵达云内州并轻而易举地拿下了它。术赤、窝阔台、察合台还在等着金军的反攻，但他们从成吉思汗那里得知敌人尚未西进，于是三人竞相派人去绘制鄂尔多斯高原以及西夏东、西部边界的地图（1209年蒙古攻打西夏就是从图拉河出发前往攻打西夏西部）。这些行动探寻了位于黄河形如马蹄的拐弯处正北方向上的黄土高原西部，此地景观错综复杂，有45英尺高的沙丘以及沿着水边生长的稀疏灌木丛。当地植被是矮灌木丛和牧草，间杂着沙丘、沙土和黏土带，沙土之中偶尔有些草木生长，如艾草、西伯利亚梨树和甘草类根茎植物。[88]在鄂尔多斯沙地，蒙古人甚至能够获得食物补给，因为在碱性土壤上绵羊和山羊仍能茁壮成长。这里也能捕获大量蒙古野马、野驴、双峰驼甚至雪豹。[89]

同样是在5月，成吉思汗和哲别的队伍抵达了象征着金朝边界的金边墙。我们必须将这些防御工事与后来的长城区别开来，长城在明朝（1368年）以前并不是一个连续的整体结构。这些大约建于1200年的金边墙位于今日的北京以北，布局呈两条平行线。由于它们并没有衔接起来以形成防御链，蒙古人得以轻而易举地绕了过去。不管怎样，这些防御工事由乣军驻守，而正是这些人在蒙古人入侵的当下选择了投诚。[90]

成吉思汗首先选择突袭金边墙与大戈壁之间的地区，希望能诱使金军在有利于蒙古人的地形上开战。然而一开始，备受非议的皇帝完颜永济却使出了聪明的一招。他释放了被关押的将领，让他们指挥两支大军。金朝皇帝派西北军的指挥官前去同成吉思汗讲和，不过很难说这究竟是出于真心还只是一种拖延战术。不管怎么说，谈判毫无结果。同时他还派出其他指挥官加固了通往东部重要城市的山体防御工事。[91]两路金军起初取得了一些成功，而且金朝成功通过避免契丹人的大规模叛逃暂时阻止了极具威胁的蒙古-契丹联盟的进一步壮大。

眼见敌人不肯上钩，成吉思汗决定深入金朝境内做个了断，虽然这样就意味着蒙古要在金朝的主场作战。他的队伍迅速地突进到金军试图守住的防线——在边境上固守防线就是一个不切实际的想法。[92]然而金军的两支主力军队依然纹丝不动。蒙古人很快就发现，金朝的战略是完全无视西线上的王子们。金军指挥官的理由是，一旦打败了成吉思汗所率领的主力，那么王子们将不得不立即逃回蒙古，否则他们也会陷入危机之中。因此，金军指挥官指派一支主力军前去掣肘蒙古军的右翼。如果王子们继续向东行进，那么这支部队还会在长江上游的河谷地带拦截他们。

为了应对右翼面临的威胁，成吉思汗决定先消灭规模较小的那支敌军，这样当遭遇规模较大的队伍时，他的侧翼就不会受到威胁了。[93]他将这个任务交给了哲别，此时的哲别和速不台已经出色地夺取了桓州和大水泺这两个最初的目标。哲别从大水泺向正西方向前进，他跟在成吉思汗后面，抄近路穿过可汗之前的行军路线，在路上遭遇了那支规模较小的敌军，他们正遵照金朝皇帝的命令前去增强乌沙堡的防御。对手轻敌得近乎荒唐，于是哲别如一阵旋风般地冲了过去，打得对方措手不及、丢盔卸甲，从而消除了右翼面临的威胁。哲别拆毁了防御工事后继续前往威宁，威宁的地方长官惊慌失措，他用一根绳子翻越了城墙并表示愿意为蒙古人效劳。蒙古人让他回去劝降，很快整座城就都投降了。哲别让此人担任蒙古的代表，负责劝降该地区的其他城池。8月下旬哲别与成吉思汗在抚州会合，他正好赶上攻打另一个要塞的行动。[94]

金军在战略上略逊一筹并失去了一支军队，于是他们转而预谋诱使成吉思汗深入山西境内。蒙古进入中原的传统路线需要经过一条隘路名为野狐岭（位于张家口西北10英里，万全东北15英里），附近最为险要的山口被称作獾儿嘴。[95]1206—1207年参加过金宋战争的将领完颜承裕已经在獾儿嘴做好了准备，他相信蒙古人在此处缺乏移动的空间，而己方在人数上的巨大优势将会得到凸显。他的总兵力确实远多于蒙古人，双方人数比近乎十比一，但金朝军队的问题在于军中的平民、工匠和随军人员的数量四倍于实际战斗人员的人数。[96]因此金兵实际人数大约为10万。女真人和契丹人是骑兵部队的主要组成，而汉人农民组成了步兵部队。完颜承裕派了一名使者出使敌营，表面上是要促成谈判，实际上他是要提供己方的一个虚假弱点来诱使蒙古人上当。但就像金朝使者经常所为的那样，这个人立即背叛了金朝并透露了金军的战术。

传言说，成吉思汗在饭间休息时获悉完颜承裕发动突然袭击的计划及其相关细节，于是他立即命令士兵们放下碗筷集合。[97]然而实际上，成吉思汗只是假装中了诱敌之计。黎明时分，他选择了一处金军的人数发挥不了作用而且几乎没有什么腾挪空间的地点进行行动。完颜承裕上了钩并出兵应战。成吉思汗指挥部下万箭齐发，木华黎随后发起两波闪电式的攻击，其中第二波与成吉思汗的怯薛军一起向敌军冲击。[98]被敌人冲锋的气势所慑，金朝骑兵被逼退并在己方的步兵中造成踩踏事故。很快，金军就陷入了混乱、恐慌和溃败之中。到了中午成吉思汗已经取得了彻底的胜利。金军遭到蒙古人的穷追猛打，损失惨重。[99]最后在离獾儿嘴战场30英里的会河堡，完颜承裕和败于哲别的其他部队会合，他们重新集结兵力迎敌，希望蒙古人会因为追击而筋疲力尽，变得不堪一击。我们只能为这样的期望叹息，金军又一次遭遇了重创，而完颜承裕不敢再与蒙古作战，他只身逃往宣德。逃奔宣德的完颜承裕未曾想到由胡沙虎率领的一支强大的女真骑兵正在赶来救援。胡沙虎率领的金军并没能与完颜承裕的队伍会合，而是在桑干河流域就遭遇了蒙古军队，他们英勇抵抗，战斗持续了一整天。[100]但金军最终还是溃逃了，蒙古军再次紧追不舍。胡沙虎并不习惯应对敌人的乘胜追击，获胜的敌人没有停下来搜刮战利品而是坚持将对方彻底消灭。现在的胡沙虎既愤怒又多疑，他认为金朝皇帝没有给他提供足够的支持。逃到涞水县时，气愤的胡沙虎用鞭子抽打了县令。在获得精力充沛的坐骑之后，胡沙虎骑上马奔入荒野，而蒙古人依然在追踪他。如今，胡沙虎确信自己是在孤军奋战，他决定从此以后不再听命于任何人，而是继续进行游击战。[101]

1211年9月的三次激战戳破了金军战无不胜的迷信，自那之后，金朝的兵力被持续地消耗。中原的损失难以计数，根据九年后途经当地的旅行者的记录，那片经历了大屠杀的土地上当时仍旧是遍地白骨。[102]对金军而言，三场败绩造成的最糟糕的后果是激发了大范围的起义。就背叛而言，金朝向成吉思汗派去的那位使者的所作所为就很典型。这位使者一直被关在蒙古军营中直到第一次战斗结束，随后他向成吉思汗透露说，自己一直都想加入蒙古军，因而这次自告奋勇地担任金朝使者出使蒙古，虽然这个任务很危险，但这是他能想到的唯一加入蒙古的办法。[103]

在金朝朝廷中，完颜承裕因为吃了败仗而遭到广泛的责难。他被斥为怯懦，说他应该趁着蒙古人沉浸于劫掠的时候以骑兵突袭，而不是坚持在战场上将骑兵和步兵一字排开。会河堡一役的胜利除了让蒙古人拿下会河堡，还使蒙古人成功地夺取了一连串的城池：天城、宣平、白登城、德兴府。蒙古人因此信心十足，他们甚至还从后方进攻了西京（今大同），不过这并没有成功。[104]尽管如此，他们还是占领了北方最大的三座城市中的两个。最后，成吉思汗命令哲别夺取居庸关，这道关卡的南端被称为南口，距离中都（今北京）只有25英里。[105]

长达15英里的关卡遍布要塞，这些要塞坐落在陡峭的斜坡之上。哲别意识到居庸关太过坚固无法强攻，于是他便采用了屡试不爽的老办法：假装撤退。听闻哲别撤退，金军出关大举追击，他们急切地渴望在战场上杀敌。哲别引诱他们徒劳地追击了35英里，战线拉长后金军的各支队伍间失去了联系，哲别这时便掉转方向逐步将敌军蚕食。每当一支队伍遇袭，金兵就会派出增援，援军亦会被消灭殆尽。金军伤亡惨重，据说战场上金人死相枕藉。[106]恐慌的气氛在金军中弥漫开来，以至居庸关的守军最终只得向蒙古人投降。

11月初成吉思汗率主力部队从居庸关关口出发，他在距离中都20英里处扎营，他们据有了居庸关陷落后金军拱手让出的另外三座要塞：妫川、缙山和昌平。成吉思汗命哲别先去探查中都的防御情况，中都的沦陷似乎指日可待。1211年无疑是蒙古人辉煌的一年，为这一非凡之年画下完美句号的是耶律阿海带来的好消息，他已经为未来所有激战锁定胜局。通过一次大胆的突袭，耶律阿海控制了金朝的牧场和种马储备，断绝了金朝骑兵重振旗鼓的可能。这次的突袭还为蒙古人带来了成千上万匹精力充沛的坐骑，它们都早已适应了中原的环境。这一点至关重要，因为中原大部分的土壤中都缺少蒙古战马所需的硒，因而蒙古马在中原存在水土不服的隐患。[107]

与此同时，金帝完颜永济几乎处于愤怒和沮丧交织的紧张状态中，毕竟他的耳边充斥着关于战败的长篇大论。他对中都实施了戒严，禁止所有达到入伍年纪的男丁出于对死亡的恐慌而逃离中都。而他本人却打算移驾开封府，可是禁军统领劝他留下并向他保证禁军会战斗到底。当金军以5000名士兵击退了城外哲别率领的先锋队时，"血战到底"被证明并非一句空话。此次胜利也为金朝皇帝争取了一次缓刑，因为成吉思汗据此断定进攻中都还为时尚早，并将哲别召回。[108]

金帝理应感到绝望，因为金朝只在1211年对蒙古取得过胜绩，不过他只能责怪自己对来自北方的威胁疏忽大意。完颜永济始终不相信蒙古人会入侵中原，他甚至都没有费心去召集民兵以为防备。[109] 短短六个多月的时间里，金帝就失去了公信力。朝臣们在他的背后窃窃私语，回顾他曾经声称蒙古在与西夏的战争中筋疲力尽所以很容易打退的言辞。据说另一个令他感到如芒刺背的，是他对成吉思汗的自夸："我们的帝国就像大海，而你的只是一把沙子。"[110] 朝臣们大肆宣扬蒙古军的强大，宣称蒙古人个个身强体壮，描述他们如何不生火做饭、如何几天都不进食、如何奇迹般地移动和协作好像蚁群一样只有一个大脑。[111] 描述越是夸张，越是加深了金帝的悔痛。

更糟糕的是，党项人对自己遇袭时金朝的袖手旁观耿耿于怀，于是在1210年9月突袭了金朝并持续攻金直至1225年。不仅如此，金朝未能出现任何出众的军事人才，反观蒙古则至少拥有三位天才型的统帅（木华黎、哲别和速不台），年轻的将领们（成吉思汗的养子、党项人察罕，以及契丹人兄弟耶律阿海和耶律秃花）也初露头角。[112]

金朝在军事方面的美名很快就被证实仅仅是建立在对宋战争屡屡获胜的基础上，而女真本不是一个尚武的民族。成吉思汗不仅在战场上表现英勇，在其他各个层面上都超过金朝的皇帝。成吉思汗出色地利用敌方阵营中民族、社会和宗教造成的裂痕，而这只不过是他身为杰出政治家的本领之一，他还在面对叛逃者时表现得十分宽宏大量，除非他们违背誓言在先。

虽然金军在激战中屡战屡败，但他们依然有可能赢得战争最后的胜利。蒙古人缺乏足够的人力驻扎占领的要塞，而且他们还在围城技术上存在缺陷，甚至成吉思汗一贯的屠杀政策（杀光所有士兵、平民和俘虏）也造成不了多大的影响，因为中原的人口实在是太庞大了。[113] 1211 年 12 月蒙古人撤兵休整，当他们满载着战利品回到蒙古时，金军迅速地收复了大部分沦陷的城池。

如果说 1211 年是蒙古人大获全胜的一年，那么 1212 年就显得有些虎头蛇尾。这一年的开头还不错。早些时候通过绳梯投敌的威宁地方长官刘伯林此时已谋取了职位，他成为成吉思汗重要的谋士。他机敏地建议成吉思汗在遥远的金朝东北部发动攻势，希望能激起当地的契丹人造反，具体的目标则直指辽阳。辽阳处于蒙古驻地以东 200 多英里。虽然成吉思汗最喜欢的将领和战略家是木华黎，但若是他需要进行一次大胆的远距离突袭，那么哲别是不二之选，这次也不例外。于是成吉思汗下达了攻打辽阳的指令。1211 年 12 月哲别从中都北部向东北沿海出发，他渡过结了冰的辽河，于 1212 年 1 月抵达辽阳城外。[114]

哲别发现这座城市防守严密，于是他抛下辎重，假装惊慌失措地逃走。眼看着胜利唾手可得，辽阳守军蜂拥而出，他们先是洗劫战利品，然后展开追击。哲别伪造了痕迹，让金军的侦察兵以为自己正逃往中都，并且就身处金军前方大约 100 英里（骑马六天的路程）处。辽阳守军正为胜利进行庆祝，但哲别已经趁着冬季漫长的夜色，在 24 小时之后骑马折返辽阳，在敌方召集起任何抵抗力量之前攻入了城中。[115] 惯常的屠杀和洗劫之后，哲别及其部下才悠哉悠哉地退回到中都市郊。

一等到哲别安全归来，成吉思汗就下令撤离中都，退回到金边墙，只留下足够的兵力守卫蒙古通往中原的主要关口。[116] 他得让骑兵好好休息并仔细思考下一步的行动，不过蒙古在中原的发展势头仍旧需要保持。成吉思汗于是命令王子们在西部展开攻势。窝阔台、术赤和察合台三人迅速行动了起来。他们避开了位于丰州以南的几个危险的关口挥师南下，向东跨过滹沱河后分头行动。一支小分队南下围攻宁边，主力部队则沿河向上夺取了杀虎口并占领了靠近大同的朔平和宣宁这两座城池。王子们随后重新集结成一路并攻向陕西。[117]

由于陕西的复杂令人苦恼，攻占陕西需要蒙古人各显其能。陕西地域广阔，南北差异很大，局部地区的气候各异，其北部属于黄土高原和鄂尔多斯沙漠，中部的秦岭山脉将其分为两个部分，秦岭的南部有着亚热带气候。这里有很多蒙古人早已熟知的动物（鹿、羚羊、骆驼、雪豹），也有一些他们闻所未闻的新奇物种，比如大熊猫和金丝猴。[118]

成吉思汗此时已经撤退到位于汪古部边缘的呼伦湖休养。事实证明，汪古部盟友并不可靠。成吉思汗在中原短暂停留时汪古部就爆发了一次反蒙古政变，成吉思汗的两名主要支持者遭到暗杀。在1212年初，当成吉思汗回到汪古部的领地时，叛乱者向西逃到了鄂尔多斯。稀奇的是成吉思汗并没有去追捕他们，反而是金朝逮捕并处死了反叛蒙古的汪古部叛徒。金人斩杀反抗蒙古的人，个中缘由让人倍感好奇，据学者们推测，这其中一定有讨好汪古部中亲蒙古派的意图。然而金朝坚持申明汪古部的从属地位，这让所有的努力付诸东流，也激怒了在两派之间举棋不定的人，他们下定决心倒向了蒙古人一边。[119]

目前只有几位蒙古王子在金朝的土地上积极作战，对金朝而言这似乎是弥补损失的理想时机，他们也的确重新占领了1211年丢失的大部分要塞。然而两个主要的因素却导致他们无法从成吉思汗暂时性的撤军中真正占据优势。首先，1212年4月华北地区遭受了有史以来最严重的一次饥荒，这显然是因为去年蒙古军队的破坏带来的连锁反应。其次，党项人选择在此时再次对金朝发动突袭。而就在西夏来袭的同一个月，东北地区的契丹人爆发了叛乱，此次叛乱由耶律留哥领导，他宣称契丹独立并自立为王。

学者们对这次契丹叛乱的起因颇有争议。有人认为这与蒙古人并不相干，因为那是金人派遣军队驻守东北地区震慑契丹人酿成的苦果，金朝将领盲目采取的强硬态度激怒了当地人，引发了一场自发的起义。[120]其他学者的观点似乎更加合理，他们认为成吉思汗对契丹人漫长的拉拢最后还是取得了成效，而且哲别入侵东北的其中一个目标就是促成当地的反叛。[121]

东北地区被北部的大兴安岭和南部的燕山山脉（从它们之间亚洲草原由此延伸）同蒙古隔开，13世纪时此地分为四个不同的区域：汉化的辽河下游是主要的农业产地；两座山脉之间的区域是游牧民族的家园；与朝鲜半岛和西伯利亚接壤的密林中居住着经营农牧（牲畜包括游牧民并不饲养的猪）混合经济的村民；极北之地居住着渔猎部落。尽管东北地区在冬日极度寒冷，但当地物产丰富、人口稠密，拥有着多元文化。[122] 契丹人的暴动使蒙古在当地的羁縻统治成为可能，毕竟契丹人在蒙古人的治下无须像在金朝时那样因严苛的压迫不得不持续反抗。治理这样的地区需要能够融合各种文化的铁腕人物，而耶律留哥似乎恰好符合。夺走这片庞大的领土是对金朝的致命打击。东北地区是如此地重要，就在耶律留哥起义之前，金朝刚从东北地区调走 2 万骑兵以增援中都防御，东北地区曾经的驻兵之多可以想见。[123]

毫不意外的是，金朝并没有对东北的分离听之任之，他们立即派出了一支强大的军队攻打耶律留哥。因之前与哲别接触时受到了鼓舞，耶律留哥向成吉思汗求助。为了表明自己对待同盟的慎重态度，成吉思汗派失吉忽秃忽出使东北，同行的还有孛儿帖的弟弟按陈那颜。据说这两位蒙古使者实际上是在东北地区中部、现在的长春附近遇到了耶律留哥。耶律留哥保证自己会是蒙古人忠实的盟友，他也大体上遵守了自己的诺言。耶律留哥告诉使者，金朝肯定已经无法从东北地区再得到骑兵的增援，但他确实需要蒙古人的援助，尤其是因为东北地区的人民很难响应起义，北方的渔猎群体比如索伦人基本上对起义漠不关心。[124] 按陈那颜从成吉思汗处领有一支 3000 人的小部队，但再加上契丹的叛军，他们就足以轻松地击溃金军。获胜之后，作为一名优秀政客的耶律留哥非常机敏地将敌人的辎重和财物都交给了成吉思汗，成吉思汗对于他谦卑的姿态十分受用，并将耶律留哥封为辽王（即辽人的国君）。[125]

初秋时，成吉思汗返回中原重启军事行动，此时金朝的国力无疑因大范围的饥荒（特别是 1212 年 6 月在山西和陕西爆发的）而遭到削弱。成吉思汗这一次的行动目的有两个：一是与他在西部的三个儿子互相配合并占领大同，二是永久据有金边墙以内最北部的地区。成吉思汗曾表达他对之前行动中人力资源的"浪费"的不满，但客观上说，那是一次成熟的进步，而且这在很大程度上要归功于刘伯林等机敏的降将的建议。

占领金边墙内部的行动由拖雷指挥，成吉思汗的养子察罕从旁协助。[126] 成吉思汗本人则在刘伯林及另一名老谋深算的降将郭宝玉的陪同下转而向西，在较年长的三位王子的协助下向仍在顽强守城的大同聚集。对这一次攻势，成吉思汗充满了自信，因为叛逃者向他透露了攻城战的许多秘诀，而且他还网罗了最新型的投石机。10月时围攻开始了。金军的一位初出茅庐的年轻将领试图带领救援部队从侧翼袭击成吉思汗，但他被蒙古军队的佯退诱进一条狭窄的山谷，全军覆没。[127] 成吉思汗重启攻城，却被城墙上射出的箭击中受了重伤。于是他停止了围城，带着军队向北方撤退。[128]

同时拖雷击败了一支3000人的金军小部队，非常艰难地占领了德兴府，随后他弃城与父亲会合，于是金军得以重新占据了该城。两路军队都没能取得与前一年同等的辉煌成就，1212年的战果令人大失所望，然而成吉思汗受伤可能是其主要的失败原因。对蒙古人来说，唯一确实的好消息是他们正在慢慢地掌握攻城的技巧，而大同城外金军的失败则意味着敌军已基本放弃了和蒙古人对阵的念头。[129]

就算1212年蒙古人相对黯淡的表现让金人看到了一丝希望，但至少有三个主要的原因说明金人此时的乐观为时过早。第一是饥荒，金朝人民仍在忍受着饥饿，而朝廷不得不从开封和黄河下游将大量的粮食运往北方各地支援前线，与此同时蒙古的入侵使陕西又遭受了一次严重的饥荒；第二是人口的短缺，截至此时人力资源的短缺已经变得非常严重，以至于惯犯一旦选择在军中服役就会被赦免；第三是暴动越来越频繁，袭击者不仅包括年底时信心大增并以辽王自居的耶律留哥，而且党项人也入侵了甘肃和陕西并占领许多城镇。[130]

在位于金边墙以北的多伦诺尔绿洲进行漫长的冬季休整后，成吉思汗于1213年返回中原并进行第三次攻金。他包围了德兴府，不到一个月就占领了它。木华黎在围攻40天后占领了金朝的北方都城上京会宁府。金军似乎无法接受这样一个显而易见的事实，那就是他们永远也无法在军事行动中击败蒙古人，他们又想尝试对抗蒙古的精锐。在妫川金军再一次惨败。金军遵照一贯的战斗模式，中间行步兵，骑兵守两翼。蒙古的骑射能手们适时地用一阵箭雨摧毁了步兵阵地，杀死了大批被迫应征的农民。成吉思汗发现敌军的骨干依然不愿屈服，于是他下令大举进攻。在蒙古军队闪电般的冲击下，金军被逼到更为开阔的地方，这便于拖雷打击其侧翼。两翼的蒙古骑兵沿着山谷上方的山脊艰难跋涉，然后居高临下、突如其来地袭击金军的后方和侧翼。金军伤亡惨重，据说死者的骸骨相互堆叠，形成一座白色的隆起，看上去就像是一座雪山，而地面满是人体的脂肪，又腻又滑。[131]

然而即使打了这场令人瞩目的胜仗，成吉思汗仍旧在居庸关碰壁，那里守军的顽强抵抗持续了一个月。为此成吉思汗招来了擅长围城战的哲别。哲别率军沿着桑干河一路而上找到了金边墙上的另一个关口，于是绕过了金军严守的居庸关。成吉思汗留下一支可靠的力量牵制居庸关的守军后紧随哲别行动。金军的将领想要带兵截断哲别和成吉思汗的会合，但他未能成功。当他到达时哲别和成吉思汗已经会合，他们控制了关口并严阵以待金军的来袭。见此情景，金军中的大部分人拔腿就跑。接着成吉思汗又攻下了易州，他命哲别和速不台二人带兵急行从居庸关的另一个入口破关，这样就可以在关卡的南端包抄敌军。面对要么被严密地封锁、要么仓促迎敌的两难抉择，快要饿死的金军选择了投降。[132]

战役的展开和相应策略的实施都耗费了不少的时间，直至1213年11月初成吉思汗才抵达紧邻中都南面的涿州。他派了5000人守卫通往中都的所有道路，并将攻城的任务交给了木华黎。然而金人的顽固抵抗让成吉思汗有所气馁，于是他向金帝派了一名党项人充当使者提议讲和，但他的提议被草率地回绝了。

金朝许多朝臣认为拒绝议和并非明智之举，毕竟这样只会让越来越多绝望的将领和官员投诚蒙古。来自金朝的逃兵和叛徒已经被编入成吉思汗的军队，由他们编成的军队有46支之多。[133] 金朝迅速陷入混乱之中，数不清的强盗、恶匪和自卫团体纷纷涌现，他们占山为王、四处掠夺，夺取粮食、丝绸、黄金、武器、妇女和男孩（作为奴隶），强占房屋和财产，甚至占据乡村地带武装割据。[134]

在中原一片混乱的同时，中都也正上演着戏剧性的事件。桀骜不驯的胡沙虎厌倦了游击战中的缺衣少食，他不知怎地又重新获得了皇帝的宠信，于是他被提拔为右副元帅，还得到了专属的5000人近卫军。用一位历史学家的话来说，这一切恩宠只不过是让从来就不知谦虚为何物的胡沙虎这个"暴躁的恶棍"变得更加自负。[135] 皇帝赐予他特权的条件是他必须留在城内，但胡沙虎却决定向世人表明，在这个国家掌握实权的是他而非皇帝，因此他我行我素。愤怒的皇帝派出一位使者试图将他召回并向他申明他的处境，但这位右副元帅完全不予理会。随后，胡沙虎诡称他要与城内的卫戍指挥官谈话，并在谈话时乘机将其杀害，作为对自己暴行的"辩护"，他声称自己处死的指挥官正策划发动政变。[136]

胡沙虎的下一步行动更是厚颜无耻得惊人。他带着同伙来到中都城门外，宣称蒙古人正紧随其后追击他，当守卫开门迎接时他们却惨遭杀害。接着胡沙虎的手下又屠杀了禁卫军。在将皇帝软禁之后，1213年9月11日胡沙虎宣布自己为摄政王，并在同一天杀死了皇帝。曾任卫王的完颜永济死时年仅45岁，他是金朝十位帝王中的第七位皇帝，也是金朝第三位遇刺的君主。[137] 胡沙虎拥立了金宣宗（1213—1223年在位）为帝，他对傀儡金宣宗不屑一顾，当皇帝出场时他也依然坐着拒不行礼。

一开始，胡沙虎似乎并没有辜负自己营造的金朝救世主的形象。11月时他在中都城外打败了一支蒙古军，这一壮举因他身患重疾只能躺在车里的病床上指挥作战而显得更不一般。第二天蒙古人卷土重来，结果又是胡沙虎获胜，但这一次的胜利非常地勉强。胡沙虎对成吉思汗知之甚少，因为众所周知，在这种情况下可汗会坚持作战直到得到他想要的结果。大概前两次的交锋并没有让成吉思汗手下最优秀的将领发挥出应有的水平，第三天蒙古军便赢得了一场压倒性的胜利。[138] 仍在病中的胡沙虎派了元帅右监军术虎高琪前去应战，并威胁他要是失利就会将他处死。受到威胁的术虎高琪急中生智，他匆忙赶在战败的消息传到京城之前赶回中都，带着一批精兵进宫，打算消灭那个威胁他的人。在寝宫内的胡沙虎大吃一惊，他想翻墙逃走却跌落下来受了重伤。胡沙虎被拉起来并立即被斩首处死。胡沙虎所辖的禁卫军因被赶出权力中枢而愤怒异常，有一两天里，内战的序幕已然隐约可见。最终金宣宗高明地收买了禁卫军，而且还赦免了术虎高琪的谋杀罪名并任命他为左副元帅，拜平章政事。[139]

由于处于四面楚歌的绝境中，金宣宗决定求和，但他的请求包含了太多的条件、警告和免责条款，于是它被成吉思汗轻蔑地拒绝了。成吉思汗如今深信，要想使金帝面对现实并乖乖就范，唯一的办法就是一路攻打到金朝的南方边境以及黄河下游，对金朝全境造成毁灭性的破坏。他留下5000人驻守通往中都的道路，接着将军队分成了四路。以刘伯林为向导和监军，窝阔台、察合台、术赤负责攻占山西和河北的西部；[140] 由汪古部的不花、术赤台、脱栾·扯儿必作为副手，合撒儿和按陈那颜将带领军队让中都与渤海之间的广袤土地沦为焦土；成吉思汗手下的三位王牌指挥官（木华黎、哲别和速不台）被指派征服和摧毁河北东部以及山东；至于成吉思汗自己，他计划由他和拖雷穿过金朝腹地杀到黄河沿线。[141] 大军袭来的恐怖气氛将会让华北的每一个人都清楚地认识到，他们不应再对金帝抱有任何期待。成吉思汗觉察到金军士气低落，因为他们一直保持着防御的姿态，而不集中力量去对付任何一路蒙古分队。金军在中都城内布置了3.6万名士兵，但考虑到成吉思汗的著名陷阱，中都守军并不敢出城迎敌——一旦他们冒险去攻击其中一路分队，那么他们的侧翼会遭到其他分队中的至少一支的袭击。

四路分队中最容易的任务被交给了合撒儿。在向东南方进军至渤海边的平州、滦州之后，合撒儿沿着一年前哲别的路线向东北方向攻占了辽河流域，之后他先是沿着黑龙江的最大支流松花江（松花江是一条蜿蜒的河流，河的两岸布满了无数的牛轭湖①，在每年的这段时间中湖水都会结冰）向东北深入东北地区的腹地，接着，合撒儿再沿着松花江的主要支流嫩江一路向北穿过了大、小兴安岭。[142] 他们摧毁了一路上的所有金朝城池，屠杀了每一个依然效忠大金帝国的人。他们获得的特别奖励是中都以东的蓟州（现天津蓟州）以及位于东北地区南部、现在锦州东北方向的易州。[143]

此次具有传奇色彩的行动是为了打出蒙古的旗号以彰显他们的存在感，同时支援耶律留哥和契丹人坚持抗金的行动，但奇怪的是，成吉思汗已经将东北地区赐给了合撒儿，所以成吉思汗实际上是派了他的兄弟去给

---

① 指过于弯曲的河流逐渐裁弯取直，原本的河道废弃后形成的湖泊。——编者

自己征服封地。不管怎么说,这一点仍值得我们探讨,因为合撒儿在远征后不久就去世了,而当时与此有关的情况和消息来源并不明晰。[144] 关于合撒儿在东北地区的功绩存在谜团,因为有很多说法,但这些说法基本都缺少证据。据说合撒儿在洪水泛滥的时候骑着马跳进了松花江,尽管我们都知道那个时候河水都结冰了。[145] 据说他还要来了1万只燕子和1000只猫,然后点燃了它们尾巴上的毛并将它们丢到城垛上,这样他就让整个城池都燃烧起来,从而攻占了位于河东岸的宁昌。可惜的是,这个非常老旧的故事至少可以追溯到维京人的时代,冰岛传说《挪威王列传》(*Heimskringla*)中也有类似的说法。据说摩尔人在西班牙的战争中也是采取了相似的战术,他们将火把绑在公牛的尾巴上再将公牛赶向敌阵。所有这些寓言追根溯源似乎都是来自《圣经》中参孙将火把绑在狐狸尾巴上的故事。[146] 尽管如此,索伦部在洮儿河谷臣服于合撒儿的故事还是有着坚实的史实基础的。[147]

在扫荡山东的行动中,木华黎被任命为最高统帅,级别高于哲别和速不台,这也再一次彰显了成吉思汗对木华黎特殊的敬意。山东半岛北临渤海、南接黄海,南北向宽250英里,东西向长450英里。半岛的地理情况和气候环境错综复杂,它包含平原、盆地、丘陵、梯田、三角洲甚至高山。该地区的北部和南部为黄河三角洲(历史上黄河经常改道,有时流向半岛北部,有时流向半岛南部),两地地势低平,几乎没有海平面高,但占据半岛大半的中部又是丘陵高地,西部则是海拔5000英尺的泰山。一如往常,成吉思汗早已对当地所有的相关信息了如指掌,他避开了炎热多雨的夏季季风季节,直到适宜作战的漫长凉爽的冬季才派木华黎出征山东。成吉思汗盼咐木华黎着重攻打半岛的北部,因为他希望能征服黄河三角洲。[148] 根据记载,木华黎遵照可汗的指令摧毁了所有途经的农田。成吉思汗的态度是,如果金帝为了保全脸面、挽回尊严而拒绝投降并不惜让自己的人民受苦,那么他就会让金人知道这个代价会有多么地高昂。

木华黎还摧毁了登州(今蓬莱),这座城市以美酒著称。他还扫荡了长清,这是一座从各角度来看都很美丽的城市,那里遍布湖泊、庄园、丝绸作坊以及荷塘,盛产美丽的丝织品,也是著名的佛教圣地。[149] 据说木华黎是第一个看到黄海的蒙古统帅。

王子们则很享受1213—1214年的第二次出征，这次远征非常著名。他们穿过保定和潞安突袭了黄河左岸，然后在黄河与其第二大支流汾河（长约430英里）汇合处的河津转向西行，随即他们直接向北进入汾河河谷。他们攻陷的城镇还包括平阳、汾州以及太原。富庶的太原是山西的治所，也是重要的酿酒和冶金中心，此地的居民们似乎对于蒙古人攻入大吃一惊，因为他们一直坚信，蒙古军队只会从北方而不是南方进攻。[150] 刚踏入汾河河谷，蒙古军队便开始北上，途中洗劫了代州和大同府。其他落入窝阔台、术赤、察合台三人之手的重要城镇和据点还有真定、赵县、隆平和绛县。成吉思汗和几位王子都习惯性地让俘虏为军队打头阵，让他们发挥攻城锤的作用以减轻己方人员的伤亡。守军往往能在俘虏之中认出自己的亲属，于是他们拒绝应战，从而让蒙古人轻松获胜。王子们的军队满载着堆积成山的战利品，于1214年3月与木华黎的军队以及成吉思汗和拖雷在中都城外会合。[151]

成吉思汗和拖雷率领的第四路也是规模最大的一路军队几乎笔直往南穿过了河北直抵黄河，进抵金朝的南方都城开封。他们攻下了菏泽，但是绕过了木华黎负责的济南和大名。金军宣称他们远较成吉思汗的军队强大，但木华黎已经毫不费力地占领了长清。木华黎和成吉思汗的路线在山东半岛出现重合有些奇怪，也许正如一些编年史家所言，成吉思汗前往山东可能只是想看一看大海是什么模样——他骑着马抵达半岛西北端的登州海岸时实现了这个愿望。[152]

成吉思汗的军队随后继续向南朝着黄河挺进，他们一路劫掠，摧毁了他们途经的每一座村庄、城镇以及未设防的城市，肆意地毁坏水稻、谷子、高粱和所有葡萄园，如此行径也许是因为他们对农业的价值一无所知，更有可能是为了执行焦土政策。华北平原上的河流比其他地方要少得多，此地适宜骑马旅行，骑兵畅通无阻。据说在这段长达300英里的路程中，成吉思汗和他的骑兵一共夺取了86座城镇并将其全部洗劫一空，黄河以北的整个地区只有九座城市未遭此劫，而七座人口超10万的主要城市全部沦陷。[153] 城市大量沦陷足以证明蒙古人迅速掌握了围城和攻城的技术。[154] 在这次堪称史诗的冒险中，蒙古人还常常得以远距离地欣赏大量的野生动物，其中就包括一些他们从未见过的物种：丹顶鹤、大鸨、金雕、海鹰、白鹳和黑鹳、黄鼬和梅花鹿，以及他们比较熟悉的老虎、水獭、貂、麝猫、野猪、狐狸、獾、野兔、野鸡、鹧鸪和秃鹫。[155]

这场远征以闪电般的突袭以及蒙古人惊人的机动性而名留史册。成吉思汗巧妙地绕过了今天山西的临汾、太原等难以攻克的目标而将精力集中在了比较容易攻破的城池，从而建立起战无不胜的美名。[156] 在四路军队齐头并进的复杂征途进入尾声之际，成吉思汗和他的骑兵们在三个月内纵横驰骋了整个金朝。正如一位历史学家所说："大河以北，烟尘四起，鼙鼓震天。"[157] 当成吉思汗、他的儿子们以及木华黎在中都北部重聚时，大量缴获的马和牛拉着装满战利品的大货车，战利品中尤为显眼的是堆积如山的丝绸，以及成千上万的年轻男女奴隶。[158] 遥控中都围城行动的同时，成吉思汗再次撤退到多伦诺尔绿洲中歇息，但在此之前他还派木华黎去执行了另外一项任务。

这一次，木华黎被派往一个蒙古人从未涉足的地区——渤海和朝鲜湾之间的辽东半岛（今辽宁省）。成吉思汗的目的在于加强蒙古对东北地区的控制、帮助耶律留哥和契丹人的起义，同时进一步巩固合撒儿的占领，之前进行攻占时木华黎就与合撒儿合作得非常顺利。木华黎身边有许多才华横溢的副官（不花、乌野儿和史天祥），但可惜他最喜欢的史天倪并没有参加这场战役。史天倪其人早在1213年就跟随着父亲、带着数千人投奔成吉思汗。史天倪对木华黎忠心耿耿，他曾招兵买马帮助他的靠山木华黎。后来史天倪与老谋深算的武仙发生了冲突，武仙在表面上投降了蒙古人，暗地里却在密谋反抗。史天倪将武仙的政变扼杀在了摇篮里并揭露了他的阴谋。因此武仙一心想要报复，他竟大费周章地请仇人前来赴宴，全程表现得毕恭毕敬，最后在史天倪回程的路上设下埋伏将其杀害。[159]

木华黎穿过辽东半岛的丘陵和森林地带，径直来到了辽东半岛与朝鲜半岛的分界线鸭绿江。辽东半岛拥有长达1300英里的海岸线（约占今日中国海岸线总长度的12%），因此此时木华黎对大海已司空见惯。[160] 1214年11月，木华黎洗劫了该地北部的主要城镇高州，他向成吉思汗报告说，辽、金两朝在过去两个世纪的大规模森林砍伐让他的行动变得更加简单。[161]接着，他派史天祥沿正西方向前往该地重镇大定府（金五京中的北京），并将大定府方圆50英里内的所有村庄夷为平地。史天祥于1215年1月完成了这项任务。

因史天祥之前报告说大定府难以攻克，木华黎在结束了对辽东半岛的攻势之后，先向东北再向西行与史天祥会合。木华黎从南方侦察了大定府的情况后同史天祥会合，但他不得不承认，就算两支队伍合力他们也仍然难以攻下大定府。但是他们出现在大定府的时机十分合宜，因为金军已决定在北方做最后的挣扎并派出一支20万人的军队，由将领银青率领。1215年3月，木华黎在花道击败了对方并屠杀了金军，8万名金兵死于此。[162]金朝从即刻起明确放弃了偏远的北方领土。

此刻，木华黎正考虑着赶上合撒儿的队伍，但合撒儿通过驿马传话，说他已经离开嫩江，正在返回蒙古的路上。合撒儿继续沿着洮儿河上游越过兴安岭来到兴凯湖，随后抵达克鲁伦，他在1215年1月完成了这一史诗般的数千英里远行。[163]合撒儿和木华黎都向成吉思汗报告说耶律留哥和契丹人依旧十分忠心，这让可汗很是满意。[164]

成吉思汗向来不喜欢高温的天气，他在1214年的夏天退回多伦诺尔绿洲，但依然让军队严密地封锁中都，并占领首都周边的各州镇（易州、涿州、霸州、祁州），金帝能够获得增援的重要通道皆已不复存在。4月时成吉思汗想劝金帝讲和，他强调虽然自己手下的将领嗜血成性，但他还是希望以和平的方式解决问题。由于蒙古坚持让金宣宗放弃皇帝的称号并降格为王，会谈立刻就失败了。[165]成吉思汗回复道："整个山东和河北都是我的，而你只有中都。神将你变得如此虚弱，如果我再折磨你，我不知道老天会怎么说。我愿意撤军，但你必须让我得到一些好处来平息将领们的不满情绪。"[166]他委托自己信得过的顾问札八儿火者负责进一步的谈判事宜。

金朝的"鹰派"和"鸽派"在朝廷展开了激烈的辩论。"鸽派"的观点是，皇帝应当同意讲和，并在讲和之后将朝廷迁往东北地区，在那里他们可以唤起女真人旧时对部族的忠诚。这个策略对金朝来说是种倒退，因而立刻遭到了否决。"鹰派"则声称,蒙古人因疾病已经筋疲力尽,因此这正是进攻的最佳时机。然而守卫中都的将领却指出自己的部下已经士气低落、无心再战:"如果失败了,他们会像鸟和动物一样四下逃散;如果胜利了,他们就会立刻回到自己家里,那时又有谁来保卫京城呢?"[167]

就在金帝和他的臣子们犹豫不决的时候,消息传来:南宋宣布将不再依照1208年的条约向金朝进贡。南宋和他们的宿敌金朝一样犹豫不决,他们无法决定究竟是与蒙古人结盟还是加入金朝同成吉思汗开战。他们"解决"这一困境的办法仅仅是决定不再遵守和议中的承诺。[168]

闻此消息,金帝极不情愿地同意了蒙古的和平条件。这些条件极为严苛:他要将公主嫁给成吉思汗,并陪嫁500名青年男女作为侍从;在战争赔偿方面,金朝要向蒙古赔付3000匹马、10万根金条和30万匹丝绸;此外,金帝还必须释放一批指定的政治犯,这些人都是叛逃到蒙古的契丹高官的亲属。[169] 这个条约只能带来局部的和平,因为蒙古王子们仍旧在山西境内攻占着更多的城池,但成吉思汗至少结束了蒙古对中都的包围,虽然他依然封锁着进出中都的所有路线。也许双方都认为和平不过只是短暂的休战。未来怎样无人知晓,但是金朝已经彻底地低下了头,被20年前尚是一个默默无名的游牧民的军事天才征服了。[170]

8

征服华北

　　一如双方所料，和平并未能持续得太久。金宣宗受够了在危如累卵的中都里担惊受怕，和约刚一通过（1214年6月）他就决定将都城迁到南方的开封。赞成此举的朝中大臣们认为周长近120英里的开封拥有坚固的城墙与点缀着花园和果园的护城河，它比中都更易防守。[1] 迁都是女真汉化进程的最后阶段，它意味着金朝要放弃内蒙古和东北地区。据说，"传统"女真人中最重要的代表人物、金廷左丞相徒单镒（也是他劝金帝北迁辽阳）听到这个消息后便悲痛而死。最高统帅术虎高琪也随金宣宗迁都，但金朝太子留在了中都以打破其父迁都是为逃难的谣言，太子的谋士也随之留了下来。[2]

　　对金宣宗迁都的动机存在着不同的理解。其中包括：他憎恨生活着大量契丹人的北方地区；他害怕自己的政权基础和他的前任一样并不稳固（毕竟他是通过政变上台的，也可能会因政变而被取而代之）；还有一种愤世嫉俗的观点认为，据有黄河以北地区弊多于利，而开封所处的黄河三角洲盛产谷物、纳税甚多，是帝国真正宝贵的心脏地带。作为对被他抛弃的人民的安慰，金帝宣布大赦所有的叛乱分子。[3]

　　留下的太子和其班底竭尽全力维持统治，他们英勇地领导了北方的战斗，金军甚至还一度夺回了辽阳，可惜辽阳不久便再次失守。不管怎么说，都城南迁都是不好的预兆。7月时一支庞大的队伍离开中都前往开封，其中包括3万辆装满朝廷文书的马车和3000头满载着珍宝的骆驼，搬迁共耗时两个月。行至中都以南30英里处时，金帝突然开始疑神疑鬼，他不容分说地命令御林军中的2000名契丹人徒步返回中都，而他们的马匹由禁军统领没收，因为自己无法信任这些人。契丹人收到命令后立刻发动了叛乱，并将奉命解除他们武装的禁军同僚痛打了一顿。这群契丹人随后便骑马回到中都，在城门外夺取了更多的马匹后继续北上，并向成吉思汗传达他们投诚效忠的意愿。这场闹剧的起因皆是金帝愚蠢地想要夺走他们的坐骑。[4]

在中都城内，人们认为金帝的撤离就是在擅离职守，这导致更多的人转而向蒙古投诚。成吉思汗听说金帝南迁开封的消息后非常生气，他声称金宣宗欺骗了他并破坏了停战协议。随后成吉思汗便重启了战争，这让其手下的强硬派例如速不台十分兴奋。速不台认为，若是不彻底地灭亡金朝，金朝就会逐步收复所有失地。成吉思汗以金朝一直拒绝蒙古使者取道前往宋朝一事作为此次开战的官方说辞。[5] 他将木华黎派往北方，确保契丹起义保持在白热化状态。木华黎一如既往地表现出色，并且他重新夺回了辽阳。[6]

很快金朝就丧失了在东北地区的统治地位且一切已经无可挽回。将军蒲鲜万奴的故事就很能说明问题。1214年蒲鲜万奴奉命前往女真人的故土征讨反叛，在远征彻底地失败后，蒲鲜万奴决定不回中都而是自立为王，因为金朝热衷处决战败的将领，毕竟皇帝认为战败者"必定"早已与成吉思汗结盟。1215年春，蒲鲜万奴宣布自立为王，国号大真，他宣称既然金帝已经南逃，只有自己才是这摇摇欲坠的金朝合法的继承者。蒲鲜万奴任命王浍为谋士，此人算得上是半个江湖骗子，他是一名道士和算命先生，他还翻译了《易经》。[7] 金朝的衰落让悲剧和闹剧在同时上演。

成吉思汗将围攻中都的指挥权交给了来自散只兀部的三摸合拔都，这又是一颗冉冉升起的军事新星。三摸合拔都非常地谨慎，他得出结论，在1214年初雪正厚的几个月中进攻无疑太过鲁莽，与此同时对手的顽强亦不容小觑。在早期的几次袭击中，蒙古人曾两次闯入中都，但都被击退。最惨烈的一次，袭击者在攻入外城时就损失惨重，随后在发现身后的街道着火时他们才意识到后路已断。[8]

三摸合拔都分析了攻占中都涉及的种种问题。中古时期的中都处在今天北京的南部一带，它周长30英里的城墙上开有12座城门，这些40英尺高的城墙由烧制的砖土筑成，城墙的顶部是雉堞状的砖砌成的城垛，并设有900座哨塔。此外中都还有三条护城河。最让人望而却步的是城墙外四座较小的要塞，它们通过地下隧道系统与这座大都市相连。这四座要塞的面积都有一英里，它们各有两扇门，与塔和护城河组成防御工事，有独立的粮仓、军火库和金库。内城以被围墙包裹着的宫殿群为中心，蒙古军队想要攻入就很容易受到来自一个或多个要塞中驻军的攻击。[9]

中原庞大的人口则是另一个难题，无论蒙古人杀掉了多少，都会有成千上万来接替的人，这让他们的任务看起来永无止境。内城的人口从1125年金王朝刚刚建立时的8.2万增加到了1207年惊人的40万，中都及其周边地区的人口从34万增加到了160万。内城里有2万名身经百战的老兵，每座要塞也有4000人驻守，不过城内的其余男性也都或自愿或被迫地处于武装中。三摸合拔都只有5万兵力（大部分是契丹人）用于攻城。[10]蒙古人此时的攻城技术还未登峰造极，对现在的他们来说，想要通过炮击夺城似乎是天方夜谭，那有待他们之后在同西方的作战中磨炼积累加以实现。他们主要的武器是在经济上封锁城池，从而让敌人慢慢陷入饥饿的绝境。

但这一切设想都假设蒙古军队处于完美状态之中。然而1214—1215年的现实情况却是双方都饱受疾病和粮食短缺的折磨。侵袭蒙古人的是编年史家所说的瘟疫，这可能混合着霍乱和痢疾［所谓的"战争发热（campaign fever）"］，因夏天炎热的天气而尤为严重。值得注意的是，只有当蒙古人占领或围困城市中心时他们才会染上这种致命的疾病，在那之前蒙古军中并无暴发严重疫情的记录。[11]似乎瘟疫还不够致命，蒙古军中还同时感染了流行性动物疾病。这种动物带来的疾病可能是马流感，或者更有可能是蓝舌病，后者通过病毒及昆虫传播，它的扩散尤其与温度的突然变化有关。[12]不仅如此，攻守双方都因食物的严重短缺而苦恼。中都守军的可怕处境已足够明显，但那时蒙古人自己也在忍受口粮的不足，毁灭性的焦土政策如今令他们自食其果。成吉思汗被迫向金朝讨要粮食，表示这是控制身边"鹰派"将领的唯一办法。结果是双方都出现了人相食的残忍行为。蒙古在正常情况下似乎从未发生过人吃人的现象，但那时却并非正常情况。许多可靠的信息来源都证实了存在蒙古人在孤注一掷的关头自相残杀的现象，尽管我们或许可以不相信柏朗嘉宾所说的经过高度渲染的故事，他说成吉思汗下令歼灭围攻中都的部分军队，好让其余90%的人可以用他们战友的肉来填饱肚子。[13]

三摸合拔都不慌不忙地靠着城中的内耗和严格的封锁政策一步步地攻克中都，他从未犯过他的前任们想要强攻这座城池的错误，而是等待疾病和饥饿替他完成这个任务，他确信金帝不会从开封派援军北上支援中都。1215年1月，经过在多伦诺尔绿洲漫长的休整，成吉思汗回归战场。金军在东北地区的失败以及持续不断的逃亡和变节使他确信现在正是再次发动大规模进攻的时机。在成吉思汗占领了通州这座重镇之后，金朝守军的信心被进一步地削弱，在忍饥挨饿的状态下，他们坚守城池的信心与日俱减。[14]

3月成吉思汗派出一个使团前往开封以商讨金帝投降的条件，但这个使团却被另一个从中都赶去的队伍抢去了风头。这些金人不知怎么地就越过了蒙古人的中都封锁圈来到他们在南方的都城，他们劝金帝在一切都为时已晚之前做点什么。终于，金宣宗从麻木中清醒过来，他决定为了挽救北方的都城再最后努力一次。金朝在河北重新集结了两支队伍，一支在西边，一支在东南，它们按照计划将在中都会合。但东南军遭到一支人数较少的蒙古军队的拦截，并被对方击溃。[15]西部军的情况更惨，它的军队将领李英是个酒鬼，在他沉迷于杯中之物时，西部军遭到袭击并吃了败仗，还损失了1000乘原本是要运给中都饥民的口粮。

听闻这些噩耗，中都的将领们陷入了绝望。资历最高的两人有完全不同的主张，一个选择决一死战并进行最后的突围，另一个则希望偷偷地逃往南方。主张决一死战的将领完颜福兴与同僚激烈争吵后陷入忧郁，他最终选择自尽。[16]完颜福兴的继任者和太子一起哀求金帝投降，然而他们徒劳无功。反对完颜福兴的死战主张、指望夜里偷着溜走的抹捻尽忠更加拼命地想要逃走，太子乞求他带着自己一起上路。抹捻尽忠答应了太子的请求，但随后他却带着自己的家人溜之大吉，在黑暗的掩护下混过了蒙古防线奔入开封。金帝在犹豫一番之后还是将逃跑的抹捻尽忠处决。[17]

随着三摸合拔都对中都的包围圈越来越严密，成吉思汗终于开始采取进一步的行动，他在5月初占领了其他六座城市。中都的金人依然在顽强地抵抗，他们知道若是蒙古人闯入城内他们将会面临怎样的命运。城里没有食物，守军饿得已经开始吃人，就连其中最勇敢的人也开始精神崩溃。已经背叛金朝的契丹人石抹明安在攻城时发挥了决定性的作用，因为他让大量曾经的下属叛逃至蒙古军队，其中包括金朝最了不起的、掌握最先进攻城器械技术的大师们，这些人将以专业技能为蒙古可汗效力。[18]

金军顽强地战斗到了最后，这场防御战也因是史上第一次明确记载了在战场上使用火器而被载入史册。作为火药领域的先驱，金人制造了原始的大炮和炮架。在武器的弹药用光后，他们先后将银和金融制成弹药发射。[19] 不过这一切如今都成了无用功。被最高将领抛弃的守军放弃了抵抗，并为他们曾经的统领、现在已充任三摸合拔都副手的石抹明安打开了城门，此时三摸合拔都本人碰巧正在北边数英里之外与成吉思汗进行商讨。[20]

对中都的劫掠持续了一个月，其中情境在蒙古人毫无和平可言的征服大业中也算得上是骇人听闻。获胜的军队拆毁了庙宇，破坏了巨大的城门，捣毁了宫殿和庭院，犯下了数以万计的强奸和谋杀罪行。中都的其中一座皇宫着了火，这场地狱之火持续燃烧了一个月。屠杀遍及全城。据说有6万名处女宁愿从城墙上跳下来自杀也不愿成为"野蛮人"的性猎物。[21] 有人报告说城外有一座满是白色头骨的人骨山。来自西亚的使者在中都亲眼看见了另一座尸骸之山，那里人体油腻的脂肪遍地都是。[22] 很明显，其中有些是夸张的叙述。关于这场大屠杀存在两种观点。一种观点认为事实就如同叙述中的一样惨烈。另一种观点认为这些叙述基本上是客观真实的，但是人类的大脑并不能真正地理解发生的恐怖事件，为了保持理智人们反而会"弱化"灾难的规模。想要精确地估算出死亡人数是不可能的。一种估计认为在1216年中都内城的人口缩减到了9.1万，而中都及其周边地区的总人口则下降为 28.5 万，这就意味着前者的死亡人数为 30 万，后者则超过了 100 万。[23]

不管如何评价，1215 年中都遭受的洗劫无疑是中国历史上的一次浩劫。[24] 只有一个理由可以解释蒙古人毁灭性的破坏——为一年来承受的压力以及死于饥荒、疾病和战争的战友们复仇。也就是说，除了对这座城，蒙古军队并不打算无端地破坏中原地区的建筑。位于中都西南方向的卢沟桥就未遭劫难，此桥后来被马可·波罗形容为"精美到举世无可与之媲美者"。

对于无知的破坏者而言，大运河明显是另一个目标，但它也得以被完好地保留。[25] 大运河始建于公元前 5 世纪（吴王夫差开凿邗沟），它到公元 7 世纪才差不多完工。大运河全长 1104 英里，它从北京流经河北、山东、江苏及浙江，最后到达南宋的首都杭州，据说杭州是当时世界上最大的城市，有 100 万人口。[26] 在中国的统一时代（如唐朝），大运河的主要目的是用来连接黄河和长江。多亏了 10 世纪时宋朝的一位巧匠发明了船闸，大运河的河水才能在山东的山地中爬升至 138 英尺。[27] 由于黄河的泛滥和战争（特别是 12 世纪的宋金战争）带来的破坏，大运河在很长一段时期内都无法使用，逐渐停止了河道的通航。众所周知，辽朝在 1128 年毁坏了黄河沿岸的高堤来阻止女真人的入侵，这也断绝了黄河以南的运河。然而颇为讽刺的是，恢复大运河昔日辉煌的责任将落在蒙古人身上。[28]

那年的整个秋天，一辆辆车从中都出发，隆隆作响地奔向多伦诺尔绿洲，为成吉思汗带去了多得难以置信的财宝，车上金银的重量差点压垮了车辆。1215 年在多伦诺尔绿洲过冬并遥控蒙古军占领中都后，成吉思汗在 1216 年春返回了蒙古，他已阔别故土长达五年。他慷慨地赏赐了大部分的追随者，重点赏赐了蒙古核心集团内的若干成员（也惩罚了部分）。他任命木华黎为中原最高统帅，任命最后攻下中都的石抹明安主管这座城池。

随后成吉思汗派使者前往开封会见金宣宗，暗示金宣宗若是放弃帝位并接受河南王的头衔，那么就可以实现蒙古和金朝之间永久的和平。在金帝愤怒地表示拒绝之后，成吉思汗决定进攻黄河以南的金朝领土，他令三摸合拔都指挥一支2万人的队伍前去执行这一任务。[29] 1214年的胜利使成吉思汗充满了信心，于是他让哲别和速不台撤离中原。他将大片的领地赐予哲别，但对速不台却没有类似的奖赏。成吉思汗这种忘恩负义的态度一直令人很是费解，而他的继任者窝阔台也是如此。

在此次封赏中另一位重要的受益人是镇海，他曾经参与班朱尼河盟誓，是成吉思汗的早期追随者，后来成为蒙古帝国的主要管理者。为了奖赏他在抗击乃蛮部人时做出的贡献，成吉思汗已经赏赐给他一整群最好的马。1212年镇海在包围鄡州的战役中威名赫赫，当时他在左臂中箭负伤的情况下依然坚持战斗。1215年攻占中都后，成吉思汗令他爬上大悲寺的塔顶，以其为中心向四个方向射箭，"凡箭所至园池邸舍之处，悉以赐之"。[30] 另一个得到了大量封地的人是札八儿火者，他是一名穆斯林商人，此人自班朱尼河盟誓以来就一直与成吉思汗保持密切的联系。1213年成吉思汗在行军途中遇到阻拦，他们无法强行通过居庸关。幸运的是，札八儿火者过去经常在这些地区贸易，他向蒙古人透露了一条鲜为人知的小道，让他们能够穿过森林和山脉绕到守军的后方。蒙古军队的从天而降完全出乎金军的意料，他们甚至没有在后方设置岗哨，因而遭到了围剿。[31]

投降蒙古的契丹重臣耶律楚材是又一位获得提拔的人。[32] 不过在中都陷落后获得最高赞誉的可能是失吉忽秃忽。成吉思汗派失吉忽秃忽和两名怯薛长汪古儿、阿尔孩去清点城中的帝室财物。金朝的司库一见到两名怯薛长就准备贿赂他们。两名怯薛长欣然接受了，但失吉忽秃忽得知时对此非常吃惊。他有些粗暴地指出，如今中都的一切都是可汗的财产，接受司库的提议等同谋反。失吉忽秃忽将这件事上报成吉思汗，出人意料的是，成吉思汗并没有将受贿者处死，而只是进行了斥责。但可汗对失吉忽秃忽的举动十分高兴，特别是因为失吉忽秃忽表示自己所为不值一提："这是您的财产，我怎么能偷呢？"[33]

堪称奇迹的是，金朝竟然没有在1215—1216年完全瓦解。但他们存在大量的问题。位于黄河以南的河南地区是迄今为止唯一没有遭到蒙古袭击的地方，然而在1215年下半年，该地区却爆发了一场灾难性的饥荒，部分是由于当地激增的人口，包括军队及他们的家属在内，共有100万人追随金帝涌入此地。金宣宗试图通过出售和重新分配土地来解决安置人口的问题，但他将落实土地再分配的工作交给了寡廉鲜耻的地主们。这些地主们贪污腐败成性，他们只会将公有的土地据为己有或出售牟利。[34]山东受到的影响尤为严重，那里在1215年底爆发了农民起义。这又是一个打击，因为金廷本已以为大多数不满的农民都在12世纪20年代南下去了宋朝。[35]金人罕见地十分积极且不遗余力地镇压起义，也许在经历了蒙古人持续不断的羞辱之后，他们不过是渴望打一场可能获胜的战争。他们派出一支军队去山东镇压叛乱，在军队辗转作战后，仅1215年的最后六个月就有4万人丧生。被俘的农民领袖们被带到开封处以死刑，但事实证明农民运动无法被消灭，很快就出现了更有才干的领袖领导起义。宋朝抓住机会加入战局，他们与农民们组成的红袄军结盟在1217年从金朝手中夺下了山东地区。[36]

1214年和1215年金朝还遭到了西夏的攻击，党项人占领了西部的城市临洮。金朝也因东北、汪古部的边境以及西部地区的马匹进口渠道都被切断而陷入严重的危机。[37]金宣宗再一次振作起来，他派出一支庞大的军队在临洮城外对党项人进行了毁灭性的打击。党项人从不轻易言败，他们在1216年夏天再次发起了进攻，然而再一次被击退。对金人来说这些胜利是一种安慰，这说明了他们虽不能战胜蒙古人却能轻而易举地赶走党项人、红袄军和宋军。随后蒙古军队率领投降的契丹人和汉人，在占领了大名府后继续向东平推进，后来发生的情况证明征服这座城市为时尚早。东平处于东平湖的东岸，这座要塞顽强地实行坚守并抵抗住了一切进攻。蒙古这方却畏缩不前，毕竟他们缺乏水战的知识，无法从湖边或河边发动袭击，而只能沿着狭窄的路线进攻，他们的攻势守军完全可以招架。[38]不过蒙古于1215年底在河北发动的战争基本上封锁了所有从北方进入山东的路线，他们还将战场拓展至山西境内，占领了那里的许多小城镇。对金朝来说，1215—1216年最惨的可能是他们几乎每天都会面临新的危机。正如一位历史学家所说："黄河以北地区一边是蒙古人一边是红袄军，夹在二者之间的生活完全是一场噩梦。"[39]

面对眼前的四波敌人（蒙古人、宋人、党项人、红袄军），金朝下令全面征兵，并终于实行了任人唯贤的制度。他们开始在开封的周围布置强大的卫戍部队以筑成铜墙铁壁，并在黄河以北建造了成体系的要塞。金朝还颁行了一套奖励制度，规定无论是谁，只要他能够重新夺回中都就可以担任元帅；只要在任何战斗中击败蒙古军，他就能够成为总督；哪怕战胜只有3000、2000甚至1000人的蒙古军队，他都会获得金钱上的赏赐。[40] 虽然这些措施都貌似有用，但金朝其他的方针决策都让人难以理解。比如明摆着的最佳方案是不惜任何代价与宋朝结盟以对抗蒙古，但是金宣宗坚持要与宋朝开战，尽管他在北方的处境已经十分艰难。不过若是他认为可以向臣民吹嘘战胜了南宋从而抵消能够预见的来自蒙古前线的坏消息，那么他的坚持就可以理解了。金军试图在1219年渡过长江入侵宋朝却惨遭溃败。[41] 直到1224年金宣宗去世时，金、宋仍在南方交战。

与此同时，金军在1216年的3—7月于黄河以北发动了一次小规模的反攻，他们想要收复几座城镇。但由于成吉思汗于1216年在山西、河北西部、河北东部以及陕西南部发起的四次进攻，金军很快又陷入了不利的局面。其中最后一次也是最有野心的一次进攻被成吉思汗交给三摸合拔都负责，为了此次胜利成吉思汗不惜一切代价，他甚至请求党项人"允许"蒙古大军穿越西夏位于鄂尔多斯的领地。西夏军不仅答应了这个要求，而且实际上他们还派出一支大军去协助三摸合拔都。[42]

然而在开战之前，成吉思汗做了最后一次和平谈判的尝试。他要求河北、山东、山西和陕西的所有城镇必须立即投降，而且金帝必须放弃他的头衔并接受河南王的称号。金宣宗又一次拒绝了。[43] 成吉思汗非常明智地暂且避开山东，他希望金军和红袄军拼死交战，让他们先拼个两败俱伤。幸好他绕过了山东，因为1217年黄河又爆发了灾难性的大洪水，该省内的所有军事行动都受到阻碍。在这个时代，中原遭受了巨大的人员损失，而山东可能比其他任何地区都要伤亡惨重。[44]

此时，蒙古人重新审视了他们在东北地区的政治蓝图。1214年盟友耶律留哥表示是时机建立一个民政机构了，于是成吉思汗派出按陈那颜作为使者驻留东北。金朝试图通过贿赂和外交手段孤立耶律留哥，在尝试失败后他们就恢复了武力路线，然而派去对付耶律留哥的蒲鲜万奴因为蒙古人的介入很快就被击败了。金军于是退到辽阳舔舐伤口，他们又一次发动袭击，也又一次吃了败仗。对金朝来说更倒霉的是，就在这个时候，败北的蒲鲜万奴将军也反叛了，他宣布建立新的政权大真。在第三次被人数上占据劣势的蒙古军打败之后，蒲鲜万奴逃往高丽，此后耶律留哥占据了辽阳。[45]

就在这个关头，耶律留哥的副官们怂恿他摆脱成吉思汗的控制、自己称帝。耶律留哥非常清楚背叛蒙古人的后果，于是采取了与自立相反的策略，他在1215年12月动身前往成吉思汗位于克鲁伦的大本营——他的举动太机智了。[46] 成吉思汗非常乐意接待这位来访者，因为他早已听闻耶律留哥对自己的诸多溢美之辞，而且耶律留哥带来的丰厚礼品（90车黄金、白银和丝绸）也让他十分惊喜。成吉思汗非常愉快地宣布耶律留哥是最先款附的人，并要求他在东北地区进行一次人口普查。这是一项艰苦的工作，尤其现在还处于战争时期，但耶律留哥最终还是完成了普查工作，报告说东北有300万人口。

然而在此之前，东北地区的人民认为耶律留哥不过是蒙古人的傀儡，因此爆发了反对他的叛乱。[47] 一件看似微不足道的小事成了这场叛乱的导火索。耶律留哥在克鲁伦时曾抱怨说，东北地区有一个名叫可特哥的蒙古高级情报人员违抗了自己的命令，此人还将蒲鲜万奴遗弃的妻子纳作了妾室。正如耶律留哥解释的那样，夺妻之恨定会让蒲鲜万奴从高丽杀回来，进而打破东北地区的和平。成吉思汗愤怒地下令逮捕可特哥，要求将此人手脚捆住后带到自己的面前。可特哥听到这可怕的命令后吓坏了，他找到耶律留哥的弟弟、掌管民政机构的耶律厮不寻求帮助，因为他知道耶律厮不正因耶律留哥不肯独立于蒙古而心生不满。[48] 两人决定一起发动叛乱，耶律留哥的将领统古与也加入他们的阴谋。同谋者们散布谣言称，耶律留哥已经死在了蒙古，他们背信弃义地屠杀了300名蒙古人，并围捕了3000名众所周知的亲蒙古派契丹人。其中三人逃到克鲁伦，他们将发生的一切都上报给成吉思汗。更多的坏消息接踵而来。耶律厮不南下捉住了耶律留哥的夫人并自称辽王。成吉思汗对夺妻之恨有着特别的共鸣。他见耶律留哥垂头丧气、精神不振，就对他说："尔毋以失众为忧……草青马肥，资尔甲兵，往取家孥。"[49]

成吉思汗派出两支军队，采用了他最喜欢的双线出击策略。其中一支队伍被安插入中原和东北地区之间，以防金军与叛军之间有任何的协作，另一支军队由木华黎率领以镇压叛乱。木华黎的主要目标是位于辽阳以西约150英里的大定府，那里如今已是一座大城市，虽然在11世纪时该地（按照一位中原旅行者的描述）只是一座美丽的驿站。[50] 拿下这一关键目标得益于木华黎的重要心腹石抹也先的惊人战绩。此时金朝恰巧派一位新的总督前往大定府赴任，这位总督将一路乘船在渤海沿岸登陆再通过陆路抵达。石抹也先闻知此事后，在中途截下了这位新总督并绑架了他。石抹也先带上任命文件以总督的身份出现在了大定府的城门口，刚一入城，他就以蒙古人已经撤退为由劝说守卫们离开。在确立了"总督"的威信之后，石抹也先下令撤走所有的守城军队并给木华黎送去了消息，后者当天晚上就如入无人之境一般进入城中。[51]

攻下大定府对蒙古人来说是一个巨大的鼓舞。他们一举获得了大量的武器装备、战争物资以及10.8万纳税户，还得到了该城管辖范围内的32座城镇和1万名士兵，木华黎没有处死这些金军，但俘虏免死的条件是为蒙古而战。这一理性的克制很快就得到了回报，金军中一位名叫张鲸的将军在沿海地带谋杀了金军将领并归顺了木华黎。[52] 成吉思汗得知此事后便任命张鲸担任将领，让他率领从木华黎的队伍中分出来的1万名士兵。

继此大捷后，木华黎派副官在大定府周围的大范围地区进行扫尾工作。他们占领了20个要塞，俘虏了至少8000人，此外还终结了一场由两名金朝下级军官精心策划的游击战。接着，木华黎又在辽河中段击溃了一支金军。在另一场战斗中，木华黎的两个副手乌野儿和史天祥险些战败，这让木华黎的胜利打了些许折扣。在一场战斗中，乌野儿几乎要被金军将领杀死，但战友史天祥救了他的命，也最终赢得了这场战斗。[53]

如今蒙古人已经牢牢地控制了辽河流域，于是成吉思汗命木华黎一路向南，进攻河北的东北部。此时的张鲸展现出了他奸诈的一面（他也是一个渴望自立割据的人），他因拒绝上路被送上了军事法庭接受审判，随后他因为在关押期间逃跑而被木华黎处决，结束了自己的一生。他的兄弟张致举起了反叛的大旗，杀死了一名召唤其前往觐见的蒙古使者，不久他便集结了一支强大的反叛军队。现在，木华黎不得不放弃南下，行军前去镇压东北地区的大规模叛乱，叛乱分子已经占领了位于渤海西北角人口稠密的内陆地区。当木华黎再次征服这片土地时，成吉思汗召见了史天祥并奖赏了他的英勇行为，还将张鲸从前指挥的 1 万名大定府部队以及令人垂涎的金虎符赐给了他。[54]

1216 年夏初，张致发起了一次大规模攻势。为了让患有马瘟的战马得到休息，木华黎直到 7 月份才进行回击。张致躲在靠近海岸的锦州城墙后面，以免与蒙古人正面交锋。[55] 木华黎让乌野儿领着一支弱旅去进攻附近一个颇有战略价值的要塞，试图将张致引到开阔的地方。张致上了钩，他派出一支大部队，木华黎随后便迅速地将主力部队插入敌军主力与敌军大本营锦州之间，从而切断了敌人的退路。接着，乌野儿的队伍回身迎敌，他们与木华黎的部队共同包抄了敌军。随后蒙古开始进行围剿，他们屠杀了 1.26 万人。在消灭敌军主力后，木华黎又回身围攻已被严重削弱的锦州。张致此时下令发动的突围堪称是场灾难，这不过又让 3000 人丧了命，其中许多人都溺亡在小凌河中。[56] 张致冷酷地宣称将领们没有尽责以致己方失利，并以丧师败绩的"罪行"处死了他们中的 20 个人。张致手下的一位将军担心自身难保，于是便抓住张致将他交给木华黎，同时弃城投降以换取自身的安全。木华黎立刻就处决了张致。[57] 不过木华黎又一次地违背了蒙古人的习俗制止了对锦州的屠杀。按照在大定府开创的先例，他将 1.2 万名士兵都编入自己的队伍，并谨慎地给成吉思汗写信以获取支持。

很快人们就明白了为什么张致的反叛如此具有威胁。张致指挥的是精锐之师，这支部队因为身着黑衣而被称为黑军，他们幸运地在反叛后存活下来。由于义州和广宁两地依然在顽强抵抗，木华黎给了两地特别的"关照"。围攻占领两地之后，他屠杀了那里除了照例保留的人口（泥瓦匠、木匠、手艺人、工匠）之外每一个幸存的活口。[58] 如今东北地区至少暂时安定下来。作为征服东北的最后一步，蒲鲜万奴从高丽请降，他保证自己会将儿子送到木华黎的身边作为人质，随后蒙古人便允许他回到东北与高丽接壤的边境山区，蒲鲜万奴在那里成为军阀，并持续统治此地直到1233年。[59]蒲鲜万奴与木华黎是1215—1216年东北地区动乱中唯一明确的受益者。[60]

木华黎在东北地区的功绩十分传奇。尽管毫无疑问的是，三摸合拔都在南部发动的战役才是1216年里的大事件。但三摸合拔都并不在成吉思汗的核心圈子里，他纯粹是靠着功绩获得提拔的。失吉忽秃忽与三摸合拔都的关系尤为恶劣，失吉忽秃忽出于一些不为人知的原因而非常厌恶他，并散布谣言说三摸合拔都在年轻时曾与一只山羊交配。[61]9月三摸合拔都从黄河急转向南形如马蹄的东胜（今天包头附近）向南行军，他基本与黄河平行但稍偏向西方行进，率军穿过鄂尔多斯和陕西直抵渭河，并于11月洗劫了渭河南岸的西安府（今渭南）。[62]这段向南抵达黄河与渭河交汇处的行军路程全长375—400英里，途经各种气候区域，几乎是自蒙古草原直抵长江流域的亚热带地区。[63]三摸合拔都与3万名党项骑兵在延安会合，随后他们一同策马奔向渭河，途中绕过三座州镇（坊州、耀州和同州），越过渭河后深入宋朝的领土。[64]

由于金朝已在与宋朝交战，所以金军紧随三摸合拔都踏入宋境。金宣宗确信安排这支蒙古军队孤军深入是成吉思汗犯下的大错，他集结了五支军队分头行动并对其紧追不舍。三摸合拔都一路上闪转腾挪，终于在12月份抵达距开封仅七英里的地方，他甚至在敌人追上来之前占领了钧州。[65]尽管因为开封太过坚固无法攻下，但蒙古人出人意料地逼近还是引发了震动，三摸合拔都指示将开封周围夷为平地以进一步地削弱百姓对金廷的信任。[66]

三摸合拔都从成吉思汗处接到的命令是调查黄河以南的宋朝，同时继续对金朝施压，这些他都成功做到了。但三摸合拔都意识到，凭借速度、机动性和自愿奉献的意志他也只能做到这些，五支为复仇而来的大军已慢慢追上他的行踪。他将敌军分割开来以让他们各自为政，自己则沿着黄河南岸和洛河河谷这条更容易行进的路线迅速地撤退。由于北岸呈弧形分布着一系列守卫开封的城镇，所以他不可能直接带兵向北穿越。1217年1月，三摸合拔都转向孟州并击溃了一支追击的部队，这支部队在强行军之后与其他四支部队失去了联系。金人仍旧对蒙古人的机动性感到震惊，他们认为蒙古人"来如天崩，去如迅雷"。[67]

接着，三摸合拔都从冰上渡过黄河，向北袭击了位于汾河西岸（今临汾）的平阳。此时会合为一路的金军继续紧随其后。党项人在完成了协约规定的应尽义务之后，在汾河和黄河交汇处的河津滩撇下三摸合拔都独自撤离。就在这时，金宣宗想出了一个主意，他宣布大赦所有为蒙古人效力的中原人，理由是他们一定是被迫的。这个策略非常成功，至少有1.3万人逃离了三摸合拔都的军队。[68] 由于最初6万人的部队中就有3万名党项人，再加上战斗中的损失，三摸合拔都的军队已经缩减至不足1.5万人。为了避免受到平阳的金朝守军以及后方大军的夹击，三摸合拔都不得不一路杀到平阳城，虽然这次突袭代价之高连他自己都难以接受。尽管仍然处于致命的危险中，三摸合拔都最终还是因为蒙古出色高效的信息传递而获救。蒙古汗廷注意到了他的困境并派出一队人马围魏救赵，他们成功吸引了山西境内金朝的追兵，从而令三摸合拔都得以安全返回。三摸合拔都终于在2月抵达大同，他发现蒙古人在经历了多次失败的正面进攻之后，终于以消耗战的方式占领了该城。[69]

三摸合拔都的军事行动是蒙古人最伟大的功绩之一。在党项人加入之前，他只用3万人便深入金朝腹地，那里遍布固若金汤的城池和要塞，敌人为了对付他更是部署了强大的军队。从1216年11月中旬到1217年1月的第三周，除了打仗和围城所花的时间，他在剩下的50天内行军700英里。他的袭击令金军大为震动，他们担心这只是蒙古进一步入侵的先兆，也许下一次蒙古会派来至少两支这样的军队，也许其中一支会遵循同样的路线，而另一支则会径直穿过河北。金军认为带兵的将领很可能是三摸合拔都和哲别（他们还没意识到哲别已经不在中原了）。[70]

金人派了一位使者前去商谈和约修改事宜，但成吉思汗听取了三摸合拔都的建议，他回答使者说，包括河北和山东全境，以及山西和陕西境内在上次谈判中提及的地区必须全部投降，此外金宣宗还必须放弃帝位降为河南王。谈判再次破裂，战争继续进行。成吉思汗越来越看不到和谈的意义，因为他认为自己如今不需做出任何妥协就能够实现他的所有的野心。正如他所说："目前的形势就像一场狩猎。我们带走了所有的鹿，只剩下一只兔子，那么为什么不把它也一并带走呢？"[71] 令人吃惊的是，我们从此再也没有得到三摸合拔都的消息，在 1217 年以后，他从蒙古的编年史中消失了，就好像他从来不曾存在过。

受益于三摸合拔都的军事行动以及他带回的情报，成吉思汗在图拉河的营地举行一次高级军事会议以商讨他在中原的战略大计，为此他将他的大元帅木华黎召集前来。1217 年 2 月，当木华黎抵达目的地时，他受到了最热烈的欢迎。在成吉思汗慷慨的馈赠和公开的赞扬之下，木华黎被封为国王，封号可世袭，同时他还成为可汗在中原的总督和代理人。根据成吉思汗对整个帝国的谕令，蒙古军队必须服从木华黎的每一条命令，其命令等同于大汗御命。为了强调这一点，在木华黎离开前，成吉思汗授予他一枚虎纽金印和一面九旄白纛，以示对他独一无二的敬意。[72]

旷日持久的会议让木华黎直到 1217 年 9 月才得以返回中原。成吉思汗和木华黎一致认为，在对河南采取最后的进攻之前必须先消灭黄河以北每一寸土地上的金军。尽管成吉思汗称赞了木华黎在围城技术上的进步，但他还是告诉木华黎，要想拿下开封，他们仍需对攻城技术进一步地改进。成吉思汗还认为，木华黎应该将占领区与蒙古本土同等看待，在当地启用契丹人和来自中原的官僚进行管理。[73] 木华黎领有的队伍在规模上小得可怜，其中蒙古精锐部队 1 万人、汪古部 1 万人、弘吉刺部 3000 人、来自东北地区的 2 万人、契丹和乣军的混合部队约 1.5 万人、从河北来的曾经的金军 1 万人，凭借这大约 7 万名骑兵，他需要达成所有的战略目标。管理这支部队很有风险，其中的不少非蒙古人不是逃兵就是叛徒，他们的立场随战争时运的变化而摇摆，随时可能倒向胜利的一方。若是木华黎开始在中原频频失手，那么他们可能就会倒戈相向，毕竟这些人已经做过叛徒，所以再做一次也无妨。[74]

木华黎考虑将这些部队分成三路，其中一路去掠夺河北的西部和南部，一路去收复河北东部并同时入侵山东，第三路去扫荡陕西北部。[75] 第三路分队的任务还要依靠党项人的协助，不过西夏新上任的宰相敌视蒙古人，他劝说西夏神宗改变了亲蒙古的政策——这一政策为三摸合拔都的成功做出过重大的贡献。有鉴于此，成吉思汗认为木华黎分三路进攻的战略野心太大，于是他亲自指挥西边的战局。1218年2月，成吉思汗指挥了他在中原地区亲自领导的最后一场战役，他再次南下，从冰面上渡过黄河北段，包围了西夏首都中兴府，逼迫党项人重新考虑他们的外交政策。党项人很快就答应遵照原有的协定照常提供军队，以此换取和平。[76]

1217—1221年木华黎在山西、河北、山东等地作战，最初他将队伍分成了三个部分，分别攻击小城镇，荡平乡村地区并大规模地发动消耗战，直到1218年1月再转而一步步地向防守严密的大城市进军。[77]其中一支在山西作战的队伍主要用于分散敌人的注意力。木华黎由于人数不足而受到束缚，特别是他缺少用于守备城镇的多余兵力。所以在1218年初，一支金军重新收复了被木华黎占领的大部分城镇。中原巨大的人口数量本身就是一个让人头疼的问题，以屠杀为乐著称的蒙古人更是难以赢取当地民心。尽管木华黎为了实现占领采取宽严相济的策略，但这始终是一场艰苦的斗争。[78]此外，虽然存在大量的逃兵，然而金军的士气却丝毫没有崩溃的迹象，所以蒙古军队每占领一座城镇都面临严重的伤亡。再者，木华黎不可能永远处在战斗的状态中，他必须遵照成吉思汗的指令找到新的围城方案，所以他需要学习和研究的空隙。很快，木华黎就缩减了他对中原的野心。他决定推迟夺回山东以及占领河北东部的计划，以此来保有河北西部，同时实现对山西的全面占领。

木华黎致力于攻克山西与河北西部这片多山而且难以攻占的地区，其中原因值得探寻。实际上木华黎的举动有其合理性，理由有三：第一，拿下此地便占据了一个完美的防御位置；第二，拿下此地足以断绝支援西部省份的要道，扼杀金军任何解救西部之围的想法；第三，打击河北守军的士气十分重要，因为除非河北安定下来，否则在山东的任何战役都不可能取得成功。

木华黎承认自己最初的推测有误，他本以为金军会集中精力与宋军作战而不会反攻黄河以北。[79]不过他后来碰上了两次好运。当下，成吉思汗正专注于另一场远征，对手是花剌子模的沙赫①摩诃末，成吉思汗为此付出了超人的努力以召集人手。1218年底，在木华黎的军队中有10万人，其中包括2.3万蒙古人。[80]在河北，原本摆在木华黎面前的窘境也因为一位军事新秀的出现而得以缓解。

张柔的军事生涯始于担任民兵组织的领袖。民兵组织几乎等同于散兵游勇，只是他们得到了官方的认可。金军在战场上屡战屡败后，金朝主要就是靠着这些民兵组织坚持进行抵抗。1217年张柔向木华黎投降，如果当时张柔遇到的是一位更传统的蒙古领袖，那么他一定会被处死，因为他拒绝服从命令向成吉思汗的画像下跪叩头。传说木华黎将张柔的父母扣为人质逼迫他归降，但这种说法似乎是杜撰的。[81]虽说张柔残忍奸诈，但他也忠心耿耿，事实证明他也的确具备罕见的军事才能。他与金朝大将武仙激烈厮杀的故事更是广为流传，武仙是金帝最得力的统帅，也是金帝在1218—1220年任命的"河北九公"（元帅）之一。除了在四场激战中击败武仙并占领了河北的30座城池之外，张柔还因他对满城的出色守卫而引起了成吉思汗的关注。当他的主力部队部署在其他地方时，金军乘隙进攻满城，但是张柔临时召集了老人、妇女和伤员，成功阻止了袭击者攻城。[82]

由于张柔的绝佳表现，木华黎的侧翼更加稳固。1218年木华黎攻入山西境内，他将城镇一个接一个地拿下，到了1219年该地区只剩下最南端仍掌握在敌人的手中。木华黎的兵锋主要指向两个方向：首先是汾河沿岸，那里是主要的粮食种植区；再就是汾河与黄河之间的高地。1220年夏天，木华黎回到河北并接受该地区剩余的金朝城池的正式投降，其中就包括了大名府。1220年8月，他已有足够的信心进入其战略大计的第二阶段：彻底占领河北并收复山东。[83]

令人惊奇的是，在经历了山西的浴血奋战之后，到1220年底木华黎就已经完全地控制了河北。重镇济南府（今济南）的投降成为蒙古征服华北的一个转折点，这群侵略者第一次接受较大地区的自愿归降。部分原因

---

① 波斯古代皇帝的头衔。——译者

可能是木华黎的安抚手段及态度温和的统治政策取得了成效，但促成他们态度上的转变的或许主要是当地人终于对金朝失去了信心，他们认为未来掌握在蒙古人手中。[84] 木华黎信心十足，他甚至在大同府设立了法律机构和中央行政机构。在遥远的花剌子模，成吉思汗听说契丹人将木华黎称为国王。成吉思汗非但没有为此心生猜忌或是倍感愤怒，而是向他最喜爱的这位大将送了一条口信："此喜兆也。"[85]

木华黎身材高大威武，留着卷曲的胡须，他好与人交际也极其乐善好施，被认为是一名真正的总督。他只娶了一位正妻和八位妾室，只有孛鲁一个儿子，因而十分宠爱他的独子。木华黎喜爱中华文化，他甚至还有些国际化的风范，因为他喜欢穿戴从西亚进口的头巾及其他伊斯兰风格的服饰。[86] 如今他十分富有，他的财富除了来源于战争中获得的战利品，更多的还是来自成吉思汗因为他的出色表现而分封给他的大片土地。[87] 木华黎在华北建立的政权是一个混合了汉地、契丹、女真、畏兀儿及蒙古的文化与民俗的综合体。他在朝廷中吸收了汉地的某些传统内容，也保留了蒙古男女平等的习惯。在管理方面，他主要从契丹和汉人官僚中吸纳人才，并将中原的行政制度与蒙古社会政治制度中最优秀的部分相结合。[88] 在宗教事务上，他和他的领袖成吉思汗一样宽宏大量。当时正是蒙古人对兵役、劳动力（徭役）以及物资需求最多的时候，普通的中原百姓的负担最为沉重，他们还要缴纳蒙古对粮食、织物、马匹、武器和货币所征的重税（蒙古人对几乎所有的东西都收税），然而佛教和道教教徒被免除了所有的赋役负担，因而信教对民众来说十分具有吸引力。[89] 成吉思汗放手让木华黎按照他觉得合适的方法去管理中原，这着实让人吃惊，这证明独裁者与其伙伴建立了一种极为罕见的融洽关系。有的观点认为成吉思汗总是疑神疑鬼，但从他同木华黎的关系来看，这种指控似乎站不住脚。[90]

与此同时，对东北地区的攻略也进入了收官阶段。1217 年金朝最后一次试图挽回东北地区的局面，在失败之后他们终于放弃了那里。不过耶律留哥的亲蒙古政权一直摇摇欲坠，毕竟大部分的契丹人都渴望独立，就在同一年，耶律喊舍领导了一支强大的反蒙古联盟，东北陷入了内战。耶律留哥设法击败了他，但耶律喊舍带着他几乎全部的部众一同撤退到了高丽。高丽本身也在一片混乱之中，一次未遂的政变导致 800 名佛教僧侣丧生，政变的余波使高丽陷入动荡的局面。[91] 契丹入侵者横扫了一切，他们占领了高丽首都开京。不知所措的高丽人起初不知道袭击者是谁，一开始他们向宋朝寻求帮助，然而后者对此却漠不关心。[92] 紧随契丹人而来的是耶律留哥和他的蒙古盟友们，他们带来了一支强大的军队。耶律留哥穿越了可怕的暴风雪追赶而来，他们终于追上了契丹叛军。最终耶律留哥战胜了叛军，耶律喊舍上吊自杀，1 万名叛军纷纷缴械投降，大约 100 名叛军军官被斩首示众。[93]

这次入侵将高丽纳入了蒙古帝国的版图。高丽国王的卑躬屈膝并没有得到相应的回报：第一位来访的蒙古使者举止粗野，此人在初次会见高丽国王时就未卸下弓箭，他抓住君主的手，粗暴地向高丽君臣传达来自成吉思汗的问候。1221 年双方确定了每年的纳贡条例：高丽每年上贡 1 万磅棉花、3000 匹丝绸、2000 匹薄纱和 10 万张大型纸张。在 1223 年时，贡品被替换为每年一定数额的珍贵海獭皮。[94] 1220 年耶律留哥去世后，蒙古人便一并吞并了东北地区和高丽。

蒙古吞并高丽引发许多后果。蒙古实行了大规模的人口迁移政策，凡是不安分的高丽人都被转移到了华北地区。[95] 高丽女性的美貌令蒙古男性着迷，娶高丽女性为妻或为妾成为时尚。成吉思汗最喜爱的妻子忽兰因为太过美丽而被普遍认为是高丽公主。[96] 蒙古人还征用了当地所有精耕细作的农田，并指定其归铁木哥·斡赤斤所有。在更广泛的层面上，蒙古人打破了中原、高丽和东北地区三者之间的传统平衡，虽然在蒙古时代之后这种平衡还会重现。[97] 具有讽刺意味的是蒙古入侵造成的意想不到的结果，朝鲜半岛由此诞生了真正的民族意识。这造成的一个后果便是，在 1223 年木华黎死后，高丽人奋起反抗蒙古统治。蒙古人那时正致力于控制其他地区，所以直到 1233 年他们才镇压了暴动。另一个耐人寻味的现象是，创建于 918 年的高丽王朝跌跌撞撞地撑到了 1392 年，因此它的寿命比辽朝、金朝、宋朝，甚至蒙古人在汉地建立的元朝都要长。[98]

尽管木华黎有想要彻底征服山东的野心，但由于红袄军起义以及宋朝的参战，局势变得复杂了起来，南宋也想吞并山东。在蒙古与金朝作战的二十三年间，宋朝的外交政策可以说完全就是一场灾难。[99] 他们没有试图基于地缘政治进行高瞻远瞩的长期规划，部分原因是他们认为与"野蛮人"结盟永远不会有好下场（宋朝曾特地与女真结盟以推翻辽朝，但是女真人最终在其北部边境建立了一个更加强大的政权）。对金朝的仇恨以及1206—1208年惨痛的战争经历也同样蒙蔽了他们的双眼，他们中的许多人相信，就算朝廷再怎么信誓旦旦，他们也永远都无法夺回北方。虽然反金，但宋朝大多数的决策者都认为他们最好还是安安静静地背靠"长江天险"。因此，对于1211年蒙古入侵华北一事，他们以一种既小心谨慎又幸灾乐祸的心态坐观其变。[100] 南宋朝廷的高层中只有少数人提出警告，说将来蒙古可能会成为比金朝更加危险的敌人。

还有其他的因素造成宋人的态度如此冷漠。他们在科学、技术、文学、诗歌、哲学、教育和航海技术等方面取得的成就让他们认为宋朝是世界上最先进的国家（可能在13世纪初这是正确的），相应地他们变得傲慢自大。[101] 虽然如此，宋朝人一直觉得作为1206—1208年战争的结果，向金朝进贡这件事很是丢脸，因为它打破了天子受命于天的观念。于是主战派便占据了上风，他们于1214年宣布不再向金朝进贡。金朝的皇帝有些勉强地向南宋宣战。金廷中更加明智的官员们认为对宋朝宣战是一个严重的错误：华北已经被重税压得喘不过气，而蒙古人此时正一步步地赢得战争并准备占领中都。如果不将火力集中于抵御蒙古，而是抽调山西和河北的部队进攻宋朝，那么军队的士气势必会受到严重的影响。而且让金军分散兵力也相当愚蠢，毕竟无论他们能从宋朝这边得到多大的好处，都无法弥补他们在蒙古人那里遭受的巨大损失。[102]

对金朝来说，对宋战争的开局不错，但在1219年遭遇惨败之后，所有的优势都烟消云散了。宋军跨过黄河发起了反击并向山东进军，在那里他们与红袄军结成同盟，这暗示着控制山东的将会是宋人而非蒙古人（1218—1231年，最初由金帝任命、与红袄军共同管辖山东的都总管实际上是一个独立的军阀，一旦他发现可能的胜者便会转变立场）。[103] 1220年当木华黎还在山西作战时，宋军陆续输掉了多场战役，金军开始占据上风。

1220—1221年，木华黎谨慎地作战，他在河北和山东边境开战，占领了（如我们所见）济南府和大名府两座城市。金军投入山东的20万大军中有一支2万人的先锋队与木华黎相遇，但他们很快就被击溃了。随后，木华黎又在黄河南岸一处名为黄陵冈的浅滩大胜金军，他将金军包围在河边并将其消灭，还将逃跑的幸存者驱至河中，数千人淹死。尽管影响尚未立即显现，但实际上这场败仗注定了金军收复河北和山东的企图将以失败告终。[104] 金军面临着严重的马匹短缺问题，他们几乎完全依靠步兵作战，这为木华黎锁定了两场战役的胜局，因为远距离射出的箭雨便可以将金军兵阵摧毁。

接下来，木华黎制订计划攻占一座被认为坚不可摧的城池——楚丘，这座城池被宽阔的护城河围绕。木华黎派他的士兵们去搜集大量的木头、苔藓和草，搭建了一条让队伍通行的临时堤道，轻松地跨越了护城河的阻碍。[105] 这次的行动向世人证明他的确是一名才华横溢、堪称完美的战士。随后他朝正南方向发动了袭击，于1220年10月抵达长清河，接着他转而向东来到济南府，随后再次朝着黄河的方向驶往南方。到11月底，木华黎已经抵达开封的郊外。同之前的三摸合拔都一样，他断定开封的防守实力太强，此处他们无法拿下，于是他转向东北来到东平。尽管木华黎英勇奋战，但他依然无法攻破东平，因此他下令将其封锁。1221年5月东平陷入饥荒，人相食。东平行省忙古率领7000人的部队成功突围，但蒙古人紧随其后毫不留情地追击。当金军逃到南边相对安全的汴州时，他们只剩下700人。在东平投降后，木华黎动身前往北方，将扫荡工作留给了他的副手们。[106]

木华黎担心的主要问题是，他击溃的金军越多，由败军残余组成的游击部队就越多——这在任何地方都是个问题，就算在官方说法中已经被完全平定的山西，情况也是如此。[107] 不过，木华黎取得的胜利越多，就有越多的机会主义者叛逃而来。一个很好的例子就是变节的金军将领严实，他于1218年叛逃至宋军和红袄军，随后在1220年，他认定唯一可能获得长久胜利的是蒙古军，于是就再次叛逃投奔了木华黎。木华黎很看重严实的才能，在着手向西攻打陕西和甘肃时，木华黎安排严实留守以对付东边的金军、宋军和红袄军。[108]

木华黎采取的战略是完全封锁甘肃和陕西的西部地区并将其与金朝的其他地区相隔离，从而有效地将金朝版图分成两半，接着再进一步地分割剩下的部分。但木华黎必须首先向成吉思汗解释清楚自己的战略。当时成吉思汗正在招待一个来自金朝的和谈使团，木华黎担心他会受其蛊惑。[109]木华黎有效地利用了新的信息传送系统即站赤，他得以确保自己的使者在第一时间带去自己对于和谈的否定态度。[110]

其实并不需要木华黎如此争分夺秒地表示反对，因为金朝的使者并没能给成吉思汗带来任何有价值的东西。使者表示，只要能够保留金帝的头衔，金帝可以认成吉思汗为兄长。对此成吉思汗不屑一顾："上回我要求你们割让黄河以北的土地，但被你们拒绝了，"他说，"现在木华黎已经征服了那里。那么，我从新的和平中又能得到什么呢？"[111]使臣听罢便拜倒在地，并询问成吉思汗和平的条件是什么。成吉思汗回答说金帝必须让出陕西和甘肃。在使者拒绝后，成吉思汗便轻蔑地让他离开，并表示没什么可谈的了。之后，成吉思汗召见了木华黎的使者，说木华黎进攻陕西和甘肃的计划得到了批准，还称赞木华黎是"他最伟大的将领"。[112]使者回去将好消息传达给木华黎。

从1217年起，木华黎就一直在努力促成这项战略，但在此之前这都遭到了成吉思汗的否决，理由是成吉思汗已投身于花剌子模的战场，他的缺席会助长金朝的信心，而木华黎则需要将精力集中在中原的东部——那里是短期内唯一可以真正地向金朝施压的地方。当木华黎得知可汗弯下右手大拇指表示同意后，他欣喜若狂地说："就因为这个，我拼死而战、殚精竭虑、抛出满腔热血都不再是白费力气了。"[113]

他开始认真地准备这次伟大的冒险，并要求党项人"允许"自己穿过他们在鄂尔多斯的领土。截至此时，成吉思汗已经在中亚彻底击败了沙赫摩诃末，因此西夏无法拒绝这一要求。1221年5月23日出现了一次日全食，占卜者认为这是一个不祥的预兆，然而木华黎并不担心，正如他指出的，他是在执行成吉思汗下达的神圣使命，而成吉思汗则为此亲自与至高天神腾格里商议过。但这时严实提出，考虑到如今山东大部分地区都掌握在蒙古正式的盟友宋朝以及与宋朝结盟的红袄军手中,当木华黎不在时,自己应该如何在山东继续推进?为了解决这个问题,木华黎推迟了远征的出发时间。[114]

木华黎要求宋朝派出使团前来商讨。于是宋朝的一大群代表前来面见,在接待他们时木华黎展现了他作为一个人而非一名战士的有趣又罕见的一面。[115] 蒙古人举办了一场球类(原始的棒球?)比赛,他们期望宋人能来参加。当宋人没能露面时,木华黎便派人召见使团的使者,要求他为宋人的这种不友好的行为做出解释。使者解释说己方并没有收到邀请。木华黎喜欢这个人平静沉稳的语调,他立刻就对此人大生好感,并宣布从使者们到达的那一刻起,使者们就与他亲如一家,因此他们将自动受邀参加所有的活动。木华黎嘲笑使者的不安,还罚了他6杯酒。显然,蒙古人的酒杯很大、酒也很烈,黄昏时那个人就喝得酩酊大醉,他摇摇晃晃地返回了自己的住处。[116]

在接下来的几天里,木华黎深刻地领悟了宋人的心理状态和心理特点。他了解到南宋势力强大的主和派主张恢复进贡,他们想要避免与金朝毫无意义地对战。[117] 另一边,主战派坚持要求派南宋名将赵方前往前线,以大胜挫一挫主和派的锐气。[118] 木华黎很快就搞清楚,宋朝对蒙古人一无所知,而且主要因为成吉思汗已启程去往花剌子模的战场,宋人更是不幸地低估了蒙古人的实力和潜能。[119] 木华黎接着问到红袄军的情况。据使者透露,宋朝官方对于所有抗金的民间团体态度都很矛盾,因为这些组织不受宋朝的控制。宋朝准备利用他们,但又不想在长江以南为他们提供避难所,也不想给予他们财政上的支持,毕竟宋朝自己的军费支出已经高到突破天际。南宋似乎对他们的盟友漠不关心,而且他们显然不知道如何(像木华黎和蒙古人在东北地区对待耶律留哥那样)掌控支持他们的民间团体。[120] 然而,宋人倒对金朝两位变节的人士有很高的评价:一个是重要的军阀李全,宋人既怕他又担心他会叛变;一个是前金军将领严实,此人曾在前年叛逃至宋,他提议每杀死一个金兵就发一次赏金——南宋采纳了这个建议。[121]

会谈没有结果,也许双方已经意识到他们迟早会在山东兵戎相见。但木华黎却乐此不疲地坚持让宋朝的使者们充分地参与到蒙古的饮酒狂欢中来。宋人酒量不好，他们喝醉之后兴奋地大喊大叫、呕吐或者晕厥，蒙古人对此很是高兴。木华黎为这种侮辱客人的行为辩解说："如果他们喝醉了，那么他们和我们就是一条心，不再有什么差别了。"[122] 木华黎热情洋溢而且十分友善，当宋朝代表团离开时，他还告诉护送他们的领队："你们应该在所有的好地方都待上几天。如果有好酒，就给他们喝；如果有好菜，就给他们吃。如果有好的笛子和鼓也吹起来、敲起来。"[123]

木华黎随后向西南方向前进，他在老地方东胜渡过黄河，黄河水在那里突然流向南方形成了马蹄形的弯折。他共有 5 万左右的兵力，其中一半是蒙古人和汪古部人，一半是汉人和契丹人。[124] 在鄂尔多斯，蒙古军获得了党项人的支援，后者带来了 5 万人的大军。党项人再三地反思了之前拒绝出兵西域而激怒成吉思汗的愚蠢行为，认为此时出兵能够将功补过。木华黎还收到了来自山西和河北东部的好消息，一名金军大将和一名宋军将领都倒向了蒙古人这边。[125] 如今他信心十足，他的麾下不仅拥有一支庞大的盟军，中原东部的局势也十分稳固。此时他开始沿着三摸合拔都在 1216—1217 年的路线进军。位于黄河南北向河段中段的葭州不战而降。木华黎认为这里很适合作为基地，于是他留下了 5000 人驻守于此，并下令修建一座浮桥连接黄河的两岸。

随后蒙古与党项人之间发生的一次意外事件打断了胜利的进程。木华黎在与宋朝使者会谈之后明显变得妄自尊大，因为他突然间要求西夏将领术仆将军像对西夏国主那样对他致敬。毫不意外的是，术仆怒气冲冲地带着他的军队离开了，木华黎也恼羞成怒地在后面追赶。经过一夜的强行军，天一亮时蒙古军就对党项人展开了袭击并将他们一举击败。许多人在惊恐的逃亡中丧命，幸存者则悲惨地被赶回了蒙古的营地，术仆最终被迫向木华黎叩头行礼。[126]

在向河南进军的途中，木华黎得知一支金军已经在一座山坡上占据了有利的位置。他的副手不花提议由自己率领小股部队来诱使敌人离开此地。诡计顺利得逞，金军遭到蒙古大军的碾压，7000 人丧生。木华黎开始围攻延安，但事实证明那里并不好对付。[127]1221 年 12 月中旬，他开始攻打洛河河谷，洛河向南奔流，正好在黄河朝东转向开封的位置与黄河汇合。很快他们就攻占了鄜州和坊州。在鄜州还发生了一件不寻常的怪事。木华黎质问一位在当地很有名望的战士为何要如此拼命地为金而战。那人回答说，他二十年来都是这样做的，他的名誉要求他继续如此，尽管这意味着自己现在必须付出生命的代价。木华黎被此人的勇气所感动，他从宝座上站起来打算赦免他，但在他还没来得及下令之前，冲动的蒙古军官就杀掉了这个与最高统帅"顶嘴"的人。木华黎很是气愤，不仅因为属下在他判决之前就擅自行动，还因为他们罕见地不服从命令，这种做法对蒙古人而言几乎是闻所未闻。[128]

正当木华黎在鄜州欢庆胜利时，他忽然得到报告说，山西、陕西两地已经爆发叛乱了。1222年2月底，木华黎踏着冰面向东渡过了黄河，他很快就平息了叛乱。随后他返程渡过黄河进入汾河流域，一路上摧毁了各个要塞，奔向秦朝的都城乾州（今咸阳），那是靠近泾、渭两河汇流处的一座大城市，直抵黄河最后一个向东转角的西侧。木华黎命不花回去驻守陕西，确保那里不会再发生武装暴动。

在乾州，有一支庞大的金军正等着木华黎，不过，尽管金军在数量上远占上风，他们却还是踟蹰不前不敢开战，这一方面是因为军中有大批未经训练的新兵，另一方面也是因为木华黎战无不胜的名气。木华黎意识到在数量如此庞大的敌军包围下，他需要更多兵力才能攻下乾州，于是便试图封锁该城的所有补给线路。他带着剩余的军队朝西北方向来到泾河流域，开始有条不紊地夺取沿途的城镇和要塞。[129]如今，木华黎已经深感疲惫，他给成吉思汗写信要求致仕，他在信中提到自己在中原占领了72座城池，是时候让其他人来担此重任了。然而木华黎却为声名所累，成吉思汗不相信有人能像木华黎那样如此出色地巩固蒙古在中原的地位。因此成吉思汗拒绝了木华黎退休的请求，他告诉木华黎的使者："在占领更多的城池之前，不要让他回来。"[130]对此时的木华黎而言，不幸的是，金朝又一次拒绝了和谈的提议，因为金帝不同意放弃他的皇位，所以木华黎的征程还得继续。[131]

木华黎超人般地坚持着他的征服大计，1223年1月，乾州及其西南方向的所有重镇都投降了。随后,他赶到渭河上游的凤翔与不花会合,那里是此次战场的最西端。不花上一年在山西和陕西受限于欠佳的攻城技术而战果不丰,如今他又在艰难地攻城。木华黎再次向党项人求助,虽然西夏早已决定退出战争,但求助居然得到了回应。党项人可能是害怕拒绝可怕的木华黎将会招致恶果,何况这人如今已近在咫尺。于是一支庞大的西夏军动身前往支援木华黎,虽然这支军队的规模应该并未像中文史料里记载的那样达到10万人。[132] 可惜的是,西夏的将领几乎立即就被城墙上射来的乱箭杀死了。他的部下因此士气大减,再加上传奇名将木华黎都未能削弱这道城墙分毫,这也使他们灰心丧气。木华黎暂缓了围城,他又一次沮丧地给成吉思汗写信:"前攻东平、延安,今攻凤翔皆不下,岂吾命将尽耶!"[133]

停止围攻后,木华黎沿着渭河退回了陕西,留下不花分散敌人的注意力以掩护他撤退。与此同时,党项人宣布他们正在与金朝讲和,木华黎未能夺取凤翔让他们确信蒙古人掀起的浪潮已经达到顶峰并将开始退却,他们的这个判断显然在金军收复了渭河与黄河交汇处的河中府时得到了确认。[134] 形势的发展似乎尤为印证了党项人的观点。石天应素来被称为木华黎麾下最有才干的将领,但他将伏击前来解围的金军这一关键性的任务交给了一个酒鬼——那人喝得大醉以至忘记了下达进攻的指令,让金人毫发无损地越过了埋伏。随后金军奇袭了蒙古人并占领了河中府。这实在很丢脸,石天应不肯逃走而要坚持留下战斗以洗刷耻辱。[135]

尽管按陈那颜的反攻挽回了局面,但发生在河中府的又一次失利表明了蒙古人正在衰落。在修复了黄河上被金朝的散兵游勇破坏的桥梁之后,木华黎及时地占领了更多的要塞,他渡过黄河沿东北方向来到了闻喜,在当地找寻地利以便应付渡河来攻的金军以及从山东突然来袭的宋军。然而木华黎十分突然地病死了,享年53岁。他的遗言是:"我为国家助成大业,擐甲执锐垂四十年,东征西讨,无复遗恨,第恨汴京未下耳!"[136]

毫无疑问,木华黎是一位天才的领袖,在长期缺乏人手的情况下,他在中原为成吉思汗创造了一个又一个奇迹。正是木华黎使成吉思汗的双线作战能够取得胜利。拿破仑、恺撒大帝和希特勒都回避了双线作战的局面,而且这种战略被军事教科书普遍地认为是最基本的错误。木华黎也是唯一一个在战争中从未被打败的蒙古将领。[137]但他和成吉思汗令人费解地低估了金人不屈不挠的韧性——"这被断头去尾的模样竟然有着惊人的复原能力和决心"。[138]当金朝集中精力对付宋朝而不是蒙古时,他们被认为愚蠢至极,但他们不仅让蒙古人陷入僵局(木华黎从来没能重创敌军),而且还击退了宋军并最终迫使他们求和。但是木华黎无论是面对不适合蒙古马行动的地形还是处在疾病肆虐的地区,甚至是在蒙古人根本就不习惯的河流上驾船作战都能获得胜利,这一切都表明了他杰出的才能。[139]

至于木华黎是不是成吉思汗最伟大的将领,这不好说。尽管许多人对哲别评价更高,但大家或许都承认木华黎在成吉思汗统治时期取得了最多的成就。对此保持怀疑的人认为,木华黎获得的所有胜利都来自对付士气低落的二流金军,而他从未像哲别甚至是速不台那样击败过当时世界上最强大的敌军。[140]成吉思汗一直拥有被拿破仑称为成功的关键——运气,而且他麾下的大将们同样如此。至少木华黎、哲别和速不台他们三人是军事天才,他们超越了亚历山大大帝、汉尼拔、恺撒大帝和拿破仑等人的副手们所能达到的一切成就。木华黎之死让金朝人和许多在他统治下饱受煎熬的人蠢蠢欲动。党项人不再参加战争,而高丽在一场民族主义运动中杀死了蒙古的代表及其幕僚并宣布独立。[141]更为严重的是,金朝结束了与宋朝的战争。1224年1月24日金宣宗逝世,金哀宗继位,金哀宗意识到了同时与蒙古和宋朝作战的愚蠢之处。宋人早已背叛了盟友,在1222年木华黎开始西进时他们就向西进攻夺取了东平,把山东西部的全部地区以及河北东部的部分地区都收入囊中。如今宋朝不仅掌控了山东,而且还开始大举进军河北南部。

宋军不顾现实因素一心想要征服河北,但他们将战线拉得过长,于是史天倪带领着蒙古军队将战斗带入拉锯阶段。[142]僵持一直持续到1225年。成吉思汗任命木华黎的儿子孛鲁接替父职,木华黎的弟弟带孙为其副手。孛鲁是一位人杰,他不仅是一名才华横溢的军人,还是一名极具天赋的语言学家,同时他也十分亲近汉文化,他比大多数的蒙古人都要仁慈得多。[143]孛鲁一开始暂停了山东地区的军事行动,因为在1223年5月金军入侵了山西南部并取得了瞩目的成就。孛鲁在山西展开了反攻，他在一次战役中获得了大量战利品，并逼着金军退到了黄河对岸。1224年9月，因为被河北境内宋军与蒙古军的交战所鼓动，金军再次越过黄河。孛鲁也再次与他们交战，但他因为兵力匮乏而未能将金军彻底击退。直到1231年，金军都一直坚守着他们直抵汾河下游的阵线。

迫于当前的形势，孛鲁返回蒙古征求成吉思汗的意见。[144] 他并未得到什么安慰：成吉思汗表明自己正在准备一次远征以一举消灭党项人，因此他无法再向中原增兵。更糟的是，天生反骨的武仙反叛了蒙古、倒向了宋朝，并暗杀了史天倪。武仙之乱十分严重，一时间蒙古人似乎会失去整个河北西部地区。孛鲁停留在蒙古并于1225年的春天去图拉河岸再次拜访成吉思汗，但这仍然无济于事。[145] 另一个多次叛变的人是严实，他曾被任命总管开封近郊的重镇东平。1225年5—6月，该城被曾是红袄军将领的宋军新秀彭义斌包围。严实发现自己无法取得蒙古人的信任，于是他就谋求叛逃，最终他回到了七年前他曾经背叛过的宋军和红袄军那边。[146]

此时情境对蒙古人来说可谓十分严峻，但传说中的好运再次降临到了成吉思汗头上。被暗杀的史天倪年仅20岁的弟弟史天泽作为军事英雄横空出世了。史天泽身高六尺六寸，他体力惊人，声如洪钟，他还同时是杰出的弓箭手和骑手。史天泽集结了一支小部队，打得武仙措手不及、部众四散，他因此一举成名。[147] 当宋朝与武仙正式结盟并集结了大军进攻河北时，史天泽立即前去迎敌。宋军虽然在数量上超过了蒙古军，但他们缺少骑兵。为了弥补这一弱项，宋军放火烧了背后的山丘使敌人无法从后方包抄。但宋军低估了蒙古人的聪明才智，因为一大群蒙古弓箭手以几乎超出所有人设想的方式设法穿过了烟雾，出现在宋军的背后。由于受到双面的夹击，宋军随后彻底地溃败了，他们的将领被俘后被处决。[148]

蒙古军立即转向攻势，他们不仅收复了整个河北西部，还收回了山东的西部。史天泽是一时英杰，然而他或许得过于自信了，1226年11月他被宋军打了一个措手不及，对方在一个黑夜袭击了他的营地。史天泽趁乱逃走了，这种公开侮辱其善兵之名的行为让他感到愤怒。他聚集了一支小队又杀了回来，这次倒是让宋军吃了一惊。[149]

蒙古在河北和山东西部的地位得以巩固，自1227年1月起，当地部队由孛鲁统领（资料并没有解释为何他长期未曾出现在前线），蒙古人开始剑指山东的东部，那里正是红袄军的心脏地带。随后，益都被蒙古军重重包围，但宋军对此城的防守十分严密并且拒绝投降。到了4月，饱受饥饿折磨的宋人终于开始尝试突围，这给了孛鲁可乘之机。蒙古军佯装撤退了15英里，这将大部分宋军从益都城引诱出来，随后蒙古军突然掉转方向开始反攻。他们很快就将宋军击溃，许多从战场逃离的宋军在被追击时淹死在了河里。孛鲁回到益都城外继续围城，这一次益都守军再也无法忍受蒙古军的围攻、饥饿的折磨以及被迫吃人的压力这三重困境，于是他们在5月份投降。[150] 后续的故事则展现出了孛鲁极具政治家风度的一面。孛鲁拒绝处决宋军将领李全，理由是此人在当地很受欢迎，处死他只会助长山东地区的抵抗浪潮。孛鲁给成吉思汗写信以征求他对下一步行动的意见，在信中孛鲁陈述了宽恕此人的理由。成吉思汗回答说，他必须遵从最有道理的想法，于是孛鲁任命李全为山东淮南楚州行省。[151] 之后，孛鲁在炎热的夏季占领了滕州。

这时，山东的机会主义者们又萌生异心，他们开始将赌注压在蒙古人身上。曾任金军指挥的将军张琳就是其中一个叛徒，之前他曾叛逃至宋，而现在又投降了蒙古。他建议进攻淮安，淮安位于大运河的北端，是中国最重要的城市之一。[152] 于是淮安也被拿下了。

因为对征服河北和山东多少有些信心，孛鲁选择在1227年11月北上蒙古。第二年他回到了中原，但他很快就去世了，享年32岁。1227年之后宋朝放弃了在黄河以北立足的想法，他们与蒙古人之间的较量将是他们的子孙后代所要面对的宿命。

对河北和山东的征服可称父子相继，先是木华黎赶走了金朝守军，接着孛鲁打败了宋朝军队。很明显，孛鲁的征服生涯比较轻松，孛鲁时期的宋军远不如木华黎时期的金军来得令人生畏。宋朝对黄河以北的军事干涉只是间接性的，不过对金朝来说这的确是致命的。如今成吉思汗看到了足以奠定胜局的战略。他在临终时嘱咐几个儿子："金精兵在潼关，南据连山，北限大河，难以遽破。若假道于宋，宋、金世仇，必能许我，则下兵唐、邓，直捣大梁。金急，必征兵潼关。然以数万之众，千里赴援，人马疲弊，虽至弗能战，破之必矣。"[153]

1228—1230年零星的战斗由当地驻守的蒙古将领主导，它们并不是成吉思汗战略大计中的一部分。1227年末，蒙古人占领了渭河流域以及六盘山和秦岭以南的各个城镇。1228年夏季，另一支蒙古军在山西和陕西作战，但这些战事收效甚微。最终征服华北还待成吉思汗的继任者窝阔台来完成。[154]

在与金朝的长期战争中，蒙古人学到了很多东西，特别是与攻城和火药相关的知识。一些学者甚至相信蒙古人是火器技术传播中最重要的推动者。[155]蒙古人早期的行政政策也很重要。一些权威学者论述了在中原的北方实行的投下分封制度，这是草原统治者将特权与当地合作者分享的一环，通过授予领地，新领主得以从其领地的征收中分一杯羹。[156]成吉思汗在中原取得的军事成就令人吃惊，让人惊异的不仅仅是初始时双方在兵力上的悬殊（这好似老鼠吞掉了狮子），还包括征服中原时成吉思汗还在其他地区发起了另两项（被普遍认为是他一生之中最伟大的）军事壮举：战胜花剌子模帝国以及征服西夏的党项人。若是我们接受在某些领域流行的观点，认为当时中原的弩箭比蒙古的长弓更加精准，那么考虑到武器方面的劣势，这还会进一步地增添蒙古征服中原的神秘色彩。[157]

木华黎在军事上过人的天赋部分地解释了蒙古何以实现征服，但成吉思汗也非常幸运，因为他的敌人们都各自为政：红袄军势力、宋朝、金朝、西夏都视彼此为比北方侵略者更重要的敌人。大量的契丹人（以及后来的汉人）聚集到蒙古军的麾下，这也是至关重要的胜利因素。蒙古人和契丹人的协作尤为关键，因为他们彼此都具有机器般的精密组织以及强大的机动性。[158]然而不可否认，是成吉思汗天才般地察觉到征服中原的可能性。虽然在历时23年的攻金战争中，他真正现身战场不足五年，但成吉思汗的精神却激励着征服的全程。

9

一路向西

　　成吉思汗之所以未能彻底地征服金朝，主要是因为发生在蒙古帝国西部的事件转移了他的注意力，他迫切地想要了解西部局势的变化。蒙古帝国向西扩张的政策既是出于商业的压力也是地缘政治的结果，但为了加以说明，不得不将视野拉回到 12 世纪，去考察花剌子模以及西辽带来的双重影响和彼此的相互渗透，托马斯·哈代将这种相互作用称之为"合二为一"。[1] 西辽是 12 世纪时位于当今中国版图内的第四个国家，它是 1125 年辽朝被推翻之后由西迁的契丹人建立的。西辽的统治者从未完全放弃过有朝一日重新统治故地的梦想。因此，西辽与金朝的关系，同 18 世纪英国詹姆斯党人与汉诺威王朝的关系大致相同。不过同詹姆斯党人不同的是，西辽终究是辽朝的另一种延续。[2]

　　辽朝在女真人（1125 年建立金朝）和北宋的两面夹击中覆灭。在辽帝国的残骸中诞生出一位杰出的人物——耶律大石，他精力充沛、足智多谋，堪称是一位军事天才，如果他与成吉思汗处在同一时代，成吉思汗会对他很感兴趣。耶律大石生于 1087 年，他与末代辽帝天祚帝一起逃往东北地区后进入蒙古地区。女真人曾经俘虏了耶律大石，但他们似乎并没有意识到此人的重要性，五个月后耶律大石又想办法逃走了，并同天祚帝顺利会合。[3] 天祚帝仍期望发动战争以夺回失地，但作为他最聪明的谋士的耶律大石警告皇帝说，女真人实在太强大了，想要战胜他们回到故地的想法不过是痴心妄想。耶律大石未能说服天祚帝，于是他便与其分道扬镳带领部下西去。据说他当年带着7000铁骑与天祚帝会合，但离开皇帝时他只剩下了200铁骑。[4] 很快，天祚帝被俘，他收复失地的美梦破灭，这证明了耶律大石的忠告是对的。

西辽随后的历史几乎就是持续不断的战争，包括同喀喇汗王朝（今吉尔吉斯斯坦）、塞尔柱突厥人，以及最后也是最重要的，与花剌子模王朝及其1200年登基的沙赫摩诃末二世（见附录2）。

不过在这浑浊的政治泥潭中有一伙人被遗忘了。乃蛮部在额尔齐斯河上遭到了蒙古人毁灭性的打击，逃走的屈出律成为乃蛮部人最后的希望，1208年他来到了西辽，此事对此后局势的发展至关重要。当出现在西辽的首都时，屈出律的身边只剩下一小帮追随者，然而他却受到西辽统治者古儿汗耶律直鲁古如同对待英雄般的欢迎。部分原因是乃蛮部和西辽一直以来都是盟友，但更重要的还是耶律直鲁古认为屈出律可以被利用，彼时耶律直鲁古正为东方的蒙古人以及西方的沙赫摩诃末所困。耶律直鲁古丝毫不担心引狼入室，他认屈出律为子（驸马），赠予其华丽的长袍和其他衣物，授予屈出律"汗"的称号，还将女儿嫁给屈出律，不过更愚蠢的是他允许屈出律建立一支属于自己的军队，据屈出律称自己将会用这支军队去反击蒙古人。[5] 屈出律犹如磁铁一样吸引着逃亡和背叛的乃蛮部人、蔑儿乞惕部人以及成吉思汗其他所有的敌人，很快屈出律的"禁卫军"就达到了8000人。耶律直鲁古似乎很担心若是与摩诃末开战，他境内大多数信奉伊斯兰教的臣民是否还会保持忠诚，因此屈出律有机会唆使他建立另一支非伊斯兰的军队作为"撒手锏"以防备战争。愚蠢的古儿汗耶律直鲁古清楚地看到了来自花剌子模和蒙古人的威胁，却忽视了来自自己身边的危险。[6]

忘恩负义的屈出律尽管一切依仗岳父，但还是在他的势力壮大到可以左右政局的时候就开始串通花剌子模的沙赫摩诃末，并提议他们一起瓜分西辽。摩诃末起初犹豫不决，因为西辽开出的包括联姻和大量金钱在内的和平价码也很有吸引力。[7] 耶律直鲁古坚信摩诃末会接受和约，于是他便出发去打猎了，而屈出律抓住机会试图伏击他。[8] 虽然这次的暗杀尝试失败了，但大胆的屈出律又找到了另一个同伙——哈剌鲁部的阿儿思阑。他们一起袭击了位于乌兹干的西辽国库并将其席卷一空。受此鼓动，摩诃末终于同意公开地支持屈出律。

接下来西辽将要面对的战争一部分来自外来势力，而另一部分则来自内部冲突。一开始屈出律的篡国事业并不顺利。耶律直鲁古率领着依旧十分强大的军队（包括一支特别专业的骑兵队）一路急行追击屈出律。[9] 耶律直鲁古追上了背信弃义的女婿，在首都八剌沙衮附近击败了他，也追讨回了他从国库中窃取的大部分钱财。阿儿思阑被惨败所慑，他抛弃了屈出律逃到成吉思汗处，以成为蒙古附庸为代价请求庇护。虽然遭遇了惨败，但屈出律和他的大部分队伍还是逃离了战场。西辽面对着来自西部的摩诃末和来自东部的屈出律的两面夹击。更糟糕的是，耶律直鲁古关于臣民忠诚的最大恐惧似乎就要成真了，当他返回八剌沙衮时，城里的伊斯兰居民对他大门紧闭。耶律直鲁古耗费了16天围攻八剌沙衮，最后他用战象砸出了进城的路。随后他杀了八剌沙衮所有的居民，死亡人数达到4.7万。[10]

但是在西辽的西部地区，摩诃末却占据了上风。撒马尔罕君主奥斯曼带领着他强大的部队加入了摩诃末的阵营，他们一起渡过了锡尔河，向北由阿雷西山谷越过山隘到达塔拉斯河谷。随后，摩诃末向西辽大军发起了进攻，对方由最优秀的将领塔延古指挥。1210年9月在锡尔河附近爆发了激烈的战斗，随后摩诃末幸运地占据了优势。[11] 战场上双方打平，因为两支军队的左翼都战胜了对方的右翼，所以战局仍不明朗。接着出现了足以造成历史转折的小概率事件——塔延古走错了方向并迎面撞上了敌人的队伍，塔延古被俘并立即被处死。[12] 然而在当时那个阶段，最优秀的军事分析家还是会认为耶律直鲁古将赢得最终的胜利，要不是屈出律搅浑了池水，那么结果一定会是这样。[13]

然而在1211年之后，西辽突然灭亡了。连年的战争榨干了国库，于是引发了一场来势凶猛的金融危机，耶律直鲁古的谋士告诉他已经没有钱来供养军队了。耶律直鲁古想出了一个"解决办法"：没收士兵们在国库遭到突袭后从屈出律手中夺回来的财富。这笔钱当然是被屈出律从国库中偷走的，但耶律直鲁古在此之前曾经承诺以此作为夺回赃物的奖赏。这就是在西辽发生的魔幻故事，此事最终不可避免地导致了兵变。屈出律率领着叛乱分子，他抓住了耶律直鲁古并将其软禁。在之后的两年时间里，耶律直鲁古名义上仍旧是国家首领，但屈出律才是背后掌握实权的人物。1213年耶律直鲁古死后，屈出律卸下了所有的伪装，他宣布自己为新一任的古儿汗。[14] 屈出律对新王国的各种设想让学者们在对其篡国行为的定性上产生了分歧，一些人认为他只是想篡夺王位，而另一些人则认为他有一个废除旧传统、建立新社会的宏伟计划。[15] 屈出律接受了西辽疆域缩小的现实，摩诃末掌控了从前的西辽西部地区，屈出律自己则统治王国东部。考虑到沙赫摩诃末对夺取领土、扩大疆域的野心，这种并不令他满意的妥协不大可能持续太长的时间，但趁着摩诃末因其他地方的事务而无暇抽身的时候，屈出律得以享受了一段喘息的时光。[16]

对沙赫摩诃末来说，一个巨大的问题将会持续地困扰他一生，那就是他无法控制自己的军队，军队里几乎都是那种典型的肆无忌惮的士兵，他们奸淫掳掠，使摩诃末新的臣民与之离心。1212年撒马尔罕君主奥斯曼认为摩诃末的税收官比之西辽的更加贪婪，于是他发动了起义，或者更确切地说，他想要领导已经爆发的民众起义。所有在撒马尔罕的花剌子模人都遭到了追捕和屠杀，他们支离破碎的四肢被作为战利品挂在集市上。[17] 摩诃末的臣民在城内遭到的大屠杀招致了一场血腥的报复。沙赫摩诃末包围并占领了该城，他残杀了1万名在当地有名望的人作为警告，并将奥斯曼本人斩首。[18] 撒马尔罕这座伟大的城市因发达的商业、手工业以及泽拉夫尚河上游的大银矿而富甲一方，多年来它经历了三次围城，然而其苦难却远未结束。

不过摩诃末却有些过于志得意满。这是他第二次成为三方角力的胜利者。第一次是在世纪之初他与耶律直鲁古和古尔人争夺霸权（见附录2），第二次就是这一次，他与耶律直鲁古和屈出律的较量。毫不意外，摩诃末开始认为自己是被真主安拉选中的人。他将首都从玉龙杰赤（即乌尔根奇）迁到了撒马尔罕，他获得了苏丹的称号，并自称为"亚历山大大帝二世"。[19] 不管怎样，客观上来说他可能是截至那时伊斯兰世界中最有权力的人。他征服了曾经西辽的西部地区，洗劫了锡尔河沿岸和拔汗那国的城市，控制了从锡尔河延伸到伊拉克的整个区域。[20]他也实际上控制了里海，从希罗多德到老普林尼，这片伟大的内陆湖泊吸引着各个时代中的人们。[21]

1213—1216年中，屈出律恐惧地看着西边摩诃末的势力一步步地崛起，但摩诃末并没有公然地与他敌对，这对他而言极为幸运，因为王朝内部的起义已经让他忙得不可开交了。1213年喀什人民由于不满屈出律的宗教政策揭竿而起，这次严重的叛乱一直持续到第二年，并且还是依靠严重的饥荒才得以将其镇压的。此次饥荒并不是场天灾，而是屈出律肆意所为的野蛮政策导致的，他不仅将当地收成全都付之一炬，还将部队安置在食物匮乏的家庭里进行补给。[22]

古语说，天欲其亡，必令其狂，屈出律显然符合箴言中的条件。出于某种尚不明确的原因，他成了一个宗教狂和反伊斯兰教的狂热分子。他从景教改信，成为一个异质信仰的信奉者，这种信仰似乎糅合了一部分的佛教和一部分的萨满教。[23]他抛弃了妻子以迎娶一个更赞同他新的救世理想的女人，并宣布从今往后所有的臣民都必须信奉佛教或是景教。一直在其臣民中占据大多数的穆斯林对此很是愤慨，但当和阗的阿訇公开谴责这个政策时，屈出律将他钉在了他自己的清真寺的门上。[24]结果可想而知，如今所有的穆斯林都渴望着有一天出现一位解放者，好将他们从屈出律的暴政中解救出来。

屈出律无可救药的愚蠢值得着重强调。任何希冀在西辽旧的基础上建立新社会的人都必须找寻方法以弥合宗教派别之争造成的伤口，同时还要缓和伊斯兰教和佛教之间潜在的紧张关系，不过这位新的古儿汗却恰恰背道而驰。[25]他对自己的地位有着近乎荒唐的自信，荒唐之处在于，在他的国家两侧的边境上各有一个强大的邻国，而他却通过专制统治疏远了自己大部分的臣民。更糟糕的是，他还切断了自己的财政基础，因为强大的穆斯林商人不愿再同这样一个在信仰上与之为敌的人打交道。[26]由于成吉思汗已经启程前往中原长达五年，屈出律便不再关注东方，但他似乎忘记了自己仍然处在蒙古人的监视之中。在西方，他一直低估了摩诃末，部分是因为沙赫摩诃末莫名地对全面攻打西辽缺乏信心,这导致花剌子模更倾向于对西辽采取周期性的突袭。[27] 屈出律对这些突袭带来的破坏以及无法诱使摩诃末决一死战而深感恼火,最终他忍无可忍地向摩诃末提议决斗。摩诃末向来缺乏勇气,仅仅是决斗的邀请就吓住了他,于是他立刻撤离了已经占领的西辽边境城镇。[28] 但摩诃末身为沙赫的傲慢并没有因撤离而有丝毫减少。1217 年摩诃末在波斯进展顺利,他接受了坚持抵抗的省份的归降。他再次同哈里发爆发了争吵,而在他正要向巴格达进军时传来消息,东部边界的势力平衡已被打破。蒙古人已经抵达西辽。[29]

成吉思汗从未对西辽特别留心。诚然,款待屈出律并没有给耶律直鲁古自己带来任何的好处,但成吉思汗很明智地从他的行为中推测出,耶律直鲁古不过是延续了西辽一直以来倾向于支持草原失败者的习惯。在成吉思汗早年那段黑暗的日子里,脱斡邻常去西辽苦苦哀求援助,虽然古儿汗理智地告诉脱斡邻蒙古草原太远,而西辽在后勤方面存在很多问题,所以他们的军队无法在那里行军。

成吉思汗将西辽置于与西夏完全不同的关注级别上,究其原因主要有二。首先,成吉思汗永久的目标就是征服中原的金朝。在实现这个目标的过程中,西夏具有重要的战略意义,而西辽却不一样。其次,西夏对草原战争的干预激怒了成吉思汗,但西辽却并没有参与这些冲突,他们在 1196—1205 年这段关键的时期里更是完全地缺席。[30] 因此,成吉思汗对那里的人民不存在特别的敌意,而且在 13 世纪的第二个十年里,他对欧亚内陆的西部地区本也没有太大的兴趣。但屈出律的篡权却改变了一切。成吉思汗对这位乃蛮部首领至今仍然逍遥法外非常地愤怒,如今屈出律作为西辽的统治者似乎还对成吉思汗嗤之以鼻,几乎不需要任何其他的刺激,成吉思汗就将他装备精良的大军送往了西方。

当伊犁河畔的阿力麻里(今新疆伊犁境内)的统治者布札尔宣布自己臣属于成吉思汗并向其请求军事援助时,事态进一步地升级。布札尔曾是个盗马贼,他利用西辽的分裂在一个偏远的地区为自己博得了一块封地。成吉思汗从不过分挑剔盟友的背景,他允诺将哲别的一个女儿许配给他。但在蒙古人赶到之前,屈出律就在布札尔外出打猎时发动了突然袭击,将他抓获并杀死了他。布札尔的儿子和遗孀恳求成吉思汗能够遵守古老的法典为其复仇,这对蒙古人来说可真是求之不得。[31] 成吉思汗命哲别率 2 万人去占领西辽,找到屈出律并干掉他。他还派阿儿思阑带领一支别动队先行一步,计划赶在哲别抵达之前增强阿力麻里的守卫。[32]

随着哲别步步向西挺进,越来越多的城市向他敞开了大门,穆斯林民众欢迎他的到来,他们认为哲别能够将他们从屈出律的宗教暴政中解救出来。哲别接受了畏兀儿人的归顺,到达了阿力麻里,击退了敌军,并将阿儿思阑的哈剌鲁部军队并入自己的队伍。屈出律布置在八刺沙衮的兵力多达 3 万,但这支军队好像根本不堪一击。哲别在轻松地将其一网打尽之后,在一片胜利的欢庆声中进入西辽的都城。

现在整个新疆地区都已经成为蒙古帝国的一部分。[33] 越来越多的穆斯林埃米尔(部分伊斯兰国家统治者的尊称)投奔了哲别,他们相信没有谁能比屈出律更让他们感到恐惧。西辽早已不复存在,唯一遗留的学术问题只有它究竟灭亡于 1216 年哲别进入城门的那一刻,还是说它在 1213 年屈出律发动政变后就已不复存在。[34] 西辽的大部分士兵和官僚都已被蒙古人吸纳并将为蒙古帝国效力,此后他们遍布从俄罗斯到中原的各个角落,在帝国之外的印度和巴格达也占据着各种重要职位。一小撮"难民"投奔了沙赫摩诃末,剩余的少数人则逃到了库曼人那里。[35]

在西辽建立新的统治秩序后,哲别转向南方,一路追赶着屈出律来到了喀什地区,他宣称但凡接受蒙古为宗主国的城镇都可以享有充分的宗教自由。屈出律总是愚蠢地逃往那些因以往的焦土政策而极为痛恨他的地区寻求庇护,而喀什地区的人民在得到了蒙古人的承诺后忍无可忍地选择了起义。所有驻扎了屈出律部队的穆斯林城镇都兴起反抗浪潮并大肆屠杀屈出律的士兵,屈出律很快就只剩下了贴身的护卫幸存。[36]

与此同时,成吉思汗宣布他将在 1217—1218 年彻底地消灭所有的敌人。当哲别领兵前往对付屈出律的时候,术赤和速不台奉命去解决蔑儿乞惕部的残余势力,此时蔑儿乞惕部已经在咸海北部找到了新盟友——库曼人,一个强大的部落联盟,注定要在蒙古对外征服的历史上扮演重要的角色。一个简单的事例可以体现成吉思汗精简的军事化官僚机构以及其无与伦比的军事力量带来的威力：在 1217—1218 年，成吉思汗将主要的兵力分别投入三条不同的战线，[37] 他派木华黎征服中原、派哲别追击屈出律、派术赤和速不台在锡尔河以北追踪蔑儿乞惕部的残余势力，其中术赤和速不台对蔑儿乞惕部及其同盟库曼人进行了毁灭性的打击。[38]

哪怕术赤和速不台的战略和战术相当地高明，但哲别在喀什地区的表现比之也毫不逊色。哲别"像一条疯狗一样"不屈不挠地追捕他的猎物，他让屈出律陷入天罗地网，需要同时面对西边的沙赫摩诃末、北边的速不台和术赤以及东边的蒙古大本营的威胁，还要不断遭受曾经西辽领土内各地敌对民众的骚扰，这些民众夹道欢迎哲别和他的军队，他们认为这次侵略是"上天的一次善行"。[39] 考虑到只要发生一次劫掠就会颠覆当地人给蒙古人塑造的救世主形象，哲别严禁军队进行抢劫。哲别在一路紧随并追杀乃蛮部首领的这 350 英里的路程中，穿过了慕士塔格峰和帕米尔高原，到达了海拔 9000 英尺的巴达赫尚高原，攀登至海拔 1.26 万英尺的高地以通过隘口，穿越了一片布满贫瘠的山峰、陡峭的峡谷以及巨大的冰川的荒芜干旱之地。[40] 他还派遣了一支小分队前往拔汗那国北部以接受当地地方长官的正式归顺。

在巴达赫尚高原和瓦罕走廊（位于今天的阿富汗东北部和塔吉克斯坦东南部之间）的边缘、阿姆河的源头附近，屈出律误入一个箱形的峡谷，并被当地的一群猎人抓获。在意识到这个猎物的价值之后，猎人将其交给了哲别。哲别将屈出律斩首，并将砍下的头颅立于一根柱子上，他们举着柱子一路游行回到了阿力麻里。[41]

哲别取得了彻底的胜利，也再一次展现出自己的才华，但他的成功却让成吉思汗感到不安。永远的猜忌和多疑使成吉思汗担心哲别想要自立为西辽国的新君主。但是哲别太聪明了，他不会和报复心重、发起怒来像台风一样的可汗发生冲突。他送给成吉思汗 1000 匹全身栗色、只有鼻口是白色的马作为礼物，这些马的毛色与多年前他从大汗那里获赠的马的一模一样。凭借着敏锐的识人之术，哲别做出了正确的选择。他的绝妙之举让成吉思汗非常高兴，并打消了大汗所有的疑虑。[42] 在终于平定了林中百姓的所有暴动、摧毁了蔑儿乞惕部、击溃了库曼人、战胜了西辽还处决了屈出律之后，成吉思汗自然希望自己能重归征服金朝的轨道之中。但事实证明，一起完全偶发的"事件"出人意料地绊住了他的脚步，他不得不去面对沙赫摩诃末。必须强调的是，在当前的阶段中，成吉思汗并没有兴趣去征服西辽以西的地方，他已尽了最大的努力去避免与花剌子模这个新兴的帝国发生冲突。地缘政治和经济因素肯定会导致他们两者在13世纪20年代后期不可避免地发生对抗，但这与1218年的战争起于假想中的蒙古人的好战习性是截然不同的。从本质上来说，是摩诃末采取了侵略性的扩张政策，其愚蠢和鲁莽是导致花剌子模与成吉思汗交战的根源。有句话说得好，西辽是蒙古人和伊斯兰世界之间的一堵墙或一道篱笆，但沙赫却毫不在意地拆毁了它，这给他的信徒及同胞带来了无法估量的伤害。[43]

1218年成吉思汗面对着摩诃末多次傲慢的挑衅，表现出了非凡的克制。沙赫摩诃末首先向术赤和速不台开战。摩诃末常常与成吉思汗不谋而合，然而他的决定做得太晚，以至于当他终于展开行动时，他却发现蒙古人早已抢先了一步。1218年初，摩诃末愤怒于蔑儿乞惕部-库曼人的联军出现在自己帝国的领土上，于是他派出一支军队去严惩这些闯入者，不料术赤和速不台已经赶到了那里。现有资料对此次战斗细节的记载并不完全可靠，但有一篇文本提到沙赫来到了伊尔吉兹河，他发现河上的冰层太薄无法承载骑兵的重量，只能等到冰融化之后再行动。[44]我们不妨猜测，就在术赤和速不台率领蒙古军队歼灭蔑儿乞惕部时，摩诃末终于越过了这条河，但是不管怎样，两支军队在第二天的黎明相遇了。术赤向摩诃末提议，让其允许蒙古军队安安静静地穿过此地。他对沙赫强调说，父亲禁止他与蔑儿乞惕部或库曼人之外的任何人开战。然而摩诃末目中无人地回复说，蒙古人作为入侵者必须要承担相应的后果。[45]

术赤不情愿地集结起军队，他知道自己的人数远不及对手，蒙古人也许得以一敌三（他的军队有2万人，而他要面对的敌人可能有6万人）。但他的队伍表现出色，蒙古右翼的骑兵冲锋横扫了敌人的左翼。然而，沙赫摩诃末的右翼在其最有才华的将军、他的儿子札兰丁的领导下用同样的战术袭击了蒙古兵的左翼。随后两支右翼军队都掉转了方向进攻，混战持续了一整天直至夜幕降临，双方打得不可开交。[46]摩诃末信心十足地期待着第二天的再次交锋,正当他以为自己在人数上的优势最终会发挥作用时,蒙古人却施展了他们最得意的伎俩——在黑暗的掩护下偷偷逃跑,并留下熊熊燃烧的营火伪造出己方仍在营地里的假象。[47]摩诃末可以宣称自己取得了战术上的胜利,但事实却是蒙古人战斗之凶残、斗志之昂扬让他惊魂未定。一些历史学家甚至说,由于摩诃末有神经衰弱的问题,从那一天起他产生了在战场上直面蒙古人的"情结"——这点在之后带来了可怕的后果。[48]

在得知他们交战后,成吉思汗想要将此当作一件无关紧要的事而不加以理会,可能是他认为冲突只是出于统治者对领土的过分敏感。花剌子模方面对此的宣传大致是沙赫并没有亲自参战也没有授权开战,这让成吉思汗更不会将此冲突理解为对他个人的侮辱,尽管他完全了解事情的真相。他决定与之互派使者以达成贸易条约并解决所有的边界争端。摩诃末派遣了一支由巴哈·阿丁·吉剌率领的使团,使者们受到了成吉思汗一方最高规格的接待,他们甚至获准前往中原去参观蒙古征服的领土。成吉思汗告诉巴哈·阿丁·吉剌,他希望双方达成一个涵盖了所有争议领域的全面协议,并且巴哈·阿丁·吉剌应转告摩诃末:成吉思汗是东方的统治者,而沙赫是西方的统治者。[49]无论是出于偶然还是有意为之,巴哈·阿丁·吉剌向摩诃末报告说,成吉思汗表示:"我是日出之国的君主,你是日落之处的君主"[50]——其中包含了暗示权力将此消彼长的潜台词。

私下里,成吉思汗瞧不起摩诃末令巴哈·阿丁·吉剌带来的礼物——丝绸和棉花,他对心腹们说:"这个人是以为我们从来没有见过这样的东西吗?"[51]尽管如此,1218年初他还是派遣了一个使团前往布哈拉,使团由两位伊斯兰高级官僚马合木·牙剌瓦赤和优素福·肯卡率领,他们携带了丰厚的礼物,其中包括一方在中原发现的巨大金块。[52]成吉思汗传达和平友好讯息的口信因为其中称呼沙赫为"我的儿子"而让摩诃末大发雷霆,毕竟这通常是统治者对诸侯的称呼。随后摩诃末指控马合木·牙剌瓦赤是间谍,并威胁要当场将他处死,除非他愿意成为告密者并泄露有关蒙古帝国的全部机密。事实证明,马合木·牙剌瓦赤非常冷静地想尽办法摆脱了困境,他巧妙地将无法证实的细节和陈词滥调混在一起,以话术安抚了摩诃末,让沙赫平静了下来。⁵³ 马合木·牙剌瓦赤强调成吉思汗并没有开战的意图,可汗只想回去完成灭金大计。而且不管怎么说,花剌子模的军队都比蒙古的万户军更加强大,数量上也更多,可汗的疆域无论如何也无法与摩诃末创建的强大帝国、伊斯兰世界中新的霸主相比拟。经历了一番连哄带骗,沙赫感到如释重负,他终于放松下来并允许马合木·牙剌瓦赤和优素福·肯卡继续行程。⁵⁴

然而痛苦、愤怒和怨恨的情绪依旧萦绕在摩诃末的脑海。1216年攻打西辽时,他慢吞吞的行动让蒙古人抢了先;他梦想着征服中原却发现蒙古人刚刚洗劫了中都;⁵⁵ 他一直打算摧毁巴格达的哈里发政权,但蒙古人征服蔑儿乞惕部和库曼人转移了他的注意力。难以得知摩诃末是否知道他的死敌哈里发纳西尔曾与成吉思汗联系,并因蒙古征服西辽时的宗教宽容而备受鼓舞。哈里发不太可能真的要求成吉思汗攻击摩诃末(就算他本人很乐意,但这对伊斯兰世界来说会是一场灾难),不过无论如何,成吉思汗从来都不会受到其他统治者观点的影响。⁵⁶ 摩诃末终于决定在1217年进攻巴格达,结果他却惨遭失败,这证明了他实在是无能。库尔德人在他的行军路线上坚决抵抗,他的军队又被困在扎格罗斯山脉的暴雪中,这双重因素让他那欠考虑的努力付诸东流。⁵⁷

马合木·牙剌瓦赤刚离开沙赫的领地,一支庞大的蒙古商队就抵达了花剌子模北部的城市讹答剌。这支队伍由450名穆斯林商人、500头骆驼和100名蒙古护卫骑兵以及一位代表蒙古可汗个人的使者组成。关于车队为何在这个节骨眼上来到此地值得进行进一步的解释。这支车队得到成吉思汗个人的支持,他还赞助了此次旅途的大部分活动资金。⁵⁸ 此时,成吉思汗已与分布广泛且影响深远的伊斯兰商人群体达成牢固的商贸协议。伊斯兰商人一直渴望打入有利可图的中原市场,而征服中原的可汗邀请了他们。⁵⁹ 这一关系是互惠互利且难有障碍的,因为作为实力雄厚的中间商,伊斯兰商人们被成吉思汗闻名于世的宗教宽容政策所吸引。⁶⁰ 对成吉思汗来说锦上添花的是,伊斯兰商人们还是非常宝贵的情报来源。

此次前往讹答剌,贸易代表团的直接目的是让花剌子模解除造成蒙古布料严重短缺的贸易限制。摩诃末从西辽夺走河中地区后就切断了新疆地区同河中地区之间的贸易路线,而成吉思汗的私人使者旨在结束这场封锁。[61]一些评论家说,成吉思汗被肆无忌惮且善于操控他人的伊斯兰商人诱进了一场贸易战争,而另一些评论家则认为,成吉思汗此举是在试探摩诃末的意图。不过还有一种观点认为,如此庞大的商队、塞着满满当当的财货,蒙古使者前来其实是在给摩诃末一个下马威,让他牢牢记住蒙古人强大的购买力。[62]

不管事实究竟怎样,在讹答剌发生的这场暴行回荡在整个亚洲历史中。讹答剌的地方长官海儿汗·亦纳勒术在暴怒中将550名客人(除了一人以外)屠杀殆尽。他声称自己采取的是必要的行动,因为这个使团在进行一起庞大的间谍活动。

这实在是非常荒谬。如果人们以最灵活的方式去理解"间谍"这个词的含义,那么在任何时代,对外国的所有商业和贸易访问都可以被描述为"间谍活动"。任何地方的任何商队天然地都会去定期收集有关目的地的情报,若是他们不这么做,那么从通俗意义上来说倒是挺蠢的。[63]海儿汗·亦纳勒术还声称,商队中有一名成员是他的一位老熟人,该人用他以前的名字(亦纳勒术)而不是他作为地方长官的新头衔(他自诩为海儿汗)称呼他——这又是一个很荒谬的说法。有人说,他可能是因来访者吹嘘自己的富有而被激怒了,[64]但事实真相似乎是,他的行径纯粹是贪婪使然。若是摩诃末未曾首肯,难以想象海儿汗·亦纳勒术会采取这样一个引起巨大国际反响的行动。有人认为,这位地方长官事先征得了摩诃末的同意,也有人认为正是摩诃末命令他这么做的。[65]因此,要么是摩诃末自己贪得无厌,他图谋与地方长官瓜分巨额的战利品(或许他是意识到了成吉思汗的投资规模);要么是他已经决意与蒙古人开战,于是决定给他们一个不得不开战的理由。[66]

只有一个赶骆驼的人逃过了屠杀。说来也巧,屠杀开始的时候他正在洗澡,当地方长官的军队疯狂杀来时,他想办法藏在了浴缸的壁炉旁。接着他在一个山顶上躲了三天三夜,随后冒着生命危险回到了成吉思汗的汗廷并汇报了这一暴行。

成吉思汗再次表现出了非同寻常的克制。摩诃末对他进行了赤裸裸的人身侮辱，这违反了当时初生的国际法中的所有准则，即使按照中世纪的标准，这也犯下了战争罪。除此之外，按照13世纪的标准，成吉思汗还蒙受了财产上的巨大损失。尽管如此，成吉思汗做出的回应是向摩诃末派遣了另一个使团，这次派遣的是由一名穆斯林高级外交官和两名蒙古贵族组成的三人团。使者们表示，成吉思汗并不认为摩诃末有罪，并假定讹答剌事件是亦纳勒术疯狂的个人行为，但摩诃末必须交出这位地方长官，好让他接受蒙古的审判。愤怒的摩诃末表示这要求相当地无礼，于是他杀死了那位穆斯林团长，还在将那两个蒙古人赶回去之前剪掉了他们的头发，烧掉了他们的胡子。[67]

成吉思汗终于被激怒了，他轻蔑地评价这个敌人说："他不是一名国王，而是一个强盗。"[68] 随后他登上不儿罕山祈祷了三日，请求至高天神腾格里保佑他在即将到来的无情的战争中取得胜利。具有讽刺意味的是，摩诃末派往蒙古的使团正在回国的途中，他们甚至可能与那两个被剃光胡子的蒙古人在回乡之路上擦肩而过。他们给摩诃末带去了有关蒙古帝国强大的实力及战争潜力的噩耗。听闻此消息，摩诃末十分沮丧，据说他希望自己从未授权过讹答剌的大屠杀。[69]

但如今一切都已经太迟了。成吉思汗最后对摩诃末传信："你杀了我的部下和商人，夺走了我的财产。准备战斗吧，因为我要率领你无法抵挡的军队来对付你们。"[70] 忧心忡忡的摩诃末召集了一场大型的军事会议，他的谋士们在会上自信地坚称己方占据着上风——蒙古人若是一定要来，他们就必须穿过几乎不可能穿越的地带，而在他们越过一座座山脉以及锡尔河后，筋疲力尽的蒙古人就很容易对付了。[71] 参与讨论的人们还指出，蒙古人喜欢尽早地将他们的敌人带入战斗之中，在中原他们就是这样于开战的第一年就摧毁了金军主力。因此，最好的办法是拒不跟随成吉思汗的战争节奏，而是选择躲在重兵把守的城市里。蒙古人凭借原始的围城手段无法攻克城池，同时，强大的守军也可以在适当的时候进行突围并消灭围攻者。他们的这些主张，基本上与第二次布匿战争时期罗马人对付汉尼拔的战略相仿，也是俄国人将在1812年对拿破仑采取的战略。[72]

但是他们忘记了两个要点。一个是，他们认为蒙古军到达花剌子模时会筋疲力尽因而有利战局，这一论点若要合乎逻辑，那么摩诃末的军队就必须在蒙古军休息和恢复体力之前与他们交战。另一个是，虽然理论上摩诃末的军队两倍于成吉思汗的军队，但如果他们仅仅是撤退到坚固的城市里，那么这种优势就不复存在了。总之，他们永远不会占据本土作战的优势。摩诃末的军队会四处分散且彼此之间相距甚远，然后任由协同合作的蒙古军将他们逐个地击破。当然，集中兵力、各个击破是经典的战术原则。[73]

成吉思汗一如既往地为接下来的战斗做了精心的准备。他绘制了地图、检查并复核了粮食补给的安排、仔细地研究了花剌子模周边大范围内的地理环境。蒙古人在多个军事会议上预先演练了他们可能占据的若干优势。最重要的是，摩诃末的统治尚处在草创阶段且一片混乱。沙赫所吹嘘的帝国建成还不到两年，而且它被各种有分裂倾向的势力撕扯得四分五裂。最致命的弱点是，摩诃末依仗的军事武器——过着游牧生活的库曼人与过着定居生活的伊朗人之间矛盾已久，他们之间的嫌隙可谓众所周知。摩诃末从来无法掌控他的军队，军人们在整个帝国肆意横行、敌视农民，而这些农民还要忍受税收官的暴力和无法无天。就算可以管好这些国外的雇佣兵，摩诃末也不会这样做，因为他正是依靠这些人来保障自己的权力的。[74] 成吉思汗的帝国已经被有效地集中起来，旧的地方主义的归属感被十进制的新的管理模式所打破，而花剌子模帝国内部却还没有形成集体主义观念，更遑论真正的爱国主义精神。花剌子模被自身繁荣所累，帝国作为整体一直面临着被瓦解的威胁，而其中的各个部分又对组成更为庞大的帝国不以为意（金朝的情况不同，它的繁荣仅限于精英阶层，而以军事化组织起来的农民可以更强硬地进行抵抗）。摩诃末多族裔帝国的特性也无助于问题的解决。[75]

摩诃末的中央集权政策和封建领主自治传统之间的冲突甚至导致22个最强大的地区寡头正蹲在摩诃末的监狱里。一旦他们获得自由，他们及其军队便会倒向蒙古人。由于同哈里发之间糟糕的关系，摩诃末也无法使用穆斯林惯用的王牌——向异教徒宣战。摩诃末的军队本身就不可靠，他们过于依赖库曼人的雇佣军，而后者又只服从于他们自己的领主。除了札兰丁,花剌子模的军队里也没有出现其他有才能的将领。[76] 摩诃末在他的领土内并不受欢迎,人们认为他是一个任性且专横的暴君。他的军事会议中出现了严重的分歧,一些人主张放弃河中地区退回到呼罗珊地区或是阿富汗的哥疾宁地区。

最重要的是摩诃末家族引发的问题。他的家族成员依靠裙带关系攫取权力,这导致他的家族简直声名狼藉,尤其是他以无能的堂兄弟和侄子取代了可靠且饱经考验的地方统治者,这让人倍感愤怒。不过这一切同他母亲图儿罕可敦导致的几乎令人难以置信的问题相比,就显得微不足道了。她是一个残忍、狂暴、控制欲极强、任性而又固执己见的女人,是她在主宰和恫吓生性软弱的摩诃末。大部分的政府官员都来自她的部落(克普恰克部,库曼人的亲密同盟),在这个脆弱的帝国内部还存在着某种双头政治,沙赫在撒马尔罕、图儿罕可敦在呼罗珊本土各自握有权力。他们在颁布有关帝国的法令时会相互竞争,且法令内容常常相互矛盾,有时他们甚至会明确地废除对方颁布的法令。深感为难和倦怠的官僚们于是通常以最新颁布的法令为准。[77] 图儿罕可敦强迫摩诃末略过才华横溢的大儿子札兰丁,而以其最得宠的小儿子斡思剌黑作为继承人,斡思剌黑的母亲是图儿罕可敦的门徒和女仆。图儿罕可敦显然非常地憎恨札兰丁,这也解释了为何札兰丁仅仅被授予了阿富汗地方长官这样一个无足轻重的职位。[78]

依靠他出众的谍报系统,成吉思汗甚至在战斗开始之前就能够利用敌人所有内在的弱点。伊斯兰商人和蒙古的代理人早已渗透到了摩诃末最核心的议事会中,"间谍们"会向成吉思汗报告那里所发生的一切。成吉思汗甚至知道伊朗占卜师曾警告过摩诃末,说这场即将到来的战争有不好的预兆。[79] 花剌子模复杂的政治局势使其成为假情报大师的天堂。在这里伪造法令可以说是世界上最简单的事情,只要声称法令来自摩诃末或是图儿罕可敦,就能让军队和官僚机构乱作一团。这一次成吉思汗更进一步,他散布谣言说图儿罕可敦打算倒向蒙古人这边,说她宁愿成为蒙古人的俘虏也不愿屈从于摩诃末和札兰丁。[80]

成吉思汗和他的将领们还仔细地研究了地图,并思考了摩诃末领土里不同地形的特点。比如说丛林,这是花剌子模内比较复杂的地形,这种地形毫不偏袒攻守双方，既不对蒙古人有利也不对蒙古的敌人有利。摩诃末统治着从咸海到波斯湾、从东部的帕米尔高原到西部的扎格罗斯山脉（包括今天阿富汗的全部地区以及土耳其的一部分）的领土，但这些领土的地貌多种多样。除了草原以外，领土内还有许多沙漠以及半沙漠（砾石和盐渍土）。

若要前往花剌子模，一种可能的穿行路径是从东部穿越广阔的塔克拉玛干沙漠，在这片10万平方英里的地区内，[81] 各处都点缀着塔里木河及其支流滋养的绿洲，这些河流最终汇入盐湖罗布泊的湿地里。[82] 更可怕的地区是塔克拉玛干沙漠周围的山脉阿尔金山（"金山"），其南部是夹杂在沙漠和青藏高原之间的森林坡地，北部是天山，西部是帕米尔高原。发源于这些山脉的大多数河流都在喀什汇集，那里是一个著名且富饶的农业和园艺中心。在连接着中原、波斯和黎凡特的丝绸之路沿途分布着许多绿洲，而这条要道将成为军队、商人、朝圣者以及西方游客（如柏朗嘉宾、卢布鲁克和马可·波罗）的主要旅行路径，但这都是后来的事。在1219年，所有的绿洲和耕地都将成为蒙古人的攻击目标，因为成吉思汗意识到他可以通过摧毁经济基础设施来让敌人屈服，尽管对于成吉思汗和他的军队来说，这似乎是一个不具有吸引力的方案。

更具有诱惑力的目标是河中地区，此处形同一个侧卧的字母H，人口密集的地区主要聚集在河岸和H中间那一横的位置，也就是阿姆河、锡尔河和泽拉夫尚河的河岸。今天的河中地区接近乌兹别克斯坦、塔吉克斯坦、吉尔吉斯斯坦南部和哈萨克斯坦西南部。后来此地因马修·阿诺德的著名诗歌《郡莱布和罗斯托》（*Sohrab and Rustum*）而声名远播，而中世纪时期该地区的名声要归功于亚历山大大帝曾于公元前4世纪20年代征服此地。[83] 在这个人口稠密的中心地带和咸海之间的，是面积达13.5万平方英里的克孜勒库姆沙漠或叫红沙漠。在河中地区以西，西濒里海的正是花剌子模本土，而河中地区以南则是呼罗珊地区。在农业定居带的东部，巨大的山脉拔地而起，越往东前行山峰就越高，山势也相应地愈发险峻。在阿姆河和锡尔河的上游之间，唯一好似连通的通道是瓦赫什河河谷，但其本身几乎无法通行，而两条河流的下游都奔流入咸海。[84]

光是花剌子模的地理位置对入侵者来说就是一个棘手的难题。但是在每个独立的区域内又会出现涉及马匹、食物供应以及后勤保障等不同的问题，而且所有这些问题都必须事先经过仔细的"军事演习"。成吉思汗小心翼翼地隐藏自己的规划路线，因为这是敌方间谍可以获得的最重要的情报。至于摩诃末的军队人数，据说他有40万，但这规模可能被严重地夸大了，更加可信的估计是20万。[85]不过成吉思汗从他的间谍那里得知，摩诃末并不打算与他进行大会战，所以他意识到他在当地的兵力能始终大于分散的驻军。

至于摩诃末作为首领而理应具备的英勇品格，成吉思汗对此基本不屑一顾。诚然，摩诃末在1203—1206年与穆罕默德·古尔和古尔人的战争中表现出色，但那次他是联合了当时强大的西辽才获胜的。[86]对于蒙古军来说最不利的情况是不得不在战场上面对全部的花剌子模军，但成吉思汗和他的将领们依旧充满信心。摩诃末可能在数量上拥有巨大的优势，但他的部队缺乏蒙古人铁一般的纪律、对可汗命令坚定不移地服从以及适应艰苦环境的能力，他们还不习惯行军路上的艰难和战争中以及战前需要忍受的痛苦，而正是这些特质使得蒙古军队如此强大。此外，处于防御位置的花剌子模军队几乎无法期待获胜后的奖赏，但处于进攻位置的蒙古人却受到巨额财富和战利品的刺激。[87]为了抵消所有这些不利因素，摩诃末需要在勇气和军事才能方面占据上风才能获胜，但显然他在这两方面都处于劣势。要么他是听从了将军们的馊主意，要么他是被占星家的预言吓到，显而易见，摩诃末打算躲在远离前线的地方。总之，对于准备完成另一项伟大事业的成吉思汗来说，前景一片光明。

10

摩诃末的垮台

　　有人认为成吉思汗对在讹答剌发生的暴行反应迟钝，他居然于事件发生的两年后才采取行动。[1]但实际上，他的反击非常迅速。在为大部队在额尔齐斯河上游的会合做周密的部署时，他就命令已经在西辽的术赤和哲别带领他们那3万人的队伍立即向西行进。他的计划是，当他们二人到达拔汗那山谷时，涌向讹答剌的主力部队中行动敏捷的情报员就能够及时向他们传达可汗的最新指示。可汗的计划要求哲别和术赤在冬季里翻山越岭、艰苦行军，然而可汗的命令是不容置疑的。阿尔金山山脉的阻碍让旅行者们要么从天山的北部走，要么从塔里木河的南面穿过可怕的塔克拉玛干沙漠。根据以往的经验，商队会选择南方的路线以避免穿越环境最为恶劣的山口，但是大批的移民队伍则因为在沙漠里需要更多的水源而选择北路。[2]率领着3万人的哲别和术赤别无选择只能朝北走，但他们似乎没有沿着需要穿过准噶尔地区的传统路线行军，相反，他们稍稍转向了西南方向，在帕米尔高原和天山之间找到了一条很有可能穿过阿尔泰山脉（资料的描述并不清楚）的山口。这可能是海拔1.3万英尺、一年四季均可通行的铁列克达坂关，后来它成了从西辽出发抵达蒙古的主要路线，马可·波罗也曾经过这里。[3]在前往该山口的途中，蒙古人骑马穿过了暴风雪、越过了五六英尺深的积雪地带，他们的马裹着牦牛皮，而骑马的人则身着双层羊皮大衣。食物短缺意味着他们不得不经常割开坐骑的血管，饮罢之后他们再将血管闭合。许多马因为这冰天雪地的环境以及过度放血倒地而亡，而所有倒下的马都会被立刻吃掉。

最终，蒙古人在1219年的春天抵达了富饶的拔汗那河谷，此次行动足以与当年汉尼拔翻越阿尔卑斯山的壮举相提并论。[4]那时候的河中地区包括从今日中国境内一直延伸到里海的整片区域，所以将拔汗那河谷称作河中地区的商业活动中的瑰宝是对其极大的赞扬。那里出产金、银、绿松石、汞、铁、铜、猛火油、沥青、磨盘、香水、织物、武器、针、剪、罐、弓、剑、染皮、斗篷、碎布、亚麻，还拥有大片的农田、广阔的果园和葡萄园，以及一个以蓄养山羊、马和骡子为主的欣欣向荣的牧区。[5]蒙古人可以在此掠夺，并从这块富饶的土地上得到他们需要的一切。

位于拔汗那国的蒙古军队让沙赫摩诃末陷入极度的恐慌之中，他原本以为所有来自东方的军队都不得不选择更靠北边的穿过准噶尔山口的路线。这也证明了札兰丁的观点的正确，他认为应该要在东部边境抵抗蒙古人。但在摩诃末的朝中，不战主义的倾向已经很明显了。大多数人都想要放弃河中地区，并撤退到呼罗珊地区或阿富汗的哥疾宁地区，然后在当地建立一个坚不可摧的据点，让蒙古这个游牧部落在徒劳无功的进攻中不可避免地被削弱。此时，摩诃末不仅没有展现出应有的领导力，反而宣称是真主告诉他要向蒙古人发动进攻。他控诉成吉思汗是个偶像崇拜者，并向随行人员抱怨蒙古人在入侵中原时"不公平地"抢占了先机。[6]与此同时，蒙古人在拔汗那国大肆破坏的消息实在是让人忍无可忍。最终，摩诃末集结了一支大军向术赤与哲别步步逼近。

术赤受命避免卷入与摩诃末的激战，他的作用是转移注意力，并在成吉思汗穿过准噶尔山口时继续占领花剌子模。[7]不过，任性的术赤向来不喜欢服从父亲的命令，这次他也不例外。哲别百般劝说术赤，说他应该带领蒙古人撤退，如有必要他们可以进入山脉的丘陵地带，将摩诃末进一步地诱离成吉思汗想要攻打的讹答剌。自负的术赤显然很享受否决哲别这样的高级将领的意见，他行使了正牌王子的特权，说那样做是彻头彻尾的胆怯。

文献资料对这场战斗的描述不尽相同。一种说法是，在经过长途跋涉之后，蒙古人面对敌人时的状态很糟，他们没有像往常那样使出诸多诡计，只是迎面向摩诃末发起了攻击。另一种说法是，蒙古人展示出了教科书般的战术，他们以轻骑兵射出箭云，而重骑兵则等着给予敌人致命的一击。据说摩诃末甚至差点在此被俘。[8] 无论如何，在夜幕降临时战斗依旧未能决出胜负，在数量上被对手远超的蒙古人（估计是2.5万蒙古人对付人数两倍于己的敌人）在其他各个方面都完胜对手，无论那是速度、机动性还是想象力。

这是摩诃末第二次遭受重创，这也加深了他心中的一个思维定式——同蒙古人正面交锋简直是愚蠢至极。[9] 与此同时，哲别和术赤采取了趁着夜幕撤退的传统策略，他们还想方设法带走了大部分的牛和马。摩诃末没能追上他们，这让一些分析者感到困惑，但这背后至少包含了三个主要的原因。首先，摩诃末并不确定蒙古人真正的实力，也无法保证自己面对的仅仅只是一支先锋队，可能其主力部队正设下埋伏等待着他的追击。其次，为了与蒙古人开战，摩诃末不得不提高税收，然而这反过来又导致一些早已心怀不满的地区公开举起了反旗。为了镇压这些暴动，摩诃末不得不先将军队撤走、不再追击蒙古人。最后，在夏末时他得知另一支蒙古军的先头部队已经从北方的准噶尔山口涌入。如今他可以确定哲别与术赤的军队的确是用来转移他的注意力的。[10]

1219年5月，成吉思汗率领主力部队沿着鄂尔浑河和图拉河出发。[11] 他向西南方向穿过海拔8000至1万英尺的山口，于7月中旬到达阿尔泰山。关于他随后的确切的行进路线，学术界存在很多争论（地理学并不是中世纪编年史家们的强项）。尽管在5月至9月期间，该地区至少有其他两条隘路可供通行，但他最有可能选择的是答必斯丹-答班山峡。[12] 1219年夏，他在额尔齐斯河的上游扎营，让士兵和马匹进行休整，同时等待盟友前来会合。正是在这整饬期间，蒙古人经历了一场罕见的夏季暴风雪。[13]

为了进一步迷惑摩诃末，成吉思汗派出一支小分队（大约有5000人）沿迂回的路线南下，队伍从著名的准噶尔山口进入锡尔河以北地区。在距今更为久远的年代里，希罗多德和托勒密就已知晓准噶尔山口，并因此地持续的狂风认为该地是北风之神玻瑞阿斯的家。准噶尔山口可以算作是一个小型裂谷，它是阿拉科尔湖和艾比湖之间一个长 46 英里、宽六英里的缺口，位于今天中国和哈萨克斯坦的边界处，它是中国和中亚之间最重要的山口，也是从阿富汗到中国东北地区绵延约 3000 英里的山峦中唯一的入口。[14] 这就是摩诃末认为成吉思汗会选择的路线——从位于西辽的驻地一路向西。

与此同时，身处额尔齐斯河上游的成吉思汗估量了自身的处境并重新审视了自己的战略。他的随行人员中有他最喜欢的妻子忽兰，还有他的儿子拖雷、察合台和窝阔台，以及除了哲别、术赤和木华黎以外所有重要的将领和谋士。此时，哲别和术赤二人已经抵达位于西方的前线，而木华黎还在中原。随行人员中最重要的角色可能要数速不台，他是成吉思汗的幕僚长，人们通常认为是他提出了击败摩诃末的高明战略。[15] 治理蒙古的任务则留给了成吉思汗的弟弟铁木哥·斡赤斤。

想知道成吉思汗究竟率领了多大规模的军队是一个颇难解决的问题，这种研究困境也存在于蒙古历史上所有与数字有关的问题上。研究人员估计的数字上自绝不可能的 80 万、下至荒谬的 8 万。一些通俗作家提到 80 万这个疯狂的数字，有几个线索可以证明那是不可能的，主要是这个数字意味着他们在行军途中需要带着 80 万匹马与 2400 万只绵羊和山羊。[16] 蒙古远征军的数量在很大程度上取决于蒙古的总人口，我们在此估计总人口在 70 万到 200 万之间。鉴于蒙古的牧区经济缺乏弹性因而只能长期维持一定数量的人口，加上 1967 年蒙古的人口是 300 万，我们完全有道理相信在 13 世纪时蒙古的人口上限为 200 万。[17] 这推测出军队总人数大约有 20 万，似乎很接近一些数额较大的估计。[18] 但我们必须记住，蒙古还有大量的军队正在中原作战，而且成吉思汗在后方新近占领地区的人口不能被计算在内，并且那里还需要额外驻军以保持顺服。总的来说，如果将同盟军队以及中原来的工兵、工程师和攻城专家计算在内，或许蒙古的总兵力有 12 万，其中包括了术赤和哲别率领的 3 万军队。[19]

当成吉思汗还在额尔齐斯河上游的夏季营地时，他得到的最令人震惊的消息是原本他翘首以盼的党项援军将不会前来。1209—1210 年蒙古对西夏的战争起初似乎达到了目的,因为此后西夏一直对蒙古忠心耿耿。在1211年,年近五十的夏神宗通过政变篡夺了皇位,他成为西夏新的统治者。不过,他重申了与蒙古的同盟关系,并将其维持到1217年。然而后来在痛恨蒙古的将军阿沙甘不的影响下,夏神宗背弃了所有的承诺。[20]西夏的统治者和军事将领一起向金朝提议,趁着成吉思汗身处西方不在中原境内时,西夏和金朝共同结成反蒙古同盟。阿沙甘不还非常确信蒙古人会输掉对花剌子模的战争。[21]

但金朝因认为蒙古人和党项人都是自己的死敌而拒绝了他们的建议。党项人在向宋朝提议时运气要稍好一些,但宋朝告诉西夏,他们最早要到1220年才能正式结盟。当蒙古人对西夏的背信弃义进行官方抗议时,阿沙甘不嘲讽地说,既然成吉思汗自称是大汗之汗(虽然他实际上从来没有接受过这个头衔),他似乎并不需要党项人的帮助,毕竟上天已经站在了他的一边。[22]一些资料显示,当这个回答传到成吉思汗那儿时,他气得涨红了脸。从那之后,他让随从们在每天中午和黄昏时都提醒他奸诈的西夏尚未灭亡。

很快就到了拔营起行的时候,蒙古人的第一个目标是讹答剌。成吉思汗命令后勤部队为即将到来的行军做最周密细致的准备,必须把所有已知的水井、水洞和绿洲都计算在内。每十名骑手需要携带三只经过晒干处理的全羊,还有晒干腌好的羊肉以及一口烧肉的铁锅,类似的推算方法也适用于准备其他需要的食物的工作。成吉思汗接下来的行程是要穿过额尔齐斯河,渡过斋桑泊,沿着塔尔巴哈台山脉,顺着世界上最大的内陆湖泊之一的巴尔喀什湖的东岸,抵达海押立平原。哈剌鲁部的阿儿思阑、阿力麻里城的新统治者昔格纳黑的斤以及成吉思汗的好朋友亦都护巴而术都将在那里与他会合。[23]

1万名畏兀儿人、6000名哈剌鲁部人以及来自阿力麻里城的一支特遣队组成了规模庞大的增援队伍,在新援兵中还包括汪古部人、契丹人、索伦部人、乞儿吉斯部人和谦谦州部人。中原来的工程师和他们为攻城战准备的重型装备给同盟们留下了深刻的印象。[24]在海押立,成吉思汗派察合台率领先头部队走在前面架设桥梁以让大部队渡河,这些桥梁还要确保能够承受重型运输车的重量。虽然察合台有诸多的缺点，但他以极高的效率完成了这项任务，他们一共建造了48座木桥，其宽度足以让两辆重型货车并排通过。[25]

军队向西南方向前进，在到达伊犁河后他们便沿河岸顺流而下来到了阿力麻里城，这是他们抵达目的地前的最后一站。[26]经过伊塞克湖北部之后，他们到达了楚河（今天的吉尔吉斯斯坦北部和哈萨克斯坦南部），这是在抵达讹答剌之前队伍面临的最后一个严重的阻碍。成吉思汗下达了严格的指令，要求从现在起军队不准打猎以免让马匹感到疲劳。在确保食物的供应充足后，他便率军一路向西挺进讹答剌。一旦越过楚河，他们就进入了摩诃末的地盘。[27]

1219年10月，蒙古人终于抵达了位于锡尔河岸边的讹答剌城外。锡尔河被古人称为药杀水，亚历山大大帝曾于公元前329年在此发动了一场举世闻名的战役，并宣告其为帝国的北部边界。除去在额尔齐斯河及其他地方停留的时间，成吉思汗一路耗费了三个月，全部行程超过2500英里。[28]如今，他决定将围攻讹答剌城的任务交给窝阔台和察合台，而他自己则率领一支庞大的后备军等在附近山脉的山麓——位于阿雷斯河河谷顶端的山口里。

成吉思汗采取的策略一如既往地高明。他知道摩诃末驻扎在撒马尔罕，于是他派了5000人沿锡尔河而上占领了别纳客忒（今塔什干附近），那里是从撒马尔罕到锡尔河的必经之地，任何从撒马尔罕而来的军队都必须途经此地。[29]他希望诱使摩诃末为给讹答剌解围而进行远征。如若摩诃末如此行动，别纳客忒的5000名蒙古军将从此地出发并与讹答剌城外的窝阔台和察合台相互配合两面夹击。成吉思汗的计划是引诱摩诃末，让他以为他可以依靠从撒马尔罕出发的军队以及讹答剌强大的守军夹击讹答剌的蒙古军，在蒙古人转身面对刚刚抵达的援军时以城内的守军突围并攻击蒙古军的后方。如果成功诱导了摩诃末，成吉思汗希望凭借蒙古人能够迅速将分散在各处的部队集结起来的专长，一举摧毁花剌子模的军事力量。摩诃末本人并不知道北方还有一支蒙古军正潜伏在山麓之中，而且他还不清楚术赤的队伍正在何处。若摩诃末上钩，那么当成吉思汗和术赤出其不意地分别出现在突围的讹答剌驻军侧翼以及摩诃末援军的后方时，蒙古人的胜利就会降临并将在后世广为传颂。[30] 相较于高加米拉战役、坎尼会战、扎马战役以及历史上其他的伟大战役的成果，这一次的胜利甚至会更为圆满。

但是摩诃末不会上钩。他相信讹答剌规模庞大的守军会坚持下去，他希望能够在采取明确的行动之前准确地找到术赤和哲别的位置。他犹豫不决、拖拖拉拉，真可谓是军中的哈姆雷特（两人一样的游移不定），而他的儿子札兰丁则因为早先在锡尔河对抗蒙古人的提议被否决一事暴躁不已。其实，仅仅是将锡尔河拱手让给成吉思汗，摩诃末就输掉了第一轮的比拼。[31]

摩诃末拒绝支持札兰丁的计划是具有一定的合理性的。因为沿着锡尔河的城市（包括讹答剌）全部坐落于其北岸，所有的守军都得背对着河水，一旦战败他们将无路可退。而若是想要利用河水作为防御工事，将实力强劲的军队撤到南岸并挑衅蒙古人以激其渡河，那么他将不得不放弃所有这些位于北岸的城市。此外，就算摩诃末在北岸取得了胜利，蒙古人也会撤退到群山之中，为了追赶敌人而闯入那样的地形里实在是太过危险。[32] 因此，摩诃末的策略是在讹答剌部署大量的守军，若蒙古人要尝试占领该城，那么在经历了长途跋涉之后已经很疲惫的蒙古人将会更加地疲惫不堪。摩诃末告诉谋士们，当他认为围攻者们已经筋疲力竭时，他就会下令从撒马尔罕向别纳客忒进军。这招并非全然无可取之处，讹答剌的守军至少有6万人，其城墙的四周更是驻扎着骑兵和步兵。[33]

对讹答剌的围攻仍在继续，成吉思汗耐心地等待了两个月，但最后他得出结论：摩诃末永远不会头脑一热就加入此处的战局。于是，他向窝阔台和察合台下达了明确的指示，要求他们在巴而术及其畏兀儿人军队的协助下竭尽全力加紧围城，同时命令术赤从拔汗那国出发，拿下锡尔河北岸的所有城市。[34] 可惜了摩诃末的算盘，他竟然相信了蒙古人不擅长围城的鬼话，这还是情报人员根据蒙古在1209—1211年对西夏的战争中乏善可陈的表现做出的判断。他不了解的是，在经历了与金朝的战争后，蒙古人在攻城方面的能力几乎获得了指数级的提升，他们根本不怕严防死守的讹答剌堡垒。对之前的暴行负有责任的海儿汗·亦纳勒术率领着 1 万守军，与奉摩诃末之命前来增援的将军哈剌察的 5 万援军一起守卫该城，据说两人被出现在城墙外的蒙古军队打得措手不及，整个战场上满是战马的嘶鸣和骡子的吼叫。[35] 不用说，蒙古人自然是采用各种伎俩，想方设法地夸大己方军队的人数。他们有规律地以攻城器械撞击城墙，并逐步切断了城内一切食物和水的供应。在严格的军纪下，原本在数量上处于劣势的游牧民族军队战胜了本应有能力抵抗的对手。[36]

不过，蒙古人还是经过了五个月的艰苦战斗才终于在 1220 年 2 月攻破讹答剌城。1 月时哈剌察预见到了这一必然的结局，他试图带着一名贴身护卫逃跑，但被抓获并被处死。窝阔台完全认同父亲的信念，他认为将领永远不该背弃自己的君主，被处决是应有之义。[37] 在经历了这场溃败之后，摩诃末声名赫赫的雇佣军纷纷离他而去。一些平民厌倦了长达五个月的围困，他们打开了侧门让入侵者们进了城，而海儿汗·亦纳勒术在将城市拱手让给蒙古人之后，带着 2 万名精锐部队退到了邻近的堡垒中。这批精锐中的许多人很快就弃他而去，最后他只剩下 6000 人。[38] 蒙古人又花了一个月的时间才发现了他们。在堡垒陷落后，海儿汗·亦纳勒术和他忠心的追随者们躲进了一座塔里。守卫们顽强抵抗，但最后他们因为缺少武器只能向入侵者扔瓦片。蒙古人将塔炸毁，并从塔坍塌后的废墟中活捉了海儿汗·亦纳勒术。[39] 所有逃离该城的守军以及其他存活的士兵都在城破后立刻遭到了屠杀。窝阔台和察合台下令将该城夷为平地。讹答剌此后再未被重建，它那可怕的残骸证明了反抗地球上最强大的力量是一件多么愚蠢的事。被俘虏的海儿汗·亦纳勒术被送到成吉思汗的面前，供他在需要时取乐。当然，海儿汗·亦纳勒术最终还是被处以极刑，但广为流传的故事说成吉思汗在处死他之前先将熔化了的银灌入他的眼睛来折磨他，这当然纯属虚构。[40]

在讹答剌陷落后，摧毁锡尔河沿岸所有城镇的计划已然没有了任何的阻碍。术赤和哲别决定分头行动，其中哲别率军南下，他预备跨过泽拉夫尚河，以便为成吉思汗进攻撒马尔罕做好准备。无论成吉思汗决定何时进攻，他都能全面封锁摩诃末从撒马尔罕南下的逃跑路线。哲别身边只有 1

万—2万人,这几乎不足以组成一支大军,然而当他遇上规模更为庞大的花剌子模军队时,哲别却主动发起了袭击并且逼得对方落荒而逃。这是一个了不起的战绩,不过成吉思汗听说后却不太高兴。成吉思汗总是会想办法通过发挥机动性的优势或利用其他的间接手段取胜,以避免造成己方重大的人员伤亡。[41]

与哲别分开后,术赤继续征服锡尔河。他的第一个目标是速格纳黑。术赤号召该城投降,但当地居民们杀了他的使者作为回应。经过七天艰苦的围攻,他占领了此地,杀光了城里所有的居民。[42] 接着,他继续向毡的推进,并在1220年4月20日抵达了目的地,不过这里的居民倒是很有觉悟地投诚了。尽管如此,居民们也不得不背井离乡,任由蒙古人在城里肆意地掠夺。整个洗劫行动持续了三天。距离锡尔河流入咸海处不远的养吉干将是下一个沦陷之地,相关文献中还提到了讹迹邗以及额失纳思这两个较小的城镇,它们也被蒙古人占领了。[43]

就在此时,另一名指挥官阿剌黑那颜正在讹答剌的上游地区行动。他率领着5000人的队伍,在精明能干的副手速客秃和塔孩的配合下包围了别纳客忒。守军坚持抵抗了三天,他们每天都会尝试突围,但终于还是在第四天早晨停止了反抗。虽然守军得到了一旦投降就会被编入蒙古军以免一死的承诺,然而他们一解除武装便全部被箭射死了。所有的平民都被征召入伍,除非他们有幸是一位工匠或技艺娴熟的手艺人。[44]

在阿剌黑那颜继续攻占瓦赫什和塔里寒的同时,察合台和窝阔台已经离开了讹答剌的废墟,前去围攻苦盏这一关键性的堡垒,一直流向正南方向的锡尔河在这里急转向东而去。[45] 苦盏(位于今塔吉克斯坦境内)的地方长官帖木儿·马立克是花剌子模最有才干的指挥官之一,他意识到自己的军队太弱了,除了推迟不可避免的失败,自己无能为力,于是他带着1000多人的精锐部队逃离了拔汗那国的首都,在锡尔河中一个远离两岸的岛屿上安顿了下来。在岛上,他用12只装载着希腊火(相当于早期的凝固汽油弹)的火船重创了蒙古的船只,阻止了蒙古人登岛。最后,当岛上的食物消耗殆尽,帖木儿·马立克和他的手下冲了出去,想要逃离锡尔河下游。虽然蒙古人早已在别纳客忒附近的锡尔河段拴了一条铁链拦腰阻断河流，但勇敢的帖木儿·马立克设法冲破了铁链。接着帖木儿·马立克了解到蒙古人已经沿着岸边排开，术赤正率领一支庞大的军队在毡的守株待兔，他们以船只连接成无法逾越的屏障，从而封锁了这条河。帖木儿·马立克闻讯后迅速上岸，之后他想办法找到一些马，在一小撮人的陪同下进入克孜勒库姆沙漠中的蛮荒之境。[46] 毫无疑问，帖木儿·马立克和札兰丁是摩诃末旗下最杰出的统帅。[47] 但帖木儿·马立克的英勇于他无益，蒙古人已经实现了征服锡尔河流域的目标。

与此同时，成吉思汗的踪迹似乎无处可寻。成吉思汗和拖雷做出了一个大胆决定，他们打算从克孜勒库姆沙漠穿过河中地区，这片沙漠宽广无垠，遍布金字塔形的沙丘。尽管一些作家可笑地假设他们是从讹答剌北上、绕着咸海兜了一圈，进而穿过卡拉库姆沙漠抵达了咸海西侧，[48] 但这样的行程毫无意义，亦无法与时间表相吻合，且根据资料可以清楚地看出他们是向西南方向进发的。成吉思汗相信自己的间谍和当地探子的情报，认为他们可以找到足以为一支庞大（他可能率领着 4 万名骑兵）的军队提供水源的水井和水坑。他到达并占领了匝儿讷黑堡垒，接着他继续朝西南方向的努罗塔进发。努罗塔就是亚历山大大帝于公元前 327 年建立的努尔城，此地是著名的穆斯林朝圣之地。当努罗塔向他敞开大门时，成吉思汗表现出了非同寻常的仁慈，几乎可以肯定的是，他并不想因亵渎圣地而冒犯伊斯兰教，因为那不仅将令他失去花剌子模的伊玛目暗中的支持，而且还会让摩诃末得以以圣战的名义对抗蒙古。努罗塔只是象征性地缴纳了贡品便换来了人民和建筑的毫发无损。[49]

接着，敌人惊慌失措地发现，1220 年 2 月初成吉思汗突然出现在了布哈拉的城门外。这个消息让摩诃末目瞪口呆，他一遍又一遍地询问成吉思汗是否真的就在他的西边，以及这究竟是如何发生的。北部和东部有术赤、窝阔台和察合台，南部有哲别，摩诃末实际上已经被包围了，他的战线以及与西部各省的通讯也几乎被切断。如今，他所有的希望都寄托在布哈拉城强大的守备部队身上。毋庸置疑的是，成吉思汗穿过克孜勒库姆沙漠从而迂回包抄摩诃末的军事行动堪称军事史上最伟大的战绩之一，这也再次证明了他是一位天才的军事家。在与花剌子模的战争期间，成吉思汗正处于一生中的巅峰状态，他才华横溢、开拓进取、勇于改革又极富创造力，他富有独辟蹊径的天赋，在阅读地图、理解空间上的直觉举世无双。[50] 引用成吉思汗的一位最著名的崇拜者利德尔·哈特的话："战略上，最漫长迂回的道路往往是达到目的的最短途径。直接向目标发动进攻，一方面会让袭击者精疲力尽；另一方面，敌人会因受到攻击而加强抵抗。而间接的进攻会打乱抵抗者的阵脚并让他们松懈……关于战争，最根本的真理是战争由双方指挥官的智慧决定，而非他们士兵的身体。"[51]

布哈拉曾是伊斯兰世界中最大的城市之一，它以深厚的文化积淀和悠久的学术传统，特别是苏菲主义而闻名于世。它是撒马尔罕的姊妹城市，位于其东南方向150英里处，撒马尔罕是花剌子模的政治首都，而布哈拉是其宗教首都。这座城市有36平方英里，被一堵据称长达100英里的外城墙包围。城内分为三部分：周长一英里的城堡，内城也就是城市的自身建筑，以及被叫作商栈的郊区。其中城堡位于内城之外。[52] 内城建在一处平台之上，其城墙上有七扇城门：集市门、香料商门和最有名的铁门等。作为花剌子模帝国的宗教之都，这里以拥有众多华美的清真寺为荣，如建于1121年的大清真寺、星期五清真寺和叙利亚清真寺。[53] 商栈的四周也被城墙环绕，城墙上开有11扇门。布哈拉有一套精心设计的灌溉系统，它以水闸、水库和运河向城内、城外供水。城市的主运河名为沙赫库德（"运送黄金之河"），这一名称即体现了它的重要性。沙赫库德的水为富裕的郊区里华美的花园和别墅输送水源，这些花园和别墅被郁郁葱葱的大树隐藏了起来，阻挡了来自卡扬宣礼塔上的窥视目光。包围着布哈拉及其郊区的城墙之外有更多蜿蜒而出的运河，它们灌溉着城内外的土地，这些运河的规模足以供船只通行。[54] 城中规模庞大、人口拥挤的贫民窟甚少被提及，这里容纳了城市的穷人，以及从狭窄肮脏的阴暗街巷中排出的臭气和污水，这些削弱了城市的光彩。[55] 这座城市出了名地富有，它因发达的贸易和手工业积累了财富，它的地毯、纺织品和铜制品（尤其是漂亮的铜灯）在伊斯兰世界非常出名，更不用说它闻名遐迩的瓜果。位于城堡和内城之间、靠近星期五清真寺的一家大型纺织场生产的优质织品能够出口到小亚细亚、叙利亚和埃及。[56]

成吉思汗从城中的探子那里得知了上述所有的情况，他骑着马沿着城墙思索，寻找这里的薄弱之处。摩诃末的军队如潮水一般地开进这座城市，他甚至还派来了一支援军。从理论上讲，布哈拉应是无法攻破的，但成吉思汗认为城内尖锐的阶级冲突或许会给他可乘之机。在1207年，一场由工匠领导的人民起义眼看就要推翻城内旧的封建宗教贵族，摩诃末赶来增援并占领了这座城市。[57] 成吉思汗希望贫民窟的居民成为他的内应——若想让精英阶层将财富吐出来，贫民们总会派上用场。成吉思汗对布哈拉的富人们怀有特殊的敌意，在他看来是他们偷了自己的钱，因为是他们买光了海儿汗·亦纳勒术在讹答剌劫杀蒙古商队后抛售的金银珠宝。[58]

接下来便是为期十二天的围城战。成吉思汗遵照他的一贯所为，将俘虏放在最前线作为炮灰，因为他一直很在意自己属下的伤亡情况。连续两天，入侵者的进攻都没有取得较大的突破，但布哈拉守军的指挥官已然因为蒙古人的攻势崩溃了。他带领2万人在夜间出城遁逃，在眼看就要逃出生天之际被蒙古军队发现了。他被一路追赶到了阿姆河河岸并遭到了围歼。[59] 至此，整座城市都放弃了抵抗，除了城堡内的400名死士外，其他人都选择了投降。成吉思汗命令城内百姓们填平了城堡周围的护城河，然后用巨大的投石机冲击城堡的高墙。即便如此，守卫们仍然不可思议地坚持了11天，直至他们最终被俘并被屠杀。布哈拉最终沦陷的日期有人说是2月11日或15日，但逐日来算还是13日的说法更为可靠。[60]

成吉思汗打算拿布哈拉开刀，以震慑花剌子模帝国的其余地区。他下令，凡是购买了从讹答剌商队掠夺的赃物的商人，必须无偿归还所有财物，否则将被处死。此外所有富人，无论其财富来源何处，都要被课以重税。在城中告密者的帮助下，成吉思汗确定了280名符合条件的对象（190位居民和90位外国商人），并做出了相应的处罚。[61] 随后他又发布了一项命令，要求所有人无论等级必须只身离开这座城市，适龄妇女除外。随后这些女性在一场大型的淫乱派对中遭到轮奸，她们成了士兵们纵欲的牺牲品。[62] 年轻的男子则被聚集起来，他们会在下一次的冲锋或攻城中充当肉盾，而有名的工匠和手艺人则被送回了蒙古地区。

成吉思汗对伊斯兰教的态度一直存在争议。他的确处决了所有反对他的神职人员和伊玛目，但传闻中他更为疯狂的举动则纯属虚构。[63]有人说，他站上了大清真寺的布道台，宣布他是"上帝之鞭"，还有人说，他摧毁了清真寺，亵渎了圣地和圣书。成吉思汗绝不会干出如此愚蠢之事，从而让摩诃末获得那么明显的把柄。[64]较有根据的说法是，成吉思汗在大清真寺聆听了一场伊斯兰教的布道，据说他同意其中大部分的教义，但他无法理解为何信徒必须去麦加朝圣，毕竟真主无处不在。[65]

然而，布哈拉的人民仍饱经苦难，他们备受欺凌、骚扰，常遭到随意的杀戮，若是他们有钱还会遭受折磨，只为让他们吐出藏匿的财富。尽管在围城及其之后，在布哈拉至少有3万人丧生，但与蒙古西征后期其他一些城市的遭遇相反，这里并没有发生大规模的屠杀或是种族灭绝。[66]布哈拉陷落后承受的最大灾难是火灾，一场大火席卷了整座城市并将其夷为平地。敌对方宣称这是成吉思汗故意纵火所致，但极大的可能却是这场火灾是场意外事故，毕竟贫民窟里密密麻麻的木屋显然容易诱发火灾。[67]无论如何，这是一场骇人听闻的惨剧。伟大的阿拉伯历史学家和旅行家伊本·白图泰在一个世纪之后到访此处时，这座城市依旧是一片荒芜，就好像蒙古人的入侵仅在昨日。[68]

成吉思汗如今已经拥有大量的俘虏充作肉盾，更重要的是军队士气大振。下一个目标必然是花剌子模的首都撒马尔罕，那里因其姊妹城市的陷落而人心惶惶。撒马尔罕一直被认为是伊斯兰文化的瑰宝，仅仅是它的地理位置就让它成为沙漠中孕育文明的绿洲。撒马尔罕也被围墙包围，它坐落于地势高处，人口高达10万，它的灌溉系统比布哈拉的更为复杂高效，一直为人所称颂。河水从撒马尔罕周围的山上流下，几座水坝立于山脚处，它们改变了水流的方向以引导河水灌溉城市周围的土地以及河流北岸的区域。和布哈拉一样，撒马尔罕也有富裕的郊区住宅和富饶的果园，城市里运河纵横交错，这一景色与四周荒芜的山丘形成鲜明的对比。两条运河连接撒马尔罕与布哈拉，它们可以承载船只通行，也组成一个灌溉两地之间的众多大城镇的运河网络。和布哈拉一样，撒马尔罕也由三个部分组成，它们分别是禁城、内城和外城。[69]撒马尔罕拥有不计其数的人工湖、池塘、公园、植物园和别墅,处处都彰显着撒马尔罕的富饶。清真寺周围栽满鲜花,运河沿线遍植柏树,城内的景色交相辉映,令人赏心悦目。该城的手工业繁荣,出产纸张、银色和红色的布料、锦缎、罐子和高脚杯,也生产诸如兽皮、马镫和包括牛脂在内的各种油脂等更为实用的产品。[70] 撒马尔罕由一堵巨大的城墙环绕,上有四扇城门,其中包括东面的中国门和南面的主城门。主城门附近也是城内人口最为稠密的地区,所有的集市、商队旅舍、仓库和工场都设在那里。

撒马尔罕的城墙被认为是坚不可摧的,摩诃末召来了他的精锐部队进行防守,与摩诃末同住在城内的图儿罕可敦也有强大的军事力量。阿拉伯历史学家志费尼表示,该城地方长官塔海汗的麾下有6万人的突厥军队,摩诃末的母亲图儿罕可敦(她也是塔海汗的姐姐)亦有5万康里人组成的队伍,他们都全副武装守卫城墙,但这一说法是否有所夸张难以确认。[71]

但在不管是流露的抑或是伪装的自信背后,摩诃末忧心忡忡。撒马尔罕坚不可摧的前提是蒙古人从东部发起进攻(若是如此,撒马尔罕可以从布哈拉得到大规模的增援),但随着布哈拉的陷落,撒马尔罕已经失去了后援。摩诃末还曾经推测蒙古军在攻城战方面尚处于起步阶段,然而布哈拉在面对蒙古人的攻击时如同是沙子堆砌而成的。此外,尽管有着庞大的守卫力量在手,但摩诃末肯定知道大多数有影响力的地方寡头和商人并不想要同成吉思汗决一死战,而布哈拉的陷落也表明花剌子模帝国中潜藏着许多可能造成分裂的弱点。[72] 实际上,在一年前摩诃末为了加固城市周围的城墙而选择提前征收未来三年的税赋时,撒马尔罕的全体平民就已经疏远了他们的"皇帝"。[73] 摩诃末的母亲干预帝国的政事也是一个令人头痛的问题,特别是考虑到蒙古以她的名义发布的假命令成效惊人时。[74] 而蒙古在撒马尔罕集结的军队似乎十分庞大。在征服讹答剌之后,窝阔台和察合台也与成吉思汗和拖雷会合,成吉思汗还召回了之前派往别纳客忒的5000人,决心不为攻城战留下任何的漏洞。蒙古人还在平原上竖起了盾牌(实际上无人持有),同时巧妙地将假人安插在真正的士兵之间,从而让蒙古军看起来规模更加庞大。[75]

成吉思汗缓慢而谨慎地靠近撒马尔罕,他沿着泽拉夫尚河的两岸同步推进，包围了撒马尔罕，随后他便悠闲地视察起城墙和各种防御工事。首先他需要考虑的是摩诃末很可能已经传下命令让花剌子模的救援部队从后方袭击蒙古军。成吉思汗的猜测是对的。蒙古军的后方的确出现了两支花剌子模的增援部队，一支是1万人的骑兵小队，他们看了一眼蒙古军的规模便迅速地撤退了；另一支有2万人，他们仓促地发起战斗，但很快就被击溃了。[76]

蒙古人为了对付这些徒劳的救援耗费了些许时间，直到第三天他们才真正地开始攻城。一如往常，冲在最前线的是俘虏，他们大多来自布哈拉，其中有数百人都死在了自己的同胞手中。最后，成吉思汗下令向守军发起大规模进攻并派出了所有的俘虏，而这些俘虏只能选择是被蒙古人从后背砍倒，还是被来自同胞的箭迎面射死。出于对伤亡的恐惧，倒霉的"义务兵"们选择了挣脱束缚四散奔逃。花剌子模守军自以为轻松地战胜了状似士气低落的敌人，于是他们接连从掩体之后冲了出来。和守军一起出击的还有24头战象，塔海汗声称这是他的秘密武器，然而到头来这些战象却成了最失败的哑炮。花剌子模的突厥人军队径直闯入了蒙古人精心策划的埋伏圈，他们遭遇了刚刚出战的真正的蒙古军，结果是上千突厥人遭到屠杀。[77]我们没有必要相信一些编年史家对史实的夸大，如一天之内就有5万人丧生之类，不过显而易见的是，死亡人数的确非常惊人而且令人难以接受。

撒马尔罕再也无法采取有效的防御措施。塔海汗和一半尚未负伤的守军撤回了内城，而蒙古军则涌入郊区和外城地区。据说，摩诃末在3万骑兵的陪同下冲破蒙古人的铜墙铁壁逃到了乡下，花剌子模的守军因而进一步减少。[78]因极度的苦恼和恐慌而处在心理崩溃边缘的摩诃末向心腹坦言战争已经结束，成吉思汗取得了胜利。[79]

在守军遇伏、重要人物们弃城出逃之后，一个由神职人员和市民组成的代表团前来拜见成吉思汗，他们表示自己会立即投降，并且他们从来都不想打仗，一直都在暗中支持蒙古。他们指认了蒙古在城内的5万名内应，而成吉思汗承诺在缴纳20万金第纳尔的巨额罚金后会赦免这些人。[80]在徒劳地抵抗了五天之后，内城中由塔海汗领导的突厥人和康里人部队提出了求和。成吉思汗承诺饶他们一死，然而当他们一放下武器就几乎被赶尽杀绝。[81]大约有1000人对蒙古人的承诺表示怀疑，他们从来不相信蒙古人的话，于是退回禁城打算抵抗到底。但成吉思汗切断了禁城的供水，接着将他们统统砍成了碎片以为了结。此时是1220年3月末。[82]

除了那些他认为特别富有的人之外，成吉思汗对那5万名所谓的内应并未留心，除非他们有钱购买"出境签证"以离开这座城市。征服的后续一如既往且可以预见：工匠和手艺人被送往蒙古；年轻的男子将成为下一次围攻行动中的肉盾；所有的适龄女性都会遭到强暴，其中姿色最为出众的将留给可汗和他的将领们享用。[83]成吉思汗将20头从伏击中幸存的战象丢在了撒马尔罕四周干旱的荒野里，它们很快就因为缺少合适的草料而死亡，成吉思汗对大象的处置也表明了游牧民族对动物们的冷漠态度。[84]

当被成吉思汗允准幸免的人离开后，成吉思汗便批准手下肆意地烧杀淫掠，十天的围城已经令他们血脉偾张。此举不仅造成了城内严重的破坏，也让许许多多的居民丢了性命。除了死于战场的，撒马尔罕的10万平民中只有2.5万人幸存，待蒙古人离开后，他们留在这片被摧毁的昔日天堂里收拾残局。[85]一百年之后的伊本·白图泰注意到撒马尔罕同布哈拉一样依旧未能彻底恢复，征服者的印迹在此依然清晰可辨。但撒马尔罕又很幸运，后来帖木儿将它选作了自己的首都，他不仅恢复了这座城市昔日的辉煌，甚至还令它比以往更胜一筹。但这极具讽刺意味，因为重建撒马尔罕的帖木儿幻想着自己是征服者成吉思汗的再世。[86]征服撒马尔罕之后，成吉思汗指派了一位非常能干的契丹官僚耶律阿海担任该城的地方长官，并指派了来自中原的文官辅佐他。事实证明这是一个不错的决定。无论是增加了税收、维持着邮传抑或是向蒙古朝贡，耶律阿海都证明了可汗的这次任命是十分明智的。[87]

成吉思汗一直在撒马尔罕附近逗留至5月，之后，他带着队伍去了坐落在城南山间的夏季营地。可汗的王帐设在那黑沙不（今卡尔希），此处被吉萨尔山脉遮蔽，是河中地区环境最为宜人的地方。成吉思汗觉得，他有必要让在离开蒙古之后将近一年的时间内一直处于全力以赴状态的军队享受一段长期的休闲和娱乐时光，事实上，最初出发的那支由哲别和术赤带领的队伍在外作战的时间可远不止一年。既然如今撒马尔罕已经陷落、摩诃末还在逃亡，成吉思汗认为除了坚固的堡垒外，已经没有什么危险的敌对势力了，但他也认为如果不继续保持征服的势头即是失策。

此时成吉思汗提出了两条举措，其中首要的是入侵阿姆河流域以确保控制阿姆河，并为明年的大规模袭击做好准备。奇怪的是，敌人似乎认为长达1500英里（几乎与锡尔河完全平行）的阿姆河是抵抗蒙古人的重要屏障，但蒙古人毫不费力地就穿过了它，他们把财物绑在了马的身上，然后浮在木排上渡河。[88] 随后蒙古人便开始对阿姆河流域展开大规模的搜查行动，曾征战中原地区的老兵认为阿姆河看起来同黄河很相似。[89] 传统上，阿姆河是突厥人和波斯人之间的界河，它因其周围盛产宝石（红宝石、天青石、白水晶）而闻名天下，夏季时节整个下游都可通航，但它与锡尔河一样，到了冬天河水就会结冰。蒙古人调查了大量与阿姆河有关的信息，包括它以前流入里海而非咸海、河中地区的人们将它和锡尔河视为自己的底格里斯河和幼发拉底河（甚至认为较它们更为重要），以及右岸的那瓦达（这也是旅行者们穿梭于巴里黑和撒马尔罕的必经之地）是最适合架桥的地点。[90]

利用速度与机动性上的优势，蒙古军乘敌军不备，利用火炮迅速摧毁了阿姆河上的摩诃末舰队。随后，成吉思汗根据侦察巡逻队的情报派遣了一支大部队，由术赤和察合台率领，围攻北岸的忒耳迷。[91] 他的这两个儿子不睦已久，果不其然，两人之间爆发了争吵，将战局搞得一团糟，在11天后才完成预计应该在48小时内完成的任务。蒙古军过于自信地试图攻占附近阿姆河上的桥，但麻烦不期而遇，他们遭到了袭击且伤亡惨重（一些资料显示死难3000人）。没有什么比丢掉蒙古士兵的性命更让成吉思汗恼怒的了，再加上听闻两个年长的儿子之间的争执，他怒不可遏地派窝阔台前去担任最高统帅以收拾残局。[92]

窝阔台的出现让军队团结了起来，他们开始了真正的围攻。接下来是最激烈的巷战，几乎所有的房屋都成了防御者的工事，而蒙古军用燃烧的油罐克服了这个难题。入侵者在废墟的瓦砾之中穿行，火光照亮了整个夜空，燃烧和腐烂的尸体散发出阵阵恶臭，那场景让人联想起耶罗尼米斯·博斯画中的地狱。蒙古人步步紧逼，终于在七天后将守军逼进了城镇中仅存的弹丸之地中。眼见挣扎无望，忒耳迷的居民请求在投降后免死，但术赤认为窝阔台不应该允准，这事关名誉，而蒙古军不断增加的死亡人数也令他非常愤怒。[93] 结果一如往常：屠杀当地的士兵、将手艺人送往蒙古、把妇女和儿童卖去做奴隶。此次屠杀因记录在案的一件事而广为人知。一个愚蠢的老妇人向蒙古军求饶，说若是能得到赦免她就会献给他们一颗巨大的珍珠作为回报。蒙古人问她珍珠在哪儿，她说她已吞进肚子里了。蒙古人于是当场将她开膛破腹掏出了珍珠。[94] 不幸的是，蒙古人据此认为所有城内的幸存者都有可能采取了类似的方法藏匿珠宝，于是他们自此常常先剖出内脏再逼问财物，以免错过任何被吞下的财宝。

就在此时，摩诃末正在惊慌失措中四处逃窜，他告诉人们战争已经结束，各位应该另寻生路、自求多福。摩诃末治下的一切都极度混乱且毫无秩序，谋士们意见不一且他们的建议于事无补。他最得力的将军们建议他考虑放弃河中地区并重新集结军队以保卫南部的呼罗珊地区和西部的伊剌克-阿只迷（今伊拉克北部）地区。在这两处摩诃末都可以召集到士兵，甚至还可以消弭他与哈里发之间的分歧从而对"受诅咒之人"发动圣战。[95] 其他人还建议他退至阿富汗的哥疾宁地区进行抵抗，若在那里被击败，他随时都可以向印度撤退。

起初，摩诃末选了后一个方案并抵达了巴里黑，但他在那里遇到了他的维齐尔（伊斯兰教国家的高级官职），并被维齐尔说服改变了计划。这位维齐尔其实有自己的打算，但他并未透露分毫。维齐尔本想驻扎在伊剌克-阿只迷，但摩诃末的一个儿子鲁克那丁却对他大为施压，命令他去东方协助摩诃末（实际上是为了摆脱他）。维齐尔意识到他只能在摩诃末身边获得庇护，因而他极力劝说摩诃末撤退到西部，直至摩诃末最终同意如此行事。[96]

摩诃末的儿子、花剌子模帝国仅有的一流领袖札兰丁得知这一决定后愤怒地指责他的父亲，他认为前往伊拉克是最坏的方案。"不要再搜寻堡垒、据点和'狼穴'了，"札兰丁催促说，"召集军队，起来战斗吧！"札兰丁表示，重要的是执政者不应该让人民说出"他们向我们征收税赋、索要贡品已经那么久了，但如今到了这样的关头却放弃了我们，把我们扔给了异教徒做俘虏"这样的话。[97]然而摩诃末对此却毫不理会，札兰丁为此愈发气愤，并骂摩诃末是胆小鬼。事实上，摩诃末既不信任他的封建领主也不信任他的将军，他不想让任何人自作主张，唯恐他们在战胜蒙古人之后觉得自己的势力已经强大到足以对摩诃末本人发起挑战。因此，他从未将所有的兵力都投入一场决定性的战斗之中，而是将他们分散在他的领土之上，也正是因为这样，蒙古人得以一点一点地将他们全部摧毁。

摩诃末的态度实在是令人反感和愤怒，花剌子模的一些高层人士实际上正在密谋将他抓获后交给成吉思汗以换取和平谈判。摩诃末的一位大臣巴哈丁伪造了一封据称是花剌子模的高级指挥官们给成吉思汗写的信，信中要求蒙古在他们推翻摩诃末之后给予援助，然后在巴哈丁的安排下，信件的若干副本落到了摩诃末的亲信手中。高级指挥官的"倒戈"成功地动摇了摩诃末追随者的忠心。但由于在那天晚上事先得到了警告，摩诃末迅速拔营并连夜逃往西部。第二天早上，在他本该就寝的帐篷上发现了很多箭孔，此事令他恐慌更甚，他的偏执问题变得更加严重。[98]札兰丁再次请求父亲三思，但暗杀未遂事件在很大程度上导致了札兰丁的提议更难被采纳。摩诃末以高高在上的姿态表示儿子的建议是出于年轻人的天真愚蠢，他还补充了一个极其无益的见解，即在任何情况下一切事物都是由天上的繁星所决定的，智者的处事办法就是等待星星到达最合适的交会点。[99]如今摩诃末的帝国分崩离析，昔日的一系列公国再次复苏，一些军阀试图为自己开拓领土，因而他们想要与蒙古人达成协议。鉴于呼罗珊和花剌子模位于咸海和里海之间的大部分地区仍然忠诚于摩诃末，因此他首先逃往了呼罗珊地区。[100]

成吉思汗试图离间摩诃末与其母亲之间的关系，他写信给摩诃末的母亲说，自己的敌意只是针对摩诃末，他并不喜欢向妇女开战，如果她交出军队就可以与他们进行和平谈判。成吉思汗意识到，在他入侵呼罗珊时，这支军队若是参战就会给他带来很大的麻烦。图儿罕可敦当时正在北部的希瓦扎营，她并未接受蒙古的提议。图儿罕可敦认为一旦成吉思汗和他的军队厌倦了对河中地区的掠夺就会撤退，于是她将成吉思汗对她的试探置之不理，并通过处决（集体溺毙）在押的所有政治犯（换句话说，就是其境内所有已知的亲蒙古的达官显贵）来表达对成吉思汗的蔑视。[101]

但是她很快就逃跑了，摩诃末通知她，帝国北部特别是玉龙杰赤和希瓦正是蒙古接下来的目标，她被蒙古人盯上了。成吉思汗既没有与摩诃末谈判的打算也不准备心慈手软，他派了2万人去寻找并消灭摩诃末。他将这支队伍的指挥权交给了哲别，同时让他最喜欢的副手速不台辅佐，由他最钟爱的女婿脱忽察儿作为三把手。[102]他们的任务简单明了且没有任何可供商量的余地——他们将无情地追击摩诃末，"哪怕他已登上青天"，直至杀死或俘虏他。[103]至于蒙古人在追逐过程中途经的地区，他们并不会浪费时间去围攻那些有重兵把守的城市，但他们希望大部分的地区都会选择投降。其中，规模较小的城市若是进行了反抗就会顺势遭到洗劫，而若是大城市不承认蒙古的宗主国地位，它们就会被记下来以待秋后算账。[104]

与此同时，摩诃末已在慌乱之中抵达巴里黑。他似乎想要采用1812年库图佐夫在俄国对抗拿破仑时所采取的战略——焦土政策，他劝诫他的人民摧毁所有的庄稼和牲畜以确保敌人失去食物的供给。但文字资料并未提供证据表明这一命令得到了响应。越来越多的军队弃他而去，而出于对机动性的考虑，摩诃末只带着一名保镖随侍，他已失去了强制别人服从命令的能力，况且他的大多数臣民都厌恶他的懦弱和无能。摩诃末还愚蠢地相信阿姆河会成为所有追击队伍不可逾越的障碍，或者对手至少需要花费数周的时间建好一座桥才能渡过阿姆河。然而速不台和哲别在巴里黑的北方发现了一处适合的渡河地点，在那里一英里宽的阿姆河缩窄到450码。这一次，他们采用了一个屡经战争考验的方法。他们没有让骑手单独带上马匹和皮囊渡河，而是将皮囊绑在了一起做成一只巨大的浮筏，再将浮筏绑在数百匹马的尾巴上，让这些战马拖着浮筏游到河的对岸。[105]

摩诃末从巴里黑向西穿过厄尔布尔士山脉的一个隘口，他在1220年4月抵达了尼沙布尔。[106]他让札兰丁返回巴里黑以确认蒙古人的行军情况，而札兰丁惊讶地发现蒙古人已经抵达了巴里黑。当哲别和速不台到来时，巴里黑不仅没有进行任何的抵抗，还按照蒙古人的要求向蒙古人进贡。蒙古人在任命了一位地方长官以代表成吉思汗管理该城之后就继续赶路了。札兰丁赶回尼沙布尔提醒父亲他的敌人就快要抓到他了。惊慌失措的摩诃末想方设法地及时逃离了尼沙布尔，前往伊剌克-阿只迷。在拼命逃亡的过程中，摩诃末的精神状态越发糟糕，他极其多疑且十分恐惧于随时有可能到来的死亡，以至于他每晚都要睡在不同的帐篷里。他借口外出打猎，带着一小群随从逃离了尼沙布尔，而当城内众人得知真相后，尼沙布尔的士气一落千丈。[107] 仅仅在他离开的24小时之后，哲别和速不台就出现在了尼沙布尔的城门之外。

与摩诃末的犹豫不决和萎靡不振不同，蒙古人的行军速度快得惊人，他们的单日行军里程可达80英里。他们并没有直接前往尼沙布尔，而是从巴里黑向西南方向去了哈烈，然后朝北到达马鲁，他们绕道而行的目的是确认这些重要城市的臣服。[108] 同摩诃末的命令相悖，这两个地方都为蒙古军提供了丰厚的补给。哲别和速不台二人严格地遵循成吉思汗的命令，他们无视了戒备森严的堡垒，选择对此绕道而行。唯一的例外是匜维（今托尔巴特海达里耶），那里的居民不仅关闭大门以示抵抗，而且当蒙古人骑着战马经过该城时，他们还站在城墙上大肆嘲笑和辱骂。速不台实在无法忍受这样的挑衅，于是他折返回来围攻了这座堡垒。三天后城市陷落，速不台像往常一样高兴地将守军屠杀殆尽。[109]

同一时刻，哲别正逼向尼沙布尔，他用五天的时间走完了450英里的路程。他向尼沙布尔的人民公布了成吉思汗的官方公告：如果投降并进贡便可以得到赦免。尼沙布尔的人民认为他不过是在虚张声势，于是回复说他们准备好接受一名蒙古地方长官但不会向蒙古人进贡。[110] 哲别对此未置可否，他放慢了继续前行的脚步，以确保他能与速不台会合。二人的下一个目标是位于东北部的徒思城。徒思城是古代波斯最著名、最受人敬仰的城市之一，它因伟大的哈里发哈伦·拉希德（卒于公元809年）埋葬于此而享有盛名，它亦是伊朗民族史诗《列王纪》(*Shahnameh*) 的作者菲尔多西的故乡。[111] 兴旺富裕的徒思城盛产珍贵的条纹布料，拥有大规模的果园、绿松石矿以及精密的灌溉系统，它常常成为侵略者的目标，在公元前330年亚历山大大帝就曾占领了徒思城。财富滋生出徒思城的傲慢与自大，因此当速不台一如既往、例行公事般地要求它投降时，它用最无礼的措辞拒绝了他。徒思城不该这样对待速不台。后者显然未能克制住他屠戮的习性，他带着成群结队的人马冲进了城里。[112]

哲别和速不台再次分开后，速不台又一次纵情于洗劫城市的狂热中。他从徒思城出发，沿西北方向前往埃斯法拉延，接着向西南方向前往达姆甘，这两个地方均未能躲过蒙古军的掠夺。事实证明，这正是摩诃末逃离尼沙布尔时所走的路线（当时他暂时避开了蒙古人）。[113]另一边，哲别向西穿过马赞达兰省，这是这片区域内生态环境最为多样的地区：干旱的平原、大草原、雨林、里海沿岸的沙滩以及白雪覆盖的厄尔布尔士山脉。哲别到达里海南部后，他洗劫了坐落于里海南部海岸的阿莫勒和阿斯特拉巴德（今戈尔甘）。

摩诃末此时早已和札兰丁逃到了剌夷，但在他听闻蒙古人正在不断逼近后，摩诃末便将家族分成了两拨，其中一拨送往喇亦赞堡垒，而另一部分则送往亦剌勒堡垒。送去亦剌勒堡垒的包括摩诃末那令人畏惧的母亲图儿罕可敦。[114]亦剌勒堡垒本应是一座安全的避风港，因为它的海拔很高且水源充足。但偏偏在蒙古人入侵马赞达兰省时，此地爆发了一场不同寻常的干旱。守军口渴难忍，他们在历经十五天的围城之后便向哲别投降。哲别将图儿罕可敦和摩诃末的其余家眷送去了成吉思汗的冬季营地塔卢坎。成吉思汗下令处死了摩诃末所有的儿子，不管他们的年纪有多大。察合台留下了摩诃末最漂亮的两个女儿作为妃嫔，其余的则被分给了高级将领。图儿罕可敦本人被当作俘虏送到了蒙古的哈拉和林，她在那里凄惨地生活，直到于1233年去世。[115]但在将其送走之前，成吉思汗狠狠地羞辱了她。图儿罕可敦和摩诃末家族中的其他被俘妇女一道，被迫剃光了头发走在蒙古军队的前面。她们向世人哀叹着摩诃末帝国的垮台，所有旁观者见此都会意识到违抗天意是何等的愚蠢，并将其牢牢地铭记于心。[116]

随后，速不台和哲别在距离尼沙布尔450英里的剌夷顺利会师，那是伊剌克-阿只迷地区最大的城市，以出口丝绸面料、精美的彩色陶瓷和装饰华美的微缩模型享誉东方。[117]剌夷的沦陷完全出乎人们的预料。蒙古人突然出现在了郊区并涌入城中，在居民们试图抵抗之前便贪婪地展开了杀戮和劫掠。经历了蒙古人彻底的洗劫，剌夷的妇女儿童全都沦为奴隶。[118]接着，哲别和速不台又横扫了哈马丹的西南部，在听闻于西北部吉兰省（里海的又一个沿海地区）的拉什特发现摩诃末后，他们中断了行动。在哈马丹附近，蒙古人和摩诃末的军队之间展开了唯一一次真正的对战。哲别的部队轻而易举地获得了胜利，扫除了他们同猎物之间最后的阻碍。

这次失败无疑给摩诃末的棺材板上又钉上了一根钉子，战败的部队完全处于无政府状态下的混乱无序之中。因为饥饿和绝望，他们在乡村里横冲直撞、打家劫舍，比蒙古人还要令人害怕、遭人憎恨。摩诃末在蒙古军将要到来之际逃离了拉什特来到了加兹温省（今德黑兰以北90英里），札兰丁在那里集结了一支3万人的军队。从人数上看，这支军队本应给予摩诃末翻身的底气，让他拥有直面哲别和速不台的勇气，但此时此刻，恐慌和多疑早已击破了沙赫心里残存的理性，作为一个潦倒之人，他只有一种本能——逃跑。

无奈之下，摩诃末选择投靠巴格达的哈里发，于是他一路向西逃到了哈马丹。在逃亡的路上，他被蒙古人追上了，但不可思议的是，对方竟然没能认出他。哲别看到一群散兵游勇，便以为他们是难民，还让手下人玩笑般地朝他们的方向一通乱射，其中有一箭射伤了摩诃末的马。[119]那匹勇敢的战马一瘸一拐地前进，想要将它那一无是处的主人送进哈仑堡的城门。

摩诃末的维齐尔建议他继续向北撤退至高加索地区，在那里他可以号召成千上万的库尔德人起兵反抗蒙古。摩诃末怀疑维齐尔的建议是为了击败辖区内反对他的势力，实际上维齐尔是将自己当作了一颗棋子。此外，如果为了资助新的队伍而提高税收，就有可能爆发新的叛乱。为了镇压叛乱，他又不得不解散他的队伍，这样一切又都回到了原点。加之，无法只依靠一支军队同蒙古人交手的原因还不止于此，花剌子模帝国内部所有的部落都相互憎恨，即使是在各个城市的驻军中，每营中来自不同部落的势力也必须相互平衡以免发生流血事件。只是在1219年之前，摩诃末依靠战场上的胜利避免了帝国内部落间的互相残杀。[120]

随着离他而去的士兵越来越多，摩诃末并没能在哈仑堡待得太久。但是他通过散播自己仍在城中的谣言将追踪他的人拖延了一天，实际上他早就已经离开了哈仑堡。[121] 当一个间谍提醒蒙古人他们正在徒劳地搜寻后，蒙古人立即开始赶路。为了拖延蒙古人的脚步，摩诃末牺牲了他的后卫军，他们顽强地抵抗蒙古军，直至最后一个人战死沙场。在以奇怪的路线途经吉兰省和阿莫勒后，摩诃末最终听取了埃米尔的建议：在里海的岛屿上找一处避难之所。这一次摩诃末瞬间做出了决定并立即着手实施，这对他来说无疑是件好事，因为就在他刚设法离开海岸时，蒙古人的箭雨接踵而至。[122]

即使船驶入了海面、暂时摆脱了追捕，可怜的摩诃末也无法感到放松。他坚持在一个又一个的岛屿间转移。一开始，他住在阿贝斯昆，后来他搬到了亚述奇岛，接着是在额别思宽岛附近的一个小岛。频繁的转移驻地显然十分明智，因为没过几天，蒙古人就登陆了阿贝斯昆，却发现鸟儿早已飞走了。[123] 摩诃末焦虑不安、近乎偏执、疑神疑鬼、神经敏感，如今他又衣衫褴褛，不仅如此，摩诃末还患上了胸膜炎和痢疾。他开始大声地咆哮，告诉依旧留在他身边的几位忠实的追随者，他想回到花剌子模"从头再来"。他通过向岛民发放地契来维持生计和支付手下的用度，大约在十年之后，岛民将这些地契交给札兰丁并要求其付款，令人惊讶的是札兰丁竟然兑现了这些欠条。[124]

在某个清醒的时刻，摩诃末废除了幼子斡思剌黑的继承权，同时宣布札兰丁为自己的继承人。此举激怒了朝臣，因为斡思剌黑是很容易被他们控制的纸老虎，而札兰丁则完全不同，他是天生的独裁者、才华横溢的将军和精明的政治家。面对混乱的局势摩诃末逐渐丧失了求生的渴望，他对札兰丁说："当人们为自己的事情感到心烦意乱时……最好割断生命之线。"[125] 最后摩诃末染上了肺炎，并于1221年1月10日去世，他被埋葬在岛上。[126] 因为穷困潦倒，他的随从甚至找不到一张包裹他遗体的床单，只能让摩诃末穿着自己的便服下葬。不久后，他的随从将他的遗骸转移到岛上的堡垒中，但蒙古人知道后掘出了这副遗骨并将其付之一炬。[127]

由于在蒙古入侵期间的无能和懦弱，摩诃末失去了他作为花剌子模统治者所获得的一切荣誉。然而，阿拉伯历史学家伊本·白图泰却仍旧试图赞扬他。伊本·白图泰认为他勇敢、坚忍、博学而有教养，精通法律和神学，并且尊重伊玛目。[128] 摩诃末的一败涂地同哲别和速不台的辉煌成就形成了鲜明的对比，哲别和速不台的征服成果被成吉思汗大加赞赏。蒙古人在此番伟业中唯一的污点就是脱忽察儿的可耻行为。成吉思汗在出征前就警告他不要为了自己的利益掠夺财物，但脱忽察儿完全不理会岳父的告诫。为了惩罚脱忽察儿恶劣的罪行，成吉思汗将他贬为了普通士兵，并命令他置身前线。[129] 不过，尽管摩诃末已经死了，蒙古人也只是重创了花剌子模而并未消灭它。在成吉思汗宣布战争结束之前，还有更多艰苦的战斗与数十万人的死亡等着被载入史册。

11

花剌子模的覆灭

正当哲别和速不台残忍地追捕那位命不久矣的摩诃末时,对飞速发展的事态毫不知情的成吉思汗已将摩诃末治下的中心地带——花剌子模王国选为了下一个进攻的目标。撒马尔罕和布哈拉是在后期才并入摩诃末的年轻帝国中的,而位于阿姆河三角洲地区的花剌子模才是帝国当之无愧的核心。花剌子模北邻咸海,它的东面是克孜勒库姆沙漠,南面是卡拉库姆沙漠,西面则以乌斯秋尔特高原为界(今天这里是乌兹别克斯坦、哈萨克斯坦和土库曼斯坦三国交会处)。这里是摩诃末的母亲图儿罕可敦统治的大本营,它对摩诃末家族忠心耿耿。[1]

成吉思汗本人并不打算参战,而是决定让他的儿子们去经历战争的磨炼,于是1220年秋天他派术赤北上。成吉思汗告诉术赤,一旦他攻占了花剌子模,花剌子模就将成为他的领地。成吉思汗自己则留在了那黑沙不,并在1220—1221年的冬天带着位于那黑沙不绿洲的大营一起向上游短途迁移抵达撒里-撒莱地区。成吉思汗总是倾向于对自己宠爱的人网开一面,于是他决定将脱忽察儿早先违抗命令大肆劫掠的罪行一笔勾销,并再次任命他为指挥官以洗刷耻辱。脱忽察儿的任务是要确保没有任何敌人能够从花剌子模地区向南逃往呼罗珊地区。[2] 不过成吉思汗还是将攻打花剌子模及其伟大的都城玉龙杰赤的任务交给了术赤。

作为战争的序曲,成吉思汗派遣泰纳尔那颜率领2万人马向玉龙杰赤方向推进，他们在途中占领了希瓦城。事实证明，这支队伍的行进比紧随其后由术赤率领的主力部队更加顺利。1220年12月初，这支队伍历经七天血战，在激烈的围城战以及残酷的巷战之后占领了希瓦城。[3] 接着，蒙古人疾驰赶往希瓦西北方向约100英里的玉龙杰赤，差不多在术赤抵达之前结束了对玉龙杰赤的试探。他们采用了蒙古人最爱用的诡计：派一小队骑兵赶着牲口经过城门下方以引诱守军。玉龙杰赤的守军发自本能地立刻动身奋力追赶。蒙古小队假装惊慌失措，他们狡猾地将这些追兵引诱到远离城市的地方，并将对方带入了埋伏圈。接下来的血腥战斗从清晨一直持续到了正午，最终这场战斗仍是以蒙古人的胜利宣告终结。追击而出的守军如今在蒙古人的追击下向城内逃窜，他们从一道侧门逃入了城中。蒙古人一路尾随着来到了玉龙杰赤的城郊，然而他们既缺乏兵力以对抗数量庞大的守军，也没能在突击时取得决定性的优势，于是他们选择了撤退。

两天后，术赤率领主力部队抵达了玉龙杰赤。[4] 因为这将是自己的地盘，所以术赤急于避免会给这座城市及其周边地区造成大规模破坏的攻城战，他送给玉龙杰赤的市民一封陈述己意并进行劝降的信件，但它被无礼地退回。[5]

玉龙杰赤物阜民丰，它的美丽被著名的阿拉伯地理学家和传记作家雅古特·阿尔·哈马维（1179—1229）大为称赞。玉龙杰赤的财富来源多样。它位于商队路线的一个节点上，这里的奴隶贸易兴盛，且盛产棉花、谷物、水果、葡萄、醋栗、芝麻、蜂蜜、榛子和其他食物，此外它还是生产弓、箭、刀、胸甲以及其他武器的制造业重镇。当地的奢侈品贸易也很繁荣，经营的种类多种多样，包括琥珀、猎鹰、地毯和丝绸锦缎等，其中最为知名的商品是俄罗斯地区出产的毛皮（来自貂、黑貂、狐、松鼠、白鼬、白貂和黄鼠狼的），以及马、山羊和野驴等家畜的毛皮。[6] 因此，且不论玉龙杰赤是否忠诚于摩诃末家族，此地的繁盛与资产已值得居民们为之战斗。从蒙古人的角度来看，这座城市是一块最难啃的骨头，在13世纪时原本流入里海的阿姆河转而注入咸海，导致所有通往该城的道路都泥泞不堪、臭气熏天。[7] 入侵者不仅必须越过泥滩和沼泽地，而且还面临着一个严重的问题：这一带没有可供攻城器械所用的巨石。为行便宜之计，蒙古人砍伐了桑树并将木头劈成球形以供投石机使用,然而木制的"石弹"显然无法攻克玉龙杰赤厚重的城墙,为此术赤不得不下令从远方用手推车费力地运来真正的石头。[8]

术赤骑马绕着玉龙杰赤的城墙侦察,他仔细地观察着这里的地形,以及在防守方面所有的薄弱环节。他也已经充分地掌握了城内的情况。蒙古人再次利用了花剌子模帝国内地区间的派系斗争,并将其玩弄于股掌之中。自早先勇敢地甩掉敌人之后,帖木儿·马立克来到玉龙杰赤并试图团结当地民众,但他很快就因为当地的高层军事指挥官内部层出不穷的阴谋诡计而气馁、沮丧并最终选择了放弃。[9] 1221年1月,在摩诃末死后,札兰丁和他的追随者越过里海到达曼格什拉克半岛,接着他们向东前往玉龙杰赤。札兰丁在此地面对的情势并不比帖木儿·马立克那时好多少,对于在蒙古人的威胁下愈发疯狂、激烈的派系斗争,札兰丁无论做什么都不过是白费力气。以前任王储斡思剌黑为核心的小圈子势力强大,而北方的埃米尔们更是一直憎恨着他,因而札兰丁根本无法统一玉龙杰赤的人民。当斡思剌黑和他的手下试图暗杀札兰丁时(只是因为在最后一刻被人出卖才失败了),札兰丁认为玉龙杰赤已经无药可救,于是放弃了它。他和他的部众向东越过了卡拉库姆沙漠。[10] 有感于札兰丁的出走,相互争斗的派系间最终还是达成了共识,他们推举了一位名叫忽马儿的斤的将军担任他们的苏丹。

术赤这边则进一步地加强了攻城的力度,他将俘虏置于前线以减少己方人员的伤亡,而且还用上了从中原带来的攻城专家。他试图改变河道、切断供水,但第一批被派去执行此项任务的3000人全都折损在了守军的埋伏中,蒙古方面损失惨重。这次逆转的胜利使守军精神大振、士气高涨。[11]

与此同时,成吉思汗对一直未能传来捷报的术赤感到烦躁和愤怒。他未经深思熟虑就决定派察合台率领大批援军赶往前线。可以想见,术赤本就恼怒于大汗派兵增援的行为,毕竟这等同于是在宣告自己的无能,而当他得知派来的增援是自己极为憎恨的察合台时,他更是大为光火。同样可以预见的是,成吉思汗的这两位年长的儿子一碰面便水火不容。察合台指责术赤，说他因顾及玉龙杰赤是他的封地而采取"绵软无力"的进攻方式，这是在为了自己的私心而牺牲了蒙古的利益。[12] 这两个人很快就证明了那句古老的格言：战争中唯一的乐趣就是与自己人作战。成吉思汗派博尔术做他的耳目以及术赤的定心丸，博尔术在此发挥了重要的作用。他向成吉思汗报告说，这两个儿子并没有集中精力攻城，而是致力于互相攻讦。

有传言说，术赤向察合台发起了挑战，两人要进行摔跤比赛。当博尔术听说此事时比赛早已开始，他火速赶到现场进行调解，但直到他出示了一份成吉思汗"致相关人士"的谕令后，他才得以将这两位斗士分开。成吉思汗在谕令中委派博尔术为此次行动的全权大使，命所有人见博尔术如见大汗。在这场闹剧中唯一可以肯定的是，兄弟俩之间的互相谩骂的确上升到了各自支持者之间发生暴力冲突的级别，双方都有人员伤亡。[13]

成吉思汗得知此事后勃然大怒。在此次征战的过程中，他一直不得不忍受两人在自己面前公开地争吵。此前也遂力劝他尽快决定继承人的人选，以防他遭遇任何的意外。成吉思汗采纳了她的建议，他任命窝阔台为继任者。此时，他派窝阔台去玉龙杰赤担任总指挥，他严肃地命令两个大儿子接受这一事实，并且凡事都要服从于窝阔台。窝阔台同时还带去了 2 万人。[14] 察合台对自己深恶痛绝的术赤不会继承帝国一事似乎很是满意，而且他一直都喜爱并且钦佩窝阔台。然而，术赤却在背地里大发雷霆。在他的心里，他已经受到了两次侮辱：在玉龙杰赤，属于他的指挥官职位被取而代之；现在，他又被剥夺了与生俱来的权利。他私下里对成吉思汗的仇恨越来越深。不过，窝阔台作为最高领导人的确是一个不错的选择。由于无力对玉龙杰赤的城墙造成丝毫的破坏，再加上术赤和察合台之间的不和与争执让人感到沮丧，蒙古人士气大衰，部众渐渐萎靡，最终是窝阔台让他们再次燃起了斗志。[15]

窝阔台首先再次尝试将阿姆河改道以截断守军水源的办法，尽管有间谍告诉他，玉龙杰赤的居民早就已经挖好了水井并贮存了大量的备用水，采用这样的战略恐怕会让攻城战演变成漫长的持久战。但是，此时不断壮大的围城士兵的规模逐渐击溃了忽马儿的斤的心理防线，再加上窝阔台用猛火油攻击城墙的全新战术让他感到恐惧，他小心翼翼地试探以寻求和谈的机会，但愤怒的市民在得知此事后否决了其向蒙古人示好的打算并罢免了忽马儿的斤。[16]

虽然玉龙杰赤的市民下定决心继续战斗，但蒙古人必定会慢慢地重新掌握主动权，毕竟围攻者的战力仍旧在与日俱增。窝阔台命令他的俘虏们上前填平护城河。俘虏们为此花费了十天的时间，其间伤亡惨重，但蒙古人如今已经可以靠近城墙并沿着墙脚挖掘坑道来破坏墙体了。最后窝阔台察觉到守军的弱点，他便下令展开全面的进攻。猛火油如倾盆大雨一般源源不断地落在城内，一支蒙古突击队设法在城墙上找到了一个立足之地，他们在那里顺利地竖起自己的旗帜。[17] 蒙古人利用这个桥头堡作为楔子逐步向城内挺进，然而绝望的守军仍在步步抵抗。最为残酷、激烈的街头巷战持续了整整七天，这期间蒙古士兵挨家挨户地推进他们的攻势，直至玉龙杰赤的居民丧失了反抗的意志并彻底地放弃了抵抗。

到了1221年4月，玉龙杰赤的居民终于筋疲力尽，他们转而寻求和谈，和谈代表还补充说人们现在已经受够了蒙古的鞭笞。愤怒的术赤回忆起他那3000名为更改河道而牺牲的壮士，他回答说：恰恰相反，到目前为止是蒙古人在体会被鞭打的滋味，不过现在该轮到玉龙杰赤尝一尝了。[18] 玉龙杰赤接受了投降的条件。所有人被勒令出城。工匠们被带走站在一边，除了几个被纳为妾侍或沦为奴隶的漂亮女孩外，其他人都被赶入了行刑之地，其中还包括妇女和儿童。等待着他们的是被屠杀的命运。我们没必要去相信一些中世纪编年史家的夸张之辞，他们说每个蒙古人都需要杀死24个人，但我们也没有理由去质疑这场屠杀的骇人。为了进一步地享受屠杀的乐趣，蒙古人先是让妇女们脱得一丝不挂、打作一团以为娱乐，而一旦他们厌倦了观看，他们就会冲进人群中将她们全部杀光。[19]

胜利者随后彻底地洗劫了这座城市，将它掏了个空。为了进一步地引爆这场狂欢盛宴，他们打开了城市中控制阿姆河水域的堤坝——尽管有些人声称堤坝是自己（也是非常合乎时宜了）破裂的。于是，一场名副其实的洪水吞没了整座城市。所有的建筑物都被摧毁，而那些躲藏其中企图碰碰运气、试图逃过蒙古人屠戮的难民也不幸溺亡了。在蒙古人洗劫城市的过程中总是会有少数几个幸运儿得以幸存，而在玉龙杰赤却没有一个人能逃脱这场浩劫。[20]

窝阔台和他的兄弟们在玉龙杰赤大肆屠杀之后，他们又继续在花剌子模全境展开了扫荡。该区域被彻底地破坏，可以肯定的是，札兰丁或是任何摩诃末昔日的追随者都无法在此地重新集结力量。在蒙古人的鞭笞下，当地大多数的经济活动也都停止了。直到后来，蒙古人才意识到，让人们活下去进行劳动和纳税而非将其屠杀殆尽才是更明智的做法。[21]在观察者看来，发生在玉龙杰赤的大屠杀似乎开启了一个全新的时代，它将人们心中对蒙古人的恐惧提升到了一个新的维度，而即将发生的另一场大规模杀戮将使这种印象更加深入人心，让1221年在人类的历史上臭名昭著。在阿拉伯世界中，人们正是通过"受诅咒之人"这一个后来为人所熟知的称号而知晓了成吉思汗的名字。正如伊本·艾西尔在谈到花剌子模的覆灭时所说的那样："无论在古代还是现代，从来都没有听说过这样的事情。"[22]

成吉思汗当然对他的名声毫不在乎。他所担心的是，儿子们把围攻玉龙杰赤一事变得如此艰难，他们竟然花了五个月的时间才完成任务，这还是在汗廷后来两次派出众多增援的情况下。

与此同时，他最宠爱的脱忽察儿又一次让他失望了。脱忽察儿一开始占领了尼萨镇，这算是个好的开头，然而此地随后被札兰丁智取。札兰丁从卡拉库姆沙漠赶来，他袭击了脱忽察儿留在尼萨的700名守军，杀出了一条血路。在这场战斗中，脱忽察儿的两名兄弟相继阵亡。[23]札兰丁通过强行军抵达了尼沙布尔并逼近了阿富汗东部的哥疾宁地区。为了挽回颜面，脱忽察儿轻率地打算夺回尼沙布尔，但他的军队被击退，他本人也在战斗中阵亡。脱忽察儿的副手试图接过指挥棒，但他也在尼沙布尔碰了钉子，在围困尼沙布尔三天却毫无所得后，他不得不降低目标转而去围攻沙布札瓦聊以自慰。[24]当成吉思汗得知脱忽察儿去世的消息时，他便瞬间忘却了脱忽察儿接连不断的失败。成吉思汗极度悲痛地告诉心腹说，尼沙布尔将为杀害了脱忽察儿一事付出高昂的代价。

而从玉龙杰赤传来的更为糟糕的消息将成吉思汗从愤怒与悲痛中唤醒。在洗劫了玉龙杰赤之后，窝阔台、察合台和术赤没有依照惯例将一部分战利品送给可汗，而是在私下瓜分并侵吞了所有的战利品。除了成吉思汗的儿子外，其他任何人做出这种行为都将被视为叛国。成吉思汗在盛怒之下甚至想过处决这三个恶棍（他就是以此称呼这三个儿子的）。[25] 当三人回到大后方时，成吉思汗一连三天都拒绝了他们的求见，任由他们因事情悬而未决而感到惴惴不安。后来是博尔术和失吉忽秃忽以及三位箭筒士联手平息了成吉思汗择人而噬的怒火。他们认为成吉思汗对那三个人太过苛刻，这三个王子就好像是"要接受训练的猎鹰"，他们不过是鲁莽、任性的年轻人。这番劝诫成功地挽回了成吉思汗的心，当成吉思汗终于平静下来后，他承认谋士们的建议是明智的，为了犒赏他们的努力，成吉思汗提拔了所有就此事规劝过他的人。[26]

在1220年的大部分时间里，成吉思汗都在休养马匹及休整后备军，以为1221年的首要任务——进入阿富汗地区追击札兰丁做好准备。他打算越过瓦赫什河，进入巴格兰附近的兴都库什山。考虑到他的下一个重点目标是塔里寒堡垒，因此也就不难理解他陪同拖雷到巴里黑的举动，毕竟巴里黑正是蒙古人在呼罗珊地区的第一个目标。1221年1月成吉思汗从忒耳迷越过了阿姆河，那时忒耳迷早已沦陷。但是就在此时，一支从巴里黑来的代表团抵达忒耳迷，他们表示他们决定直接向蒙古人请降，居民们不会做任何抵抗，这多多少少打乱了蒙古军队的步调。[27]

成吉思汗提前勘察了巴里黑。城中错综复杂的灌溉系统不仅为居民的土坯房屋供水，而且还能够浇灌周围富饶的葡萄园、果园以及甘蔗田。巴里黑是波斯的宗教中心，是呼罗珊地区内一座重要的宗教城市，有人将之比为波斯的麦加。巴里黑建有呈同心圆状的三圈城墙，共有13座城门。巴里黑的繁华使其屡次成为掠夺者们攻击的目标。除了蒙古人之外，1155年巴里黑还遭到过突厥游牧者的洗劫，而帖木儿则会在1389年将它再次摧毁。[28] 似乎在成吉思汗看来，在他转向东方对付札兰丁时，在后方遗留一座如此富裕且人口众多的城市等同于埋下隐患，所以他决定破例，无视对方和平归降的祈愿。

我们需要明白，成吉思汗此举的核心原因在于他一直都困扰于蒙古人在数量上的匮乏，也是出于这个原因，他对战场上的伤亡名单尤为看重。

在他看来，通过屠杀所有拒绝投降的人来缓解人数上的不平等是最为现实的办法，这也是他对付泰赤乌部、塔塔儿部、蔑儿乞惕部、克烈部、金朝及其他所有敌人的方法——除非能用来当炮灰，否则他永远都不会留下战俘。[29] 在成吉思汗的取舍中，人文主义关怀总是会败给实用主义需求，于是不幸的巴里黑人民为此付出了代价。他命令所有拥有财产的公民出城，表面上他装作这是为了评估被征服者应该缴纳税款的数目，但实际上他却将他们全部杀害了。在成吉思汗看来，他成功将未来发生叛乱的可能性扼杀在了摇篮中。[30] 为了减轻内心的愧疚、拯救他一闪而过的良心，成吉思汗并没有像在面对拒绝投降的城市时那样下令抹杀每一个灵魂，他只是用一场"例行的"洗劫来让自己感到满足。

随后成吉思汗便和拖雷分道扬镳，他本人启程前往阿富汗地区，而拖雷则继续完成征服呼罗珊地区的任务。在离开之前，成吉思汗向他的小儿子下达了明确的而又令人胆寒的命令：如果大城市里显露出了一丁点反抗的苗头，就要毫无例外地杀死所有人；如果市民选择了投降，那么就要通过对具体情势的判断来决定采用何种政策，尤其是要时刻警惕当地人数这一个关键因素。[31] 成吉思汗交给拖雷的这项任务绝非易事。呼罗珊地区是一大片连绵的蛮荒地带，偶有榆树或杨树林点缀其中，其中间地带是一片肥沃的绿洲，尾部则是以波斯高原为中心的沙漠。除了主要的城市群和绿洲，要在这片区域中的其他地区生存是件艰难、甚至不可能的事情，因为只有复杂的灌溉系统才能维持果园、葡萄园、稻田和谷子地的运作，更不用说大城市里那些华丽的花园了。

拖雷因为获得了自由指挥的权力而欣喜若狂。早先，间谍的汇报激起了他对马鲁的兴趣，于是他决定向西北方向发动进攻，包围马鲁。马鲁是当时世界上最大的城市之一，它堪称世界建筑史中的杰作。马鲁的人口约有20万，作为花刺子模帝国中资源丰沛、财富充裕的中心城市，马鲁在花刺子模帝国中的重要性仅次于布哈拉。[32] 马鲁是穆尔加布河下游地区重要的绿洲城市，《天方夜谭》(*Arabian Nights*)中的许多故事都来源于此，它坐落在肥沃的平原上，因出口丝绸、棉花和布料而名扬四海，以陶瓷、织物和地毯的制造而举世闻名。马鲁是联结拜占庭、印度和阿拉伯哈里发

（在后来的蒙古帝国统治下，还要加上俄罗斯和欧洲）的贸易通道——丝绸之路上的重要节点，其西北通往尼萨（今阿什哈巴德附近）、向西直抵里海的戈尔甘、向北至希瓦（属于花剌子模地区）、向南经哈烈至波斯湾、西南经尼沙布尔至伊剌克-阿只迷地区和美索不达米亚。[33] 除了具有得天独厚的地理条件外，马鲁还拥有大量的纺织工、陶瓷工以及黄铜工匠。因良好的地理环境与较高的生产水平，马鲁吸引着所有来自东方和中东的商队，同时，马鲁也因桑贾尔苏丹的陵寝而为人所知，那从很远的地方便可以看见的蓝绿色圆顶成了马鲁的标志。

然而，最令拖雷眼花缭乱的还是它那令人啧啧称奇的灌溉系统。[34] 为了防止穆尔加布河改道，马鲁的居民在城市的南面建起了木制的堤坝和河堤。河水被围在位于马鲁以南3英里处的一座巨大的圆形水池中，四条运河从此处辐射至城市和郊区的各个角落。水池里的水位由水闸控制，丰水期时，人们放下层层水坝以将河水分流，马鲁人会在此时举办"感恩节"以庆祝水源的充沛。[35] 令拖雷感到尤为好奇的是，这套灌溉系统设有专门的管理职官密剌卜，据说其权力甚至高于地方行政长官。密剌卜为维护堤坝以及控制供水一共雇用了1.2万人，他属下还有一支由300名潜水员组成的队伍，他们每个人都必须储备一定量的木材用来维修堤坝。河堤上设有防汛标尺，在雨水丰沛的时期，水位会高出最低水位线60巴利肯①，而在雨水枯竭的时期，水位高度只有六巴利肯。在掌管水利系统的官员中，密剌卜享有最高的权力，他掌管着马鲁主要的运河；被称作班的班（又名洼儿黑班）的官员负责管理水坝和潜水员；卓亦班（负责监督排水渠）以及阿卜-安打子（测水师）负责管控上游河水的泄洪。[36] 从事灌溉工作的集体劳工则被统称为哈沙尔。[37] 蒙古人，特别是拖雷，一点也不愚笨，他们学习并掌握了这套系统。当他们后来成为帝国的统治者时，他们在伊朗和中亚建造了许多大型的水坝和灌溉工程。[38]

尽管拖雷非常钦佩马鲁居民的聪明才智，但除非马鲁选择立刻投降，否则他的职责依旧是将马鲁繁复精巧的建筑物都化为焦土。不幸的是，

---

① 古时长度单位，约为一英寸的三分之一。——译者

马鲁并没有选择投降。当速不台和哲别在追击摩诃末的途中经过马鲁时，马鲁居民似乎在如何应对蒙古人的问题上产生了分歧。摩诃末命令城内所有的部队都撤退到附近的马拉盖堡垒，并建议城内的平民投降。但是将军们觉得在马拉盖堡垒并不安全，于是他们带领着手下又回到了马鲁，他们的回归壮大了主战派的队伍。与他们势均力敌的主和派由穆夫提[①]领导，但人们发现这人实际上已经攀附蒙古、成了蒙古人的一员，于是便将其处决。[39] 速不台和哲别试图通过慷慨的承诺和甜言蜜语诱使马鲁屈服，但主战派却对蒙古的使者严刑逼供，使者被迫在被处决之前透露了速不台和哲别的阴谋。哲别和速不台为了服从命令并未在马鲁停留，而是选择继续追踪摩诃末。哲别和速不台的离去使马鲁居民沾沾自喜，他们甚至有些过于自信。因此当拖雷带着大军兵临城下时，他们毫无准备、惊慌失措。据当代编年史学者估算，蒙古军共有 7 万人，这种夸大是十分荒谬的，但拖雷的人的确多到令人感到恐惧，尤其是他的军队中还存在大量被征召的俘虏。[40]

拖雷一开始就迅速地将一支由 1 万名精锐组成的突厥部队引入了埋伏圈中，并将他们一网打尽。第二天，他巡视了马鲁的防线，拖雷认为这座城市的防御非常脆弱。但是此时城中的主战派仍然占据上风，他们发动了两次突击，然而却被蒙古人轻而易举地击退了。[41] 一周后，马鲁守军向拖雷派去了一支代表团提议求和。拖雷向马鲁居民承诺，如果他们立即投降，那么自己保证不会发生杀戮和抢劫。他狡猾地要求会见由城内所有头面人物组成的第二支代表团，当他们处在自己的控制之下并说出城内最富有的 200 人的名字后，拖雷就把他们都绞死了。[42] 随后拖雷颁布了一则法令，法令中称：所有投降的人都必须带着财物离开城市，所有工匠以及那 200 名富豪都将享受特殊的待遇。居民出城据说花费了四天，随后，拖雷坐在一把金色的椅子上悲哀地打量着被聚集在一起的马鲁居民和他们的财产，下令展开大屠杀。[43] 所有从城内出来的人都被杀了，守城的士兵们也惨遭斩首。据说这场大屠杀持续了四天四夜，每个蒙古人都要完成杀掉

---

① 指负责解释伊斯兰教法的学者。——译者

四个人的指标。随后 200 名富豪遭到了严刑拷打，他们被逼迫说出财宝的下落。

马鲁随即被洗劫一空，它引以为傲的灌溉系统也被破坏殆尽。蒙古人怀着寻找宝藏的希望拆毁了桑贾尔苏丹的陵墓，将城墙和城堡夷为平地。[44] 在马鲁被围攻的三周后拖雷才扬长而去。大约 5000 名逃过一劫的幸存者本以为蒙古人已经走远，他们从地窖和秘道中爬了出来，来到一片废墟之上，然而他们却被折返回来的一支蒙古中队削成了肉片。有人认为这些人的不幸遭遇缘于精明的拖雷并不相信所有的马鲁人都已经死了，而另一些人则认为那些幸存者只是太不走运，因为一支后方部队正缓慢地从城市中撤离，他们碰巧看到幸存者从地下避难所里出来。[45]

马鲁的毁灭引发了一个意想不到的后果，曾在 1155 年洗劫了巴里黑的突厥乌古斯部落牧民们，因为恐惧蒙古人而放弃了一直为他们所钟爱的马鲁附近的牧区，惊慌失措地逃向了西方。他们最终抵达小亚细亚并在那里建立了土耳其奥斯曼帝国。[46] 而这场围城战导致的另一个后果是，那些在蒙古人进行最终袭击之前就逃出马鲁、藏身于附近的村庄或是沙漠中的人纷纷发誓复仇，他们组成了游击队，在拖雷前进的路线上不断地发动着袭击。[47]

在拖雷向南去往尼沙布尔之前，他向拥有 10 座城门的尼萨派出了一支人数可观的军队。尼萨位于卡拉库姆沙漠南部边缘、呼罗珊地区的最北端，此地也处于科佩特山脉的北坡，当地的绿色植被与附近土库曼斯坦区域内的黑色沙漠形成了鲜明的对比。前文曾经提及 1220 年尼萨被脱忽察儿攻陷，但随后他留在当地的驻军被札兰丁及其军队击败。拖雷的一位密友博儿克在这场战斗中被一箭射死。于是拖雷决心为他的这位老战友复仇。

蒙古人以他们惯常采用的阵形展开了进攻：位于队伍前端的是吸引守军箭矢的俘虏，俘虏身后紧跟着的是 20 座投石器，投石器的石炮越过俘虏的头顶射向城墙。15 天过后，城墙被石炮凿出了一个很大的缺口，蒙古人趁着夜色大举进攻，他们蜂拥而入，在几个小时后就成了这座城市的主人。蒙古人要求所有的居民都离开城市聚集到平原上，然后将他们的手绑在身后。接着，所有的人，无论男女老幼，统统都被乱箭射死。在一些当代编年史的记录中，尼萨和北部省份共有 7 万人被杀，这个数字可能与事实相差不远。[48]

从尼萨一直往南前进就可以抵达尼沙布尔，凯旋的蒙古人用了 12 天匆忙地追上正从容不迫地从马鲁前往尼沙布尔的拖雷。[49]拖雷奉成吉思汗的命令，为脱忽察儿的死向尼沙布尔展开了恐怖的复仇行动。但由于尼沙布尔在 1220 年 11 月成功击退了脱忽察儿强大的军队，以及先前为追赶摩诃末路过此地的哲别和速不台对该城的态度彬彬有礼，尼沙布尔面对蒙古人的态度十分强硬。[50]

拖雷显然是一位名副其实的实干家，他惊叹于马鲁城内精巧的灌溉系统，而对尼沙布尔在文化上的辉煌无动于衷。尼沙布尔因伟大的诗人、博学家莪默·伽亚谟诞生于此而闻名遐迩，又因其是苏菲派的中心以及宗教学者的聚居地而享有盛誉。尼沙布尔同样是一座富裕的城市，它盛产稻米和谷物，建有棉纺场，城内的工匠精于生产地毯和极具特色的陶瓷，也擅长吹制玻璃、制造金属和石头器皿，以及制作乐器。在尼沙布尔的郊区还有绿松石矿山。尼沙布尔还是一座水乡，城内遍布的 12 条运河和 70 个水力磨坊为城中约 17 万人口源源不断地输送着珍贵的水资源，在这里华丽的房屋和精致的花园随处可见，它可能是全伊朗最美丽的城市，当然它也是摩诃末的帝国中最美丽的城市。[51]历史上它曾两次遭遇毁灭，一次是在 1153 年被突厥乌古斯摧毁，更近的一次是在 1208 年，它遭遇了一场不幸的地震。但可怜的尼沙布尔居民可能一点也不了解即将降临到他们身上的苦难。当居民们发现拖雷的军队规模庞大时，他们就立刻派出了包括伊玛目和政治权贵在内的使团去询问投降的条件，但受制于成吉思汗的怒火以及自己的复仇计划，拖雷并没有接受他们的投降请求。在拖雷到来之前，尼沙布尔的居民一直在攻击蒙古的游击队和侦察队，这足以让他们丧失任何与蒙古人协商的机会。蒙古人对尼沙布尔发动了猛烈的袭击。此前，攻破马鲁耗费了蒙古人三周的时间，而尽管尼沙布尔的防御水平远胜于马鲁，但在蒙古人猛烈的攻势下，尼沙布尔只坚持了三天便沦陷了。[52]

尼沙布尔战役（1221 年 4 月）在双方猛烈的炮轰中开始了。尼沙布尔拥有3000架标枪投射机和500个石弩，蒙古人则用了同样数量的投射机、300个石弩和700架投石器来与之对抗，另外蒙古人还配备了4000把云梯、25万块大石头和2500袋用来填满护城河的泥土。[53]拖雷命令军队从尼沙布尔的四周发动全面进攻，战争持续了一天一夜，最终以蒙古人在尼沙布尔的城墙上留下了66个缺口而告终。仅仅过了24个小时，由1万名士兵组成的蒙古先头部队就出现在了城内。双方无可避免地开始了激烈的巷战，每一栋房子里都在发生着搏斗，每一个街区都在上演着血腥的肉搏战。[54]

城内的战役从周三开始，最终在周五的晚上结束。随着越来越多的蒙古人前仆后继地从城墙上的缺口涌入城内，这场战役的结局已昭然若揭。周六早晨，蒙古的扫荡部队在街道上游荡，其中一个由脱忽察儿的遗孀亲自率领的杀戮军团比其他的蒙古战士们更加嗜血，他们强烈地要求报仇雪恨。复仇引发的大屠杀整整持续了四天。与在马鲁时一样，幸存者试图躲在尸体和瓦砾中以躲避蒙古人的杀戮，但大多数人都被挖了出来并遭到处决（拖雷在经历了马鲁一役后，对敌人的求生策略一直保持警惕，他留下了一队杀手以对付现身的幸存者，而所有的杀戮都采取斩首的方式）。[55]其他躲在洞穴和地下巢穴中的人则死于饥饿和缺水。[56]蒙古人分别用男人、女人和孩子的头骨垒成了三座京观。遵照成吉思汗的指令，城内的任何生物都不能逃脱被杀的命运，为此刽子手们甚至将狗、猫和老鼠都一一消灭殆尽。在尼沙布尔的17万人口中，只有被精心挑选的400名手工艺人得以幸存。

在尼沙布尔的屠杀并没能满足血脉贲张的蒙古人，他们转向附近的徒思城并在那里展开了洗劫。在大规模的肆意破坏中，他们掠夺并摧毁了因《天方夜谭》而为人所熟知的哈里发哈伦·拉希德的陵墓。在尼沙布尔与徒思城的大肆破坏仿若是三个月间呼罗珊地区内众多波斯文明瑰宝被蒙古人摧毁殆尽的缩影，因为这里正是波斯文明的中心地带：徒思城孕育了诗人菲尔多西和哲学家安萨里，而尼沙布尔则沐浴在莪默·伽亚谟的光辉之中。[57]

在这段可怕的时期中，仅在位于里海以西的大不里士出现过一次人道

图中为蒙古包。一则有趣的悖论：世界的征服者居无定所。

蒙古马可以适应任何地形、包括冰雪覆盖的地区。

※ 书中图片系原文插图。

蒙古人适应性强且足智多谋，他们在穿越大戈壁与敌人接近时，会将坐骑从马变为骆驼。

成吉思汗，世界历史上最伟大的征服者。

窝阔台，具有智慧的统治者，也是贪婪的酒鬼。

蒙古仍然在回味那个震撼世界的黄金时代。图中这座雕像建于2008年，高度达到40米。

拔都汗,成吉思汗的孙子,金帐汗国的建立者。

獾儿嘴战役。在这场征服金朝的关键性战役之后，金军再也不敢与蒙古人正面决战了。

1215年蒙古围攻中都。那一年的决定性事件是此事,而非签署了《大宪章》。

成吉思汗和他的儿子们艰苦地战斗了 23 年,最终征服金朝。

蒙古人起初缺乏攻城技术，但他们学得很快。

1258年哈里发的覆灭震惊了全世界。

切尔尼戈夫的米哈伊尔，中世纪罗斯的王公之一，他在蒙古人面前不堪一击。

分裂但傲慢，愚昧但自信，罗斯在世界征服者面前毫无还手之力。

弗拉基米尔也加入了被蒙古人摧毁的罗斯城市之列。

波兰的亨利二世,蒙古人怒火的牺牲品。

直至今日，里戈尼茨（莱格尼察）之战仍被认为是波兰历史上最黑暗的时刻之一。

莫希之战（1214年）。这是中世纪基督教军队遭遇的最具有决定性的失败之一。

匈牙利的国王贝拉是一名无望的军事指挥官，他也是一名足智多谋的逃亡者，毕竟蒙古人始终没能抓捕到他。

蒙古人最终在1241年的圣诞节前后抵达了多瑙河。

主义的行为。为了安抚蒙古人，当地的统治者给蒙古军队送上了一种可以缓解蚊虫叮咬的特殊药膏。拖雷对此印象深刻，因此尽管此地更接近哲别和速不台的行军路线而非拖雷的，但他仍旧发布了一道指令：只要大不里士和平地投降就不得伤害它。[58]

拖雷飓风般的恐怖袭击西抵尼沙布尔而止，他的下一个目标是东南部的哈烈。哈烈是哈里河河谷沿岸绵延125英里的草原和沙漠之中的一块绿洲，从尼沙布尔出发抵达此处需要五天的时间。这是一座迷人的城市，因其繁荣的地毯制造业而享誉中外，它坐落在一片被群山环绕的肥沃平原之上，河岸上种植了地中海白松和杨树，附近的山腰遍布村庄，那里有肥沃的农田、葡萄园、果园和花园。[59] 拖雷派出一名使者前往哈烈要求他们投降，但哈烈的地方长官不仅杀了这名使者，还出言挑衅蒙古人。被激怒的蒙古人从四面八方发起了进攻，激烈的攻城战持续了十天。哈烈的地方长官在双方的一次遭遇战中阵亡，于是城内的求和派占据了上风，他们再次向蒙古人提出了停战的请求。[60] 拖雷承诺如果哈烈能够马上投降，那么自己就立即撤军。蒙古人的这种承诺通常是没有任何意义的，但在围城期间，一直反复无常的拖雷已经喜欢上了这座城市，尤其是它的环境和气候。[61] 当哈烈适时地选择投降之后，他只是杀死了1.2万名驻守士兵和已知的札兰丁支持者便心满意足了。随后，他任命了一位蒙古长官和军事指挥官，随即向东北出发前往阿富汗地区的塔里寒与成吉思汗和自己的兄弟们会合。[62]

蒙古人在兴都库什地区的战果与他们在拔汗那国、河中地区、花剌子模地区和呼罗珊地区所取得的辉煌成就形成了鲜明的对比，在兴都库什地区的战役进行得并不顺利，蒙古军陷入了一系列的混战、旷日持久的围困和消耗战之中。蒙古人陷入困境的原因部分在于中东地区的堡垒与中原地区的城池性质上截然不同。与中原的同类城市相异，花剌子模帝国中的城市都拥有各自独立的堡垒，且它们戒备森严。加之有别于呼罗珊地区，兴都库什地区的堡垒彼此之间的距离相对接近，因而它们只需要通过简单的协作就能够抑制入侵者前进的步伐，因此如果蒙古人仍旧采取绕道而行的策略就会严重地限制他们的行军计划以及对领土的控制。[63]

另一个原因则是札兰丁的才能（和运气）。在很长一段时间内，命运似乎对他格外关照。他刚离开尼沙布尔的城郊沙牙罕，在一小时后围城的蒙古人就到达此地。他巧妙地把精锐部队部署在了东边的一个岔路口，就在蒙古人被精锐部队牵制并引入错误方向时，他从另一个岔路口逃走了。[64]蒙古人很快就意识到了错误并进行了调整，他们迅速地展开了对札兰丁的追捕。由于敌人离得太近，札兰丁无法按照原定计划在佐赞驻足，于是他便继续前进，途经哈烈西南方向75英里外的马巴纳巴德和亚兹达维亚。在那里蒙古人放弃了追击，究其原因，要么是因为他们失去了线索，要么就是因为成吉思汗将他们召了回去。[65]到达哥疾宁地区时，札兰丁发现有5万名拥护者在那里等着他，当人们意识到沙赫的儿子正在领导抵抗运动时，更多的士兵蜂拥而至。其中，最关键的还是率领3万名退伍军人的帖木儿·马立克。于是，札兰丁很快就拥有了一支七八万人的军队，这支军队人数众多，他们足以与蒙古人相抗衡。[66]

成吉思汗对此一无所知，他还在为攻打阿富汗地区的战争做着周密的准备。讽刺的是，蒙古人正无情地操练着年轻的波斯人和突厥人学习攻城的技巧，准备之后用于攻打他们自己的堡垒。这些人知道，如果前进就会迎来己方射出的箭矢，但如果拒绝前进，他们就会面临来自身后蒙古人的死亡威胁。成吉思汗并没有犯下当初拿破仑在他的老近卫军身上所犯下的错误——拿破仑从来都不用他们，因此当他最后在滑铁卢征召那群人作战时，他们的能力令他大失所望。成吉思汗担心驻守在撒马尔罕的园林和果园的怯薛会因为长时间没有参与战斗而变得迟钝、软弱，据说其中很多士兵已经开始追逐肉体的欢愉，于是他下令进行大规模的围猎活动，将大范围内的所有猎物一网打尽，还亲自参加了在忒耳迷附近的山区举行的围猎。[67]似乎术赤依然因为在玉龙杰赤的惨败而得不到父亲的宠爱，所以他未能参与其中，但他后来还是加入了父亲的队伍。他下跪祈求父亲的宽恕，同时还慷慨地献上了10万匹马——灰色、花斑、红棕色、黑色和栗色毛色的马各2万匹。因为缺少坐骑，成吉思汗十分钟爱这份礼物，他把术赤扶了起来，正式赦免了长子所有的过错。然而，两人之间似乎还残存着一些不信任，因为成吉思汗宣布他的长子不会参与对阿富汗地区的战役。术赤暗暗思考着他的失误以及给他的父亲造成的误会，动身前往了自己的封地。[68]

成吉思汗在阿富汗地区所采用的战略是大规模地削减堡垒的数目。他们会一次包围三到四个堡垒，装作分散开的军队已经疲于奔命，但当札兰丁乘虚进攻时，蒙古人就会再一次上演迅速集结的奇迹。成吉思汗的首要目标是位于阿姆河南边、兴都库什北部的塔里寒堡垒，而拖雷在完成扫荡呼罗珊地区中所有大都市的任务后就会立刻加入他。塔里寒在蒙古人的围攻下坚守长达六个月。蒙古人利用俘虏费力地筑起了一座与堡垒城墙一样高的壁垒，接着在其上用威力强大的攻城器械让塔里寒屈服于他们的猛烈攻势下。守军察觉到失败的结局已不可避免，于是他们展开了大规模的突围，其中大多数的骑兵都突出了重围，然而步兵们却被消灭殆尽。塔里寒的坚守让成吉思汗颜面尽失，因而怒不可遏的成吉思汗下令一旦攻破就要消灭当地所有的生命。[69]然而塔里寒战役仅是成吉思汗日后一系列旷日持久的围攻战的开端，随后的围攻战中许多地方坚守了六个月甚至更长的时间。[70]

另一个因顽强抵抗而生灵涂炭的堡垒是克尔德南，尽管它的抵抗仅持续了一个月，但蒙古人依旧以无情的屠戮作为它抵抗的惩罚。接着成吉思汗收到了从远在西南方向的巴米扬传来的消息：他心爱的孙子、察合台的儿子木阿秃干在巴米扬攻城战中中箭而亡。悲痛欲绝的成吉思汗留下他的副手继续围攻塔里寒，自己则越过兴都库什山脉打算亲自进攻巴米扬。巴米扬很快便沦陷了，成吉思汗为了复仇再次下达了恐怖的命令——不留一个活口。在巴米扬境内甚至连爬虫都被消灭了，胎儿更是从母亲的子宫里被拽了出来。后来巴米扬被人称为"被诅咒的城市"，此地长期无人居住。[71]

木阿秃干之死让成吉思汗再次陷入了心理异常的状态，他表现出一种近似病态的残忍，或者更直白地说，这就是一个精神失常的独裁者在滥用权力。当察合台到达巴米扬却发现木阿秃干并不在那里后，他便问起了儿子的情况。成吉思汗找了个借口敷衍了察合台。几天后，成吉思汗在与拖雷、窝阔台和察合台坐在一起时莫名其妙地提到了背信弃义，他还狠狠地瞪了察合台一眼。察合台深知在无意中得罪父亲可以是多么地容易，于是他大声地抗议，称自己宁愿死也不会违抗可汗，他还跪下请求父亲原谅自己无意中犯下的一切罪过。于是成吉思汗冷冷地告诉了他木阿秃干的死讯，且迅速地补充道："但我不允许你流泪、哀悼或以任何方式抱怨。"[72] 众所周知，为喜爱之人的离世而凄惨地哀号和恸哭乃人之常情，因此成吉思汗的要求就显得极其地虚伪，但察合台却毫不犹豫地接受了这个命令。尽管察合台对儿子的死讯深感震惊而且想要进一步地询问情况，但他还是逼迫自己在宴会结束之前强忍泪水。当宴会结束的那一刻他冲了出去，任由自己独自宣泄丧子之痛。[73]

札兰丁这边也突然发难，他从哥疾宁地区向北移动，在潘杰希尔的河岸边与约700人组成的蒙古先头部队交战，他杀死了其中不少人，并刻意放跑了其余的士兵。蒙古人逃回河对岸，试图用他们惯用的伎俩——佯退引诱札兰丁接近他们的主力军，但札兰丁并没有上钩，他果断地摧毁了蒙古人在河上架起的桥梁。最终，双方在毫无意义的两岸对射中结束了战斗。[74]

当成吉思汗听闻战败的消息时，他对于自己的武力被轻视感到无比地愤怒，于是他命令失吉忽秃忽带上四个万户前去搜寻并消灭札兰丁。两队人马在帕尔旺城外发生了冲突。据说失吉忽秃忽的军队有4.5万—5万人，而札兰丁的军队则有6万—7万人，虽然这些数字明显是被夸大了，但札兰丁的人数更占优势这一点应该是可信的。[75]

失吉忽秃忽太过自信，他以为仅凭蒙古人恐怖的名头就能获得胜利。可怕的战斗在两天后尘埃落定。札兰丁采用了非比寻常的战术，他让自己的部下下马并将缰绳都握在手中，共同组成了一个车阵。具体的操作方法可能是将缰绳紧紧地拴在马鞍上之后再绕过马的腰部，这一操作可以确保骑手不受束缚地进行战斗。双方射出的箭矢如雨。蒙古人不断地冲锋，却总被札兰丁神勇无比的部下击退。[76] 激烈的战斗一直持续到了夜幕降临，这时失吉忽秃忽采取了蒙古人的惯用伎俩，他让数万个假人骑在备用的马上。这招几近成功，早上札兰丁的军官们注意到蒙古军的人数大增，他们据此断定敌军一定是在夜里得到了增援。他们建议札兰丁立即撤退，但札兰丁却选择继续战斗。失吉忽秃忽的最后一次大规模攻势直指由赛福丁·阿格拉克指挥的左翼。他的第一次进攻被敌方的箭雨逼退,但他再次进行了尝试,试图包围赛福丁·阿格拉克的500人并将他们全部消灭,他距离成功仅一步之遥。[77]然而,此时札兰丁命令他临时充当步兵的部下们回到马背上,试图猛击并冲垮失吉忽秃忽的右翼。至此,这场战斗的胜负还未可知。

接下来,札兰丁完美地把握了战机,他等到战斗过半、双方兵刃相接之时才派出大批的骑兵展开进攻。这让失吉忽秃忽大吃一惊,他无法在战力上与札兰丁相抗衡。眼见自己有被包围的危险,失吉忽秃忽带着侍卫冲出重围,向成吉思汗报告自己战败的消息。[78]遭到将领抛弃且被札兰丁的军队包围的蒙古人依旧坚持奋战,其中最终沦为俘虏的都被札兰丁用残忍的方式折磨致死,他们的死状即便是身经百战的成吉思汗听闻都会感到恶心。

然而,札兰丁也为取得这场大战的胜利付出了巨大的代价。赛福丁·阿格拉克和帖木儿·马立克两人因战利品的分配而产生不和,特别是在一匹珍贵的白马的归属问题上,两人发生了激烈的争执(实际上是帖木儿·马立克袭击了赛福丁·阿格拉克)。[79]札兰丁面临的是一个无法收拾的残局,如果他决定支持其中的某一个人,那么另一个就会带着自己的人马愤然离去。而在迟疑时他又受到来自双方的讥讽,他们嘲笑他的犹豫不决和优柔寡断,所以他最终勉强地选择了支持帖木儿·马立克,毕竟那是他最初的盟友。为此赛福丁·阿格拉克满腹怨气地指责他的忘恩负义,指出正是因为自己击退了失吉忽秃忽的右翼才扭转了战争的局势。赛福丁·阿格拉克闷闷不乐地带领着3万名康里人悄悄地骑马离开了营地。有人说他们是在黎明时分离开的。还有人说康里人在夜间偷偷地溜走了,只留下了熊熊燃烧的营火。[80]此次叛逃严重地削弱了札兰丁的兵力,他无法继续与成吉思汗抗衡,于是他决定越过印度河,撤退到旁遮普或是信德,仅留下一支留守部队牵制蒙古人势在必行的追击。

成吉思汗对蒙古军首次遭遇严重挫败一事感到大为光火,他命令军队遵照最艰苦的强行军模式,抛弃所有的行李,每48小时才停下来进食一次。在札兰丁出发15天后，成吉思汗便以惊人的速度追了上来，他轻而易举地解决了掩护札兰丁的留守部队。随后，成吉思汗绕过哥疾宁地区，于1221年9月下旬在印度河河岸边追上了他的猎物。成吉思汗追上札兰丁的地方（今卡拉巴戈附近的丁克特）正是1399年帖木儿渡河的地点，那时帖木儿正前往攻打德里。[81] 成吉思汗只在帕尔旺停留了一次，他在那儿与窝阔台、拖雷和察合台一起视察了战场。对于一个下级指挥官来说，战败的结果可能是被判处死刑，但失吉忽秃忽是成吉思汗最喜爱的将领之一，可汗认为羞辱他是更合适的惩罚。成吉思汗让失吉忽秃忽指出所有与地形有关的细节，不断地戳他的伤疤。

在察看了这位宠儿的战败现场之后，成吉思汗公开地批评了失吉忽秃忽的战术，以及他居然会将作战时间和地点拱手让给札兰丁决定。他还说敌我双方的指挥官在挑选战场时都显得十分笨拙和业余，他刻薄地评论道："你们对地形都不够了解，你俩都错误百出。"[82] 成吉思汗对知己博尔术说，自己认为失吉忽秃忽被宠坏了，迄今为止他只见过胜利，这次他吸取了惨痛的教训，这应该会让他从错误中受益。成吉思汗还补充说，他手下的任何一位高级将领（木华黎、速不台、哲别）都能够在这样的战场上打败札兰丁。[83]

在黎明时分，成吉思汗在印度河河岸边出其不意地追上了札兰丁，那时札兰丁正在组织队伍渡河。札兰丁的军队因大批难民的加入而行动缓慢——吃饭的嘴变多了，但他们在军事上却毫无用处。札兰丁为数不多的家人也和他在一起，其中包括他的儿子们。成吉思汗渴望战斗，他非常希望能抓住札兰丁。此人不仅羞辱了失吉忽秃忽，而且他还残忍地折磨被俘虏的蒙古人，比如将钉子从耳朵钉入他们的大脑，这让他罪加一等。[84]

很快，成吉思汗就在河岸边将札兰丁团团包围。背靠河水，札兰丁只能选择背水一战。他首先摧毁了所有的船只，这样他的部下就会因无法逃走而不得不奋起作战。他命令两翼向前冲杀，自己带着约5000人的精锐部队"长生军"留在后方，难民们则四散在河岸边各处。札兰丁在人数上处于劣势，而对成吉思汗来说，这也是他在军事生涯中第一次在数量上占据明显的优势。札兰丁希望蒙古人在经历了漫长的强行军后已经筋疲力尽，他们在这种状态下想要对付自己背水一战的强劲的左翼部队只会徒劳无功。[85] 起初札兰丁看到了希望，因为他成功地击退了蒙古人的第一次进攻。而成吉思汗面临的问题是，太多的战士挤在狭小的区域内，以至他们不能放箭，只能以佩剑近身格斗。

随着日光越来越亮，成吉思汗再一次下达了进攻的命令，这一次他们集中攻打由帖木儿·马立克指挥的右翼，而帖木儿·马立克很快就在蒙古人的强攻下被迫撤退并在混战中阵亡。[86] 与此同时，成吉思汗派出一支突击队爬上敌军左翼后方的悬崖，从后方击溃敌军。许多人在攀登险峻的山脊时丧生，但最后突击队还是完成了任务，他们突袭了左翼的突厥士兵。很快，札兰丁的左翼也陷落了。[87] 札兰丁只能庆幸，自己身陷蒙古人的包围圈但还得见阳光，而当他听闻悬崖那边的灾难时，他意识到也许是时候下令让他的"长生军"冲锋陷阵了。成吉思汗不顾己方军阵的核心受到威胁，他命令军队向敌方两翼冲去。札兰丁的性格奇异地兼具卑鄙、残忍以及勇敢这些特质，他一直奋战到中午，但很快形势就无可救药了。正如伊本·艾西尔评价的那样（用了一句如今已经失传的谚语）："就像栗色的马儿，如果它畏缩不前，它就会被杀死；如果它勇往直前，它就会跑到残废。"[88]

蒙古军纪律严明，处于两翼的军士不受追击逃亡之敌的诱惑，他们轮番逼近处于中间的札兰丁。[89] 此时，札兰丁抛弃了难民们让他们听天由命，他带领着700多位强壮的贴身护卫试图冲出重围逃出生天，他们向蒙古军阵的核心发起了冲锋，强行向河岸闯去。札兰丁哄着他的马儿登上了悬崖，他失意地泪流满面，但依然得时刻警惕着蒙古人的箭矢。随后他驾着他的坐骑从60英尺高处一头扎进了印度河，在浮出水面后他迅速地游离岸边。很快札兰丁就被水流裹挟着顺流而下，在一条180英尺深的河里以每小时9—10英里的速度漂流。他斜穿过了250码宽的印度河，安全地抵达了远方的河岸。[90] 成吉思汗骑着马在后面追赶时目睹了一切，当他看见札兰丁的头出现在河面上时，他叫停了弓箭手们的射击。成吉思汗无奈地承认了他对札兰丁的敬佩之情，他大声地喊道："这样的儿子理应有一个称职的父亲啊！"[91]

然而效仿札兰丁而一头扎进印度河的其他士兵却没能享受到这般礼遇。其中大部分人都被蒙古人从河岸射来的箭矢精准地击中，很快印度河就被鲜血染得通红，河水也被重伤者的濒死挣扎搅得一阵翻腾。成吉思汗在所有通往印度河的道路上都设置了路障并埋下了伏兵，札兰丁其他所有未能抵达印度河的战士们全都被杀，他们大多死在蒙古人的埋伏之下。[92]在现实政治的驱动下，成吉思汗冷酷无情地处死了札兰丁的儿子们以及他所有的男性亲属。

抵达印度河的对岸后，札兰丁立刻骑着马逆流而上，一直来到自己之前跳河的地方，悲伤地望着蒙古人洗劫他的营地。他早就把所有的金银珠宝都扔进了河中，但成吉思汗的潜水员还是找到了其中不少。从那一天以后，札兰丁十分宠爱救他一命的坐骑，为了表达自己的感激之情，他再未骑过它，直到1226年它死在第比利斯附近。[93]

起初，札兰丁独自一人待在河岸的另一边，渐渐地有几个幸存者加入了他。札兰丁的恢复能力相当惊人，很快他就搞到了马匹、武器和衣服以及400名受他指挥的手下，而不到几个星期他的部下人数就增长了十倍。当地的王公对这位外来者很是警惕，他以6000人向札兰丁发起了进攻，却被这支临时拼凑而成的衣衫褴褛的部队狠狠地揍了一顿。当札兰丁得知蒙古人打算像追踪他的父亲一样对他紧追不放时，他便选择动身前往德里。但那里的苏丹伊勒杜迷失（1211—1236年在位）不想让蒙古人侵犯印度，所以拒绝为他提供官方的庇护。无论如何，伊勒杜迷失似乎不喜欢傲慢的札兰丁，这或许是因为他听说过有关亦剌合在西夏的故事，所以并不想引狼入室。[94]另一种解释是伊勒杜迷失将哈里发视为精神领袖，因而他不满于摩诃末和札兰丁二人对哈里发敌视且傲慢的态度。[95]但是关于札兰丁恫吓伊勒杜迷失的故事则纯属虚构（那不过是札兰丁虚张声势的谎言），但伊勒杜迷失似乎的确把一个女儿嫁给了札兰丁，这毫无疑问是为了让他保持安静。

在确信蒙古人已经放弃了对他的追击前，札兰丁一直留在印度，他击退了当地部落的多次袭击，并且还在继续吸纳新的士兵。[96]他在拉合尔及其周边地区躲了两年。札兰丁听闻自己有一个兄弟在伊拉克建立起了政权，但那里的人民希望由札兰丁来领导他们，这让札兰丁非常渴望离开印度。然而他直到确信成吉思汗早已回到蒙古、河岸边已经没有敌人之后，才在印度河口登船返回伊朗（带着他的4000人），在那里他又听闻有人在设拉子和伊斯法罕煽动民众反抗蒙古。[97]

考虑到蒙古人在追杀敌人时一贯冷酷无情，很难想象成吉思汗未曾命令他的军队进入印度。事实上，他确实派了两个万户，分别由巴剌和朵儿伯·朵黑申指挥，他们穿越了信德，摧毁了拉合尔和木尔坦两地，在用石弩和投石机轰击木尔坦市之后，他们正准备占领该市，却被夏日的酷热挡住了脚步。[98]

每当蒙古人的征服没能深入某一个区域时就会诞生十分荒谬的故事，说当地统治者的雄厚力量把他们吓得掉头就走。蒙古人短暂的印度之行也被如此演绎，而这个故事的特别之处在于，它说伊勒杜迷失的重骑兵比蒙古骑兵还要厉害。人们不禁要问，敌人的骑兵曾经多少次散播过这种谣言，但这种谣言却总被战场上蒙古骑兵无往不利的事实所击破。

现实是更加理性的，放过德里的决策不过是成吉思汗坚定的实用主义的产物。从资料中可以清楚地发现，成吉思汗最初打算经由孟加拉、阿萨姆、喜马拉雅山和西夏返回蒙古。[99]但各种原因令他改变了主意。正如伊勒杜迷失苏丹同札兰丁保持距离一样，他也拒绝让蒙古军通行。因为害怕蒙古人，他为了避免激怒成吉思汗并没有断然拒绝蒙古人借道的请求，而是犹豫不决、拖拖拉拉又闪烁其词，对是否允许他们通行既不肯定也不否定。[100]成吉思汗知道他的想法，他知道苏丹并不想因札兰丁这样微不足道的问题爆发全面战争，而且他自己也不想。他明白这样的战争将会非常艰苦并且引发惨重的伤亡，尽管他毫不怀疑战争的最终结果。那么，伊勒杜迷失是如何在摩诃末和金朝皇帝都纷纷倒台时却依然过得风生水起的呢？成吉思汗很清楚，向德里进军存在着一些特殊的问题。首先，印度的夏天酷热难耐。拉合尔和德里的冬季气温在15℃到18℃之间，而夏季的气温则高达32℃以上。巴剌和朵儿伯·朵黑申就是因为这个原因才选择了撤军。[101]其次，马匹也面临着前所未有的考验。伟大的阿拉伯历史学家和旅行家伊本·白图泰指出了其中存在的两个问题。一个问题是，即便蒙古军只出动了一个万户，他们也需要250吨干草或其他饲料来喂马，此外还需要25万加仑水。信德和木尔坦虽然有水，但当地缺少饲料。[102] 另一个问题是，兴都库什山附近也极其缺乏备用的坐骑，因为在印度倒买倒卖大草原上的良驹能够获得丰厚的利润，所以追逐金钱的欲望吞噬了任何获得备用马匹的机会。[103] 除此之外，成吉思汗还担心帝国的"过度扩张"所带来的人手短缺——他几乎没有多余的人手去掌控那些被征服的地区，而且他也未能在当地招募到足够的合作伙伴或代理人。因此，蒙古对印度的所有突袭，都是在人手不足的情况下进行的（从未超过2万人）。[104]

其次，还有军队的健康问题。由于发烧以及其他的热带疾病，大量的士兵都需要养病。由于担心因军中的蒙古人越来越少而可能招致的后果，成吉思汗命令大批的印度奴隶和俘虏收集大米并将大米储存在仓库中，然后杀掉这些奴隶，只是为了不用喂饱这些"无用"之人。[105] 而且，成吉思汗无法获得原定行程中将要穿越的那些森林、山川和雨林的准确信息。[106] 他身边的谋士们也建议他下一步应当去严惩党项人，因为他曾立誓消灭这群叛徒，而且令人担忧的迹象也表明，后者正打算先下手为强。[107] 最后，也是对一个迷信的人来说最重要的，占卜师试图为一趟成功的印度之行寻找一些吉兆和预言，而结果全都很不利。当他们再次用羊肩胛骨进行检验时，其结果仍旧令人沮丧，此外，有报道称入侵的蒙古人看到了一只"独角兽"（显然那是一头印度犀牛），这被认为是一个邪恶的征兆。[108] 所有这些证据，无论是真实的还是想象的，都让成吉思汗决定经由一条经过反复考验的道路返回蒙古。

在他北上之前，成吉思汗下令解决两个一直悬而未决的军事问题：平定兴都库什地区和重新征服发生暴动的呼罗珊地区。失吉忽秃忽在帕尔旺战败的消息在整个花剌子模帝国原境引起了轰动，并促使一个又一个被黑暗吞噬的城市认为自己有希望摆脱成吉思汗的束缚。大汗听说甚至连大蒙古国的一些地区都因为他长期不在西部而想要造反，于是他先派察合台率领一支大军上路，命令他们马不停蹄、一路烧杀，将恐怖的气息散播至金朝的边境。他又命令窝阔台横扫印度河与哥疾宁地区之间的大片领土，这样一来札兰丁便永远失去了返回该地区的理由。[109]

窝阔台的任务十分艰巨，因为兴都库什山脉和胡齐斯坦的许多堡垒更像是在群山表面开凿的地道。大雨滂沱时，在这些地道前面又形成了一道天然的护城河。[110] 蒙古人不断地遭受着来自这些堡垒的突然袭击，其中有一次更是敌人针对蒙古大本营的大胆突袭，对方夺走了他们的许多车马，还释放了当地的一些俘虏。窝阔台决定在肇事者得到惩罚之前绝不休息，然而摧毁堡垒的任务花费了15个月的时间，直到守军们被迫频繁地以人肉为食，他们才最终被击垮。[111]

要想减少这些据点，人们采用的一贯方法是切断水和粮食的供应。而直接对城市展开袭击则是更加简单的方案。虽然之前哥疾宁城没有任何抵抗就投降了，但出于某些说不清楚的理由，成吉思汗将失吉忽秃忽在帕尔旺的失败归咎于哥疾宁当地人，并命令窝阔台去摧毁他们。窝阔台高效地服从了指令，他在1222年的春天洗劫了这座城镇，屠杀了那里的大部分人口，接着他对古尔城也做了同样的事情。[112]

在完成这些任务后，窝阔台请求父亲允许他向西进军伊朗最南端的锡斯坦省，但成吉思汗拒绝了，理由是当地夏季酷热难耐，他们不可能在该地区获得胜利。于是窝阔台便在哈里河上游继续修葺过冬的营地，也许是山上那些迅速冒出的堡垒实在是让人印象深刻，此事被一位评论家称为"蒙古人最辉煌的军事行为"。[113] 然而，窝阔台无疑也强化了蒙古人是无法抵抗的以及抵抗也毫无用处的形象。例如在尼萨发生了这样一件事。当时有一小撮蒙古人命令市民们聚集到城外平原上，命令他们把彼此的手绑在身后。虽然这些人本可以很轻易地打败蒙古人并逃到山上去，但他们却逆来顺受地服从了蒙古人的命令，无助又疲倦地站在原地被一箭一箭地射死。[114]

成吉思汗对窝阔台征战的结果感到非常满意，然而真正让他愤怒的是呼罗珊地区的背叛，因此他将全部的注意力投诸重新夺回呼罗珊地区。不可思议的是，马鲁和巴里黑不知怎地复兴了，城内民众以为蒙古人在兴都库什山陷入困境，于是他们四处散播反抗的讯息，还杀死了地方长官。被拖雷赦免而得以保全的哈烈也加入了起义，他们的忘恩负义在成吉思汗看来极为丑陋。成吉思汗召见了拖雷，不仅斥责他的仁慈，而且劝诫他说人们总是把怜悯、同情和仁慈理解为软弱，而如果所有的人在一开始都被杀光，那么今天哈烈就不可能造反。成吉思汗满脸讥讽，他冷冷地评论道："看来死人复活了，我下令杀死的人都还活着。这一次我要看到他们的脑袋被砍下来。"[115]

为了不让心爱的拖雷受到进一步的羞辱，成吉思汗并没有强调拖雷所犯下的错误，而是命令自己最凶恶的执法者、曾非常残忍地杀害了札木合的阿勒赤台率领远征军去教训哈烈。而粉碎巴里黑和马鲁的工作则交给了失吉忽秃忽和朵儿伯·朵黑申。失吉忽秃忽从帕尔旺败退时的部分幸存者加入了这两支军队，他们现在得到机会，可以通过英勇的行动来挽回自己的名誉。[116] 巴里黑和马鲁在前一年遭受重创之后，无力抵抗再次出现的蒙古人。这两座城市被轻而易举地逐个攻破，城内没有留下一个活口。直到15世纪，马鲁还是一片废墟。[117] 据说在巴里黑，死者的人头堆在了城墙外，他们的身体先后遭到了狼、鹰和秃鹫的吞食，最后上面爬满了苍蝇。正如波斯历史学家志费尼所言："在很长的一段时间里，野兽尽情地吃着人肉，狮子和狼之间不再有冲突，秃鹫和鹰和平地共餐。"[118] 失吉忽秃忽和朵儿伯·朵黑申遵照成吉思汗的明确指令一如往常地不留活口，他们仔细地在废墟中搜寻幸存者，一旦发现就把人拖出来杀掉。

哈烈曾幸免于拖雷在呼罗珊地区的大屠杀，因而它有抵抗蒙古人的实力，而且它也这样做了。阿勒赤台不得不围困该城长达六个月（1221年12月至1222年6月）才最终实现了占领。战斗双方人员伤亡惨重，守军声称他们将战斗到最后一刻，但蒙古人的优势在于成吉思汗专门指定了5万名被俘的"辅助军"去应对那些不可避免出现伤亡的情况。[119] 在对摩诃末的战役中，成吉思汗完善了"蛙跳式"的战争策略，即利用布哈拉的幸存者去攻打撒马尔罕，再利用撒马尔罕的幸存者去攻打巴里黑、马鲁和尼沙布尔等。完善的结果就是，尽管有成千上万的俘虏死去，但还有许多人幸存了下来。一旦成吉思汗结束了他同札兰丁的纠葛，他便将这些幸存者投入代价高昂的镇压呼罗珊地区反叛势力的任务中来。

经过数月的激烈战斗，蒙古人丝毫没有动摇决心的迹象，哈烈的居民却逐渐开始感到绝望。像往常一样，在这种情况下，城内会出现一个主和派,但他们必定知道,从蒙古人那里得到宽容的希望非常之渺茫。阿勒赤台狡猾地利用了城市内部的这些分歧,最后他的耐心也得到了回报。哈烈被攻破,有一段城墙因不断地遭到石弩和投石机的重击而坍塌,压死了数百名攻城人员。[120] 蒙古人怒不可遏地冲了进去,展开了恐怖的扫荡。除了给成吉思汗送去的1000多名年轻的女子外,阿勒赤台没有在这里留下一个活物。此次屠杀耗时一周。即使战争结束了,这位蒙古指挥官仍感觉不满足,他组织了一支2000人的队伍藏在城外,一直等了三天,直至废墟中终于出现幸存者。幸存者在现身之后同样被捕,接着他们被斩首。当蒙古人终于决定继续上路的时候,在哈烈只有不到40人还活着——他们躲在极其隐秘的藏身之地,储备了食物和水度过了几周。[121]

札兰丁留在呼罗珊地区的将军赛福丁·阿格拉克试图团结部落首领率领的地方抵抗势力,这导致即使蒙古再次征服了一些主要城市,他们还是需要消灭许多堡垒。对格里扬堡垒的围困就持续了十六个月。一开始蒙古人封锁了这个地方,但是一支救援力量突破了封锁线前来支援,所以他们不得不重新开始封锁。攻占格里扬时还发生了激烈的白刃战。据说蒙古人对格里扬的封锁甚是严密,以至于有一只狐狸竟被困在了堡垒脚下的岩石缝中。这只狐狸靠着食物残渣坚持了七个月才得以逃脱出来,可见蒙古人对堡垒的包围是何等地密不透风。到了第16个月的尾声,大部分的守军都因疾病而死去——有人说这是一种因食用风干肉、开心果和黄油而引起的瘟疫。当时只剩下了50名守军,其中20人还患有战壕足病。这50人把所有的金银细软都扔到了井里,然后抱着必死决心冲向了蒙古人,结束了这场折磨。[122]

另一个进行英勇抵抗的悬崖上的堡垒是费瓦尔,那里大部分的守军都被活活饿死了,而当蒙古人对其展开猛攻的时候,守军中只剩下七人还活着。[123] 还有一次极具传奇色彩的围攻发生在赛义夫-德,那儿的守军士气高昂,因为他们准备了足够使用40天的水和充足的家畜,可以逐步宰杀食用。然而即使实行了配给制,在50天后赛义夫-德的守军也只剩下了仅供一天所需的饮用水。他们决定杀死所有的妇女和儿童,然后进行突围以实现光荣的殉难。在他们施行屠杀计划前的最后一刻,一场暴雨填满了城镇的水库。帐篷外层的覆盖物以及屋顶蓄满了雨水，以至于人们贪婪地喝了整整一个星期。因为有了可供使用一个月的水，人们兴高采烈地认为蒙古人在冬季的暴雪降临之前无法攻陷此地。蒙古人的确适时地解除了围困，但在下一年（1223年）他们又回来了，宣布他们将继续围城，如有必要他们会持续数年，直到守军投降。[124]

人们对这场不可能成功的挣扎感到厌倦，于是城内出现了主和派，而他们很快就被蒙古人收买了。不久，主和派就以数量上的优势压制了守军的指挥官，并安排了三天的停战。蒙古人一开始同他们进行了友好的交易，告诉人们他们将在停战的第三天和平地离开此地。蒙古人采取了一个类似特洛伊木马的战略欺骗了赛义夫-德的市民。他们将大部分人藏在了附近的岩石缝里，只留少部分人穿着全副盔甲仿佛正要离开，还故意发出喧闹的声响，并建议赛义夫-德的居民来一次临别前的交易以示善意。当城里的人们出来交易时，作为幌子的蒙古人发出了信号，躲藏的蒙古战士们立马冲了出去进行屠杀，并扣押了受害者中最富有的300人（编年史家术兹札尼给出了280这个确切的数字）以勒索赎金。但居民们拒绝支付赎金，于是蒙古人将人质全部公开斩首。第二天蒙古人发动了武力袭击，但他们高估了在虚假交易会上屠杀的人数。令蒙古人大吃一惊的是，守城的许多士兵已经做好进行抵抗的准备，并用接连不断的巨大石块将他们击退。于是蒙古人选择了撤退，最终他们放弃了围攻。这座堡垒坚持了一年多的时间，然而，最终的胜利仍然属于蒙古。即使蒙古人撤退了，赛义夫-德的居民仍断定他们只是为了集结增援部队，很快他们就会回来。居民们在绝望中选择放弃了赛义夫-德。得知此事后，蒙古人便进入了这座废弃的堡垒，并向成吉思汗报告这次伟大的胜利。[125]

最后，所有有价值的城市、堡垒和军事目标都遭到了蒙古人的蹂躏，曾经强大的花剌子模帝国最终被彻底征服。如今，成吉思汗统治着一个自太平洋沿岸到里海、自朝鲜半岛到高加索、自西伯利亚到黄河的庞大帝国。他还考虑过袭击西藏地区，但因为侦察兵表示进入西藏的道路无法通行，他才放弃了这个想法。[126]虽然并不是个共识，但在许多人看来，征服花剌子模帝国是成吉思汗最伟大的军事成就。

相比入侵金朝，实现这个成就是如此地轻松，这就产生了这样一个疑问：为什么成吉思汗征服这里比攻占金朝更为成功？有些答案是显而易见的。金朝深深地扎根于中原社会，而摩诃末所统治的只是一个成立没几年、还处于萌芽状态的不成熟的帝国。而且蒙古人到入侵花刺子模时已经掌握了攻城的技术，他们还获得了一些原始的关于火器的知识——在他们1211年越过边境进入中原的时候，他们还不曾了解这种技术。[127] 在中亚的战役中，因为有成千上万的俘虏可以被安排到前线，所以成吉思汗能够承受人力资源上的浪费。此外，到了那个阶段，蒙古人已经拥有了野蛮、残酷和无敌的名声，而这些都是他们在攻打中原时未曾获得的。

反之，摩诃末除了在人数上具有优势，从一开始他就具备了几乎所有可以想到的缺点。他的帝国包括两部分：繁荣的伊朗城市以及由突厥人组成的军队——这无疑让帝国一直处于致命的分裂风险之中。他的军队由雇佣军组成，而雇佣军并不像蒙古人那样忠诚——他们一有机会就准备向成吉思汗投降。[128] 摩诃末也没有构建出适宜的军事建制，他缺少宗族或封建体系作为后盾，而且他自己的家族内部因为互相仇视而四分五裂，这在他和他的母亲之间尤为明显。由于他选择了与哈里发作对，所以他无法以圣战为名向其他伊斯兰教国家求助（事实上哈里发纳西尔认为他比蒙古人带来的威胁还要大），他甚至在他的帝国范围之内特别是在河中地区，都极力地疏远了伊斯兰教的神职人员。但最重要的还是成吉思汗的出现让摩诃末本人黯然失色。摩诃末是一个不负责任的暴脾气，一旦出了问题他就会彻底崩溃，而成吉思汗展现出了自己所有的优点，他指挥从容、有条不紊、敷始慎终、锲而不舍。[129] 不过我们也许可以想象另外一种情景，尽管这可能会让蒙古人的处境异常艰难——当花刺子模的最高统帅是札兰丁时，那么他将在1222—1223年激发起呼罗珊地区各个堡垒中部落成员的战斗意志，而即便是伟大的蒙古军事机器也可能回天乏术。[123] 事实上，与花刺子模的战争证明了成吉思汗的天赋，如今，他得到了意想不到的奖励。他的军队已经一路势如破竹剑指欧洲，而他在那里的战役将会成为军事史上最伟大的壮举之一。

12

大突袭

当成吉思汗听闻摩诃末去世时,他便将速不台召回了撒马尔罕,与之进行商议。据说为了响应大汗的召唤,速不台在一周内奔驰了1200英里的路程,他有时候过于疲累,甚至将自己绑在马鞍上以便能够在战马慢跑时睡上一觉。关于接下来的军事计划,成吉思汗需要听取速不台的建议,因为后者对当地地形了如指掌,成吉思汗希望其能评估出摩诃末的继承者有几分可能会在花剌子模帝国的西部地区重整旗鼓。对此,速不台表示他不相信花剌子模能够重整军势。当地夏季天气炎热干旱,恶劣的气候使人望而却步。而在冬天,由于当地缺乏饲料,骑兵无法迅速行动,而且伊朗马和蒙古矮马不同,它们无法在被雪覆盖的草地上行走。[1] 这一则喜讯让可汗心情大好,速不台趁机建议大汗由自己和哲别带兵绕过里海进入摩诃末的神秘盟友库曼人的领土(即今天的俄罗斯草原)。成吉思汗同意了这个提议,唯一的条件是此次出征的2万人必须在三年内返回蒙古。[2]

一如来时,速不台再次策马飞奔回到了波斯西部。在速不台与成吉思汗协商时,哲别也未闲着。哲别和速不台在当年追踪摩诃末时途经剌夷,那时他们只是顺手劫掠了此地,因此剌夷得以幸存。如今剌夷城内的逊尼派居民建议哲别去进攻什叶派的圣城库姆,他们还列出了库姆城内令人垂涎的宝藏以引诱蒙古人上钩。哲别听信了他们的话并洗劫了库姆,然后他意识到剌夷的这些狡猾的逊尼派信徒作为盟友也是靠不住的。毕竟,要是他们能够平静地看着库姆城内和自己信奉同一宗教的信徒被大肆屠杀，那么一旦蒙古人失了势，他们还有什么背信弃义的事情做不出来呢？于是在摧毁库姆之后，哲别便彻底地洗劫了剌夷。[3]

速不台一回来，两位蒙古指挥官就直奔他们的下一个目标哈马丹而去。哈马丹是一座郁郁葱葱的富饶城市，它坐落在厄尔布尔士山脚下（亚历山大大帝的马其顿军称之为埃克巴坦那）。面对渐渐逼近的蒙古人，哈马丹选择了投降，他们宁愿支付巨额的赎金也不愿遭受与库姆和剌夷一样的命运。[4] 于是蒙古人将目标转向了加兹温，那是一个重要的商业和战略中心，地处塞尔柱突厥、里海和波斯湾的十字路口，它以地毯制品和庞大的丝绸储备而闻名。但是加兹温的守卫更为森严，它摆明了要与蒙古人抗争到底。1221年2月初，一场血腥而激烈的战斗拉开了序幕，蒙古人一个街区接一个街区地扫荡了整座城市。这场攻城战只会有一个结局：蒙古人无情地屠杀了那些贸然抵抗的守军，造成巨大的人员伤亡，加兹温的4万居民无人幸免。之后蒙古人洗劫了赞詹城，结束了对波斯北部的蹂躏。[5]

两位蒙古指挥官不仅展现出了各自的才华，还表现出了独特的相互配合及团结协作的能力，这在与同僚常常不和的速不台身上表现得尤为突出。他们逐渐形成了一种合作模式，即哲别的部队一直充当突击力量或先锋，而速不台的部队永远作为后备或殿军。[6] 更让人印象深刻的是，部队中一半人手袭击库姆、剌夷、加兹温和赞詹时，剩下的另一半正在冬季的营地休息，为远征格鲁吉亚王国做准备。波斯北部和里海的大部分地区都被大雪覆盖，暴风雪频繁，但蒙古人在里海沿岸的库拉河和阿拉斯河（旧名阿拉克赛斯）河口附近发现了环境宜人的草甸，那里冬季气候温和，植被早在1月份就开始复苏。在进攻格鲁吉亚之前，军队中大部分人都在此演习并休整马匹。[7]

蒙古人计划首先入侵阿塞拜疆，占领其首都大不里士，并以此作为攻击格鲁吉亚周边地区的大本营。这时候，蒙古人的名声以及他们的战争事迹已经传到了高加索地区，当地的库尔德和土库曼部落中大量的散兵游勇、游击队和强盗们赶来加入了蒙古阵营，这些人意识到这群新来的蒙古人将会成为战争的大赢家，于是希望分享他们的胜利果实。哲别和速不台将这些征召的士兵充作先遣部队,他们于2月中旬向穆干平原进发,目标直指大不里士。蒙古人按照一贯所为,企图先行削弱大不里士守军的士气,为此他们早已收买了一个觊觎大不里士的军阀阿奎实前往劝降。[8]然而大不里士毫不反抗就宣告投降,这让他们停下了征伐的脚步。大不里士总督、阿塔贝格(地方军政大员)月即别是一个不可救药的酒鬼,他缺乏直面战争的胆量,当他得知蒙古人要来进攻时很是恐慌。月即别请求蒙古开出和平的价码。哲别和速不台对征服大不里士跃跃欲试,所以他们开出了一笔高到离谱的赎金,但他们万万没想到月即别竟然毫无异议地接受了。除了一笔现款,蒙古人还获得了一大批的战马和成吨的上好衣物。[9]

其实月即别的决定是他如今唯一的可行项。此时是月即别(1210—1225年在位)即位的第11年,他继承了一个因分裂和格鲁吉亚入侵而万分虚弱的国家。阿塞拜疆曾经非常强大。这个国家由阿塔贝格伊尔弟吉兹建立,他从塞尔柱突厥人手中赢得了独立,一度统治着整个南高加索地区。但在1176年伊尔弟吉兹死后,该国就迅速地衰落了,第五任统治者月即别不过是一只纸老虎。[10]月即别的"政治才能"引发的问题在于,蒙古人如今将大不里士看成了他们的摇钱树,大不里士就好像是蒙古位于里海的某个银行,所以他们一而再再而三地向这个遭受重创的城市提出各种要求。几天来,他们一直在周围徘徊,享受森林和草原中田园诗般的景色(可能他们并不知道那里是出了名的地震多发带)[11],还惊叹于那里错综复杂的灌溉系统。

蒙古人的下一个军事目标是格鲁吉亚。格鲁吉亚是一个强大的基督教王国,据说他们拥有乌拉尔山以西最好的骑兵。事实上速不台和哲别更乐于和平地通过高加索,他们并不想在里海南部地区进行不必要的战斗,然而此地并不能允许他们自由地通行。格鲁吉亚的君主吉奥尔基四世·拉沙(1213—1223年在位)是位魅力四射的人物,他娶平民为妻,还着迷于神秘主义和苏菲主义。[12]哲别和速不台机智地将蒙古的先锋留在了后方,同时派出了由多支部队——土库曼人和库尔德人的志愿兵、觊觎者阿奎实带领的阿塞拜疆部队以及一位马穆鲁克指挥官率领的雇佣兵辅助军团组成的混合军团充作先头部队。这支部队通过库拉河进入格鲁吉亚，库拉河是一条近1000英里长的大河，河水从土耳其经格鲁吉亚和阿塞拜疆流入里海。从因亚历山大大帝和他的后继者们而为人所知的地区出发，他们如今已经进入东欧境内，此处早已出现在了所有伟大的罗马地理学家笔下。[13]

速不台的计划是在发动致命一击之前，先耗尽格鲁吉亚人的力量。首先，他将先头部队分成了数支突击小队四处散布恐惧和混乱，然后再将他们会合并同吉奥尔基四世·拉沙展开会战。吉奥尔基四世·拉沙赢得了这场战斗，也因此产生了一种虚假的安全感，但他的军队在袭击库尔德人和土库曼人的过程中伤亡惨重，无法应对接踵而至的下一场战斗。当发现自己遭遇的第二支军队是蒙古的主力部队时，吉奥尔基四世·拉沙顿时惊慌失措。速不台的战术犹如教科书一般地标准。他的轻骑兵横扫了格鲁吉亚的前线，在极限的射程内放出箭雨直穿敌军的盔甲，给格鲁吉亚的骑兵精锐造成了致命的伤害。然而，吉奥尔基四世·拉沙并没有被这巨大的损失吓到，相反，他选择毫不留情地继续向前推进，看起来他似乎快要将蒙古人赶跑了，但他的努力最终只招致了负面的影响——格鲁吉亚骑兵在推进中分散开来散布于整个平原。随后速不台打出了他的王牌。速不台在队伍后方的树林里安置了一批精力充沛的骑兵作为后备。蒙古人借此发起了毁灭性的反攻。被夹在蒙古后备军齐齐射出的又一轮箭雨和游牧骑兵的正面冲锋之间，格鲁吉亚人的阵形毫无悬念地陷入了混乱，士兵们四下逃窜。速不台的军队很快就将格鲁吉亚人打得落花流水。格鲁吉亚最后在通往第比利斯的路上负隅顽抗，然而这不过是在进一步地增加己方的伤亡人数。[14]

对于吉奥尔基四世·拉沙来说，这是一场惨痛的失败，但这次蒙古人并不打算在格鲁吉亚逗留。在库拉河附近的军事行动之后，他们需要全新的人马。此外，速不台和哲别还受命在早春时节返回伊朗北部，以确保成吉思汗的军队在向尼沙布尔和花剌子模西部的城市进军时侧翼不会遭到来自北部反叛势力的打击。3月初他们再次来到了大不里士城外，顺便又征收了一大笔赎金。与此同时，格鲁吉亚人在为他们的惨败开脱，他们声称自己遭到了蒙古人的愚弄，那些人高举着十字架，导致吉奥尔基四世·拉沙断定前来的是一支基督教盟军。[15]

速不台和哲别派了侦察队前往刺夷和呼罗珊地区，目的在于确保该地区的武装力量不会死灰复燃，接着他们将伊朗-阿塞拜疆边境的马拉盖作为猎物。阿拉伯历史学家伊本·艾西尔嘲笑马拉盖的陷落，他认为既然马拉盖是一座由女人统治的城市（"让女人来统治他们的人不会成功"），那么它一定会是一个容易攻击的目标。不过和其他城市一样，马拉盖也进行了顽强的抵抗，当然它也不可避免地遭遇了同样的命运。蒙古人一如既往地展开屠杀作为对当地人民反抗自己的惩罚，他们还进一步地完善了在与摩诃末的战斗中学到的残忍手段。1221年3月31日，他们洗劫了马拉盖之后假装离去，只为等着幸存者从废墟中爬出来，接着再突然地返回城内将他们杀死。在蒙古入侵的过程中，阿拉伯人对妇女的蔑视似乎显得特别地不合时宜，因为正是一位蒙古女战士在那时独自杀死了一栋房子里的一整个家族。[16]

阿尔贝拉似乎是蒙古人的下一个合适的目标，但经过初步的调查，蒙古的领导者认为中间的山脉太难逾越，于是改变了对伊拉克的策略。他们的目的与其说是彻底地击败哈里发（未来他又在位了三十多年），倒不如说是再索要一笔巨额赎金，如在大不里士那样。这是蒙古人对伊斯兰世界影响最为显著的时刻，也让第五次十字军东征时本就乱成一团的局面更加复杂。阿尔贝拉王子试图团结伊斯兰世界以对抗来自大草原的威胁，但他的穆斯林教友们已经将全部的精力投入应对十字军对杜姆亚特的威胁中。[17] 格鲁吉亚的战败改变了欧洲的局势，因为十字军们原本一直期待着吉奥尔基四世·拉沙能够在北部开辟第二条战线，一些历史学家认为这种希望说明了他们那令人咂舌的自鸣得意。巴格达的哈里发不得不开始认真地对待来自蒙古的威胁，并在摩苏尔集结军队来守卫其北部前线，然而他的大军很快就瓦解了，部分原因在于穆斯林总是无法抛弃"主要的危机在杜姆亚特"这一想法。[18]

于是，哲别和速不台将注意力转移向哈马丹，哈马丹在第一时间就选择了投降，它似乎很有可能像大不里士那样成为蒙古人的又一棵摇钱树。然而这一次，哈马丹却轻蔑地拒绝了蒙古人索取钱财的要求，为此他们还谋杀了蒙古人派驻于城内的达鲁花赤（总督）。对于这种挑衅，蒙古人绝不会视而不见。1221年8月，血腥的围攻开始了。一连三天，哈马丹守军的士气让蒙古人感到震惊，他们数次出击，每每给蒙古人造成重大伤亡。[19] 然而这座城市缺少粮食，城内几乎一贫如洗，这也是为什么他们一开始便断然拒绝了蒙古人的钱财索求。到了第三天，哈马丹已经无力再战。地方长官阿里德带着家人从一条地下隧道溜走，他放弃了这座城市，这更加剧了人们的绝望。他的擅离职守可谓性命攸关，因为蒙古人那时已经认为拿下该城希望渺茫并考虑撤军。阿里德留下一张字条告诉不幸的居民们，他已无能为力，并建议他们写信给哈里发寻求增援。出乎意料的是，哈马丹居民采纳了这个建议还写了信。几个小时后，一位蒙古使者出现在了城门外，挥舞着被他们截获的信息，这也成了钉在哈马丹居民们棺材上的最后一颗钉子。[20]

终于，到了第四天，蒙古人注意到敌人没有突围，于是便下令两两一组发动大规模的进攻并成功地攻入了城内。随后便是激烈的巷战，侵略者们血脉贲张，由于之前损失惨重，他们的愤怒已经达到了顶点。在这种情况下，城里的男女老幼都无一幸免地遭到杀害。[21] 哲别和速不台因最后一刻降临的胜利而兴高采烈，他们乘势进攻阿尔贝拉，这一次他们轻松地攻下了此地，同时又一次开始了烧杀掳掠。

此时成吉思汗传来消息，他告知哲别和速不台，花剌子模如今已被平定，不需要他们继续留在里海的南部边缘。此时正值秋季，是时候彻底摧毁格鲁吉亚及其邻居和盟友亚美尼亚了。作为出征的预备，蒙古人第三次向大不里士索要赎金，但这一次当地的地方长官崩溃了，他偷偷地溜出了城，逃往了纳希切万。蒙古人从大不里士得到了一笔巨额赎金，因为这已经是第三次索取，所以这笔巨额款项必定会令该城陷入经济崩溃的边缘。但至少大不里士的居民们因此逃脱了大屠杀，惨死的命运被转移到了不幸的纳希切万居民身上。[22]

一切都正在有条不紊地进行着，蒙古人洗劫了进军格鲁吉亚途中的另一个伊斯兰定居点萨兰。随后，为了避免己方更多的伤亡，蒙古人选择直接要求重镇贝拉甘投降，但那里的居民们却犯了愚蠢的错误，他们杀死了劝降的使者。在蒙古人看来，这简直就是不可饶恕的死罪，所以他们精心策划了一场复仇之战。1221年11月初，蒙古人势如破竹地突破了城市的防御，并明令要求不许放城内的任何人活着离开。肆无忌惮的军队乐于遵命，他们纵情于强奸和屠戮，种种行径甚至令向来对暴行熟视无睹的中世纪世界大为震惊。除了以轮奸作为最爱的消遣，蒙古人还乐于剖开孕妇的肚子、取出胎儿后将它劈成两半。[23] 他们怒气冲天，甚至连山上的石头也不放过。

阿兰省的省会占贾被蒙古人种种触怒神灵的举动吓坏了，他们花了一大笔钱收买了侵略者。所有这些可怕的事迹都是由一支人数不足2万的军队所为，这足以让他们青史留名。蒙古军队可以自给自足，事实上一支规模更庞大的军队也难以在此生存，哪怕他们能够解决在众多狭窄的通道、深谷和颠簸的路途中的机动性问题。这群侵略者凭借着他们惊人的机动性，丢弃了全套的装备和所有不必要的行李以像轻骑兵般行动，他们将沉重的盔甲丢给了先锋部队以防遭遇任何激战。[24]

在冒险穿过高加索山脉之前，是时候与格鲁吉亚人和亚美尼亚人做个了结了。蒙古人并不打算彻底征服格鲁吉亚（他们缺乏行动的人手），而是想摧毁这个王国以防它成为军事上的威胁。因此，蒙古军绕过首都第比利斯，将大部分的精力都花在掠夺格鲁吉亚南部、亚美尼亚和伊斯兰附庸希尔凡上，并确保避开棘手的关隘和峡谷等格鲁吉亚人占据优势的地方。[25] 从东南部入侵亚美尼亚的路线是先进入西部的纳希切万省，然后向北到达阿克斯塔法区。在那里，他们四处劫掠，如入无人之境，并以乌提克为其大本营。[26]

亚美尼亚人对这帮野蛮的闯入者的感情很复杂，混合着恐惧、敬畏和钦佩。蒙古人奇怪的宗教信仰令他们感到惊奇，这些入侵者相信上帝的儿子是成吉思汗而非耶稣基督；侵略者几乎能在几个小时之内就从一伙放纵散漫的散兵游勇恢复为一支纪律严明的部队；食物充足的时候蒙古人会纵情于胡吃海塞，资源匮乏的时候他们却也能忍受磨难；他们的队伍中似乎并没有严格的阶层区分，因为长官和侍从共同起居、同桌吃饭；他们鄙视卖淫者却反而喜欢强奸。最令亚美尼亚人吃惊的还是蒙古人对偷盗的厌恶,若是亚美尼亚人犯下了此种罪行,便会遭到恐怖的折磨。[27]蒙古人被视为具有超乎常人的能力,有那么一个有关被格鲁吉亚人围困的蒙古战士的故事长久地流传了下来。格鲁吉亚人包围了一个蒙古人,眼看就要将他俘虏了,但此人跳下了战马狠狠地撞向岩石自尽,他宁死也不愿被抓获。[28]总之,亚美尼亚人得出了结论,是他们自身的罪过招来了这群人类中的蝗虫:"礼拜被禁止,圣坛上也停止了弥撒;再也听不到歌唱的声音。全国都陷入了黑暗,人们更喜爱夜晚而不是白天。"[29]

格鲁吉亚人坚定不屈,蒙古人的攻略似乎陷入了停滞不前的境地。于是,速不台决定在格鲁吉亚的一座城内发动大屠杀,这样一来,格鲁吉亚为了确保国家公信力就必须为保护其国民选择出征,并被迫在有利于蒙古人的地形上作战。这实质上就是1066年诺曼底公爵威廉引诱哈罗德二世在黑斯廷斯作战时所采取的战略。舍马罕被选为了诱饵。[30]在此,蒙古人采用了一种全新的方法,再次展现了他们那无穷无尽的精妙战术。他们将死人和被屠宰的动物尸体堆成了一个高于城墙的金字塔形的小丘,然后不断地从制高点向下进行投掷。在持续三天的围困之后,舍马罕投降了。[31]可怕的屠杀的确迫使格鲁吉亚统治者加入了战斗。国王吉奥尔基四世·拉沙和他的王后调集了所有资源集结了一支3万人的部队。他们对阵的速不台麾下大约有2万人,外加来自里海周边一些反叛首领的武装力量。

第二场战斗就发生在最初的战场附近,但这一次蒙古人受到的地形限制更多,战场的东面就是连绵不绝的陡峭山丘。速不台在山脊上发现了一条隐蔽的峡谷,他让哲别率领5000人在那里驻扎以为后备。[32]国王吉奥尔基四世·拉沙从先前的失败中吸取了教训,他下达了严格的命令要求骑兵们以密集阵形缓慢前进,在行进过程中决不试图打乱阵形。速不台似乎被吓到了,他下令蒙古军全员撤退。不过实际上,他是特意令蒙古弓箭手在那天发挥失常,他们是故意射偏了目标。愚蠢的格鲁吉亚人越来越自信地追赶着他们的敌人,最后他们终于狂奔起来。可悲的是,蒙古人采取的正是佯装败退的老战术。速不台诱导敌人进入了峡谷的入口,等在那里的哲别完美地实行了伏击。格鲁吉亚人以为速不台已经跑远了,于是转身应对这一新的威胁。但就在这时,速不台也掉转势头下令冲锋,他带领着蒙古军像巨浪一样席卷了格鲁吉亚人,将他们冲入哲别的口中。格鲁吉亚人被夹在两支部队中间,如同他们在第一次战斗时遭遇的那样被逼得狼狈不堪。蒙古人的作战如同教科书般精准。根据编年史作者的记载,在一天之内,格鲁吉亚3万大军中的大部分人就都命丧此地。[33]

惊恐万分的幸存者逃到了大不里士,他们蜷缩在该城的城墙之后。逃离了战场的吉奥尔基四世·拉沙可能受了重伤,因为他在第二年就去世了。他的妹妹鲁苏丹妮女王继承了王位。从十字军领袖到教皇,她向任何能想到的人写信求助。给教皇的那封信因其荒唐夸张的叙述而闻名于世,她写道:"一群野蛮的鞑子侵略了我的国家,他们凶神恶煞、行同狗豨,如豺狼般奸险,如狮子般狂妄……勇敢的格鲁吉亚骑士把他们赶出了这个国家,杀死了2.5万名侵略者。唉,但是我们无法再如我们向陛下所承诺的那样肩负起十字架了。"[34]她甚至又组建了一支军队,但事实证明军人们过于害怕而不敢向蒙古人发起进攻,于是军队很快就又解散了。

蒙古人紧接着来到了打耳班(今达尔班特),那里位于里海沿岸、高加索山脉的山脚处,往往被认为是传说中亚历山大城墙的所在地。打耳班起初有些目中无人,但速不台向居民们提议:只要有10位重要的执政者自愿带领蒙古军队越过高加索山脉,他就放过这座城市。这10人准时来到了速不台的帐篷。速不台当场砍掉了其中一个人的头,以表明他的可怖——用伏尔泰的话说,这就是在"杀鸡儆猴"。九位幸存者被吓住了,他们带领蒙古人顺利地穿过了山隘,没有耍任何阴谋诡计,亦不敢做出任何背叛之举。然而"蒙古人成功地穿越了高加索"这句话远不足以概括这项壮举,它的背后其实隐藏着一场噩梦般的行军,这足可以与汉尼拔穿越阿尔卑斯山的经历相比拟。在严冬时节,速不台和哲别在翻山越岭的途中不得不丢下他们的攻城器械和所有沉重的行李,又因为冻伤和失温症损失了数百人。行军路线似乎穿过了打耳班和里海之间的打耳班山口,随后他们来到帖列克河谷。[35]

接着,他们开始一路下行进入一片从高加索山脉延伸到黑海北岸的大草原,从那里沿着库班河盆地到达多瑙河河口。刚刚摆脱一段痛苦的行程,蒙古人就遇到了另一场磨难,因为在高加索山脉另一边的平原上,他们撞上了一大群草原部落：阿兰人、列兹金人、切尔克斯人以及最最可怕的库曼人。从罗马时代起，阿兰人就一直是定居民族的威胁，但匈人在5世纪消灭了他们的西部氏族，只剩下东部的阿兰人或称奥塞特人，他们从8世纪起居住在高加索地区。[36] 切尔克斯人与刚刚在埃及夺取政权的马穆鲁克族属相类。[37] 人数最多且最危险的是库曼人，这个庞大的部落联盟从大约1060年起到蒙古人出现之前一直统治着今天俄罗斯欧洲部分的南部草原。他们紧密地（几乎难辨彼此）与克普恰克部结盟，而对罗斯的基督教首领来说，他们是可怕的威胁和主要的敌人，被称为波洛维赤人。[38]

事实证明，这些部落游牧民是比波斯人和格鲁吉亚人更为强悍的对手。速不台和哲别在疲惫不堪地穿越高加索地区后就遭到了这几个部落的挑战，他们不得不立即将战士们集结到一起（这让蒙古人感到了焦虑），他们的首次接触非常血腥，但最终难分胜负。[39] 以往在武力失效的时候，蒙古人总是会转而使用诡计，这次也不例外。速不台向库曼人的营地派遣了使者，与其说是愤怒不如说是遗憾地抱怨说，看到库曼人与草原兄弟蒙古人作战令他们甚是悲哀——不同于阿兰人和切尔克斯人，他们难道不都是突厥人吗？为了强调民族共同体，速不台承诺，如果库曼人与蒙古人共同对抗曾经的盟友，他们将得以与蒙古人对半分享所有的战利品。[40] 库曼人上了钩，他们选择倒向蒙古人，并给阿兰人和切尔克斯人造成了毁灭性的打击。

所有了解蒙古人的人都能预见，之后蒙古人不出所料地将矛头转向了库曼人。在离间了库曼人与俄罗斯草原上的其他民族之后，速不台和哲别利用他们在经济上的影响力和在情报活动上的才能进一步地削弱了库曼人的势力。速不台收买了库曼可汗的一个奴隶，这人出卖了自己的主人，并透露出库曼营地中存在纠纷：库曼人在实际上早已分裂成了两支相互独立的军队。速不台与成吉思汗不同，他没有对背叛君主之人的顾虑，但当他向成吉思汗汇报此事时，可汗下令处死这名奴隶，因为此人违反了仆人要对主人忠贞不渝的原则。[41] 尽管如此，这个家伙的情报确实非常有价值，蒙古人轻而易举地便击溃了这两支库曼军。受惊的幸存者向西逃到了罗斯的贵族那里，他们在惊恐之下滔滔不绝地谈论着这个可怕的来自东方的幽灵，并警告说罗斯一定会是蒙古的下一个目标。[42]

接下来的发展完全出乎人们的意料。在击溃库曼人之后，蒙古人接触到了一支威尼斯使团，后者试图在黑海北岸建立自己的据点以应对热那亚人的抵制。虽然著名的热那亚-威尼斯战争的高潮出现在 1256—1381 年，其中包括了四次主要的海上战役（威尼斯人一直占据上风），但这场你死我活的斗争显然早已在黑海显露出了某些迹象，此时热那亚就试图通过在克里米亚半岛的苏达克建立自己的殖民地来遏制对手的野心。[43]

威尼斯的使者显然给蒙古人提供了一个极具吸引力的商业建议（随着帝国的扩张，成吉思汗的追随者们也越来越具有经济头脑），因为他们最终签订了一项协定，授予了威尼斯人非常大的特权，他们可以进入中亚以及蒙古帝国腹地。1221 年底或 1222 年初的这个协定可以看作一颗种子，从中长出的参天大树即为在这一世纪末马可·波罗的著名旅行。[44] 至于蒙古人，他们一直喜欢同威尼斯人打交道，尽管热那亚在之后费尽心机地让成吉思汗的后代放弃对威尼斯人的偏爱，但蒙古人依然不为所动。威尼斯信誓旦旦地承诺他们将仅在黑海范围内攫取商业霸权，也不会破坏成吉思汗与伊斯兰商人之间互惠互利的关系。由于威尼斯人在黑海的定居点被严密地控制在威尼斯共和国的总督及其委员会手中，他们的承诺可信赖。而另一方的热那亚，他们在黑海的据点独立于母邦，因此不值得信赖，再加上他们侵略性的领土扩张政策，这也刺激并激怒了蒙古人。[45]

后来，时间证明了威尼斯-蒙古协定成果斐然。作为"预付定金"，速不台和哲别突袭并摧毁了热那亚的殖民地苏达克。令人遗憾的是，热那亚人最终加入了库曼人的行列，蒙古战争中的幸存者描述这场东方刮来的旋风的名言十分适合作为此处的画外音："他们来了，他们破坏，他们放火，他们杀戮，他们掠夺，他们离开了。"[46]

蒙古人还从威尼斯人那里了解到罗斯混乱的政治局面。当时俄罗斯地区存在一批小公国，它们主要集中在森林地区，不过以今日欧洲的标准来看，它们的城市化水平很高，在 12 世纪初期，13%—15% 的人口都居住在城镇，此地至少存在 300 个城市中心。[47] 中世纪的罗斯在政治上十分混乱，邪恶的独裁者和嗜血成性的专制暴君一任接着一任，据说后来这些经历在集体记忆中被内化为强人统治的需求。"懦弱的贵族们对祖国的光荣与美好视而不见，他们在内战中自相残杀、蹂躏百姓。"[48] 这就是这片土地的特性，尽管曾经并非如此。

在9世纪末，来自瑞典的维京人在乌克兰建立了一个殖民地，那里成了后来的大城市乞瓦（今基辅）。罗斯早期历史上的一位重要人物、被称为智者的雅罗斯拉夫（978—1054）从1019年起成为乞瓦大公（他也是哈拉尔·哈德拉达的岳父）。他是一个强大到足以威胁和攻击拜占庭的人物，事实上他在11世纪40年代也的确这样做了。但乞瓦总是易遭攻击，不仅是因为乞瓦后续的统治者未能继承雅罗斯拉夫的睿智，还有结构性因素在发挥着作用。曾经乞瓦地处拜占庭、伊斯兰东部地区以及西欧之间的贸易十字路口，但十字军东征让欧洲的贸易路线绕开了此地。[49] 从12世纪初开始，罗斯分裂成了各自独立的公国，随着时代的推进，这些公国也变得越来越强大。与此同时，库曼人突袭的次数也在急剧增加。乞瓦在历史上曾数次遭到洗劫，这些灾难造成的人口损失，使当地的人口从雅罗斯拉夫时期的约10万，锐减至1200年的不足5万。[50] 毫无疑问的是，在哲别和速不台出现之前的一百年里，乞瓦一直敌不过东北部的弗拉基米尔-苏兹达尔公国以及西部的加利西亚-沃里尼亚公国。尽管如此，乞瓦在政治和商业上的衰落也只是相对的。虽然库曼人进行了多次突袭，但这座城市仍然很富有，它依旧是罗斯主要的贸易和宗教中心，也依然被视为所有罗斯人的母邦，被今天属于俄罗斯、乌克兰和白俄罗斯地区内的所有主要公国尊为起源地或发源地。[51]

在12世纪下半叶，俄罗斯地区的南部成了斯摩棱斯克、切尔尼戈夫和沃里尼亚争夺权力的角力场——当时这三个公国的面积都比乞瓦要大，尽管它们的人口并不多（切尔尼戈夫只有3万居民）。阻止这三个公国中的任何一个继承乞瓦以跃升为罗斯的主要城市的，是它们之间的地区性冲突，在1196年切尔尼戈夫和斯摩棱斯克之间爆发的激烈冲突就是个好例子。一旦俄罗斯地区内南部和中部的公国选择暂且搁置彼此间的敌意，乞瓦就面临着近在眼前的威胁，在1200年加利西亚-沃里尼亚联军占领"罗斯之母"就证明了这一点。而在三年之后，库曼人与切尔尼戈夫及斯摩棱斯克合伙将乞瓦洗劫一空，这又显得1200年的劫难不算什么。[52]

然而因乞瓦的衰落受益最为显著的是遥远的北方（诺夫哥罗德）和东北部（苏兹达尔）地区。位于乞瓦东北、伏尔加河和奥卡河之间的苏兹达尔早在1125年就从乞瓦独立，并通过1169年对乞瓦发动的一次肮脏的洗劫证明了其后来居上。[53] 苏兹达尔具有得天独厚的地理优势。其国内遍布东西流向的河流，而且其中最主要的河道多与伏尔加河相连。奥卡河及其支流连接西南部的斯摩棱斯克、西北部的诺夫哥罗德并通往波罗的海和黑海，是这片区域中重要的航道。苏兹达尔凭借其优越的地理位置阻断了位处北方的强大对手诺夫哥罗德的商路，从而在蒙古人到来之前的时代中控制了整个伏尔加河流域的贸易。他们首先与伏尔加保加利亚人结盟，随后，伴随着苏兹达尔军事力量的增强，保加利亚人沦为了他们的附庸。[54] 在农业领域，苏兹达尔拥有肥沃的土壤和农田，特别是在苏兹达尔和弗拉基米尔地区的城镇周围，农业尤为发达。政治上，在将近一百年的时间内苏兹达尔历经三任强大的统治者（从12世纪20年代至1212年，分别为尤里一世、安德烈一世和弗谢沃洛德三世），这让苏兹达尔获益良多。与之相比，乞瓦几乎一直处于权力继承的纷争之中。在13世纪初，苏兹达尔是罗斯的强者。唯一可以想到的威胁——沃里尼亚大公罗曼一世（1170—1205）已被弗谢沃洛德巧妙地削弱了。[55]

然而，苏兹达尔在政治权力达到鼎盛时崩溃了，它沦为了恐怖内战的牺牲品。弗谢沃洛德于1212年去世后，他的儿子们为了继承权而相互争斗，公国因内战而四分五裂。长子康斯坦丁继承了公位，但他的地位被弟弟尤里二世觊觎。1216年他们之间的交战是截至当时罗斯境内规模最大、最为血腥的一次战役。起初，康斯坦丁在这场手足之争中占据上风，他巧妙地利用了商人阶层的政治影响和经济力量。但是尤里二世在吃了败仗之后进行了残酷的报复。他将所有能找到的商人都集中了起来，甚至派出突击队前往诺夫哥罗德和斯摩棱斯克抓人，然后将其中的150人关进了堪称加尔各答黑洞[①]的地窖里。所有倒霉的商人都因窒息而死。巧合的是，康斯坦丁在 1218 年过世，于是尤里二世便继承了一个在军事和财政上都严重衰落的国家。他试图用四年的和平来恢复元气，在此期间"仅仅"同伏尔加保加利亚人发生过冲突，然而到了 1222 年，蒙古人开始向他逼近。[56]

如果说苏兹达尔是从辉煌一步步地走下坡路，那么其北方的劲敌诺夫哥罗德则相对地日益兴盛了起来。作为文教中心，诺夫哥罗德因其标志性的建筑以及最先进的污水处理系统而闻名，在人口数量上它是仅次于乞瓦的罗斯第二大公国（约 3.5 万人），在政治地位上它则次于苏兹达尔位列第二。[57]诺夫哥罗德因发达的商业、手工业及收缴的贡品而极为富有，它控制着向北延伸至北极圈、向东一直到乌拉尔山脉的广阔地区，其境内的湖泊和港口与波罗的海、伏尔加河和第聂伯河相连。但它也有三处短板：农业用地狭小而贫瘠，西部边境上树敌太多（主要是瑞典人和日耳曼人），而且在从苏兹达尔、斯摩棱斯克和切尔尼戈夫的大公中推选统治者时一直受到干扰。[58]统治精英们常常排斥选用大公而支持起用新人，从 1154 年至 1159 年，每年都会从新人中诞生一位统治者。1167—1169 年，当苏兹达尔与其北方劲敌开战时，诺夫哥罗德又遭遇了一次严重的继承危机。[59]

罗斯各公国中的穷人和无依无靠之人只被视作战争时期的挡箭牌与和平年代的苦役，他们的力量太弱小了，属于无产者的阶级斗争还未能出现在这一时期的历史中。除了王公贵族内部的权力斗争外，还有统治者、贵族（波雅尔，仅次于大公的贵族头衔）、商人和教会之间的四方角力，在他们之中还有保守派、改革派以及修正派的分歧。[60]在较为发达的城镇里，商人往往联合工匠和手工艺人反对教会和贵族，而大公则忐忑不安地对此进行调解。事实上，在许多案例中，激烈的权力斗争是自由主义和传统主义之间冲突的变种。[61]在诸如诺夫哥罗德之类的一些地区，平民相对于统治者要更加强大，这部分是因为平民们联合了境外的利益集团。

---

① 1756 年孟加拉关押英国俘虏导致其大量窒息而死，因为此事件，黑洞成为牢房的代名词。——编者

所有这些冲突都限制了罗斯各地的军事潜能。大公通常有大约100人的私人近卫（类似于早期益格鲁-撒克逊人中的"追随者"，即骑士的前身），在此之外，他们不得不从平民、雇佣兵或者勉为其难地从库曼人中招募近卫军。主要城市通常可以东拼西凑2000—3000人组成军队，不过这些士兵的素质往往不尽如人意，对比智者雅罗斯拉夫率领万人规模的精锐部队进攻拜占庭的丰功伟绩，此时士兵素质的下滑尤为明显。[62]然而，无论是与库曼人作战，还是在智者雅罗斯拉夫死后直至1237年蒙古人最后入侵之间的一百七十年中长达八十年、席卷罗斯各地的内战，所有的军事行动都处于古希腊历史学家所描述的"停滞"状态，它们是毫无意义的冲突，未使军事技术取得任何的进步，不过是令罗斯诸公国在混乱中陷得更深。[63]

罗斯本土势力的各自为政令它们难以成为蒙古人的威胁，更吸引哲别和速不台的，是他们能够在罗斯收集有关库曼人的情报。库曼人是蒙古人的老对手，速不台一直认为他们是蒙古在草原上扩张的主要威胁。[64]库曼人控制着大片的领地，从中亚到东欧，从巴尔喀什湖和斋桑泊到今天的哈萨克斯坦、咸海、里海北部、高加索北部、乌克兰以及俄罗斯地区，还包括整个黑海的北岸。库曼人来自西伯利亚的西南部，起初他们是一个独立的部落，但后来他们逐渐与克普恰克部融合并相互通婚。他们中生活在罗斯最西边的族人一直被称为波洛维赤人，无论在德语、俄语还是突厥语中，对这个庞大部落的称呼都具有"金发"或"黄色"的含义。[65]

库曼人最早于11世纪中叶作为一支重要的军事力量跻身国际政治舞台，他们的影响遍及花剌子模、格鲁吉亚、乌克兰、罗斯南部、保加利亚、匈牙利、摩尔达维亚、瓦拉几亚甚至是拜占庭。在11世纪30年代，他们控制了伏尔加-乌拉尔地区，而当时佩切涅格人则控制了从伏尔加河以西到多瑙河下游的地区，包括乌克兰、摩尔达维亚和瓦拉几亚。拜占庭利用库曼人来粉碎佩切涅格人在巴尔干半岛的霸权，并在1185—1186年协助建立了保加利亚帝国。[66]他们甚至在第四次十字军东征中扮演了重要的角色。有时，他们充当定居社会中的雇佣军，例如匈牙利国王就招募他们来帮助他的盟友士瓦本国王夺取德意志的王座。[67]库曼人与其他游牧部落，比如居住在里海北部的康里人，保持着非正式的同盟关系。库曼人的总人口约为60万，若假设其中的八分之一是可用的兵力，那么可以推算出库曼军有7.5万人，他们的兵力庞大到足以横扫罗斯的所有公国。然而，库曼人从来没能团结起来建立一个帝国，他们永远都因派系斗争而四分五裂，由多位各自为政的可汗分别统治——正是因此，蒙古人得以如此轻易地战胜他们，并取代他们在草原上的地位。[68]

两个世纪以来，库曼人一直对罗斯南部各地构成威胁（更北部的苏兹达尔和诺夫哥罗德基本上未受影响），部分是因为中世纪的罗斯总是更倾向于拜占庭和巴格达而非西欧的天主教世界，因而缺乏西欧邻国的帮助。大约150年间这种压力一直未曾减弱，1068—1210年，罗斯境内至少遭遇过50次大规模的袭击，在1125年之后库曼人更是加快了入侵的频率。库曼人封锁了通往拜占庭的陆路和水路，他们洗劫城镇（其中包括切尔尼戈夫）、烧毁谷仓、摧毁庄稼、残杀农民，还将妇女和儿童掳走为奴。[69]他们极其残忍。为了防止俘虏逃跑，他们常常会挑开俘虏的脚筋并在伤口内撒上切碎的马鬃以使其持续发炎，这让所有的男性都沦为残废。[70]被征服者的处境相当可怕，有一个记录是这样描述的：

> 波洛维赤人占领了这座城镇后就放火烧了它。人们被迫分开，并去往波洛维赤人的聚居地，去到战胜者的亲属那里。许多基督徒遭受了痛苦和折磨，他们因寒冷感到麻木，深感饥饿和口渴，双颊凹陷，身体发黑；在一片陌生的土地上，他们舌头肿胀、赤身裸体、光着脚、双腿被荆棘刺穿，彼此流着泪说"我来自某个城镇"或"我来自某座村庄"，因此他们谈到自己的故乡时长吁短叹、涕泗横流。[71]

库曼人对俘虏毫无怜悯的态度表明他们生性残忍，他们即使对倒在路旁的同族也是如此地冷酷。方济各会的威廉·卢布鲁克后来表示，当遭遇惨败的库曼人从蒙古人手上逃脱时，他们会吃掉将死或已经死去的自己人。[72]

有时，罗斯人觉得自己被逼得太狠，难以再忍受游牧民族的掠夺，这时他们就会暂时搁置分歧团结一致,对库曼人展开一次大规模的军事行动。比如,在1113年乞瓦大公弗拉基米尔·莫诺马赫就率领一支联军攻打库曼人,结果他们遭遇了惨痛的失败。[73] 类似这样的同盟,通常都因为军事实力最强大的苏兹达尔未能参与而最终瓦解,苏兹达尔总是倾向于攻打东方的袭击者伏尔加保加利亚人(例如在1183—1184年的大规模进攻)而非南方的库曼人。[74]

库曼人在俄罗斯地区的这段历史中扮演了至关重要的角色,他们参与了蒙古人到来之前这个国家历史上最为著名的事件。12世纪80年代是全面危机的十年。因苏兹达尔的弗谢沃洛德大败伏尔加保加利亚人,切尔尼戈夫大公伊戈尔大受鼓舞,他想通过战胜库曼人为自己赢得荣耀。[75] 他与自己的兄弟、特鲁布切夫斯克和库尔斯克王公弗谢沃洛德联手,沿着顿涅茨河寻找敌方库曼人的一个主要据点。1185年5月1日的日食对迷信的人来说似乎是一个不好的预兆,但伊戈尔发现那不过是祭司的胡言乱语,于是便继续前进。[76] 5月10日他找到了据点还遇到了库曼人。接下来便是一场为期三天的残酷战斗,一开始伊戈尔占了上风,但很快他就发现自己为这次远征投入的兵力不够。在第一天取胜后,敌人大规模地进行增援,这为伊戈尔敲响了警钟。[77] 伊戈尔的波雅尔杜马建议他立即撤退,但他却任由自己被19岁的侄子斯维亚托斯拉夫摆布,后者并不认为他的人马疲惫不堪,还说若是在这个节骨眼上撤退就会被敌人碎尸万段。弗谢沃洛德也支持斯维亚托斯拉夫的观点,于是愚蠢的伊戈尔听之任之。第二天,可怕的战斗在黄昏后仍然持续,但最终,伊戈尔严重依赖的突厥雇佣军惊慌失措地逃之夭夭。库曼人大获全胜,他们俘虏了伊戈尔、他的儿子弗拉基米尔以及他的弟弟维斯沃罗德。[78]

被胜利鼓舞,库曼人立即计划突袭罗斯南部。与此同时,伊戈尔的同伴们敦促他赶紧逃狱,但他以这样的行为不体面为由拒绝了这一提议。不久,伊戈尔手下两名尚未被俘的谋臣潜进了营地,他们带来了消息:库曼人的突袭惨遭重创,作为报复,他们打算杀死所有的俘虏。一名库曼看守被收买以协助伊戈尔逃跑,他为伊戈尔准备了两匹快马。返回的库曼人恰巧看到了这一幕于是赶紧追上,而伊戈尔巧妙地摆脱了这些追击者,他在渡过顿涅茨河后于顿涅茨克稍事休息，随后继续赶往乞瓦并在那里受到了热烈的欢迎。[79] 此次冒险为中世纪罗斯最著名的史诗《伊戈尔远征记》（*The Lay of Igor*）提供了素材，也成为后来鲍罗丁不朽的歌剧《伊戈尔王》（*Prince Igor*）的灵感源泉。

然而，罗斯王公与库曼人中的任何一方都无法取得斗争的决定性成果。罗斯人缺乏一击制敌所需的绝对兵力。而库曼人也意识到，只有放弃使他们在军事上占据优势的游牧生活方式，他们才能据有罗斯的公国和森林。[80] 随着库曼人开始以交易而非掠夺的方式获取梦寐以求的商品——毛皮、蜡、蜂蜜和奴隶，双方的对峙局势逐渐缓解。更重要的是，库曼人开始与罗斯人通婚，他们甚至共同生活。库曼人的可汗以及他们的孩子与基督教世界的王子和公主们结成亲戚。[81] 这一点在1221年显得尤为重要。库曼人的历史上最重要的一位可汗忽滩汗被哲别和速不台击败，其军队也被摧毁，而由于联姻，忽滩汗也是加利西亚王公大胆的姆斯季斯拉夫·姆斯季斯拉维奇的岳父。忽滩汗向姆斯季斯拉夫求援，他警告道："明天就轮到你了。"[82] 但加利西亚议事会本不情愿卷进此事中。他们中的许多人想到了150年来库曼人带来的噩梦，他们甚至对事态的进展暗暗高兴。另一些人则很生气，因为忽滩汗似乎让他们卷入了一场与己无关的争斗。还有一些人致力于搞清楚状况，因为他们对蒙古人以及他们的意图一无所知。《诺夫哥罗德编年史》（*The Chronicle of Novgorod*）很好地总结了他们当时的一无所知："同一年（1222年），因为我们的罪过，部落民杀来了，没有人确切地知道他们是谁、来自哪里、说什么语言、是什么种族、有什么信仰，但他们称自己为鞑靼人。"[83] 议事会中的反忽滩汗派无疑是正确的。如果忽滩汗没有向姆斯季斯拉夫求援、如果姆斯季斯拉夫最终没有伸出援手，哲别和速不台在击败库曼人后可能很快就会返回东边。

在摧毁了热那亚人的苏达克港口之后，蒙古人再次兵分两路，这一次他们是为了打探罗斯人的意图。哲别开始向西朝着顿河进发，而速不台则有条不紊地洗劫了亚速海沿岸的所有城镇，以确保蒙古军集结后不会遭到来自后方的袭击。此外，他还争取到了布罗德尼克部落首领的协助，因此他又得到了5000名士兵。对罗斯人和蒙古人来说，忽滩汗成了决定性的因素。库曼首领铿锵华丽的说辞——"今天鞑靼人占领了我们的土地，明天他们就将会占领你们的"说动了一些摇摆不定的人，他们开始团结起来对付侵略者，尽管这些人在一开始还因为忽滩汗被教训了一顿而感到开心。由加利西亚的姆斯季斯拉夫在乞瓦组建战争委员会成了事情的转折点，在会议上18位罗斯贵族组成了反蒙古联盟。其中的主要人物是"三位姆斯季斯拉夫"——加利西亚的姆斯季斯拉夫·姆斯季斯拉维奇、乞瓦的姆斯季斯拉夫·罗曼诺维奇和切尔尼戈夫的姆斯季斯拉夫·斯维亚托斯拉维奇。他们说服其他人不要坐以待毙、坐等蒙古人进攻，而是应立即举兵东征去拦截他们。[84]

这个联盟最后集结了一支至少有3万人的强大军队，其中先头部队向东来到第聂伯河西岸的札勒步，在此进行了一个让人印象深刻的亮相。第聂伯河是欧洲第四长的河流，全长1400多英里，因其正处在蒙古人穿越白俄罗斯与乌克兰向黑海进发的最后旅途上，所以成了这些入侵者目前面临的一个主要障碍。就在这时，罗斯人遇到了10位蒙古使者，他们捎来了速不台的口信，他想知道罗斯人为什么要向他出击，毕竟他并没有攻击他们。速不台指出，在遭受库曼人的掠夺之后，任何与库曼人作战的人都应该理所当然地被视为朋友，他要求交出以忽滩汗为首的漏网之鱼以了结双方的争端。

13世纪时的许多地区都认同杀死使者的行为，因此三位姆斯季斯拉夫处死了这些使者。[85]如同之前的许多人一样，他们也在不经意间招致了一场你死我活的殊死较量。三位姆斯季斯拉夫满怀信心地等待着从斯摩棱斯克、加利西亚和切尔尼戈夫前来的援军，准备在向第聂伯河最东端的河湾（位于今霍尔季察岛附近）进发前充实己方的势力。现如今，由姆斯季斯拉夫们率领的队伍还包括来自乞瓦、库尔斯克、加利奇和沃里尼亚的特遣队，以及由忽滩汗领导的库曼人。除了这三位领导人之外，其他的知名人士还包括斯摩棱斯克的弗拉基米尔·鲁里科维奇、沃里尼亚的丹尼尔·罗曼诺维奇、卢茨克的姆斯季斯拉夫·雅罗斯拉夫维奇、库尔斯克的奥列格以及乞瓦的姆斯季斯拉夫的儿子弗谢沃洛德。换句话说，所有南部和西部的公国都参与其中。

然而问题已经初见端倪。这三位姆斯季斯拉夫都是傲慢自大的人，他们在任务分配和优先次序上出现了分歧，由此造成三方举目可见的不和。更为严重的是，尽管苏兹达尔的大公同意参加战斗，但至今也没有他参战的迹象。[86]

与此同时，哲别和速不台在会合后越过了第聂伯河，聚集在德涅斯特河，那是另一条注入黑海的大河，流经今天的乌克兰和摩尔多瓦。蒙古人摧毁了位于河两岸的定居点（西岸高而多山，东岸低且平坦），他们似乎很满意这种从容的步调，并不急着与敌人交手。据说蒙古人仍在期待术赤领导的第三支部队能够如约而至与他们会合，但他们却收到消息称他们无法指望从成吉思汗的长子那里获得任何的帮助。不屈不挠的速不台再次向罗斯人派去了一个使团，这一次只有两位使者组成，他们给集结在霍尔季察岛附近的罗斯军队传递了如下信息："你们已经听了库曼人的话杀了我们的使者，并集结军队向我们宣战。我们对天发誓说不侵犯你们，你们为什么还要这么做？我们蒙古人不惧战争，但要说清是非曲直（杀我行人，其曲在汝，天夺汝魄，自取灭亡！今以兵来请决胜负）。"[87]罗斯贵族们对蒙古人这种泰然自若的表现甚感吃惊，这一次他们没有杀死使者。

最终敌对双方在第聂伯河两岸对峙。作为速不台全盘计划中的一部分，罗斯人误以为蒙古人胆怯了。速不台让使者们"无意间泄露"他们因术赤的缺席而倍感沮丧，并假装卑躬屈膝地询问停战的条件。大胆的姆斯季斯拉夫回答说，这除非蒙古人谦卑地承认罗斯人的优越然后滚蛋。速不台顺势假装非常害怕，并让罗斯贵族们目睹他撤退，只留下一支军队在河岸上为他的撤退争取时间。[88]

事实上，速不台牺牲了这1000人作为敢死队。被丢下的这群人由一位名叫哈马贝的名将率领，然后蒙古人便开始缓慢但大张旗鼓地撤退。姆斯季斯拉夫们不再招降，他们准备横跨第聂伯河进行水陆两栖进攻。哈马贝和他的手下宛若雄狮般坚守奋战，温泉关战役①的场景再次上演，罗斯

---

① 希波战争中的重要战役，斯巴达国王列奥尼达一世带领300名精锐坚守温泉关抵抗波斯军队的入侵，最终300人无一投降全部阵亡。——编者

人因此伤亡惨重。但最后蒙古猛士们还是不可避免地被击败了，哈马贝被带走处决。[89]就在此时，速不台和哲别在如今他们已非常熟悉的亚速海以北缓慢地撤退，他们采用费边战略一路拖延，从不抵抗，但总是诱使罗斯人为了实现一场压倒性的胜利而继续进行追捕。

罗斯联军最初的战略令人钦佩，他们也的确执行得很好。罗斯人当时的想法是，主力部队在大胆的姆斯季斯拉夫的领导下沿着第聂伯河前进，与此同时乞瓦和切尔尼戈夫的大公们将沿着西岸向更远的地方巡查以确保蒙古人无法通过浅滩或浮桥横渡第聂伯河下游。同一时间，还有一支水军将沿着德涅斯特河顺流而下阻止蒙古人沿着这条水路逃走，而忽滩汗率领的库曼人将试图绕到蒙古人的后方切断他们东边的退路。[90]这些精心策划的方案都在战胜哈马贝的极度喜悦中被放弃了。如今乞瓦的姆斯季斯拉夫正在河对岸，于是大胆的姆斯季斯拉夫看到了绝无仅有的以一己之力打败侵略者的机会，这能让他获得荣耀、区别于其余具有竞争关系的王公并跻身罗斯最伟大的英雄之列。于是他取消了要求库曼人组成包围圈的命令，并要求忽滩汗及其士兵加入他的大军一起追赶蒙古人。加利西亚大公就这样中了速不台的计，因为他不仅将兵力分开，还把他们分散到了草原各处。[91]蒙古人这边则坚持他们的方案继续沿着亚速海的北部前进，他们已经发现亚速海实际上只是一座蓄水池，最深处只有46英尺，毕竟它一直将水排入黑海。

一连九天，速不台总是设法与追击者之间保持距离。最终在卡利奇克河西岸的马里乌波尔附近，速不台转头迎战姆斯季斯拉夫。卡利奇克河是众多流入亚速海的河流之一卡利米乌斯河的支流。那天是1222年5月31日。当看到蒙古人停下来排列成战斗阵形时，鲁莽的姆斯季斯拉夫并未等待后面的军队跟上就命令他的加利西亚人和库曼人立即发起冲锋。这一切就发生在库尔斯克和沃里尼亚的先遣队抵达战场之前不久。速不台派出了自己喜爱的所有军官，其中就包括他的老战友、1206年时担任成吉思汗左翼军中千夫长的布智儿。[92]

这场战斗以蒙古人惯常的方式展开，蒙古军先以一阵箭雨朝着冲过来的罗斯人射去。速不台从事先精心准备的火罐中放出黑烟，这些黑烟在战场的上空飘过，让局面变得更加混乱。这一番猛攻让加利西亚人和库曼人的队伍之间出现了缺口，但忽滩汗依然继续列队行进。蒙古人轻而易举地击退了库曼人的进攻，忽滩汗的士兵变得惊慌失措。[93]他们逃回罗斯军的阵营中，于是刚刚赶到的库尔斯克和沃里尼亚的部队只能迅速地散开以让他们通过。紧随库曼人的是蒙古重骑兵，他们抓住漏洞扑了过来，将库尔斯克人和沃里尼亚人冲散并展开了猛烈的攻击。就在此时，库曼人撞上了来自切尔尼戈夫的军队，又为己方做出了"贡献"——后者似乎是误入卡利奇克河谷的，他们还没有意识到战争已经开始了。[94]由于库曼人冲来，切尔尼戈夫人根本没有时间休整就迎头撞上了追击而来的蒙古人。

此时速不台选择的战场显现了他作为一名杰出将领的素养。罗斯人发现，他们在沼泽地中很难重新集结或调动军队。很快整个联军都被包围了，这让蒙古人得以从容地展开围剿。按照一贯的模式，蒙古人交替使用箭雨和重骑兵展开进攻。联军死伤惨重。大胆的姆斯季斯拉夫和他的近卫军们想方设法从战争旋涡中杀开一条血路，但是切尔尼戈夫的姆斯季斯拉夫没能逃出来，他和儿子相继在战斗中丧生。那天大约有2万罗斯人参战，但其中的幸存者最多只有2000人。[95]

乞瓦的姆斯季斯拉夫徒劳地试图挽救与他同名的人犯下的错误，他来到了卡利奇克河的对岸，眼睁睁地看着战斗进入了血流成河的最终阶段却无计可施。但是现在他要考虑自己的安全问题了，因为加利西亚王公的愚蠢使他的同盟陷入了危险的境地。乞瓦大公想要迅速撤退并设法在被蒙古人赶上之前抵达第聂伯河。在河边的一座山上，他和他的1万名士兵搭建了一个寨子，外围布置了车阵。蒙古人包围了乞瓦的营地并控制了所有的出入口，如此，这位乞瓦大公便无法获得增援。蒙古人随后进行了为期三天的封锁，速不台等着里面的人败于饥渴。

在第三天时，守军的水喝完了，他们试图请和。一位名叫博斯基尼亚的叛国总督（贵族）被选作了中间人。蒙古人答应在乞瓦人解除武装、列队出营之后，根据和约让他们返回乞瓦。博斯基尼亚亲吻了十字架以达成协议。[96]当罗斯人解除了武装手无寸铁的时候，蒙古人便毫不怜悯地杀了他们，解释说这是对罗斯人杀害使者的惩罚。既然乞瓦大公血统高贵，而蒙古人从不让高贵之人的血溅于地，所以处死他的方法颇为新奇。他们将他平放在了一座"木桥"的下面，桥上是数百个狂欢庆功的蒙古人，最后他窒息而死。[97] 对蒙古人来说，这是一种有尊严的死亡，但对罗斯人来说，这无异于最大的羞辱。

乞瓦的姆斯季斯拉夫及其追随者的命运，不过是卡利奇克河战役后罗斯遭受的众多灾难之一。切尔尼戈夫的军队几乎被消灭殆尽，相比之下，斯摩棱斯克王公和他率领的1000人的遭遇似乎要好一些。忽滩汗逃走了，但他的兄弟尤里和儿子丹尼尔都死在了战场上。

然而，卡利奇克河战役的残兵们尚未尝尽这杯涩口的苦酒。心怀怨恨、满腔怒火的库曼人在撤退时袭击了这帮罗斯难民，杀死了其中的许多人。[98] 一些罗斯人将辎重装在黑海岸边停靠的船上，试图逃往伊斯兰世界。其中一艘船在暴风雨中沉没，船上的所有人都不幸罹难。[99] 身处河边的难民们的经历要好一些。加利西亚人和沃里尼亚人回到了第聂伯河，他们停在那儿的船队依然完好无损。他们挤到了最好的船上，然后将其他船撞得粉碎并烧成灰烬，这样在蒙古人追到第聂伯河上时就无法跟上，他们才能获得彻底的安全。[100]

这种恐慌大多没有必要。蒙古人已经达到了目的，他们并不想再继续追击，尤其是成吉思汗还给他们设定了一个严格的三年时限。他们洗劫了第聂伯河沿岸的一些城镇，据说他们有时会用展示基督十字的老把戏诱骗市民离开他们的防御工事。[101] 随后，他们便向东踏上了返乡之路。罗斯人看到他们离开万分高兴。在罗斯，人们普遍认为草原恶魔的此次造访是上帝对他们深重罪孽的惩罚。正如《诺夫哥罗德编年史》所言："因我们的罪孽，上帝让我们之间产生误解，无数的人丧生，整个城镇和村庄都弥漫着哀悼、哭泣和悲伤……驮鞍人从第聂伯河返回，我们不知道他们从哪里来，也不知道他们藏在哪里。只有上帝知道他是从何处将他们带到这里，因我们的罪孽来袭击我们。"[102] 如何描绘罗斯所遭受的创伤都不算夸张。仅仅在几个月的时间里，至少6万罗斯人丧生（约占总人口的1%），其中包括了18位大公中的九位（三位死在战斗中，六位死在撤退时）。只有在1228年去世的大胆的姆斯季斯拉夫和受伤的沃里尼亚的丹尼尔是资料中明确提到的幸存者。卡利奇克河战役的真正赢家是苏兹达尔大公,不是因为拖拉、无能就是因为马基雅维利主义(几乎可以肯定是后者),他甚至没能行进至比切尔尼戈夫更远的地方去与他所谓的盟友会合。[103]

哲别和速不台确定了一条东行的路线,他们在今天的伏尔加格勒(历史上,其旧称斯大林格勒更为出名)附近穿过了伏尔加河。林地逐渐消失,他们的眼前出现了没有树木的草原。蒙古人随后向东北方向进攻了萨马拉以及伏尔加保加利亚人的领地。一旦扫清了罗斯境内的公国,侵略者便发现河岸上只有几座稀稀拉拉的村庄,几乎没有任何城镇或聚居地。这里耕地稀少,如同沙漠中的绿洲。只有云雀、斑鸠、成群的昆虫以及大量的各式野花打破了这单调重复的荒芜。[104] 哲别和速不台沿着伏尔加河朝着东北方向进入了伏尔加保加利亚人的领土。

伏尔加保加利亚人(与信奉萨满教的库曼人不同,他们是穆斯林)一度控制着伏尔加地区的所有贸易往来,因此也控制着欧洲和亚洲之间的大部分陆上贸易,但自十字军东征起他们便相对地衰落了,而来自罗斯公国的压力也迫使其逐渐向东迁移。尽管日益衰落,但伏尔加保加利亚人仍旧很危险。在萨马拉湾处(伏尔加河在此地向东急转然后折向西呈 U 形),他们伏击了蒙古的先头部队并予以重创,这也证明了他们的实力。[105] 速不台和哲别随后率领主力军在更北部的卡马河(全长 1100 多英里,它是从东部流入伏尔加河的最大支流)痛击了保加利亚人。虽说伏尔加保加利亚人最终的确在与蒙古人的冲突中败下阵来,但他们通过"大肆宣扬"对蒙古先头部队的胜利封锁了他们后来在卡马河失利的消息,反而赢得了宣传上的胜利。即使是专业的现代历史学家也曾受到蒙古大败这一说法的诱导,如果真是这样,指挥萨马拉湾战役的保加利亚指挥官加布杜拉将会成为那个时代被埋没的伟大军事天才之一。而实际情况却是,蒙古在萨马拉湾遭受的失利甚至没有第聂伯河畔哈马贝殿后时的牺牲严重。[106]

蒙古人继续向乌拉尔山挺进,他们又打败了克普恰克人或称东部库曼人,之后又在一场与康里人的战斗中获得了胜利。两个民族都不得不向蒙古朝贡并宣誓效忠。从保加利亚的领土启程,哲别和速不台朝东南方向进发前往乌拉尔河,然后经过里海的北部和咸海,最后在锡尔河以东的草原与成吉思汗会合。[107]

两位名将的汇报让成吉思汗满心欢喜，特别是他们还带回了1万匹马作为献给大汗的礼物。成吉思汗点名表扬了哲别，并有失公允地将成果大都归因于他。大汗也称赞了速不台，但夸赞的力度完全不同。出于某些不为人知的原因，他似乎总是低估速不台，这对成吉思汗来说十分奇怪，毕竟他能够精明地发现效忠于自己的人的价值和能力。人们几乎要怀疑他是嫉妒速不台的才华。但他也同意了速不台的请求——在被击败的库曼人、伏尔加保加利亚人、康里人和其他一些人中，挑拣一些人来为蒙古人服务。速不台提议以这些人，再加上乃蛮部人、蔑儿乞惕部人及其他部落成员中最值得信赖的共同组成一个全新的群体，安排他们定居于向西延伸至伏尔加河的草原上以提供服务。成吉思汗毫无异议地就答应了，一些学者将这支新兴的部队看作是后来的探马赤军或管理被征服领土的游牧驻防部队的试点方案。[108] 速不台的草原部队负责渐进但稳固地征服东部草原，特别是要应对当地的伏尔加保加利亚人。

成吉思汗本来想赐予哲别新的荣誉，但还没等他这么做，哲别就因为患上了不明原因的热病而去世了。有些人可笑地认为哲别是死于萨马拉湾伏击战中伏尔加保加利亚人造成的伤，但首先，哲别那天不太可能置身于先头部队；其次，如果受了致命伤他也几乎无法坚持这么久。哲别的身故之地可以确定为阿尔泰山以西的塔尔巴哈台，此地位于今天哈萨克斯坦和蒙古的边界——萨马拉湾以东至少500英里。[109] 他的过世对成吉思汗来说可谓是巨大的损失，后者为此悲痛万分。速不台也许是一位战略大师，但我们没有理由不赞成哲别"可能是世界历史上最伟大的骑兵将领"。[110] 直至800年后的今天，他与速不台的伟大突袭依然令人惊叹。三年内，两名将领和他们的部下骑马奔驰5500英里（这是历史上骑兵突袭的最远距离），赢下了七场主要的战役（总是与数量远超他们的敌人作战）和几次小规模的交锋，洗劫了许多城市，并将罗斯和东欧世界在成吉思汗面前暴露无遗。为了确保这次成果不会昙花一现，速不台留下了一大批间谍和特工，以让蒙古人随时了解西部的任何变化。

当然，为实现这一壮举蒙古人付出了高昂的代价。哲别和速不台麾下有 1 万名蒙古军人战死，而即使以蒙古人的标准，他们的征服造成的破坏也堪称惊人。[111] 游牧民族的速度、机动性和军事实力缔造了蒙古人蜂拥而至、无处不在且难以匹敌的传奇之名。正如阿拉伯历史学家伊本·艾西尔所言，1220—1223 年哲别和速不台取得的成就是如此地不可思议，以至于伊斯兰世界的子孙后代们必定会拒绝相信那是一段真实的历史。[112] 两位伟大的将军可能并非上帝之狼，但对蒙古人来说，他们就是为自己的上帝之子成吉思汗蹂躏地狱的蒙古猎犬。

13
暮年

成吉思汗和蒙古人的历史有时看起来就像是一场无休止的大屠杀，在他们行进过的道路上，人类的头骨被垒成一座座金字塔形的京观。然而，实际上成吉思汗和蒙古人并不仅仅是"毁灭"的代名词。早在成吉思汗的时代之前，蒙古人中就有一群"大草原上的知识分子"，他们对长途贸易、定居世界的组织形态、艺术文化甚至抽象思维都很感兴趣。[1] 一个可寻的迹象就是蒙古人小心翼翼地保护着商贸途中的驿站和绿洲，这些场所可供跋涉数日的车队安置歇脚，也可供远征部队中途宿营。驿站的设置方式主要有两种类型。其中一种类型包括含顶的中央庭院以便于安置驮畜，以及为旅行者设立的独立生活区域、餐厅和供教徒祷告的场所。另一种类型的驿站，其中空间被明确地划分成了两个部分，一部分位于前庭，是普通的生活区；另一部分则位于驿站后部，与前庭分隔开，设有更加精致的卧室。[2] 蒙古人非但不摧毁或掠夺这些驿站，反而特别关照它们，确保它们在各种方面都能够及时地得到更新与维护。

在实践领域中，蒙古人对智慧的尊崇大抵如此。而在抽象思维层面上，蒙古人令人惊异地与伊朗的苏菲派信徒很有共鸣。苏菲派信徒，或笼统地说信奉伊斯兰教神秘主义的人，对成吉思汗称自己是被神派来统治世界的主张接受良好。他们认为是真主引导着蒙古人，并赐予了他们多如繁星的军事天才和宝贵的合作伙伴。一些苏菲派信徒甚至声称成吉思汗通过一位托钵僧得到了神圣的庇佑。[3]不仅如此，他们断言在成吉思汗与摩诃末和花剌子模帝国的冲突中，蒙古大军完全是正义之师。据说圣灵们对摩诃末及其治下人民的奢侈和堕落非常愤怒，他们朝蒙古人喊道："啊，异教徒们，杀死这些恶人吧。"对苏菲派信徒来说，此地遭受灭顶之灾的唯一原因就是摩诃末觊觎成吉思汗的财富并在讹答剌偷走了它们，而花剌子模帝国的覆灭在本质上正是这邪恶之举招致的天谴。[4]

诚然，一些主要的苏菲派领袖并没有倒向蒙古人，比如纳吉姆丁·库布拉和他的门徒马吉德丁。当蒙古人围攻希瓦时，纳吉姆丁·库布拉本可以安全地逃出城市，但他却宁愿留下来与同胞们一起战斗。据说在敌人冲入时，他无畏地向他们投掷石块。随后，他立刻被击倒，横尸于中央广场上。[5]而他的门徒马吉德丁逃到了安纳托利亚，但正统的苏菲主义派别认为，这是因为他吹嘘自己的神力而招致的流放。[6]对成吉思汗个人而言，他总是对宗教领袖以及他们宣称的神力着迷，这种迷恋也让他经历了一次奇遇。

在阶段性地征服中原的过程中，成吉思汗注意到中原兴起了一种全新的宗教信仰，这种宗教对他有非凡的吸引力，其中缘由主要有二：它提出了一种"普世"宗教的设想，基于此，他的臣民也许会停止教义上的争执并学会和谐共处；以及对他来说更重要的，它似乎致力于延年益寿，甚至有可能让人长生不死。蒙古人总是被长生不老的宣传所迷惑，他们之所以对罗马教皇感兴趣，纯粹是因为有谣言说他已经250岁了。这种宗教源起于1159年，当时道士王重阳创立了一个脱胎于传统道教的激进派别，是为全真教（意为"全部真实"或"尽善尽美之道"），这一派别对"道"的理解如同方济各会对基督教教义的解释一样，严谨且一丝不苟。传统道教此时已经退化为一种充斥着繁文缛节的宗教，它有内部的等级制度，甚至还存在一位"教皇"，它为咒语、符咒、护身符和地方巫医的盛行提供了丰厚的土壤。[7]王重阳希望清除所有这类沉疴。在某种程度上，全真教可以理解为道教受到佛教潜移默化的影响后的产物，全真教的教义中包含了禁欲主义和独身主义——这正是唐朝统治者一直希望在中国看到的宗教模式。[8]

原本在陕西终南山中隐居的王重阳改名为喆并移居到了山东，他凭借着超凡的人格魅力以及强大的布道技巧吸引了许多追随者。不久后，他在忠实的信徒中建立起等级制度，其中处于顶端的是他最有天赋的弟子，称为"全真七子"。七人又分置为内外两类，其中马钰、谭处端、刘处玄和丘处机四人最得王重阳喜爱。1169年王重阳在四人的陪同下前往中原西部布道，他最终在旅途中仙逝。马钰等四人扶棺回到终南山后庄严地将王重阳的遗体下葬，随后弟子们各奔东西。"全真七子"随后各立门派，各自宣扬由全真教基本教义衍生出的不同变体。一些研究道教的学者认为王重阳选择继任者的眼光狭隘，诸弟子之中最有才华的并不是他选定的马钰，而是时时行善的女信徒孙不二。[9]据说孙不二十分美丽，但她就像基督教圣公会中一些著名的女圣人一样拒绝了自己的女性特质，她将沸水泼在脸上以摧毁姣好的容貌。由这七人创立的宗派分别是：马钰创立的遇仙派，谭处端创立的南无派，刘处玄创立的随山派，丘处机创立的龙门派，王处一创立的嵛山派，郝大通创立的华山派，以及孙不二创立的清静派。在这七人之中，丘处机的龙门派影响最大，尽管王重阳并不会欣喜于丘处机的声名大噪，毕竟王重阳指定的继任者是马钰，而且他也不会乐见全真教在丘处机的带领下走上这样的道路。[10]

丘处机出生于一个中等阶层的家庭，他在小时候就成了孤儿，但关于他的教育履历没有公认可信的记载。有人说他在十几岁之前一直是文盲，若真是这样，那么他很快就弥补了不识字的缺陷并贪婪地吸收书本知识。他遵照道士的惯例起了道号，之后他便以其道号长春子为人熟知。尽管长春子自称超凡脱俗，但他的确是一位聪明的政客，他懂得如何靠近权势人物并与之建立关系网，这为他建在中都的白云观赢得了官方支持。[11]1187年金世宗召见了他并令其在朝中讲道，两年之后皇帝在临终时又唤他前来床榻边布道。[12]

长春子的主要卖点是道教、佛教和儒学的高度融合，他声称这是自己的原创，而且在智慧上远胜佛教，这其中存在历史悠久的骗术套路。他宣扬的"三教合一"教义糅合了儒家的朱子、禅宗的菩提达摩以及道家的老子。其主要的教义认为道教是佛教和儒学真正的源头，但这个理论十分老旧，而且其中的一个观点是宣称佛陀其人不过是老子众多的化身之一，这直接冒犯了佛教信仰。无论如何，佛教融合了来自印度和中国本土的思想，它在神学层面上比道教复杂得多。[13]

长春子自然不会单凭宣扬"三教合一"来谋求发展，他将这一观点与其他几个更具广泛吸引力的观点相互融合，杂糅成一个兼收并蓄的理论体系。首先，他强调了自然状态下纯洁的人与受到社会腐蚀之后的人之间的差异（这类思想将在启蒙运动中由卢梭和亚历山大·赫尔岑提出并成为世界范围内的重要理念）。其次，他强调了炼金术的重要作用。炼金术是种精神上的追寻，有时落实在具有科学性的实验研究之中；有时则像道家这样，研究玉、朱砂、珍珠和贝母中包含的创生之力。在中世纪时期有点被盲目推崇的炼金术主要包含三支力量。在西方，炼金术强调的是以铅等贱金属制造黄金。在东方，另外两支占据主导：制造一种能延长寿命的液态黄金；以及，若是制造出据称能够延寿的朱砂，那么反过来就能生产更多可以延年益寿的黄金。[14] 长春子推崇的是内丹术，而非强调顺势疗法、主张摄取草药和矿物质的外丹术。换句话说，革新和重塑精神、肉体和心灵将取代吹管、炉子和化学制剂。长春子总是谈及长寿，而且当谣言四起，说他能够实现永生时，他也并未向轻信于此的人进行解释。

蒙古人进占华北后很快就接触到了全真教及其信徒。为蒙古效力的中原物理学家、箭匠刘仲禄凭借直觉敏锐地察觉到成吉思汗会对长春子感兴趣，于是他写了一封信向大汗推荐此人。深得成吉思汗信任的官员，也是中原事务的顾问耶律楚材也向成吉思汗推荐了长春子，不过这件事后来让耶律楚材深感悔恨。[15] 长春子的弟子（也是《长春真人西游记》的作者）李志常描写了1219年他的师父在中都的情况，这段记录无疑令可汗对他更感兴趣。

>尸居而柴立，雷动而风行……又知博物洽闻，于书无所不读……视死生若寒暑，于其胸中曾不蒂芥。[16]

成吉思汗被这位智者的所有传闻所吸引，他在1219年5月"请求"

长春子前来会面，以当面向他传授智慧。这封长信的内容如下：

> 中原士庶骄奢，天命去之久矣……朕生于漠北，无欢纵之扰……朕之衣食，一同子民。一其劳，同其获。视其国若孺子，以军士为手足……莫以瀚海而逡巡……念以朕忧，赐以长生。[17]

长春子那时身处的山东地区正处于蒙古人的控制下，他并没有拒绝召见的选项，但他至少可以不断地抱怨以及姗姗来迟。长春子抗议旅途的漫长，他将不得不离开他的弟子三年之久，他还通过在旅途中长时间地休息和停驻来表达自己拒绝屈从的态度（至少这是他自己的想法）。最初，他以为成吉思汗身处蒙古，于是答应前去拜访，但当他意识到自己得踏上通往兴都库什山的艰苦旅程时，他十分恐慌。为了宽慰受伤的自尊心，在1220年4月他写了一封满是利己主义色彩的信，信中他极不情愿地同意进行这段漫长的旅行，但强调这是他给予成吉思汗的特殊待遇。信中他还指出自己曾经收到宋朝皇帝的邀请，但他拒绝赴约，而他之所以响应蒙古可汗的号召，不过是因为成吉思汗显然是被上天选中的那一个。[18]

长春子按照自己的计划上路了，自2月至5月，历经三个月的时间他终于走到了中都（其中他在济阳以及中都进行了漫长的停留），而这场史诗之旅还将持续至1224年1月，总时长近四年。在漫长的停驻之后，长春子最终被刘仲禄从中都揪了出来，长春子对继续行进的要求大为光火，他不停地抱怨前路漫漫，四处找寻借口以避免继续上路。最后他发现，自己的思想才是完美的借口。长春子本是与一群女眷共同上路的，她们将被纳入成吉思汗的后宫。长春子宣称与这样的女孩同行会玷污他的门派，他据此向刘仲禄抗议。[19] 这一招起作用了。隆冬时节，这支队伍到了德兴府，在刘仲禄向成吉思汗阐明情况之前，长春子拒绝继续前进。在中原北部和印度西北部之间的信息传递当然需要时间，因此，长春子得以一直在原地停驻至1221年3月。某些专制君主可能会对这种明显的拖延感到愤怒，但成吉思汗却竭力予以迁就。为了不玷污真人，成吉思汗让宫女们跟着另一支队伍上路，并且还递来了一封信，信中百般讨好长春子，就好像长春子才是强者，而他在苦苦哀求垂怜一样。成吉思汗坚持要长春子继续赶路，于是他大肆吹捧长春子，称赞长春子是无可挑剔的大师，智慧甚于道教的创始人：

> 云轩既发于蓬莱，鹤驭可游于天竺。达摩东迈，元印法以传心；老氏西行，或化胡而成道。顾川途之虽阔，瞻几杖以非遥。爰答来章，可明朕意。秋暑，师比平安好，指不多及。[20]

这段旅程比成吉思汗所能设想的还要漫长。长春子的弟子李志常详细地记录了旅途见闻，这为后来研究蒙古帝国的社会历史学家提供了宝贵的信息。

当中原的得道高人前来与成吉思汗密谈的消息传出，所有具有影响力的蒙古人都想参与其中。成吉思汗的弟弟铁木哥·斡赤斤递来消息，要求长春子也去与他会见。铁木哥·斡赤斤身处蒙古腹地，若前往会见，队伍就需要先大幅度地转向北抵达蒙古高原，接着再径直向西南方向前往印度。长春子提出了抗议，刘仲禄也试图向铁木哥·斡赤斤求情，但成吉思汗的弟弟固执己见。冬天穿越大戈壁令人饱经折磨，他们一路向北长途跋涉，脚下的沙漠被厚厚的冰雪覆盖，宛如极地。[21]

直到1221年4月24日，长春子的队伍才到达铁木哥·斡赤斤位于克鲁伦河沿岸的营地。铁木哥·斡赤斤正在举行婚宴，他拒绝在婚宴结束前接待长春子，以有意的怠慢来彰显他的统治地位。婚宴持续了六天，到第七天他才与长春子会面，并且非常唐突地要求知晓长生不老的秘密。长春子试图搪塞，他说自己需要先冥想一段时间，但铁木哥·斡赤斤坚持要求他立即回复。长春子随即想出了一个绝佳的借口，他申明，在将秘密透露给可汗本人之前，此等秘密不该泄露给任何人。铁木哥·斡赤斤不得不勉强赞同了这一说辞。考虑到长春子可能会向成吉思汗汇报自己在此地的待遇，铁木哥·斡赤斤慷慨地为这位真人提供了十辆车和数百头牛马作为告别的礼物。[22]

5月10日，长春子一行再次上路，他们沿着克鲁伦河浩浩荡荡地向西南方向前行，途经贝尔湖以及当年成吉思汗大胜蔑儿乞惕部的战场。5月23日发生了日食，长春子很高兴地记录了下来，其后不久他们就看到前方群山中若隐若现的山峰。随后他们便一次次地攀爬山脉、蹚过河水，其中的一些河流因暴风雨而越加湍急。下一站的目的地是成吉思汗一位妻子的斡耳朵（大帐），在此停留期间他们受到了隆重的款待。[23] 7月29日他们再次出发，在被大雪覆盖的山脉中艰苦跋涉，直至抵达镇海城。该城由镇海建造，又称黑城，位于成吉思汗在蒙古的大本营和后来的中亚战区之间，是著名的工匠集聚的城市。它主要是一个农垦城市，城内居民由各地工匠、农民和被俘的外国工匠组成。熟知长春子的中原工匠们出城前去迎接，并给他戴上花环。[24]

长春子又发现了可乘之机，他提议在当地长时间地逗留，但刘仲禄提醒他，成吉思汗已经明确地给出指示：不要再拖延了。当时在场的镇海证实了大汗的旨意，但他为了表示善意，提议由自己陪同长春子完成剩余的旅程。事已至此，深感无趣的真人只好耸耸肩，表示无论发生什么都是因果报应。为了保全自己的脸面，他将大弟子与其他八名道士留在镇海城过冬并在当地建造一座道观。作为一位擅长管理的人才，镇海对这支队伍来说十分有用。他明白路途前方有许多高山和险恶的沼泽，于是他减少了行李、削减了负重以减轻车辆的负担。[25]

8月26日队伍再次启程，这支队伍包括长春子、10名道士、刘仲禄、镇海以及大约100名蒙古骑兵。正如镇海所料，这段行程令人精疲力竭，他们十分艰险地穿越了阿尔泰山中的峡谷。有时他们可以沿着一条窝阔台曾经修建的简陋的军用栈道行进，有时他们就不得不在马车的轴上拴上绳子，将车子拖上山坡，然后再刹住车轮，小心翼翼地将车子放下山坡。就这样他们越过了五条山脉，抵达了南部的乌伦古河。[26] 他们翻过了山峦，但镇海告诉他们最糟糕的旅途还在前方，他们还将穿越盐滩和沙漠。他们先会遇见一片水草丰盈之地，但紧接着就是在无边无际的不毛之地中穿行。此时的气温已经很高了，众人只得在夜间赶路，在白天休息。在无数的沙丘中穿行，"若舟行巨浪然"，他们深感疲倦。[27] 牛在沙漠中毫无用处，于是镇海将它们拴在了车上，选择用马。蒙古人在夜间旅行时总是会小心提防魔鬼，对此长春子觉得十分好笑，他轻蔑地表示，邪魔总是会避开正直之士。

9月15日这支队伍最终到达天山脚下，此处始有城镇。他们在别失八里停留了四天，之后继续穿过昌八剌城，沿着天山一路向西，如今他们要在严寒之中终日前行，不过好在这段是下坡路。他们经过了赛里木湖，湖水中倒映着白雪皑皑的山峰，最后他们抵达了阿力麻里城，那里有一位曾是一方路霸的穆斯林地方长官。[28]此地非常富饶，到处是果园和种植棉花、西瓜的田地。10月18日他们冒险渡过了伊犁河，河水又深又宽，水流湍急。接着他们顶着大雪，在伊塞克湖以南艰苦跋涉了12天，最终到达旧日西辽的首都八剌沙衮。途中他们见到了察合台修建的道路与其上的48座木桥，这些木桥宽得足以让两辆载重马车并排驶过。[29]

接下来，他们沿着山脉向西行走了八天，在暴雨中穿过了以红色石头建造的塔拉兹城和赛里木湖，并于11月22日抵达塔什干。下一站是别纳客忒，随后他们通过浮桥跨过了锡尔河。他们越过最后一段山脉，穿过泽拉夫尚河谷，于12月3日最终到达撒马尔罕，他们在那里受到人们热情的欢迎。刘仲禄听说前往兴都库什山的道路因土匪和流寇设置的路障而无法通行，便建议长春子将他与成吉思汗的会晤推迟到春天，长春子对此长舒了一口气。[30]

两年前撒马尔罕被成吉思汗洗劫一空，如今它已不复昔日的辉煌。现在撒马尔罕是一个小镇，大约住着2.5万名居民。当地长官是耶律阿海（耶律秃花的哥哥，他曾效力于木华黎帐下攻占中原，是一位杰出的将领），他负责安置这位麻烦的真人。长春子进城后占据了曾经属于沙赫的宫殿，不顾耶律阿海警告他说，因为当地土匪横行，居于此并不安全。长春子的回答很是傲慢："道人任运逍遥，以度岁月。白刃临头，犹不畏惧。况盗贼未至，复预忧乎？且善恶两途，必不相害。从者安之。"[31]如今大约70岁的耶律阿海对付自恃身份的人经验丰富，他对这般不知好歹的回复置若罔闻，对于长春子的行为他也不以为意。[32]相反，他还送给长春子10匹锦缎，意料之中，长春子以对奢侈品不感兴趣为由退了回来。耶律阿海又试了一次，这次他送去了100磅葡萄。无聊的长春子说他本人对水果没有兴趣，但他会把它们留下来送给客人。不管怎样，长春子还是接受了每月送来的大米、谷子、盐和油。作为一名曾经身处金朝皇帝治下的契丹人，耶律阿海可能早已洞悉了长春子内心深处的局促不安，但他非常清楚地知道，要想得到恩宠和提拔，他就得讨好这位可汗的宠儿。虽然作为一名景教徒，他对长春子的秘方可没什么兴趣。

在长春子于撒马尔罕长期逗留期间，另一位被长春子冷落疏远的契丹人是高官耶律楚材，他也是耶律阿海的远亲，他后来是窝阔台派驻于中原的重要执政官员。[33] 耶律楚材之前只听过关于长春子的传闻，但考虑到长春子积极倡导宗教融合，耶律楚材向成吉思汗推荐了他。想到长春子在撒马尔罕缺少聪明人做伴，耶律楚材有意向长春子示好，但他与长春子的第一次会面就让他的理想破灭了。耶律楚材发现，长春子无意利用自己的影响力劝说成吉思汗不要那么野蛮地统治帝国，他只关心如何令可汗皈依他那狭隘的道教炼丹术。与长春子的谈话还暴露出这位真人对佛教的全然无知，但这却并不妨碍他对这种宗教出言不逊。此外，对中国历史有所了解的耶律楚材识破了长春子的一个低级的谎言。长春子声称金世宗于1189年召见了他，在听从了他的劝告、遵照了他的处方后，皇帝完全恢复了体力。但耶律楚材很清楚皇帝非但没有康复，反而于当年去世了。耶律楚材很快就断定长春子是个不知悔改的江湖骗子，但由于成吉思汗十分欣赏他的智慧，所以耶律楚材不得不谨慎地对待他。于是耶律楚材表示："吾外敬而内疏。"[34] 当被问及要不要写一首有关长春子的颂词时，耶律楚材暗含轻蔑地保持了缄默，而知道他隐秘想法的人则被这样的提议逗乐了。长春子的弟子们还建议耶律楚材皈依道教，充当他们师父的俗家弟子，这更增添了耶律楚材的痛苦。耶律楚材将此事告诉长官耶律阿海，耶律楚材苦涩地感叹道："吾少奉儒道，长皈佛门。何去苍木而之幽谷？"[35]

长春子在撒马尔罕度过了1221—1222年的冬天，他一如所愿，度过了一段如同隐士般的时光。根据记载，他唯一参加的活动是与当地的占星家讨论他在克鲁伦河上看到的日食。与此同时，刘仲禄和骑兵们一直在侦察通往兴都库什山的道路，他们在1222年2月中旬返回，带来消息称察合台麾下的军团已经修复了前方所有受损的道路、船只和桥梁。但是直到

3月底，他们才收到成吉思汗的明确指示，说他已准备好接见长春子。成吉思汗另有指示给刘仲禄，告诉他为了奖赏他一路护送中原大师到达兴都库什山，他将得到一片极其肥沃的土地。[36] 察合台也要求长春子前去造访，但真人拒绝了，理由有些古怪，说在阿姆河以南没有蔬菜和大米。

当队伍重新启程时，撒马尔罕远近闻名的杏树已经开花了。镇海和地方长官耶律阿海都加入了队伍，耶律阿海将在此次会谈中担任翻译。成吉思汗派遣他最喜欢的博尔术带上一支精锐的护卫护送长春子的车队穿越那黑沙不和忒耳迷之间的艰险关隘，这清楚地表明了他对此事的重视。长春子于4月28日出发并在那黑沙不与博尔术会合，然后他们花了两天时间穿越山中一个位于高处的隘口，沿着一条河流向南抵达阿姆河，又在七天之后跨过阿姆河。尽管在最后一段路程中，博尔术不得不先解决土匪，但长春子和他的徒弟们终于在1222年5月15日抵达成吉思汗位于帕尔旺的营地，此地处于喀布尔以北。[37]

对长春子赞誉有加的成吉思汗立刻召见了他。大汗知道其他的统治者如宋朝皇帝的邀请就被拒绝了（据长春子所说），所以他将长春子踏上史诗般的旅程前来会见看作是对自己最高的赞颂。[38] 长春子回答自己为何前来："山野奉诏而赴者，天也"，这更是让大汗龙颜大悦。成吉思汗非常急切地问道："真人远来，有何长生之药以资朕乎？"长春子回答道："有卫生之道，而无长生之药。"成吉思汗对如此坦率的回答很高兴——至少他是这么说的，他下令在自己住处的东面专门为长春子搭起一顶帐篷。随后成吉思汗与镇海商量该如何称呼这位客人，最终他们选择称其为"神仙"，这在蒙古人的概念中等同于基督教圣灵，是一种虚无缥缈的存在，"神仙"要么化而为鸟、要么驾鹤而去，注定会羽化登仙。[39]

成吉思汗本定于6月24日向长春子"问道"。然而炎热的气候很快就让成吉思汗和他的客人不得不向山脉的高处迁营，而爆发的过于严重的流寇动乱又迫使成吉思汗投身战斗，他不得已将会面的日期推迟到11月5日。[40]

既然距离会面还有四个月，长春子便询问自己是否能回到更为舒适的撒马尔罕等待接见。成吉思汗指出往返的旅程将非常艰苦，但他最后还是勉强同意了。长春子于 5 月 27 日出发并在 6 月 15 日回到撒马尔罕，在那里他最终不得不和察合台见了面。三个月后的 9 月 13 日，他再次踏上了前往大汗营帐的旅途，这一次的路线稍有不同，他们经过了巴里黑的废墟。[41] 9 月 28 日长春子抵达了成吉思汗的营地，他抱怨撒马尔罕粮食短缺，于是他立即被邀请与可汗共进晚餐，但他拒绝了，他说："山野修道之人，惟好静处。"不知道这世上是否还有人能对成吉思汗这样无礼，但大汗不仅答应了他的要求，还给客人送去了酒、葡萄、其他水果和蔬菜。不过大汗认为原定的 11 月 5 日会面太迟，因此将日期提前到了 10 月 1 日。[42]

会面时有六个人在场：成吉思汗、镇海、刘仲禄、长春子、耶律阿海（他负责将真人的言语翻译成蒙古语）以及一名官方的翻译。这次论道非常成功，成吉思汗大声地赞美长春子，并安排于 10 月 25 日和 29 日进一步地探讨。[43]

长春子的正式布道包含了六个主题。首先，道是万物之源——道可生天育地，日月星辰、鬼神人物皆从道生，人止知天大，不知道之大也。[44] 其次，人是道再次演变的表现——道生天地，天地开辟而生人焉。第三，他提出了一个有些令人费解的观点，颇类似于摩尼教，即原始的人类已经失去了"神光"[45]——令人困惑的是他在进行其他的表述时却赞美原始的人。第四，他宣称人必须摒弃肉体和感官带来的所有愉悦，这与斯多葛学派的观念惊人地相似。第五，他宣扬阳（火，男性）与阴（水，女性）这两个元素之间相互渗透，共同组成一个更伟大的整体。最后，人若要尽善尽美，就需培育人性中秉自上天的部分，摒弃在人世间由后天赋予的部分，杜绝包括性事、狩猎、饮酒、赌博等活动。正是因为这种"智慧"，成吉思汗称呼长春子为"神仙"，并指定他为整个蒙古帝国的宗教领袖。[46]

然而成吉思汗在私下里如何解读这些信息让人好奇。既然长春子宣扬说，一个只娶了一位妻子的穷光蛋都会因为纵欲而毁了自己，那么一个坐拥上千女人、宫里还满是年轻宫娥的大汗又会有怎样的命运呢？长春子劝说成吉思汗独自就寝一个月："服药千朝，不如独卧一宿。"但成吉思汗并不同意如此，他说自己太老了，学不了新的把戏。类似的还有一例。在此之后不久，成吉思汗外出捕猎野猪时因为坐骑滑倒而受了伤，长春子趁机劝他放弃打猎，告诫他说："天道好生，今圣寿已高，宜少出猎。"成吉思汗回答说："我蒙古人骑射少所习，非能遽已。若疏骑射，人皆不敬我。"但是出于对长春子的尊重，他长达两个月都未再去打猎。[47]

11月5日长春子陪同成吉思汗回到了撒马尔罕，长春子又住进了上次的居所。成吉思汗想将长春子一直留在身边，但长春子不顾一切地想要回到中原。于是双方展开了一场拉锯战，长春子唠叨着要求成吉思汗允许自己离开，而成吉思汗总是允诺很快就会放他走，实际上却在拖延时间。不久，成吉思汗从撒马尔罕北上，他坚持要求长春子陪同。而长春子声称自己无法忍受大部队的喧嚣，他请求自己和一支护送小队一起坠在大部队后方。无论是基于实际的考虑，抑或只是打定主意要赢得这场意志力的比拼，成吉思汗同意了这个请求。

长春子在旅途中看到了与中原截然不同的动物，其中包括中亚的老虎，直至19世纪为止它们在当地都很常见。[48]但他也饱受了旅途的折磨。在12月30日离开撒马尔罕后，这支队伍于1月份遭遇了凛冽的暴风雪。他们刚刚渡过锡尔河，一场可怕的暴风雪就摧毁了用船搭起的浮桥。[49]成吉思汗犯了一个错误，他询问这位不情愿的客人是什么引起了暴风雪和地震等自然灾害。长春子直指蒙古传统风俗的要害，他回答说，要想避免天怒就要打破蒙古风俗中对水的愚昧崇拜和有关沐浴的禁忌。以此为引子，他继续告诉成吉思汗，在所有3000多种罪行中最为恶劣的是虐待父母，而他已在蒙古人中看到了太多实例。他似乎在激怒成吉思汗以让自己离开，但可汗不肯上钩。成吉思汗机智地模糊了长春子的观点，他说自己完全同意这个说法，并下令用回鹘文记下这一警世格言，还表明自己将会将这一条劝诫加入《大札撒》中。与此同时，成吉思汗不断地告诫儿子们说长春子是上天派来的，因此他们应该敬畏真人。[50]意志之争还在继续。1223年3月9日，长春子告诉成吉思汗他现在必须离开了，因为他答应弟子们在三年之内他会回到中原。成吉思汗拒绝让长春子离开，他表示既然自己也在向东旅行，为什么他们不一道行进呢？长春子抗议说，他想按自己的步调上路，求大汗放了自己。但成吉思汗坚持将长春子留在身边，直到他所有的儿子们，无论是合法的还是私生的，都能前来学习道教的智慧。

在 4 月中旬，成吉思汗终于厌倦了猫捉老鼠的游戏，并告诉长春子他可以离开了。[51] 作为临别的礼物，成吉思汗做出了一个不太明智的决定，他免除了长春子及其教派的所有赋役，还任命长春子为中原地区宗教事务的负责人。[52] 他又为长春子及其信徒提供了牛以助回程，但道貌岸然的长春子回答说，自己唯一需要的动物是驿马。成吉思汗还派了一位蒙古高级官员为他指路。来时长春子声称他需要频繁而漫长的休息和停驻，与那时如蜗牛一般缓慢的行进速度相比，此时得到解放的长春子就好像射出去的箭矢一样飞奔离去。他的队伍飞速地经过了伊犁河、赛里木湖和阿力麻里城，越过了雪山和干旱的沙漠抵达党项人的领地，在夏季横跨西夏来到了山西的边界，在一路上他们受到人们的夹道欢迎，当场皈依道教的就有数百人，这段旅程可称凯旋。长春子拒绝了途中所有需要他停下讲道或拜访各种团体以提供指导的要求，他称天意未许，虽往何益。[53] 他于 1224 年 1 月最终抵达中都。

西行的后续则展现出这是一段多么单箭头的关系。1224 年 7 月 3 日成吉思汗又递出了一条信息，其表述几乎可称为"可悲"："自神仙去，朕未尝一日忘神仙，神仙无忘朕……门人恒为朕诵经祝寿则嘉。"这封信的其余部分充斥着不切实际的幻想，成吉思汗希望长春子在他回程的途中致力于让遇见的人们都甘心接受蒙古的统治。成吉思汗最后还告诉这位真人，他欢迎真人在蒙古帝国的任何地方定居，他会负担相关的所有花销。[54] 然而实际情况却是，在匆忙返回中都的路途上，长春子并没有为成吉思汗尽任何举手之劳。也没有任何记载显示，他曾回复了这封信。

当然，成吉思汗的心腹们对整件事情做了有利的"解释"。刘仲禄写道："从这位大师来到可汗面前的那一刻起，很明显，他们作为臣民和君主是完全相互契合的。在他们分别之后，可汗对他产生了极深的感情，从未有将他遗忘的迹象。"[55] 长春子并不想为蒙古帝国宣传造势，他只想为中原，特别是为他自己的教派争取特权。他甚至胆大包天地建议成吉思汗免除整个金朝旧地三年的赋税，但即便是对于痴迷真人的成吉思汗来说，这个要求也太过分了。[56]

不过，成吉思汗确实慷慨地免除了所有宗教徒的徭役——但这仅适用于现有的寺院僧侣，以防止出现为了逃役而伪装成信徒的情况。成吉思汗愚蠢地允许长春子来草拟这篇圣旨，而且未曾浏览就在文件上加盖了玺印。若耶律楚材当时在场，他肯定会仔细地检查草拟的内文，而当他事后发现长春子写的并不是所有宗教徒而仅是自己的信徒享受徭役豁免权时，他极为愤怒。[57] 长春子和他的追随者们随后凭借这一条本质上是由自己伪造的法令渔利，他们占用了佛教和儒家的庙宇，美其名曰这是充缴税役，还以成吉思汗的名义迫害对立的教派。1227 年（长春子去世那一年）耶律楚材最终回到中原，他发现那些想避税的人大量地"皈依"了全真教。在当初成吉思汗发给长春子的圣旨中明确地禁止如此行事，但长春子以帝国宗教事务负责人的身份绕过了相关禁令。成吉思汗在整个帝国推行宗教宽容的伟愿以失败告终。[58]

尽管成吉思汗表现出对长春子的尊崇，但事实上，大汗和这位"大师"之间并没有深入的交往。正如俗语"一个巴掌拍不响"，在这个事件中，成吉思汗肯定是那个主动的一方。在另一个层面上，长春子和成吉思汗的故事可以看作是又一个让思想家和世俗统治者弥合分歧的毫不明智的尝试，类似的例子还有柏拉图和暴君狄奥尼修斯的逸事，或是伏尔泰和腓特烈大帝的交往。

与长春子分别后，成吉思汗在塔什干逗留了一段时间，然后他北上前往位于吉尔吉斯山脉以北的忽兰巴什草原度过 1223 年的夏天。[59] 在 1224 年春天，成吉思汗到达了斋桑泊，他在那里遇见了木华黎的儿子孛鲁以及耶律留哥的遗孀姚里氏。孛鲁是大汗最喜爱的属下之一，成吉思汗偏爱他，因为他同失吉忽秃忽一样，非常善于接受新的观念。然而眼下，是姚里氏引起了成吉思汗的注意。她的亡夫契丹人耶律留哥在上一段婚姻中留下了一个儿子耶律薛阇，姚里氏祈求大汗允许其继子能够继承他父亲的爵位。

这个请求中有三点触动了成吉思汗。他感动于这个女人为另一个女人的儿子提出请求；他记得铁木哥·斡赤斤之前就极力向他举荐耶律薛阇；他终于想起，正是耶律薛阇在 1216 年的合迷之战中救了术赤的性命。成吉思汗对姚里氏千里迢迢从中原来此甚感惊讶："连鹰都飞不到的地方，你一个女人居然能到达。"[61] 他愉快地同意了她的恳求。

就在此时，他听说呼罗珊和西部地区在阿勒赤台平定后仍处于动乱之中，于是派窝阔台和察合台前去严酷地打击反叛分子。到了此时，花剌子模和河中地区都已经屈服于被蒙古统治的命运，但能与伊剌克-阿只迷和西方世界联系的阿富汗特别是呼罗珊地区似乎仍心有不甘。成吉思汗本来要派拖雷去执行此项任务，但拖雷因染上天花无法出行。[62] 而术赤仍待在北方他的城堡中闷闷不乐，不过他送了 2 万匹马和一大群野驴作为示好的礼物。为了表达自己对术赤违抗命令的不满，成吉思汗将这些驴子当作练习射击的靶子，当他厌倦了一箭接着一箭的杀戮后，他便将幸存下来的野驴都放生了。成吉思汗留下了马，毕竟军马总是非常宝贵的，可不能用这种没头脑的方式浪费了。[63]

回程的路上成吉思汗有意放慢了脚步，他举行了许多次宴会和狩猎活动以庆祝对花剌子模帝国的大捷。有太多事情值得高兴了，比如他最喜欢的畏兀儿亦都护巴而术在围攻尼沙布尔的战役中脱颖而出；比如除了追赶摩诃末之外，每一个战略目标都是由成吉思汗本人或他的儿子们完成的。诚然，他并不满意术赤和察合台在攻打玉龙杰赤时乏善可陈的表现，不过一切最终都很顺利。他告诉心腹们，他和他的儿子们完成了所有计划，无须劳烦王牌将军哲别和速不台，这令他尤为高兴。[64]

他于 1225 年 2 月回到蒙古，为了与摩诃末作战他已经阔别故土长达六年。他的好友博尔术在这一年的晚些时候去世，成吉思汗赐予了他的家人礼物、恩惠和提拔，如同在 1223 年木华黎去世后大汗所做的一样，但因为博尔术未曾参战，他的家族未能得到同等慷慨的奖赏。[65]

1225 年是进行盘点的一年。成吉思汗常常思索帝国中存在的复杂问题以及他对此的矛盾心态。一方面，他让蒙古人获得了超乎所有人想象的财富、权力和享受，将一个默默无闻的游牧部落变成了世界实际的统治者。那些在幼时穿着破衣烂衫、吃着狗肉和老鼠肉的人，现在心安理得地享受着最豪华的奢侈品。成吉思汗批准流通纸币，辅以贵金属和丝绸进行贸易，并利用银锭来估算纸币的发行量以避免失控的通货膨胀。[66] 由于从中原和波斯收集了大批工匠和手工业者，蒙古帝国在贸易和技术领域非常发达。[67] 经济和商业的发展势不可当，例如，玉龙杰赤于1221年被摧毁后似乎丧失了复兴的希望，然而在13世纪30年代它又重新成为重要的贸易中心。[68]

成吉思汗有理由为帝国积累的财富自豪，但另一方面，他也意识到蒙古人为此付出了巨大的代价，其中最严重的似乎是他们丧失了古老的蒙古民族精神和文化遗产。如同高瞻远瞩的成吉思汗所预见的，与被征服的定居民族相融合，特别是在中原的汉化，威胁到了蒙古人古老的生活方式。成吉思汗曾经打算"蒙古化"世界上的其他地区，但他的民族混居政策却产生了相反的效果，蒙古人反而被同化了，这证明了游牧生活孕育的文化和城市生活产生的定居文化在本质上是不可调和的。[69]

但是帝国方案的成功实施也带来了其他的危机。诚然，蒙古人的饮食得到了很大的改善，菜单上增加了鹰嘴豆、葫芦巴种子和豆蔻等调味品，这些都带来了毋庸置疑的好处，但益处难以与新兴的、更烈的酒造成的危害相比拟。[70] 蒙古人习惯豪饮马奶酒，这种传统的休闲饮品酒精度数非常低，然而如今蒙古人可以喝到更有劲的葡萄酒和啤酒，它们的酒精度数是马奶酒的4倍。在成吉思汗统治的最后几年里，嗜饮烈酒成了一个严重的社会问题。[71] 蒙古的高等贵族就是其中最为恶劣的犯禁者。窝阔台和拖雷嗜酒严重，而术赤的儿子拔都组织了30名骑手，让他们长期驻扎在骑马只需花费一天就能到达他的营地的地方，为他运输优质的葡萄酒。甚至在改喝欧洲传来的葡萄酒之前，拔都就是一名酒徒，他嗜好上好的清马奶酒，据计算，每天需要挤3000匹母马的奶才能满足拔都全家的需求。[72] 蒙古人和罗马人一样，他们为自己过量饮酒后能吐完再继续痛饮而自豪。蒙古可汗与蒙古贵族们常常因严重的酒精中毒而寿命短暂。他们很少能活到50岁以上，只有饮酒适量的成吉思汗（享年65岁）以及忽必烈汗（享年78岁）是例外。[73]

曾经相对而言人人平等的蒙古社会逐渐开始呈现富足社会中常见的贫富差距。这种不平等甚至延伸到了丧葬之中。有钱人的葬礼是在空旷的荒野上隐秘地支起一个蒙古包，将死者秘密置于其内，在遗体旁放置一个装满了肉的篮子和一罐马奶酒。陪葬的还有一匹母马、一匹小马驹、一匹带辔头和马鞍的牡马、一把配了箭袋和箭头的弓以及金银器皿。在安置死者之后，他的朋友们会分食一匹马的肉，在它的皮中塞满干草，再将它放在一个木制的鹰架上。另一种丧葬方式则是用立在富人坟墓上的杆子将一匹马刺穿。蒙古人认为只有这样死者才能登上去往来世的"死亡之舟"。[74] 还有一种丧葬方式，人们假装将死者葬在蒙古包内，但实际上遗体被置于空旷的荒野中一个隐秘的方形深坑里。死者身前最喜爱的奴隶将躺在遗体下方，他会待在这个露天的坟穴中长达三天。三天后，人们将回到这处坟穴，若是这名奴隶当时仍然存活，他将会立即获得自由，并且成为这个家庭中永远的座上宾。敞开的坟穴将在此时被填满闭合，在其上由马和牛踩踏平整，以不露埋葬的痕迹。[75]

然而，普通的蒙古人甚至都享受不到"奢侈"的集体墓穴。他们的尸体被随意地丢弃在草原上偏远的无人区，堆成一个令人毛骨悚然的人体垃圾堆。这种做法一直持续到19世纪，当时的一位旅行者是这样描述的：

> 没有什么场景能够比我们抵达骷髅地时看到的还要恐怖了，那是位于两座绿色的山丘之间的一块空旷的所在或者说是裂缝……山谷里差不多到处都塞满了处在各个腐烂阶段的尸体，从躺在那里多年的枯骨，到几天或几个小时前还活着但如今已经毁容、变形的肉块。月亮投下一道苍白、神秘的亮光洒在死人狞笑着的头骨和仰面朝天的阴沉沉的脸上，其中一些人直挺挺地躺着十分僵硬，就好像他们被朋友抛弃了一样；另一些人的蓝色寿衣破烂不堪，他们面部变形、四肢扭曲，因为狗或狼的拖曳而在以恐怖又怪异的姿势躺着……无论如何，蒙古人摆脱了那种或多或少地威胁着我们高级文明的罪恶——活埋。[76]

在难以形容的阵阵恶臭中，狼、狗、秃鹫和其他以腐肉为食的鸟类互相抢夺人类的遗骸。但是蒙古人以萨满教和泛灵论合理地解释了弃尸荒野的行为。他们认为，放任尸体在大草原上腐烂能帮助死者行最后的善举，因为动物也是世界秩序中很重要的一环，而延长生命都是好事。如果秃鹫和野狗可以享用遗体，那么它们就不会捕食其他的动物，其他动物的寿命就会相应地得到延长。[77]

但是当然，在生命的最后两年里，成吉思汗并非在思考自己的埋葬方式，而是在思索自己身后蒙古帝国的命运。术赤的分离倾向在1226年已经发展至危险的地步。成吉思汗曾经频繁驳斥察合台针对自己恨之入骨的大哥的种种激烈言论，惯常他会按照自己最喜欢的说辞：即便术赤是蔑儿乞惕部人的儿子，术赤和察合台、窝阔台和拖雷也来自同一个子宫。但自攻打玉龙杰赤以来，术赤的行为让人大失所望，尤其是1222—1223年他未能为速不台和哲别的艰难远征提供充分的支援。他的缺席可能造成灾难性的后果，这让他的行为引申出了不同的含义。志费尼补充说，成吉思汗还隐隐地嫉妒术赤的领导能力、战略智慧以及作为战地指挥官的杰出才能（无论他在围城战中有什么不足）。[78]

成吉思汗无法忍受儿子不听话，他特意将术赤叫到汗廷述职，于是察合台的机会来了。察合台对术赤深恶痛绝，他似乎觉察到了父亲心态上的变化，于是开始一点点地暗示、影射、散布谣言，只为了毁灭他讨厌的术赤。术赤回复称他不能服从可汗的召唤，因为自己病得很重，事实上他也的确如此。[79]不过察合台从中看到了一个千载难逢的机会，他雇了一个奸细，让其对可汗说术赤身体强壮、十分健康，非但没有生病还外出打猎。成吉思汗再次传唤术赤觐见，但这次得到的回复依然是：术赤病了。这一次，成吉思汗派了他最信任的使者前去查明真相。[80]与此同时，察合台也使出了他的撒手锏。察合台提供了一份不知真假的文件，其中术赤用最直接的措辞谴责了他的父亲。文件中术赤声称，一位真正的政治家会乐于与摩诃末维持长久的和平，那样就能避免数以百万的生命损失。文件中也暗示术赤意图推翻其父的政权。术赤表示，显而易见，成吉思汗并不想要与摩诃末的和平关系。在术赤看来，成吉思汗一定是疯了才一味屠杀，不然在杀死了所有居民之后，统治一个帝国又有什么意义呢？[81]

成吉思汗被儿子的背叛激怒了，他越是仔细思索术赤态度中暗藏的含义就越是惊慌，他独自在帐篷里生着闷气。众所周知，继承权已经给了窝阔台，因而在成吉思汗死后，术赤极有可能起兵造反以推翻窝阔台。这将会导致一场内战，而成吉思汗毕生奋斗的成果也将随着硝烟破灭。[82] 至于与手下败将摩诃末订立和约的设想，这在成吉思汗看来不过是失意之人的畅想，完全不切实际，毕竟借用后来一位权力崇拜者的名言，没有剑的盟约只不过是文字而已。[83]

很明显，术赤必须在可汗本人的大限到来之前消失。成吉思汗于是秘密派遣了一支暗杀小队赶往儿子的封地。可以确定术赤在1226年底或1227年的头两个月内中毒身亡。颇具讽刺意味的是，成吉思汗派出的其他使者与刺客们错身而过，他们带回消息说术赤的病情是真实的，但到了此时，成吉思汗已经出离愤怒了。[84]

成吉思汗于1225年返回蒙古也拉开了对西夏清算的帷幕。成吉思汗从未有一天忘记过西夏的背叛——西夏不仅拒绝派兵参与攻打花剌子模，而且在回绝时出言不逊（见第10章）。根据1210年的条约，西夏派兵助战是维持蒙古与夏之间和平的前提。[85] 在1211年西夏发生政变，李安全去世，其继任者夏神宗似乎本可以维系西夏与蒙古之间的和平关系，但痛恨蒙古的将领阿沙甘不开始兴风作浪。[86] 虽然夏神宗公开申明他要继续维持西夏与蒙古之间的友谊，但1220年他在阿沙甘不的影响下拒绝派兵增援蒙古，这令成吉思汗非常愤怒。夏神宗还在私下里与金朝结成军事同盟，但西夏很快就再次和金朝开战了。党项人过于自信己方的优势，于是他们威胁金朝的西北地区并拒绝所有的和平提议。然而金朝用一支奇兵出其不意地击败了他们。对西夏与蒙古的同盟关系而言，更糟糕的是在1221年木华黎率领一支军队穿过西夏，所到之处蒙古人大肆劫掠，其野蛮的强盗行径以及为战争征税的需求使当地人与蒙古人离心离德。[87] 与蒙古和金朝双线作战的政策很不受人欢迎，在1223年夏神宗因此被迫下台，他在三年后去世（有人说他是战死）。新登基的君主夏献宗是阿沙甘不的人，他抛弃了上任君主模棱两可的态度，宣布与金朝结盟共抗蒙古。

成吉思汗此时还在从花剌子模回程的路上，他尚未做好与党项人全面开战的准备，但他派出了一支军队，由金朝降将史天祥带领，从陕西东部出发洗劫了鄂尔多斯南部的城镇。这支队伍很快就被出现在其后方的一支金军逼退了。[88] 夏献宗不安地意识到自己已经将沉睡的巨人唤醒了，巨人正向其西部和北部领土进发。1224年1月他试图通过转而攻打金军来安抚蒙古人，然而他又一次失策了。最终在阿沙甘不的施压下，夏献宗被迫确定了自己的态度，他开始在西夏西部挑起反蒙古情绪，鼓励民众越过边界去突袭蒙古人的领土。[89] 这些队伍延续了党项人此前糟糕的军事表现，他们惨败于蒙古的前哨部队。当是时成吉思汗及其主力部队并未出场，而重大军事行动（由孛鲁指挥）仍在华北地区持续。

成吉思汗任命孛鲁为统帅，派他率领一支大约2万人的队伍进攻西夏东部的主要城市。在到达银州附近时，孛鲁遭遇了一支更加强大的西夏军，不过他还是击溃了对方并占领了该城。[90] 成吉思汗决定召回孛鲁，好为他筹划中的全面战争做足准备，同时留下孛鲁的队伍继续围攻沙州。夏献宗认为自己已经受够了，于是他此时提出求和。因眼下的准备工作还没有完成，成吉思汗索性便同意了这一请求，并要求西夏的统治者将自己的儿子送过来作为人质。党项人同意了，蒙古人也顺势解除了对沙州的围困，军队打道回府。但阿沙甘不对夏献宗选择求和很是生气，他坚持再次转回联金抗蒙的政策。不久，西夏又与金朝结成了反蒙古同盟。[91]

就在此时，成吉思汗在蒙古南部的图拉河畔（色楞格河和克鲁伦河之间）集结了一支7万至8万人的大军。可汗十分重视对西夏的战争，他不顾自己的年纪和每况愈下的身体状况，坚持要亲自上阵。至于副指挥官，成吉思汗选择了拖雷、窝阔台以及大将速不台，他将察合台留在后方治理蒙古。这一次成吉思汗没有带妃子忽兰，而是带妃子也遂同行。[92] 不同于以往，成吉思汗在此次大规模出征的战前仪式中增加了一个环节：宣布他与西夏开战的理由。成吉思汗宣称，党项人背信弃义，他们不仅违反了1210年签订的条约中规定的应为蒙古未来的战争派兵支援的条款，还反过来与金朝密谋结成军事同盟。[93] 不仅如此，去年西夏君主保证自己将送一个儿子前来充当人质，于是他叫停了孛鲁的队伍的攻势，但是至今他都没有见到人质的踪影。现在，他会给西夏最后一次机会，只要他们尽快将人质送来，并为他们犯下的其他罪行进行巨额的经济赔偿，自己将既往不咎。[94]

成吉思汗并不指望党项人接受他的条件，实际上他希望与西夏开战，既是为先前的"侮辱"报仇，也是出于战略的考虑：他需要牢牢地控制鄂尔多斯、陕西和甘肃，以防在蒙古全面攻占金朝时党项人在背后突施冷箭。但成吉思汗从未料到，夏献宗和阿沙甘不饱含恶意、轻蔑有加地拒绝了他的提议。阿沙甘不充满挑衅地回复：要么开火，要么去金朝找你的赔偿金吧。成吉思汗听闻后勃然大怒："我们怎么可以退回去呢？就是死了，也得照着他们说的大话去攻打他们！长生天，你知道！"[95]

文献资料（以及现代学者）对人质的问题存在分歧。党项人坚称他们早已将人质送了过去，那是一名五六岁的孩子。但蒙古人杀害了他，且不埋葬他的遗体，而是将他弃尸荒野任由秃鹫啄食。为了表达对此的极端厌恶，党项人明目张胆地将成吉思汗的老对手屈出律的儿子纳入自己的羽翼之下，也是以他象征性地替代惨遭杀害的人质。自从屈出律在1218年去世后，屈出律的儿子一直试图得到西夏的庇护，如今他如愿以偿。而蒙古方面声称，既然人质并未到达己方的营地，那么现在西夏就要交出原本应允的皇子以及屈出律之子。[96]现在已经很难厘清此事背后的真相。在蒙古人看来，杀害使者和人质是十恶不赦的罪行，但对于所有人而言，杀害年幼无知的男孩无疑是更为令人发指的暴行。[97]从某种程度上来说，整个故事听起来像是党项人的有意抹黑。但也有可能此事是成吉思汗决意消灭西夏的产物，成吉思汗不允许西夏有任何回旋的余地，如此行事就杜绝了任何和平解决问题的可能性。

一旦双方的互相指责和反唇相讥告一段落，成吉思汗便开始指挥他的军队行动起来。他的第一个目标是大戈壁另一边的黑水城。蒙古人的战略是先攻克西夏的西部，从而将整个国家完全地一分为二，接着向东挺进，袭击鄂尔多斯高原上8000平方英里的西夏中心地带。其他部队将被部署在西夏的北部边界，以防止金军的介入。成吉思汗的最终目的是摧毁西夏的灌溉水源，如同他在攻打花剌子模时所做的那样。他知道黄河是西夏的大动脉，围绕着黄河和与此连通的运河，党项人在鄂尔多斯高原上建起了8000平方英里的灌溉区，养活了300万—400万人口。如果他切断了这条生命线，那么夏献宗和阿沙甘不将无力回天。[98]

对夏献宗而言，他明白与蒙古的战争是场殊死搏斗，因为金朝拒绝在他落败后提供庇护，但是他对胜利信心十足。党项军队实力强劲，他们人数众多且装备精良，而蒙古人在大举入侵花剌子模帝国之后可能会筋疲力尽。若是盟友金朝最终插手，西夏军队相对于蒙古军的人数优势将会进一步凸显，而且既然蒙古与南宋在中原地区爆发了冲突，蒙古也面临着宋军突袭的危机。[99]

但成吉思汗打算在西夏预想中的同盟有所行动之前就迅速进行猛烈的袭击。他认为阿沙甘不绝不可能带领着庞大而笨重的军队穿越300英里的沙漠去袭击西部的蒙古军，所以他准备先围攻城镇而不坐等双方交战。1226年2月蒙古军离开图拉河，径直向南前往黑水城。大戈壁的砾石、沙子和黏土组成的坚实路面很适合骑兵通行，而且蒙古人还知道所有水坑的具体位置，因而大戈壁并未对骑兵部队造成任何阻碍。夏季尚未来临，哪怕是连蒿、白刺和矮鸢尾这些在7月份生长的稀疏植被都还未出现，只有偶然经过的游牧民的车队与时不时闪现的羚羊或野马群，打破了淡黄色的戈壁、赭石和沙尘暴，以及深红色的落日和拂晓组成的单调画面。[100]在3月份时蒙古军已经抵达黑水城以及额济纳河流域。黑水城是西夏最西端的一个重要据点，然而该城轻易地就向蒙古人投降了。[101]

随后蒙古人向更南边转移，他们来到了额济纳河上游的分叉口，接着袭击了肃州（今酒泉）和甘州（今张掖）。蒙古人本以为凭借着久经战阵的中原攻城专家和非常先进的投石机，两城能够被迅速地攻破，可是肃州坚持了五个星期，甘州更是完全出乎意料地坚持了五个月。

攻打肃州时蒙古军的伤亡惨重。党项降将昔里钤部的哥哥恰好是城内守军的指挥，于是他承诺自己可以兵不血刃地拿下这座城市，成吉思汗对此大喜过望。然而昔里钤部的哥哥拒绝投降并顽强抵抗。在肃州陷落后，成吉思汗下令处死所有人，昔里钤部花费了很大心力才保住自己家属的性命。[102]在甘州，另一个倒向可汗的党项人察罕也试图说服他的父亲和弟弟投靠蒙古人，但城内对西夏忠心耿耿的副将得知此事后处决了二人，计划就此夭折。在攻破甘州之后，为了宽慰察罕的丧亲之痛，也为了犒劳察罕近二十年来鞍前马后之功，成吉思汗特地在察罕曾为之求情的平民之中挑选了106家让其免于一死，但他仍旧屠杀了该城所有的驻军。

到了这时战士们已经难耐酷暑，于是成吉思汗非常明智地退到了山中的凉爽之地避暑。[103] 每当围攻陷入僵局时，成吉思汗总是变得烦躁、失意且愤怒，所以他首次颁布了针对党项人的严酷法令：从现在起，如遇抵抗一律格杀勿论。西夏之战很快就成为迄今为止蒙古人发动的最肮脏、最恶毒的种族灭绝之战。[104]

蒙古军随后占领了甘州。在中国历史上的大部分时间段中，甘州都是一座典型的边陲城镇。在公元后的前两个世纪里，甘州曾是中原王朝和匈奴多次交战的战场，后来此地因马可·波罗在此度过了整整一年而为世人所熟知。[105] 在甘州城破之后，为了不让党项人得到喘息，成吉思汗决定一刻都不停歇，他带兵日夜兼程行进300英里，将大营向北转移到了黄河北边的兀剌海。蒙古军曾在1207年和1209年袭击此地，成吉思汗对这里非常熟悉。位于西夏最北部的这处据点距离黄河很近，它几乎位于黄河西北弯道的外围，金朝可能派来的任何增援部队都会从此地进入西夏。[106] 速不台则被成吉思汗留在西部和南部继续扫荡。

一贯高效的速不台很快就战胜了党项的同盟部族、顽强抵抗的撒里畏兀，同时他收服了处于肃州和甘州以南的祁连山（南山）山脉中的所有敌对部落。[107] 随后他沿着黄河右岸的支流洮河的河谷地带继续前进。根据文献记载，他的军队一路上夺取了许多城镇和地区，包括河州、洮州以及岷州。其中，岷州的抵抗最为顽强，拼死的抵抗直至1227年才得以终结，岷州城陷落后速不台立即下令屠戮城内的一切活物。为了免遭蒙古人的凌虐，该城的守将选择先杀死所有的家人再自杀。[108]

速不台向成吉思汗报告说，除了位于西部边陲、战略价值较低的岷州和沙州尚未完全控制，整个西部的抵抗均已平息。这意味着蒙古人如今已经控制了河西走廊，这条狭长的区域属于北丝绸之路的一部分，具有重要的商业价值。它从黄河向西北方向沿着青藏高原的北部边缘延展，沿途遍布绿洲，这些绿洲都已在这次行动中落入速不台之手。党项人似乎对蒙古人的进攻毫无反应，可以逐渐明了的是，在与金朝的长期战争中，西夏已经筋疲力尽。西夏唯一一次取胜仅仅是凭借花招实现的，他们通过诈降诱惑蒙古人进入己方在沙州布好的埋伏圈。[109]

成吉思汗频繁地转移军队,这点常常令敌人感到迷惑。大汗随后命令速不台从甘肃出发向东前往陕西的西部,并在途中攻占宁夏的干旱区域。[110]与此同时,他还命令窝阔台和察罕沿渭河河谷入侵金朝,在陕南牵制金朝的行动。此外,他还安排了军队翻越秦岭山脉,在进入宋朝的领土后转而北上抵达黄河下游,从南部袭击金朝的都城开封。金朝对这一系列攻势大为惶恐,于是他们向蒙古求和,并答应在蒙古与西夏的战争告终之前向蒙古持续纳贡。

1226年9月酷暑消退,成吉思汗也得到了充分的休整,他已做好再次亲自指挥军队的准备。这一次他一路沿着祁连山山脉(位于今天的青海省和甘肃省交界处)的山脚,穿过阿拉善沙漠(从青藏高原一直向北延伸至大戈壁),越过高达900英尺的沙丘。一路上他们看到了棕熊、雪豹、狼、野驴、羚羊和野山羊,在这样干旱的地区生存着动物十分让人惊叹,特别是考虑到这片地区在不同季节和昼夜之间温差极大的情况。[111]成吉思汗情绪高昂,因为此时传来消息称,西夏的第二大城市凉州(今武威)为了免于破坏而毫无反抗地投降了。该城也是北方丝绸之路上连接黄土高原、西藏高原和蒙古高原的要地。[112]

鄂尔多斯高原北部的大部分地区已经落入蒙古人的手中,成吉思汗正在慢慢地缩小针对党项人的包围圈。如今他已经临近黄河,于是他派人前去侦察著名的"黄河九渡"以便更加深入地了解这条大河及其所有的急转弯。[113]但在黄河左岸,应理县的激烈抵抗让他感到难堪,由此爆发了一场激烈的战斗,直到这年的12月初成吉思汗才得以渡至右岸。随后成吉思汗攻下了盐州川并进行了大屠杀,他于12月16日将大营设置在此,剑指灵州。[114]

然而突然传来消息,西夏的统治者夏献宗驾崩了,朝臣选择由末帝(即李睍)继位。成吉思汗需要审慎地考虑权力更迭带来的影响。但灵州依旧是他此役的主要目标,此地守卫着20余英里外的西夏都城。灵州(蒙古人称之为朵尔蔑该)的周围遍布复杂的灌溉管网,其防御工事给攻城造成了巨大的困难,像往常一样,蒙古人将俘虏安排在了最前线。成吉思汗又花了两个星期才攻破了灵州，这次的胜利也伴随着惨痛的伤亡。[115]

事实证明，夏末帝比他的前任更为积极，他通过极为艰辛的努力组建了一支庞大的军队。关于这支军队的规模，编年史家们在记载时一如既往地想象先行，于是在人数上出现了从10万到50万的不同记载。[116] 不管怎样，这支军队的人数显然令人生畏。面对这支军队，成吉思汗赢得了他人生中的最后一场胜利，这也是他最了不起的战绩之一。夏末帝率领着他的军队沿着黄河西岸前进，他们可能希望切断蒙古军的通信路线。此时黄河已经结冰，溢出的河水将冲积平原冻成了一个冰湖。于是成吉思汗命令军队蹚过这片"湖"，据说他们为此损失惨重，但蒙古军得以出其不意地发动袭击，将敌军打得一败涂地。[117]

在这场决定性的胜利之后，成吉思汗将围攻西夏首都的任务交给了部下，而他则去寻找金军。他自信地将军队一分为三：一支去围攻西夏首都；一支负责封锁所有通往首都的道路，以防西夏的盟军可能存在的增援（无论是来自宋朝还是金朝）；第三支则由他带领，他们将再次突袭金朝。成吉思汗还计划与速不台互相配合，两支军队虽在相距甚远的地区各自作战，但他们始终通过人员接力传递信息保持联系。速不台通过突袭夺取了一些较小的城镇，但他未能拿下大城市。与此同时，成吉思汗沿着渭河河谷向东进攻，他在金朝的西部边境造成了巨大的破坏和恐慌，然而他的军势尚不足以决定胜局。在炎炎夏日又要降临时，成吉思汗前往六盘山避暑，沿途他又消灭了西夏的几个据点。[118]

忠心耿耿的察罕奉命围攻西夏都城中兴府，在该城以北位于兀剌海的部队也被派去合力攻城。夏末帝绝望地最后一次试图突围，他设法带着一大群军队突破包围圈，越过贺兰山来到了兀剌海。听闻夏末帝突围前来，兀剌海的驻军放任他跨过群山，在山的另一边坐等他疲惫不堪的人马出现。随后是血腥的厮杀，夏末帝大部分的部众命丧于此，他被蒙古军一路追着逃回了首都。[119] 即使经历了这场失败，夏末帝依旧不改他挑衅的态度，他拒绝了蒙古人提议的所有关于投降的建议。然而越来越多的军事失利和自然灾害带来的影响在逐步累积，他变得愈发沮丧。被蒙古军队包围着，党项人的希望已非常渺茫。再后来，西夏首都还遭遇了地震，接着又暴发了瘟疫和鼠疫，疫情甚至蔓延到了蒙古侵略者当中。[120]终于在7月时，首都内的粮食渐渐耗尽。夏末帝意识到战争游戏已经结束，他同意投降，条件是宽限一个月以让他搜集合适的礼物来向征服者表达敬意。夏末帝给成吉思汗寄来了一封信，信中他可怜巴巴地说："我非常害怕。请接受我成为你的儿子。"[121]但成吉思汗并没有心情以示仁慈，而且他知道自己命不久矣，于是他命令将领们在西夏投降时杀死夏末帝和他的家人。

这座城市终于为蒙古人敞开城门，随后便是一如既往的洗劫和屠杀。阿沙甘不被处死，夏末帝及其家人都被囚禁并听凭可汗发落，他们对自己最终的命运一无所知。[122]胜利者有条不紊地破坏了西夏君主的皇家陵墓，他们意在破坏党项统治者的名声、地位和信誉。[123]成吉思汗一再呼吁彻底地灭绝西夏，但西夏似乎仍然存在大量的幸存者。其中有些人在四川定居，有些人在印度东北部避难，还有人在西藏东部的雅砻江沿岸建立了大型的移民聚集地。另一些人在河南及河北找到了地方避难，并一直在当地生活到了明朝中期。[124]

由于成吉思汗对西夏的处置常被认为等同于种族灭绝，所以最终为何没能坚持他屡次宣布的屠戮政策值得一问。[125]问题的答案可能有很多。察罕已经保护了一些西夏的权贵，而且在成吉思汗一死、蒙古领导层面临其他问题的时候，察罕对中兴府就更为仁慈了。有人认为，同时侵袭了攻守双方的流行性斑疹伤寒疫情消散了蒙古人的杀戮冲动。还有人认为，当时西南方向上的夜空出现五星汇聚的现象，占卜师表示这是不祥的预兆，于是成吉思汗放弃了"格杀勿论"的指令。[126]然而，即使不再执行蓄意屠杀的政策，蒙古人也确保了西夏和党项人永远不可能东山再起。

征服西夏是一项了不起的壮举，有人说这是成吉思汗领导的远征中战果最为辉煌的一次。尤其是这次胜利并不是他在身体状况良好时取得的，这就更显得难能可贵了。大约在1226年1月，成吉思汗在出发穿越大戈壁之前举行了一次大规模的狩猎活动，他在狩猎过程中从马背上摔了下来，很可能受了严重的内伤。无论如何，他后来再也没能恢复健康。[127]也许是意识到自己命不久矣，在西夏之战期间，或许是于六盘山逗留时他召集了一次忽里台大会，在会上正式决定了自己死后帝国的继承和安排等问题。他的自信再一次让人惊叹：当蒙古人正深陷西夏战局时，他就对最终取胜充满了信心，并觉得自己可以转而处理帝国的管理问题了。

首先，他重申了兀鲁思制度。整个帝国将被分给他的四个儿子以及他们的继承人。窝阔台将接手阿尔泰地区和鄂毕河源头周围的所有土地，以及从斋桑泊和乌布苏湖延伸至西伯利亚的额尔齐斯河和叶尼塞河流域；最小的儿子拖雷继承了色楞格河、鄂尔浑河、图拉河、克鲁伦河、兴凯湖以及鄂嫩河周围的蒙古腹地以及贝加尔湖；察合台得到了巴尔喀什湖、伊犁河谷以及河中地区。[128] 术赤的儿子拔都得到的兀鲁思可能是其中最为富饶的——成吉思汗并不认可父债子偿，这十分有趣。拔都的领土从咸海向西延伸直到"蒙古马的蹄子能带他到达的地方"，他被允许建立一个理论上远至大西洋的庞大王国。[129]

成吉思汗给每个儿子或他们的继承人都分了4000个家庭作为封户，他认为这个数量并不足以让他们中的任何人建立起独立的政权。虽然这四个分支从未被看作是独立的汗国，但这种可能性从一开始就存在了。从行政管理的角度上，成吉思汗做出了正确的决定，因为他的帝国太过于庞大，这对一位强有力的中央集权统治者来说太过难以掌控；但从人性和政治的角度上，这又是一个巨大的错误。毫不让人意外的是，帝国恰恰是沿着兀鲁思的界线分裂的，而蒙古各支不再坚持传统的部落生活方式而是与其他文化融合，这也使问题更加复杂化了。[130]

接下来，成吉思汗正式确定窝阔台为他的继承人，忽里台大会对此予以批准，毕竟这个决定早已在私下宣布。成吉思汗从来不认可他的任何一个儿子配得上大汗的继承权，因为身为大汗需要掌握军事技能，具备不屈不挠、意志坚定、精力充沛的品质，需要对人性有着深刻的了解，而且还得是一个政治天才。成吉思汗的每一个儿子都拥有他的某些品质：术赤慷慨、宽容、富有想象力；察合台坚定、冷酷无情，有直击敌人要害的能力；拖雷有很强的军事才能；窝阔台精明、脾气好，是一个优秀的政治家，也是一个了解人性的聪明人。虽然没有完美的选项，但窝阔台是成吉思汗最好的选择。[131]

在忽里台大会上，窝阔台表示尽管他会按照父亲的意愿行事，但他怀疑自己的儿子是否有能力继承这个帝国。成吉思汗回答说，那样的话未来就没有世袭统治者了，所有的大汗都将由忽里台大会择优挑选。但可以说，成吉思汗已被推至十字路口。蒙古大体上有四种继承方法，它们相互冲突。根据横向继承制，弟弟将继承哥哥的遗产——那么掌权的便会是铁木哥·斡赤斤。若根据长子继承制，术赤或他的继承人将会继位。而与此产生直接冲突的是蒙古传统的幼子守灶制，即最小的儿子继承家产，这就会让拖雷成为下一任可汗。最后，作为一位新兴的初代专制统治者，成吉思汗可以自己提名继任者，并将此确定为帝国的先例。[132] 需要指出的是，成吉思汗既没有采纳上述这些选择，也没有为以后提供明确的指导。他只是挑选了窝阔台作为最令他满意的直系继承者，并不为将来提供令人满意的、具有逻辑性的或"哲理性的"指导，反而将问题留给了未来尚不确定组成成员和与会者的忽里台大会，这实际上将必然导致派系之争和接踵而至的内战。这可谓是帝国致命的隐患。[133]

到了1227年7月底，中兴府的投降事务都已谈妥，只剩下屠杀还在继续。成吉思汗已经卧病不起，他将儿子们、最信任的将领和心腹们都叫到了床边。也遂和拖雷按照惯例对外宣告可汗在发烧，但接到召唤的权贵们都知道他就快要死了。军队的高层想要暂时撤出西夏以示尊敬，但成吉思汗却从病榻上爬起来坚决撤销了这些命令，理由是这样做会让西夏看到一线生机。他对儿子们重申了他对帝国的继承和分配的规划，他伤心地说："生如白驹过隙。未建之业，汝辈勉之。"[134]

谈到宗教事务时，他对在场之人说，他希望蒙古帝国的都城不要建在圣地不儿罕山上，那会加深外界对蒙古人眼界狭小的印象。蒙古应当在鄂尔浑河河谷附近的於都斤山建设新都哈拉和林，以凸显成吉思汗是神授的世界统治者，以及由此衍生的任何不屈服于蒙古的人都在亵渎神灵、死不足惜。[135] 谈到对党项人的惩处时，他表示他希望先前"格杀勿论"的命令仅仅针对西夏王室、党项权贵以及所有的军人。若实行大规模的种族灭绝可能会向世界传递成吉思汗痛恨佛教（党项人是佛教徒）的信号，而他渴望推广蒙古人推崇宗教宽容的形象。[136]

接下来，他对拖雷和将领们下达了关于攻金战争最终阶段的指示。他说自己很清楚，金军最精锐的部队都驻扎在河南的西部重镇，此地以北是黄河，以南是秦岭。因此，攻金战争应从南面发起，从河南的唐河源头开始。那里实际上是在宋朝境内，从此地行军可能意味着蒙古要与宋开战，但如果遵循他的计划，那么在宋军动员的时候开封就已经沦陷了。由于宋朝的敌人已经被消灭，宋朝甚至可能会将整个事件一笔勾销。[137]

他最后对处置夏末帝及其王室做出了详尽的指示。党项统治者在被处死前获赐一个尊称，这一方面是为了缓和佛教徒们的敌对情绪；另一方面是因为根据蒙古人的信仰，手下败将的"德行"和荣誉可以增强胜者在来世的力量，而且被处决的死者若受到尊崇，那么他们将在死后从敌人转变为胜者的守护灵。这场哪怕在成吉思汗看来都很夸张的大规模灭绝，其动机之一就是为了保障成吉思汗死后的安宁：屠杀越多的党项人，成吉思汗在来世就会获得越多恭敬的守卫。[138]当夏末帝及其家人被带到成吉思汗的营帐时，可汗已经去世了，但他们并不知情。他们不被允许进入大汗的营帐，而是站在帐篷外面隔着帷幕一样的金属格栅传话，场景甚至有些滑稽。[139]在死刑宣判后，俘虏们遭到了处决，据说他们是在烤架上被剁成了碎片。

毫无疑问，作为世界的征服者，成吉思汗的离世引发了轰动，因为人类本能地认为伟人的死因亦不会正常或是普通，于是各种疯狂的谣言四处流传。有一种说法是他死于在蒙古军中肆虐的斑疹伤寒疫情，但在1227年8月疫情已经平息，所以考虑到斑疹伤寒疫情的暴发和可汗去世之间存在时间上的间隔，这个死因实际上可以被排除。[140]其他谣言还有他死于疟疾；蒙古萨满教的巫医认为他死于"巫术"；13世纪40年代到访蒙古的柏朗嘉宾表示成吉思汗是被闪电杀死的，这个毫无根据的推断来自蒙古人对闪电的极端恐惧。[141]党项人热衷于与蒙古大汗的死扯上关系，他们宣称他死于腿部中箭后引发的败血症，然而这个观点已被令人信服地驳斥了，这只是有意地曲解了1212年成吉思汗在攻金战役中被箭射伤的记载。[142]

党项人聊以自慰的杜撰中最厚颜无耻的说法是，西夏王妃古尔伯勒津与成吉思汗发生性关系时，在他的生殖器上留下了致命伤。不幸的是，这则谣言直接复制了关于匈人王阿提拉死于谋杀的（更加有根有据的）谣言，而且匈人宣告阿提拉死于止不住的流鼻血，这也确实可以解释成是为了掩盖这种"耻辱"而捏造的谎言。[143] 无论如何，资料中记载西夏王妃是和她的丈夫一起被处决的，在他们二人到达成吉思汗的营帐时成吉思汗已死。不过散播谣言的人并不气馁，他们对故事做了些许的调整。在经过修订的版本中，西夏一位不知名的爱国美女做出了牺牲，她将一块玻璃片或刀片放进了阴道里，在性交时割破了成吉思汗的生殖器，导致他流血过多而死。不用说，这个复杂的过程在生理上不成立。[144]

然而在筛掉了所有的荒诞故事之后，压倒性的可能性是成吉思汗死于早先从马背上摔下来引发的后遗症。众所周知，严重的跌落以及由此造成的内伤会引发肿瘤，并且资料中记载的大汗临终情景也暗示了大汗死于癌症。确定无疑是不可能的。正如睿智博学的罗侬果所说："成吉思汗死亡的真正原因是未知的，从资料中相互矛盾的内容来看，当时的大多数人（当然大汗的亲信除外）也毫不知情。"[145]

在成吉思汗的一生中，许多重大的事件都笼罩在迷雾之中，他的死亡也是如此。不论是文字资料抑或是后世学者都无法就他的死亡日期达成一致，出现了1227年8月的16、18、25日和28日这几种说法。[146] 成吉思汗的墓葬地点更是无人知晓，人们对此争议不断。按照拉施特的记述，成吉思汗在去世前不久于六盘山打猎时看中了一棵树，他明确表示自己要葬在此处，很明显蒙古高层无视了可汗的遗愿。[147] 与可汗本人的意愿不同，蒙古人试图将他的遗体运回蒙古的不儿罕山。有这么一个广为流传的传说，这说明了遗体从未抵达蒙古：送葬的队伍被困在了鄂尔多斯北部的穆纳山中，人们惊慌失措，并向上天祈求保佑送葬队伍继续前行，其中仅一人得以幸存。[148]

成吉思汗极有可能并未被葬在蒙古，而是埋葬在鄂尔多斯或鄂尔多斯附近，因为在8月份的高温里尸体腐烂得很快，而蒙古人对防腐技术一无所知。[149] 考虑到13世纪早期从波斯和中原掠夺而来的物品无一留存于世，可以推断它们都伴随着可汗一起下葬了。关于可汗的葬礼有一个经久不衰的传说，虽然无法确认它的真伪但可能事实确是如此：送葬的全体50名成员都被带往他处遭到处决，处决的队伍随后亦被处决，这样可汗安息之地的秘密将随着他一起埋藏。事情的经过无法确证，但可以确认，在后世的蒙古大汗葬礼上就有着类似的操作。[150]

这为成吉思汗的一生画上的可怕句号并不是为了"纪念"他而进行的最后一次屠戮。蒙古权贵们宣称大汗葬在不儿罕山，他们宣布此地为禁区并部署了守卫。在窝阔台即位时，他献祭了40名贵族出身的处女以祭奠成吉思汗的魂灵。[151]成吉思汗的离世就如同他的出生，充斥着死亡和杀戮的阴霾。

14

窝阔台

在成吉思汗死后,蒙古帝国由其最小的儿子拖雷监国,在拖雷摄政的近两年时间里帝国一直处于动荡之中。毫无疑问,拖雷是一位伟大的战士,大多数蒙古贵族都因此希望拖雷成为他们的下一任可汗。他们面临的困难是,成吉思汗曾明确提名他在世的次子窝阔台为他的继承人。在长子继承制、幼子守灶制(蒙古传统的方式)以及横向继承制三者相互矛盾的情况下,可汗本人做出的选择犹如在这碗本就很浑浊的政治浓汤里又添加了新的调味料,而它的滋味将一直持续到下一次的忽里台大会——届时才能确定大汗之位的归属。原本忽里台大会只是一个通过公开的口头表决进行决议的集会,类似于13世纪的"密谈室",但是似乎关于继承的争议一直持续到1229年的忽里台大会。[1]

这种拖延是不合理的,在政治上也并非明智之举,毕竟金朝利用蒙古的这段权力真空期收复了中原的部分失地。唯一看似合理的解释是拖雷正在努力地游说各方好让自己成为下一任可汗,但存在两个因素与这种解释相违背。首先,拖雷是成吉思汗最喜欢的儿子,他是所有人中最不会违背父亲意愿的。其次,拖雷喜爱并钦佩窝阔台,两人之间不存在察合台和术赤对彼此的那种敌意,志费尼甚至表明他们对彼此的喜爱"超出兄弟情谊"[2]。

1227—1229年由拖雷监国的另一种解释是,蒙古贵族试图将拖雷推上汗位，很久之后他们才承认成吉思汗的意愿是至高无上的。在这个版本里，成吉思汗的贴身顾问兼宫廷占卜师耶律楚材发挥了关键作用。耶律楚材根据汉地的等级制度言之凿凿地论证：汗中之汗（大汗）地位最高，其次为皇族，第三等是广义上的皇室宗亲，最后才是大批朝臣和贵族。这则逸事通常被认为是个纯属虚构的故事，不仅因为它夸大了耶律楚材的影响力，也因为只有当耶律楚材是成吉思汗书面遗嘱的正式执行者时他才能如此表述——但成吉思汗并没有留下书面遗嘱。[3]

窝阔台的继承并不顺利，即使得到了父亲的任命和兄弟们的明文认可，他也得小心以待。窝阔台故意唱着反调，他劝蒙古人考虑他的弟弟拖雷的杰出品质，强调遵照蒙古的传统他们应选择拖雷，他甚至将成吉思汗的兄弟和叔叔们也纳入候选继承人之列。[4] 窝阔台最终获取了蒙古贵族们的支持，他成功登上了大汗之位，但窝阔台这段坎坷的继任之旅似乎在暗中预示着汗位最终将由拖雷的后裔继承。1229 年 9 月 11 日或 13 日，窝阔台被选为大汗。[5] 在忽里台大会集结的权贵们都宣誓效忠新任大汗，他们的誓言也在为蒙古大汗的世袭继承背书：

> 只要窝阔台汗的子孙们还有一人健在，即便你把他在草地上滚过一遭后母牛就不吃这里的草了，或是你把他在肥肉上抹一抹接着狗就不会吃这块肥肉了，但我们依然会选举他成为可汗，除了他没有其他人能坐上这个汗位。[6]

成吉思汗考虑的关键是延续自己的征服大业，以及避免儿子们为权力相互争斗。成吉思汗很幸运，他有几个将他的事业发扬光大的儿子。作为对比，因为缺少继承者或是继任者的能力不济，历史上伟大的征服者及统治者大多事业未竟，这个名单很长很长，包括亚历山大大帝、马可·奥勒留、帖木儿和拿破仑，等等。

如同与他几乎同代的狮心王理查，窝阔台本没有攀登上权力最高峰的可能，毕竟他们都是其父的第三个儿子。为他开辟通往至高权力道路的是成吉思汗的长子术赤和次子察合台。察合台嘲笑术赤是个野种因此不配继承汗位，而术赤对此进行了赤裸裸的回击，此话闻名于世："只有在愚蠢的程度上，你才是最优秀的。"[7]因为他们对彼此难以消除的敌意，一旦选择二者中的任意一人继承汗位都将使蒙古帝国陷入内战。因他们彼此痛恨，成吉思汗在离世前十年就宣布帝国将由窝阔台继承，他在临终前又重申了这个命令。1227年8月，在成吉思汗最后的时日里，他并未和察合台商议，只与窝阔台和拖雷关于继承事宜进行了密谈，这也清楚地表明察合台已经被排除在继承行列之外了。[8]

窝阔台即位后首次颁布的命令表明他恪守其父的临终指示。他赦免了从成吉思汗死后到自己即位前所有的犯罪行径和不端行为，但他明确地表示，此后他将严厉地打击官员和地方长官的腐败问题以及其他形式的权钱交易。[9]尤为关键的是，窝阔台明确承认了分封制度，也批准将帝国划分为势力相当的几部分以达成成吉思汗倡导的众子之间微妙的权力平衡。窝阔台获得了帝国最北部的全部领土：塔尔巴哈台山脉、斋桑泊以北的额尔齐斯河流域以及从阿尔泰山山脉到贝加尔湖的地区。遵照蒙古的传统，拖雷继承了父亲的军队因而成为蒙古腹地的主人。[10]察合台得到了最富饶、土地最肥沃的地区，包括曾经西辽的领土与河中地区的部分区域（但不包括撒马尔罕和布哈拉，这两个地区直接由窝阔台的中书省管辖）。[11]术赤原本分得了乌拉尔河和额尔齐斯河之间的土地，包括花剌子模地区、锡尔河流域及咸海两岸。在术赤死后，他的兀鲁思在诸子之间再次分配，长子斡儿答领有锡尔河流域，次子拔都领有里海北岸一直到乌拉尔河（也就是"里海以西的所有土地""蒙古马的蹄子能带他到达的地方"），另有一子昔班领有从乌拉尔河上游到额尔齐斯河的区域，包括图尔盖河流域和伊尔吉兹河流域。[12]虽然尚未征服华北地区，但成吉思汗认为它注定是囊中之物。华北地区将为蒙古大汗直辖，窝阔台继任后即为窝阔台系宗王所有。[13]

窝阔台（他的名字意为"攀登"）登上汗位时43岁，他身形高大，生性好色。他有两位正妻孛剌合真和脱列哥那，此外他还有两位妻子木格可敦和札真，以及60位妃嫔。脱列哥那是乃蛮部人，她曾经嫁给蔑儿乞惕部的一位首领。她并非美女，但是聪明能干、盛气凌人、坚决果敢，她与窝阔台生了五个儿子，其中包括后来继任的贵由。[14]木格可敦曾是成吉思汗的妾侍。妃嫔中一位不具名的妃子深得窝阔台宠爱,她育有两个儿子阔端和灭里。

窝阔台兼具令人钦佩与卑鄙无耻的个性。他精于世故、尽职尽责、宽容豁达,一直沉着冷静、心平气和、端庄严肃、坚实可靠、通情达理。他是一位杰出的政治家和调解人,但他也可以突然地表现出反复无常和暴虐残酷的一面,这在他喝醉的时候尤为常见,而他每晚都会酩酊大醉。波斯历史学家术兹札尼出于不明原因对他深恶痛绝,称他"屠夫和暴君"。[15]《蒙古秘史》对他也并不友善,将他描述成一个酒鬼、好色之徒和守财奴(最后一点肯定是假的),说他用栅栏将自己的狩猎区围了起来,以防猎物逃到他兄弟的领地上。

先来讨论窝阔台的阴暗面,他至少有三次表现得就像一位典型的东方暴君。前文提及过,尽管窝阔台登基时蒙古人已经悼念成吉思汗长达两年,但他即位后又以人祭抚慰其父在天之灵。他从地位最高的家族中挑选了40位美女,让她们佩戴珠宝、身着华丽的服饰,他又选了40匹马,将美人与骏马一起处死在他父亲的坟墓前。[16]窝阔台恼怒于父亲对朵豁勒忽的宠信,纯粹出于嫉妒处死了这位功臣。[17]窝阔台犯下的最为严重的暴行是在斡亦剌部违抗他的意愿时。1237年窝阔台颁布法令,规定帝国所有的适婚女性都要嫁给由他选定的人。然而斡亦剌部人想要在法令执行前将所有的未婚处女抢先嫁给同部落的男人。窝阔台对这种阻挠帝国法令的行为怒不可遏,他命令斡亦剌部除了早已结婚的女人之外的所有4000名年轻女人在他面前列队。接着,他下令他的手下当着她们的父亲、兄弟和丈夫的面轮奸了其中地位最高的女人。随后他将这些女人分成三组,将其中最美貌的充作后宫,姿色平庸的用以招待国外使臣和政要,相貌丑陋的则分给了仆人、养鹰者和动物饲养员(不知出于什么原因,此处特意提到了饲养花豹和猎豹的人)等蒙古人眼中的"社会底层人"。[18]

从好的一面看,窝阔台既感情用事也过于慷慨。他一直非常豪爽,常被认为是一个"容易上当的人",他的慷慨馈赠常常令官员们抓狂。曾有一位老人想要点钱做生意,窝阔台听闻后在没有任何担保的情况下就给了他所需的资金。当被问及原因时,窝阔台耸了耸肩说,反正这老人也活不长了。另一次，有人接近他并请求他的施舍，财政官员试图通过揭露此人已经背负了巨额债务来扼杀这个请求，然而窝阔台在询问了债务数额后不仅还清了它，还额外给了这个人他乞求的金额。[19] 窝阔台似乎对金钱漠不关心，他任由自己被牟取暴利的商人们再三欺骗。哪怕在任意第三者看来，这些商人提议的赚钱计划都只是赤裸裸的骗局，他也会自动将之合理化。他恼怒于需要安排部队去守卫他在哈拉和林的金库，于是下令撤走金库的守卫，同时昭告天下：任何缺钱的人都可以去金库取钱。[20]

有一次窝阔台看到一个明显没什么本事的工匠在徒劳地兜售货物，窝阔台觉得他很是可怜，于是便买下了他所有的锉刀、锥子以及其他的工具。其后当窝阔台得知官员以可汗喝醉了为由拖延支付这笔过高且荒谬的款项时，他勃然大怒，威胁要将属下处死。除了对穷人、欠债的人或是向他提出私人诉求的人过分心软之外，窝阔台甚至对名义上的敌国来人也会慷慨解囊，他称这是让他们放下武装并争取他们支持的策略，这样他们的国家就永远不想向蒙古开战。[21]

这种感情用事的慷慨甚至还适用于动物。窝阔台下令放了一只一直在捕杀羊群的狼，条件是它要转告同伴们搬离这里，他庄重地恳求这只狼答应这笔交易。这一次官员们蒙骗了他，这只狼一被释放，他们就放出了巨大的蒙古猎犬前去追捕它并将它撕成了碎片。窝阔台对意愿受阻非常生气，于是他下令将所有的狗都杀了。[22]

有人认为窝阔台之所以这么慷慨，是因为他是一个积习难改的赌徒，特别喜欢在摔跤这个他最钟爱的运动上下注。他宣称只有慷慨的冲动才是实现不朽的唯一方式。有人说无论在哪种情况下，唯有"一切都会烟消云散"是绝对真理，窝阔台听闻此论，决定使自己名垂青史以予反驳。另一些更敏锐的人则认为窝阔台鄙视纯粹的经济权力，那些商人和金融家从未打过仗，而他只看重政治上的权力和军事上的英勇，他满不在乎地花钱只不过是为了表达对非战斗人员的蔑视。[23]

通常情况下窝阔台都是一个谨慎、英明的统治者，他总是特别留心于察合台对自己的忠诚，并致力于让察合台满意，他经常在重要问题上与察合台协商，还会最大限度地考虑察合台的感受。作为回报，察合台也近乎夸张地服从和尊敬大汗。有一次两兄弟外出骑马，察合台提出要和窝阔台比赛赛马，最后察合台获得了胜利。那天晚上察合台自我反省，他认为自己赢过可汗可能会冒犯主君，于是在第二天早上他坚持要在窝阔台面前接受惩罚。起初，窝阔台对察合台突然出现在他的王帐里感到震惊，他还以为察合台要发动政变。但当他得知了察合台此次来访的目的后，窝阔台非常宽慰并赞扬了察合台。尽管如此，恪守规矩的察合台坚持发布公告，宣称可汗饶了他一命，而他为了弥补自己犯下的严重错误决定献给大汗9匹良驹。这种公开表示支持的做法有利于窝阔台地位的稳固，因为这会让并不乐见窝阔台继位的人接受窝阔台为可汗，且让他们明白察合台永远不会挑战窝阔台的权威。[24]

然而在有些情况下窝阔台又不得不责备他的兄长。河中地区的部分土地由窝阔台任命的地方长官马合木·牙剌瓦赤直接管辖，有一次察合台将此地分配给了其他人。窝阔台收到了马合木·牙剌瓦赤的控诉，于是命令察合台撤销他的分配命令。察合台立即照做并谦卑地向可汗道歉："我的行动既无知也毫无章法。我对此没有任何辩解，但既然可汗要求我回答，那我就斗胆写下这么多。"[25] 窝阔台对察合台的答复非常满意，于是他表示这些有争议的地区无论如何都会归察合台所有。察合台私下里对马合木·牙剌瓦赤的"无礼"大发雷霆，他清楚地向这位地方长官表明他对此非常生气。马合木·牙剌瓦赤立刻明白自己需要去安抚这个危险的敌人，于是尤擅随机应变的他便去向察合台的王傅伐阇罗寻求帮助。伐阇罗掌管着位于北方的别失八里宫殿，那里是察合台的得意之作和钟爱之所。[26] 伐阇罗很有个人魅力。他是契丹人，一生历经坎坷，他曾为札剌亦儿部首领放牧，后来成为察合台私人医生的仆人。有一次察合台表示他想要充分地了解自己父亲的生平成就。过目不忘的伐阇罗通过走访对此进行了调查，接着他告诉察合台自己可供咨询。察合台一开始很是反感伐阇罗又矮又丑的外表，不过他很快就对此人的记忆力、情报能力、智慧、口才和勇气大为震惊。于是察合台拜伐阇罗为王傅，还特别纵容他。有一次察合台的妻子干预了朝会，伐阇罗当着察合台的面对她说，她只是个女人，应该闭嘴。察合台并没有为此训斥伐阇罗，后来伐阇罗先斩后奏处死了察合台通奸的儿媳，察合台也并未降罪于他。很明显，伐阇罗可以帮助马合木·牙剌瓦赤修复他与察合台之间已经破裂的关系。于是马合木·牙剌瓦赤给伐阇罗写信，说自己对窝阔台的影响如同伐阇罗对察合台的那么大。接着他说，他可以说服窝阔台处死伐阇罗，但如果伐阇罗能够消弭他与察合台之间的不和，他就能给伐阇罗提供数不清的好处。伐阇罗认清了这个家伙极其狡猾的真面目，于是他帮助马合木·牙剌瓦赤重获察合台的宠信。[27]

历史学家术兹札尼对察合台的偏爱如同他对窝阔台的敌意一样令人费解。他称察合台品格高贵、心胸开阔、富有气质、勇敢好客（其他任何编年史家或评论家都不能苟同），还以窝阔台喜爱摔跤和赌博这类"机械呆板"的癖好衬托察合台对"崇高"的狩猎的热爱。[28] 察合台因对伊斯兰教的极度仇恨闻名，窝阔台则对穆斯林宽容以待，考虑到术兹札尼的穆斯林身份，他对察合台的偏爱更加令人费解了。[29]

前文已经提及，蒙古人有一些关于水的严格禁忌，比如春夏既不能沐浴也不能在小溪里洗澡、用金器和银器舀水会引发雷雨等，而伊斯兰教的教规对洗涤和卫生有着同等严格的要求。有一天，窝阔台和察合台遇到了一个正在小溪里洗澡的穆斯林，此时恰逢禁止沐浴的时期。作为札撒的守护者，察合台想要立即杀死这个人，可是窝阔台大声地说道："让我们明天再考虑这件事吧。"窝阔台并未推翻察合台的判决，但是他将那个穆斯林戴上镣铐带回自己的大帐。当天晚上，窝阔台唤来了犯人，教他次日对察合台说：自己已经意识到了亵渎，为了赎罪，哪怕他很穷，但他也把仅有的一枚硬币扔进了水里。第二天早上，这个穆斯林在察合台面前重复了这个故事。察合台立刻派人去寻找那枚硬币，他果然在小溪里发现了一枚，那是窝阔台秘密放置于此的。可汗随即以这个"发现"为契机顺势谈起贫穷的恶果，他不仅赦免了这个亵渎之人，还额外给了他10枚银币。[30]

还有一次窝阔台赦免了一名穆斯林，那人以穆斯林的方式割断了羊的喉咙，而没有按照札撒规定的方式宰羊。[31] 他还因为云游艺人演了一出取笑伊斯兰教的木偶戏而斥责了他们，禁止他们再表演这个讽刺作品。[32] 窝阔台显然并不太重视成吉思汗的札撒，但他也不敢废除它，否则不仅他会因为无视成吉思汗的指示而丧失信誉，而且如此公然的行径很可能会引发政变或者内战。

察合台可能隐约地意识到窝阔台对他憎恶的伊斯兰教习俗持有宽容的态度，这或许可以解释一起在本质上非常荒谬的事件。一位佛教僧人受察合台所托面见窝阔台，他对窝阔台说，成吉思汗托梦给他，说伊斯兰教给蒙古帝国招致了厄运、带来了毁灭，因此蒙古应该消灭所有穆斯林。窝阔台立刻看出这纯粹是察合台的阴谋诡计。他问僧人成吉思汗说的是什么语言，僧人说是突厥语。窝阔台强忍笑意问这位僧人他是否懂蒙古语，僧人表示他不懂。"那么你就是个江湖骗子，"窝阔台说，"因为我父亲只懂蒙古语。"窝阔台表示既然这名僧人是察合台派来的，那么自己就不会惩罚他，但命令他转告他的主子不要再污蔑伊斯兰教了。[33]根据术兹札尼的说法，窝阔台说自己不会惩罚他是在说谎，因为后来窝阔台的刽子手绑架并处决了这名僧人。

窝阔台对伊斯兰教表现出的过度尊重，与其说是他天生支持穆斯林，不如说是他谨慎使然。他清楚地记得当年屈出律命令喀什的穆斯林集体皈依佛教或基督教，结果这导致他们中成千上万的人都投奔了成吉思汗。[34]

基于一个原因，窝阔台可谓是可汗的理想人选：他承袭了成吉思汗对蒙古帝国发展动力的深刻理念，他意识到既然贵族们对金钱和权力的欲望已被唤起，只有不断地四处征战才能让帝国延续。[35]从某些方面来看，他甚至比他的父亲还要激进。成吉思汗喜欢耐心地依次将敌人消灭，而窝阔台可以从庞大帝国的各个角落招募军队，所以他更偏爱在数条战线上同时发动袭击。他动员突厥人、党项人、契丹人、女真人和塔吉克人，以及投降的阿兰人、库曼人和切尔克斯人，他可以实现在中原、朝鲜半岛、波斯地区、伊拉克地区、西部大草原、罗斯甚至东欧同一时间多线作战。

窝阔台的第一个目标是伊朗的西部地区，成吉思汗大败花剌子模帝国时蒙古仅仅部分地征服了那里。在1225—1227年成吉思汗集中精力彻底征服西夏时，他的老对手札兰丁利用花剌子模帝国西部蒙古人造成的混乱局势成功地东山再起。在被德里苏丹驱逐后，札兰丁于1224年秘密地回到了伊刺克-阿只迷，并统辖了这个地区。[36]突厥的许多地方长官都承认他统治的合法性。立足于伊斯法罕，札兰丁希望在父亲失败之处取得成功，于是首先尝试推翻巴格达的哈里发，然而他却被击退了。[37] 后来他以哈马丹为根据地打算占领大不里士。在占领阿塞拜疆首都时，他一一再现了过去所有的暴行。大不里士的阿塔贝格月即别曾在1221年以巨额贡品平息了哲别和速不台的怒火，但这个策略对札兰丁不起作用。月即别逃离了这座城市并将防御任务交给了他的妻子，但他的妻子立即联系了札兰丁，表示只要札兰丁答应娶她，她就献出城市。[38]

在1225年札兰丁成为大不里士和阿塞拜疆的统治者，随后他将注意力转向异教徒格鲁吉亚人，宣称他将为所有伊斯兰国家而战。格鲁吉亚在1221—1222年被哲别和速不台重创，但该国在战后迅速复兴，他们甚至在1223年打败了库曼人。[39] 随后继位的鲁苏丹妮女王（吉奥尔基四世·拉沙的妹妹和继承者，1223—1245在位）在一定程度上拖累了格鲁吉亚，她与一名马穆鲁克情人公开的婚外情严重地影响了臣民的忠诚和士气。[40] 1223—1224年格鲁吉亚已与毗邻的伊斯兰国家开战，当时他们并不占据优势，而札兰丁的加入使胜利的天平更加倾斜于穆斯林。[41] 在1225—1228年札兰丁一直与格鲁吉亚人作战，不过他并未全情投入于此，他还抽空巩固了自己在花剌子模和阿塞拜疆的势力。

札兰丁在1225年的行动轨迹可谓是典型的蝶形轨迹。他回到大不里士，通过迎娶月即别的妻子和平地占领了那里。[42] 1225年8月，他在亚美尼亚的加尼击败了格鲁吉亚人并进行了大屠杀，他将这场胜利归结于格鲁吉亚人自身的背叛和不忠，以及他们不可救药的愚蠢。札兰丁曾经给鲁苏丹妮女王写信要求她投降，但她的谋士们对他的威胁置若罔闻，他们还极为无礼地答复他，提醒他当年在印度河被成吉思汗打得有多惨。战争之初，格鲁吉亚的先头部队在高地占据了非常有利的地形，他们预备在加尼附近迎击札兰丁。在被札兰丁包围后，先头部队的指挥官召唤待命中的增援部队出击，然而无人前来。英勇的骑士们因格鲁吉亚贵族阶层中普遍存在的纷争以及派系斗争被迫孤军奋战。此事造成了灾难性的后果，人数占据绝对优势的格鲁吉亚军被粉碎殆尽，先头部队里只有一个人活着逃了出来。[43]

札兰丁继续无情地挺进格鲁吉亚,在 1226 年 3 月 9 日他占领了第比利斯,这场战斗异常激烈,据说 10 万格鲁吉亚人丧生于此。札兰丁命令幸存者皈依伊斯兰教,若是他们拒绝就会被当场处死。[44] 札兰丁继续前进,在 1226 年底他开始围攻阿尼和卡尔斯(两地都在今天土耳其的境内)。此时札兰丁已经可以彻底地征服格鲁吉亚了,然而在伊朗出现了紧急情况,札兰丁不得不暂停行动掉转东去。

札兰丁面临的主要问题有二。南部的起儿漫地区在 1219—1222 年蒙古入侵期间幸免于难,随后这片繁荣安定的地区由札兰丁的手下八剌黑·哈只卜掌管。但八剌黑·哈只卜和他的许多"同志"一样在暗地里非常厌恶札兰丁,他联系了蒙古人,提醒他们留意札兰丁正在大张旗鼓地复兴,同时宣告自己的独立。札兰丁试图诱骗他投降,但八剌黑·哈只卜很了解自己曾经的君主是多么的奸诈和表里不一,所以他并没有上钩。[45] 札兰丁不得不接受起儿漫独立的既成事实,于是他转而去关注更严重的问题——伊斯法罕的丧失。伊斯法罕本是被分给了他的弟弟(有人说两人同父异母)嘉泰丁,而也很讨厌札兰丁的嘉泰丁给蒙古人发了一封密函表示投诚。[46]

随后发生了蒙古历史上最令人费解的事件,史料对此的记载模糊不清。嘉泰丁将密函寄给了一位留驻于伊朗东部的蒙古指挥官,嘉泰丁以为此人忠于成吉思汗,但这位蒙古人似乎从征服花剌子模之后就在自行其是,试图割据自立。[47] 接到密函的蒙古指挥官决意抓住时机,他伙同嘉泰丁策划了一起阴谋。当蒙古军与札兰丁在伊斯法罕对阵时,蒙古将军变换阵形,装作他兵力较少因而可被轻易地拿下。渴望胜利的札兰丁立刻出击,他未曾料到嘉泰丁早已叛变,并弃他而去倒向蒙古人,于是他惨遭侧面包抄。[48] 拼死才得以逃脱。但是札兰丁还是被胜者低估了,他总是能够迅速地再次集结军队,这一次他也不例外。札兰丁很快重新召集了一支军队,他趁着胜利者们大肆庆祝时发起了反击,一举击溃了对方。札兰丁抓获了 400 名俘虏并将他们全部斩首,他亲自行刑直至力竭。[49]

在印度河被成吉思汗打败后,札兰丁便对蒙古人产生了一种"情结",如今他打败了蒙古人,自然四处宣扬自己的胜利。此时尚未即位的窝阔台并不准备让札兰丁赢下这场宣传战,于是他寄去了一封公开信,否认札兰丁打败的是蒙古人:"那些并不是我们的追随者。我们当面把他们赶走了。"[50] 嘉泰丁向西逃跑并获得了阿萨辛的庇护。前文曾提及,阿萨辛原属于伊斯玛仪派支系尼查里派,在1080年左右脱离法蒂玛王国后,他们在伊朗西北部的山区安营扎寨,总部设在阿拉穆特。据说他们的领袖"山中老人"以大麻控制追随者,他以吸食大麻后的天堂幻境引诱他们,这则传说已被证实是西方对他们的迷思。不管怎样,阿萨辛和日本的忍者一样是职业杀手,他们有一些值得称赞的战绩,包括取了十字军首领们的项上人头。[51] 中东地区的各个统治者都惧怕他们,札兰丁也不例外。但为了表现对阿萨辛的公然蔑视(尽管批评者说这不过是在给自己壮胆),札兰丁派遣了杀手去暗杀嘉泰丁。[52]

札兰丁在夺回伊斯法罕、恢复了对伊朗的控制之后重新回到格鲁吉亚,他发现在自己缺席时此地发生了两件大事。1227年2月,趁着札兰丁处理东部问题时,格鲁吉亚人夺回了第比利斯,但很快他们就因一场席卷城市的大火而放弃了该城。失火的原因存在争议:有人说火灾纯属意外,另一些人则认为因为缺少人手守城,格鲁吉亚人干脆烧毁了城市以防它落入敌手。[53]

第二件事情则更为严重。鲁苏丹妮女王与罗姆苏丹国的苏丹结盟,组建了一个强大的反札兰丁联盟,称"高加索联邦"。札兰丁再次凭借迅速和狡猾取胜。他首先同库曼人结盟以从北方威胁格鲁吉亚,然后向高加索联邦提议停战,声称双方将缔结永久性的和约。他随后集结了一支军队,赶在格鲁吉亚人与盟友会合之前袭击了他们。尽管领导格鲁吉亚军的将军伊万涅能力卓绝,札兰丁还是在博尔尼西将他们击败。[54] 接着札兰丁攻向罗姆及阿赫拉特。1228—1229年冬天,在一步一步地掠夺了亚美尼亚之后,札兰丁向凡湖(位于今土耳其的东部)西北岸的阿赫拉特进发并包围了该城。围攻从1229年8月持续到1230年4月,最终因一名守城将领的叛变,札兰丁才得以攻破该城。[55] 城破后发生的抢劫和屠杀同蒙古人的所作所为一样凶残。对札兰丁总是比对蒙古人宽容的伊本·艾西尔亦直言对此的厌恶,他评论道:"难怪全能的神很快就惩罚了他。"[56]

在阿赫拉特的暴行的确是札兰丁一生中的高光时刻。表面上，他顺利地走上了一条复兴帝国之路，毕竟他已经控制了法尔斯、起儿漫、伊刺克-阿只迷、阿塞拜疆和马赞达兰，还成为亚美尼亚和格鲁吉亚的霸主。然而这种明显利好的处境掩盖了一系列的问题。

因贪婪的税吏以及他对士兵残暴行径的放纵，许多原来支持札兰丁的人逐渐疏远了他，最终，他的部下的名声比蒙古人还要不堪。[57] 他的顾问和谋士们也逐渐认识到札兰丁根本就是一个蠢货，他在毫无必要时行事残忍而且完全不计后果，他缺乏政治头脑，性子急躁，目光短浅。尽管他声称自己在为"波斯人的独立"而战，但所有人都很清楚他只是一个一心追求荣誉的自私的投机者。他最严重的错误是同时招惹了过多的敌人。到1230年，他的仇敌不仅包括格鲁吉亚人、蒙古人、阿萨辛，还包括巴格达哈里发、罗姆苏丹国、叙利亚的阿尤布王朝和突厥的塞尔柱王朝。[58] 他拒绝听取任何建议，当他的维齐尔提出以费边战略拖延时间来对付罗姆苏丹国时，他轻蔑地说："他们只是一群绵羊，狮子会抱怨羊群的大小吗？"[59] 当札兰丁久攻阿赫拉特不下时，这位维齐尔认为札兰丁的不自量力必定会招致恶果，因此当前线消息断绝时，他便断定自己可以随心所欲地支配主人的国库和后宫。然而札兰丁成功从阿赫拉特返回，并立即将这位维齐尔投入了地牢。[60]

札兰丁也不受他的军队待见。他和一个叫基里杰的宦官之间的同性之爱让众人震惊，在基里杰死后札兰丁悲痛得几近发狂，他随身带着基里杰的尸体长达数周，不仅拒绝将它埋葬，甚至给它喂食喂水。贵族们对此很是反感愤怒，他们彼此小声抱怨，说他已经疯了。[61] 伊本·艾西尔对此的批评似乎比较温和："札兰丁是一个糟糕的统治者，他对王国的统治令人憎恶。"[62]

在1230年的后半段，札兰丁因多重原因彻底垮台。1230年8月，塞尔柱王朝和罗姆苏丹国的军队将他引到了埃尔津詹附近的海湾进行了一场持续三天的血腥战斗。札兰丁在开战的第一天表现得很好，在沙尘暴打断战斗之前他已经接近胜利。然而最终，塞尔柱人的纪律、士气和效率赢得了战斗。札兰丁被彻底地击溃，他损失了数以万计的兵力，这一次他无法翻身了。[63] 几乎就在札兰丁战败的同时，一支庞大的蒙古军队正在向西方挺进，队伍由新提拔的将军绰儿马罕率领，他得到了窝阔台的最新指示——此行必须一次性地了结札兰丁。蒙古人甚至收到了阿萨辛（未来他们将视蒙古为死敌）寄来的一封信，信中劝说蒙古人共同行动来对付这一个共有的威胁。[64]

绰儿马罕曾是帝国怯薛中的箭筒士，当成吉思汗为三位蒙古王子围攻玉龙杰赤时的表现感到愤怒时，绰儿马罕曾大声地支持这三位王子（见第11章）。绰儿马罕等了十年才首次担负指挥的重任，如今是他表现的时候了。绰儿马罕了解札兰丁的作战方式以及他有多么地依赖速度，于是绰儿马罕得出结论：凭借着更快的移动速度就可以巧妙地战胜对手。绰儿马罕从阿萨辛处得知了札兰丁的下落，他刚越过阿姆河就立刻开始行动。绰儿马罕带领一支军队急行军穿过呼罗珊和拉伊，抵达了大不里士郊区，他出其不意地进攻击溃了守军。蒙古的其余部队占领了库姆、哈马丹、法尔斯和起儿漫。[65]

札兰丁向哈里发求助以对抗蒙古人，在求救无果后他立刻向塞尔柱王朝和阿尤布王朝示好，告诉他们自己是对抗蒙古的中流砥柱，若是没有他，他们是无法对付蒙古人的。札兰丁疯狂地四处奔走，试图组织防御力量以抵抗侵略者，然而他却发现没有人愿意为他助一臂之力。紧接着就是一场追逐，从穆甘平原、阿兰平原再到迪亚巴克尔地区，一路上札兰丁的人越来越少，让人想起十年前速不台和哲别追逐他父亲的情景。[66] 在追击札兰丁时，蒙古人夺取了阿塞拜疆的马拉盖，并在迪亚巴克尔地区击溃了札兰丁的军队，还夺取了一连串的城镇：迪亚巴克尔城、坦扎、马尔丁、尼西比斯、辛贾尔、巴德利斯，以及哈拉特。绰儿马罕本人在拉伊驻冬。[67]

绰儿马罕的军队并没能将札兰丁抓获，这令他十分生气和急躁。因此他重新派出一支军队前往追击。当原先包围大不里士的蒙古军从城外撤离前去兜着圈地找寻札兰丁时，愚蠢的札兰丁断定蒙古人已经收兵，于是他下令举行为期三天的宴会进行庆祝。步履蹒跚的狂欢者在宴会的第一天午夜就被蒙古人发现，此时札兰丁早已喝得酩酊大醉。札兰丁的将军奥汗十分艰难地将他叫醒,并提醒他危险即将来临。札兰丁恳求奥汗帮他争取逃跑的时间,于是奥汗将札兰丁的旗帜升到了空中,让蒙古人以为札兰丁将荣耀地杀出重围。奥汗挑选了一队人马出逃,目睹此景,蒙古人确信自己找到了猎物,于是蜂拥而上。蒙古人紧追不舍,他们最终将奥汗逼得走投无路。在发现自己遭到愚弄后,蒙古人大感愤怒和挫败,于是他们杀光了所有人。[68]

但札兰丁用部下的牺牲换来的缓刑并没能存在多久。在前往库尔德人所在地的途中,他在迪亚巴克尔附近的某处山上筋疲力尽、陷入睡眠。一群库尔德人土匪看见了他的营火,于是接近了他。土匪们没有认出札兰丁,因而杀了他并拿走了他的衣服和财物。[69] 土匪们带着战利品折回了迪亚巴克尔,他们战利品中的札兰丁的特殊服饰被人认了出来,于是他们被逮捕并被处决。故事到此还没有结束,在接下来的十年里为了争取他的遗产陆续出现了一些冒牌的札兰丁。[70] 但在蒙古人看来,这颗特殊的眼中钉已然不复存在,他毫无意义的死法更是令绰儿马罕感到特别地满足。尽管如此,在札兰丁为数不多的崇拜者中仍有人称赞说:"似乎这种最勇敢的狮子,命中注定要死于狐狸之手。"[71]

1231—1237 年绰儿马罕致力于将整个波斯置于蒙古的统治之下,并努力抑制高加索各个部落的发展。总的来说,他乐于担任伊朗的军事总督,他驻扎在肥沃的穆甘平原,那里的环境非常宜人。他分别委任了显要人物作为呼罗珊和马赞达兰的达鲁花赤,一位是西辽人成帖木儿,此人一直是一名备受尊敬的行政官员,直至他于 1235 年去世;另一位是镇海推荐给他的一名畏兀儿景教徒。[72] 1231 年绰儿马罕的军队攻陷了尔米亚湖东岸的马拉盖,当地居民试图反抗,于是遭到了屠杀。据伊本·艾西尔记载,蒙古人在屠杀的时候笑着模仿信徒向真主安拉祷告。马拉盖也传出另一个故事,说之所以一名蒙古人能够单枪匹马地屠杀数十人,是因为人们害怕到就么躺着等待最后致命一击的降临。

蒙古人随后朝着阿尔贝拉前进,但既然该城同意每年向窝阔台进贡,他们就又撤了出来,很快大不里士也效仿了阿尔贝拉。[73] 迪亚巴克尔是 1233 年的作战目标,该城如同 1221—1222 年的呼罗珊及河中地区一样遭受了极度的苦难。1236年绰儿马罕摧毁了高加索地区的占贾，到1237年他终于彻底征服了整个伊朗和阿塞拜疆地区。[74]绰儿马罕似乎一直对伊斯兰教抱有敌意，虽然他的厌恶从来没有达到察合台那样的程度。似乎在宗教信仰上他倾向于基督教，但在有关格鲁吉亚和亚美尼亚的案例中他的偏向并未显露。[75]绰儿马罕遵循成吉思汗制定的一贯的宗教宽容政策——与其说成吉思汗是因为思想开放，倒不如说他利益至上地认识到他可以通过强调宗教分歧来划分人群，实现分别统治。[76]

格鲁吉亚和亚美尼亚就像九头蛇一样难以消灭，他们经历了哲别和速不台的两次攻击以及第三次札兰丁的攻击后仍然存续。绰儿马罕接到窝阔台的命令，他需要推迟征服格鲁吉亚和亚美尼亚，直至拔都的军队踏上保加利亚大草原前往攻打罗斯，以便为拔都截断罗斯军队通往高加索地区的退路或是增援路线。[77]直至1236年底绰儿马罕才彻底实现征服格鲁吉亚和亚美尼亚的终极目标。他很快就占领了格鲁吉亚，鲁苏丹妮女王被迫逃亡。鲁苏丹妮女王在逃跑之前下令，一旦蒙古人迫近就烧毁第比利斯城中劳工的居住区，但不要损坏宫殿和富人区，然而地方长官在惊慌失措中放火烧毁了所有。许多封建领主早已对鲁苏丹妮大失所望，但他们不得不在军中服役，如今他们纷纷投降了蒙古。[78]

相较于占领格鲁吉亚时的轻松顺利，1239年开始的亚美尼亚战役则要惨烈得多，其中围困与洗劫阿尼和卡尔斯城尤为血腥残暴。至于奇里乞亚王国，该国精明的国王海屯一世（1226—1269年在位）聪明地早早归顺蒙古人，他还特意向窝阔台强调蒙古与基督教有着共同的利益，尤其是在应对伊斯兰教上。1240年绰儿马罕得以向窝阔台报告，蒙古在格鲁吉亚和亚美尼亚的所有目标都已实现。[79]似乎冥冥之中自有天意，在迎来最终胜利时绰儿马罕的身体垮掉了。1240年他令人费解地丧失了语言能力，只能引退于幕后。在继任者出现之前，他的妻子阿尔坦哈屯成为当地实际上的统治者。绰儿马罕于次年去世，他的功绩令人钦佩，但他只是数不胜数的蒙古天才将领中的一员。[80]

对窝阔台来说，更为重要的战事是再次拉开帷幕的攻金之战。在1227—1229年蒙古的政权过渡期间金朝就陷入了困境，金军获胜的战斗寥寥无几，其中包括金朝大将完颜合达主导的一场小规模战役（这是金军首次在战场上战胜蒙古人），以及金军将领移剌蒲阿挡下了蒙古统帅朵豁勒忽的进攻并解了陕西南部庆阳城的围困。[81] 金哀宗曾试图以纪念成吉思汗的余荫为由向蒙古人送礼以进行安抚，但窝阔台表明除非金朝宣告投降，不然他不接受礼物。在窝阔台派出使者南下传达他的声明时，使者却被金哀宗所杀，于是重新开战在所难免。[82]

金朝对自己的处境毫无道理地信心满满。1227—1230 年金朝收复了陕西中部渭河流域的大部分地区，包括渭河与黄河交汇处以南、控制着河南入口的潼关，以及位于山西西南角、黄河以北的河中要塞，他们因而倍受鼓舞。[83] 此外，当时留驻中原的蒙古指挥官再也没能实现类似于木华黎的成就，蒙古军这些年了无生气的表现也让曾经的许多盟友或弃之而去倒向金军，或对蒙古的忠诚产生动摇。

窝阔台集结了一支据说至少有 10 万人的庞大队伍，并与拖雷一起进入中原。[84] 金哀宗相信了完颜合达和移剌蒲阿夸耀自己征服蒙古的说辞，于是任命他们负责抵抗，这让他们深感惶恐。他们完全明白自己的说辞有多少水分，以及现在他们将要面临什么。[85] 他们理应担心，因为窝阔台的目标并不是征服新的领土，而是找出并摧毁金军。蒙古人从山西和陕西进军，一路上消灭遭遇的金军，还摧毁了 60 座要塞。[86] 蒙古人在围攻凤翔府时因金军严密的防守陷入了短暂的困境，于是金哀宗命令极不情愿的完颜合达和移剌蒲阿前往迎击。结果正如这两人一直以来所害怕的那样，他们被远胜于己的敌人彻底击溃。金哀宗不再派兵增援后，蒙古人继续有条不紊地缩紧对凤翔府的包围，他们切断了所有的粮食供应渠道，封锁了任何可能为被困驻军提供补给的城镇。凤翔府就这样在缓慢的扼杀中投降了。[87]

到 1230 年 5 月，蒙古人夺回了渭河流域所有在 1227—1229 年"小打小闹"中丢失的城镇。窝阔台告诉拖雷，他们预计将于 1231 年入侵河南并逼迫金军与他们决战。他计划撤退到北方以迷惑金朝，同时让拖雷南下取道宋朝，遵照成吉思汗提出的策略绕一个弧形从南面进攻开封。[88]

窝阔台的战略需要蒙古军兵分三路并互相协作：拖雷率军在宋朝境内

作战,他自己率军穿过山西向南推进,速不台率领的左翼第三路沿着山西和山东的交界同步向南移动并保护窝阔台的左侧。[89]虽然每一路的行动都需要谨慎以待,但总的来说,拖雷率领的军事冒险是战略计划中最为关键的。面对金军有恃无恐的潼关之险,拖雷要从东南方向逼近金朝的都城开封,以免除长期围攻潼关的艰苦。

1231年年中窝阔台向宋朝遣使,他希望他们允许拖雷的军队假道于宋,但使团被宋朝的一名地方将领所杀——这个转变非常奇怪,毕竟之前宋朝曾要求与蒙古人结盟共同攻金。[90]于是窝阔台又派了一个使团要求解释,这一次的队伍到达了宋朝的首都。并不想与蒙古开战的宋朝为其将领犯下的暴行表示了歉意,但他们对蒙古军队假道一事含糊其词,尽管他们以各种方式暗示宋军不会阻止拖雷的行动。

窝阔台已为另一场著名的蒙古远征做好了准备,他带上失吉忽秃忽以及博尔术的弟弟朵豁勒忽作为他的副手。拖雷率领着3万骑兵深入宋朝境内,在距离金朝西部很远的地方进行大规模的迂回作战。他越过渭河上游,饥寒交迫地穿越了秦岭山脉。[91]然后他越过汉江上游,以汉江上游与洮河之间的山区为基地,攻占了宋朝的汉中并在此大肆屠杀。

拖雷采取大屠杀主要是因为对汉中的围攻持续了40天,而且在城破之后大约1.2万名汉中守军乘着木筏逃走了。因为宋军掌握了航运和水路运输,拖雷非常挫败。为此,除了将一些妇女和儿童充作奴隶,他将所有留在城内的人屠戮殆尽。[92]随后他继续向南方进攻,沿着嘉陵江顺流而下。在四川省的腹地,他们越过一座座高山和如海一般平坦的平原,他们甚至能够远眺西藏境内那些缥缈的山峰。据说他在此次伟大的远征中沿途占领了140座城镇和要塞,接着到1231年11月,他开始转向东北方向。12月他在汉江边安营扎寨,在休整了一段时间后,他于1232年1月底渡河进入了金朝境内。[93]

拖雷在河南出现的消息在金朝都城引发了震动。帝国的朝臣们主张朝廷应大规模地撤向守备坚固的城镇,他们认为蒙古人在经历传奇般的远征之后必定精疲力竭,因而可能只会围攻其中的一两个。但金哀宗认为,他的子民已经遭受了太多的痛苦,他们不能再承受更多了。他出于道义再次召集了一支军队，派去保卫河南西部和南部的边境，抵御蒙古人的攻击。[94]

拖雷担心经过艰苦的长途行军后军队出现减员，于是他决定推迟与金军的正面交锋，改打消耗战。在这方面拖雷是受到了速不台的影响，他曾经与速不台多次长谈，而速不台坚信可以采用这种方式削弱像中原人这样"温顺"的民众。[95]金军指挥官想要等到拖雷尝试渡河时再发动进攻，但开封的朝廷逼着他速战速决，于是金军指挥官不得不与拖雷的先头部队进行混战。蒙古人本意在混战中引诱金军进入自己的埋伏圈，但金军并没有上钩。金军将领本以为己方已经安全了，于是他下令全军撤退，但他不幸地遇上拖雷在林中巧妙地设下的伏兵，被敌人掠走了辎重。金军将领为了掩盖这次惨败，将早先己方获胜的小规模冲突报告为一场大捷。轻信的金哀宗对此喜出望外。[96]

然而金军渴望在战场上为这次新添的耻辱复仇。金军频繁地伏击，还射出了暴风骤雨般的箭雨，蒙古人被步步逼退，他们只得撤退到山中，在山腰的洞穴中安营扎寨。金军被蒙古人引诱着一步一步追击上山，最终越过了雪线。金军对山上的大雪毫无准备，他们因暴露于寒冷的天气中而损失惨重。[97]然而蒙古人为了取胜也付出了惨痛的代价。无论是在这一次还是之前在四川的军事行动中，蒙古人都面临着食物极度匮乏的问题，不仅当地的出产无法养活军队，冬天的猎物也很稀少。有时蒙古人只能靠吃人来免于饥饿，这也是蒙古历史上有史可载且难以辩驳的少数几个食人案例之一。[98]

拖雷在摆脱了金军的追击后再次出发，他来到了邻近黄河与渭河交汇处的潼关。潼关是从南方北上的必经关口，金朝派遣了一支大军于此地防守。由于在兵力上劣势明显，拖雷考虑了在傍晚时故技重施，再次假装撤退的可行性，于是派失吉忽秃忽率领先锋队引诱敌人追赶，但是这一次他的策略失效了。[99]拖雷因此落入了一个进退两难的境地：考虑到众人经历了重重磨难，撤退将严重地影响军队的士气；但是若在如此固若金汤的防御阵地前发起全面进攻也是十分危险且愚蠢的。

起初，拖雷尝试以半自杀性的行动引诱金军，他派遣朵豁勒忽率领着 1000 名士兵突入金军的弓箭射程范围之内，然而金军的反应速度超出了他的预料，朵豁勒忽的队伍在慌忙撤退时留下了大量的尸体。[100] 拖雷无计可施，他只能恳求康里术士们想点办法，在绝望之中指望巫术发挥魔力。于是他们安排了祈雨仪式请求上天下一场夹着石块的暴雨。这个把戏竟然神奇地成真了，暴雨倾盆而下，拖雷命令他的手下穿上了沉重的雨具。拖雷的军队在瀑布般雨幕的掩护下突破了金军的前线，他们抵达的是一片衣食充裕的地区，此地的这些物资大部分是当地农民为了防止上层社会阶级又一次降下战争而储备的。[101]

蒙古骑兵们在骑行三天三夜后得到了休整，拖雷仔细地将他们以 1000 人为单位分别驻扎于各个村庄里以躲避暴风雨无情的侵袭。与此同时，金军意识到事态不利，于是一路追击。很不幸，在第四天时大雨变成了暴雪，此时金军正处于空旷之地，他们彻底地暴露在疯狂席卷的冰与雪之中。因为蒙古人早就将沿途的所有村庄洗劫一空，金军试图寻找庇护所但一无所获，家家户户都家徒四壁。[102] 在随后的三天里，暴风雪无情地踩躏着金军，而蒙古人则安逸地藏在村庄里。第四天时雪依然在下，但拖雷判断己方人马已吃饱喝足、休息良好、整装待发，于是他率军沿着原路折返，并发现金军缩成了一团，他们就像一群羊互相把脑袋藏在同伴的尾巴里。结果当然又是一场屠杀，蒙古人犹如狮子捕食羚羊一样，将饱受折磨的金军撕成碎片。金军中的一些幸存者得以在大雪中逃走，然而大约 5000 人死在这一片白色的寂静荒野中。[103]

拖雷的最后一次行动充分地展现出蒙古人的聪明才智。他们抵达今天洛阳附近的黄河，却发现河道因最近的暴雨引发的洪水而水位大涨。但幸运的是，洪水也将大量的巨石冲上了河岸。拖雷交给了部下一项艰巨的任务，让他们将这些石头搬进河里搭建简易的防波堤，以便将湍急的河水引入多条河道，好降低关键的河水交汇处的水位。拖雷的部下花费了一个星期进行施工，其后拖雷率领着人马一路越过临时搭建的堤道，据说这是军队有史以来第一次成功从黄河下游涉水而过。[104] 女真人无论是在建立金朝之前还是在之后都无法让马匹穿越水深的河流，而蒙古人解决了这个问题。[105]

一旦抵达黄河的另一侧，拖雷就得以遣使向窝阔台报告自己的位置。窝阔台一直非常担心自己心爱的弟弟此次冒险的境遇，听到拖雷的消息他欣喜若狂。窝阔台自己也节节胜利，他抵达了山西的最南端，随后向东沿着黄河朝着开封的方向前进。途中他只因围攻河中府耽误了35天，最终他借助一座200英尺高的金字塔状的高塔占领了该地。[106] 窝阔台十分恼怒于当地的文官居然耽搁了他如此之久，于是立即处决了此人，但令他更加生气的是，他发现守城将领带着3000名士兵早已乘船逃走了。但河中府的守城将领并没有因弃城而逃获益，当他抵达安全地带时，他就被指控胆小懦弱并被立即斩首了。[107]

在某种层面上，指挥左翼军队的速不台领有最为艰巨的任务，因为他需要面对金朝最优秀的将军完颜彝。在1227—1229年蒙古的政权过渡期间，就是此人为金朝赢取了渭河河谷和甘肃地区的大部分胜利。1231年初尚未派给拖雷的朵豁勒忽也曾败于他手，但朵豁勒忽将失败归咎于缺乏速不台的支持。窝阔台不想玷污博尔术兄弟的名声（博尔术作为成吉思汗的老战友，几乎被后人顶礼膜拜），于是他相信了朵豁勒忽显而易见的借口，将战败的责任归咎于自己一贯不喜欢的速不台。不过窝阔台将朵豁勒忽的失利看作是小事一桩也是很合理的，他认为：

> 从成吉思汗时起，我们多次同契丹（中原）军作战，总是我们战胜他们；同时我们占领了他们大片的领土。如今，他们战胜了我们，这预示着他们将遭遇灾难，就像一盏熄灭之前刺眼地闪烁的灯。[108]

速不台随后在一次小规模的冲突中败给了完颜彝，这似乎印证了窝阔台的判断——速不台该为失利负责。[109] 然而，速不台很快就通过在山西东部和辽东西部的辉煌战果挽回了颜面，这次行动是为了协助此后多次反水的严实。在中国的历史表述中，严实似乎是与"农民势力"红袄军相对的"地主势力"的领导者，但是他其实并没有这么高的地位。严实只是通过伪装才掩盖了他与红袄军相同的农民出身，而他本人不过是最典型的投机分子，或者正如人们所评价的："他就像一条变色龙，不仅根据需要改变颜色以在世事变迁中存活,而且每次都能伪装得比上一次更好。"[110]

这一次,窝阔台似乎对速不台及其手下的表现很是满意。此时金军突然意识到之前他们集中力量应对的拖雷军居然不是主力部队,拖雷所行的一切都不过是掩护,如今窝阔台和速不台正在展现他们强大的破坏力,这令金朝惊愕万分。他们想方设法勉强拼凑了一支队伍交由完颜彝率领,据说这支队伍有11万人之众。速不台成功断绝了这支金军与开封之间的联系,并赢得了压倒性的胜利。在大捷的极度亢奋之中,三路蒙古军在今天的禹州附近会师。剩余的金军落入了开阔平原上设立的陷阱中,金人最后的兵力也被彻底消灭了。这就是最后一支成建制的金朝军队在战场上直面蒙古人的全部经过。[111]

战争结束后蒙古人提议,如果完颜彝愿意为蒙古效劳,那么将饶他一命,但完颜彝拒绝了,他表示自己的名誉不允许他这样做。完颜彝提出了最后一个请求:他想亲眼见到伟大的速不台。如今已年过五旬的速不台被找了过来并送到完颜彝的面前。速不台正忙着监督行刑,他百无聊赖地听着完颜彝对他的赞美之辞,比如,像他这样伟大的征服者不会是偶然诞生的,他一定是上天赐予的。速不台从来不是一个在乎自己魅力的人,他似乎对溢美之辞无动于衷,只是下令将完颜彝带走处死。[112]

金朝如今陷入了绝境。自从拖雷在西部展开行动之后,金朝无法再从西部调集增援。哪怕金军并未完全丧失斗志,考虑到他们最多只有2万匹马,金军也无法继续与蒙古人作战。[113]蒙古人早已封锁了金帝所有的逃跑途径。金哀宗终于意识到三支蒙古军正在向他靠拢,于是他命人去扒开黄河上的堤坝,淹没城市的周边以为屏障,但蒙古人早就料到了他会有此举动,已经派重兵牢牢地占据了堤坝。由于所有的军队早在危机刚刚凸显时就被紧急召回了开封,皇帝已没有任何获得救济和援兵的指望。事实上,1227年在饱受重创的金朝境内得以幸存的世家大族如今早已移居去了宋朝境内更为安全的地区。[114]

如今金朝难有什么指望。对金朝来说,一个渺茫的希望是或许宋朝会介入。金哀宗给宋朝皇帝写信,信中他强调了一个显而易见的事实:一旦蒙古人获胜,他们很快就会将目光投向长江以南。然而宋人毫不留情地拒绝了他的请求，甚至还就此讥讽金朝，说他们自视为宋朝的宗主国。[115]于是金朝只能指望疾病可以打败蒙古人了。开封是一座人口近百万的大都市，围攻开封的任务旷日持久、十分艰巨。[116]城里有干净的水源和退热药，这些是守军的优势，也是蒙古人所欠缺的。众所周知，开封所在的河南省常会暴发鼠疫、痢疾、霍乱，特别是天花。[117]也许大自然能做到金人凭借自身力量做不到的事。炎热的夏季临近，窝阔台和拖雷撤到了北方，留下速不台攻占开封以彻底灭亡金朝。[118]

如果金人真的希望蒙古人能够败于命运，那么他们的祈祷得到了回应，虽然对金朝来说不幸的是，遭难的并不是速不台或是其他攻城者，而是最初为金人招来末日的拖雷。在窝阔台和拖雷返回蒙古腹地的途中，可汗突然身患重病，很快他就奄奄一息。萨满巫师对此"解释"说，可汗被水神附身了，除非有人以身代之替他禳灾，否则可汗不会康复。拖雷对窝阔台有着深厚的兄弟情谊，他提出自己来做牺牲品，于是喝下了一碗被萨满巫师施加咒语的水，不久他就病倒逝世了。

至少《蒙古秘史》是这样记载拖雷的死因的。[119]而志费尼的故事则截然不同——拖雷是一个臭名昭著的酒鬼，他在一场大型的酒局中放纵过度导致酒精中毒，在极度的痛苦中于三日后死去，享年40岁。[120]然而还有第三种说法，一些最优秀的学者十分支持这个观点。在这个说法中，拖雷死于反对者（可能是术赤的后代）的阴谋毒害，这种日后摧毁成吉思汗统一帝国的地方性派系斗争，在此时已经初见端倪。[121]所有生活在草原上的游牧民族都特别擅长在暗中使用慢性毒药。他们用贝加尔湖地区尤为常见的蒙古毒蛇获取毒液，将毒液从蛇的毒牙中挤出来放在盘子里，干燥后储存起来备用。因为毒蛇的毒液在不同的季节毒性不同，人们通常在毒性最强的秋季配制毒药。[122]

不管拖雷死因为何，窝阔台为拖雷的死悲痛欲绝。他难以忘怀自己心爱的弟弟，每次喝醉他都会为拖雷的死恸哭不已。为了表达对逝者的敬意，窝阔台赐予拖雷的遗孀唆鲁禾帖尼管理帝国行政的权力。唆鲁禾帖尼别乞以此权力为基础，提拔了自己的儿子蒙哥、旭烈兀、阿里不哥以及忽必烈（日后著名的元朝皇帝）。[123]

与此同时，速不台收紧了对开封的包围。1232年4月8日蒙古人开始正式围城。城里的主和派尝试与蒙古人讲和，但7月24日主战派杀死了前来商讨和约的蒙古使者及其随行人员，阻断了讲和的进程，一场你死我活的战争势在必行。不管怎样，既然远在天边的窝阔台和亲临现场的速不台都有权指挥，指挥系统就有些混乱。窝阔台原本早已提出接受投降的条件，其中明确了赔付军事赔款、在金朝统治阶层家族内挑选人质以及送交一群漂亮的女孩子等条款，但并没有涉及是否取消金朝皇帝的皇帝头衔这一个矛盾的症结。金哀宗由于他得以保留皇帝头衔而对和约欣然应允。然而速不台却拒绝放松对这座城的围困，他说可汗命令自己围攻以夺下该城，自己没有收到任何要求撤退的指令。[124] 金哀宗认为既然他已经给窝阔台写信表示他接受和平条约，一切便有转圜的余地，于是他愚蠢地命令守军不要向蒙古人开火，以防破坏了本就棘手的和谈。这个决定让金军大失所望，而当速不台明确表示他不想要和平时，金军的不满情绪更为严重了。金哀宗只能在幽僻的深宫大骂蒙古人的出尔反尔。[125]

蒙古人继续围攻。开封有12座坚不可摧的箭楼，由6万名士兵（4万名有经验的驻军以及2万名征召入伍的年轻官吏）把守，攻城的任务并不容易。速不台命令俘虏建起了一座和城墙一般高的堡垒，以抵挡守军的致命箭雨。蒙古人对开封的狂轰滥炸持续了16天，造成了城内严重的人员伤亡，但这依旧没能摧毁金人的守城意志，于是速不台下令休整一段时间，好让自己考虑一下该如何行事。这次休整是速不台的幸运，此时开封城内正暴发一场瘟疫，疫情肆虐长达50天，死难者甚众，而蒙古人幸免于难。[126] 越来越多持观望态度的金军将领从中原腹地前来投诚，但其中亦有不愿逃亡、直入蒙古大营以求慷慨赴义之人。如前文所述的完颜彝，他拒绝在速不台面前或成吉思汗的画像前下跪，称其不希望被人认为背叛了金帝。为了惩罚他拒绝跪拜的行为，蒙古人砍下了他的双脚，然后将他的嘴向两边割开直到双耳。他直到最后都保持着勇猛无畏的姿态，这赢得了刽子手的钦佩。一位蒙古指挥官对他说："伟大的勇士，如果你获得了重生，一定要成为我们中的一员。"[127]

1232年9月速不台使用投石机、抛石机和火药再次进行围城作战，据说这是历史上第一次明确记载的在大规模交战中使用火器的案例,其中可投掷的燃烧瓶和火箭表现尤为突出。金人发明了一种称为飞火枪的火器,它以16层黄色的厚纸张粘贴在一起卷成一个长管,然后将木炭(柳木制成)、铁屑、瓷粉、硫黄和硝石的混合物填充进去,接着再将管子接到长矛上。士兵使用飞火枪时会携带一只小铁盒,内装有炽热的余烬以点燃火枪,并喷射出长达九英尺的火焰增强长矛的杀伤力。[128]蒙古人以相似的技术对金军进行了凶狠的反击,他们不仅拥有石弩和投石机,还有一门由竹筒制成的简易大炮,大炮由缓慢燃烧的引线引燃,点燃之后就能发射。[129]战斗双方的差异在于,战争和(特别是)饥饿导致金人的人数在不断地减少,相反,蒙古人则通过将俘虏置于前线并毫无顾忌地牺牲他们而保存了己方的有生力量。

蒙古人在开封展现出了他们在与金朝交战的二十年中学到的攻城技能。为了封锁所有的逃生路线,速不台围绕着这座城市修建了一堵54英里长的围墙。除此之外他还不断地尝试新的技术,蒙古在与花剌子模交战期间及之后招募了大量的穆斯林工匠,速不台尝试运用了他们掌握的技能和窍门。这些工程师建造了一台巨型抛石机,它可以投掷166磅重的石块,能将夯土制成的墙砸出七八英尺深的凹陷,射程可达到400码。[130]此外,蒙古人还有适用于战场的轻型弹射装置以及一系列简陋的可弹射石炮和炸弹。目前对于蒙古人攻打开封时是否使用了最新的攻城武器平衡重锤投石机(回回炮)依然存在争议,但在后来的攻宋之战中,这种武器肯定是频现于战场上了。[131]

速不台有时似乎会暂停围城以重振战士们的士气,他还允许一些部队进入乡村任意掠夺。史料记载,包括儿童和老人在内的大批难民试图逃到山中,但他们在大雪天里被这群四处徘徊的蒙古军抓住,遭到了无情的屠杀。[132]

开封之战旷日持久,它耗尽了征服者残存的人性,哪怕敌方将领已经投降也常遭处决,这种现象越发常见。即使到了这最终阶段,一些金人仍然四处逃窜、坚持抵抗,这简直令人难以置信。开封城内的悲惨情况几乎难以名状,长期的围困导致的所有现象,无论是饥荒肆虐、疾病蔓延、易子而食还是自相残杀,都增添了新的恐慌。城内的食物极度短缺,金人先是以马肉为食,接着就着绿色的野草啃骨头,最后他们只能用马鞍和军鼓上的皮革熬汤。夏季炎热的天气导致疫情极为严峻,瘟疫的危害是如此之大,以致于速不台不得不经常暂停围攻,并带领自己的军队撤离以长时间避开此地,当然他从未放松对开封的封锁。[133]

对蒙古的社会精英来说,围攻开封也是一次给窝阔台留下印象的好机会,无论他们的所作所为是真实的还是虚构的,是刻意所为还是自觉行事,抑或一切只是违心之举。中书右丞相镇海是窝阔台最为亲近的大臣,他位高权重,而首次参与政治的速不台知道自己不受窝阔台待见,于是他特意要求赐予自己一面绣有九条龙的旗帜并获得在出行时使用轿子的权利。[134]

开封城内的一切都陷入了绝望,最终金帝也彻底崩溃了。1233 年 2 月的一个夜晚,他抛下自己的皇后和所有的皇室成员,在一小撮护卫的陪同下溜出了开封城,穿过了蒙古的防线,前往河南组建一支新的军队。在临走之前,他从帝国的国库中取出丰厚的赏钱贿赂了群臣,说服他们继续战斗直到他带着救援部队归来,他还任命崔立为西面元帅。[135]

似乎金帝很快就遇到了一支四处流窜的金军并领导了他们。金哀宗决心横渡黄河,将更多的人招至自己的麾下,然而他在寻找浅滩的过程中遭遇了一场可怕的风暴。就在他被风暴困住的时候,速不台派来追击的蒙古军发现了他。随后的战斗结果几乎已成定局,但阵亡的人数仍堪称惊人,包括在战场上死于屠杀的,以及从屠杀中幸存却在水中溺亡的,金军大约留下了八千多具尸体,还有许多尸体被河水冲走了。[136]金哀宗带着一些人马逃脱了,但当战败的他们在乡间大肆作乱、进一步削弱民众对金政权的支持时,任何团结乡民的想法都被排除了。很快,随行人员的数量再次减少,金哀宗派了一名信使去请他的皇后和公主们前来与他会合。然而大批人员从开封出逃的计划并没能成功,因为此时蒙古人已经严密地封锁了这座城市,包围堪称插翅难飞。

发生上述事件的同时,速不台已经启动了第二阶段的围攻,对该城再一次展开了全面的攻势。[137]金朝守军的处境十分窘迫,据记载,一些士兵吃掉了他们的妻儿，还拆毁了自己的房屋来为大炮和火箭提供易燃的材料。在得知金哀宗派人去寻找其家人的消息后，守军更是感到灰心丧气，这则消息被守军（正确地）解读为金哀宗已经默认没有任何获胜的希望了。[138]

崔立意识到，如果让犹豫不决的金哀宗继续与速不台谈判，那么他和开封城内的其他所有人都会遭到屠杀，于是他发动了政变，处决了宰相以及所有忠于皇帝的高级官员。崔立选择流亡中的完颜从恪为监国，自己充任太师。完颜从恪于是回到了开封并宣布摄政。新政权随后提议让速不台提出新的和约条款。速不台似乎愿意接受这一项提议，他就此回复说，金朝必须拆除开封城市中所有的防御工事，同时支付巨额的战争赔款。[139]崔立意识到保住自己性命的最好方式是贿赂速不台，于是他立即给速不台送去了大量的珠宝和后宫中的漂亮姑娘以示诚意，他还在开封城内实行恐怖统治以逼迫富人们交出财宝。随后，崔立逮捕了所有皇室成员，将他们押送给速不台。速不台随即处死了所有的王子，公主们则被送往哈拉和林，一路上她们饱受摧残。[140]

速不台由此胜利地进入了开封城，受到了崔立的恭迎。进城之后，速不台全然不顾自己曾经对崔立的承诺，放任军队到处奸淫掳掠。速不台一直瞧不起中原人，认为他们低人一等，而这种违背诺言的行为正是他表达蔑视的嘲讽方式。[141]

但是速不台没能得到他的终极猎物。于是他专门给窝阔台写信，表示既然开封是他的战利品，那么他请求大汗允许自己洗劫这座城市，理由是蒙古军队在围攻中伤亡惨重，应该对开封给予适当的惩罚。当时的耶律楚材对窝阔台的影响力达到了顶峰，于是耶律楚材进行了戏剧化的介入。耶律楚材恳求窝阔台留下金人的性命，他认为速不台提出的建议非常愚蠢：既然开封已经投降了，那里的居民已成为窝阔台的臣民，如果杀了他们，那么蒙古将失去数以万计的纳税人，更不要说损失一大批工匠和精通其他各类技术的人。窝阔台听罢深以为是，于是他紧急通知速不台处死的俘虏只能限于皇室成员。[142]

500名皇室成员（特别是完颜家族的嫡系）死在了蒙古刽子手的斧头

下。本期望得到奖赏的崔立也死于暗杀，实行暗杀的并非愤怒于他的背叛的金朝拥趸，而是一名其妻子惨遭崔立强暴的金朝官员。[143] 速不台恼怒于窝阔台含蓄的责难，但他非常清楚若是拒绝服从会招致什么样的后果，于是他干脆转向下一个目标：从1233年8月开始金哀宗于此避难的蔡州城。

金哀宗此时已经深陷于挫败和愤怒之中，他除了将所有战败的或背叛的将领统统处决以外想不出更好的办法。他仍然紧抓住来自外界的希望不放，以为宋人终究会对蒙古这般已经逼近家门口的强大军事力量感到震惊，然后与他并肩作战。然而宋朝非但没有如此，反而与蒙古人签订了盟约：为进攻蔡州提供2万名士兵进行支援，还为蒙古军提供大量的粮食作为补给。[144] 蒙古人与宋军联合向蔡州发起了进攻，最终蔡州于1234年2月9日陷落。早在一段时间之前，这座城市就很明显是注定会失守的，但金哀宗的将领们不敢告诉他这个真相——要么是因为皇帝仍然保有一支强大的侍卫足以抓住并处决他们，要么更有可能是因为他们已经毫无选择，且担心真相会给帝国造成致命的打击。他们任由一无是处的金哀宗在后宫虚度光阴，而自己只能在大势已去的情况下尽力而为。

金哀宗终于被妃嫔的阵阵啼哭惊醒，他认识到了真相，意识到危险迫近，于是想要沿着水道逃走，不料蒙古军早已封锁了所有的出口。[145] 他回到城内，只见到一团火焰腾空而起照亮了郊外。金哀宗知道末日已近，他宁愿上吊自杀也不愿面对耻辱的监禁和其他更可怕的遭遇。速不台起初不相信他已经死了，直到金军的将领们挖出金哀宗的尸体并砍下头颅带到速不台的面前，他才终于确信金哀宗已死。[146]

金朝的最后一个皇帝就这样死了，随之灭亡的还有只持续了短短120年的金王朝。金军英勇奋战了23年，征服他们是蒙古人迄今为止最为艰巨的军事任务。但蒙古人也在攻金战争中展现了自己的实力。正如一位历史学家所说的，"没有哪股草原势力能够如此顽强地对抗一个基础牢固且具备防卫能力的王朝。"[147]

几乎不可避免的，在凯旋后不久蒙古和宋朝就闹翻了。为了答谢宋朝的援助，窝阔台允许他们占据河南的东南部，但宋朝的皇帝贪婪地想要得到更多。宋军向蒙古人发动了袭击,他们甚至在1234年7—8月短暂地占领了开封和洛阳,直至他们被蒙古人赶走。[148]在1235年的忽里台大会上,窝阔台对宋宣战。蒙古人最初取得了巨大的成功。三路大军向宋朝推进,一路由窝阔台的儿子阔端率领,一路由他的另一个儿子阔出率领,第三路则由察罕率领。

蒙古人于1234年因为大饥荒撤出河南,宋人竟愚蠢地认为蒙古人撤退是因为不敢面对自己的威武之师。宋军随即大举压入河南,却发现他们要忍饥挨饿。在状态虚弱时宋军根本不是蒙古人的对手,当蒙古人反攻时,宋军被赶出了河南,损失惨重。[149]蒙古军队抵达黄州(此地在长江边,位于如今武汉附近),但是他们没能守住胜利的果实。到了1239年,由于窝阔台的注意力转移到了别处,这场战争才逐渐平息。在13世纪40年代,蒙古内战一触即发,在复杂的局势下蒙古中断了对宋朝的大规模作战。直到1279年,经过近二十年的不断征战,皇帝忽必烈才得以统治一个统一的中国。[150]

当蒙古军队在中原和伊朗奋战时,窝阔台也终于让麻烦不断的高丽人拱手称臣了。当1223年木华黎去世时,高丽利用这个机会试图摆脱蒙古人的束缚,此事让人印象深刻。然而当时成吉思汗正忙于其他更重要、更紧迫的事务,所以并没怎么关注鸭绿江这边。甚至连1224年蒙古使者被杀一事(高丽声称这是土匪干的,但实际上土匪是由高丽军伪装的)也没能惹怒成吉思汗并让他再次派遣一支远征军。同一时期蒲鲜万奴在东北地区的起义也搁置至1233年才进行处置。

高丽未能充分地利用成吉思汗分散注意力于其他地方的机会,因为从1223年也就是木华黎去世的那一年开始,高丽的沿海惨遭日本海盗的大规模袭击。这些日本海盗在过去的数百年里从未活动。这些海盗造成的破坏严重消耗了高丽的国力,使其无暇分心处理蒙古问题。[151]然而窝阔台在即位后就下令全面攻占高丽,他向朝鲜半岛派遣了一支由将军撒里台(并非更为著名的拔都之子撒里答)率领的大军。

1231年蒙古人大举入侵高丽,他们毫不留情地毁坏田地,杀光了10岁以上的所有男性,还将妇女和儿童充作奴隶分给了士兵。蒙古人的侵袭还引发了一场奴隶叛乱，这使高丽的显贵们陷入了更深的困局之中。[152] 高丽人已经熟悉了蒙古人致命的箭术，但他们对蒙古经过完善的新武器甚是惊异，这些新武器中包括一种新型的火器，它使用了脂肪，因而喷出的火焰威力十足且很难被扑灭。[153] 从平壤到开城，高丽境内处处都宛如地狱。高丽的高宗逃到了首尔以西的江华岛，在此地避难长达三十年。与此同时，高丽同意支付巨额的赔偿以换取蒙古人撤退，贡品包括大量的黄金、白银、珍珠、水獭皮、2万匹马以及足以保证高丽人今后保持顺从的人质。[154] 蒙古人在高丽置达鲁花赤以保证窝阔台统辖高丽的命令得以贯彻，随后他们艰苦地从高丽折返，渡过鸭绿江进入东北地区以处理当地的叛乱分子。但是撒里台突然去世了，这似乎刺激了当地的抵抗运动，使其再度复兴。游击部队四起，蒙古驻守官员接连被杀，佛教僧侣还大肆掀起了反对蒙古的宣传阵势。[155] 造成局势更加不稳定的因素还有，每年都有一小批蒙古占领军撤离高丽前往东北冬猎，而他们是驻守当地的蒙古官员可以依赖的重要力量。[156]

窝阔台对于未能完全地占领高丽十分愤怒，1235年他在忽里台大会上宣布，他将再次派出一支远征军一劳永逸地平定高丽。于是蒙古人组建了一支大军，由党项人拔都儿指挥，高丽降将洪福源担任副手，他们需要摧毁敌人的一切残余势力，但无须浪费时间或资源从海路袭击江华岛。1236年的春天，蒙古人越过鸭绿江，在高丽各地掀起毁灭性的浪潮，从安州和光州一路南下打到了汉江。高丽人转而进行游击作战，蒙古人于是沿途赶尽杀绝以为回应。[157] 每一次这个国家似乎被驯服了，当地就会爆发新的游击战争，随后蒙古人犯下新的暴行。最终，避于江华岛的高宗表示他不忍人民继续承受痛苦了，于是他在1238年签署了一份具有约束力的停战协定，并派遣一队谈判代表前往窝阔台建于哈拉和林的新都以商定一项永久的和平条约。虽然高宗婉拒了亲自前往哈拉和林觐见的要求，但他送去了自己所有的近亲作为人质，以此充分表达了对蒙古人的敬意，也满足了蒙古人的面子。

和平最终降临于1241年，不过心惊胆战的高宗还是在岛上度过了余生。不管怎样，蒙古人在朝鲜半岛收获了宝贵的两栖作战经验，这将被他们用于日后对付宋朝。1259年统治高丽大约46年之久的高宗去世了，蒙古人随即登上了江华岛，拆除了岛上所有的围墙和防御工事。朝鲜半岛后来被忽必烈汗吞并，尽管高丽王朝苟延残喘到了1392年。[158]

不过到了窝阔台统治的末期，他可以坦然地说自己已经完成了父亲的大业，如今他统治的帝国从太平洋一直延伸到里海。在这场横贯亚洲的拼图游戏中，他也只剩下了西藏地区这一小块尚未纳入囊中。成吉思汗本人就常常显露出他对这片神秘山地的兴趣，窝阔台也继承了这一点。窝阔台向西藏地区先后派遣了两支远征军，第一支是在1236年由阔端带队，第二支则是在1240年，据说第二支在当地造成了巨大的破坏。[159]在13世纪50年代，蒙哥汗最终全面地占领了西藏地区。

有一个在学界颇有争议的故事：成吉思汗的孙子阔端会见了藏传佛教萨迦派的领袖萨迦班智达，敦促他们和平归顺于蒙古。萨迦班智达认为这是一个明智的做法，于是撰写了一封《萨迦班智达致蕃人书》递送给西藏地区的各个精神领袖和世俗首领。作为投诚的回报，忽必烈汗将萨迦派确立为西藏地区的官方宗教派别。[160]

所有这些努力的成果（无论是在西藏地区、朝鲜半岛、中原还是伊朗地区）俱是对窝阔台出色地承继了其父在战争和对外关系方面工作的最佳注脚。然而，以一个后世知情者的角度来看，他所面临的和平时期的任务在许多方面将会更加繁重和困难。

15

帝国的治理

一直以来，历史学家们都严重地低估了窝阔台的功绩，或许是因为从未有人为他文过饰非，或是以溢美之辞赞颂其功绩。成吉思汗、忽必烈乃至蒙哥都有自己的追随者，甚或不加批判的盲目崇拜者，那些人只会一味地赞颂他们，为他们罔顾事实、胡编乱造。然而窝阔台在外交政策上的辉煌成就都很少被人提及，更遑论他在巩固成吉思汗事业的同时为帝国打下了坚实的财政基础这般"不显山不露水"的功绩。

交到窝阔台手中的帝国并非完美无缺，这一点一直没能获得足够的重视。实际上成吉思汗在三个方面给窝阔台留下了大麻烦：窝阔台继承了帝国经济上的沉疴；他不得不行使可汗的权力，约束傲慢、任性、不守秩序、贪婪而又好斗的地方领主，其中包括他的兄弟察合台；作为第二代的统治者，窝阔台掌握最高权力的正统性也存在着争议。由于缺乏成吉思汗作为世界征服者的个人威望、巨大声誉以及帝王魅力，窝阔台必须通过权力基础的体制化来巩固自己的地位。

他的权力绝大部分依赖于大汗的近卫——怯薛军。在1241年之后，怯薛军在帝国分崩离析的过程中充当了尤为关键的角色。窝阔台在成吉思汗死后立即着手扭转帝国之中暗藏分裂风险的局面。有两个因素促成了这种分裂：千户和他们构筑于或真或假的亲属关系的小王国，以及宗室对祖传财产或封地的控制。为了削弱这些势力，窝阔台依靠的是他的宿卫，以及一个由可信赖的人管理的强有力的中央政府。

在军事领域的关键人物就是阿勒赤台。[1] 窝阔台的目标是通过设立中书省,使军事控制与民政管理相衔接。其中,由阿勒赤台指挥宿卫,镇海担任中书右丞相,也就是大必阇赤。镇海负责保管玉玺和分配战利品,尽管窝阔台从未授予他札鲁忽赤的头衔,但他掌管着最高的民政权力。另一位重要的官员契丹人粘合重山担任中书平章政事,负责掌管帝国所有的书面文件。[2] 蒙古在军队建制上一贯让中原军队在花剌子模服役、让突厥士兵在中原服役,以此来防止军队与当地精英阶层相互勾结,也减少爆发叛乱的风险。相比于在军事上提防当地势力的惯例,窝阔台在民政管理上选择了依赖当地专家,正如他相信水草丰美的地方只有马儿才能找到。三位重要的行政管理人才由此脱颖而出,他们分别来自不同的地域,代表着不同的文化群体:马合木·牙老瓦赤,他代表着曾经花剌子模帝国的穆斯林群体;来自中原的契丹人耶律楚材,他代表着契丹人、汉人以及女真人;以及镇海,他是一名景教徒,代表着东突厥人、克烈部人、畏兀儿人及其他的景教信徒。[3]

镇海(约1169—1252)出身不详,他拥有乃蛮部、畏兀儿和汪古部等多个部族的血统,但他的主要文化背景似乎是汉文化,他能说流利的汉语。作为少数参与过班朱尼河盟誓的元老之一,他早在1206年就担任了成吉思汗事实上的第一任必阇赤,统领着60名官吏。1222—1223年他陪同多事的长春子前往会见成吉思汗。镇海支持蒙古人与穆斯林商人结成商业联盟,他甚至从穆斯林商人中雇用了一些人担任蒙古经济方面的幕僚和税务官员。镇海在成吉思汗统治时期并未像窝阔台时期那样显赫,因为成吉思汗任命了党项人塔塔统阿保管印章,继这一项任命之后,帝国更为重视畏兀儿文字,也偏好以畏兀儿人充当必阇赤。镇海就任窝阔台的中书右丞相之后,他认为塔塔统阿制订的文书管理模式十分闭塞,必阇赤们因此得以中饱私囊,于是他以蒙古文、突厥文、波斯文以及汉文记录帝国的所有法令和最高等级的讨论。然而腐败的问题一直存在于蒙古帝国之中,主要是因为可汗看重征服和荣耀而不是金钱。[4]

成吉思汗很早就发现了帝国中存在的一个问题:蒙古人在被征服的领

土上严重地依赖于当地的行政人员，但那些人值得信赖吗？成吉思汗和镇海想出了解决的办法：在主要城市、法律机构或者军事部门任命达鲁花赤，这个职务在职权上类似于钦差大臣。资料中首次提及任命达鲁花赤是在1215年中都陷落后不久，尽管之后的史家引用零散的间接材料将首次任命的时间提前到了1211年。[5]任命达鲁花赤的模式类似于金朝的行省制度，派出的这些官员（几乎都是蒙古人）是可汗的私人代理，在被占领的土地上他们全权代表可汗使权力进行治理。达鲁花赤们负责编户、征税、从当地百姓中招募士兵以及向朝廷进贡。同时，他们还要监管和控制当地的封君、地方精英和本地官僚。[6]蒙古还会在当地派驻一些称为八思哈的官员，因为他们不是蒙古人，所以社会等级相对达鲁花赤较低。八思哈是被派去保护达鲁花赤进行征税工作的主要军事人员。随着时间的推移，八思哈和达鲁花赤之间的区别逐渐消失了，以至于人们习惯于用这两个词分别代表军事长官和文职长官。但八思哈的全部职责本就特别混乱——他们有些拥有总督的权力有些又没有，而更令人困惑的是，可汗有时还会再另外派出其他人作为自己的全权代理。[7]

镇海的行政天赋体现在两个方面。首先，他必须解决因蒙古人对定居人群的无知带来的问题。蒙古人是游牧者和天生的战士，他们没有受过行政管理方面的训练。蒙古人也不是语言学家，而且他们天然地对货币经济一无所知。因此，他们不得不依靠被征服民族中那些受过教育、能说多种语言的人才。如同19世纪的英国人只能以有限的官僚力量来统治大量的人口，蒙古人依赖当地人才协助治理，就像他们在征服时依赖于当地的叛徒和倒戈者一样。成吉思汗和窝阔台始终握着宗教宽容的王牌，这常常让当地的神职人员成为他们的忠实支持者。[8]其次，镇海必须维护可汗对帝国财富的控制权，并确保当地的蒙古权贵不会偷偷地将其夺走。

为了给地方精英一点甜头，窝阔台改组了通行于帝国各地的行省制度，允许强大的地方精英代表在地方机构中任职。[9]1229年窝阔台在新疆地区及河中地区分别设立了必阇赤，接着他在华北设立了第三个，后来又在伊朗北部设立了第四个。这些机构旨在裁决可汗和地区统治者之间的争端，在这一时期，尤指窝阔台和察合台之间的争端。

正是在这种背景下,镇海的门客马合木·牙剌瓦赤(卒于 1254 年)崭露头角。他是一位来自花剌子模的商人,是一名说突厥语的穆斯林。1218 年马合木·牙剌瓦赤来到蒙古成为一名外交官,他的第一份工作便是出访沙赫摩诃末,而因为摩诃末热衷杀害蒙古使者,这个任务十分危险,而他完成得很出色(见前文第 9 章)。此时,马合木·牙剌瓦赤的任务是在花剌子模重建被摧毁的基础设施、重振经济以及改革税收。他提出了简化税收的意见,将税收名目缩减为两项,一项是丁税,一项是地税,此外再无其他的征税名目。他的制度取得了巨大的成功,以至于后来的蒙哥汗在整个帝国范围内进行推广和落实。[10] 然而正如前文所见,马合木·牙剌瓦赤如此忠实地推行窝阔台的想法,这便同察合台产生了矛盾(见前文第 14 章)。察合台一直不喜欢马合木·牙剌瓦赤的紧密监视,再加上 1239 年察合台专横地将一块不属于他的领地赠予一名爱将,双方的矛盾进一步激化。若是窝阔台当时处理得不那么老练,这很有可能会引发内战。

这场危机刚刚平息,紧接着就发生了一起更为严重的事件。1238—1239 年,布哈拉爆发了一场民众叛乱,情势十分危急,以至于蒙古人一度被逐出城外。窝阔台派了一支大军将起义镇压了下来,但察合台认为只有大规模的屠杀才会让他们接受教训,并懂得违抗蒙古人是多么地愚蠢。马合木·牙剌瓦赤向窝阔台求情,请求让布哈拉获得赦免,免于遭到彻底的破坏,这令察合台尤为生气。窝阔台知道记仇的察合台从此一定会想尽办法把马合木·牙剌瓦赤拉下马,于是便在 1241 年把他的这名宠臣改派到了华北。[11]

然而,窝阔台统治时期最引人注目的大臣还是耶律楚材,这主要是因为他不仅仅是一名能干的高官,而且是一位多才多艺的博学之人,这点吸引了众多学者和历史学家的兴趣。耶律楚材是一个富有话题性的人物,他的一生存在很多争议,特别是因为《蒙古秘史》以及拉施特的《史集》都未曾提及他,后世甚至连他信奉儒学还是尊崇佛教都难以确定,这部分原因在于他对宗教的态度非常不拘一格。[12] 耶律楚材出生在中都,他是金朝尚书右丞耶律履的儿子,祖上与辽朝的皇室存在亲属关系。据说在蒙古入侵前后，他在金朝选拔官员的科举考试中高中。耶律楚材在中都经历了1214—1215年的恐怖围攻以及其后长达月余的劫掠，这段经历太过于痛苦，以至于他被其所困，精神崩溃。为了找寻出路走出阴霾，他拜于著名的智者万松（又名行秀，1166—1246）门下学习佛法。万松在儒、释之间觅得一条中庸之道，因兼容二者闻名于世。[13]

在耶律楚材学习三年（1215—1218）之后，他被蒙古人认为是可造之才，于是将他招致麾下。耶律楚材的多才多艺常常让他的上级们感到惊讶：他能抚琴，具备语言天赋，精通算术和儒家经典，热爱艺术，喜爱收藏书籍和乐器，还会写有趣的游记。[14]成吉思汗亲自接见了他，表达了对其精神创伤的同情，还对他说既然自己已经代替辽朝（耶律楚材与其皇室有血缘关系）向金朝报了仇，那么身为契丹人的耶律楚材应该感念于心。[15]耶律楚材表示自己身为契丹人并不仇恨金朝："臣父祖尝委质事之，既为之臣，敢仇君耶！"[16]正是此事让成吉思汗对耶律楚材印象深刻，成吉思汗总是给予自我牺牲式的忠诚很高的评价。此外，耶律楚材的个人魅力也吸引着成吉思汗，成吉思汗似乎从这个"身长八尺，美髯宏声"的年轻人身上看到了年轻时候的自己。耶律楚材立刻就成了可汗的亲信。

耶律楚材在征服河中地区期间加入了察合台的军队，他还参与了围攻撒马尔罕之役。直至1226年耶律楚材几乎一直随侍成吉思汗，同时充当可汗的辅弼之臣和宫廷占卜师。迷信的成吉思汗经常向耶律楚材请教未来之事，而耶律楚材准确地预言了花剌子模帝国的灭亡、沙赫摩诃末的死亡以及后来金朝皇帝的死亡。正是他将在印度路遇一头犀牛解释为杀伐过度的预兆，以此说服成吉思汗撤出这个次大陆。[17]他最不喜欢的任务之一就是陪同长春子，他需要对这个中原来的圣人、成吉思汗的宠儿毕恭毕敬，但耶律楚材暗中认为那就是一个江湖骗子。

1229年窝阔台任命耶律楚材主中原赋调之事，于是耶律楚材立十路征收课税所。这一则命令引起了广泛的误解。一位俄罗斯历史学家夸张地评价说，耶律楚材在蒙古的两个主要史料来源中的缺失"就好像路易十三时期的历史学家忘记了提到黎塞留一样奇怪"。[18]但耶律楚材从来就不是黎塞留，他远没有这般重要。且不说窝阔台从未任命过首辅大臣，耶律楚材的职权也仅限于中原地界，而他递交给窝阔台的每一份报告都必须得到镇海的批注，由镇海将他的报告翻译成回鹘文。

然而，也不能简单地否定耶律楚材的作用。毫无疑问的是，在有关中原的事务上耶律楚材的观点具有很大的影响力。耶律楚材说服可汗发行了一种以白银为本位的纸币，纸币推行后风靡一时，之后所有的欧洲旅行者都对此惊叹不已。[19] 窝阔台受"老一辈蒙古人"的主要代表、嗜血成性的别勒古台的影响，最初倾向于征服金朝后将金人屠杀殆尽，然而耶律楚材引用古谚"居马上得之，宁可以马上治之乎？"劝阻他，同时劝说窝阔台让民众安居乐业，而蒙古可以通过向辛勤劳动的定居人口征税来积累巨额的财富。他声称，正如裹尸布里没有口袋一样，窝阔台也别想从死人那里获得收入。[20] 窝阔台接受了这个观点，但他要求耶律楚材提供确凿的证据来证明自己的主张。耶律楚材估计岁可得银50万两、帛8万匹、粟40余万石。他顺势要求由自己全权掌管财政大权，于是他的请求获得了批准。

他当下的目标在于根除处于宗教场所庇护下的"僧侣"带来的腐败问题。从成吉思汗轻率地批准了长春子所提的涉及范围巨大的免税政策开始，宗教信徒的数量就在毫不意外地急剧上升。耶律楚材终止了所有的免税条款，他下令所有50岁以下的宗教人士都必须通过严格的考试来证明他们的虔诚。此外，凡是利用长春子获得的优待攫取土地、放债经商的寺院都被明令禁止今后再从事类似活动，同时还需对他们现有的资产课以重税。[21]

接着，耶律楚材在确保得到窝阔台的直接支持后颁行了一份章程，这份章程包括了18个要点，涉及法律和秩序、中央集权、严厉打击腐败以及严格划分军事和民事的管辖权等诸多方面。他将全国划分为十路，每路设置征收课税所，并委派征收课税使二人。征收课税使皆为士人，他们来自已经灭亡的金朝，满怀治国理政的抱负。他们直接对窝阔台负责，如此就能够避免他们被贪官吓唬而畏首畏尾。耶律楚材设立的税收主要为地税，数额按照土地质量分等征收，同时他还设置了商税，囊括了酒、盐、醋、铁冶之利。每二户需缴纳丝一斤，以给国用；每五户还需缴纳丝一斤，以给诸王功臣汤沐之资。相较于城市人口，农村人口被榨取得更多。

以丝缴纳的税赋通常会折合成银子上缴给政府。

在1231年9月耶律楚材得以欣喜地向窝阔台报告，他已经收齐了当初他预估并承诺的数额（1万锭银子）。作为奖赏，窝阔台任命耶律楚材担任中书令，负责起草诏书、法令和官方文件以及保存档案。中书省负责管理翻译、使者、天文学家和占卜师、税务人员以及管理军事殖民地的人员。耶律楚材招募了一批官员，他们可以用蒙古文、汉文、回鹘文、女真文、波斯文和西夏文这六种文字进行写作。[22]

中原人视耶律楚材为他们的救星。然而，他原本在中原地区创造的"奇迹"很快就出了纰漏。失败的原因有很多。在1234年最终击败金军之前，战争的需求意味着除了"官方"的税收之外，还要额外增加税收。但是与此同时，战争本身也导致了饥荒、瘟疫和人口逃亡。于是帝国在财政方面出现了脱轨，这就意味着无论耶律楚材原本的税收多么"合理"，都得增加税收数额。到了1234年，地税从二升谷物提高到了四升，同时，每年的白银配额也翻了一番。[23]似乎为了证实那句古老的格言"好心没好报"，有人抱怨说耶律楚材大肆吹嘘的改革并未惠及生活在中原的非汉族人群，特别是那些来自中亚的人。

到1235年窝阔台举办忽里台大会时，耶律楚材面临的问题已经十分严峻，他似乎彻底成了社会公敌，每个人都不待见他。士人、佛教徒以及长春子的弟子们，他们都没有遵照他的要求清除徒有其表的寺院和"假和尚"。儒家对耶律楚材的反对相对温和，因为相较于与儒者竞争信众的宗教而言，耶律楚材更偏爱儒家，也认为儒学对社会更有用。耶律楚材有这样一句格言"以佛治心，以儒治国"，他认为两种宗教本身都是有欠缺的：儒学没有充分地重视自身的修养和人的内在，而佛教则是忽视了日常的世俗世界以及对当下现实的关照。[24]

佛教徒的反抗则最为激烈。他们拒绝接受耶律楚材对所有僧侣进行规范化考核的想法，他们认为自己的宗教是基于德行而并非学问，而德行是无法通过考试来检验的。因佛教徒被有权有势的失吉忽秃忽庇护，这种明显自私自利和虚伪的论调甚嚣尘上。失吉忽秃忽赞同将神学测验简化为一项流于形式的措施，任谁都能通过。因为失吉忽秃忽曾受到成吉思汗的宠爱,窝阔台绝不会为了耶律楚材而否决他的意见。[25]

无论如何,耶律楚材并没有真正考虑到他的反僧侣政策所牵连出的一系列问题,哪怕他确实获准便宜行事。执行涉及宗教的政策与他推行中央集权的根本动因相冲突,因为前者需要获得地方官僚机构的支持。如今,类似的机构不仅尚不存在,而且若是想要加以设立和扶持,那么这些机构就将与可汗的"正常"官员产生冲突。[26] 此外,宗教代表们只能是来自本土的中原人,但蒙古人坚持认为永远都不应该赋予他们不必要的权力。耶律楚材很可能将汉化的蓝图当作他送给中原的礼物,然而这个计划在很大程度上不过是一种幻想,是窝阔台为了争取时间、出于现实考量做出的一系列临时性的让步。

然而在1235—1236年,耶律楚材仍对此满怀希望。在1235年的忽里台大会上,窝阔台接受了他的提议,准备在中原进行一次编户来核实不在版籍上的纳税对象。耶律楚材长期以来一直主张,他无力控制的腐败问题导致了中原农民为逃避赋税而大量逃亡,据说金朝旧地高达50%的人口都是以这样的方式逃税的。[27] 不管怎样,镇海在当前阶段站在了耶律楚材这一边,他支持在整个帝国实施更加严格、更有规律的征税活动,并通过制裁让人们接受新的纸币。但小商贩们仍倾向于使用铜钱交易,并表示他们不相信不存在有效期的纸币。镇海希望制定新的法律,其中将拒绝接受纸币的行为定为死罪,在严重性上等同于伪造货币。这一项提议得到了批准。[28]

窝阔台指定失吉忽秃忽负责编户。尽管失吉忽秃忽曾经支持佛教徒反对耶律楚材,但在编户的问题上他与耶律楚材意见一致,他认为不稳定的税收是蒙古落后的一个标志。[29] 在税赋的征收方式上,耶律楚材希望以户为单位缴税,他认为若实行按丁口计税的丁税,那么已登记入编户之中并被迫缴纳当年户税的普通成年男性会在下一年需要缴费之前潜逃。考虑到实际上不落实于个体的户税制度更容易导致民众的逃亡,耶律楚材为避免逃税造成的税收压力而实行户税的想法显得有些自相矛盾。但窝阔台、镇海以及蒙古高层均希望征收丁税,在这种征收模式下任何人都不能通过逃匿或迁徙而免于上缴税赋。最后两方达成的妥协是收取丁税和改良后的户税。户税曾经是缴纳固定的额度,在模式上缺乏弹性,而如今将由国家对每户的土地质量和数量进行评估,在新模式下缴纳的户税大约占到农民收入或收成的10%。游牧民们的每一百只动物中将上缴一只充作赋税。[30] 耶律楚材坚持认为自己的模式是正确的,因为在新的税收制度下只能征收到原先税收数额的十分之一,但失吉忽秃忽和其他人反驳他,认为国家将从编户前的隐匿户口中获得剩余的九成税额。

当耶律楚材要求窝阔台阻止官员收受"礼物"(即贿赂)时,他又一次失败了。窝阔台表示只要官员不索取或敲诈,那么他们就可以收受"礼物"。[31]

到目前为止,在编户之后进行的争论所涉及的只是有关税收制度的细枝末节。但耶律楚材如今却惊恐地得知,窝阔台进行编户的动机是了解他有多少土地可以进一步地分配给家庭成员和麾下爱将。换句话说,虽然耶律楚材进行编户是出于税收和行政管理的目的,但蒙古人不过是想知道将被指定给自己的土地上能有多少人口。[32] 严格意义上来说,窝阔台实行编户是为了华北的封建化,而耶律楚材则旨在华北的中央集权化,这两个主导原则之间产生了正面冲突。

在意识到官员们将无法管控这些半独立的封地后,耶律楚材绝望地提出了一个妥协的方案:允许他的征收课税使进入这些封地征收税款,将税款集中后计算总额再将其中的部分分配给封地的所有者。虽然窝阔台正式地批准了这个方案,但他却从未将其付诸实施。因此,窝阔台在中原构建的封建制度在实际上摧毁了耶律楚材推行中央集权的计划。[33]

单单是在攻金战争中因为蒙古人效力而获得奖赏的金朝叛徒,他们就让这一项计划从未很好地落实。严实就是他们中的一位。在被授予东平行军万户之后,他无视耶律楚材在1231—1232年推行的军事权力与民政权力的分离,在他统辖的东平兼管军事和民政。但哪怕严实在耶律楚材推行中央集权后仍然保存了他的势力,他也会在1236年面临着真实而紧迫的威胁,因为按照新的封地划分方案,他将沦为无名小卒。窝阔台想将东平划分成十块分给他宠信的十个人。虽说耶律楚材和严实不太可能结为同盟,但在1237年他们却联合起来反对这个设想。耶律楚材给窝阔台写信，提醒他在 1230 年他曾接见了严实并为严实举行了盛大的宴会以表敬意，现如今他却有这样的设想，这岂不是一种背叛？有鉴于此，窝阔台决定暂缓他的设想，但同时他也警告说不应将他的慷慨大方作为以后判决的先例。[34]

也许是为了安抚耶律楚材的怒气，就在同一年，窝阔台同意了耶律楚材恢复科举考试的提议。这种以竞争激烈的考试选拔政治精英的制度早在唐朝时就已出现，在宋朝时科举考试也相当盛行。在科举考试中最令人吃惊的是，中原地区凡是有文化的人，哪怕是奴隶和战俘，都能够参加考试。耶律楚材还颁布了严厉的惩罚措施以防止主人阻止被奴役的学者参加考试。[35] 4030 名候选人通过了考试，其中包括 1000 多名奴隶，这些奴隶也因此得到了自由。耶律楚材安排中选者担任幕僚，这个职位可以免除他们的赋役，但几乎没有中选者获得了与自身条件相匹配的高级职位。蒙古人未曾打算让中原人来管理中原，他们想要确保所有关键的职位都属于畏兀儿人或来自曾经花剌子模帝国的人员。无论如何，窝阔台在以此安抚了耶律楚材之后就改变了政策，此后窝阔台并未再举行科举考试。[36] 择优提拔的原则以及通过正式的考试验明僧侣正身的方案也一并销声匿迹了。

到 13 世纪 30 年代后期，耶律楚材在各个方面都陷入了不利的局面。他主要面对的反对派可分为四类："传统的蒙古人"，包括蒙古的高级军事将领和地方军阀；穆斯林商人；中原境内的军阀以及在可汗那儿说话有分量的参佐。在某种程度上，耶律楚材的反对者还有处于统治末期的窝阔台本人。"传统的蒙古人"由成吉思汗的弟弟铁木哥·斡赤斤、别勒古台以及速不台共同领导，速不台并未遗忘在 1233 年就是耶律楚材让窝阔台禁止自己扫荡开封。这些人全都厌恶耶律楚材并竭力地诋毁他。[37] 他们声称，蒙古需要在中原征收更多的税款，用其盈余为规划中的欧洲征服提供资金支持。难道仅仅因为一名契丹官员的吝啬态度就要阻碍蒙古夺取战争的荣耀吗？不仅如此，让一名文人在军事社会中担任高级职务也是不合适的，他不仅对兵法一无所知，而且还会愚蠢地瞎指挥，应该将他的活动范围局限于学术领域（吸引了 20 世纪分析家们的"政治学专家"难题，这是关于其有史可载的最早案例之一）。[38] 最重要的是，他们旁敲侧击地表示耶律楚材"对中原太过温和",他给予中原的税收和其他方面的特权违背了蒙古帝国的利益。有时耶律楚材也会自己掉进这个陷阱,他甚至因为软心肠地为中原人求情遭到了可汗的疏远。有一次,愤怒的窝阔台质问他:"你难道还要为那些人流泪吗?"[39] 军事将领和蒙古权贵们恼怒于耶律楚材阻碍了他们获得大片领地,更是加大了反对耶律楚材的宣传声势。他们对耶律楚材的反对意见,其中一些在军事上的确是有根据的,不过其余的绝大部分仅是贪婪遇阻后的报复。[40]

耶律楚材直接给窝阔台回信予以反击,他说如果允许军队在中原为所欲为,那么当地的税收就会直线下降,这不仅是因为他们贪婪的需求会导致农民逃亡,而且指挥官们只想获得马匹和牲畜的饲料,他们会将大片的农业用地变成牧场。[41] 至于他自己被视为蒙古征战欧洲的阻碍,这完全是个无稽之谈,资金缺口只是因为蒙古人短于制订预算。那些叫嚷着增加税收的人,他们总是想要增税,但这只是为了弥补他们计算能力不足导致的预算赤字。[42]

既然无法用逻辑和理性驳倒耶律楚材的论点,成吉思汗的弟弟们便策划将其暗杀。别勒古台和铁木哥·斡赤斤都牵连其中,但主谋似乎是铁木哥·斡赤斤。高效的情报机构揭露了这起阴谋。窝阔台不得不惩罚他的叔叔们,这让他感到非常尴尬,因此他向耶律楚材征求关于惩罚的建议。耶律楚材回答说他对复仇并不感兴趣。于是窝阔台便选择掩盖了这起事件从而消除了这件家族丑闻,但这也让他在一段时间内更为倾向于赞同耶律楚材的观点。作为对封地这个棘手问题的妥协,窝阔台颁布法令,允许中央政府的官员可以进入这些封地,以确保帝国合法的税收份额。任何试图贿赂或躲避他们的人都将被处以死刑。[43]

穆斯林商人是导致耶律楚材最终垮台的直接原因。整个13世纪30年代,他们在中原的影响力不断扩大。他们以斡脱(意为"合伙人",指由拥有官方执照的商人组成的团体)的形式组织起来,与蒙古精英们合作以为自己攫取财富。[44] 他们因多种原因在中原非常不受待见:他们是外国人,他们在文化和语言上与当地人不同,以及他们在为政府收税时贪污腐败、滥用职权、毫不手软。对于爱好和平、组织有序、管理井然的中原地区来说，这些伊斯兰财阀们就是敌人。以白银的形式向蒙古朝廷缴纳的税款通常交由这些商人管理，他们以高利贷的方式将白银借出去。[45]他们常常先向蒙古人借款，然后以100%的利率向外放贷。由于战争、饥荒和自然灾害，此时的华北生活成本很高，再加上人们面临着高昂的税收，高利贷商人们不愁找不到借贷人。这些穆斯林商人每年都将100%的利息转化为资本，在如此十年之后，本金和复利的总和就达到了原始借款的1000倍，这种借贷方式被称为斡脱钱。[46]斡脱钱偿还原始贷款的利率高得足以让窝阔台满意，因此，当这些穆斯林商人们提议通过包税制来增加额外的收入时，窝阔台欣然接受。

耶律楚材警告可汗，包税制将会削弱中央政府的权威、剥夺中书省的权限，不过他的努力都是徒劳。在1238年时，蒙古每年需要在中原征收2.2万锭税赋，耶律楚材提醒窝阔台，如果按照商人的建议再将赋税增加一倍，那么农民就会转向暴力犯罪、谋杀政府官员、沿路抢劫和盗窃之途。[47]窝阔台对此并未上心。他虽然对金钱本身并不感兴趣，但从赢钱中他收获了赌徒的快乐和权力欲的满足。窝阔台早在13世纪30年代初就涉足了借贷，那时中原每年的税收仅为1万锭白银，于是他自己投资了500锭。正如一位现代历史学家所说，"随着资金以这种方式离开国库，那么总是存在上调税收的压力也就不足为奇了。"[48]

最终，窝阔台在1239年彻底地向穆斯林商人们敞开了大门，他批准了包税制，还将税收额度翻了一番，从2.2万锭增加到了4.4万锭。尽管这一切让耶律楚材的生活陷入了绝境，但这还不是终结，他面临着来自蒙古权贵、窝阔台任命的其他官员，甚至是他自己的中书省内部的持续反对。失吉忽秃忽和镇海比耶律楚材更懂政治，他们一开始试图主持大局，由镇海负责保护耶律楚材免受来自商人的伤害，由失吉忽秃忽为耶律楚材抵御来自"传统蒙古人"的怒火。但当他们意识到耶律楚材正在失去窝阔台的青睐时，他们便一窝蜂地对耶律楚材倒戈相向，开始对他落井下石。[49]镇海的三个门生都参与了1239年反对耶律楚材的运动并在其中发挥了重要的作用，他们是合答（在名义上由失吉忽秃忽领导的编户中，是他完成了大部分工作）、马合木·牙剌瓦赤以及提领诸路课税所官奥都剌合蛮。

耶律楚材在中原的强劲反对者还包括他的同僚契丹人石抹咸得卜和布鲁海牙。石抹咸得卜是耶律楚材手下的一位高级官员，他担任燕京等处行尚书省事。早在1212年他就随父叛离了金朝，他尤为得到窝阔台和镇海的喜爱。布鲁海牙是畏兀儿人，他最初是成吉思汗身边的一名侍卫，但在13世纪30年代，他作为窝阔台的使者在中原履行重要的职务。[50]

最后，窝阔台本人对耶律楚材也失去了信心。就个人而言，可汗一直都很喜欢耶律楚材，但在1235年以后窝阔台的酗酒问题变得越来越严重，他似乎也失去了保护耶律楚材的兴趣。虽然在早年间两人的关系非常融洽。当窝阔台听说耶律楚材声称自己白天为政府工作、晚上用来学习时，他便坚持耶律楚材上朝后必须参加酒会。据记载：

> 楚材尝与诸王宴，醉卧车中，帝临平野见之，直幸其营，登车手撼之。楚材熟睡未醒，方怒其扰己，忽开目视，始知帝至，惊起谢，帝曰："有酒独醉，不与朕同乐耶。"笑而去。[51]

十年过去了，窝阔台开始有了新的想法。我们只能对他的动机进行猜测。可能是在耶律楚材表示他不想报复针对自己的暗杀阴谋后，窝阔台开始鄙视他的谋臣，毕竟对蒙古人来说，复仇是神圣的职责。也可能是因为窝阔台逐渐淡出了政治活动和国家事务，沦为了一位耽于享乐的暴君并在哈拉和林夜夜笙歌，他开始觉得耶律楚材令人讨厌。或者就像拿破仑落选元帅候选人时那样，窝阔台不过是觉得耶律楚材太不走运且树敌过多。最简单的解释是，耶律楚材妨碍了可汗与穆斯林商人赚大钱的美事。[52]窝阔台被奥都剌合蛮征收双倍税收的方案所吸引，他于1239年允许奥都剌合蛮推行包税制。同时，窝阔台撤除了耶律楚材的职务，只允许耶律楚材保留头衔以及作为占卜师为自己服务，但不会再就国家事务征求他的意见。

因为奥都剌合蛮和他的手下们四处胡作非为，1239—1241年对于中原的农民而言无疑是一场噩梦。为了搜刮民脂民膏，奥都剌合蛮等人花样百出。当时一个流行的骗局是先向窝阔台借钱将商品全部买下，然后声称商品被偷，这样出现"盗贼"的地区必须负责弥补损失。在某些情况下，比如在1238—1239年中，这招能够带来四倍的税收。[53]到了1241年，甚至连窝阔台本人都受够了猎獗的贪污腐败问题，于是他罢免了奥都剌合蛮、废除了包税制、恢复了耶律楚材的制度，然而他并没有恢复耶律楚材本人的职务。[54]与此同时，窝阔台将马合木·牙剌瓦赤从河中地区调到了中原，让他担任中州断事官主管汉民公事。

就在此时，镇海指控耶律楚材挪用公款，而耶律楚材手下一些税务人员贪污的详细证据佐证了镇海的指控。[55]所有这些都属于1241年12月窝阔台去世后爆发的高层权力斗争案例。耶律楚材又一次在朝堂上下错了赌注，他彻底失宠并于1244年去世（据说他正好死在敌人杀害他之前）。[56]就在这一年的早些时候，耶律楚材的妻子去世了，这早已令他疲惫不堪、悲痛欲绝。

摄政的皇后脱列哥那起用了奥都剌合蛮，在1243—1246年他再次进行了勒索式的治理。但从某种意义上说，耶律楚材笑到了最后。镇海对他与穆斯林商人的结盟深感悔恨，他和马合木·牙剌瓦赤都失了宠，他们不得不逃到窝阔台的二儿子阔端那里寻求保护以躲避摄政者的怒火。最后极具讽刺意味的是，耶律楚材为中原进行的大部分规划都在忽必烈汗统治时期实现了。[57]耶律楚材是一个才华横溢的政治家，他能够超越现实的局限、以长远的视角看待帝国的发展，他堪称真正的佐国良相。然而一个致命的缺陷导致了他的悲剧，那就是他缺乏作为一名政客的才能。

尽管在养鹰、狩猎和赌博方面挥霍无度并且过于慷慨地肆意施舍，窝阔台的投资收入仍有巨额的盈余，其中的一部分被用来为蒙古建设一座永久的都城。窝阔台认为固定的都城是帝国所需，尽管他自己像他的父亲一样更喜欢住在蒙古包里。从花剌子模战场上归来时，成吉思汗曾在鄂尔浑河河畔搭建了一个永久的都城，它由数千顶帐篷和大车组成。成吉思汗还命令他的弟弟铁木哥·斡赤斤设计一座严格意义上的都城。蒙古人十分重视鄂尔浑河的上游地带，原因有很多，此地既有商业和战略上的价值，也在意识形态上具有重要意义。哈拉和林曾经是克烈部人的夏日牧场，在辽朝时期那里曾坐落着一座佛教的寺庙。[58]

成吉思汗在完成这一项任务之前就去世了，于是窝阔台接过了指挥棒，他在1235年建成了哈拉和林。从各种战役中俘虏的大量工匠和手艺人终于在哈拉和林展现出了他们的重要作用，毕竟在那之前蒙古人主要利用他们改进自己的原始技术。工匠们打造马镫以及弩的瞄准装置，铁匠为马匹钉上马蹄铁，制革匠处理毛皮制作皮革制品、马鞍和挽具，木匠制作弓箭、马鞍架、马车、蒙古包和支撑游牧民毡帐的棍子。[59]

拥有特殊技能的俘虏中有一些为女性。一位来自梅斯（今天法国境内）的妇女在蒙古人入侵匈牙利时非常不幸地身处当地。她知道怎样建造豪华的帐篷，因此她免遭屠杀，并被带回蒙古发挥自己的技能。若是她没有技能，死于屠杀是她最有可能面临的命运。[60]对这些俘虏来说，建造哈拉和林，特别是建造其中的宫殿，给他们提供了新的舞台。从帝国的各个角落召来了最优秀的工匠，其中很多来自察合台位于别失八里的领地以及蒙古高原西北部、由拖雷的妻子掌管的"工匠之城"。"工匠之城"居住着上千户被俘的工匠，他们主要是中原人和来自中亚地区的穆斯林，专门从事金属加工，生产武器和农具。[61]蒙古王子不里（察合台的孙子、木阿秃干的儿子）也从欧洲带回了一批德意志的黄金矿工，然后将他们安置在了自己的宫帐附近，此地靠近塔拉兹，位于今塔什干东北部170英里处。[62]

哈拉和林的地理位置具有重要意义，它处在蒙古到河中地区和波斯最短的路线上，这条路线也是沿着天山北坡延伸的东西交通线。[63]哈拉和林由两片截然不同的区域组成，一片是穆斯林聚居区，一片是商人和工匠们居住的汉城。窝阔台希望他的都城能够象征包容，在设计时他着力于突出蒙古人从中原和伊斯兰文化中获得的灵感。每位记录了自己在蒙古的所见所闻的作者都会提到哈拉和林，可是其中大多数人都一致认为，这不过是一座经过了美化的村庄。事实上卢布鲁克评论说，巴黎郊区的圣丹尼斯更令人印象深刻。[64]

不管怎样，哈拉和林依旧是一座繁荣的城市，它有四座城门，尽管这些城门直到蒙哥统治时期才建成。哈拉和林的城墙有四英里长，它的主要街道沿南北向和东西向呈棋盘状排列，城内完全不存在富人区和穷人区，陋室旁边就是官邸，寺庙和作坊相连。哈拉和林的城门很有特色，四座城门都是商业场所，它们分别进行四种不同的贸易：东门交易谷物和粮食，西门售卖绵羊和山羊，北门买卖马匹，南门交易牛和车。[65]

在这座城市及其周边地区，最引人注目的是 12 座分别代表着不同教派的庙宇，以及为窝阔台及其直系亲属建造的宫殿。在鄂尔浑河的东岸，窝阔台命令一位名叫刘敏的中原官吏监督建造了他的宫殿，这座宫殿被称为万安宫。[66] 万安宫用时一年便建成了，它的宫墙高九英尺、长 240 英尺、宽 150 英尺。从南到北有九排柱子，从东到西有八排柱子（一共 72 根）。按照卢布鲁克的说法，在宫殿的南部有三座大门。在宫殿内部，其北端是大汗的宝座，有两道楼梯径直通往王座。大汗的右手边是王子们的座位，左手边是皇后和妃嫔的位置。在宫殿外面，中门的前方矗立着一棵巨大的银树以供应酒水（据说是由一位来自西方的金匠为窝阔台打造的），树的根部是四头向外吐出马奶酒的银狮子。[67] 树干中也有四根管子一直延伸到树顶，分别连接顶端盛装不同液体的桶，管子的一端弯曲向下做成金色的蛇的造型。蛇的尾部盘绕在树干上，蛇嘴里可以倒出各式饮品——米酒、清马奶酒和一种红酒，访客们将这种红酒比作备受推崇的法国拉罗谢尔葡萄酒。[68] 窝阔台喜欢在宫殿的庭院中安排杂耍演员、小丑、演员和舞蹈演员表演音乐节目，以及在此观看他最爱的观赏性运动摔跤。[69] 在游客们的描述中，那里充斥着享乐狂欢、纵情声色和酩酊大醉的气氛，在可汗居住期间这种氛围尤为强烈。

但窝阔台身为真正的游牧民，他喜欢不断地迁徙。有一项针对 1235—1236 年窝阔台活动的研究，它揭示出了可汗在这 12 个月的行踪。大汗一直在哈拉和林待到 1235 年 4 月，接着他在鄂尔浑河的湖泊和沼泽附近待到了 5 月底。随后，他短暂地返回了哈拉和林，随即又突然动身前往东南部的山区。在 8 月底，窝阔台搬到了位于南方翁金河上的狩猎小屋和冬季的住所，并在那里一直住到 1236 年 2 月，之后他回到哈拉和林。[70] 如果从现代和传统并置的角度来看，那么哈拉和林与如今巴拉圭的首都亚松森最为相似，而作为一座人为打造的都市，它就是当时的巴西利亚。必须每天动用 500 头骆驼来供应食物和商品才能维系这座城市的正常运转。据说，连窝阔台也无法容忍哈拉和林的喧闹。[71]

窝阔台曾经告诉他的心腹，在他所有的成就中最令他引以为傲的是迅捷的驿传制度或称站赤。[72] 尽管成吉思汗开创了用快马传递情报的系统,但将其完善的却是窝阔台,其后的继任者们只需在其基础上增加驿站的数量。站赤的准确记载大多来自忽必烈的统治时期,它也是让马可·波罗印象最为深刻的事物之一。每个驿站都配有精力充沛的马匹和通讯人员,也有自己的谷物、牛、其他牲畜和水井。窝阔台在长城以南的中原和哈拉和林之间建立了 37 座驿站,他认为自己已经做得很好了,但到了忽必烈时期,仅仅在忽必烈的帝国范围内驿站的数量就增加到了 1 万,配备的马匹有 20 万。哪怕与在波斯相比,站赤系统在中原也占据了更为重要的角色,因此它们的效率也更高。[73]

在功能上,站赤系统既可以传递邮件包裹,也可以为间谍和军事人员沿途提供服务。在配置上,站赤系统既有配备货车的车站,也有只配备马匹的马站。[74] 地形不同,驿站之间的距离也不尽相同,两站之间既可以距离 40 英里,也可以相距不到 10 英里。与站赤系统中的站点设计灵活的特点相比,1860 年 4 月—1861 年 10 月美国密苏里州的圣约瑟夫和加利福尼亚州的萨克拉门托市之间运行的驿马快信网络,其 157 个站点都是以 10 英里的间隔进行分布的,而它一直运行到电报通行为止。[75] 驿马快信为招募骑手打出的广告闻名遐迩:"招聘。18 岁以下瘦削、结实的年轻人。必须是愿意每天冒死送货的专业骑手。孤儿优先。"但是,就算驿马快信招募的是这样年轻、有耐力的奇才,他们每天也最多骑行 100 英里,而同等条件的蒙古人(体重不超过 125 磅的年轻人)每天则必须跑上 250 英里。每一座驿站都必须备有 200 匹马供随时使用(旅程艰难,每匹马只能骑 10 英里左右),另外还要配备 200 匹马每月轮流放牧休息,每座驿站每月都要接受检查。[76] 当信使接近驿站时,他们会提前用铃声告知自己即将到达的消息,以便驿站人员做好一切准备。如果骑手必须在夜间继续赶路而当天又没有月光,就会有人拿着火把和火炬跑在骑手的前方,为骑手照亮前往下一座驿站的道路。[77]

整个站赤系统实际上佐证了蒙古人的纪律和效率,然而由于蒙古人对站赤深感自豪,很快就开始流传关于它的各种夸张故事。虽然人们相信可能存在那么一些精力充沛的信使,他们只需要短暂的休息就能够跑完

1300英里的路程，但参考现代马拉松选手的成绩，持着火炬的奔跑者能在24小时内跑完160英里的说法实在是令人不敢苟同。[78]

到了13世纪30年代后期，窝阔台通过迅捷的信息传递网络与所有重要的蒙古王子和权贵们进行联络，他甚至能够在几天之内同察合台和拔都这类人物来往通信。理论上，只有执行公务的人员和持有圆牌的人才被允许使用站赤。圆牌是一块用木、银或金制作的官方通行证件，牌子上刻着回鹘文。站赤服务由专人提供，但产生的费用主要由被称为站户的农民负担。农民不得不承担蒙古信使的食宿费用，同时为马匹提供饲料。只有在距离主干道太远的驿站，可汗才"仁慈地"同意至少为其支付一部分账单。对于当地站户来说，他们面临的一个特殊的重担是官方的信使或差役（额勒赤）会为自己和护卫肆意征用马匹，这些人为所欲为、态度傲慢、专横跋扈。由于这些官员也会强占大篷车，于是土匪们常常将自己伪装成额勒赤。[79]

农民们承受的压力可以用一个简单的事实加以衡量：在中原，75万个家庭或者说6%的人口与站赤制度在某种程度上相关联。若是他们不遵守该制度的要求提供各种形式的劳务或是税款，那么他们将会面临相当严厉的处罚。对于没能付款的人，他的妻子和子女会被带走抵税。而其中性质恶劣的，比如他的家人为避免被抓而提前逃亡的，他们本人会被铐上铁链经历严刑拷打，他们潜逃的家人一旦被发现便会被立即处决。[80]然而，严厉的惩罚并没有能阻止农民们逃离他们的土地，而且逃役很快发展成了一种"传染病"。由于缺乏纳税人也就失去了资金支持，军事行动也受到了威胁。

在成吉思汗和窝阔台时期，使者和商人可以免费使用站赤，这一项制度遭到了广泛的滥用。受到委托的使者和商人会带着家人、朋友，有时还包括200—300名护卫去执行一些鸡毛蒜皮的任务，或是在执行重要的任务时带上多达1000名护卫。[81]此外，农民不得不为琐事和放纵买单，比如窝阔台喜欢的新鲜水果，它们从遥远的地方采购，需要使者以极快的速度运送，私下里人们对此怨声载道。正因为这种普遍存在的腐败现象，蒙哥从13世纪50年代开始向所有使用站赤的人收取费用。那时，围绕站赤制度已经发展出了新的定居地。由于驿站供应马匹、牲畜、水和粮食，这使殖民成为可能，曾经地处边疆的偏僻驿站周围兴起了一座座城镇。[82] 不仅如此，从成吉思汗时代起，站赤制度就在蒙古的情报和间谍活动中发挥关键性的作用，这使得它成为一个涉及多个层面的复合机构，它随着帝国的扩张开始满足越来越多、越来越复杂的需求。因此，站赤制度发挥了重要的作用，它使原本原始的牲畜饲养者得以在150年里维持对亚洲最古老和人口最多的文明的统治。[83]

到了13世纪30年代后期，蒙古帝国的问题变得极为错综复杂，实在需要一位工作狂每天工作18小时来处理。然而窝阔台甚至连一个小时都没有花在国家事务上，而是日益沉湎于嬉戏、赌博，尤其是酗酒中。他向来惊人的酒量如今已变得惊世骇俗。[84] 最给他压力的似乎是察合台提醒他少喝点，因此窝阔台同意将自己的饮酒量减半，还颁布了法令，让他的仆人今后给他提供的酒只能占到往常的半数。随后窝阔台又暗暗吩咐仆人要用两倍大的容器给他盛酒，如此一来，他就遵守了向兄弟许下的违心的诺言。[85]

有人认为是酒精导致蒙古帝国最终衰落，这个观点听起来像是一个热衷于节制生活的人提出的。但实际情况是，一旦接触到了世界其他地方更好的葡萄酒，蒙古贵族们往往就会因为肥胖和肝硬化而英年早逝，他们还常常患上痛风，这一现象在女性中尤为明显。贵由汗和蒙哥汗就是臭名昭著的酒徒。有些人甚至断言，酒精中毒影响了忽必烈之后蒙古人的生育能力。[86]

当窝阔台沉溺于自己的杯中物时，朝廷各派着眼于继承权的问题爆发了激烈的权力斗争：在帝国未来的治理问题上，保守派和进步派存在着严重的分歧（耶律楚材就是在此风口浪尖失势的）；在窝阔台的后裔和与之敌对的拖雷的后裔之间矛盾重重；王子、贵族和当权者，他们常常掺杂着私人恩怨在哈拉和林互相攻讦；甚至在窝阔台自己的家庭中也存在斗争。[87] 窝阔台的首要继承人选是他的第三个儿子阔出，但1236年阔出死在了攻金的战场上。他的下一个人选是他的孙子、阔出的长子失烈门，但此人不够自信，而窝阔台常常喝得酩酊大醉以至于未能强行推他上位。成吉思汗本是选择窝阔台的次子阔端接任窝阔台的汗位，但阔端过于体弱，难以身负重任。[88] 窝阔台的妻子脱列哥那乘机四处游说，她一心想让自己的宝贝儿子贵由登上可汗之位，尽管贵由也并不怎么强健。[89]

与此同时，甚至有一派景教徒希望能将他们的教派列为蒙古的官方意识形态，他们一直对窝阔台偏袒伊斯兰教感到愤怒。[90] 俗话说，船已经离港，此时的蒙古帝国已经清楚地表露出东西方分歧的迹象：东方信仰佛教，西方信仰伊斯兰教。蒙古的西部十分偏爱伊斯兰教，他们甚至在伊朗及其他地方达成了一项非正式的协议，允许《大札撒》同伊斯兰律法共存。在1258年，伊尔汗国的旭烈兀汗从哈里发处获得了一份教令，表明自己统治的合法性。[91]

在这一系列激烈的斗争中，窝阔台的妻子脱列哥那获得了最后胜利，她为其子夺得继承权，而蒙古王子们也将在中原获得理想的封地。[92] 但是，在所有这些问题得到最终解决之前，窝阔台于1241年12月突然去世了。人们一般认为他死于饮酒过量，但拉施特认为他中了毒，而很多间接的证据可以佐证窝阔台死于毒药的观点。下毒的动机可能有很多，但窝阔台和察合台部族的密切关系表明，行凶者针对的是这个特定的势力团体。[93] 察合台的离世以及之后阔端更加神秘的死亡进一步地佐证了这一点。官方的说法是，察合台死于一次狩猎中的事故，当时他被一支弹回的箭刺伤，但有人认为这不过是他的伊斯兰敌人一厢情愿的想法。[94]

窝阔台并未被埋葬在传说中成吉思汗的墓地不儿罕山，而是被埋葬在他位于准噶尔的私人封地里。他种植了一片树林象征着他的灵魂，并下令谁要是砍掉哪怕一根树枝，都要被无情地鞭笞。[95] 至此，蒙古历史上一个伟大的人物离开了。作为他遗产的一部分，他留下的可能是蒙古史上最为伟大的功绩：征服罗斯和东欧。

16

进攻东欧

窝阔台在1235年于蒙古答兰答八思的山坡上召开了忽里台大会。[1]如果可汗知晓罗马人，那么他应该会赞同他们的座右铭——"欲速则不达"，在大会期间他悠闲地度过了一个月的时间，辗转畅饮于各种宴会之中。在大会的最后，窝阔台宣布，随着蒙古人对札兰丁、金朝以及高丽战争的全面告捷，下一个目标将是罗斯和东欧地区。库曼人、伏尔加保加利亚人、罗斯人、克里米亚的所有民族以及匈牙利人都将在蒙古人彻底征服的名单之上。[2]

窝阔台做出这个决定的缘由通常被解读为盲目的"荣耀之战"，或者是蒙古人在"昭昭天命"的感召下、遵照了至高天神腾格里征服世界的意愿。然而事实上，诞生这个决定的情由十分地平淡无奇。由于成吉思汗允许异族通婚的政策，越来越多的蒙古王子诞生。如今他们已经长大成人，要求获得上一代的财富、特权、土地和封禄。他们的这些愿望必须被满足，否则这就会成为内战的导火索。毕竟西伯利亚是一片冰冻的荒原，而印度次大陆对蒙古人来说又太过炎热，于是足以实现他们愿望的方案就只剩下了向南扩张到宋朝或者向西扩张到罗斯。

窝阔台有意要继续推进占领南方地区的战略，但他也注意到了其中的困难（主要是蒙古人还未掌握在内河和海上作战所必不可少的经验）[3]，这将是一场更为持久的战斗。而在西部却没有明显的障碍，哲别和速不台在1221—1223年的大侵袭也证明了这一点。现在正是蒙古人将流传于术赤兀鲁思西部边界的著名传言"马蹄所到之处即是我土"进行落实,并确认马蹄所到之处竟能延伸至何处的好时机。

窝阔台明白,征服罗斯和欧洲将会是蒙古人有史以来最伟大也是最有野心的一次行动。相对而言,金朝和花剌子模帝国仿若在蒙古的家门口,而在此次征服罗斯和欧洲的行动中,窝阔台的军队需要在距离大本营至少8000英里的地方作战,如此遥远的距离会带来粮食运输等后勤方面的许多问题。[4]窝阔台总是非常谨慎,他煞费苦心地筹划这次伟大的冒险——或许正是行政上的压力让窝阔台筋疲力尽,于是他决定从那以后安于享乐生活。

在筹措军需的过程中,最基本的是要保证马、驮畜和肉食的稳定供应。此外,窝阔台还颁布了附加税的法令。因为到了1233年整个帝国都面临着马匹短缺的问题,过去他们从牧民手中按百匹抽一的比例征收马匹,如今这个比例陡然提高到了十匹抽一,而且还推行了每百头牛征收一头的新税制。[5]

军队的人数在12万至13万之间,窝阔台命令每个兀鲁思、封地、镇子和城市都要贡献出自己的力量。术赤之子拔都被授予了此次远征的最高指挥权,还安排了由4000名怯薛组成的蒙古精锐之师作为他的核心力量。越来越多的蒙古人从帝国的四面八方赶来加入他的队伍,然而队伍中的大多数战士都是突厥人,于是在忽里台大会上便有人对他们的忠诚和可靠性提出质疑。不过他们训练有素、纪律严明,再加上窝阔台作为一位精明的决断者对他们很有信心,后来的事实也证明的确如此。[6]

尽管名义上的指挥官是拔都,但窝阔台还是更加依赖于当时已经59岁的速不台,将其视为整个行动的大脑。至1235年,速不台已经历过数十次战役,他是一位久经沙场的老将。尽管成吉思汗和窝阔台都因速不台是一位不与其他指挥官合作的军事统帅而曾对他怀有疑虑,但在1232年他却得到了拖雷的极力拥护,身为蒙古皇室一员的拖雷真正地欣赏这位老人的天赋。拖雷以1221—1223年速不台与哲别非常成功的合作为例,说明速不台独断的原因不在于速不台是一个难以被取悦的人,而在于他不乐意忍受军队里的蠢货。速不台尊重并且敬佩哲别那样的军事天才，但他对被成吉思汗过分推崇的诸如失吉忽秃忽这样的人物却不屑一顾。窝阔台非常尊重他的弟弟拖雷，于是他听信了这番话并最终争取到了速不台的支持。[7]

关于这次合作能否成功，现有预兆或许并不乐观。拔都似乎成了制造不和的主人公，不是他缺乏能力而是他并非哲别或木华黎那样的军事天才。柏朗嘉宾在1245年曾对其进行密切的观察，他写下了如下的见解："拔都对自己的人很好，但他们却非常怕他。在战斗中，他是最残忍的人，他非常精明也非常狡猾，毕竟他已经战斗了很多年。"[8] 可惜的是，我们对这位未来金帐汗国的可汗的外表缺乏适当的描述，因为卢布鲁克也只是说拔都"个头大约同约翰·博蒙特阁下一般高"。一位俄罗斯的历史学家对此颇具讽刺意味地评论道："遗憾的是，我们并无此荣幸认识这位博蒙特阁下。"[9] 在加入了远征军的蒙古贵族中，地位显要的还有别儿哥、昔班和斡儿答这些拔都的兄弟们。斡儿答是术赤的长子，其地位应该高于拔都，但所有的文字记载都将他描述成了一个在军事上毫无影响力的人物，而且缺乏庄重的气质。[10]

此外，出征的还有蒙哥（拖雷的儿子）、拨绰（也是拖雷的儿子）、拜答儿（察合台的儿子）、不里（察合台的孙子）、贵由（窝阔台的儿子）、阔端（也是窝阔台的儿子）以及海都（窝阔台的孙子），速不台的儿子兀良哈台也参与其中。窝阔台的本意是要以这个囊括了大批人才的豪华阵容来强调，这次征服是动用了整个帝国所有资源的大手笔。[11] 这无疑是一次引人注目的行动，它囊括了两位未来的可汗以及两位将来统治金帐汗国的首领。窝阔台原本想亲自指挥，但他在忽里台大会上被蒙哥劝阻。[12]

1236年窝阔台为了让主力远征部队的潜在目标对其真实意图产生疑惑，他便派出了一支看似草率的先头部队突袭了信德，从而掩盖了自己的最终目的。这正是窝阔台布局的特点，也证明了他不愧是成吉思汗的儿子。也许是这次探查的结果预示着入侵，抑或是由于窝阔台在13世纪20年代针对德里苏丹纵容札兰丁的行为而发出的一系列严厉的照会，苏丹被迫向蒙古人做出了象征性的让步。[13] 无论如何，最后一个有可能威胁到蒙古侧翼的不确定因素已经被清除，而绰儿马罕也已经实现了他在高加索南部所有的战略目标。

窝阔台的首要任务是消灭作为重要军事力量的伏尔加保加利亚人以及库曼人。蒙古人对库曼人感到愤怒的原因有二：库曼人曾为克烈部人提供庇护，以及他们支持摩诃末。[14]蒙古人和库曼人之间的战争从1216年一直持续到1229年，其中最为激烈的战事是由速不台和哲别在1221—1223年领导的大侵袭，然而蒙古人却没能完成决定性的一击，他们同伏尔加保加利亚人的故事也大致如此。[15]

1229年窝阔台派速不台同时进攻这两个讨厌鬼。速不台在里海北部的乌拉尔山中击败了二者的联军并洗劫了伏尔加河下游的城市萨克辛，不过他却没有乘胜追击。由于这实在不像他的作风，人们断定他是因为接到召回命令而回到了中原战场的前线。[16]既然大部分敌人都逃往了西方，速不台只能将一些投降的库曼人纳入了蒙古军。即使是在向金朝发动致命一击的时候，窝阔台仍在继续向草原派遣部队（1232年拔都率领三支万户军出征），同时持续骚扰伏尔加保加利亚人和库曼人。然而，虽然蒙古人损毁了大片的土地并且对当地的景观和财产造成了巨大的破坏，但他们还是出乎意料地在战场上遭遇了激烈的反抗，几乎什么也没有捞到。

对在该战场上的一无所获，窝阔台深感恼火，不过这也是由于他低估了平定人口如此众多的地区的难度。直到1235年，当窝阔台投入了巨大的力量去执行这项任务时，彻底征服才成为可能。[17]在忽里台大会之后，窝阔台将速不台叫到一旁，让他亲自负责对库曼人和伏尔加保加利亚人最后的镇压，或者说是将其斩草除根。

蒙古军队开始向西方挺进，由拔都和他的兄弟们组成的先锋队于1235年底出发，1236年2—3月速不台和主力部队也紧跟其后踏上征途。[18]所有部队在伏尔加保加利亚领地的边界上会合，速不台终于拥有了足够的人马来彻底地解决这个在1222年烧了他胡子的仇人。这是一次可怕的复仇。他指挥大约4万人对抗5万敌军，并于1236年秋天在伏尔加河与卡马河汇合处以南的博尔加尔地区抓获并击溃了伏尔加保加利亚人，之后便是骇人的屠杀。[19]接着，他摧毁了伏尔加保加利亚人的首都，自此终结了伏尔加保加利亚人作为中间人活跃在北欧和中亚地区贸易舞台上的历史。一些伏尔加保加利亚人逃往西方投靠了罗斯的各个公国。两位重要的伏尔加保加利亚首领一开始选择了屈服，但他们又旋即造反，引发了蒙古人更加强有力的镇压。[20] 蒙古人有条不紊地摧毁了他们后方所有可能的聚集点，洗劫了保加利亚的比利亚尔、博尔加尔、克热涅克、朱科廷和苏瓦等城镇。从乌拉尔山到伏尔加河的所有部族——切尔米西、巴什基尔、莫尔多瓦、博塔西、萨基斯尼亚、奥塞特全部被击败或是主动向蒙古投降。[21] 所有这些部族都成了金帐汗国的附庸。

速不台顺从地遵照成吉思汗最初的指示，将这块土地交给了术赤的儿子们。斡儿答得到了额尔齐斯和乌拉尔山之间的土地，而西部草原和（尚未征服的）罗斯诸公国这一个更大的赏赐则被赐予了拔都。[22] 伏尔加保加利亚人已所剩无几，据说有五分之四的人口在蒙古人毁灭性的进攻中丧生。[23]

速不台刚在博尔加尔击败了伏尔加保加利亚人，他就立即抽调了一部分兵力交由更年轻的指挥官们率领，命令他们搜寻并消灭库曼人，而他本人则负责对伏尔加保加利亚国土的扫荡。他认为，在入侵罗斯之前让自己的"被监护人"（拔都和他的兄弟、蒙哥、不里、阔端等）获得一定的经验非常重要，他们每一个人都被指派了单独的任务去对付库曼人中不同的氏族。[24] 库曼人同伏尔加保加利亚人一样强大，不过他们是萨满教徒，而伏尔加保加利亚人则是穆斯林。[25]

尽管蒙古人摧毁了库曼人的领土，但他们却被库曼人中最聪慧的首领巴克曼挑起的游击战所困扰。未来的蒙哥汗指挥着军队与之对抗，他有效地运用了从小耳濡目染的驱赶战术，其成效颇令人瞩目。蒙哥以拨绰为副手，组建了一支由200艘大型内河船只组成的船队，据说每艘船上有100人。这支舰队在伏尔加河上巡逻，检查两岸的森林，逐渐收紧了对巴克曼的包围圈。[26]

一支负责陆地搜索的先遣队发现了敌人的痕迹，那是一处最近刚被遗弃的营地。蒙古人找到了一位老妪，从她那儿得知巴克曼藏在附近的一座岛上。先遣队并没有可供登岛使用的船，然而不可思议的是突然刮起了一阵大风降低了河水的水位,蒙古人得以涉水登岛。[27] 他们刚一登陆就出其不意地击杀了站岗的库曼人,其中一个警卫勉强地发出了警报,然而在混乱的逃亡中,营地里的大多数人都淹死在了伏尔加河中。蒙古人俘虏了巴克曼并洋洋得意地把他交给了蒙哥,当蒙哥听闻那阵"神风"时更是心花怒放,他大声呼喊道:"上天已为我打开了大门!"随后他命令巴克曼在他的面前跪下,但这位库曼首领拒绝了。"我是一位国王,我并不怕死,"巴克曼说,"我不是一头应该下跪的骆驼。"[28] 他还嘲笑蒙古人,说他们那些留在岛上的人在水位上涨时就会被困在那里。愤怒的蒙哥命令拨绰用一把巨剑将他劈成了两半。[29]

至1237年的秋天,随着库曼人的溃败,罗斯东部所有潜在的敌人都已不复存在。不过库曼人并没有被完全消灭,在1239年蒙古人发动最终的致命一击之前,他们之间还会爆发另一场战斗。这一回,蒙古人严明的纪律,加上敌人内部的分裂再次令蒙古人占据了优势。据估计,草原上有60万库曼人。若是假设其中十分之一是战士(考虑到游牧民和战士角色之间的重叠,这是一个非常保守的数字),库曼人可以派出至少6万人的军队。这样的一支队伍如果团结一致甚至可以征服罗斯,但是对他们而言最为致命的是,库曼人中的各个氏族和派系永远不会有达成共识的那一天。[30]

现在拔都和速不台开始入侵罗斯,他们首先进攻的是东部和北部的公国。尽管罗斯至少在一年前就得到了有关其东部边境面临严重危机的警告,然而他们却什么也没做,或许是他们认为蒙古人同库曼人之间的冲突仅仅是在其宿敌领土范围内上演的某种形式的内战。在许多方面,1237—1240年蒙古人大举入侵罗斯的序幕都不可思议地同十五年前速不台和哲别进行大规模突袭时的前奏相一致,1223—1237年可谓是1200—1222年的副本。同样是琐碎的派系斗争、早期的自鸣得意以及对闯入者身份的毫不关心,这些情况再一次上演。[32]

如果说在1223—1237年罗斯的权力斗争中存在什么受益者的话,那应该就是苏兹达尔了。耐人寻味的是,苏兹达尔并没有卷入卡利奇克河上的大溃败中。诺夫哥罗德是罗斯北部的主战场,冲突背后主要的操控者是苏兹达尔的尤里，即弗拉基米尔公国的大公。[33]诺夫哥罗德就是大公派系同波雅尔贵族阶级进行激烈冲突的所在地。与此同时，在罗斯南部加利西亚-沃里尼亚公国的丹尼尔·罗曼诺维奇、斯摩棱斯克的大公们以及切尔尼戈夫的米哈伊尔都被卷入了争夺乞瓦控制权的斗争中。最终，1235年南部地区的混乱引发了一场大规模的内战，1235—1240年乞瓦七次易手。混乱导致罗斯南部地区元气大伤，而苏兹达尔和诺夫哥罗德则成了最强大的罗斯公国，虽然其后诺夫哥罗德就开始面临来自西方的威胁——无论是掠夺成性的德意志商人还是天主教的传教士，他们都想让利沃尼亚的部族皈依西方的基督教教派。[34]

要问斯摩棱斯克、切尔尼戈夫和加利西亚的大公们为什么不顾来自东方的可怕威胁而只在乎争夺乞瓦，答案存在争议。人们对此给出了各式各样的解释，包括贪婪、盲目的野心以及纯粹的愚蠢。这无疑是一项自我毁灭式的愚蠢行动，据估计，如果所有主要的城市加上波兰人都能被征募成军，那么统一的罗斯本可以派出至少10万人的大军。[35]不过，即便是一个统一的罗斯，其所有正面对抗蒙古人的行为也都是白费力气。拔都和速不台仍可以从容不迫地拿下一个个公国，甚至享受在局部上占尽人数优势的便利，这对蒙古人来说可是少有的。罗斯人没有中央指挥部统一协调，各城市之间缺乏联络，更重要的是他们没有可靠的谍报系统，因此他们也就不了解蒙古人眼下先进的攻城技术。他们与蒙古人的冲突是典型的外行人同职业选手之间的竞争。

拔都和速不台在同一时间做出了正确的决定：首先攻打最强大的对手。速不台一如既往地展现出应变能力，他选择在隆冬时节出击，那时候河流都结了冰，这也就意味着马匹可以在冰面上穿行，物资和军备能够轻松地用雪橇来运送。[36]速不台在冬季发动的进攻打了罗斯人一个措手不及，速不台即将在这片拿破仑和希特勒的败走之地上赢得胜利。

蒙古人的第一个目标是梁赞，该地位于莫斯科东南方向约200英里处，由梁赞大公罗曼和他的兄弟尤里统治。大公们愚蠢地拒绝了速不台"要么投降要么死"的要求（投降需要献上城市十分之一的财富），同时疯狂地向弗拉基米尔的尤里求救。1237年12月16日速不台开始了围攻，他有条不紊地利用栅栏包围了此地。五天后梁赞陷落，紧接着便是一如既往的屠杀。罗曼那时已经在通往莫斯科半路上的科洛姆纳重新设防，而尤里和他的妻子及其他家人则被捉住并被处死。[37] 而弗拉基米尔的尤里确实派了增援部队，不过就在得知梁赞沦陷之时他们才刚刚上路。对这座城市的毁灭，一位中世纪罗斯编年史家哀叹道：

> 他们……烧毁了这座圣地及其所有美好的东西和财富……上帝的教堂被摧毁，众多鲜血洒在了圣坛之上。城里没有一个人活着。一切都死绝了……甚至没有人来哀悼逝去的一切。[38]

罗曼那边也得到了援军，不过援军还是来得太晚了，科洛姆纳早已沦陷并遭到摧毁，蒙古人的怒火因成吉思汗之子阔列坚（由他最喜欢的妻子忽兰所生）在围城期间的死亡而燃烧得更加猛烈。罗曼本人在战斗中阵亡，科洛姆纳在这之后的数十年里一直都是一片废墟。[39]

接下来蒙古人开始向莫斯科进攻，那时的莫斯科不过是一座不起眼的镇子，他们打败了尤里大公的儿子弗拉基米尔并洗劫了莫斯科，随后又闪电般地占领了另外14座城镇。[40] 其中有一到两个地方仅坚持抵抗了几天就放弃了战斗。最后，终于轮到首都弗拉基米尔，那里由尤里大公的儿子弗谢沃洛德和姆斯季斯拉夫掌管，在经历了八天的攻击后弗拉基米尔就放弃了抵抗。随后就是破城，在架起梯子和石弩之前，拔都就在城市的周围竖起了栅栏以防逃跑。2月7日早晨，拔都发动了大规模的进攻，蒙古人从四个方向攻破了防御工事，到了中午，双方激烈的战斗已基本上告一段落。城堡里的守军又坚持了24小时。城内的幸存者，包括难民和尤里大公家中所有的女性成员，都躲进了圣母升天大教堂，他们天真地以为这里能够提供庇护（就好像蒙古人理解欧洲的基督教习俗似的），结果教堂被蒙古人付之一炬，他们或是葬身于火海之中，或是在试图逃离这地狱之时惨遭杀害。守军的投降也不可避免地引发了大屠杀。[41]

最终在1238年3月4日，蒙古人在锡季河（莫洛加河的一条支流）附近找到了尤里大公。尤里大公有气无力地试图同他兄弟的军队取得联系，然而他并未考虑到信息被蒙古人拦截的可能性，于是他也毫不意外地被打败了。尤里本人也列入了罗斯王室不断增加的伤亡名单里，也许他很高兴就这样死去，毕竟他的整个家族都已丧生，其中的大部分人都死于弗拉基米尔的那场大火。蒙古人声称自己处决了尤里大公，但事实是罗斯人已然惊慌失措，尤里大公的属下无情地将他斩首，他们希望这个牺牲品能够延缓蒙古必然的追击。尤里的大公头衔被他的兄弟雅罗斯拉夫继承，随后雅罗斯拉夫放弃了他在乞瓦的统治权，将该城割让给了切尔尼戈夫的米哈伊尔。[42]

到了这一阶段，蒙古人分散兵力以大规模扫荡罗斯北部，并粉碎残余的反抗势力。拔都沿东北方向前进，同时速不台向西北方向进军，他们分别进入了诺夫哥罗德地区。诺夫哥罗德市本身对蒙古人来说具有很大的吸引力，因为那里拥有大量的手工艺人：鞋匠、银匠、皮革加工者、制革工人、铜匠、钢铁熔炼工、铁匠、木制品工艺家、木匠、车工、修桶匠、雕刻师、制作调羹的人、细木工、骨头雕刻师、肖像画家、纺纱工、织工、面包师、酿酒师和鱼贩。[43]若是蒙古人遵循他们的惯例将城市中所有的工匠都运走，那么他们将不得不把城里三分之二的人口都转移到蒙古去。诺夫哥罗德拥有现代化的排水系统和三座大教堂，但这座城市狭窄且拥挤不堪，到处都挤满了朝臣、贵族、商人、工匠、自由人、农奴和奴隶，更不用说此地还有大量来访的商人，所有人全都生活在一个相对狭小的空间里。除了极端的政治派系之争使它处于不利的位置之外，该城还是一个灾难频发之地，尽管它对卫生问题十分重视，但它仍旧因频繁暴发的时疫而臭名昭著。这里还经常发生火灾，1211年的一次大火摧毁了4300座房屋，而在1231年的另一场大火中，也有数量相当的房屋损毁。[44]诺夫哥罗德的居民是出了名地麻木自私，1222年他们显然没有参与远征并现身于卡利奇克河，而且他们也从来没有与其他的罗斯公国团结一致。

因此，当速不台围攻诺夫哥罗德公国最东南端的城市托尔若克时，首都对该城居民疯狂的求援置之不理也就并不令人感到惊讶了。[45]即使没有得到援助，托尔若克依然进行了激烈的抵抗，最终它在遭到围攻的两周之后（3月23日）陷落了。显而易见，蒙古人的下一个目标就是诺夫哥罗德了，但速不台在距离该城只有55英里的时候却突然间掉转了方向。据说是天气的回暖让土地变得泥泞不堪，这增添了驾驭战马的难度，不过这个说法是诺夫哥罗德人在事件发生数年之后对外进行的宣传。实际上土地解冻至少还需要一个月。事实是，诺夫哥罗德送去了一笔巨额的资金，并保证自己会作为蒙古的封臣缴纳贡品。[46] 这一点满足了蒙古人一贯"要么投降要么死"的要求，于是他们才转向了南方。

在返回大本营的路上，速不台又一次展现出他非凡的智慧：他避开了之前一路北上的过程中破坏的所有地区、绕过了幸存的城镇，以免陷入无关紧要的事务中，他只是有针对性地席卷了波雅尔的财产，摆出了一副捍卫普通群众的姿态。然而，速不台的同僚拔都攻打引人垂涎的卡卢加的科泽利斯克镇时失利了。拔都以为自己很容易就能得手，结果他却被围困了7周。尽管会丢了脸面，但拔都为了减少损失还是不得不派人向速不台请求增援。拔都对科泽利斯克镇的反抗极为恼怒，当最终攻陷该镇时，他特别强调要杀光城里的每一个人。[47]

在速不台和拔都重聚之后，他们下令暂时停止作战，进行一段长期的放松休整，他们将1238年余下的时间以及1239年的大部分日子都消磨在了顿河以西的大草原上，还让人从蒙古送来了年轻的战马。他们还从库曼人和其他部族那里搞到了大批草原上的马，比如哈萨克、阿尔泰、后贝加尔、雅库特和柯尔克孜等品种，这些马都和他们自己的矮种马一样，拥有非常强壮的蹄子，能够在非常寒冷的天气里活动。[48] 蒙古的将领让士兵们轮流休息，将一些人派去驻守已被征服的重要城镇，而其他人则继续征战。在任何时间段里，总兵力一直保持着约半数在作战，而另一半在休整的模式。

拔都急于让年轻的指挥官增长经验，因此他为每位指挥官分配了一项单独的任务，命他们去对付北高加索的部族以及罗斯南部大草原上的库曼人。别儿哥被派到东部去消灭从1237年的战败中缓过劲来的库曼人；昔班和不里在克里米亚半岛同库曼人、切尔克斯人和奥塞特人交战；蒙哥和阔端则在高加索地区追捕阿兰人。此外，他们还战胜了格鲁吉亚人，后者在1222—1238年的六次主要战役中被蒙古人或札兰丁击败。[49]

这些行动都取得了令人瞩目的成绩。昔班和不里掠夺了克里米亚的苏达克镇以儆效尤，该镇在1222年被哲别和速不台洗劫一空，如今再次被蒙古人"光顾"。[50] 1239年蒙哥占领了阿兰人的首都马哈斯，完成了对南部草原地区的征服。[51] 别儿哥对库曼人的胜利则更加彻底。

库曼人在经历了一次又一次的溃败之后，其首领忽滩汗最终带着4万名幸存者向西部迁徙，他们逼迫多瑙河当地的一位领主允许他们过河向南穿越保加利亚。他们有条不紊地将色雷斯（今保加利亚南部）夷为平地，之后忽滩汗和他忠实的追随者们转向直抵匈牙利的边境。忽滩汗在那里给国王贝拉送去了一封信，信中承诺若是允许忽滩汗和他的人在匈牙利的土地上和平地定居，那么他们将大规模地皈依基督教。在那个不幸的时刻，贝拉同意了，然而这一让步将会引发巨大的回响。[52]

在12个月的时间里，蒙古人在保障了后方安全的同时耐心地步步向前推进，从而在草原上实现了和平的奇迹。资历尚浅的将领可能会试图提前征服罗斯南部，但速不台却在等待时机的到来。1239年便是一个合适的时间，在那一年里，蒙古人似乎无论做什么都很成功。有一队骑兵甚至向北抵达了位于罗斯和芬兰边界的卡累利阿。[53] 蒙古人还从芬兰人和其他人那里知道了北冰洋。在听说了极地的寒冬之后，他们将北冰洋称为漆黑之海。[54]

军队此时正在全军休整，来自蒙古的援军让远征军得以重整态势、实力大增，拔都和速不台一直等到1240年夏末才开始南下进攻乌克兰。出于并不十分明了的原因，速不台似乎将这场战役完全交给了拔都。拔都首先占领并洗劫了佩列亚斯拉夫城并横扫了切尔尼戈夫公国南方的半边领土，格卢霍夫、索斯尼察、霍罗博和斯诺夫斯克都加入了不断增加的被劫城镇名单中。拔都在前往切尔尼戈夫市之前在杰斯纳河（第聂伯河左岸的一条支流）及其支流谢伊姆河流域徘徊。接着，蒙古人遵照他们一贯所为，先包围了一座主要的城市，然后运来了巨大的石弩和投石机。其中一个投石机的射程有300码，投掷的石头也无比巨大，足足需要四个人才能将石头举起来。当地的罗斯大公尝试率军突围，但他以惨败告终，随后该城投降（时为1240年10月18日）。[55]

在致命的威胁面前，罗斯的大公们并未比从前更轻易地实现合作。控制着诺夫哥罗德的弗拉基米尔的雅罗斯拉夫同切尔尼戈夫的米哈伊尔，他们为争夺罗斯公认的最伟大的大公之名而展开了殊死的搏斗。米哈伊尔似乎勾结了立陶宛人向斯摩棱斯克发动了攻击，但雅罗斯拉夫在1239年打败了入侵者。可以肯定的是，雅罗斯拉夫和他的长子亚历山大此时必然已经向蒙古人做出了让步。

1236年时年16岁的亚历山大被任命为诺夫哥罗德的统治者。1240年亚历山大因在涅瓦河上击败了一小撮瑞典人获得了"涅夫斯基"的称号。[56]此次胜利同两年后对条顿骑士团取得的大捷一起，被俄罗斯人夸张地从13世纪一直宣传到了今天。很明显的是，在1240年7月15日诺夫哥罗德对瑞典的战争不过是一场小规模的冲突，毕竟诺夫哥罗德的伤亡总数也就只有20。[57]（历史学家们无法就瑞典和诺夫哥罗德之间冲突的内容达成一致，有些人认为这是由教皇策划，由德国、瑞典和丹麦军队领头的一场秘密的皈依天主教的行动，而另一些人则认为这是罗斯和瑞典在芬兰和卡累利阿问题上的历史悠久的冲突向外部蔓延的结果。）[58]

被死敌弗拉基米尔的雅罗斯拉夫彻底击败之后，米哈伊尔已无心与强大的蒙古人作战，于是他像忽滩汗和库曼人一样匆忙朝着西边逃去，在匈牙利寻找庇护所。不过他却留下了一个致命的隐患，这令乞瓦在劫难逃。在切尔尼戈夫投降后，蒙哥和他的随从骑着马来到了乞瓦郊外，那里的美景让他大为惊叹（他的父亲拖雷也有过类似经历）。蒙哥听闻乞瓦有一支强大的主和势力，便向其派去了使者，并提供了非常慷慨的条件，只要求居民们投降。然而一无是处的米哈伊尔杀了使者，断绝了一切投降的机会，紧接着他就离开了此地前往安全的地方，留下不幸的乞瓦居民自生自灭。所有人都知道杀害蒙古使者一事做得太绝，之后他们不会再有任何获得宽恕的机会。[59]

因此，拔都从南部向乞瓦进发，途中他击溃了突厥部落卡拉卡尔帕克，这是乞瓦在南方的缓冲，随后他包围了乞瓦。即使米哈伊尔没有逃亡，该城的士气也很难高涨。在过去的五年里，关于公国继任者的争论以及其他大公持续不断的介入，令其在精神上日渐萎靡。在70年间，它曾分别遭到来自苏兹达尔、加利西亚-沃里尼亚、切尔尼戈夫和斯摩棱斯克的四次洗劫，伴随着这四次苦难，它在经济上也衰落了。它的位置如此接近库曼人的力量中心，但这却没有一点用处。正如一位历史学家的评论，"在过去的五年里乞瓦统治者频繁地更替，这很难鼓舞首都人民的信心。"[60]

然而，乞瓦在军事上并非微不足道，那里的居民出乎预料地进行了激烈的抵抗，其领导者是一位名叫德米特里的高级军官或称总督，当每一位大公都以米哈伊尔为范例向西逃跑时，他被留了下来。乞瓦人口至少有4万，也可能接近10万。它地处丘陵地带，防守十分严密，在第聂伯河沿岸以及右岸北部和西部的河道上有一圈要塞围绕。直到20世纪乞瓦城才延伸到第聂伯河左岸。乞瓦的城堡建在高地之上，处于被宫殿和教堂环绕的内圈，傲然俯视着码头以及连接乞瓦与罗斯所有主要城市的第聂伯河。临河的外圈是商人和工匠居住的郊区，较贫困的居民则在城墙之外的土地上耕作。[61]

拔都指挥攻城，蒙哥和斡儿答是他最主要的帮手。他用混杂着骆驼的怒吼、战马的嘶鸣以及蒙古人的呐喊的刺耳噪声震慑住了乞瓦的居民。据说当时是如此喧嚣，以至于城里的人甚至无法交谈。[62]蒙古人包围了整座城市，这表明他们的实力非常强大。他们将攻城大炮设在了靠近乞瓦四大城门中最东南边的一个（波兰城门）的斜坡上，此地树木繁茂，因此可以很好地掩护大炮。据说蒙古人花了10天的时间才炸穿该城的四座防御工事，不过城墙一倒他们就涌进了城内，乞瓦的末日也降临了。[63]城内守军想要据守市中心的什一教堂以展开最后一战，然而难民和守卫者太多，其中的大部分人还带来了他们的私产，这导致大教堂的上层因不堪重负而坍塌。[64]城堡几乎和教堂在同一时间倒塌。此次攻城持续了九天。一切在1240年12月6日的圣尼古拉（罗斯的守护神）节宣告终结。

拔都劫掠了这座城市，但他饶了德米特里一命，因为德米特里非凡的勇气给他留下了深刻的印象——这也是为了表现蒙古人对所有落荒而逃的大公们的蔑视。[65]尽管乞瓦常常陷落，但拔都轻而易举地就将其拿下还是在西欧引起了轰动。虽说乞瓦早已衰落，然而这座杰出的城市仍被视为罗斯的代表以及罗斯人的精神源泉。如今它化为一片废墟，遍地残砖断瓦，头骨和骨头堆积如山，以至于五年后路过此地的柏朗嘉宾依然深感压抑。[66]这是旧罗斯时代的终结，也是金帐汗国统治的开始。可以预见的是，东正教的牧师断定是罗斯人的罪孽导致了罗斯的覆灭。弗拉基米尔的谢拉皮翁主教声称，上帝之所以允许蒙古人征服罗斯的领土，是因为社会等级制度中自上而下的罪恶和目无法纪。[67]

拿下乞瓦后，拔都便立刻向加利西亚-沃里尼亚推进，但除了在斯卢奇河畔的科洛迪亚镇短暂地遭遇了抵抗之外，他在那里的行动几乎不费吹灰之力。弗拉基米尔-沃林斯基和加利奇两地在短暂的围攻后便陷落了，波多里亚的拉德任和卡缅涅茨也遭到洗劫。加利西亚的丹尼尔被迫逃往波兰和匈牙利，他是最后一位逃跑的大公。乞瓦的德米特里后来被证明是拔都身边的一位优秀的参谋，但他的拥护者声称是他将蒙古人的注意力引向东欧，这就有些夸大其词了。早在库曼人逃到匈牙利时，那里就已经进入了拔都的视线范围内。[68]

无论如何，如今征服罗斯的任务已经完成。然而该为蒙古人的伤亡买单的并不是罗斯人的英勇和武力，而是蒙古人自己的派系斗争，这些斗争当初能够被成吉思汗控制住，但现在它们威胁到了窝阔台和他的帝国。拔都在节节胜利的过程中举行了多次庆功宴，其中有一次，当拔都向他的队伍祝酒并首先给自己斟酒时，一场醉醺醺的争吵爆发了。憎恨拔都的贵由抗议说，拔都并不比其他的王子地位更高，不应该僭取第一个斟酒的特权。[69]贵由是受到了察合台之孙、于1221年围攻巴米扬时丧生的木阿秃干之子不里的怂恿。[70]虽说察合台没有表现出对木阿秃干的特别的宠爱，但他却非常喜爱不里，即便他的这个孙子不仅是一个愣头青，还是一个声名狼藉的酒鬼。蒙哥对拔都很是尊重，他知道窝阔台曾致力于让术赤的家系与王室的其他成员和解，于是他站起来为拔都辩护。贵由却再三用恶毒的语言侮辱拔都，气氛变得更加紧张。贵由表示拔都不过是一个颤抖的老妪，他低人一等，就像所有不安于室的女人一样，他应该被踢走、践踏。[71]即使所有人都在酒精的作用下晕晕乎乎，但听到贵由说像拔都这样的人理应被鞭子抽或是用燃烧的棍子打时，他们仍然不敢相信自己的耳朵。传统上，那是蒙古针对女性罪犯所实施的惩罚，贵由借此讥讽拔都既恶毒又不正常，这让本就紧张的局势越发剑拔弩张。[72]似乎这还不足以吓到蒙古包里的围观者，又有一人站了出来猛烈抨击拔都。这一次充作恶人的是哈剌哈孙，他是贵由随行人员中的一名小亲信。他建议在拔都身上绑一条尾巴——把尾巴绑在某个人的身上是蒙古人对其表达仇视、嘲笑和蔑视的方式。[73]

宴会在一片喧嚣和骚动中结束了。拔都逮捕了这三个冒犯他的人，他有自由处置他们的权力，他本可以将他们当场处决。但他知道窝阔台会考虑到国家的利益，认为处决他们实在过火，这极有可能会让帝国陷入内战的危机之中。于是他将这三人送回蒙古，一路派人严加看管，同时还附上了一份描述事情经过的文字说明，让身份、地位都无懈可击的目击证人们在上面签字作证。据说窝阔台在读到这份报告时气得大发雷霆，他的盛怒是朝臣们从未在可汗身上见识过的，哪怕是成吉思汗在位时期也没有。起初，窝阔台认真考虑过将这三人处死，并且他表示自己不想再见到贵由，尽管那是他的儿子。他愤怒地对随行人员喊道："希望贵由，而且就他一个人，像鸡蛋一样烂掉吧！"[74]

窝阔台并没有立刻下判决，不仅是因为他需要在深思熟虑之后再做出判断，也是为了让贵由在等待判决的过程中感到越发惶恐。几天之后他召见了贵由，并极其严厉地加以斥责。窝阔台已经了解到，由于贵由墨守成规且过于严格，他在军队中非常不得人心。"你认为罗斯人之所以投降是因为你刻薄地对待自己人吗？"他对贵由嘲讽道，"还是因为你俘虏了两三个战士，就以为自己打了胜仗？据我所知，你甚至连一只山羊都没抓到。"[75]他给出的惩罚是：贵由要回到拔都那儿，并在全军面前公开道歉，否则就会被处死。至于不里，窝阔台不愿得罪察合台，便把他的孙子交还给他，让察合台去惩罚他。察合台以同样的条件把不里送回了欧洲。有意思的是，有人指出这两个决定都违反了《大札撒》中的章程。[76]让人抓狂的是，各种记载都没有告诉我们哈剌哈孙后来的遭遇，只知道他得以幸存了下来。整起事件都模糊不清，官方甚至在哈剌哈孙究竟是阿勒赤台的儿子还是他只是一介平民的问题上都没能统一意见。

事情的结局颇有趣味。[77]在贵由开始西行之前窝阔台就去世了,因此贵由不必再向他讨厌的拔都道歉。而不里确实回去了,他与军队统帅讲和,在瓦拉几亚服役,他的表现很优异。然而拔都及其盟友蒙哥却从来没有忘记拔都遭受的侮辱。在成为可汗的两年之后(1248年)贵由便英年早逝了,因此他逃过了1251—1252年的大清洗,而不里和哈剌哈孙却都在大清洗中被处以极刑:不里被斩首,而哈剌哈孙则被金帐汗国的一名一直憎恨他的指挥官用剑刺穿了。[78]

如今蒙古人正处在波兰的东部边境,他们出现在欧洲引发了大规模的恐慌,远至西班牙和荷兰地区的平民都曾听闻蒙古人的恐怖。[79]这场"蒙古风暴"已经将风浪刮到了大西洋。大约在1238年,苏格兰就知道了他们入侵罗斯的事迹。同一年在英格兰,市场上的鲱鱼供大于求(消息首先由洛斯托夫特上报),因为它一直以来的竞争对手诺夫哥罗德一心关注蒙古人的威胁,第一次(也是仅有的一次)未能派出渔船进入北海。[80]

英国人那特有的自鸣得意的态度在温彻斯特主教彼得·德·罗什给亨利三世的信中展露无遗:"让这些畜生去互相吞食、彻底根绝,然后我们就会看到在那些废墟上一座座天主教堂拔地而起,而且还会有一个羊圈和一位牧羊人。"[81]在1238—1243年的混乱时期在位的三位教皇的想法都与彼得·德·罗什如出一辙。其中一个原因是周边的欧洲国家越来越倾向于以承认罗马教会的重要地位来答谢西欧的军事援助:罗斯的大公们曾经向教皇求助,梵蒂冈方面希望希腊和罗斯会为了换取军事保护而放弃东正教的"异端邪说"。[82]事实上,越是考察西方国家对蒙古人的态度,就越能发现在他们根深蒂固的短视主义下的自私与傲慢。少数几个西方的"捍卫者"在这个关键性的时刻声称:国王、大公和主教们可以将蒙古人视为假定的盟友,因为蒙古人对伊斯兰国家进行了毁灭性的攻击,而且他们认为蒙古人就是传说中来自东方并将团结整个基督教世界的祭司王约翰。

毫无疑问,祭司王约翰的传说在西方流传了很长一段时间,但最终这种愚昧无知的说法消失在13世纪20年代。[83]到了13世纪30年代中期,蒙古人的本性和身份已经相当清晰。格鲁吉亚的鲁苏丹妮女王与梵蒂冈联系频繁,对于这场来自东方的风暴,她的描述非常完整,而匈牙利的贝拉四世则详细地汇报了蒙古人对库曼人几乎是种族灭绝式的屠杀。[84]除此之外,还有一系列的证据在13世纪30年代流传到了西欧,这让政治家和决策者们毫不怀疑他们面对的是什么。[85]事实上早在1237年,贝拉四世就已被告知如果他不改变庇护库曼人的政策,等待他的将会是什么。不仅如此,1237年蒙古人数次要求西方国家投降,甚至教皇也收到了要求臣服的命令。[86]

然而追根溯源,西欧人在面对这一前所未有的威胁时的惰性和被动可以归结为一个因素:西欧的每一位主要人物——神圣罗马帝国的皇帝腓特烈二世、法国国王路易九世以及数位教皇,他们都有自己的打算和需要优先处理的事情,相比之下,蒙古人对他们来说不过是个无足轻重的角色。路易九世就沉迷于组织一支讨伐埃及马穆鲁克的十字军而几乎没怎么注意到蒙古人。[87]天主教会的记录则更加苍白。在13世纪的上半叶,主教们关注的事务也同蒙古帝国无甚相关。教皇英诺森三世(1198—1216年在位)在鼓吹针对法国南部的阿尔比派(即卡特里派异教徒)发动十字军东征。这场血腥的冲突一直到1233年都处在白热化阶段,直至1255年阿尔比派才被最终镇压。[88]在1204年第四次十字军东征中,十字军对拜占庭的劫掠也昭示着基督教王国已陷入无可救药的分裂局面之中。

不过,历任教皇针对神圣罗马帝国皇帝腓特烈二世发动的战争最为削弱西方团结对抗蒙古的能力。教皇霍诺里乌斯三世(1216—1227年在位)或许是亚西西的圣方济各的密友,但在后者的记录中他并没有显得特别尊贵。教皇格列高利九世(1227—1241年在位)则更加短视,他甚至在1239年将腓特烈二世逐出了教会。作为报复,腓特烈二世决定向罗马进军,但他最终被迫撤军。在1240—1241年的关键时期,教皇的精力也完全集中于对付腓特烈二世。1241年5月格列高利九世召集会议想要罢免腓特烈二世神圣罗马帝国皇帝的头衔,但腓特烈二世拦截了法国和意大利前去参加议会的高级教士乘坐的船只,然后把他们扔进了监狱并实施虐待。[89]

即便在这充满戏剧性的一幕上演之前,教皇格列高利九世就很是可笑地对蒙古人的威胁表示半信半疑。当格鲁吉亚女王乞求他施以援手共同对抗蒙古人时，他轻描淡写地回复说，她的王国太远了，自己无法给予帮助。他还补充说，无论如何他的首要任务都是处理西班牙和近东地区伊斯兰教的威胁。1238 年他拒绝了阿萨辛提出的建立基督教王国与伊斯兰教大联盟以对抗蒙古人的建议。同年，他通过鼓吹针对罗斯人的十字军东征，向世人展示了什么才是自己优先考虑的事，而事件的起因是对方曾反对他之前试图在巴尔干半岛发动的十字军东征。[90] 让人惊讶的是，在 13 世纪 40 年代出现了五次在教皇鼓动下发起的十字军东征，然而其中只有一次，也是最无足轻重的一次，是针对蒙古人的。阿尔比派的残余力量还在坚持；康沃尔的理查仍在圣地率军攻击穆斯林；圣路易正竭尽全力对抗君士坦丁堡，表面上他却是在为希腊教会和罗马天主教的联合而奔走；瑞典人、丹麦人和条顿骑士团正在向诺夫哥罗德进发，在那里年轻的亚历山大·涅夫斯基的地位岌岌可危。[91]

但 1241 年欧洲还是针对拔都进行了一场小规模的十字军东征，尽管这次是由德意志教会而不是教皇发起的。军队实际上于 1241 年 7 月从纽伦堡出发，但在前进了 50 英里之后军队便停下了脚步，可能是因为不再有报道称蒙古人在德意志边境。可笑的是，沙文主义的德国编年史家后来声称拔都和速不台被这个"欧陆之主"吓跑了。[92] 从两个方面来看，如此判定都是非常荒谬的：首先，1241 年 9 月因男爵们反抗腓特烈之子康拉德，德意志陷入了一片混乱，国家在内战的边缘徘徊了十年，而为讨伐蒙古人筹集的资金被转而用来对付霍亨斯陶芬王朝。其次，有确切的证据表明这支"十字军"不过是一支自卫队，他们甚至从来没有考虑过要进入匈牙利。[93]

不管怎样，当教皇格列高利九世于 1241 年 8 月去世时，所有组织十字军对抗蒙古人的想法都被搁置了。他至少曾向贝拉四世承诺"原则上"会发动一次十字军东征，但如今由于为选举新的教皇而举行的秘密会议，一切都被卷入了梵蒂冈的政治旋涡之中。1241 年 10 月塞莱斯廷四世当选罗马教皇，然而他在位仅有三周的时间（1241 年 10 月 25 日至 11 月 10 日）。倒霉的贝拉派了使者奔赴罗马游说这位新教皇，可是使者们乘坐的船只在亚得里亚海遭遇风暴，他们全部遇难。1243 年 6 月贝拉又尝试了一次，但他的游说被枢机主教搪塞了过去。[94]

然而，在所有的西欧领导者中，最应受到谴责的缩头乌龟还是神圣罗马帝国皇帝腓特烈二世，他有时被荒唐地誉为13世纪最伟大的人物——荒谬的地方在于真正的伟大应该以功绩而不是才华或能力来衡量。被称为"世界奇迹"的腓特烈精力充沛、能力非凡，他会说6种语言（德语、法语、拉丁语、希腊语、西西里语和阿拉伯语），他保护科学、文学和艺术，他同时也是一个宗教怀疑论者，公然抨击摩西、耶稣和穆罕默德是骗子，喜欢嘲笑有组织的宗教，并故意在口头上亵渎神明。[95] 尼采尊敬地称他为第一个欧洲人，一些历史学家将此解读为第一位现代统治者。然而，因为他被逐出教会后组织了十字军东征且将阿拉伯人招入了军队，但丁在《神曲》（*Divine Comedy*）中将其安排在第六层受苦。腓特烈红发、秃顶、近视，长着一双像蛇一样的绿色眼睛，他对占星术非常着迷，迷恋来自异域的动物，然而他却瞧不起人类，他甚至还在人类身上进行纳粹式的"科学"实验。[96] 他在饲养和训练猎鹰方面非常专业，对鸟类的研究堪称全球权威。当拔都向他下达投降的命令时，腓特烈一笑置之，还表示如果他是蒙古的臣民他会表现得非常出色，因为他和窝阔台一样都是第一流的放鹰者。[97] 他对自己的祖国德意志很是不屑，但他却非常喜欢自己位于西西里的王国。自1220年他于26岁加冕时起，他只在德意志待了一年（1236—1237年），其他的时间他要么待在西西里，要么在率领第六次十字军东征。同狮心王理查几乎完全不在英国的情况一样，他也因此遭到了批评。

腓特烈二世在位的大部分时间都在与教皇的斗争中度过，这场大规模的冲突使西方基督教世界蒙羞，而矛盾的起因在于教皇的领地阻断了腓特烈二世在北意大利的领地和被他视为高效官僚机构典范的西西里领地之间的路线。[98] 这场斗争在格列高利九世在位期间达到了顶峰。荒诞的极点出现在1241年的2月中旬，当时蒙古人已经深入波兰和匈牙利，而教皇竟给匈牙利的信徒们写了一封信，呼吁他们祈祷上帝对付异教徒腓特烈二世而不是那些来自东方的入侵者。[99] 腓特烈二世四次被教会除名，他还被格列高利九世称为基督的敌人。人们希望1243年当选的新教皇能够改变现状，但6月加冕教皇桂冠的英诺森四世立刻就批准将腓特烈二世逐出教会。[100]

无论是腓特烈二世还是教皇，比起步步逼近的蒙古人这一外部威胁，他们更对损人不利己的内斗感兴趣，双方都声称除非对方低头和解，否则他们不能对拔都和速不台采取任何行动。诚然，腓特烈二世给法国的圣路易以及英国的亨利三世写信，提议他们联合起来对付蒙古人，[101]但是这个提议仅仅只是一种外交手段，目的是获得宣传上的优势，同时表明教皇的无能——当然事实的确如此，不过腓特烈二世对蒙古人也是如此。他对"马背上的民族"的反应实在是软弱无力，以至于出现了他有意邀请蒙古人入侵欧洲的谣言。[102]

一个团结一致的欧洲会是拔都和速不台无法克服的障碍，然而西方在最危险的时刻却沉浸在无可救药的内斗之中，这一次，蒙古人甚至都不必在他们的敌人中间制造内讧。因此，两位领导人满怀信心地计划着下一步行动。拔都和速不台打算率领 3 万主力进入匈牙利，他们迫使来自罗斯的俘虏在前线服役，为主力部队提供增援。不过他们必须要考虑波兰、波希米亚甚至是腓特烈二世在他们发动进攻的时候向匈牙利的贝拉四世伸出援手的可能。因此，他们的战略是在同一时间由窝阔台的次子阔端和察合台的儿子拜答儿指挥一支约 2 万人的部队进攻波兰。[103]

这当然是蒙古人的经典战略：通过攻击潜在的敌人来防止入侵东欧的侧翼受到威胁。阔端和拜答儿接到指示，如果他们占领了波兰就不要再继续深入摩拉维亚（今捷克共和国东部），而侧翼的威胁一旦消除他们就挥师南下与位于匈牙利的拔都和速不台会合。两位前途无量的蒙古王子从沃里尼亚出发，他们在 1241 年 2 月 13 日通过结冰的堤道越过了冻成冰块的维斯瓦河，而且立刻就击溃了在对岸的图尔斯克等候他们的波兰军队。

他们掌握了最有价值的情报、了解了波兰所有的弱点，特别是知晓这片土地因派系斗争而四分五裂就是其最致命的弱点。13 世纪的波兰大致包括了今天的波兰南部，而波罗的海沿岸被条顿骑士团和立陶宛人占领，当地的波兰人被逼到了内陆地区。波兰的残余部分则分裂成了四个小公国。[104]其中包括波兰名义上的国王波列斯瓦夫四世统治的区域，马佐维亚的康拉德领导下的克拉科夫和桑多梅日，奥波莱-拉蒂博尔（今奥波莱-

拉齐布日）米埃什科（美什科）二世的领地，以及西里西亚公爵亨里克二世的领地。在这些人之中，西里西亚的亨里克应该是最有权势的，尽管反复无常的波列斯瓦夫公爵坚持认为其他三个人必须向他臣服，这必然导致持续不断的内战。[105]

反过来，波兰人对蒙古人几乎是一无所知，这种不对等简直滑稽。基督教军队缺乏纪律，他们只进行了最基本的组织和管理工作。除了争权夺利的四方之外，波兰内部还存在其他的派系，彼此猜忌不断，而且军队由谁发号指令是根据出身而非功绩决定的。波兰人的主要武器是长矛和大刀，其军队的战斗力取决于他们是否能够接近对手。相比之下，蒙古人有射程较长的弓箭甚至是原始的炸药，他们依赖的是速度而不是沉重的盔甲。最后，交战一方是行动迟缓的基督教指挥官，在激烈的战斗中可以轻易地找到他那与众不同的标志；一方是机动性极高、通过旗帜进行交流的蒙古将军。[106] 还有证据表明，波兰人可能已经被他们的对手吓倒了。此时，西方人习惯性地把蒙古人称为"鞑靼人"——用的是蒙古一个小部落的名字（塔塔儿），但他们已经意识到了"鞑靼人"的另一层含义——古代神话中的地狱。[107]

向西朝着卢布林挺进的蒙古人似乎暂时分兵了，由拜答儿和阔端各自带领一支速不台指派给他们的万户。很明显波兰境内有两支万户在作战，虽然"精简"派历史学家们倾向于认为只有一支万户，但这样一来将军队分开就显得很不理智。[108] 尽管事实上蒙古万户和罗马军团一样很少满员，但对于此次兵力的估算必须考虑到那些从被征服的罗斯公国中招募而来的战士。[109]

3月18日，拜答儿一行在赫梅尔尼克遭遇了由波列斯瓦夫四世率领的一支庞大的军队，并将其一举击溃。这是一场毁灭性的惨败：英语世界里研究波兰的最优秀的现代历史学家表示，参战的小波兰（今日波兰的东南部）贵族们被一锅端了。[110] 波列斯瓦夫四世逃跑了，而且他再也没有参与这场战争，尽管他的确允许摩拉维亚的人民自愿留下来继续同蒙古人作战。蒙古的两支部队很快会合，并继续向克拉科夫进发。他们发现这座城市被遗弃了，于是在棕枝主日（复活节前的星期日）那天悄无声息地进了城，一把火将其烧了个精光。

与此同时波兰人拆毁了奥得河上的桥梁，但他们低估了蒙古人的能力，蒙古人在拉蒂博尔乘着一支临时打造的船队过了河。蒙古人的下一个目标是西里西亚的首府布雷斯劳（今弗罗茨瓦夫）。他们轻而易举地占领了主城区——有人说西里西亚的亨里克（即亨里克二世）故意留下它来作为诱饵以减缓敌人的速度——但城堡的防御工事对蒙古人来说依旧是一种威胁，考虑到占领它的代价会很大，于是拜答儿选择了绕道而行。[111] 拜答儿得到情报，说西里西亚的亨里克有一支强大的军队驻扎在里格尼茨（即莱格尼察），而亨里克正等待他的表亲波希米亚的瓦茨拉夫一世率军加入。拜答儿和阔端决定不把时间浪费在围困毫无战略意义的坚固堡垒上，而是选择在亨里克得到增援之前向他发动进攻。[112]

因此，1241年4月9日在距离里格尼茨10英里的瓦尔斯塔特附近爆发了波兰历史上最惨痛的战役之一。蒙古方面的代表是窝阔台及其兄弟的三个儿子：拜答儿、阔端以及斡儿答。波兰方面则是由西里西亚的亨里克指挥，其旗下有四股主要势力：亨里克本人率领的西里西亚骑士精英、摩拉维亚志愿军、来自军事教团圣殿骑士团和医院骑士团的精锐部队；波列斯瓦夫四世释放的巴伐利亚人；米埃什科二世带领的来自奥波莱的军队；还有克拉科夫巴拉汀（即总督，斯拉夫式的称号，他本人已在赫梅尔尼克的战役中遇难）的兄弟苏里斯拉夫及其招募的军队，其中包括自大波兰征募来的军队。单从纸面上看，波兰方有一支令人生畏的队伍。[113]

亨里克骑马来到了战场，他相当自信地认为蒙古人将拿他这些全副武装的骑士毫无办法。据说，当他经过里格尼茨镇上的圣母教堂时，一块石头从屋顶上掉落下来险些砸中了他的头，这被认为是不祥之兆。[114] 亨里克最终选择持续进攻蒙古军队的中心地带，他向敌军的先头部队发起了一波又一波的进攻，希望能通过摧毁先头部队引发混乱，这样蒙古的骑兵队伍就会互相践踏。第一次袭击由他自己率领的西里西亚骑士团发起，第二次则是由苏里斯拉夫及其队伍发起，但是两次进攻都被蒙古人迎面而来的箭雨击退。[115] 接着他派出了巴伐利亚军，这支军队从前由波列斯瓦夫四世指挥。此时，蒙古军看上去有些犹豫不决并开始撤退，但他们在撤退的同时还在敌方军队的侧翼制造了烟幕，早在中原对抗金朝的时候他们就已经完美地掌握了烟幕弹的使用方法，他们逐步将波兰骑兵诱离步兵队伍，并让自己的轻骑兵绕过敌方目不可视的侧翼。波兰人对这种武器一无所知，他们后来捏造了一个故事说蒙古人展开了一面巨大的旗帜，从中释放出一团散发着恶臭的"瘴气"，据说队伍中因此发生了大面积的呕吐。[116]

后来对此更为合理化的解释是，波兰当时极度兴奋。他们看到蒙古人突然消失，而且在紧追不舍的巴伐利亚军和己方主力部队之间出现了一个缺口，于是亨里克就派了米埃什科二世手下的骑兵前去支援。此时，蒙古人在一开始佯退的基础上又施展了新的诡计。他们增加了烟幕，并且在昏暗中让他们军中会讲波兰语的人大喊："快跑，快跑！"米埃什科二世被搞糊涂了，他怀疑巴伐利亚军遭到了伏击，然而他却什么也看不清楚。于是他决定撤退到安全的地带。[117]此时，波兰的四支队伍已被分散开来且对现状摸不着头脑。值此良机，蒙古将领下令对虚弱的波兰人进行反击。他们的重骑兵转身冲锋，在轻骑兵用箭雨压制住波兰人的时候冲了过去。

混乱和恐慌如影随形，很快自求多福的心态就在波兰人中扩散开来，他们各自逃散，然而为时已晚。蒙古人把他们一点一点地歼灭，随心所欲地进行屠杀，蒙古人致命的箭术将一开始的两军对垒变成了实际上的瓮中捉鳖。[118]几乎没有人能够从中逃脱。不过米埃什科二世碰巧就是逃出生天的一员，他逃回了里格尼茨安全的城堡中。亨里克发现自己和他麾下的骑士都被包围了，他们几次试图从越收越紧的包围圈中杀出一条血路，不过到头来都是白费力气。他努力挣扎的唯一结果就是两匹马先后在他的胯下被射杀。

关于他的死存在两种说法。一说他被一支长矛从腋下刺穿气绝身亡，死后头颅被砍了下来。另一个的可能性则更大一些，说蒙古人俘虏了他，强迫他跪在一位在桑多梅日阵亡的蒙古将领的尸体旁，之后再将他斩首。据说因为他的左脚有六根脚趾，他的妻子安妮辨认出了他的赤裸的无头尸体。[119]他被葬在布雷斯劳的圣文森特方济会教堂。

里格尼茨之战对波兰来说无疑是一场灾难。军队中2万—2.5万人几乎全部遭到屠杀，这次失败堪比公元前216年罗马人在坎尼惨败于汉尼拔。据说蒙古人割下的战死士兵的耳朵装满了九个巨型的袋子。[120] 里格尼茨的惨败也诞生了许多逸闻。有一个说法是很多名条顿骑士团的成员阵亡于此，其中就包括他们的总团长波普·冯·奥斯特纳，然而事实上并没有条顿骑士团的骑兵参加战斗，而波普本人死于 1257 年。显而易见，这是将条顿骑士团与圣殿骑士团混淆了，而圣殿骑士团也的确在此损失惨重。圣殿骑士团的大团长庞塞·德·奥蓬向圣路易报告说，他失去了 500 人，其中包括九名兄弟、三名高级骑士和两名军士。[121]

波兰一役中两位身份显要的幸存者米埃什科二世和波列斯瓦夫四世似乎在这次经历中一无所获，直到米埃什科二世在 1246 年去世时两人都一直不和。从表面上来看，蒙古人对波兰的胜利似乎并没有影响波兰的历史进程，尽管有一些历史学家声称西里西亚的沦陷让波兰的统一推迟了一个世纪。基督教世界通常对这次失败的反应是集体否认其存在，这一点在 1245 年柏朗嘉宾的报告中尤为明显，他称蒙古人在里格尼茨遭受了重大损失之后被迫撤退。一方面由于中世纪时基督教世界的人们普遍的心态；另一方面考虑到当时似乎带有魔力的奇异逻辑，犹太人不可避免地被指控与蒙古人相互勾结并煽动了这次入侵。[122]

当拜答儿和阔端南下进入摩拉维亚，希望找到瓦茨拉夫一世并和他一决胜负时，这种胡说八道的宣传还在持续。他们在奥波莱和克沃兹科（位于今波兰和捷克共和国边境）之间的奥特穆胡夫附近安营扎寨，停留了两周，好让这支一路凯旋的军队得到充分的休息。在向克沃兹科前进时，他们发现，就像早先在布雷斯劳和里格尼茨发现的一样，这里的城堡极其坚固，除非他们准备花上几个月的时间进行围攻，不然他们难以攻克。但拔都和速不台明确地命令他们不应偏离他们的唯一目标——彻底毁灭波兰人，所以他们不该对付匈牙利人。[123] 尽管如此，到了 5 月份，他们还是侵入摩拉维亚境内，洗劫了多个城镇和修道院，甚至突袭了位于多瑙河左岸奥地利边境上的城镇。[124]

他们靠近了奥洛穆茨（即奥洛穆克），但发现由瓦茨拉夫一世的总督牙罗思老·思泰伦贝尔防守下的城堡固若金汤，瓦茨拉夫一世本人因太过害怕而不敢面对蒙古人，于是他躲进了波希米亚的群山之中。由此也产生了十分荒谬的谣言，说蒙古人在奥洛穆茨吃了严重的败仗——这是在1240—1242年蒙古人入侵过程中欧洲诞生的又一个无稽之谈。[125] 瓦茨拉夫一世从远方派来数支小规模的部队，试图引诱蒙古人进入埋伏圈，不过蒙古人获取情报的水平实在太高，所以他们并没有落入这个圈套。[126] 摩拉维亚的普通民众基本上都逃离了城镇，躲进了树林和洞穴。实际上一些胆子更大的人还试图把农产品卖给这些入侵者，但他们却惊讶地发现蒙古人既不吃面包也不吃蔬菜。[127] 在各个时代，胜利的一方都普遍存在着暴行，在他们看来，平民特别是妇女都是可以捕猎的猎物。最终，拜答儿和阔端收到速不台的来信，告诉他们蒙古人在匈牙利取得了巨大的胜利，并要求他们担负起守卫的任务。于是蒙古人转向东南越过喀尔巴阡山脉，在马扎尔人的土地上再次与主力部队会合。[128]

17

匈牙利与亚得里亚海

拔都和速不台此时正逐渐逼近匈牙利地区，当时的匈牙利约有200万人口，占地面积略大于今天匈牙利的国土面积，领土范围从喀尔巴阡山脉以及特兰西瓦尼亚阿尔卑斯山脉一直延伸到亚得里亚海，囊括了今天克罗地亚的大部分地区。蒙古人选定潘诺尼亚平原的奥尔福德地区作为通往西欧的门户和理想的军事基地，这无疑是正确的，因为此处的平原平坦且没有树木，环境与中亚和蒙古地区的大草原极为相似，非常适合饲养和繁殖马匹。它是一个完美的起点，从这里可以入侵并征服欧洲的其余地区。[1]因此这里的战略地位十分关键，西欧国家本应对其严防死守，但当匈牙利被战火烧毁时，西欧国家却仍旧乱作一团。

据说匈牙利是欧洲数一数二的军事强国，匈牙利的骑士是恪守中世纪骑士精神的典范，因此如果他们内部能够保持和谐并且团结一致，那么即使在没有任何外援的情况下他们也将是一股强大的力量。然而，自11世纪初建国以来，有关王位的继承问题就一直存在争议，拜占庭和德意志皇帝都有机会加以干涉。贝拉三世（1172—1196年在位）的统治时期通常被认为是匈牙利的黄金时代，但阿尔帕德王朝的下一位重要的统治者却是轻浮且胆大妄为的安德烈二世（1205—1235年在位），他的统治无疑是一场灾难。[2]在贝拉三世去世后长达七年的时间里，被任命为克罗地亚和达尔马提亚总督的安德烈一直在密谋反对他的兄长、匈牙利的国王伊姆雷。

这场阴谋在1199年的拉德之战达到高潮,在此战中不安分的安德烈被伊姆雷击败,被迫流亡奥地利。1200年教皇让这对交恶的兄弟达成和解,可是当安德烈娶了梅尼亚的格特鲁德后,格特鲁德怂恿安德烈策划了更多的阴谋,兄弟二人的关系再度恶化。伊姆雷于1204年去世,此后由他的小儿子拉迪斯劳继位,但不久后拉迪斯劳也逝世了。[3]

在拉迪斯劳死后,1205年5月安德烈终于登上了王位。他早已向世人证明自己是一个是非不分、不择手段、背信弃义的人。贝拉三世在去世前给安德烈留下了一大笔钱,但继承的条件是他必须参加十字军东征。然而虚荣、无知、毫无原则的安德烈反而用这些钱给自己招揽了一帮马屁精,并且拒绝前往圣地,他甚至对教皇英诺森三世威胁要将其逐出教会也无动于衷。[4] 他的不负责任以及在财富上选择性的慷慨(也就是说,只优待他的追随者)疏远了大贵族,导致后者在1213年发动了一场未遂的政变,其间格特鲁德遭到暗杀。最终软弱的安德烈不过是处决了政变的主谋,而阴谋的其他所有参与者都获得了赦免。格特鲁德留下的孩子中有两个后来成为历史上的重要人物,他们是贝拉(即后来的贝拉四世)——让匈牙利得以幸存的伟大的政治家(1235—1270年在位),以及伊丽莎白(1207—1231)——杰出的女性,遵循亚西西的圣方济各的信条把自己所有的财富都馈赠给穷人,后来她被天主教会封为圣徒。[5]

年轻的贝拉一直憎恶他的父亲,尤其是当1215年安德烈娶了君士坦丁堡的拉丁帝国皇帝亨利的侄女尤兰德,并指望依靠婚姻继承拉丁帝国皇位时,贝拉对其父的怨恨更深了。1217年安德烈从斯普利特出发参加第五次十字军东征,但他刚一抵达圣地就踏上了归途。因他与贵族们的冲突,直到1222年王国都处于无政府的状态之中。安德烈野心勃勃但挥霍无度,在执政的头十五年里他发动了至少14场侵略战争,而他还为皇室成员奢华的生活疯狂地撒钱。当他想要增加税收时,贵族们联合起来发动了政变,并逼迫安德烈颁布了《金玺诏书》(Golden Bull),也就是匈牙利版的《大宪章》。[6]《金玺诏书》不仅豁免了贵族们的一切赋税,也否决了在匈牙利境外发动侵略战争的必要性。不过,安德烈虽然在《金玺诏书》上签了字,但他却并不遵循其中条款。最终教皇也被卷入了纠纷。在1231年由于安德烈没有履行诏书中的条款,埃斯泰尔戈姆大主教罗伯特禁止整个国家参加圣事活动,而安德烈选择绕过主教向梵蒂冈申诉。1233年安德烈在贝拉格同教皇签订了一份可耻的协议,名义上这会为教会带来巨额的收入,但问题是安德烈同样没有遵守这份文件,他依然我行我素。[7]

令人稍感宽慰的是,安德烈在1235年便去世了,年轻的贝拉继位,称贝拉四世,他即位后便面临着一连串棘手的问题。整个王国一片混乱,稳定货币价值的尝试屡屡失败,大地主们各行其是。贝拉其人心胸狭窄、迂腐不堪、一本正经而且极度保守,他的第一个反应就是废除《金玺诏书》,把时钟拨回与他同名的伟大的贝拉三世时期。[8] 虽然贝拉无法在不与教皇公开对抗的情况下废除《金玺诏书》,但他恶毒地报复了诏书的制定者,以及所有曾经支持过他那讨厌的父亲的贵族们。前者不是被关进大牢就是遭到流放,后者处境更糟,其中一个甚至被弄瞎了眼睛。作为对贵族进行的一系列迫害中的一部分,贝拉剥夺了他们在王室面前就座的权利。[9] 贝拉还将王室的收入来源从土地和农业转向铸币、采矿和关税,从而削减了贵族的权力。[10] 尽管曾经匈牙利国王会将土地和财产赏赐给为国王而战的贵族,但贝拉不仅没有延续这一个传统,反而没收了赐予前几代贵族的土地。[11] 贝拉认为自己不必屈尊理会贵族们为此提出的诉讼,他坚持让提出诉讼的贵族们去与大臣交涉,并由大臣们对他们的诉讼进行裁决。如《荒凉山庄》(*Bleak House*)中的詹狄士告詹狄士诉讼案一样,这些诉讼案也被故意地拖延,从而在经济上拖垮那些等待着结果的人——不管怎样,这个结果通常是因一位大法官的"一时冲动"引起的。[12] 这一切似乎还不够,因为教皇格列高利九世禁止贝拉雇用犹太人和穆斯林为王室服务,贝拉决定与罗马教廷争论,而这直接导致国王许多最为亲近的支持者都被逐出了教会。贝拉所做的这一切甚至导致他比他的父亲安德烈更让匈牙利贵族发自内心地憎恶。[13]

然而贝拉四世在13世纪30年代末不得人心的一个更加重要的原因可能与他对库曼人具有争议的政策有关。库曼人的领袖忽滩汗是1222年卡利奇克河战役的幸存者,他屡屡败于蒙古人,1238年再次惨败于蒙古人后他下令大规模西迁以躲避这群折磨他的蒙古人。约有 4 万名战士随之同行。1241 年君士坦丁堡的拉丁皇帝允许其中的 1 万人在色雷斯定居，他们的到来加速了保加利亚成长为国家的进程。忽滩汗的一个女儿嫁给了法国贵族纳里特·德·图西，后者是拉丁帝国 1228—1231 年以及 1238—1239 年的摄政王。[14] 与此同时，忽滩汗手下其余 3 万人于 1239 年抵达匈牙利边境，他们请求定居于贝拉的王国内，并露骨地暗示说，如果被拒绝他们就会想办法闯进来。贝拉认为这是一个可以组建自己的禁卫军的绝佳机会，库曼人将成为他对抗敌对贵族的有力后盾，于是他表示只要他们愿意大批皈依天主教并宣誓效忠于他个人，他就同意让他们进城。值得一提的是，这个提议并没有获得任何来自贵族阶层的认可，但它却得到了多明我会的热烈响应。[15]

贝拉向忽滩汗派出了一支由多明我会的修士组成的使团，而忽滩汗同意了他的条件，两位领导人后来在特兰西瓦尼亚会面并签署了协议。[16] 双方都有信奉犬儒主义的嫌疑，他们试图利用对方谋取最大的利益。忽滩汗和贝拉之间达成的交易并没有留下任何书面文件，这更加深了贵族们的怀疑，他们相信贝拉假以"皈依"之名换取了一支廉价的私人军队。还有人说，贝拉是为了解决边境上游牧民带来的麻烦而将他们收编，并希望伪装成信仰的捍卫者以得到梵蒂冈的信任。[17]

贝拉公开地表达了自己对于新盟友的热烈欢迎，他们的加入由于蒙古威胁的迫在眉睫而显得更加珍贵，然而忽滩汗和他的手下却以偷牛、抢劫、强奸以及大规模地毁坏果园、葡萄园和庄稼作为回报。愚蠢的贝拉并没有考虑到习惯肆意掠夺生活的游牧民族该如何与定居的农民和平共处。[18] 贵族和农民凭借对这群外来者共同的恨意联合了起来，而无论是当地人还是库曼人都喜好强奸，双方都将虐待和凌辱对方的妇女视为一种荣誉，两性关系因此紧张到了极点。

对于哪一方应该为此承担更多的责任一直存在两种观点。一位同时代的目击者称，库曼人对"他们的女人被匈牙利人当作一文不值的女人一样上床"感到极为愤慨。[19] 但一位当代的匈牙利历史学家却说："有人抱怨说，库曼的男人们太过关注匈牙利的妇女了，而难看的库曼女性似乎阻止了匈牙利人以同样的方式寻求补偿。"[20]匈牙利人对库曼人的愤怒如洪水般汹涌。他们的怒火集中在两个方面。贝拉试图将库曼人分散到各省以缓解当地人对这群外来者的焦虑,但他因为担心会引发忽滩汗及其追随者的反抗从未将这个计划付诸实施。[21]匈牙利的农民被劝告要将所有的冤情都提交到地方法庭进行审判,但他们发现贝拉明目张胆的偏袒对他们不利。如果一名库曼人控告一名匈牙利人,那么这名匈牙利人会被秉公执法。但若是一名匈牙利人起诉一名库曼人,那么这名匈牙利人就会被要求滚开而且永远不要再来找麻烦,而若是此人执意上诉,那么他就会遭到鞭笞。当贝拉因此遭到质问时,他只是阐述了一个可笑的理论,即对库曼人的"偏袒"不过是每个人理应给予客人的特殊待遇。[22]

越来越多的贵族对贝拉感到厌恶并不再对他抱有幻想,他们纷纷转向腓特烈二世寻求拯救。而腓特烈早已因贝拉在他与教皇的斗争中一直保持中立而备感不满。1236—1237年,当反对贝拉的政治势力以入侵并驱逐贝拉为前提授予腓特烈匈牙利王位时,腓特烈没有直接拒绝,而是表明他需要时间进行思考,将这个提议搁置一旁。[23]腓特烈还鼓动自己争强好胜的封臣、奥地利和施第里尔的弗里德里希二世(1230—1246年在位)在匈牙利挑起事端。这位弗里德里希公爵还通过向贝拉提供巨额的高利贷对其进一步施压。[24]

当贝拉乞求"世界奇迹"帮他抵抗蒙古人的入侵时,腓特烈表示自己无法提供帮助,因为他正困于教皇针对他的战争中。而当贝拉去找教皇时,他却被告知教皇无法施以援手,而这都是腓特烈的责任,正是腓特烈的好战使得梵蒂冈对贝拉的求援无能为力。[25]人们普遍怀疑腓特烈十分乐见贝拉是如此地无能,以至于等待贝拉的不是失去王位就是被迫沦为自己的附庸。[26]

尽管遭遇了种种挫折,贝拉仍然荒唐地相信在决战时刻他能够在与拔都和速不台的交锋中坚持到底。这在一定程度上是一种自以为是:从表面上看,匈牙利已经维持了很长时间的和平(从安德烈时代起),而且特别是在加入了作为轻骑兵的库曼人之后,贝拉对于自己的军事实力充满了信心。除此之外,对于"不过是"野蛮人的游牧民族,他们还存有一种与生俱来的居高临下的心态，认为这些野蛮人无法抵抗基督教世界中最优秀的骑士。[27]

在一定程度上，他的泰然自若有其合理性，正如一位现代历史学家所言，"匈牙利军队是一支强大的军队，它肯定能够成功地对抗任何一个同时代的欧洲强国。"[28]然而，贝拉的愚蠢不仅表现在允许库曼人进入其领地的行为中，还表现在他与蒙古人的交往上。拔都派了一支使团前来拜访贝拉，要求他立即驱逐库曼人，因为他们一直以来都是蒙古人的敌人。据说带领这支使团的是一位英国人，他被自己的故乡终身驱逐之后前来为蒙古人效力。贝拉不仅十分轻蔑且挑衅地予以回应，而且还杀死了蒙古派来的使者，可以肯定的是他必将成为蒙古人摧毁的目标。[29]

在连续一到两周的时间内，拔都和速不台都在同贝拉玩着猫捉老鼠的游戏，他们先是逼近匈牙利边境，然后又将队伍撤回去以让匈牙利人放松警惕，接着再次向边境进军，这次是真正地进攻。贝拉急急忙忙地将队伍派到喀尔巴阡山东北部的韦列茨基山口，因为敌人最有可能从那里进入。他还提议进行全国动员，然而反响却令人失望。这是一个"狼来了"的故事——农民们已经听到国王太多次喊着"蒙古人来了"。[30]

贝拉曾天真地以为"皈依"基督教的库曼人会就此臣服于梵蒂冈，然而接下来发生的事情却颇为讽刺，因为唤醒游牧民族"反叛精神"的正是神职人员的权术。考洛乔大主教（兼国库大臣，1230—1235年在任）乌戈林一直以来都是贝拉的心腹，他受其委托前往威尼斯出席反对皇帝腓特烈的主教秘密会议。就在乌戈林和他所带领的高级教士们出发的时候，贝拉因为蒙古入侵的威胁迫在眉睫而临时取消了这次行程。这些教士们一想到现在不得不面对危险，而不是舒服地待在威尼斯无所事事，他们就感到特别愤怒，并报复性地将不满发泄到了库曼人身上，指责库曼人是蒙古人的内奸，而愚蠢的贝拉被库曼人愚弄了。[31]

陷入恐慌的忽滩汗请求贝拉派一队武装护卫陪同自己前来觐见。对此，贝拉决定先将他和他的卫兵们抓起来再思考要怎么办。一群愤怒的暴民冲进了关押忽滩汗的宅邸。虽然忽滩汗和他的手下凭借他们引以为傲的箭术暂时阻挡了大喊大叫的人群，不过最终还是人数占多数的那一方获胜了。暴徒们一拥而上对忽滩汗处以了私刑,他们砍下了他的头颅,还杀死了所有的警卫,最后把砍下的头一个接一个地丢给了窗户外面暴怒的人群。[32] 在13世纪40年代的匈牙利那充斥着欺诈和背叛的氛围中,人们很容易相信整个谋杀行动是由贝拉本人或奥地利的弗里德里希策划的。

听闻领袖去世的消息,愤怒的库曼人将多瑙河以西的整个匈牙利都夷为了平地。作为报复,匈牙利人也展开了凶猛的反击,他们将幸存的库曼人赶往南方的国境之外。匈牙利人认为没有库曼人值得存活,同时库曼人对匈牙利人也秉持同样的看法,然而在双方对彼此的屠杀中有一段插曲。[33] 当时在切纳德(又名莫里西纳城,它是公元1000年阿尔帕德王朝建立最初的王国中心)的布尔丘主教的募兵和其他的贵族之间至少爆发过一场激烈的战斗,而这些贵族败逃到匈牙利时遭遇了库曼人,于是他们不得不从其中凿出一条路来。

对于一场与蒙古人之间你死我活的战斗来说,这个开头并不顺利,毕竟贝拉那些备受宠爱的"禁卫军"已经无法再为他与蒙古人作战了。贝拉本人很快就迫于形势做出了让步。2月17日他在布达召集了一次出席人数众多的会议,那时候的布达还是一个与多瑙河对岸的佩斯相分离的城市,它因存在包括德意志人、斯拉夫人和穆斯林在内的大量的外国人口而闻名。[34] 贵族们对近来的事态发展一无所知,他们大声疾呼要求监禁忽滩汗,并声称库曼人实际上是伪装成其他部族的蒙古人。贵族们还为自己的支持强加了非常苛刻的条件,贝拉似乎也接受了,不过毫无疑问,一旦打败了蒙古人贝拉便打算食言。然而就在贵族们争论不休的时候,消息传来说蒙古人已经越过了喀尔巴阡山脉。贝拉立刻解散了会议率领军队出征,同时把他的王后和年迈的神职人员送到位于奥地利地区的安全地带。[35]

蒙古人入侵匈牙利的战略非常高明,速不台所有的长处都在这场战斗中展露无遗,尤其是他在协调分散于各地的军队时展现出的天赋。蒙古人在以往有条不紊的征服过程中行进缓慢,这是为了让畜群跟上军队的步伐,然而速度是此次进攻的精髓,所以他们计划在此次行军的过程中完全依赖于土地的出产以维持军队的生计。[36] 速不台的目标是在匈牙利西部发动救援行动之前尽快将贝拉卷入战斗并战胜他。然而其中关键是确保东部彻底地臣服，在此之后他们才能安心前往位于多瑙河地区的布达和佩斯。因此，速不台想出了三路并进的方法，通过周密的计划和高度的协调使三支独立的部队在多瑙河会合。早在拿破仑之前，速不台就利用迅速的信息传递，确保三路军队之间保持联系并能够快速地同时行动。三路的行军路线近似圆形，侧翼的两路沿着被拉长的圆周行动，而在拔都领导下的中军则沿着圆形的直径移动。[37]

拔都的兄弟昔班将负责波兰和摩拉维亚之间的北部地区。这支军队沿着维斯瓦河，一路向西前往喀尔巴阡山脉北部，通过容易穿行的雅布洛尼察山口，越过 900 英里长的山脊，然后折向西南方向，沿着摩拉瓦河和瓦赫河而下。他们沿着曲折的路线扫荡四周，确保主力部队的侧翼免受来自奥地利方向的一切攻击。由阔端率领的左翼朝着东南方向经博尔戈或蒂胡塔山口通过了摩尔达维亚（位于喀尔巴阡山脉东部和德涅斯特河之间），其后他们分散开来进入熊、狼和猞猁四处出没的瓦拉几亚，接着穿过山口进入特兰西瓦尼亚，最后沿着蒂萨河进入佩斯。[38]

拔都带领着主力部队穿过韦列茨基山的山口进入蒂萨河上游地区。这支队伍在山脉的另一边遇到了匈牙利巴拉汀的军队，并于 3 月 12 日迅速地将其击溃，任由倒霉的巴拉汀回去向贝拉报告自己战败的消息。[39]拔都取得的进展非常引人注目，因为当时的匈牙利几乎没有顺畅的道路，贝拉还为所有自韦列茨基山口前往匈牙利的入侵者准备了犹如迷宫般的障碍，水道纵横、壕沟遍布、砍倒的树木犬牙交错——所有这些都是为了将入侵者引向守卫严密的"大门"。据说在 1241 年之前，匈牙利为数不多的几条道路杂草丛生、荆棘密布，旅行者们不得不爬上高地，规划一条从一个教堂的尖塔到另一个尖塔的路线，以此从一个村庄到达另一个村庄。拔都命先锋部队提前清除障碍，在森林中开辟新路甚至重新铺设道路，从而绕过了障碍和陷阱。[40]速不台同拔都之间保持一段距离。速不台一开始跟随其后，但很快他就赶了上来，还走到前面打头阵。[41]

在这三路队伍中，战斗最为密集、破坏性最大的无疑是在阔端领导下的南路大军。在特兰西瓦尼亚的北部、银矿密集区域核心地带的罗德纳镇，阔端的军队遭遇了一大群武装起来的撒克逊矿工，这群矿工把该镇变成了一块属于德意志的飞地。蒙古人干脆地转身撤退。愚蠢的矿工们为他们的"胜利"欢欣鼓舞还举行了宴会庆祝，当蒙古人在晚上折返回来大肆屠杀时他们已经喝得烂醉如泥。听闻罗德纳镇溃败的消息，另一个矿业城镇上的 600 名德意志人选择了投降，他们立即被安排在阔端的前线服役。[42] 阔端的队伍波及范围甚广，一直行进至匈牙利的西南部即今天的蒂米什瓦拉地区。他的军队因屠杀和破坏而闻名。[43]

以德意志矿工为向导，蒙古人来到了奥拉迪亚（位于今日罗马尼亚的边境上），这是一座人口稠密的中心城市，城内有一座城堡。他们摧毁了除城堡之外的整座城镇，为了报复城堡守军的反抗，蒙古人屠杀了所有奥拉迪亚的居民。他们轮奸妇女，在城外进行大规模的斩首，一些不幸的人在大教堂里被活活烧死。接着蒙古人再次使出了佯退的招数，他们撤出了城并在 5 英里外安营扎寨，静候时机。城堡内的守军以为自己已经安全了，最终现身了，于是蒙古人在黎明时闪电般地突袭并屠杀了他们，只留下了几个人以供继续折磨。少数人设法爬回了城堡，但随后蒙古人用投石机将城堡摧毁。死者身上散发的恶臭令人难以忍受，阔端下令撤离，但他仍然不能确定自己已经消灭了所有的匈牙利人。于是他设下了埋伏，当幸存者开始从树林里慢慢向城中移动时，蒙古人便跳出来将其悉数杀死。[44]

奥拉迪亚的本尼迪克特主教已经在贝拉的命令下组建了一支庞大的军队，并准备向西进军在佩斯与贝拉会合。然而当他一听说自己的城市被洗劫一空，他就掉转方向朝着入侵者奔去，最终成了蒙古人惯用伎俩的又一名牺牲者。蒙古人害怕敌军的人数超过自己，于是在备用的马匹上安置了数百假人，预备在指定的时间让它们奔向地平线。当匈牙利人出现的时候，蒙古人假装十分恐慌地逃跑，把他们引向了"伏兵"藏匿的山丘。突然间地平线上出现了一大群新"兵"（假人），本尼迪克特主教的手下因为害怕被诱入埋伏圈惊慌失措地掉了头，蒙古人随后便转身追赶，并将他们一网打尽。[45]

被阔端的队伍占领的城镇和村庄还在持续增加：主教城市切纳德被洗劫一空，塞格德也遭到了"各种暴行"[46]（尽管这一次居民们在附近的沼泽地里找到安全的地方躲了起来），还有一些地方如今已经无法确认位置，比如沃沃登和埃马塔。

塞格德之劫因阔端军和拨绰军的一场较量而闻名，拨绰的部队本来被派往遥远的南方展开突袭，而阔端的主要兵力来自东北部。目前还不清楚为什么阔端被允许不断地抢夺战利品以及洗劫城市，而昔班却被明确地命令永远不要在行军的途中停留。有人说，阔端的部队中只有一部分同多瑙河上的拔都和速不台互相配合，他本人没有参与随后的战斗，而是留下来完成搜刮和掠夺的计划。[47]这就揭开了蒙古人在奥拉迪亚和其他地方的人数远远不及对手的谜团，也解释了为什么昔班的队伍在3月17日与拔都会合，但直到4月2日阔端率领的左翼才与拔都接头。[48]仅在昔班快要与拔都会合时，他才被允许不受拘束地洗劫瓦茨，这座城市位于多瑙河东岸今布达佩斯以北22英里处，在河水改道向南流的拐弯处。

昔班的队伍享受了一次彻底的劫掠，然后他们转移到了一处位于拔都军西北方向的地方。昔班表现出色，他在条件艰苦的乡下平均每天行军50英里。[49]然而即便如此，这与速不台的成绩相比还是相形见绌。速不台在三天里行进了180英里，他带领人马穿过了厚厚的积雪，途中几乎没有停下来进食。有一次在多瑙河畔，位于拔都前方约10英里处的速不台率领士兵直接投入了战斗。考洛乔的大主教乌戈林以为他有机会将速不台的先头部队与蒙古主力部队隔离开来，但他却又一次中了他们假装撤退的诡计。主教的部队被速不台诱入了沼泽，他们在那里陷入困境，最终当他们面对蒙古人的箭矢时只能坐以待毙。乌戈林和几名扈从却奇迹般地逃脱了。[50]

当贝拉听闻这次鲁莽的冒险行为时，他简直要被大主教的愚蠢气疯了。他早已命令所有贵族和教士在佩斯集结，组成一支大军与蒙古人展开生死存亡的较量，这一命令隐含的意思是不要节外生枝，也不要单独行动。奥地利的弗里德里希公爵也同样没有服从这个命令。他袭击了一支外出觅食的蒙古军队便号称打了一场胜仗，他宣称贝拉是一个懦夫后立刻奔回了老巢。贝拉对这些毫无意义的临时起意以及他犯下的其他真正的错误都负有责任，例如他未能在波兰和匈牙利边境建立堡垒、对入侵反应迟缓并且一开始就杀了蒙古使者。皇帝腓特烈二世从来都既不喜欢也看不起贝拉,他不厌其烦地指出,这三个错误尤其能够证明贝拉在军事上的无能。[51]

如今分别驻于多瑙河两岸的拔都的部队和贝拉的部队已经能够看得到对方。拔都试图将贝拉引诱到东岸,而贝拉虽然没有什么伟大的军事才能,但他也知道当强大的征服者正在对岸等着他时,自己不能越过这条大河。拔都和速不台意识到贝拉永远都不会上钩,于是他们就开始向东边撤退,随后便是连续六天的强行军,而贝拉欢欣鼓舞地紧随其后。就在霍尔纳德河流入绍约河(蒂萨河的一条支流)的附近,蒙古人将队伍集结了起来,贝拉也在绍约河的另一边停下了脚步。此地位于莫希平原,拔都军的西南方,靠近托考伊地区被葡萄藤覆盖的斜坡。

平原的另一边是大片的沼泽地,这是由于近期两条河流河水泛滥而被深深地淹没的。[52]贝拉在那里建起了一座坚固的营地,他打算用大型的马车围成一个环,组成一个坚不可摧的保护圈。这自然会把大多数的敌人拒之门外,当然如果情况发生了逆转,这也可以让自己人在里面避难。在中世纪的战争尤其是涉及蒙古人的战争中,军队的人数总是富有争议。过去,权威人士通常认为有7万匈牙利人对抗4万蒙古人,但这些数字似乎太大了。现代的历史学家更倾向于认为有大约2万蒙古人,而匈牙利人则是2.5万,但想要得到确切的答案是不可能的。[53]

贝拉营地附近的绍约河上有一座长200码的桥,其周围满是沼泽。拔都又一次试图引诱贝拉过河,但可能是因为从绿树成荫的河岸上并不能彻底地看到蒙古人,贝拉又一次让蒙古人的计划落空了。[54]似乎双方的士气都不是特别地高涨。资料显示,贝拉对士兵的动员并未达到预期的效果,而拔都似乎对结果也没什么信心,他爬上山坡向至高天神腾格里祈祷,还要求队伍中的穆斯林士兵向真主祈求这场战役的胜利。[55]拔都身边汇聚着他麾下所有最优秀的指挥官,其中包括才华横溢的速不台。拔都可能在战斗打响的前一天才通过高效的信件传输得知了里格尼茨胜利的消息。贝拉也获得了匈牙利大多数主教的支持,其中包括一向支持贵族且好战的乌戈林。比贝拉小两岁的弟弟科洛曼(时年33岁)也加入了战斗,人们普遍认为他的指挥才能远胜于贝拉。[56]

我们很难想象究竟是什么打破了对峙的僵局,在4月10日的夜晚,一名蒙古逃兵来到了匈牙利的营地。有人说这是一个被强征入伍的罗斯人,他设法逃脱了成为箭靶的命运,另一些人则认为这是一个心怀不满的鲁塞尼亚奴隶。无论如何,这个人带来了重要的消息。众所周知,蒙古人向来避免在夜间作战,他们甚至会在黄昏时将战斗中断,等到早晨再发动攻势。速不台知道匈牙利人对此也有所了解,于是便计划利用这点,由拔都指挥军队越过桥梁发动一次夜间的突袭,在黎明时分进攻贝拉的营地。与此同时,速不台打算在下游找到一条渡河的路,从后方袭击匈牙利人。因此,计划的关键在于拔都不会贸然地过早行动。[57]

科洛曼、乌戈林和圣殿骑士团的团长伦鲍德·德·沃克宗立刻率领大批步兵出发了,他们在黑暗中行进了五英里,于午夜时分抵达桥边。他们惊讶地发现蒙古人已经在进行突袭,正处在桥的中央。蒙古人猝不及防地被击退,且在敌军的弓弩下伤亡甚多。这些弓弩手在近距离的射程内命中率很高,而这在开阔的战场上永远无法实现。[58]匈牙利人认为他们已经抵挡住了敌人的主力攻击,于是在凌晨两点开始庆祝他们的胜利。然而匈牙利击退的不过是蒙古人三股军事力量中的一股。昔班被指派北上,去寻找一处浅滩过河并从对岸攻打大桥。速不台在同一时刻按照约定带着第三支队伍向南出发,希望能绕到贝拉营地的后面。凌晨四点的时候天刚破晓,拔都再次向大桥发起了袭击,这一次他利用大型的投石机去对付弓弩手。

历经艰苦战斗的匈牙利人刚撤回自己的营地就获闻昔班正试图从后方将他们拿下。[59]昔班继续朝营地压近,科洛曼、乌戈林和伦鲍德三人再次带上士兵前去应战。此时是早上八点左右,拔都已经率领主力部队过了桥,并赶去支援昔班。科洛曼发现自己如今面领着被蒙古人两面夹击的危险,于是他退回了营地,此时大部分匈牙利的军队正在营地徘徊,毫无依据地料想科洛曼的队伍可以抵挡住蒙古人的入侵。[60]回到大本营的乌戈林气势汹汹地漫骂贝拉并指责贝拉的无能:他竟然没有制订应急计划,以应对匈牙利军队没能在桥上牵制住蒙古人的情况。

拔都第三次陷入了与匈牙利人的恶战之中,这里的地形让蒙古人无法部署他们惯用的阵形。在这一阶段的战斗中拔都的队伍损失了30名精锐的护卫人员，蒙古人伤亡惨重。与此同时，速不台在河的下游找到了一处合适的渡口，他率领队伍通过一座临时搭建的浮桥抵达了河对岸。[61] 正当拔都与匈牙利人的战斗陷入胶着时，速不台的部队突然出现在匈牙利人的后方。当匈牙利人发现这支突如其来的蒙古军队时，他们精神崩溃了，恐慌的气氛四处蔓延。如今蒙古人从三个方向展开了袭击，他们使用燃烧的箭矢以及一系列的新型武器，包括火药、原始火器和猛火油炸弹，[62] 一步一步地吞噬他们的对手。他们向敌人的车阵射来一阵阵箭雨，密集的箭镞犹如成群的蝗虫或蚱蜢。由于空间有限，贝拉无法恰当地部署军队，很快他的士兵就因拥挤不堪而筋疲力尽。交战从清晨一直持续到中午，在此过程中，科洛曼和他的队伍有力地阻挡了蒙古人，但他们连续突围了三次都未能成功，他最终骑上一匹快马设法只身逃脱。[63] 接下来是一如既往地大屠杀。

蒙古人随后故意在他们的包围圈中留下了一个缺口，吃了败仗士气低落的匈牙利人通过这个缺口蜂拥而出。拔都对己方的伤亡感到沮丧，一开始并不想继续追击，但速不台坚持己见并控制了局面。[64] 随着蒙古人摆脱了空间的限制，之后的屠杀变得越来越多，如今他们可以骑马赶上敌人，并随心所欲地进行杀戮。对匈牙利人来说更糟糕的是，大雨将土地变成了泥沼，这阻碍了难民前进的步伐，而深陷泥沼的难民只能任由蒙古的追兵摆布。还有许多人在多瑙河的渡口被追上时溺水身亡，他们跳入河中却被湍急的水流冲走而淹死其中。[65]

匈牙利骑士精神的典范在那一天陨落了。据说在战斗和后续的追击过程中，蒙古人总共屠杀了3万人，死难者中还包括非战斗人员和随军迁移的平民。科洛曼虽然受了重伤，但他还是骑马来到了多瑙河位于佩斯的渡口，宣布各人自求多福后便渡河去往匈牙利东南部的塞格德。5月他在萨格勒布与也成功逃脱的贝拉联合了，但科洛曼未能从莫希所受的伤中恢复，不久他就在那里死去了。[66] 不幸遇难的匈牙利知名人物包括乌戈林大主教、埃斯泰尔戈姆的马蒂亚斯大主教、贝拉的密友杰尔的格列高利主教、特兰西瓦尼亚的雷诺德主教、尼特拉的詹姆斯主教、瓦茨的领班神父埃拉丢斯、埃斯泰尔戈姆的领班神父阿尔伯特以及锡比乌的大主教，还有贝拉的副手尼古拉。[67]佩奇的巴塞洛缪主教脱离了险境，后来在达尔马提亚同贝拉会合。[68]

阴森哀怨的氛围笼罩着莫希的战场。1万多具尸体躺在那里，它们或是被军刀肢解，或是被烧成了灰烬，或是被砍下了头颅，还有的被乌鸦和其他猛禽或狐狸、狼和野猪啃食得一干二净。土地被鲜血染得通红，人们可以在满是死者的峡谷里走上两天，"四周除了像采石场里的石头一样躺在那里的尸体和倒下的士兵，一无所有"。[69]采石场的比喻深入人心。另一种描述是这样的："尸体散布在周围，就像牛、羊或猪群站在空旷的草地上吃草一样寻常，或者和采石场里为建筑物凿出来的石头一般常见。"[70]而那些在河流或沼泽地里淹死的人则被鱼、虫子甚至水禽吃掉了，或是被水流冲到变形。另外一些人被炸弹和火药烧焦了，而从燃烧的尸体中流出了太多的脂肪，以至于当农民们试图将尸体焚尽时这些脂肪把火都浇灭了。因为动物和猛禽并不喜欢烧焦的尸体，所以这些尸体往往躺在四周而未被啃食，这就令空气中充斥着阵阵恶臭。这个无意中形成的坟场也因此病害横行，杀死了大多数的伤员以及许多原本充满活力的生灵。

受伤或是受惊的战马在战场上疯狂地四处乱撞，增添了那里人间炼狱的氛围，农民不得不将英勇的战马赶尽杀绝，因为只有这样才能制止那可怕的尖叫和嘶鸣。[71]贝拉那成堆的金银财宝被留在了战场上。蒙古人沉浸在胜利的喜悦中，当时他们并没有什么掠夺的兴致，但几天后蒙古人又折了回来，把贵重的物品堆积起来并严格按照标准（总是向贵族们倾斜，这是蒙古人在分配战利品时所采用的一贯标准）进行分配。[72]

莫希战役是以包围战取得胜利的经典案例——这一直是伟大的军事家们梦寐以求的结果。在战场上，这种近乎理想的取胜方式并没有那么多完美的例子，少数几个案例中最为著名的包括：汉尼拔在坎尼的、拿破仑在奥斯特里茨的，以及1945年斯利姆在伊洛瓦底江的，莫希战役足以与上述战役媲美。简单地说，蒙古人在各个方面都胜过了基督教军队，无论是他们的纪律、组织、速度、机动性、假情报、诡计甚至是武器。[73]他们从中原带来的火药技术震惊了匈牙利人。他们在箭术上的优势令他们的箭能够穿透西方所有的盔甲，而他们自己的盔甲则阻挡了西方所有的箭矢，只有近距离射击的弩是唯一例外。[74] 他们拥有各种款式的硬弓，包括一种需要两名壮汉才能拉得动的巨型弓，银珠装饰的箭头上满是孔洞，当箭射出去的时候还会发出像笛子一样的哨声。[75]

速不台的胜利驳斥了那种骑兵要有稳定的步兵为基础才能发挥作用的观点。中世纪时期基督教世界的军队依靠的是大规模的冲锋和突击战术，蒙古人则早于拿破仑就懂得依靠压倒性的火力制胜。莫希之战证明了两件事：其一，当轻骑兵的机动性比重骑兵强得多时，他们总是能够战胜重骑兵；其二，有组织地利用致命的火力为最后的袭击铺平道路的战法是由蒙古人创造的，毕竟这是军事史上第一次如此使用极具毁灭性的炮火。[76]

当蒙古人后来撤退到中亚时，所有被征服的国家为了争夺"击退"蒙古人的荣誉而进行了荒谬的争论。匈牙利人称他们以最小的代价失去了莫希，并且这还只是因为他们运气不佳；波兰人同样可笑地认为，正是因为他们当初在里格尼茨耗尽了蒙古的力量，所以蒙古人才未能深入西欧；德意志人愚蠢地坚称，若是蒙古人有机会面对真正的（即德意志的）战士他们会转身就跑；罗斯人甚至试图加入这个话题，声称蒙古人在征服他们故土的过程中死了很多人。这种事后的夸耀更能让人联想到酒吧中多事之人的夸夸其谈，而不是严肃的历史分析。[77]

散布这些荒谬想法的罪魁祸首正是柏朗嘉宾，他确信自己已经整理出一套打败游牧民族的方法，在他的理论中决定性的因素就是所谓的蒙古人对弩的恐惧。[78] 自然，蒙古人害怕近距离遭遇弩，就像是在莫希桥上时那样，但在开阔的战场上弩被认为无足轻重，因为它的射程不足以应付骑在马上快速移动的弓箭手。意识到自己人数稀少的蒙古人讨厌战争中的伤亡，这就是为什么他们喜欢逼迫俘虏充当前锋。对于蒙古人来说，在波兰和匈牙利的战场上折损两名高级将领是一笔巨大的损失。

拔都确实觉得在莫希之役中折损几百人实在是太多了，但他也只能怪罪于自己的失误。[79] 拔都在桥上受挫的根本原因在于他十分嫉妒速不台的才能。虽然速不台和哲别在1221—1223年的合作非常成功，但拔都和速不台之间的相处却称不上愉快。贵由和不里在那场臭名昭著的宴会上大耍酒疯，他们嘲讽的一个点就是，拔都不过是一个追逐荣誉之人，一个无名小卒，一个机会主义者，他紧紧钩住速不台衣服的下摆，以便从这位老将军的胜利中邀功。[80]

这两位指挥官之间肯定存在嫌隙。拔都的失败主义、低落的斗志以及不愿与贝拉交战的胆怯都让速不台感到厌烦。战斗结束后，拔都因人员的伤亡而气愤不已，他试图把责任归咎于速不台，指责他在转移敌军注意力的进攻上花了太多的时间。速不台克制且平静地指出，拔都得以在河的最浅处过桥，但他自己不得不在下游河水更深的地方修建一座桥过河。[81] 拔都被这话伤到了自尊，他声称对他来说赢得一次胜利已经足够了，他打算撤出波兰和匈牙利。速不台在其他蒙古贵族面前含蓄地羞辱他说："你可以想做什么就做什么。但我要横渡多瑙河。"[82]

每个人都知道这场战争的胜利属于速不台，一切都应归功于他天才的领导，特别是他对站赤系统的熟稔运用，这使得他能够跨越遥远的距离协调人数庞大的队伍。[83] 莫希之战是他的第 65 次战役（按照他的年纪可谓是每年一次），在这些战役中他至少赢了 60 次。[84] 一位现代学者对他的评价十分精准：

> （他）了解草原力量的极限和脆弱，因此，他指挥的战役总是遵照最大限度地节约和付出最小损失的原则进行。他的成就主要是通过非凡的想象力、对敌人透彻的了解以及自发地仔细计算风险来实现的。[85]

就在蒙古指挥官们争吵不休的时候，贝拉设法不留痕迹地逃走了。他停靠的第一个港口是位于多瑙河左岸的布拉迪斯拉发，奥地利的弗里德里希公爵邀请他到其领地做客。然而等待贝拉的却是一场鸿门宴："唉，可怜的国王就像一条试图逃离冷库却又跳进火堆里被烤的鱼。"[86] 弗里德里希一旦掌握了权力，他便分两步展露了他的敌意。首先，他派军进攻了毫无防备的匈牙利西部地区，并洗劫了多瑙河右岸的杰尔堡垒。当地人民奋起反抗并把德意志人关在城堡里活活烧死了。被这种"蔑视"激怒的弗里德里希又派出一支军队，并下令把堡垒夷为平地。他宣布剥夺所有匈牙利贵族拥有的一切有价值的东西,以负担维持匈牙利西部地区的治安所花费的"额外成本"。他还狠狠地敲诈了所有从匈牙利东部逃离的德意志富人。[87]

接着他向贝拉提出了强制性的要求,要求他付清一笔尚未偿清的赔款——但实际上,这是贝拉的父亲安德烈在1235年奥匈战争之后谎称会支付给弗里德里希的赔款。弗里德里希实际上是在要求贝拉现在就将这笔本应支付的赔款连本带息地还给自己。贝拉对此别无选择——他必须付这笔钱,否则他就会继续被弗里德里希囚禁。由于他主要以黄金、白银、珠宝、高脚杯和其他实物交付,所以弗里德里希能够从中弄虚作假。弗里德里希对贝拉的宝藏的估价要比市场价格低得多,尽管这些物品的真实价值在 6000 马克左右,但弗里德里希将其估为 2000 马克,然后他出示了一个以复利计算的账单,使赎金的总额达到了 7000—1 万马克。[88]贝拉设法凑齐了这笔赔款,之后他离开了监狱,但是留下了他的妻子。

后来贝拉于 1246 年在莱塔河战役中击败了弗里德里希并杀死了他,时年 35 岁的弗里德里希被长矛刺穿了下巴,贝拉成功地实现了复仇。[89]而在 1241 年 5 月,贝拉只能竭尽所能地向南逃往克罗地亚的萨格勒布,在那里他给教皇和皇帝腓特烈写信,请求他们发动十字军东征以对抗蒙古。贝拉是如此地绝望,以至于他提出只要能帮助他夺回匈牙利,他便成为皇帝腓特烈的附庸。腓特烈答应帮忙,他费力地组建了一支由自己的儿子康拉德指挥的军队。然而就在这支队伍准备出发的时候,蒙古人已经因为自身的原因离开了匈牙利。[90]教皇格列高利于 1241 年 8 月 22 日去世,这使贝拉所有寄予梵蒂冈的希望都落了空。拔都得知贝拉在萨格勒布后,派阔端和一大群精心挑选的骑兵对贝拉展开了追击,他希望能够复制当年追击并逼死沙赫摩诃末的成功,而不是重演当初没能追上高丽国王的尴尬一幕。[91]

1241 年夏秋季节,蒙古人通过一系列暴行和赶尽杀绝的行动巩固了对多瑙河东部的匈牙利的控制:"(他们)就像追逐兔子和野猪的猎犬,冲过茂密且带刺的灌木丛、布满阴影的树林、河水的深处以及荒野的中心地带。"[92]我们很想看到此时速不台采取的手段,毕竟他既是军事天才，也是一个老派、顽固的杀戮爱好者。他曾经因遭到窝阔台的否决未能于 1233 年在开封采取类似的举措，但现在速不台远离了耶律楚材那样的"爱管闲事之人"，他可以沉溺于自己与生俱来的本性。

身处匈牙利的蒙古人因两件事给那些观察者留下了深刻的印象，并令他们感到压抑。一是蒙古人对轮奸的兴趣，他们尤其喜欢当着她们父亲或丈夫的面强奸妇女，尽管在一些情况下，是匈牙利男子把妇女交给蒙古人，好让自己被允许留有牛、羊、马。[93] 二是蒙古人将花言巧语同彻头彻尾的背叛相结合。蒙古人在平原上四处游荡时喜欢洗劫城镇并看着居民们四下奔逃。他们随后会在隐蔽的地方埋伏起来，等待民众以为蒙古人已经走远并折返回来重建残破的家园。这时蒙古人就会从埋伏的地方冲出来，将他们屠戮殆尽。另一个卑鄙的伎俩是宣布大赦天下，蒙古人甚至把一些俘虏送进森林里，告诉他们若是投降就能保全性命。那些相信蒙古人的倒霉蛋随后从杂树丛或森林中现身，但等待他们的结果只有惨遭屠戮。[94]

蒙古人通过这种方式迅速地扼杀了尚在萌芽中的敌方游击队伍。游兵散勇只有与农民合作才能存活下来，然而谁会在了解随之而来的可怕和不可避免的报复之后还支持这帮散兵呢？无论如何，蒙古人还有许多掌控当地的方式。许多内奸（他们是 1241 年匈牙利无尽的恨意中最受痛恨之人）浮出水面，在傀儡政权中充当文官。[95] 蒙古人在莫希战役之后于大臣的尸体上发现了王室的印章，他们戏谑地用它发布了声称来自贝拉的伪令，命令人们留在自己的房子里不要逃跑。[96]

蒙古人以这种方式在 1241 年毁灭了匈牙利东部的一片区域，他们用投石机和石弩攻击任何胆敢抵抗的城镇，特别是集结大批异见分子的修道院。与攻打中原相比，这次的任务相对简单，毕竟他们的城市或堡垒没有金朝那种坚固的城墙。[97] 搞破坏的蒙古军队朝四面八方分散开来，他们的活动范围延至匈牙利与奥地利、波希米亚、摩拉维亚、西里西亚和波兰的边界。7 月时一支蒙古突击队抵达了位于奥地利东北、维也纳南部的维也纳新城。[98]

1241—1242 年的冬天异常严寒，连多瑙河本身也结了冰。速不台建议拔都从冰上渡河去摧毁匈牙利的西部地区。拔都对此表示怀疑，他担心冰封的河面无法承受数以千计的骑兵的重量而崩裂。蒙古人利用其聪明才智一如既往地找到了解决办法。他们让牧马人把一群马带到冰冻的河中央,把它们留在那里并让哨兵从东岸观察。果不其然,西岸的匈牙利人注意到了这个意外之喜,他们来到河中央把马牵了过去。蒙古人知道前方可以安全地通行,他们便以极快的速度穿过了河面。[99]

在另一边,他们似乎与阔端取得了联系,阔端哀叹他找不到贝拉,并且抱怨自己兵力短缺,这迫使他不得不小心翼翼地向达尔马提亚海岸进军,因为蒙古人将在那里遭遇强大的反抗。拔都将队伍一分为二,一半给了阔端,自己则带着另一半前往埃斯泰尔戈姆,那是一座拥有约1.2万人口的富裕城市。[100]当地的居民进行了抵抗,所以拔都用上了30辆攻城车,持续地以石头和箭矢攻击守军。最终,埃斯泰尔戈姆的居民意识到抵抗是无望的,于是他们放火烧了郊区的所有木屋,只留下了毫发无损的石制宫殿。他们埋藏了所有的金银、烧毁了全部的珍贵布料、杀死了所有的马,这样蒙古人就不会得到它们了。

正是他们最后的举动激怒了拔都,并致使他下达了一个"毫不留情"的命令。[101]越来越紧的包围圈很快就把守军困在了宫殿里。在这个关头,据说300名最富有、最尊贵的女人要求觐见拔都,并乞求拔都放他们一条生路。但是拔都对他们毁坏战利品的行为感到非常愤怒,他下令将这些妇女当场斩首,然后冲进埃斯泰尔戈姆的中心,杀光了所有他们能够找到的人,除了少数人还在足智多谋的西班牙贵族、指挥官西米恩的带领下于城堡里苦苦坚持。[102]拔都决定无视这些,继续前往潘诺尼亚的圣马丁城堡,那里的战利品据说非常丰厚。不管怎么样,匈牙利西部在很大程度上避免了如东部那样遭受的破坏,其原因有三点:第一,这片区域内剩下的有吸引力的目标已经寥寥无几,因为在忽滩汗被谋杀后,库曼人的起义早已把这里夷为了平地。[103]第二,拔都缺少他在东部所拥有的资源,因为他不得不分派大量的人手让阔端能够前往亚得里亚海追击贝拉。最后也是最重要的是,窝阔台于1241年12月11日去世了,拔都在不到一周的时间内就知道了这一个消息。这意味着蒙古帝国的一切如今都在发生着根本的变化。[104]

阔端得到了增援之后开始沿着亚得里亚海的海岸对贝拉穷追不舍。他在离开拔都之后便顺着巴拉顿湖沿岸向南进入克罗地亚。贝拉意识到萨格勒布并不能让他躲避蒙古人,于是他也逃往了南方,他总是比追赶他的人领先几步。起初,他在离克罗地亚北部海岸14英里的拉布岛停留了一次,据说除了以特殊方式建造的快艇之外,陆地上的追兵对那里束手无策。[105] 但他从未完全地信任当地的统治者,当他得知蒙古人正在赶来,他就搬到了克罗地亚南部的特罗吉尔,那是一座位于斯普利特以西17英里的小型岛屿上的城市。阔端顺着贝拉的足迹沿着海岸而下洗劫了斯普利特,但他却因为一则虚假的谣言而耽搁了行程,谣言称贝拉躲在俯瞰斯普利特的克利斯堡垒中,那里是一处三面都无法接近的岩石高地。[106]

1242年3月蒙古人包围了这座堡垒。他们往日的箭雨对守军丝毫不起作用,而且由于阔端所率领的是一支速度快、机动性强的搜索与歼灭部队,所以他们并没有随身携带攻城机械。阔端命令士兵利用腰腹力量爬上通往堡垒的一条通道进行偷袭,但守军发现了他们,并通过投掷巨大的石块消灭了其中很多人。蒙古人一如既往地被伤亡激怒了,他们不同寻常地选择接近敌人,以至于在城墙的周围、甚至有时在城墙上就会发生激烈的战斗。蒙古人终于破门而入,他们洗劫了所有的房屋、大肆抢劫,但守军撤到了更加坚不可摧的城堡里。[107]

在这之前,阔端已经得到情报,说贝拉把他们骗到了岔路上,他现在离这座堡垒很远。阔端把队伍一分为二,一部分继续完成对斯普利特的洗劫,另一部分去寻找前往特罗吉尔的道路。派遣去特罗吉尔的军队正式要求特罗吉尔交出贝拉,但那里的居民对此置若罔闻。阔端认为这次和在克利斯堡垒一样,不过是又一则假消息,于是他沿着海岸前进,洗劫并摧毁了科托尔(位于今天的蒙特内哥罗)。[108] 他向南一直抵达阿尔巴尼亚北部的斯库台,但截至向拔都报告时他仍然没有找到神出鬼没的贝拉,于是他奉命穿过该国腹地,在瓦拉几亚同主力部队会合,以免他在达尔马提亚被敌对的联盟截断,而拔都在东边离得太远,无法帮助他。[109]

因此,阔端在1242年4月穿过波斯尼亚和塞尔维亚前往会合地点。拔都则沿着多瑙河南岸前往瓦拉几亚,而斡儿答穿过特兰西瓦尼亚向东南方向袭击，沿途烧毁定居点并实施特别残酷的刑罚。一路以来，他们遭遇了当地部族，特别是巴尔干北部的部族无时无刻的抵抗。[110] 三路军队在瓦拉几亚重新集结。临别时，蒙古人"宽宏大量地"释放了所有的俘虏，告诉他们可以回家了，然后以"试图逃跑时射击"为名戏谑地展开了屠杀。当他们到达保加利亚时，他们洗劫了大特尔诺沃并袭击了君士坦丁堡的鲍德温二世的军队，提醒他这是对他庇护库曼人的惩罚。[111] 鲍德温不得不向君士坦丁堡寻求增援。

接下来发生了两场战斗。第一场是一场相对来说微不足道的战斗，鲍德温获得了胜利，但后来拔都全力进行了反击，并在一次重要得多的战斗中将其击溃。[112] 拔都从未忘记那种"傲慢的态度"，在13世纪50年代他成为金帐汗国的可汗时，他特别强调了要向保加利亚索要贡品。最后蒙古人经过摩尔达维亚向东边撤退，在伏尔加河下游度过了1242—1243年的冬天，拔都决定以他父亲术赤的兀鲁思的继承人的身份在那里建立自己的基业。[113]

在军事领域，蒙古人有充分的理由感到自豪。在1236—1242年的战役中，他们从哈拉和林出发后至少行进了1.6万英里，如果我们记住路线的变化就知道，这意味着他们几乎从来没有"像乌鸦一样"走过笔直的路线，而是一路曲折地抵达了罗斯的北部和南部、穿过了山口和其他艰险的地形，更不用说临时绕路或顺路去"扫荡"顽固的敌人。

他们在匈牙利造成的破坏令人震惊。1242年以后，当地农民遭遇了大范围的饥荒和普遍的死亡，土地连续12个月既无法播种也没有任何收成。一些人认为，由瘟疫和疾病导致的死亡人数甚至比蒙古人带来的损失还要多。[114] 被废弃的村庄、成为废墟的教堂以及遭到掠夺的清真寺在很长一段时间里都在提醒人们蒙古人曾经的入侵。1241—1242年在匈牙利发生的事件给人们留下了深刻的创伤，13世纪60年代和70年代的人对"鞑靼人的时代"的记忆，就如同经历过第二次世界大战的英国人对"战争年代"的记忆一样。[115] 有人认为匈牙利荒废了几个世纪。特兰西瓦尼亚和多瑙河以东的地区所受到的打击最为严重，多瑙河以西唯一遭受严重破坏的地方就是埃斯泰尔戈姆，但我们应当铭记的是，这个地区以前曾毁于库曼人之手（后来的历史学家往往会遗忘这一点，然后将这里所有的苦难都算到蒙古人的头上）。[116] 对于1241—1242年的死亡人数，我们不可能弄清其确切的数字（首先，我们只能依赖于中世纪编年史家的说法），但是我们若是将各个遭到洗劫的城镇（罗德纳4000人、比斯特里察6400人等）的统计数据汇总起来，然后加上莫希战役的死亡名单，接着再加上因疾病和饥荒造成的损失，那么就很容易得出死亡人口占总人口的25%或者说人口损失50万的结论。如果我们考虑到那些被蒙古人俘虏的人几乎不会幸存下来，那么真实情况就更是如此。除了拔都去罗斯之前在瓦拉几亚进行的大规模屠杀外，他们中的许多人都被赶到了前线服役，这些人也会被算入蒙古人的牺牲品。那些战争中的幸存者依靠俘虏他们的人施舍的食物——主要是动物的肠、四肢和脑袋而苟延残喘，他们同样也活不了多久。[117] 大多数现代历史学家赞同更小的死难人数，但那也不会低于总人口的15%或30万。[118]

此外，大量的人口流离失所，大批熟练的工匠被送往蒙古。[119] 卢布鲁克发现，尤其是不里曾大肆奴役熟练的工人，包括强迫德意志人在中亚的偏远地区开采白银和制造武器。在拔都位于伏尔加的营地里，其他值得注意的俘虏还包括一位巴黎的金匠、前文中提到的那位来自梅斯的女子、一位英国贵族的儿子以及一位诺曼底主教的侄子——所有这些不幸的人都是在错误的时间出现在错误的地方。[120]

在蒙古的入侵中，显然长期受益的就是贝拉本人。尽管他的国家遭受了重创，但当他归来同奥地利的弗里德里希公爵开战时，他仍然能够筹集到足够的资源，而且还获得了胜利。[121] 贝拉从蒙古人那里得到了沉痛的教训，并的的确确地吸收了它，即便其他任何人都没能做到。正如丹尼斯·塞诺的评价："她（匈牙利）第一次得到了一个她永远也学不会的教训，即她指望得到西方的任何帮助都是白费力气。"[122] 贝拉在他的整个王国用石头建起了城堡以及被围墙包围的堡垒，对"鞑靼人"的痴迷似乎让他成了研究他们的专家，在1242年后，教皇英诺森四世还经常就蒙古人的问题咨询他的意见。[123] 尽管库曼人在1241年背叛了他，但他还是在1245年允许他们进入自己的领地，并开始将他们与医院骑士团相融合，充当国家在军事上的中坚力量。[124] 贝拉也放弃了他对贵族们采取的复古政策,并慷慨地赠送他们土地以换取他们的支持,同时缓和从前对立的局面。他犯下的一个错误是将特兰西瓦尼亚指派给了儿子斯蒂芬并与他共享王权——这一灾难性的尝试导致了 1264—1265 年的内战。这位伟大的幸存者在执政 35 年后于 1270 年去世,终年 64 岁,他在世的时间长到他足已被视为"国家的重建者"。[125] 蒙古给匈牙利带来的毁灭让西欧警惕地意识到了未来可能发生什么,但突然间,拔都和他那些游牧部落就统统消失了,危险得以解除,欧洲各国终于可以松一口气。从那一天起直到现在,历史学家们就一直在思考蒙古人为什么要掉转方向。最普遍且为人接受的解释是,窝阔台死后,每一个蒙古人都有责任返回蒙古、选举他的继任者。一位重要的俄罗斯历史学家认为(很可能)可汗的死是因为他的姑姑给他下毒而不是过往简单地认为死于酗酒,他评论道:"这个女人,无论她是谁,都必须被视为西欧的大救星。"[126]

但是这个想法并不能令人信服,其原因有很多。首先,直到 1246 年即窝阔台去世的四年半之后,蒙古才召开了忽里台大会并选举贵由为可汗。其次,拔都并没有返回蒙古(正如我们所见,他一直在伏尔加地区徘徊),因为他非常清楚窝阔台死后在哈拉和林发生的所有阴谋,而且他(正确地)认为自己的生命将处于危险的境地。

第三,在窝阔台死后,任何情况下高级将领和蒙古的贵族们都不会主动返回蒙古。最显著的例子是蒙古驻伊拉克和伊朗西部的指挥官拜住,窝阔台曾任命他为绰儿马罕的继任者。1243 年 6 月 26 日拜住在科塞达以少敌多战胜了凯霍斯鲁二世领导的塞尔柱突厥人。据说他用一句典型的蒙古人的说法否定了塞尔柱突厥人在数量上的优势:"他们的人越多,我们的胜利就越是辉煌,得到的财物也就越丰厚。"这场胜利让 1241—1243 年能够与蒙古人屡获大捷的 1220—1222 年相匹敌。作为胜利的成果,安纳托利亚的特拉比松帝国向拜住投降,这使他的军队得以挺进叙利亚。[127] 然而毫无疑问的是,他必须返回蒙古参加忽里台大会。

另一种可以接受的解释是,蒙古人放弃了入侵西欧的想法,因为那里的地形大多草木丛生而且缺少广阔的平原,无法为他们的马匹和其他动物提供所需的饲料和牧草。据称在匈牙利，蒙古人的行动就已经达到了他们的扩张所能承受的极限，毕竟匈牙利大平原是黑海以西唯一一个能够养活任意规模马群的牧场，但此地最多只有4万平方英里的牧场，而在他们祖国的大草原上则有30万平方英里的牧场。若是要饲养10万匹马，那么冬天或夏天就需要4200吨的谷物，除非令人难以置信地从8000英里之外的蒙古运过来，否则要从哪里弄来这些粮食呢？不仅如此，战马需要马夫和牧马人精心的照料，而且它们容易感染由欧洲北部寒冷潮湿的气候所引发的疾病和寄生虫。[128]

针对这种推测，人们可以举出一些可能被认为是"间接证据"的因素。蒙古人有能力调整他们的作战方法，正如他们在与南宋长期的战争中，尤其是在忽必烈的率领下试图征服缅甸、越南、印度尼西亚和日本时所体现的——值得注意的是，除了征服南宋之外，其他的这些战役都没有取得成功。拿破仑在征战的过程中使用了大量的马匹，直到第二次世界大战，德国人仍然能够使用数以百万的马匹，即便在工业化时代的欧洲牧场已经极为贫瘠。然而，人们可以争辩说这种对比不合时宜：拿破仑时代之前，欧洲的大部分地区已经变成了牧场，而到了第二次世界大战的时候，铁路、优秀的兽医部队以及便捷的马匹运输必须纳入考虑因素之中，而这些条件蒙古人都不具备。不过，很明显的是，阿提拉时期的匈人也完全依赖马匹赢得了军事上的优势，他们在意大利和法国并不因为牧场的问题而停下战斗的脚步。明智的结论是，马和牧场在蒙古人决定撤军的过程中肯定起到了一定的作用。[129]

另一个普遍的推测是，这个问题并不恰当，因为蒙古人就从未打算征服西欧。根据这个理论，蒙古人入侵匈牙利纯粹是为了惩罚向库曼人提供庇护的贝拉，同时确保没有什么能够威胁到拔都在罗斯的兀鲁思——金帐汗国。[130]这种想法具有简单朴素的优点——毕竟蒙古人的撤军无需任何解释，但它与大量难以忽视的证据相冲突，尤其是蒙古人无可救药地四分五裂了。简而言之，虽然这几乎可以肯定是拔都的目标但这并非速不台的目标，因为他说他的梦想是看一看大西洋。关于窝阔台对这两位指挥官的指示究竟是什么并没有任何书面材料可以证明，但这可能建立在制约条件之上——即如果入侵罗斯和东欧的进展顺利，那么他就会为入侵西欧提供必要的资源。

可以肯定的是，拔都返回伏尔加河的决定造成了他同速不台之间最主要的分歧。速不台断绝了与拔都的一切联系，带着他的随从一路骑行回到了蒙古，他公开支持贵由背后的窝阔台和拖雷一派而反对拔都和术赤一派。他避免参与1242—1246年的所有有关谋杀的阴谋，却在1246年出席了选举贵由为汗的忽里台大会。随后，他隐退到了自己位于贝加尔湖以东兀良哈部的故土，于1248年在那里去世，终年72岁。[131] 他的儿子兀良哈台在蒙哥的率领下，在对南宋的战争中继续进行伟大的事业。

从所有的证据中可以相当清楚地看出，速不台、窝阔台和贵由都想要征服西欧。柏朗嘉宾在1245年的记录中提到贵由有一个三重计划：成为可汗、在当时已经爆发的内战中战胜拔都、然后再次入侵波兰和匈牙利并将其作为进攻德意志和意大利的跳板。[132] 贵由提出他想要最先攻打神圣罗马帝国，而且他还证实自己已经掌握了有关腓特烈皇帝的军事能力的可靠情报，不过柏朗嘉宾对自己的同僚撒林裴尼说，他确信贵由的真正目标是意大利，既是因为那里的财富也是因为那里是"救世主"（更不用说教皇）的权力所在。尽管柏朗嘉宾吹嘘德意志的军事实力，以此暗示进攻意大利是一个较软弱的选择，但蒙古人知道腓特烈皇帝偏爱意大利，所以他们很可能只是决定直取其咽喉。[133]

柏朗嘉宾指出贵由其人非常地现实，而他正在计划一场预计将持续18年才能确保胜利的战争。至于成功的可能？当时以及后来的历史学家一致认为蒙古人会抵达大西洋，但前提是他们的帝国内部团结一致齐心协力。拜占庭也将饱受其害，正如拜占庭的一位专家指出的，"成吉思汗的继承者们……本可以毫无疑问地消灭拜占庭，就如同他们拿下已不复存在的拉丁帝国和保加利亚帝国一样。"[134] 因为在蒙古人对欧洲政治的每一处细微的差别都了如指掌的时候，西方却依然对他们一无所知，对他们的判断更是五花八门，比如认为他们是以实玛利人（阿拉伯人）或基督教的敌人，是撒旦的军队，是从混沌的世界而来的，是由异端结成的联盟，是混乱且无序的，是伊斯兰教的煽动者，是阿尔比派异教徒，是伦巴第分离主义者，甚至是全世界等级的犹太阴谋的突击部队。

总之，西方人长于情感而缺乏理性和情报。[135] 柏朗嘉宾声称他发现了西方人在战争中打败蒙古人的秘密，然而这不过是为了让西方人打起精神的政治宣传。[136] 虽然他依然嘴硬，但更加清醒的观察者们因为蒙古人的撤军而感到震惊，他们怀疑这可能会像希腊人在放弃特洛伊时留下一匹木马一样。马修·倍力士认为鞑靼人还会回来，没有什么能够阻止他们到达大西洋。[137] 在1245年的里昂第一届大公会议上，一位主教估计同蒙古人的战争将会持续39年——不清楚这么精确的数字是怎么来的。[138]

事实的真相是，在1242年之前，蒙古帝国因派系斗争而彻底地分裂了，帝国的内战一触即发，任何像入侵西欧这样的重大事件都是无法想象的。总之，拔都由于人手短缺以及与贵由隐约可见的冲突而退出了欧洲，他来到伏尔加河上游，为那场他知道即将到来的较量做好准备。

他面对的主要问题是人手的严重匮乏。当窝阔台的死讯变得众所周知时，从前招募而来的忠于贵由和不里的士兵就要求拔都让他们回家。拔都对此毫无办法，除非他想在自己的帝国中进行一场小型的内战。蒙哥和他们一起离开了，还将那场臭名昭著的宴会以及后来的争执编成不利于拔都的版本带回了哈拉和林。[139] 就在那时，拔都展现出了他身为政治家的才干。作为一名一线将领他可能非常平庸，但在外交手段和阴谋诡计方面他的表现却十分出色。即便在窝阔台去世之前，正当拔都为未来的金帐汗国进行规划时，他就决定通过在罗斯的大公中寻找盟友来巩固自己的地位，而结果证明他的选择是明智的。

因为非常不受诺夫哥罗德波雅尔们的待见，亚历山大·涅夫斯基在涅瓦河一役中战胜瑞典人后便离开了这座城市，一走就是两年，然而此时就在条顿骑士团入侵罗斯并占领了诺夫哥罗德以西的城市普斯科夫时，他却被匆忙地召回。[140] 1242年4月5日，涅夫斯基在楚德湖的冰面上与条顿骑士团及其同盟展开了一场小规模的战斗，以清除诺夫哥罗德的亲德团体。双方参与的人数并不多，大约只有100名条顿骑士团的成员参战，剩下的则是瑞典和立陶宛的志愿军。尽管苏兹达尔的编年史将此次成功的真正功绩归因于了亚历山大的兄弟安德烈，但亚历山大·涅夫斯基确实彻头彻尾地赢了一场胜仗。[141] 只有大概 20 名骑士阵亡（一位对此表示怀疑的历史学家注解说这个死亡数字"很难说明爆发了一次重要的遭遇战"），而且当德意志军队落入结了冰的湖水时并没有遭受巨大的损失，毕竟冰面在之前他们过河的时候还承受住了他们的重量。[142] 俄罗斯民族主义者例如基里尔一世大牧首在他的《涅夫斯基的生活》（Life of Nevsky）中把这场小规模的冲突拔高为一场载入史册的伟大战役。苏联的宣传人员更是强化了这一错误的观点，而人们对此的看法也就因此彻底固化了。[143] 与此同时，涅夫斯基也被誉为俄罗斯史上最伟大的英雄之一，他还被东正教奉为圣徒，既因为他坚决反对来自梵蒂冈大公的提议；也因为他坚忍克己，对蒙古的支配持怀柔态度。

历史上的涅夫斯基与俄罗斯传说中非常受人喜爱的传奇形象相反，他是一个狡猾、阴险的人物。楚德湖之战最突出的一点是，拔都的使者作为军事顾问待在了涅夫斯基的身边。条顿骑士团造成的威胁无疑是涅夫斯基将自己的命运同蒙古人连在一起的最重要的原因。[144] 事实上，涅夫斯基与蒙古人的交往是一个混合了举棋不定与表里不一的故事，而主人公自私、无情地专注于他的野心勃勃的政治目标，正是这一点令他坚定不移地忠于拔都及其继任者。[145]

作为回报，拔都支持他对付他的兄弟安德烈，后者赞成同罗马教廷在宗教上进行和解。蒙古人对试图拉拢梵蒂冈的罗斯人非常冷酷无情，梵蒂冈被认为是西方的"神经中枢"和真正的权力中心。当亚历山大·涅夫斯基的父亲雅罗斯拉夫大公似乎很可能放弃俄罗斯东正教而屈从于天主教会时，蒙古人就毒死了他，尽管权威学者对下毒的凶手是受拔都还是窝阔台的遗孀脱列哥那的指使持有不同的意见。[146] 拔都死后，涅夫斯基与金帐汗国的下一任可汗、后来成为基督徒的撒里答的关系尤其地好（据说与他结成了安答）。即使撒里答可能是被他的叔叔别儿哥毒死的，后者继承了他的汗位并皈依了伊斯兰教，涅夫斯基依然同新的可汗友好相处。正如他在其父以及其结义兄弟被害之事上的表现来看，涅夫斯基并非那种允许感情和情绪阻碍现实政治的人。[147]

尽管这个由成吉思汗经过万般努力才建立起来的帝国在形式上一直持

续到了13世纪50年代末，但窝阔台的死实际上已经标志着大蒙古帝国的终结。贵由直到1246年才当选为可汗，关于这次延迟存在四个方面的原因。贵由的母亲、摄政的脱列哥那花了很长时间才得到了必要的支持；拔都的意图并不确定，速不台则白费力气地试图扮演调停人来让他和贵由和好；因为关于窝阔台被毒死的谣言四起，蒙古出现了普遍的道德危机；萨满教的巫师们一致宣称提前举行选举是不吉利的。[148]

在四年半的摄政期间内，脱列哥那和她来自呼罗珊的密友（最初是她的女仆）法蒂玛进行了血腥的大清洗，她们的举措包括逮捕成吉思汗的弟弟铁木哥·斡赤斤以及处决其党羽中所有的主要成员。但她仍然面临着一个看似无法逾越的障碍，即窝阔台的次子、成吉思汗为窝阔台挑选的继承人阔端，以及窝阔台的孙子、窝阔台个人的继承人选失烈门，他们二人都比贵由更有权要求继位。

阔端不相信脱列哥那会对自己仁慈以待，于是他在曾经西辽的土地上建起了一个敌对的朝廷，所有那些被摄政的女主解职的窝阔台时期的大臣们，尤其是镇海和马合木·牙老瓦赤都纷纷逃了过去。脱列哥那宣布这两位汗位候选人统统都不算数：失烈门的年纪太小而阔端又病恹恹的——考虑到她心爱的贵由健康状况要更加糟糕，所以这是一个天大的谎言。[149]

在见证了贵由于1246年当选为可汗后，她并没能持续见证自己的胜利多久，而脱列哥那刚一过世，贵由就彻底扭转了她的政策。他让备受耻辱的大臣们恢复了职务，处决了他母亲最宠爱的奥都剌合蛮，脱列哥那给予了此人在中原进行包税的特权。当阔端离奇地死于可疑的境况中时，贵由以用巫术杀害阔端为理由对法蒂玛进行了审判并处死了她，他在明知道她不识水性的情况下把她扔进了一条湍急的河流。同时，他还处决了铁木哥·斡赤斤。[150]

贵由表示，窝阔台作为可汗不够强硬，而且在所有重要的领域都太过于懈怠，这表明了他对之前全部的蒙古历史的蔑视。1245年他向欧洲所有的统治者发出了强硬的照会，要求他们投降，此举充分地说明了其思想向独裁者的转变。令人惊讶的是，他居然有具备学识的捍卫者。[151]拔都宣称贵由的当选不合法，理由是只有作为蒙古贵族的自己出席忽里台大会才能让会上的决定具有约束力。贵由试图通过向西方宣战来牵制拔都的实力，但拔都的嫂子、拖雷的遗孀唆鲁禾帖尼别乞一直在向拔都报告哈拉和林发生的所有事情，从而让贵由的这一项策略彻底地失败了。[152] 内战一触即发，1248年拔都和贵由开始向对方进军。正当拔都渡过伊犁河、贵由向西到达了别失八里时，贵由突然去世了。人们将此归结于他糟糕的健康状况（他因疝气而忍受着剧烈的绞痛）以及酗酒，但许多人怀疑他是中毒身亡，而唆鲁禾帖尼别乞就是主谋。[153]

接下来又是一个为期三年的女性摄政时期，贵由的遗孀斡兀立·海迷失大权在握，她是一个非常愚蠢的女人。与此同时，被拉施特形容为世界上最聪明的女人的唆鲁禾帖尼别乞则在幕后运作，以确保她的儿子蒙哥（也是拖雷的长子）成为可汗。因为在贵由统治期间为拔都效力，再加上她和拔都的儿子撒里答同样信仰景教，所以她和拔都之间的关系非常和睦。[154]

1251年在拔都的支持下，蒙哥当选为可汗。他是一位极其严肃的统治者，也是成吉思汗以来第一位不酗酒的可汗，在他的统治下，对外入侵再次成为首要的任务。他对西欧缺乏兴趣，可能是因为那意味着会插手拔都的事情，于是他就把大部分的精力重新投入与南宋的战斗中。然而，他的确具有蒙古人亘古不变的一个缺点：互相倾轧。为了取悦拔都，他处决了之前摄政的斡兀立·海迷失以及不里，拔都可从未忘记不里在1240年的宴会上对自己的侮辱。斡兀立·海迷失曾经参与了谋杀蒙哥并让失烈门登上汗位的阴谋，蒙古的许多位王妃或公主都曾参与其中。这些女人被用燃烧着的棍棒殴打以迫使她们认罪，蒙哥和他的支持者们不惜一切代价以榨取这个阴谋的价值。[155]

失烈门本人也被发现参与了这一个阴谋，不过蒙哥并没有立刻杀了他，而是把他送到了中原战场的前线，可汗的弟弟忽必烈正在那里指挥着军队作战。只要失烈门没有战死在中原，那么这就是一次缓刑，因为失烈门最终在1258年的春天蒙哥南下亲自负责对宋战争时被处死。政变的企图失败后立即发生了血腥的大清洗，失烈门全部的三百多位最亲密的支持者因此丧命。[156]

1259 年蒙哥逝世，死因不是霍乱就是痢疾，他也是第一个在实际的战斗中死去的蒙古可汗。[157] 就在这个时刻，统一的帝国彻底地分裂了，尽管自 1242 年以来金帐汗国就一直独立存在，它只是没有得到官方的认可。同一时间分别召开的两个忽里台大会选出了两位不同的大汗。在这场斗争中，忽必烈成了赢家，他于 1279 年在统一的中国建立了元朝。

整个帝国分崩离析后变成了四个部分。除了忽必烈的元朝和统治俄罗斯 200 年的金帐汗国之外，还有中亚的察合台汗国（包括今天的蒙古、俄罗斯、印度、中国、巴基斯坦、阿富汗、土库曼斯坦、乌兹别克斯坦、塔吉克斯坦和哈萨克斯坦的部分地区），[158] 以及由蒙哥的弟弟旭烈兀于 1256 年建立的伊尔汗国（包括土耳其东部、伊朗、伊拉克、阿塞拜疆、格鲁吉亚、亚美尼亚、阿富汗西部、巴基斯坦西南部和今天土库曼斯坦的部分地区）。[159] 成吉思汗过世仅仅三十年，他那强大的帝国便支离破碎为四个走向不同命运的国度。而这整座宏伟的大厦能存在这么久，一定程度上正是因为他的天赋及其子窝阔台的才华。

结　语

成吉思汗是世界上最伟大的征服者。他和他的儿子们击败了从亚得里亚海直至太平洋沿岸的辽阔土地上的所有民族。蒙古人最终抵达了奥地利、芬兰、克罗地亚、匈牙利、波兰、越南、缅甸、日本和印度尼西亚。成吉思汗的帝国从波斯湾延伸到北冰洋。蒙古的威名影响远至非洲的马里。蒙古帝国的疆域下是1200万平方英里的连绵领土——等同于整个非洲的面积而大于北美洲。相比之下，罗马帝国的疆域则相形见绌，其覆盖面积大约是美国本土的一半。在1240年之前，蒙古征服了大部分"已知"的世界，在1227年成吉思汗去世的时候他们就拿下了超过未来帝国疆域半数的领土。[1]如今，在曾经帝国统治的最大疆域中，生活着全球70亿人口中的30亿。

上述这一切都是由一个不知道从哪里冒出来的男人所取得的成就。虽然处在完全不同的领域，但唯一类似的壮举来自拿撒勒的耶稣。虽然在成吉思汗以前，草原上就存在过若干强大的国家，但他本人对这些一无所知，所以他没有任何传统可以依靠。[2]亚历山大大帝拥有一个由他的父亲马其顿的腓力打造的强大的军事机器；尤利乌斯·恺撒则以罗马三百年的军事优势为基础；拿破仑既可以遵循孔代亲王和杜伦尼①创建的法国古老的传统，也可以依靠法国大革命的热忱及在这份热忱下聚集起来的群众。

---

① 两人都是法国波旁王朝时期的重要军事家，对拿破仑影响深远。——编者

成吉思汗必须真正地创造属于他自己的"传统",并在这一开创性的过程中解决大量的政治和社会问题。成吉思汗依靠的是其在军事和行政管理上的天赋以及他那可怕的识人之能。此外,他知道怎样让马背上的战士们实现军事技术上的飞跃,也正是凭借这支武力,他率领着游牧民族征服文明社会并向他们索取贡品。他是在完全目不识丁的情况下实现这一切的,这意味着他无法通过书本获得那个时代的智慧。[3] 相比之下,亚历山大师从亚里士多德,后者无疑是当时最伟大的思想家之一,恺撒接受了罗马能用金钱买到的最好的教育,拿破仑则深受卢梭与伏尔泰的影响,他继承了启蒙运动和浪漫主义运动的传统。

理论上成吉思汗是一个粗鄙的游牧民,但他没有因种族或宗教上的偏见而轻视文化,他对书面文字、读写文化以及圣人的教诲非常入迷。在佛教史中成吉思汗和忽必烈被看作是阿育王的继承人,而这并不仅仅只是一种比喻。[4] 他很快就意识到与外来文化合作的好处。他突破了诸如速不台等人的局限性,重视那些在学习中原和伊斯兰文化的过程中所得到的好处,即便这一举动让更为愚钝的蒙古贵族们感到不悦。这也透露出成吉思汗本人是一个彻彻底底的实用主义者。[5]

但成吉思汗并非一个一元的平面人物。他平日的态度让内心深处的矛盾和复杂性暴露无遗:保守与创新、古老传统的思维方式与现代新颖的思想、建立世界帝国的愿景与对古老的游牧生活充满感性的怀旧渴望,甚至是蒙古人类似于保琳·汉森①的"单一民族"概念与其本能上对"分而治之"的偏好,正如他在一句名言中所传达的信息:"被征服之人就应在其被征服之地接受统治。"[6]

如果历史中有"伟人"这个概念,那么它就是为成吉思汗准备的。他也可能是有史以来后裔最多的人。遗传学家最近证实,亚洲约 0.8% 的人口具有相同的 Y 染色体,这表明他们可能拥有共同的祖先,其人大约生活在公元 1000 年左右。这就意味着全世界有大约 0.5% 的人口是这个祖

---

① 保琳·汉森为澳大利亚国会议员,政治理念是右翼、保守、反有色人种移民、反对多元文化、反对新移民在多元文化社会中保持自己的语言和文化、反对给予少数族裔政治上的优待。——译者

先的后代，也就是说他拥有 1600 万到 1700 万的后代。[7] 由完全不同的一批遗传学家进行的另一项研究表明，有明确的证据证明大约在 1300 年左右蒙古人的 DNA 进入了巴基斯坦的哈扎拉人体内。此外，在西至土耳其的其他六个族群中，因为征战的士兵在被占领地区的妇女体内留下了后代，所以也发现了类似的证据表明他们混合了蒙古人的基因。今天的维吾尔人有 50% 的蒙古基因，乌兹别克人则有 39%，然而土耳其人只有 8%，表明 "蒙古祖先" 的占比越往西就越少，这也是我们可以预料到的结果。[8] 对成吉思汗和他的儿子们来说，他们很容易得到大量的女人，在无法识别出其他亚洲名人的情况下，成吉思汗很可能就是这个神秘的先祖。有人争论说，如果成吉思汗有 32 个孩子（这是一个合理的假设），每个孩子又有 16 个子女，即使考虑到蒙古人在帝国衰落后无法再像先前一样轻易地接触到女性，这会使其后代的数量在几代人的时间里逐步下降，那么也只需要大约 300 年就可以诞生 1600 万居民。这样一来，这一个数字早在 16 世纪就达到了。不过如果把儿童的夭折、战争和疾病造成的死亡考虑在内，那么就能够解释为什么在实际上其后代数量没有在 16 世纪而是到 20 世纪后期才达到这一个数字。[9]

然而，这一个理论尚未得到普遍的认可。成吉思汗生活的年代同这个假定的祖先之间相差了好几个世纪，虽然我们无疑能够解释这个差异，但有太多无法估量的因素导致我们不能进行如此精确的计算。即使是在最理想的情况下，如果没有成吉思汗本人的基因样本，那我们最多也只能给出一种可能性而已。支持 "成吉思汗是我们所有人的父亲" 的人或许代表了历史学上 "英雄史观" 的一个极端（有些人可能会说这是归谬法）。

当然，对某些历史学家来说，他们无法接受任何拔高个人影响力的行为，认为那是一种误导。恩格斯就提出过 "著名英雄的出现是特定社会经济环境的需要" 的观点，不过这个论点有循环论证的嫌疑，因为社会环境需要他们的唯一迹象就是他们实际上已经出现了。[10] 这个观点最早完整地出现在 18 世纪孟德斯鸠的著作中。他写道：

> 支配着全世界的并不是命运。这一点从罗马人身上就可以看出

来：当罗马人根据一种方法来治理的时候，他们一连串的事情都是成功的，可是当罗马人根据另一种办法来行动的时候，他们就遭到了一连串的失败。有一些一般的原因，它们或者是道德方面的，或者是生理方面的。这些原因在每一个王国里都发生作用，它们使这个王国兴起，保持住她，或者是使她覆灭。一切偶发事件都是受制于这些原因的；如果偶然的一次战败，这就是说一次特殊的原因摧毁了一个国家，那就必然还有个一般的原因，使得这个国家会在一次战斗中灭亡。总之，一个总的基础是会把所有特殊的事件带动起来的。[11]

请孟德斯鸠原谅，成吉思汗一生的经历似乎在驳斥他的主张，偶然和意外在成吉思汗的一生中发挥了巨大的作用。偶然的因素是，在他年轻的时候，旧的蒙古联盟早已衰落成一片废墟，因此他的追随者们会更紧密地团结在他周围，认为他是个极具魅力的领袖，而不仅仅是与其他首领或他自己的兄弟一起竞争汗位的竞争者。不仅如此，由于他不是蒙古尊贵血脉中的一员，他可以创造自己的王朝和专制统治，而不会囿于传统的泥淖中。此外，父亲的早逝意味着他不必等待，不必像好比马可·奥勒留那样不得不做皇帝安东尼·庇护22年的副手。偶然的因素还有，他没有战死沙场或因病而亡。偶然因素的积累还在不断地继续。[12]

一些历史学家既不愿承认伟大的人一定会创造历史，亦不得不承认蒙古在12世纪晚期并没有任何社会经济上的"需求"，因此他们便将气候看作是解释成吉思汗崛起的关键因素。气候决定论是一个非常古老的概念，它可以追溯到孟德斯鸠以及更早期的14世纪的伊本·赫勒敦。[13]孟德斯鸠的案例尤其贴切，因为他非常厌恶蒙古人，他认为亚洲无可救药地坚持专制和奴隶制度，气候正是其中的根本原因。[14]在孟德斯鸠严格的气候决定论以外，关于蒙古人和气候的理论本质上可以分为五种。

第一种理论认为草原上的气候和环境以某种普遍但尚且缺乏准确定义的方式塑造出了一批善于应对极端天气、可堪艰苦劳作的人。这种观点的主要推崇者是俄国理论家列夫·古米廖夫。此观点认为每年太阳辐射的波动情况决定了草原上可用于放牧的草场数量。造成当地气旋和降水的关键空气柱（被古米廖夫称为"瞬时最大值"）可能会因太阳活动的情况离开草原从而导致里海泛滥并使咸海干涸。[15] 这一个现象以某种尚未明确的方式与"激情水平"（即一个民族对外扩张所需的活动水平）联系了起来。根据古米廖夫的理论，所有民族都经历了诞生、发展、高潮、惰性发展、内卷以及追思阶段。国家的"激情水平"处在高潮阶段就会导致大规模的向外扩张。古米廖夫认为，在他的生活的时代，阿拉伯世界就处于这一个阶段，但在12世纪后期处于这一个阶段的是蒙古人。[16]

有些人可能会觉得上述观点有些形而上学甚至接近于神秘主义。相比之下其余的几种理论则更加便于理解。第二种气候理论认为草原上的干旱迫使蒙古人向外扩张，尽管比起定居社会，游牧民族对干旱和干燥的气候有着更强的适应力，毕竟前者无法简单地把他们的财物装上车以进行长途的跋涉。[17] 但干旱和干燥的气候对草原民族的影响依旧非常大，因为只要沙漠是以蚕食牧场的形式扩大（正如在过去半个世纪蒙古所出现的情况），那么后果将会很严重。[18] 在这种理论下衍生出了一个巧妙的变种：可能仅仅是草原上风暴和沙尘暴灾害的减少使蒙古人摆脱了僵化的生存周期，因此他们拥有了向外扩张的能力。[19]

第三种观点指出寒冷的天气和来自极地的气流是影响蒙古对外扩张的关键因素。有人认为，在1211—1234年这决定性的几年里，金朝是异常寒冷天气的受害者，13世纪20年代欧亚大陆北部出现的这种问题普遍地削弱了本可以抵抗蒙古扩张的力量。但支持这种解释的理论家遭到了批评，称他们忽视了微妙和细微的差别。例如，这一个观点从阿拉斯加和瑞士的记录推断出蒙古和中原的情况，也没有考虑到经度的差异带来的影响。再比如，有人指出尽管在1180—1210年格陵兰岛比平时更冷，但斯堪的纳维亚北部地区在1160—1190年则比往年更加炎热。[20]

第四种观点认为，是更潮湿的气候条件为蒙古人的崛起提供了帮助，因为潮湿气候实现了草原生产力的高效化，这意味着蒙古人可以饲养更多的马匹，从而增加了向外部探险的可能性。根据一群研究树木年轮的权威科学家的说法，1211—1230年蒙古经历了其有史以来最凉爽、最潮湿的一段时期，优良的气候条件催生了牧草产量、牲畜数量以及人口的激增。[21]

在有关气候的论证中，最有希望成立的要数那些只将气候看成其中的原因之一并且清楚地区分了必要条件和充分条件的观点。例如，著名的蒙古学者欧文·拉铁摩尔将一种"新古典主义"观点与一种"半古典主义"观点相结合，前者认为游牧民族之所以离开蒙古草原是因为外来的生态和气候因素，后者则认为耕种过度或从狩猎到放牧的转变本身就会导致沙漠化和气候的变化。[22] 仿效美国气候学家埃尔斯沃斯·亨廷顿，拉铁摩尔将气候与循环的历史观相融合。有关拉铁摩尔的观点，有两点颇有趣味。拉铁摩尔在上世纪50年代被参议员麦卡锡列为主要的"赤色分子"，然而他的观点与苏联正统的马克思主义解释却相去甚远，后者极力地推动从原始社会到奴隶制再到封建主义最后到资本主义的线性历史发展观。而沿袭了马基雅维利、维科、吉本、尼采、赫尔德、斯宾格勒和阿诺德·汤因比的循环历史观则通常被认为是右翼势力的特权。

拉铁摩尔的循环论是复杂的。一方面，他认为将成吉思汗的出现看作是凭空出现、晴空霹雳般的事件是对草原历史的严重歪曲。另一方面，蒙古人并不仅仅是匈奴和早期游牧民族的重现，从某种意义上说，成吉思汗是一股"新兴的"力量，代表着一种进步。[23] 简而言之，拉铁摩尔吸取了马克思主义中具体案例具体分析的理念和折中的方法。在古米廖夫的著作中也明显地体现了对正统马克思主义类似于"批判地继承"的态度，最后他告诉我们"草原的统一是历史的必然"，[24] 有人追问："为什么呢？"他又补充说到，成吉思汗会胜出不是历史的必然；这个人可能是札木合，或者是克烈部人，或者是乃蛮部人，这是一个会被机会和偶发事件影响的领域。古米廖夫还在综合了多重因素后指出，在气候的压力下蒙古人既搜寻野生有蹄类动物也捕猎它们的天敌——甚至是狼也会受到蒙古人凶猛的猎犬和训练有素的鹰的威胁。[25]

最后，还有一些人勾画出了一个基于气候条件的心理类型理论，这是孟德斯鸠思想的又一次发展。例如，"在这样的气候下，（大草原）塑造了一类人，这类人异常地坚韧，他们拥有超乎常人的忍耐力，他们适应性强、才思敏捷，但并不致力于形而上学的思辨。"[26]

有两件事非常清楚。首先，认为成吉思汗所有的成就可能源自其天赋的观点遭到了普遍的反对。其次，那些从气候学出发就蒙古人扩张原因进行的论证因为缺乏证据、自相矛盾或是与那些从同一前提出发却走向对立的理论相互抵消而走向了死胡同。蒙古扩张与气候变化之间的单一关联是站不住脚的，因为它总是需要其他的一些因素来使其具有说服力。[27]

不过，关于气候和蒙古人的故事确实有一个有趣的转折。蒙古人的入侵导致大片曾经的耕地被侵略者摧毁转变成了森林，而战争本身对人口的屠戮以及随之而来的瘟疫和疾病更是加速了这个进程。据估计，7亿吨碳以这种方式从大气中消失了——足以抵销当今世界整整一年由化石燃料造成的污染。[28] 看来成吉思汗和他的儿子们不仅仅让红色的鲜血染红了征途，他们还在不知不觉间做了绿色环保的事。

然而，有关成吉思汗和蒙古人最热门的话题还是在1206年之后大约四十年里，他们应为全世界范围内的灾难承担的责任。其中存在最为严重的分歧，尽管平衡必须保持，但这一点很难做到。在描写成吉思汗的作家之中存在一种趋于非此即彼的极端主义道路的倾向，他们要么指责成吉思汗，要么为其正名。一派认为蒙古人应该为几乎所有的军事暴行负责；另一派则认为他们是世界和平与安全的先声，只是偶尔困于一些令人遗憾的过激行为。一位历史学家表示成吉思汗不仅要对15世纪末西班牙对摩尔人残暴的再征服负责，还要对西班牙人屠杀阿兹特克人和印加人的行为负责。他认为是蒙古人把残忍的暴行带给了伊斯兰教，随之从伊斯兰教传到了十字军那里，然后从那里又传回西班牙，在哥伦布完成探索世界的旅程之后，在新大陆上"印加人和阿兹特克人那糟糕透顶的命运……最终可以追溯回成吉思汗本人"。[29] 一位更优秀的历史学家反驳道："把'残忍的暴行'引入伊斯兰教的实际上是十字军。"[30]

与此相反的作者们对蒙古人造成的伤亡轻描淡写地一笔带过，取而代之的是强调他们对妇女开明的态度、废止了（大部分）酷刑、对文化和艺术的传播甚至是他们作为文艺复兴的源泉和起点的角色。[31] 当然，在唯物辩证法的语境下事物之间最终都是相互联系着的，这种联系的确有可能存在，但就这个联系来看似乎又有些异想天开且过于牵强。几个世纪以来对蒙古人截然相反的观点仿若是13世纪的英国人对蒙古人截然不同的态度的投射。在马修·帕里斯看来,蒙古人是从麻木中醒来的歌革和玛各,他们是塔尔塔洛斯的恶魔[①],是撒旦自己的鹰犬。对于方济各会的伟大的思想家培根来说,蒙古人则象征着科学同哲学战胜了无知。[32]

不可否认,成吉思汗和蒙古人对数百万人的死亡负有责任。人们为此举出了各种理由:是蒙古人散播了恐怖和暴虐,他们让小范围内的草原习性登上了全世界的大舞台;就蒙古人神圣的使命而言,抵抗是对上天的亵渎;[33]由于他们惧怕和憎恨着那些被城墙包围着(因而难以攻打)的城市,所以他们一旦将其攻下便于此肆意发泄怒火;因为这是最行之有效的方式以警告被征服的民众不要在蒙古的统治下试图进行"背后捅刀子"式的起义。对于"要么投降要么死亡"这一项令人不寒而栗的政策,最简单的解释是:蒙古作为一个人口并不多的民族总是非常在意己方的伤亡情况,因此最好的情况就是在己方人手无一减损的情况下让敌方望风而降。这就解释了为什么几乎所有甚至没有进行象征性反抗的城市都得到了相对较好的待遇。[34]

既然从某种层面上来看,成吉思汗可以被定性为一个手握无数死人头骨的残忍暴君,那么关于此我们首先要问的就是:有多少人死于他的战争和征服行动?基于各种原因,这是一个特别难以回答的问题。古代和中世纪的编年史家们经常在历史记载中成倍地夸大数字,有时这些数字甚至会翻十倍,所以我们必须在他们记载的数字上打个折扣;反之,现代的历史学家几乎都秉持着一种与前人截然相反的倾向,即"缩小规模"以表明他们在学术上的怀疑态度。只有当我们掌握了准确的人口统计数字时才能估计死亡人数,但中世纪的人口普查数字并不可靠。最终,计算战争的损失成了一个令人进退维谷的雷区,学者们常常连第二次世界大战中的死亡人数都无法达成一致。

计算蒙古对外扩张时造成的人口损失,起点显而易见应该始于蒙古对金朝发动的长达 23 年的战争,毕竟这是成吉思汗所经历的最为艰难的战

---

① 歌革和玛各为《圣经》中的黑暗力量的统治者,塔尔塔洛斯为希腊神话中地狱的代名词。——编者

事，不仅耗时最长而且从死亡人数上来看也是最为惨烈的。那么金朝的人口在1211年以及成吉思汗的继任者窝阔台的凯旋之年1234年分别是多少呢？根据耶律楚材1236年在中原检籍统计的数据，中原有户173万、口850万，而前一次（1207—1208年）金朝进行的检籍显示，中原有户7 684 438、口45 816 079。[35] 而再往前，于1195年进行的检籍则记录有口58 834 711。[36]

这表明了人口的减少是灾难性的，然而这两组数字之间的巨大差异也提醒我们这里面存在一些严重的谬误。目前已经提出的解释可谓五花八门，而且它们很可能都是有根有据的。许多逃避检籍的人躲进了森林或深山；蒙古人自己带走了数万名手艺人；为了躲避蒙古人的侵略，许多人移居到了东南亚，或至少逃往了南宋。[37] 更有说服力的解释是，在有些地区，许多人因为成了蒙古诸王的奴仆而被隐匿，这就导致他们不存在于人口记录之中。考虑到婴儿较高的死亡率，大多数儿童都无法活至成人，因而儿童也被排除在了检籍之外。但最重要的解释还是官僚的腐败和无能。官员们讨厌周期性的检籍带来的烦琐工作，所以他们只是猜测或编造了数字。在某些情况下，他们为了避免招来更高的税收额度而故意选择了少报。[38] 在评估中古时期中国的人口时需要考虑许多变量，以至于任何结论都必然是主观的。

这个问题并没有在蒙古的时代终结。一位杰出的汉学家总结到，根据其采用的模型，1600年中国的人口可以是6600万、1.5亿或者是2.3亿。[39] 在1279年蒙古灭宋之后，针对中国的总人口，一项"有所依凭的猜测"认为该数字应在1.1亿至1.5亿之间，其中曾经南宋的人口可能为8000万至1亿，他们以占城稻为食。[40]

虽然在过去的研究中夸大了蒙古入侵所导致的华北地区人口减少问题，但这个数字依然是相当可观的。那么它是一个庞大的数字吗？就这一点，相关的研究者们众说纷纭。有些人评估了从1206—1368年蒙古在远东称霸时期的死亡人数。其他一些人将成吉思汗、忽必烈和帖木儿发动的战争中的死难者都混为一谈。在缺乏科学的人口统计学帮助的情况下，我们只能根据中国其他时期严重的军事灾难的死亡人数进行推断，这些灾难同蒙古人入侵所造成的破坏很相似，但同时需要记住的是，在这些冲突中的死亡人数也是存在争议的。公认与蒙古在1211—1234年对金朝的战争规模类似的是755—763年唐朝的安禄山叛乱以及1851—1864年的太平天国运动。据说安史之乱死了3600万人，尽管汉学家认为这个数据很不合理。[41] 普遍为世人接受的死难人数是2600万，即使出于谨慎和怀疑的理由而将这个数字减半，此次持续七年的战事依然造成了1300万这样庞大的死难人数。[42] 至于太平天国运动，宣称的死亡人数多到了不可思议的1亿，然而还是那样，没有一位著名的学者能够接受低于2400万的死亡人数，而且这个数字还被认为是保守估计的最小值。[43] 在太平天国运动爆发和存续的13年里，死亡人数是2000万—3000万，而在安史之乱的七年时间中丧生了2600万人，这些数据都足以成为探究蒙古和金朝之间23年战争中所造成的伤亡人数虚实的佐证。

简而言之，发生于中国境内的持久战争总是造成巨大的伤亡。此外，还有一些自然灾害也需要考虑进来，这是13世纪的编年史家不太可能详细探讨的内容。作为成吉思汗的统帅们与金朝之间多次交战地点的黄河，它在1887年和1938年爆发了可怕的洪水，分别夺走了一两百万和50万—70万的生命。另外在1931年，中国因洪水丧生的人也有250万—370万。[44] 即使在现代战争中，也有许多情况下的伤亡并没有被列入官方的统计数据中。近来的一种观点是，日本人在1941—1945年杀害了3000万菲律宾人、马来人、越南人、柬埔寨人和缅甸人，如果事实如此，那么这将让第二次世界大战的死亡人数远远超过1亿，而目前这一个数字至少也有7500万—8200万。[45] 即便是被认为更加文明的欧洲，在三十年战争（1618—1648年）中，德意志的人口也从2100万减少到了1300万，死亡人数为1150万（出生率部分弥补了过高的死亡率）。[46] 在1885—1908年，比利时国王利奥波德治下的刚果至少有1000万人死亡，而且死亡人数可能高达2200万。[47]（以及需要注意的是，战争期间的新生儿常常没有出生记录，因为他们可能无法存活，而且在中世纪，儿童的死亡率本就非常高。）

所有这些都间接地证明了1211—1234年中原的死亡人数达到了骇人

听闻的 3000 万，这个数据已得到了广泛的认可，3000 万人口可能占当时世界总人口的 7.5%。[48] 除了在中原有大概 3000 万人死亡之外，我们还可以算上 1220—1222 年蒙古入侵花剌子模时的 750 万死难者以及 1222—1223 年和 1237—1242 年蒙古入侵欧洲时的牺牲者。就花剌子模而言，我们陷入了困境，因为没有任何关于中世纪伊朗人口的可靠资料。[49] 我们有的只是后来的编年史家和 14 世纪早期的伟大旅行家伊本·白图泰的报道。[50] 尽管编年史家们显然在每一个数字上都加了一个零，这把伤亡的人数扩大了十倍，但还是有一些作者准备接受这些荒唐的死亡人数，包括在马鲁（130 万）的、哈烈（160 万）的和尼沙布尔（175 万）的。这些作者声称成吉思汗在花剌子模杀害了 1500 万人（这可能比整个人口的三倍还多），而伊朗直到 20 世纪中叶才恢复到蒙古人到来之前的人口数量。[51]

从所有关于这场战争伤亡情况的最优秀的研究来看，更有可能的是，尽管损失巨大，但损失并没有达到如此高的水平。伊朗的人口可能从 500 万下降到了 350 万，阿富汗的人口可能从 250 万下降到了 175 万。如果我们也不理会编年史家关于俄罗斯的人口减少了一半这样夸张的说法，更明智的估计是俄罗斯的人口从 750 万下降到了 700 万。[52] 这样一来，俄罗斯和东欧因蒙古人造成的死亡人数接近百万。如果我们把俄罗斯、东欧、花剌子模帝国的人口损失与中国境内以及成吉思汗其他小规模战争造成的损失相叠加，那么最终会得到一个令人信服的总数——3750 万。[53]

造成如此巨大损失的原因部分在于蒙古"要么投降要么死亡"的政策，以及当地民众的顽固抵抗，后者被本国统治者的宣传所骗而且他们完全不了解自身的处境。成吉思汗的凶残程度被伊斯兰的历史学家夸大了，他们把蒙古人视为"大魔头"而对己方的残暴和屠杀视而不见，这在看待札兰丁时尤甚。当蒙古人编造有关他们野蛮行径的夸张故事，以期不费一兵一卒而单纯用恐惧吓退敌人的时候，这种曲解进一步地加深了。没有任何迹象表明成吉思汗拥有盲目的或者心理变态的残忍行为，他做的所有一切都是出于唯一一个目的。[54] 而且这个目的并非如从前的游牧民族一样野蛮、盲目、单纯地为了掠夺而征战，成吉思汗怀抱这样一个目的：以至高天神腾格里之名征服全世界并建立一个帝国，在其中蒙古人可以吸纳贡品，在保有成吉思汗珍视的传统生活方式的同时享受着胜利的果实。[55]

既然在成吉思汗看来，他作为世界的征服者的角色是不证自明的，那么他就没有必要激起被征服者的仇恨，也没有必要说他的敌人是次等人。令人钦佩的是，他既没有种族偏见也对宗教表示了宽容。当时对他的许多攻击要么是为了利用宣传手段鼓励当地人抵抗这些入侵者，要么是用情绪上的亢奋来应对战败带来的悲痛创伤，抑或只是无知地试图解释这个来自东方的令人费解的现象。[56]

在某种程度上，蒙古人应该为自己这些负面的评价负有责任，毕竟他们因屡屡食言而臭名昭著。他们会赞同霍布斯的格言"没有剑的盟约只是一纸空文"，而成吉思汗用一句话为他们背弃盟约的行为进行了讽刺意味十足的注解："用语言杀死的猎物不能捆上马背。用文字屠宰的猎物无法剥去皮囊。"[57] 那些号称每一名蒙古人在身处花剌子模的五年时间内都杀死了100人的故事口耳相传，尽管从理论上来看这似乎是一个不可能达成的目标。然而，这个故事荒诞地讲述：这5万名蒙古人每人每天要处死24个人。一位现代评论家对此评论道：

> 谁将在受害者等待处决的时候维持秩序？执行如此艰巨的任务时，刀剑怎么能始终保持锋利呢？堆积如山的尸体和财物会被安放在哪里？行刑者是否会轮班并通宵工作？在执行任务的过程中，他们又是否会向行刑者和受害者提供饮食？[58]

另一个需要考虑的是，蒙古人在当地征召的新兵往往比蒙古人自己更热衷于屠杀，在1258年围攻巴格达时，格鲁吉亚人的行为就是一个很好的例子。[59] 重要的不是以21世纪的标准来评判成吉思汗，而是要结合13世纪普遍的行为来看待他。成吉思汗在一定程度上超越了同时代的其他杀戮者，但在本质上他们并无区别。我们可以举出许多例子：1127年金人在开封残杀宋人；1209年十字军在贝济耶和卡尔卡松屠杀同为基督徒的阿尔比派；1296年爱德华一世在贝里克屠杀8000名苏格兰人；1303年阿拉乌德丁·卡尔吉的部队在奇陶尔加尔杀害了3万名印度教徒；1014

年拜占庭残暴地将保加利亚战俘刺瞎；基督徒在第一次十字军东征期间在安条克和耶路撒冷的所作所为；等等。最明智的做法是接受一位俄国著名历史学家的判断："同以往的及其之后的开国之君相比，成吉思汗并没有更残酷也没有更仁慈。道德判断无助于理解他的价值。"[60]

成吉思汗和蒙古人的另一项所谓的罪行是对俄罗斯的奴役。据说自此之后俄罗斯便具有了独裁的倾向，从伊凡四世到普京，俄罗斯孕育了一长串集权的领袖，其中彼得大帝、叶卡捷琳娜二世、列宁和斯大林最为著名。心理学家荣格认为希特勒是沃登①和德国森林之神的化身，而与这一个观点呼应的是，一些俄罗斯专家推测，俄罗斯民族被置于"蒙古枷锁"下长达两个半世纪，这留下了永久的伤疤，俄罗斯因此将暴政吸收到了集体无意识中，从而使这个国度的文明进程倒退了整整三个世纪。[61]

最优秀的俄罗斯学者对这个观点表示反对，他们认为蒙古人对俄罗斯人的影响仅停留于表面。唐纳德·奥斯特罗夫斯基表示，16世纪俄罗斯东正教的牧师之所以强调"蒙古枷锁"的重要性，是为了掩饰国家尤其是他们教会的衰落。[62] 乔治·范伦斯基认为蒙古带来的长期影响在很大程度上是有益的，毕竟它将俄罗斯吸收进了国际间的长距离贸易网络之中，并通过蒙古治下的和平把罗斯各国都纳入了中世纪世界的"全球一体化"之中。他的这个观点得到了查尔斯·哈尔佩林的认同。[63] 特别是在俄罗斯的东北部，这些公国不仅从13世纪80年代的蒙古入侵中恢复过来，而且它们还从蒙古人带动的"世界体系"的扩张中获得了巨大的好处。[64]

在19世纪，俄国在政治宣传时坚持将所有问题都归咎于被"蒙古枷锁"压抑带来的后果，据说由于金帐汗国的人口大规模地皈依伊斯兰教，女性开始闭门不出，这个恶果也被认为拜成吉思汗及其后继者所赐。[65] 关于这个观点，不幸的是，蒙古人实际上并没有让妇女与世隔绝。柏朗嘉宾、卢布鲁克、马可·波罗和其他所有前往蒙古朝廷的旅行者们都证明了妇女在蒙古人生活中的突出地位，他们还常常以此事实为说辞对这种"不自然"的性别关系大放厥词。[66] 哈尔佩林对此话题则更进一步，他指出隔

---

① 奥丁在日耳曼神话中的名字。——译者

离妇女是莫斯科土生土长的传统，这在 16 世纪起就已经出现了。[67] 关于俄罗斯，人们能抱怨的至多是它从蒙古人那儿借鉴了许多行政方面的做法（如果不这样做才是愚蠢的），特别是《大札撒》对俄罗斯法律和文化施加的影响。[68] 有关"蒙古枷锁"的论点在苏联时期有时也会出现，然而当时人们大多集中精力论证成吉思汗的崛起代表了封建主义对氏族制度的胜利，由此将他巧妙地纳入正统马克思主义需求的唯物史观范式中。早期的苏联学者用马克思主义来解释成吉思汗和蒙古人是极具讽刺意味的，毕竟游牧社会可能是最难用阶级分析来解释的社会范畴。[69]

正如人们不公正地指责蒙古人极端的残忍和野蛮，说是他们让被征服的国家陷入黑暗之中，我们也有充分的理由为蒙古人平反，所以当我们在评估成吉思汗及其继任者给全世界带来的巨大好处时也必须小心谨慎。对此的主要观点有两种。一种观点认为，蒙古人给欧亚大陆带来了一段漫长的和平时期，这使一种早期的全球化得以蓬勃发展；另一种观点则对此表示了怀疑并声称，即便所谓的蒙古治下的和平真的存在，那也是非常短暂的。

支持成吉思汗的一方坚持认为，正是由于他的活动才让中国接触到伊斯兰世界从而与西方产生了联系，毕竟西方在十字军东征期间就已经在伊斯兰世界中彰显了它的存在。在站赤系统的支持下，贸易和《大札撒》是蒙古和平的主要支柱。随着时间的推移，蒙古人相对于战争日渐偏爱贸易，特别是在成吉思汗本人也接受了农业比游牧生活能创造更多财富这样的理念的情况下。[70] 据说你可以顶着一个金盘子从巴勒斯坦前往蒙古高原，一路上都不会受到任何骚扰。但考虑到原始的交通状况，长途旅行依然很是艰难。即使处在蒙古治下的和平时期，从土耳其前往北京也要花上 295 天。[71]

然而蒙古人毫无疑问地开启了整个世界的大门。在 1250 年以前的西方世界，人们秉持着一种狭隘的欧洲视角，他们认为世界的尽头差不多就在耶路撒冷。直到柏朗嘉宾、卢布鲁克和马可·波罗（还有路线相反的元朝旅行家列班·巴·扫马）的旅程开辟出了全新的景色。学者们终于对世界的大小和人口有所了解。[72] 随着威尼斯商人出现在北京、蒙古使者出现在波尔多和北安普敦、热那亚的领事出现在大不里士,世界变小了。在中原有阿拉伯的税务官员,在埃及有蒙古的律令官,在哈拉和林有法国的工匠。伊朗的工艺品受到畏兀儿和中原纹样的影响。[73] 从中国到伊斯兰世界再到欧洲,关于火器制造、丝绸织造、陶瓷烧制和雕版印刷等方面的知识一路流传。

简而言之,蒙古帝国是贸易、技术、科学和文化的传送者,这种地域间的交流在伊朗和中原之间尤为明显,但这绝非罕例。在1250年之后,蒙古的征服更是成为让"世界体系"维系了一百年的铆钉。[74] 原先被北线和中线取代而遭到废弃的丝绸之路南线也恢复了往日的繁荣,借此人们还与咸海、里海和拜占庭建立了商贸联系。[75] 尽管大多数的蒙古文学起步于14世纪,但蒙古美学文化的各个源头依然清晰可见。不管怎样,一首写于1225年的诗就是关于一场为纪念成吉思汗自花剌子模凯旋而举行的箭术比赛。蒙古雕塑的主题与死亡、自然生活、战争和神话有关,它们往往雕刻在岩石的表面(即所谓的岩刻),随着时间的推移愈发地精致复杂。他们那些佛教题材的壁画和绘画也是如此,这预示着蒙古在16世纪将最终皈依喇嘛教。[76] 一些作者甚至在蒙古治下的和平与哥伦布发现新大陆之间找到了因果关系。[77]

蒙古征服引发了人们对全球更广泛的认知,文化和技术通过中东在西欧和中国之间相互传递,使远方的国度也能够皈依某一个宗教,所有这些都是不容置疑的。不过这就真正构成了蒙古治下的和平了吗?柏朗嘉宾提出蒙古帝国在13世纪40年代中叶没有发生严重的盗窃和抢劫事件,他的这个说法一直遭到很多的批评,[78] 不过,他是不是着眼于一个非典型的时期提出的?一些历史学家称,如果存在蒙古治下的和平,那么这也是非常短暂的,可能只持续了从1242年到1261年这近二十年的时间。[79] 自那以后帝国分裂成了四个部分——其中几个仇视另外几个,如伊尔汗国对察合台汗国以及金帐汗国对忽必烈的元朝。这与持续了两个世纪的罗马治世没有可比性。[80]

还有一些人认为这基本上是一个单向的交往,中原毕竟没有出现类似卢布鲁克、马可·波罗或若望·孟高维诺这样的角色。[81] 蒙古世界与西方在外交上的接触可以说是微不足道的，而且基本上在逐渐消失。[82] 不管怎样，从西方横跨亚洲之旅的重要性被夸大了，它无法与15世纪末以来的地理大发现中取得的突破相提并论。成吉思汗统一帝国的分裂是导致欧洲在16世纪之前领先东方的关键因素之一，而这个过程早在1260年就开始了。[83] 一个真正的"世界体系"必须囊括海上贸易才有可能建立，然而蒙古人惧怕海洋（正如他们后来想要征服日本却无功而返所证实的那样），他们宁愿用大约18个月的时间完成艰苦的陆路之行，也不愿进入可怕的海洋，彼时印度洋是他们主要的障碍。[84] 保障国际贸易商的安全是建立在成吉思汗及其继任者同商人们的早期合作关系这个基础之上的，而并非蒙古人在意识形态上对商业奋斗情有独钟。蒙古人并没把获得商业利益看作是一项独立的事务，如果在敌国的领土上发现了商人，那么他们也会将其视为敌人，至于商人们是被杀还是被洗劫一空就要看将领们的意思了。[85]

最后，作为"世界体系"的铰链，蒙古帝国的确带来了意想不到的后果。牛瘟这种类似于人类麻疹的存在于有蹄类动物中的疾病伴随着1236—1242年蒙古人大规模的征服活动而传播开来，从13世纪40年代起在亚洲的牛群中肆虐。更糟糕的是，蒙古人可能对黑死病的扩散也负有责任。尽管对这场瘟疫的起源有许多相互矛盾的看法，但中亚显然是这个疾病的一个主要的温床，疾病尤其是在蒙古的征服开拓的通往克里米亚半岛的丝绸之路新路上肆意传播。[86]

亚历山大大帝、帖木儿以及拿破仑建立的帝国伴随着他们的死衰落了。成吉思汗的天才之处是他建立了一个存续更久的帝国，而窝阔台继承了父亲的遗产并将帝国的疆域最大限度地扩张，这也说明了他的才华。成吉思汗的王朝是独一无二、自成一格的。它不适用于任何一般性的解释，以一种牢固的、毫不动摇的姿态不相容于任何线性的、流畅的历史观。这种线性史观的支持者们急切地想要把成吉思汗的"超游牧"社会纳入封建主义的一个子集中，然而关于封建主义这个概念的所有通行的定义（例如劳动和兵役的相互结合）都无法用于描述蒙古人。

诱惑是显而易见的，因为扈从制度（那可儿、怯薛）的形成通常标志着从部落向封建秩序的过渡，是其中决定性的一步，毕竟它切断了亲属关系、取代了因生物学关系而忠心不二的传统。[87]俄国历史学家认为这是"游牧式的封建主义",甚至连伟大的蒙古学学者罗依果也认为这是"某种封建主义"。[88]不过封建主义主要是一个与经济学相关的概念,而蒙古帝国的关键始终是私人之间的关系和个人主导的政策,正如我们能从成吉思汗和窝阔台统治时期的政策差异看到的。成吉思汗始终铭记蒙古人人口稀少以及人员伤亡造成的影响,于是他让奴隶在国内劳动,让外族部队去国外打仗,同时还将各类工匠、手艺人和专家输送到蒙古。窝阔台则转而利用定居人口,专注于贸易关税、税赋和徭役。[89]

但是蒙古的制度本身一直不太稳定,因为他们内部既没有交易也没有生产,以至蒙古人完全依赖于被征服者的劳动。就像鲨鱼和刘易斯·卡罗尔笔下的红皇后①一样,蒙古人不能停滞于原地,他们必须不断前进。与前封建时代的农业相比,游牧业对自然资源的利用更加专业化和熟练,但它无法提高生产力,因为与农业不同的是,人与牲畜的比例是固定的。土壤可以改良,但畜群必须依赖固定面积的土地。总之,农业可以提升品质,而畜牧业只能扩大规模。[90]作为一种生产模式,畜牧业与国家主导的朝贡体系这个政治结构无法相容。存在于世界帝国和游牧基础之间的"矛盾"是非常明显的。

此外,蒙古人如果要按照他们的制度给越来越多具备"资格"的权贵们分配贡品,那么他们就必须不断地开疆拓土,然而这是不可能的。就算他们抵达了大西洋,泡沫也迟早会破裂,一旦发生这种情况,帝国将会指数级地收缩。[91]因此,蒙古帝国注定会出现两种截然不同的不可能主义。其内在的变化最终会导致它的崩溃。无论选择哪种,它的领导人都面临一种两难的境地。如果蒙古人选择继续做游牧民,那么他们就必须将包含了畜牧业的生活方式强加到被征服者的头上,但是"原住民"在数量上的增长势必会引发反抗并战胜压迫者。不能忘记的是,蒙古人与纳贡者的比例

---

① 红皇后为《爱丽丝梦游仙境》《爱丽丝镜中奇遇记》中的经典角色,她在《爱丽丝镜中奇遇记》中有一句名言:"在这个国度中,必须不停地奔跑才能使你保持在原地。"后进化生物学家利·范·瓦伦借此提出红皇后假说以描述自然界中生存竞争的法则:不进则是倒退,停滞等于灭亡。——编者

约为一比一百。[92]

反之，如果选择放弃畜牧业和作为征服原动力的马匹，那蒙古人就会抛弃他们最大的优势。他们若是在去游牧化、文化适应、汉化等过程中同被征服者相融合，那么他们也会自然而然地失去在军事上的优势，最终依然指向臣民的反抗和驱逐。[93] 1260—1262年忽必烈和他的弟弟阿里不哥之间激烈的内战，本质上就是文化适应和目空一切的游牧生活这两条道路之间的冲突。[94]回头来看，我们发现蒙古的实验从一开始结局就是注定的，不过当然那时候的人无法就此进行分析。[95]

具有奇妙的历史讽刺意味的是，正是游牧民族本身需要高度合作的特性阻止了严格的劳动分工，并因此出现了对有智慧的或博学的精英的需求，这种需求总会将领导人推向精英统治的模式，这让成吉思汗如今在蒙古被视为民主之父和民族英雄。[96]总而言之，成吉思汗应该得到部分的平反。亚历山大大帝、拿破仑和恺撒也进行过屠杀（据说恺撒在公元前59—公元前49年杀死了100万高卢人），不过他们庆祝的通常是他们的成就，而不是血腥杀戮。但是朝着现代流行的为圣人著书立传的方向上走得太远也是不可取的。虽然蒙古人在军事方面取得了惊天动地的成就，但他们在其他方面完全是寄生于他人。他们缺乏创造力，他们没有创立新的宗教，没有制作任何有价值的文物，没有培育出新的农作物品种，没有发展任何的新技术（尽管传播了当时已经存在了的），没有创作任何有价值的绘画、陶器、建筑以及文学作品，他们甚至都不烤面包。他们基本上一切依赖于被俘虏的工匠和专业人士。蒙古人的座右铭几乎就是法国象征主义作家维利耶·德·利尔-阿达姆的那句邪恶的名言："至于生活，仆人会为我们服务。"[97]他们传说中的建造桥梁的技能几乎没有用武之地。

蒙古是一个发展不均衡的民族。在军事技术上巨大的飞跃使他们远远领先于西欧，但同一时代的欧洲诞生了罗杰·培根、但丁、帕多瓦的圣安多尼、托马斯·阿奎那、被称为"世界奇迹"的腓特烈，以及圣路易。蒙古人日复一日地屠杀，而西欧虽然也犯下了诸多（尤其是针对阿尔比派的）骇人听闻的暴行，但它至少孕育了《神曲》(*Divine Comedy*)、《布兰诗歌》(*Carmina Burana*)、《玫瑰传奇》(*Roman de la Rose*)和一大批在

13 世纪要么已经完成要么刚开始兴建的令人惊叹的大教堂，这些教堂位于沙特尔、亚眠、兰斯、博韦、托莱多、布尔戈斯、科隆、约克、利奇菲尔德以及索尔兹伯里。

成吉思汗是那个时代最伟大的征服者，但与同一时代的亚西西的方济各（1226 年去世）相比，他似乎是一个道德上的侏儒。这二人之间的对比颇为引人入胜。1206 年，这一年的忽里台大会让铁木真成了成吉思汗，也见证了方济各在吉多主教面前突破了试炼。在成吉思汗登上不儿罕山的同时，方济各进入了苏比亚科的洞穴。[98] 此外还有许多联系。当速不台和哲别的大规模搜捕行动（相对而言）接近目标时，方济各正身处埃及。按照荣格的说法，我们可以认为成吉思汗在外向心态或是说在男子气概上过度发展，而方济各则在内向心态或者说女性特质方面发展过度。还有更多新奇的地方。方济各在匈牙利遭到了极其恶劣的对待，所以速不台给该国带来的毁灭几乎可以被看作是来自神的报复。同时，正是方济各会第一次与蒙古人建立了联系，他们带回了一个令人惊奇的故事，这个故事将同人类本身一样经久不衰，这个故事即为成吉思汗的生平伟业。

附录 1

蒙古人的信仰

蒙古人的宗教是非常复杂的，它涵盖了一个大致相当于超验主义、神秘主义以及实践主义的三重世界观，可以称之为三重相交的宇宙论。在超验主义这个层面上，蒙古人相信腾格里这个至高无上的存在，他掌管着长生天。然而即便在这里也存在模糊之处，因为蒙古人从未明确地区分作为人格化的神的腾格里与作为宇宙秩序代表的腾格里。神和天堂是不是一个意思？腾格里是宇宙本身的称谓，还是说他是高于长生天的存在并创造了长生天呢？哲学家们会认为在这个层面上，神和天堂这两个概念之间存在着难以解答的疑问。如果认为神和天堂等同，那么这就证实了反复强调的判断，即蒙古宗教是一神论，这一点也的确得到了来自《蒙古秘史》的佐证。[1]

然而更加令人信服的证据表明，游牧民族的信仰体系是多神论的。腾格里作为一个人格化的神存在，他创造了万物，特别是对蒙古人来说最为神圣的太阳和月亮，但他同时也是宇宙秩序准则的化身。人们可以向他祈祷，为自己以及子女祈求财富和幸福。[2] 在神祇的等级制度中，腾格里之下应该还有 99 个神，他们具有不同的本性和特质，其中 44 个负责世界的东方，55 个掌管西方。神之中还有四个时而会被派往北方（腾格里自己负责南方）。之所以选择 99 这个数字，是因为蒙古人相信九所代表的神秘意义，但这样一个简洁的宇宙观很快就不可避免地与其他的神混在了一起。[3]

天堂里的腾格里得到了大地和生育女神额秃坚的辅助。马可·波罗曾提到一位名叫纳赤该的灶神，人们向他祈求健康、妻子、子女和牲畜。此外还有一个独立的太阳神，人们会在夏季第一个月的第16天举行盛大的节日"红盘节"来纪念他。大熊星座被尊为蒙古的命运之神。还有一位名叫"白老人"的生育之神很得尊崇，他应是一位身着白衣的白发老者，拄着龙头拐杖。白老人也很受佛教徒的欢迎，他后来也被纳入佛教之中，甚至流传着菩萨和白老人会面的故事。[4] 还有一位火神，他似乎能够回应每一个祷告，因为人们可以向他乞求以下的所有内容：生育、长寿、名望、权力和财富；免遭高温、霜冻、劣质木头和铁器以及（自相矛盾的）火带来的伤害；免于疾病；免受狼、盗贼和牛瘟的侵扰；黄牛、马、骆驼、公牛、阉马、母马、雄狮、狗等的健康；保护奴隶以及奴隶们值钱的劳力。[5] 最后，也是非常重要的一点，蒙古人信奉他们的"保护神"——化身为战神的苏勒德，其特殊的任务是保护大汗和其他贵族，使他们能够实现腾格里预先决定的命运。[6]

如果说腾格里以及其他次一级神灵组成的世界定义了蒙古宗教中的超自然元素，那么蒙古宗教中神秘部分的主要表现则是泛灵论。概括地说，泛灵论相信不仅仅是动物、植物、河流、山脉、湖泊，甚至风和雨都具有灵魂。其中尤其重要的是对自然现象的崇拜，比如尊崇山、树和动物（突厥人尊崇狼，蒙古人尊崇的自然是马）。泛灵论意味着灵魂无处不在，因此当发生任何重大事件（出生、婚姻、死亡、狩猎、战争）时都必须抚慰灵魂。蒙古人相信灵魂存在于血液之中，所以如果一个人流了血，那么他的灵魂也将随之流逝。这就是为什么蒙古人从来都不愿意让地位尊贵的敌人血洒于地，而是选择以其他的方式进行处决，通常是用弓弦施以绞刑，或者敲断他的背脊，或者用地毯把俘虏紧紧地裹起来再粗暴地拖曳至死。[7] 蒙古人还特别崇拜山顶和泉水，因为他们认为水象征着更高的权力。太阳崇拜也占据了重要的地位，由于一些难以解释的原因，蒙古人将太阳与南方相联系，所以他们祭拜太阳的伟力时会面向南方跪拜。[8]

与自然神截然不同的是，泛灵论促使游牧民族在日常生活中向各种元素表达敬意，而这是由世俗之人（和女性）完成的。例如，在将土地作为神祇来尊崇时，人们常用毛毡制作出一个社神的形象。祭拜风与山时，最为常见的形式是一边焚香一边祈祷，有时还会有一位领祭者领头。通行的供奉仪式是，先下跪九次（依然是这个人们认为具有魔力的数字）、脱帽，然后在脖子上挂一条带子。[9]

火祭则往往需要供上更多的祭品，例如抹上融化的黄油的羊胸骨。在蒙古的部分地区，火祭是妇女的专属活动，它在每年最后一个月的第29天举行。[10] 还有一个观点可以反驳蒙古宗教是简单的一神论，正如柏朗嘉宾遗憾地指出的，从某些标准上来看游牧民族可以被视为偶像崇拜者，毕竟他们有这样的习俗，一旦动物被杀死，就把它的心脏放在杯子里献给偶像。[11] 这些偶像的类型可以有很多种，无论它是表现为动物还是人类的形象，人类学家称之为动物形象或拟人图像。世俗之人管理的祭祀场所往往以石墩为标志，石墩上插着一根竖直的杆子。非神职的布道者有时被漫不经心地称为"部落萨满"（尽管他们引起的麻烦比他们的贡献更多），他们只负责领头祈祷和献祭而不会萨满真正的技艺，他们也不会吹嘘自己能飞上天空或是变成动物的样子。[12]

神秘主义下的泛灵论可以说是沟通蒙古民间对长生天的信仰这一超验主义与萨满教脚踏实地功用的桥梁。萨满在各个层面上都存在很多学术上的争论。在其他文化中，这些人通常被宽泛地理解为巫医。有人认为萨满教的概念本身就不够确切，萨满仅仅是对各种文化中不同元素的统称，为了更加精确，我们应该确切地指明是蒙古萨满、非洲萨满还是北美萨满等。一些激进的经验主义者甚至更进一步地表示，即使是在蒙古文化中，也一直存在若干不同类型的萨满以及其他使用非萨满巫术的专业人士。[13] 在一些著作中提到了"黑"萨满和"白"萨满之间的区别，前者能够进入一种恍惚的状态，能够化身为动物的形态并升上天空，而后者则并非如此，他们更像西方的祭司，充当着日常世界和超自然世界之间的媒介，只限于向"上界"的神灵祈求对人类和牲畜的祝福。[14]

我们不必因这些专业性的辩论而囿于此处。一言以蔽之，很明显蒙古萨满的职能在于为人们提供保护，保护他们的家庭、财产以及畜群免受疾病、不幸或邪灵的伤害。可以说萨满教和鬼神之学是相互依存的关系。

蒙古人害怕的恶魔有很多种：天空恶魔、鸟恶魔，还有游荡的灯光以及传统的鬼魂和幽灵。"黑"萨满称他们尤其擅长对付这些，应对方法就是与死者的灵魂交谈。他们秉持的理念认为，向那些已经"征服"了死亡的祖先们倾诉可以得到帮助。我们立刻就能发现萨满教存在一个概念上的问题，因为信徒们自称他们既可以与逝去的灵魂打交道，又可以和自然的神灵打交道，而且他们无论何时都不清楚谁是谁。还有一个问题浮现，在蒙古人的宇宙观里并没有明确的冥界概念，也没有诸如冥府、极乐世界、天堂、地狱等死后世界的概念。在蒙古人看来死后世界是地上现世生活的延续，这就提醒我们注意萨满教的另一个关键特征：它由始至终都具有实用性。蒙古人总是对宗教能给他们这一世的生活带来什么更加地感兴趣，这就是为什么"巫医"这个词传递了一个重要的事实——吸引其追随者的，是萨满作为医者而不是牧师的角色。一部分是祖先崇拜、一部分是泛灵论、一部分是图腾崇拜，萨满教是既神秘又模糊的宗教的典型例子。[15]

萨满在蒙古人民的生活中占据着重要的地位。在游牧社会的早期，部落首领自己往往就是萨满，那么他们把自己看作宇宙的中心也就不足为奇了。他们显赫的地位令人垂涎，因此萨满逐渐发展成一个世袭的身份。为了解释他们卓越的地位以及享有的特权，他们声称召唤具有危险性——危险不仅来自恶魔，也因为在他们作法的过程中灵魂必须离开身体，肉体也就失去了保护。[16]为了得到战胜天气和疾病的力量，也为了能够预测未来，萨满必须进入恍惚的状态，如果早早地从这种状态中被唤醒，那么他们很可能会有生命危险。此外，萨满还有一个复杂的初始仪式，仪式中萨满的灵魂必须经受诸如被神灵肢解或被野兽吃掉等各种折磨，然后它们再回归到本来的形态，这是一种象征性的死亡和再生。[17]

萨满为了应对职业带来的折磨需要做一些准备，他们会穿上特殊的服装，用具有魔力的护身符将自己武装起来。人们认为，萨满只有穿戴这些装备才能够接触到死者的灵魂。萨满会戴一顶羽饰，穿着装饰着各种金属制品和一个铃铛的神衣。有些萨满身着的服饰让他们看上去像一只鹰，而另一些人的神衣上挂着一根根皮带或是布条以模仿蛇，还有一些人则穿着类似虎纹图案的神衣,无论哪种都是旨在利用猛兽的力量。萨满还会穿上一条神裙,神裙上挂着许多镜子(通常是九面,又是这个数字)。镜子能够吓唬邪灵,还可以照出它们隐秘的想法,也能保护萨满免受邪灵向他们掷出的无形武器的伤害。一些蒙古萨满还戴着皮制的冠冕,上面装饰着代表图腾动物的仿制角。[18] 其他的萨满装备还包括红色的头巾、手杖和鼓。鼓和鼓槌是非常重要的萨满宝具,因为据说鼓声可以让萨满召唤灵魂协助他们作法。他们通常也会带上一位助手替他击鼓。[19] 另外,萨满还会带着权杖或是棍棒,这就像是西方神话中的魔杖,据说可以带他们前往与恶魔战斗的战场。

如此这般打扮之后,萨满便会进入一种忘我的恍惚状态中。西方招魂术中,招来的灵魂掌控被附体的肉身,与此不同,在这种恍惚的状态下萨满才是至高无上的主宰。[20] 一旦进入恍惚状态,萨满就能飞升至天堂,只有这样才能转移疾病和其他的不幸。深深恍惚的萨满会骑着一匹神马上天,像西方民间传说和迷信中的女巫骑着扫帚一样在空中飞翔。萨满教主要还是男性专属的领域。也有一些女萨满,特别是部落首领的女儿有时会被允许踏入"祭司的圈子",但一般来说人们并不鼓励妇女成为萨满,哪怕她们获得了承认也只限于进行占卜或治疗,因为与恶魔作战实在太危险了。[21]

蒙古宗教的复杂性是显而易见的。它无疑更多的是一种各种信仰广泛的大融合,而不是一个同质的世界观,而且其中的一些"矛盾性"也非常明显。特别是在长生天这个首要的信仰与萨满教的实用性之间存在着分裂。即使我们能够解决逝者的灵魂、恶魔以及自然的灵魂之间共存的难题(这部分体现在"黑""白"萨满之间,以及萨满与其他术士和先知之间),腾格里的宇宙似乎与那个萨满掌控的世界没有任何的联系。我们当然会产生疑问,为什么萨满从来不将他们的能量用于崇拜长生天。萨满教有时被认为是"土生土长的",也就是说,它自然、自发地生长自蒙古这片土壤。但是如果是那样的话,我们怎么把它同火神和火神崇拜这样截然不同的原则联系起来呢?后者与波斯的拜火教有关,但也同样是"土生土长"的。[22] 无论如何,人们可以振振有词地辩解说,对腾格里和长生天的信仰要远比萨满教更加"本土",因为草原那天高地阔的地形很有可能自然地发展出对一个至高无上的天空之神的信仰。[23]

关于萨满教在蒙古人中的影响力存在两种截然不同的理论。一种来自伟大的社会学家埃米尔·涂尔干,他第一个指出在某种意义上,宗教将人类社会的结构投射到了更广阔的宇宙之中。根据这种观点,像游牧民族这样小规模的社会团体会想象出一个与他们自己非常接近的精神世界,其中人与人的接触是直接且面对面的。而"普世"宗教具备在地位和性别上更为等级森严的层次结构,在这种观点下,蒙古人的信仰要比周围邻居们的更加"天然质朴"。反对这一观点的其他学者则认为,萨满教是范围更广阔的定居社会对"狩猎采集者"及其他原始社会组织施加影响的结果。[24]

很明显的是,蒙古的宗教与其邻国的普遍信仰(基督教、佛教、伊斯兰教、儒教)完全不同,但与此同时,对腾格里的官方信仰与萨满教之间也存在亟待解决的冲突。正如我们看到的,成吉思汗在四处征服中逐渐减少萨满教的元素以推广对腾格里的崇拜,其中的部分原因在于,对一个世界性的帝国来说,萨满教并不合适。与萨满教相连的是那个可怜的蒙古男孩铁木真的世界,而成吉思汗的帝国需要的是一种普世的宗教。包含天、地的宇宙观一度满足了这一层需要,但在成吉思汗过世之后,对腾格里的崇拜也逐渐被遗忘,人们转而信仰伊斯兰教、佛教和基督教等功能更为强大的普世性的宗教。[25] 然而,萨满教没那么容易被清除,即使帝国除了蒙古高原以外的其他地区都已经信仰了其他的宗教,它仍然在14世纪后期以及后来的蒙古社会中发挥着影响力,特别是在不里牙惕部,萨满信仰尤为盛行。[26]

附录 2

西辽的覆灭

西辽的创始人耶律大石或许是在成吉思汗之前最让人印象深刻的草原领袖。耶律大石还在蒙古草原上时,他就表现出了异乎寻常的沉着冷静,那时他便带领流亡中的契丹人拥立了君主。在1132年他为自己设计了一个新的称号"古儿汗",其麾下将士从此以此称呼他。[1]事实证明,耶律大石是一个机会主义者和老练的政治家。1128年当东喀喇汗王朝的首府之一八剌沙衮的统治者向他求助以镇压叛变的康里部时,耶律大石迅速地率领着他的军队前来,并夺取了王位。正如波斯历史学家志费尼的评价:"他毫不费力地就登上了王位。"[2]此番举动直接为他增加了1.6万名契丹战士,他们曾经都是东喀喇汗王朝的雇佣兵。耶律大石的军队人数呈指数级增长,1132—1134年他又征服了三座重要的城镇:宜居的喀什(位于今天中国新疆,处于中国与塔吉克斯坦、吉尔吉斯斯坦三国的边界附近)、和阗以及别失八里(都位于今天中国新疆)。[3]受到此番胜利的鼓舞,1134年他试图入侵中原,然而却以惨败告终。

随后他决定深入西部地区,并于1137年抵达了费尔干纳盆地(位于今吉尔吉斯斯坦、塔吉克斯坦和乌兹别克斯坦的交界处),那里是丝绸之路北线上的一片丰饶之地,在历史上的不同时期,此地也是中国和波斯之间贸易往来的必经之地。[4]就在那一年,他在苦盏的激战中击败了马黑木二世领导的西喀喇汗王朝大军,这标志着他的地位有了明显提升。西喀喇汗王朝曾经是这一片地区最强大的国家,但在被塞尔柱突厥人打败后它就成了他们的附庸,在保持日常独立性的同时需要向他们缴纳贡品。面对马黑木落败后的求助,塞尔柱突厥人必须做出回应以保有宗主国的威信,特别是考虑到喀什、和阗和别失八里也是塞尔柱突厥人的附庸。[5]

在此必须强调,耶律大石最终征服的是一个强大的敌人。在这一时期的塞尔柱突厥相当强盛,前两次十字军东征的拦路虎、1037年以来西亚地区的霸主,塞尔柱突厥控制着一个庞大的帝国,其领地从兴都库什山直抵土耳其西部,从咸海北部一直延伸到波斯湾。[6] 塞尔柱的全盛时期早已过去,这对耶律大石来说或许是他的幸运,但是在1141年,契丹人想要对抗这些强大的突厥人并取得胜利,机会仍很渺茫。尽管如此,信心满满的耶律大石还是于1141年9月9日在撒马尔罕以北的卡特万战场上迎战突厥人,哪怕在人数上敌人以三比一的比例远超己方。

由塞尔柱苏丹艾哈迈德·桑贾尔本人亲自领兵的塞尔柱突厥军很快就证明了,自第一次十字军东征缔造辉煌之后,他们已经严重地衰弱了。塞尔柱突厥人被打得溃不成军、伤亡惨重,波斯历史学家们对此的描述毫不留情。参与到该战役中的人数大概是2万契丹人对6万塞尔柱突厥人,但编年史家设法列出了一份超过10万人的伤亡名单。不管怎样,这是一次重大的失败。虽然艾哈迈德·桑贾尔本人幸运地逃脱了,但他的妻子和其他家人却不幸沦为俘虏。[7]

一些学者认为塞尔柱突厥人自此便一蹶不振(该帝国在1194年正式灭亡)。这场胜利使耶律大石得以掌握中亚西部地区的主导权。如今耶律大石拥有了一支至少由2.5万人组成的常胜之师——也有人说这支军队多达7万—10万人。[8] 耶律大石击败突厥人的壮举轰动了世界,这被认为是后世祭司王约翰传说的起源。传说中,来自东方的基督教国王从后方战胜了基督教世界的伊斯兰敌人,助力十字架抵抗新月。[9]

无论如何,卡特万之战标志着西辽的正式成立。接下来耶律大石对河中地区的征服也十分迅速。很快西辽就占领了广袤的领土,领土范围从东部的畏兀儿之地到西部的河中地区,从北部的巴尔喀什湖到南部阿富汗的巴里黑。[10] 可惜的是,耶律大石还没能充分地享受到胜利果实,他便于

1143年去世了。由他一手建立起来的王国仅维持了一年多的巅峰期，就在他死后西辽立刻开始衰落了。[11]

尽管如此，他留给幼子耶律夷列（起初由其遗孀萧塔不烟摄政）的王国依旧是一笔了不起的财产。阿力麻里城的哈剌鲁部以及花剌子模的畏兀儿人和穆斯林突厥人都是他们的附庸，虽然他们也享有很大的自治权。西辽满足于名义上的统治权以及每年得到的贡品。[12] 西辽在经济方面比蒙古更为多样化，它的产业包括了畜牧业、农业和制造业。有趣的是，一路向西，畜牧业的结构发生了变化。在蒙古人的生活中，马占据着统治地位；对党项人而言，马和骆驼则价值相当；但是在西辽，羊和牛才是最重要的动物（一项对驯养动物数量的统计显示，其中41%是羊，26%是牛，而马只占19%）。[13] 西辽蓬勃发展的农业培育出了瓜、葡萄、桃子、李子、杏仁、苹果、梨、石榴、小麦、水稻和其他谷物，棉花是另一种主要的作物。优秀的制造业和手工艺水平则体现在了陶瓷、玻璃器皿、金属制品、各类工具、厨具、武器、马车、船只、珠宝、玉器、漆器、服装、纺织面料、皮革、丝织技术、造纸和酿酒等方面。[14]

但是西辽在定位上非常特殊，可以说它立足于中国以外却又自认中国，它小心翼翼地维持着对辽朝的身份认同。耶律大石虽然统治着这样一个由汉人、契丹人、突厥人和乃蛮人组成的多民族国家，但国家的精英阶层依然以契丹人和汉人为主，他们仍然保留了中古时期中国的意识形态，认为这是权力、财富和地位的决定性象征。这正是他们想要延续的传统。[15] 西辽的显贵们保留了他们的民族认同而从未皈依伊斯兰教，尽管那是西辽大多数臣民的信仰。在宗教以及其他的领域中，特别是官僚机构和行政官吏类似于后来蒙古帝国的达鲁花赤，西辽一边延续了辽朝的制度（使用汉地的头衔、历法、钱币等），一边为成吉思汗的帝国建制留足了空间。可以想见，学者们沉迷于将成吉思汗的所有创新都纳入已有的契丹模式中去。[16] 他们始终坚定不移地竭力维护所有古老的汉地习俗、穿戴传统的汉地服饰，以期有一天西辽重返中原实现光复。他们的文化素养很高，有自己的文字体系，在向官员下达命令时会在诏令上以中国的传统模式加盖官印。他们甚至会定期给部队发饷钱。[17]

虽然西辽的精英们为佛教徒，但西辽并没有设立正式的国教，还实行宗教宽容的政策。他们尤其偏爱景教（这是祭司王约翰传说诞生的一个因素），但非常奇怪的是，他们在伊斯兰世界中一直被视为真主冥顽不灵的敌人。在西辽内部存在着相当数量的佛教和景教团体，当地还有一个摩尼教教派，甚至有一个犹太人聚居区。有人认为西辽的佛教信仰被削弱以给其他思想提供发展的空间，其目的是要将其让位于其他思想，诸如火焰崇拜，以及以青牛、白马祭祀的奇异信仰。[18]

内婚制是西辽文化的一个显著特征。婚姻的范围受到了严格的控制，耶律氏王族与萧氏后族之间堪称传统的通婚代代不绝，任何形式的外嫁或外娶都会受到严重的阻碍。西辽的妇女地位很高，事实上在西辽的五位古儿汗中就有两位是女性——女主发挥重要作用是辽朝的另一个传统。[19]

对西辽而言不幸的是，继承上的多样性并没能解决国家在耶律大石死后面临的深层问题。耶律大石的儿子耶律夷列在1143年即位时尚未成年，他的母亲萧塔不烟的长期摄政在政治上并不成功。1163年耶律夷列去世，他的妹妹耶律普速完继承了王位，她的主要事迹包括将夫君派去参加漫无目的的军事突袭和冒险行动。她最终因爱上夫君的弟弟而引发了丑闻，为了避免进一步地损害国家的声誉，她的公公在1177年将两人处决。[20]

1178年公认软弱无能的耶律直鲁古继位，在他的统治时期，西辽的实力和声誉进一步下滑。信奉佛教的精英人士和信仰伊斯兰教的大多数民众之间长期存在的紧张关系一直未能得到解决。尽管辽曾经是中国境内的少数民族政权，但它在很长一段时间内都被认为是合法的政权，然而类似的情况却从未出现在西辽，因为西辽一直是"一个有限的帝国，被大量的或定居或游牧的附庸民族所围绕"。[21]作为附庸的各民族都在等待时机以摆脱西辽的束缚，这就意味着西辽为了存续必须保持强大的国力，并且持续不断地取得胜利。然而事与愿违，从12世纪70年代起，西辽中央政府的无能变得愈发明显。统治阶层从未对侵略者采取足够猛烈或果断的反击，这不仅暴露了他们的弱点，还促使其他心怀不满的国家也想碰碰运气。[22]

官吏的腐败成了西辽的一大问题。地方政府和中央朝廷都因欠缺公正而沦为了笑柄，这进一步刺激了被压迫者开始向外寻求生路。1211年亦都护巴而术加入成吉思汗的阵营，而这不过是整个过程中最为引人注目的案例。[23]最终，西辽官员对财富的大规模掠夺让本应繁荣的经济市场陷入了一场危机。当国家不得不收回曾经值得夸耀的许诺，承认它无法再支付军队的饷钱时，情况跌到了谷底。[24]这就导致了财政这一个次要的因素开始反噬政治。此时明智的统治者会严肃地关注蒙古人在东方的迅速崛起，而不是将时间花费在袭击和劫掠呼罗珊、河中地区以及花剌子模等富裕地区上，如此行事进一步地削弱了西辽在当地的声望。那时成吉思汗已经在1206年的忽里台大会上自称可汗，而西辽则陷入了严重的困境。[25]

如果将西辽看作是泰坦尼克号，那么冰山就是后来进一步成长为帝国的花剌子模王国。花剌子模的第一位统治者、后来公认的首任沙赫库都不丁·摩诃末（1097—1127年在位）被塞尔柱苏丹任命为该省的总督（当时此地属于塞尔柱突厥帝国），以承认他事实上的独立地位换取他的忠贞不贰。第二任沙赫阿即思（1127—1156年在位）的野心更大，他反抗塞尔柱突厥不过落败了，其自主权也遭到削减。1141年当耶律大石在卡特万击败塞尔柱突厥时，阿即思看到了机会，他占领了马鲁和尼沙布尔这两座城市。然而事实证明他只不过是把一位主子换成了另一位主子，西辽不仅将他赶走还强迫他纳贡。[26]

第三任沙赫伊勒·阿尔斯兰（1156—1172年在位）雄心勃勃，他想要将花剌子模的边界扩大到呼罗珊和河中地区。他试图唆使塞尔柱突厥人向西辽开战，希望若是计划成功就能收获撒马尔罕。当他的计划宣告破产时，伊勒·阿尔斯兰打算拒绝向西辽进贡，可是他在战斗中败下阵来，随后不久就死了。[27]他的继任者第四任沙赫塔喀什（1172—1200年在位）也怀抱奢望，但他受制于与自己兄弟的竞争，后者出走并在呼罗珊建立了一个敌对的公国。[28]塔喀什的机会出现于1193年，他的兄弟去世了，于是他终于得到了呼罗珊。

塔喀什的崛起与伊斯兰世界里的一项重大进程恰好吻合。从前，居于巴格达的阿拔斯王朝的哈里发们不过是伊斯兰教的精神领袖，实际的政治权力则掌握在塞尔柱苏丹手中。但在哈里发纳斯尔（1180—1225年在位）的统治期间，情况发生了变化。哈里发纳斯尔渴望获得世俗的权力，于是他提议与塔喀什结盟以对抗塞尔柱突厥人。塔喀什抓住了机会，联军于1194年在拉伊附近打败了塞尔柱突厥人，塔喀什随后斩杀了苏丹托格洛尔三世。[29] 纳斯尔为此很高兴，他以为自己可以握住塞尔柱突厥人留下的权柄，但塔喀什诓骗了他。塔喀什自立为新一任的苏丹。自此之后，哈里发和花剌子模的统治者之间总是存有嫌隙。哈里发和塔喀什之间似乎免不了一战，直至1198年纳斯尔以政治家的风度承认塔喀什为伊拉克、呼罗珊以及锡尔河以北及其毗连的东部地区的统治者，这才避免了双方的战事。[30]

但塔喀什面临着一个问题，这也将困扰他的儿子及后续的继任者。塔喀什曾在军队中培养了一批突厥人，这些突厥人自认为凌驾于法律之上，只遵从沙赫的命令。他们行为恶劣，犯下了诸如轮奸和掠夺这样令人震惊的暴行，疏远了民众，而这些民众是好战的沙赫所依赖的。[31] 1200年塔喀什死于扁桃体脓肿，除了他的突厥卫队几乎没有人为他送葬。[32]

在塔喀什去世之前，不安分的沙赫与阿富汗信仰伊斯兰教的古尔人勾结在了一起，从而给该地区的政治局势留下了又一个难题。古尔人居住在阿富汗中部巴米扬和古尔地区，当他们于1152年败给了苏丹桑贾尔领导的塞尔柱突厥人之后，他们便被视如敝屣。但在穆罕默德·古尔（1173—1206年）的统治下，古尔人迎来了一次惊人的复兴。至穆罕默德·古尔去世时，他统治着一个从伊朗东北部一直延伸到孟加拉的王国。[33] 穆罕默德·古尔的兄弟吉亚苏丁统治着巴米扬地区，吉亚苏丁一直觊觎呼罗珊，他的野心得到了来自兄弟的支持。1198年吉亚苏丁占领了西辽的领地巴里黑。沙赫塔喀什极力游说西辽反击这种公开的侮辱，他警告说，吉亚苏丁的野心并不会就此结束。西辽派出一支大军对抗古尔人，但他们却落得惨败的下场。古儿汗耶律直鲁古气急败坏地痛骂塔喀什，指责都是因为他才招来了灾祸，还要求沙赫为死于战斗的1.2万名契丹人做出赔偿。塔喀什转而求助于古尔人来给自己解围，古尔人同意了，但他们要塔喀什臣服于巴格达的哈里发，并归还西辽可能夺取的任何古尔人的领地作为补偿。答应这个条件几乎是塔喀什临终前所做的最后一件事了。[34]

从西辽和古尔人激烈的冲突中真正获益的是塔喀什的儿子摩诃末二世,他于 1200 年继位。作为其父的死敌,哈里发纳斯尔警告耶律直鲁古说摩诃末才是他真正的敌人,并建议西辽和古尔人结盟以共同对付摩诃末二世。但由于西辽和古尔人都在为新一轮的战争做准备,所以两方并未就这一项提议达成共识。若是纳斯尔继续他的游说,那么新的沙赫可能会继续与古尔人缔结盟约,毕竟摩诃末一直认为,若自己想要建立帝国,那么西辽就是一个必须战胜的劲敌。哈里发纳斯尔暂时还在继续说服耶律直鲁古,他希望借助西辽的力量实现自己的目的,毕竟古尔人已经趁着塔喀什之死夺取了呼罗珊的部分地区。[35] 不论如何,耶律直鲁古断然拒绝了哈里发的提议,理由是沙赫行事坦荡,而且自己也不可能背叛忠诚的盟友。[36]

摩诃末与古尔人之间的战争持续了两年,1203 年吉亚苏丁的死和他的兄弟穆罕默德·古尔将关注转向印度给了他极大的帮助。[37] 沙赫一开始的处境非常糟糕,他不仅吃了败仗还不得不向西辽寻求帮助。耶律直鲁古给予了积极的回应,他派遣了一支大军越过乌浒河追击古尔人。摩诃末同他的西辽盟友追上了古尔人,他们借助数量上的优势以及迎面打在敌人脸上的劲风击败了敌军。这场胜利究竟在多大程度上左右了战局尚存在争议,因为即使摩诃末声称他已经"击溃"了古尔人,古尔人还是牢牢守住了巴里黑。[38]

穆罕默德·古尔从印度归来,他渴望复仇。然而他不得不首先处理军中的兵变,然后镇压浩罕部的叛乱,这个部落位于拉合尔和木尔坦之间的山区。1205 年 2 月穆罕默德·古尔志得意满地载着战利品回到了拉合尔。随后他宣布他将展开一场大规模的战争以毁灭西辽。次年穆罕默德·古尔从拉合尔转移到了阿富汗的哥疾宁,并命令巴米扬总督备好浮桥,以便他能够在入侵河中地区时穿越乌浒河。1206 年 3 月,在杰赫勒姆(今巴基斯坦境内)附近,他突然死于暗杀,刺客不是浩罕人就是阿萨辛派的狂热信徒。[39] 于是所有入侵河中地区的计划都被搁置了。

摩诃末自始至终都是一个机会主义者,他利用了穆罕默德·古尔死后留下的权力真空,占据了巴里黑。[40] 耶律直鲁古极有外交风范地承认沙赫对呼罗珊的主权,但摩诃末却把他的政治家风度视为软弱的表现。摩诃末被嘲讽说他与异教徒的关系过于亲密了,他被这个讥讽刺痛,再加上受到与西喀喇汗王朝首领的友好交往的鼓舞,他最终决定露出真面目,向盟友西辽发动进攻。[41] 他选择以布哈拉混乱的地方政治作为开战的借口,那里因为东方版的蒙太古与凯普莱特①的家族世仇而四分五裂。互相敌视的两个家族分别向耶律直鲁古和摩诃末求助。以求援为契机,沙赫插手地区争端,他的态度既挑衅又强硬,他还明确地表示了自己将寸步不让。[42] 1207年他越过了乌浒河进入布哈拉,在当地安插了自己的代理人。

西辽和花剌子模之间的战争,一时间鹿死谁手尚未可知。沙赫本人在一次小冲突中被俘,但他机智地将自己伪装成了一个仆人,谎称自己的主人是一位大领主,会为他支付一大笔赎金。他许诺自己将带着一大笔钱回来,俘虏他的人便放走了他。[43]

此时双方都受到了各自内部问题的困扰。就在摩诃末与耶律直鲁古交战时,沙赫的兄弟阿里·沙赫以及尼沙布尔的军事总督合力篡夺了沙赫的头衔。但摩诃末归来后,两人都不得不逃走。次年尼沙布尔总督与其子一起被杀。1209年反叛的阿里·沙赫被处决,古尔苏丹也被摩诃末杀死,古尔王朝就此终结。1209年底之前,摩诃末不仅平息了呼罗珊的局势,而且他还在保有布哈拉的同时将赫拉特纳入已征服的名单。[44]

与此同时,耶律直鲁古则不得不处理1204年和阗及喀什地区爆发的叛乱。在警惕来自西方的沙赫的威胁的同时,他也愈发注意到来自东方的蒙古人,因为1209年畏兀儿亦都护背叛了耶律直鲁古而倒向了成吉思汗。[45] 耶律直鲁古可以应对沙赫的军事威胁,但如果必须同时考虑蒙古人的话就难以招架了。1205年哈剌鲁部的可汗阿儿思阑加入了和阗及喀什的起义,这令局势变得更加严峻。耶律直鲁古平息了反抗的浪潮,但他本着以宽容的态度安抚穆斯林臣民,从而不让起义的星火扩散至其他信奉伊斯兰教地区的想法,又一次没能严厉地处置这些叛乱分子。但他的希望难以成真,因为从在苦盏和卡特万战败起,穆斯林们就在期待一个翻身的机会,而同

---

① 莎士比亚戏剧《罗密欧与朱丽叶》中男女主角各自的家族,两大家族之间存在根深蒂固的世仇。——编者

沙赫的战争让他们嗅到了可乘之机。[46]

1207年西辽古儿汗最强大的附庸西喀喇汗王朝首领奥斯曼倒向了沙赫，发动了一场更为严重的叛乱。他们据有了布哈拉，不过耶律直鲁古至少还是保住了拔汗那国。1208年因为摩诃末面临着内部的叛乱，西辽暂时解除了外部压力，有了整整一年的时间进行喘息。[47]常常欠缺责任感的耶律直鲁古终于在与摩诃末谈判时表现出了一定的韧性。耶律直鲁古承认摩诃末在实际上控制布哈拉和呼罗珊，但他要求摩诃末上缴已经拖欠了三年的贡品。沙赫认为现在并非与西辽全面开战的时机，于是妥协了。为了保全颜面，摩诃末让母亲图儿罕可敦在西辽使者到达时代为表达敬意并献上全部的贡品，而自己前去北部边境应对麻烦不断的库曼人。[48]

虽然耶律直鲁古的疆域随着巴里黑与和阗的丧失而缩小，但在1210年他仍旧控制着东接乃蛮、北控叶尼塞河及上额尔齐斯河、西抵乌浒河的广袤疆域，这让他有少许宽慰。[49]他还因疆域内有多个首都（如同辽、金两朝）而产生一种奇怪且荒谬的安心感。正是在这个阶段，乃蛮部的屈出律登上了历史的舞台（见前文第9章）。

注 释

受限于篇幅，注释中的书目标题都很简短，读者可以查阅参考书目了解更多的信息。

注释中主要涉及的史料的缩写：

IAA:
Richards, D. S., ed. & trans., *The Chronicle of Ibn al-Athir for the Crusading Period from Al-Kamil fi'l-Ta'rikh, Part 3: The Years 589–629/1193–1231: The Ayyubids after Saladin and the Mongol Menace* (2008).

JB:
Boyle, J. A., ed. & trans., *Genghis Khan: The History of the World Conqueror* by Ata-Malik Juvaini, 2 vols (1997).

JR:
Raverty, H. G., ed. & trans., *[Minhaj Siraj Juzjani,] Tabakat-i-Nasiri: A General History of the Muhammadan Dynasties of Asia,* 2 vols (1881).

Rachewiltz, *Commentary:* Rachewiltz, Igor de, *The Secret History of the Mongols, Translated with a Historical and Philological Commentary* (2nd ed, 2006), ii (commentary).

RT:
Thackston, W. H., ed. & trans., *Rashiduddin Fazlullah's* Jami'u't-Tawarikh: *Compendium of Chronicles. A History of the Mongols,* 3 vols (1998).

SHC:
Cleaves, F. W. ed. & trans., *The Secret History of the Mongols* (1982).

SHO:
Onon, Urgunge, ed. & trans., *The Secret History of the Mongols: The Life and Times of Chinggis Khan* (2001).

SHR:
Rachewiltz, Igor de, *The Secret History of the Mongols, Translated with a Historical and Philological Commentary* (2nd ed., 2006), i (translation).

SHW:
Waley, Arthur, *The Secret History of the Mongols and other pieces* (1963).

引 言

1. Le Strange, *Baghdad* pp. 264-283.
2. Wiet, *Baghdad* pp. 118-119.
3. Broadhurst, *Travels of Ibn Jumayr* p. 234.
4. Wiet, *Baghdad* pp. 122-127.
5. JB ii pp. 618-640.
6. Morgan, *Mongols* pp. 129-135.
7. 关于伊斯玛仪派，参见：Lewis, *Assassins*; Daftary, *Ismailis*; Hodgson, *Secret Order of Assassins*.
8. RT ii pp. 487-490.
9. RT ii pp. 491-493.
10. Spuler, *History of the Mongols* pp. 115-119.
11. Sicker, *Islamic World in Asendancy* p. 111; Meri, *Medieval Islamic Civilization* p. 510.
12. Hammer-Purgstall, *Geschichte Wassafs* pp. 68-71; Le Strange, *Baghdad*.
13. Spuler, *History of the Mongols* pp. 120-121.
14. RT ii pp. 494-499.
15. MacLeod, *Library of Alexandria* p. 71.
16. Hammer-Purgstall, *Geschichte Wassafs* pp. 72-75.
17. Wiet, *Baghdad* pp. 164-165.
18. Somogyi, Joseph de, 'A Qasida on the Destruction of Baghdad by the Mongols,' *Bulletin of the School of Oriental and African Studies* 7 (1933) pp. 41-48.
19. Spuler, *History of the Mongols* pp. 125-164. 还有一篇有趣的文章将旭烈兀对巴格达的劫掠同 750 年后美国对该城的扫荡进行了对比：Ian Frazier, 'Annals of History: Invaders: Destroying Baghdad,' in the *New Yorker*, 25 April 2005.

1　蒙古高原上的游牧者

1. 有关"世界岛"和"心脏地带"的理论参见 H. J. Mackinder, 'The Geographical Pivot of History,' *The Geographical Journal* 23 (1904) pp. 421-437; Pascal Venier, 'The Geographical Pivot of History and Early Twentieth-Century Geopolitical Culture,' *The Geographical Journal* 170 (2004) pp. 330-336.
2. Lattimore, *Studies in Frontier History* pp. 241-258.
3. Robert N. Taafe, 'The Geographical Setting,' in Sinor, *Cambridge History* pp. 19-40.
4. 有关"斯坦"的解释，比较好的是 Rashid, *Jihad*.
5. 此观点参见 Cable & French, *The Gobi Desert*.
6. René Grousset, *The Empire of the Steppes* p. xxii 中提出了一种理论，它认为沿着南北方向的纵轴，贸易向南方聚集，而人们则向北方迁徙。
7. 关于阿尔泰山和塔尔巴哈台参见 Taafe, 'The Geographical Setting' in Sinor, *Cambridge*

History pp. 24-25, 40. Cf also Jackson & Morgan, *Rubruck* p. 166.
8. Stewart, *In the Empire* p. 132: "时而是森林深深地穿入草原, 正如杭爱山山坡上著名的尤特肯森林那样; 时而是草原一路向北, 正如叶尼塞河上游的哈卡斯草原, 或是宽广的跨越贝加尔湖的草原一样。"; Gumilev, *Imaginary Kingdom* p. 18.
9. 不儿罕山一直被认作是位于蒙古东北部 (48° 50' N, 109° E) 肯特山脉中的肯特山: Rachewiltz, *Commentary* p. 229; Huc, *High Road in Tartary* pp. 123-127.
10. Stewart, *In The Empire* p. 159. Cf 亦见于 Bull, *Around the Sacred Sea*.
11. Owen Lattimore, 'Return to China's Northern Frontier,' *The Geographical Journal* 139 (June 1973) pp. 233-242.
12. 更多内容参见 Cable & French, *Gobi Desert*; Man, *Gobi*; Younghusband, *Heart of a Continent*; Thayer, *Walking the Gobi*.
13. Stewart, *In The Empire* p. 153.
14. Nairne, *Gilmour* p. 74.
15. De Windt, *From Pekin to Calais* p. 107.
16. ibid. p. 103.
17. ibid. pp. 134-135.
18. Lattimore, *Inner Asian Frontiers* p. 12.
19. Severin, *In Search of Genghis Khan* p. 18.
20. Dawson, *Mongol Mission* pp. 5-6.
21. Barfield, *Perilous Frontier* pp. 22-23.
22. Asimov & Bosworth, *History of Civilizations*, iv part 2 pp. 275-276.
23. Gumilev, *Imaginary Kingdom* pp. 62-63.
24. 关于黑龙江, 参见 Du Halde, *Description geographique*; M. A. Peschurof, 'Description of the Amur River in Eastern Asia,' *Proceedings of the Royal Geographical Society* 2 (1857-1858).
25. 作为中俄传统边界的黑龙江, 参见 Kerner, *The Urge to the Sea*; Stephan, *Sakhalin*。。
26. Gumilev, *Imaginary Kingdom* p. 87; Asimov & Bosworth, *History of Civilizations*, iv part 2 p. 280.
27. Joseph F. Fletcher, 'The Mongols: Ecological and Social Perspectives,' in *Harvard Journal of Asiatic Studies* 46 (1986) pp. 11-50 (at p. 13), repr. in Fletcher, *Studies on Chinese and Islamic Inner Asia*.
28. 有关这些区别的详细介绍, 参见 (大量文学作品) Cribb, *Nomads* esp. pp. 19-20, 84-112; Forde, *Habitat* p. 396; Johnson, *Nature of Nomadism* pp. 18-19; Blench, *Pastoralism* pp. 11-12; Helland, *Five Essays*.
29. R. & N. Dyson-Hudson 'Nomadic Pastoralism,' *Annual Review of Anthropology* 9 (1980) pp. 15-61.
30. Krader, *Social Organisation* pp. 282-283.
31. Barfield, *Perilous Frontier* pp. 22-23.
32. Jagchid & Hyer, *Mongolia's Culture* pp. 20-26.
33. Barfield, *Perilous Frontier* pp. 23-24.
34. Elizabeth Bacon, 'Types of Pastoral Nomadism in Central and South-West Asia,' *Southwestern Journal of Anthropology* 10 (1954) pp. 44-68.
35. Lawrence Krader, 'The Ecology of Central Asian Pastoralism,' *Southwestern Journal of Anthropology* 11 (1955) pp. 301-326.
36. 更不用说永久冻土了, 欧文·拉铁摩尔认为在靠近雅库茨克的地方, 永久冻土延伸至地下 446 英尺深 (Lattimore, *Studies in Frontier History* p. 459).
37. Barfield, *Perilous Frontier* p. 20.
38. D. L. Coppock, D. M. Swift and J. E. Ello, 'Livestock Feeding Ecology and Resource Utilisation in a Nomadic Pastoral Ecosystem,' *Journal of Applied Ecology* 23 (1986) pp. 573-583.
39. Lattimore, *Mongol Journeys* p. 165.
40. Rachewiltz, *Commentary* p. 711.
41. V. A. Riasanovsky, *Fundamental Principles* p. 20; Hyland, *Medieval Warhorse* p. 126.
42. Buell, *Historical Dictionary* p. 242.

43. Barfield, *Perilous Frontier* p. 21.
44. Dawson, *The Mongol Mission* pp. 98-100.
45. Richard, *Simon de St Quentin* pp. 40-41.
46. Buell, *Historical Dictionary* p. 156.
47. Lattimore, *Inner Asian Frontiers* p. 168; *Mongol Journeys* p. 198.
48. C. Buchholtz, 'True Cattle (Genus Bos),' in Parker, *Grzimek's Encyclopedia*, v pp. 386-397; Mason, *Evolution* pp. 39-45; D. M. Leslie & G. M. Schaller, 'Bos Grunniens and Bos Mutus,' *Mammalian Species* 36 (2009) pp. 1-17.
49. Seth, *From Heaven Lake* p. 107.
50. Jackson & Morgan, *Rubruck* p. 158; Yule & Cordier, *The Book of Ser Marco Polo* i pp. 277-279.
51. Burnaby, *Ride*; 直至今日仍然如此。著名旅行家蒂姆·赛福林将一个由400头骆驼组成的骆驼群形容为"一支不停地咆哮、呻吟、号叫，随地排泄的军队"(Severin, *In Search of Genghis Khan* p. 22)。
52. Bulliet, *Camel* p. 30.
53. Peter Grubb, 'Order Artiodactyla,' in Wilson & Reeder, *Mammal Species* (2005) i pp. 637-722; Irwin, *Camel* pp. 101, 143, 161; Bulliet, *Camel* pp. 143, 227.
54. Irwin, *Camel* pp. 142-143; E. H. Schafer, 'The Camel in China down to the Mongol Dynasty,' *Sinologica* 2 (1950) pp. 165-194, 263-290.
55. Wilson & Reeder, *Animal Species* p. 645; Lattimore, *Mongol Journeys* pp. 147-163; Gavin Hanby, *Central Asia* p. 7; De Windt, *From Pekin to Calais* pp. 128-129; Bretschneider, *Mediaeval Researches* i pp. 150-151.
56. Irwin, *Camel* pp. 53, 176-177; De Windt, *From Pekin* pp. 109, 128; Huc, *High Road in Tartary* pp. 132-133.
57. Boyd & Houpt, *Przewalski's Horse*. 不过大部分的野马只是流浪的马（它们曾经被驯养），而普氏野马才是真正的野生的马Tatjana Kavar & Peter Dovc, 'Domestication of the Horse; Genetic Relationships between Domestic and Wild Horses,' *Livestock Science* 116 (2008) pp. 1-14。James Downs, 'The Origin and Spread of Riding in the Near East and Central Asia,' *American Anthropologist* 63 (1961) pp. 1193-1230).
58. Lattimore, *Inner Asian Frontiers* p. 168; White, *Medieval Technology* pp. 15-17.
59. Hendrick, *Horse Breeds* p. 287; Neville, *Traveller's History* p. 14; Severin, *In Search of Genghis Khan* p. 50.
60. S. Jagchid & C. R. Bawden, 'Some Notes on the Horse Policy of the Yuan Dynasty,' *Central Asiatic Journal* 10 (1965) pp. 246-265 (at pp. 248-250).
61. Carruthers, *Unknown Mongolia* ii p. 133.
62. Gumilev, *Imaginary Kingdom* p. 120.
63. Lattimore, *Mongol Journeys* p. 193: Jagchid & Bawden, 'Horse Policy,' pp. 248-250.
64. H. Desmond Martin, 'The Mongol Army,' *Journal of the Royal Asiatic Society* 1 (1943) pp. 46-85.
65. Hyland, *Medieval Warhorse* p. 129.
66. ibid. p. 131.
67. De Windt, *From Pekin* p. 112.
68. Hyland, *Medieval Warhorse* pp. 133-134.
69. Waugh, *Marco Polo* p. 57.
70. Hyland, *Medieval Warhorse* p. 130. 不管怎样，"没有阉割的马会在蒙古军中作为后备坐骑的马群中引发绝对的混乱。"(ibid. p. 129).
71. ibid. p. 130.
72. Jagchid & Bawden, 'Horse Policy,' p. 249-250.
73. Asimov & Bosworth, *History of Civilizations* iv part 2 p. 282. 那里有153种哺乳动物，105种鱼类以及79种爬行动物。取决于不同的分类法，鸟类的种类数目存在争议，不过通常估计在459到469种之间。
74. Lattimore, *Mongol Journeys* p. 165.
75. 有关蒙古人与狮子的故事，参见Bretschneider, *Mediaeval Researches* i pp. 31, 148-149; ii pp. 134, 265-266, 270, 293, 295。有时蒙古人也会猎狮, (Lane, *Daily Life* p. 17).

Bretschneider (i p. 116) 提到，在一次蒙古的猎狮活动中，有 10 头狮子被猎杀。
76. JB ii p. 613.
77. Wilson & Reeder, *Mammal Species* p. 548; Helmut Henner, 'Uncia uncia,' *Mammalian Species* 20 (1972) pp. 1-5; Sunquist, *Wild Cats* pp. 377-394; Buell, *Historical Dictionary* p. 119.
78. Jackson & Morgan, *Rubruck* p. 142; Pelliot, *Recherches sur les chretiens* pp. 91-92; Rockhill, *Land of the Lamas* pp. 157-158. 引语来自 De Windt, *From Pekin* p. 114。
79. Wilson & Reeder, *Mammal Species* pp. 754-818; Lattimore, *Mongol Journeys* pp. 256-258; Severin, *In Search* pp. 219-220.
80. Asimov & Bosworth, *History of Civilizations* iv part 2 p. 286; Bretschneider, *Mediaeval Researches* i pp. 98, 130; Lattimore, *Mongol Journeys* p. 170.
81. Bretschneider, *Mediaeval Researches*, i pp. 31, 128, 143-145; ii p. 250.
82. De Windt, *From Pekin* p. 146, 220; Bretschneider, *Mediaeval Researches* ii p. 192; Huc, *High Road* pp. 43-44; Lattimore, *Mongol Journeys* p. 166.
83. Skelton, Marston & Painter, *Vinland Map* p. 86.
84. Jackson & Morgan, *Rubruck* p. 89.
85. Dawson, *Mongol Mission* pp. 6-7.
86. Blake & Frye, *Grigor of Akanc* p. 295.
87. Lane, *Daily Life*.
88. Dawson, *Mongol Mission* p. 18; Jackson & Morgan, *Rubruck* p. 89.
89. Schuyler Cammann, 'Mongol Costume, Historical and Recent,' in Sinor, *Aspects* pp. 157-166.
90. Dawson, *Mongol Mission* pp. 7-8; Jackson & Morgan, *Rubruck* p. 89; Bretschneider, *Mediaeval Researches* i pp. 52-53; Yule, *Cathay and the Way Thither* (1866 ed.) ii p. 222; Arthur Waley, *Travels of an Alchemist* p. 67.
91. Jackson & Morgan, *Rubruck* pp. 72-73; Waley, *Travels* op. cit. p. 66; Schuyler Cammann, 'Mongol dwellings, with special reference to Inner Mongolia,' in Sinor, *Aspects* pp. 17-22; Jagchid & Hyer, *Mongolia's Culture* pp. 62-67; cf also Torvald Faegne, *Tents*.
92. Dawson, *Mongol Mission* p. 17.
93. Jackson & Morgan, *Rubruck* pp. 79, 84; JB i p. 21; J. A. Boyle, 'Kirakos of Ganjak on the Mongols,' *Central Asiatic Journal* 8 (1963); Matthew Paris, *Chronica Majora* iv. pp. 76-77, 388; vi p. 77; d'Ohsson, *Histoire*.
94. Gregory G. Guzman, 'Reports of Mongol Cannibalism in the 13th Century in Latin Sources: Oriental Fact or Western Fiction?' in Westrem, *Discovering New Worlds* pp. 31-68; L. Hambis, 'L'histoire des Mongols avant Genghis-khan d'apres les sources chinoises et mongoles, et la documentation conservée par Rasid-al-Din,' *Central Asiatic Journal* 14 (1970) pp. 125-133 (at p. 129).
95. Jackson & Morgan, *Rubruck* pp. 76, 80-83, 175; Dawson, *Mongol Mission* pp. 16-17; Pelliot, *Notes sur Marco Polo* i p. 240; Yule & Cordier, *Ser Marco Polo* i pp. 259-260; Hildinger, *Story of the Mongols* (1966) p. 17.
96. Boyle, 'Kirakos of Ganjak,' p. 21; Hildinger, *Story* p. 17; d'Ohsson, *Histoire* ii pp. 59, 86, 107, 204.
97. Jackson & Morgan, *Rubruck* p. 108.
98. Joseph F. Fletcher, 'The Mongols: Ecological and Social Perspectives,' p. 14.
99. Walter Goldschmidt, 'A General Model for Pastoral Social Systems,' in Équipe Écologie, *Pastoral Production and Society* pp. 15-27.
100. Joseph F. Fletcher, 'The Mongols: Ecological and Social Perspectives,' pp. 39-42.
101. Christian, *History of Russia* i pp. 81-85.
102. For Carpini's allegations see Dawson, *Mongol Mission* pp. 17-18.
103. ibid. p. 103; Jackson & Morgan, *Rubruck* p. 91.
104. Vladimirtsov, *Le regime social* p. 35.
105. Cribb, *Nomads* (1991) p. 18.

2 草原的早期历史

1. RT i pp. 113-120; SHC pp. 1-10.
2. Gumilev, *Imaginary Kingdom* p. 89.
3. SHC p. 11; Louis Hambis, 'L'Histoire des Mongols avant Genghis-khan' *Central Asiatic Journal* 14 (1970) pp. 125-133; Franke & Twitchett, *Cambridge History* p. 330; Vladimirtsov, *Life of Genghis* p. 11.
4. Lattimore, 'The Geographical Factor,' *The Geographical Journal* 91 (1938) pp. 14-15; Lattimore, *Studies in Frontier History* (1962) pp. 241-258. For the Uighurs see Mackerras, *Uighur Empire*.
5. RT i pp. 120-123; SHC p. 11; Rachewiltz, *Commentary* pp. 296, 316; Buell, *Dictionary* pp. 105, 218, 229.
6. Gumilev, *Imaginary Kingdom* pp. 94-95. 概览参见 Fletcher, *Studies* pp. 12-13.
7. 有关乃蛮部，参见 RT i pp. 67-70; Hambis, *Gengis-Khan* pp. 7-22; Wittfogel & Feng, *Liao* p. 50; S. Murayama, 'Sind die Naiman Turken oder Mongolen?' *Central Asiatic Journal* 4 (1959) pp. 188-198; Pelliot & Hambis, *Campagnes* pp. 215-221, 299-311; Roemer et al, *History of the Turkic Peoples*; W. Barthold, '12 Vorlesungen über die Geschichte der Türken Mittelasiens,' in *Die Welt des Islams* 17 (1935) p. 151.
8. 克烈部吸引了学界的关注。RT i pp. 61-67; Togan, *Flexibility and Limitation*, esp. pp. 60-67; D. M. Dunlop, 'The Keraits of Eastern Asia,' *Bulletin of the School of Oriental and African Studies* 11 (1944) pp. 276-289; Pelliot & Hambis, *Campagnes* pp. 207-209; Erica D. Hunter, 'The conversion of the Keraits to Chrstianity in ad 1007,' *Zentralasiatische Studien* 22 (1991) pp. 142-163.
9. RT i pp. 43-55; Wittfogel & Feng, *Liao* pp. 101-102, 528, 573-598; Togan, *Flexibility* pp. 66-68; Louis Hambis, 'Survivances de toponymes de l'époque mongole en Haute Asie,' in *Melanges de sinologie offerts a Monsieur Paul Demieville*, Bibliotheque de l'Institut des Hautes Etudes Chinoises, 20 (1974) pp. 19-41 (at pp. 26-29); S. G. Kljastornys, 'Das Reich der Tartaren in der Zeit von Cinggis Khan,' *Central Asiatic Journal* 36 (1992) pp. 72-83; Pelliot & Hambis, *Campagnes* pp. 2-9.
10. RT i pp. 52-54; JB i p. 63; Pelliot & Hambis *Campagnes* pp. 227-228, 271-278.
11. RT i pp. 125-129; SHC p. 11; Ratchnevsky, *Genghis Khan* pp. 9-10. 不过一些持怀疑态度的人表示，不应从字面上理解不勒在这些场合中的无礼行为，其中暗示了当时蒙古与金朝之间一贯糟糕的关系 (see Grodusset, *Empire of the Steppes* p. 197)。
12. Barfield, *Perilous Frontier* p. 183.
13. Asimov & Bosworth, *History of Civilizations* iv part 1 p. 246. 但亦有反例，参见 N. Iszamc, 'L'état féodal mongol et les conditions de sa formation,' *Etudes Mongoles* 5 (1974) pp. 127-130.
14. Louis Hambis, 'Un épisode mal connu de l'histoire de Gengiskhan,' *Journal des Savants* (January–March 1975) pp. 3-46.
15. Tamura Jitsuzo, 'The Legend of the Origin of the Mongols and Problems Concerning their Migration,' *Acta Asiatica* 24 (1973) pp. 9-13; Barthold, *Turkestan* (1928) p. 381; Paul Pelliot, 'Notes sur le "Turkestan" de W. Barthold,' *T'oung Pao* 27 (1930) pp. 12-56 (at p. 24).
16. RT i p. 130; Pelliot & Hambis, *Campagnes* pp. 132-133; Grousset, *Empire* p. 198. 俺巴孩想将女儿嫁到塔塔儿部属下的一个名叫 Ayiru'ut Buiru'ut 的部族。值得注意的是，异族通婚的习俗在蒙古人的心中实在是根深蒂固，以至于泰赤乌部会考虑和他们最大的敌人塔塔儿部人联姻。(Vladimirtsov, *Le regime social* pp. 58-59)。另一个版本的故事认为，并不是准新郎及其家族背叛了他，而是受雇于金朝的鞑靼雇佣兵（乣军）设下的埋伏 (Rachewiltz, *Commentary* pp. 300-301)。
17. Grousset, *Empire* pp. 194, 200.
18. Erdmann, *Temudschin* (1862) pp. 194-230.
19. Vladimirtsov, *Le regime social* pp.89-92.
20. d'Ohsson, *Histoire* i p. 33.

21. RT i pp. 130-131.
22. Ratchnevsky, *Genghis Khan* p. 12; Barfield, *Perilous Frontier* p. 184.
23. RT i p. 132; SHC pp. 11-13.
24. Rachewiltz, *Commentary* p. 320.
25. Gumilev, *Imaginary Kingdom* p. 140.
26. Vladimirtsov, *Life of Genghis* p. 12; Ratchnevsky, *Genghis Khan* pp. 15-16; Olbricht & Pinks, *Meng-ta pei-lu* p. 3.
27. SHO pp. 127-128; SHR pp. 74-75; Togan, *Flexibility* pp. 68-69.
28. ibid. pp. 69-70.
29. 党项人总是不幸地追随着草原上的失败者，这似乎已成为惯例。(Khazanov, *Nomads* pp. 234-236).
30. Togan, *Flexibility* pp. 70-72.
31. K. Uray-Kohalmi, 'Siberische Parallelen zur Ethnographie der geheimen Geschichte der Mongolen,' in Ligeti, *Mongolian Studies* pp. 247-264 (at pp. 262-263).
32. L. V. Clark, 'The Theme of Revenge in the *Secret History of the Mongols*,' in Clark & Draghi, *Aspects of Altaic Civilization* pp. 33-57; Clark, 'From the Legendary Cycle of Cinggis-gayan: The Story of an Encounter with 300 Yayichiud from the *Altan Tobci*,' *Mongolian Studies* 5 (1979) pp. 5-39 (at pp. 37-38).
33. RT i p. 134; SHC pp. 11-13.
34. Rachewiltz 表示对于这位早年的妻子的姓名 "尽管付出了许多学术上的努力，但无法确认" (Rachewiltz, *Commentary* p. 313). 不过 Ratchnevsky (*Genghis Khan* pp. 15-16, 224) 固执地认为她的名字是 Suchigu 或 Suchikel，有时也叫作 Ko'agchin。
35. 有关诃额仑的家乡以及弘吉剌部下属的氏族，参见 Pelliot & Hambis, *Campagnes* pp. 402-409; Vladimirtsov, *Le regime social* pp. 58-59。有关不里牙惕部，已有许多文献，参见 Lattimore, *Mongols of Manchuria* p. 61; Atwood, *Encyclopedia* p. 61; Eric Haenisch, *Die Geheime Geschichte* p. 112; Elena Skubuik, 'Buryat,' in Hahnunen, *Mongolian Languages* pp. 102-128; Lincoln, *Conquest* pp. 51-52; West, *Encyclopedia* (2009) pp. 132-133. 旅行者对于不里牙惕部的记述见于 Sharon Hudgins, 'Feasting with the Buriats of Southern Siberia,' in Walker, *Food on the Move* pp. 136-156; Curtin, *A Journey*; Matthiessen, *Baikal*.
36. 拉施特认为他出生于 1155 年，这得到了 20 世纪早期俄国历史学家 Vladimirtsov 和 Barthold 的支持，而总是喜欢唱反调的 Pelliot 提出了 1167 年这个不可思议的时间点 (Pelliot, *Notes sur Marco Polo* i pp. 281-288)。 然而诸如 Rachewiltz 和 Ratchnevsky 这些最杰出的权威学者支持铁木真出生于 1162 年这个观点。详细的讨论参见 Ratchnevsky, *Genghis Khan* pp. 17-19; Rachewiltz, *Commentary* pp. 320-321.
37. Rachewiltz, *Commentary* pp. 269, 272, 322-324.
38. SHC p. 14; Pelliot, *Notes sur Marco Polo* i pp. 288-289; Dunnell, *Chinggis Khan* p. 21 认为这是天选之子的象征。
39. Rachewiltz, *Commentary* p. 322.
40. RT i p. 135; Pelliot & Hambis, *Campagnes* pp. 171-175.
41. RT i p. 106; Gumilev, *Imaginary Kingdom* p. 142. 关于他们玩的打髀石游戏，参见 Jean-Paul Roux, 'A propos des osselets de Gengis Khan,' in Heissig et al, *Tractata Altaica* pp. 557-568. Cf also F. N. David, *Games, Gods and Gambling* p. 2.
42. Vladimirtsov, *Le regime social* op. cit. p. 76; Pelliot & Hambis, *Campagnes* p. 232; Wittfogel & Feng, *Liao* p. 239.
43. Ratchnevsky, 'La condition de la femme mongole au 12/13e siecle,' in Heissig et al, *Tractata Altaica* pp. 509-530.
44. Togan, 'The Qongrat in History,' in Pfeiffer & Quinn, *History and Historiography* pp. 61-83; Pelliot & Hambis, *Campagnes* pp. 393, 402-405; Wittfogel & Feng, *Liao* pp. 92, 634.
45. SHC p. 15; SHW p. 243; Pelliot & Hambis, *Campagnes* pp. 423-429.
46. Togan, 'The Qongrat in History,' p. 74.
47. Henry Serruys, 'Two Remarkable Women in Mongolia,' *Asia Major* 19 (1957) pp.

191-245.
48. Mostaert, *Sur quelques passages* pp. 10-12.
49. SHC p. 17.
50. Riasanovsky, *Fundamental Principles* p. 239.
51. Zhao, *Marriage as Political Strategy* p. 4.
52. SHR p. 14; Ratchnevsky, *Genghis Khan* p. 14. 特薛禅的梦境充斥着隐喻，尤其是其中的色彩更是充满象征意味，毕竟对蒙古人来说白色代表着幸运 (Rachewiltz, *Commentary* p. 328)。
53. Togan, *Flexibility* pp. 121-125.
54. L. V. Clark, 'The Theme of Revenge,' pp. 33-57.
55. SHC p. 18.
56. Silvestre de Sacy, *Chrestomathie arabe* ii p. 162.
57. Ratchnevsky, *Genghis Khan* p. 22.
58. Rachewiltz, *Commentary* p. 344.
59. RT i p. 133.
60. Ratchnevsky, *Genghis Khan* p. 22.
61. May, *Mongol Conquests* p. 266.
62. SHC p. 22; Ratchnevsky, *Genghis Khan* pp. 20, 24.
63. Rachewiltz, *Commentary* pp. 346-347.
64. RT i p. 138.
65. Pelliot & Hambis, *Campagnes* pp. 185-187.
66. Roux, *La mort* pp. 92-96.
67. SHC pp. 23-24.
68. SHC p. 25; SHR pp. 23-24.
69. Ratchnevsky, *Genghis Khan* pp. 25-26.
70. RT i pp. 93-94; SHC pp. 25-26.
71. SHC pp. 27-28; SHO pp. 70-71.
72. Ratchnevsky, *Genghis Khan* p. 26.
73. SHC p. 29; SHO p. 73.
74. SHO pp. 73-74; SHR pp. 26-27.
75. SHO p.75; SHW p.252.
76. SHO pp.30-31.
77. SHO pp.75-76. 博尔术似乎死于 1227 年，他大约和成吉思汗死于同一时期。有关他之后的事迹，可见 Pelliot & Hambis, *Campagnes* pp. 342-360。
78. Riasanovsky, *Fundamental Principles* p. 90.
79. Pelliot & Hambis, *Campagnes* pp. 411-414; Vladimirtsov, *Le regime social* pp. 58-59.
80. RT i pp. 80-89.
81. 源自 Krader, *Social Organization* pp. 39, 89 他以人类学理论表述，铁木真的婚姻属于姨表亲婚 (ibid. p. 344).
82. Rachewiltz, *Commentary* pp. 391-392.
83. RT i p. 93.
84. SHO pp. 79-81; SHR pp. 31-32; SHW p. 256.
85. Ratchnevsky, *Genghis Khan* p. 34.
86. JB i pp. 187-188; Boyle, *Successors* p. 31.
87. SHC pp. 34-38.
88. Gumilev, *Imaginary Kingdom* p. 143. 另一方面，有人竭力地争辩，认为蔑儿乞惕的突袭是民间的杜撰而非史实，这来自史诗中常见的偷窃妇女的主题，类似于被宙斯带走的欧罗巴、被帕里斯带走的海伦抑或是印度史诗《罗摩衍那》中被抢走的西塔公主。这场突袭在 H. Okada, 'The *Secret History of the Mongols*, a Pseudo-historical Novel,' *Journal of Asian and African Studies* 5 (1972) pp. 61-67 (at p. 63) 中大加笔墨，但这个理论并没有什么说服力，因为它难以解释察合台就是以术赤是私生子为由对他暴力相向。
89. Togan, *Flexibility* p. 73; Pelliot & Hambis, *Campagnes* pp. 250, 401.
90. Mostaert, *Sur quelques passages* p. 32.

91. Pelliot & Hambis, *Campagnes* pp. 279-281; Rachewiltz, *Commentary* p. 421.
92. SHC pp. 38-39.
93. SHO pp. 91-92; SHR p. 41; Rachewiltz, *Commentary* p. 428.
94. SHC pp. 43-47. 正如Ratchnevsky精辟的评论：拉施特的版本令人难以置信(*Genghis Khan* p. 35)。
95. SHC pp. 39-42.
96. RT i p. 107.
97. RT i pp. 107-108.
98. Ratchnevsky, *Genghis Khan* p. 36.
99. SHO pp. 85-87; SHR pp. 35-36.
100. SHO pp. 87-90; SHR pp. 37-39; Rachewiltz, *Commentary* p. 417.
101. Rachewiltz, *Commentary* p. 435.
102. SHC pp. 52-53; SHO pp. 95-96; SHR pp. 44-45; SHW p. 262.
103. V. V. Bartold, 'Chingis-Khan,' in *Encyclopaedia of Islam* (1st ed., repr. 1968 v pp. 615-628 (at p. 617)); Vladimirtsov, *Le regime social* pp. 107-108; Vladimirtsov, *Genghis Khan* p. 130.
104. Grousset, *Conqueror of the World* p. 67.
105. SHO pp. 96-97; SHR pp. 44-46.
106. Vladimirtsov, *Le regime social* pp. 105-107.
107. 正如Rachewiltz非常明智地指出，"如果铁木真和他的妻子都不能理解札木合诗意的谜语，那么我们这些不属于那个文化的人又怎能指望去理解那些词语真正的含义呢？"(Rachewiltz, *Commentary* p. 442).
108. Owen Lattimore, 'Chingis Khan and the Mongol Conquests,' *Scientific American* 209 (1963) pp. 55-68 (at p. 62); Lattimore, 'Honor and Loyalty: the case of Temujin and Jamukha,' in Clark & Draghi, *Aspects* pp. 127-138 (at p. 133).
109. Grousset, *Empire* pp. 201-202; Gumilev, *Imaginary Kingdom* pp. 143-145.
110. 《蒙古秘史》中的数字不可靠的理由如下：1) 作者在行文格式上进行了修饰并且按照惯例放大了军队的规模；2) 作者不合时宜地用五十年后的名称、头衔、技术和特征记述12世纪的史实；3) 数字在蒙古历史上具有神秘的或象征性的意义，因此无法作为严谨的史料加以运用。参见Larry Moses, 'Legends by Numbers: the symbolism of numbers in the *Secret History of the Mongols*,' *Asian Folklore Studies* 55 (1996) pp. 73-97 and Moses, 'Triplicated Triplets: the Number Nine in the *Secret History of the Mongols*,' *Asian Folklore Studies* 45 (1986) pp. 287-294.
111. 有关十三翼的详尽细节，参见Pelliot & Hambis, *Campagnes* pp. 35-37, 53-135. 亦可见于Louis Ligeti, 'Une ancienne interpolation dans l'*Altan Tobci*,' *Acta Orientalia Academiae Scientiarum Hungaricae* 26 (1972) pp. 1-10.
112. SHO p. 104; SHR p. 152; Buell, *Dictionary* p. 159.
113. SHO pp. 127-128, 150-154, 177; SHR pp. 74-75, 96-100, 123-124.
114. SHO p. 90; SHW p. 263.
115. Grousset, *Empire*; Vladimirtsov, *Le regime social* p. 101.
116. SHO pp. 99-100; SHR p. 48. 当他后来获取了秃马惕部时，铁木真的确兑现了这个承诺(SHO pp. 195-196; SHR p. 138).
117. SHO p. 78; SHR p. 30; Atwood, *Encyclopedia* p. 9; Pelliot & Hambis, *Campagnes* pp. 155, 164, 340-341.
118. Martin, *Rise of Chingis Khan* p. 66.
119. Grousset这样描述兀良哈部的冰鞋："经过抛光的小骨头绑在他们的脚上，他们在冰上滑行得飞快，甚至可以在夜里捕猎"(*Empire* pp. 579, 582)。
120. 关于速不台的早年生活，参见Abel-Rémusat, *Nouveaux melanges* ii p. 97; Hildinger, *Story of the Mongols* p. 65; Gabriel, *Subotai* pp. 1-5.
121. SHO p. 76; SHR p. 28.
122. Vladimirtsov, *Genghis Khan* p. 33.
123. SHC p. 58.
124. Barfield, *Perilous Frontier* pp. 187-188.

3 铁木真的崛起

1. SHO p. 106; SHR p. 53; SHW p. 266.
2. ibid.; Rachewiltz, *Commentary* pp.475-476.
3. Pelliot & Hambis, *Campagnes* pp. 135-137.
4. Denis Sinor, 'TheLegendary Origin of the Turks,' in Zygas & Voorheis, eds, *Folklorica* pp. 223-257(at pp. 243-246).
5. Buell, *Dictionary* pp. 9-11.
6. Ratchnevsky, *Genghis Khan* pp.49-50, 235.
7. 并非只有铁木真需要忍受来自兄弟和叔叔们的敌意。
8. Wittfogel & Feng, *Liao* p. 648.
9. Gabriel, *Subotai* p. 9.
10. SHO p. 103; SHR pp. 50-51.
11. Pelliot & Hambis, *Campagnes* pp. 196-207.
12. 有关此次战斗的计划，参见 Pelliot, 'L'édition collective des oeuvresde Wang Kono-wei,' *T'oung Pao* 26 (1929) pp. 113-182 (at pp. 126-128). 和军队有关的内容，参见 Pelliot & Hambis, *Campagnes* pp. 192-200。
13. Pelliot &Hambis, *Campagnes* pp. 202-203.
14. Ratchnevsky, *Genghis Khan* p. 235 认为该地点位于 43° N 109° E。
15. SHO pp. 108-110; SHR pp. 57-58; Hambis,*Genghis Khan* pp. 47, 57; Pelliot & Hambis, *Campagnes* pp. 195-199.
16. Pelliot,*Notes sur Marco Polo* i pp. 291-295.
17. Ratchnevsky, *Genghis Khan* pp. 52-53.
18. Abel-Rémusat, *Melanges* p. 90.
19. Ratchnevsky, *Genghis Khan* p. 56.
20. SHO pp. 113-114; SHR p. 61.
21. RT i pp. 163-164; SHO pp. 107-108, SHR p. 55.
22. SHW pp. 267-268.
23. Rachewiltz, *Commentary* pp. 511-512.
24. Ratchnevsky,*Genghis Khan* p. 43.
25. Gumilev, *Imaginary Kingdom* p. 138.
26. SHO pp. 110-111;SHR pp. 58-59; Ratchnevsky, *Genghis Khan* p. 54.
27. SHW p. 270; SHC pp. 64-65; Pelliot, *Notes sur Marco Polo* i p. 322; Pelliot & Hambis, *Campagnes* p. 223.
28. SHO p. 114; SHR pp. 61-62.
29. Grousset, *Empire* p. 204.
30. Ratchnevsky, *Genghis Khan* pp. 54-55.
31. Krause, *Cingis Han* p. 15; d'Ohsson, *Histoire* i pp. 53-54, 74.
32. Ratchnevsky, *Genghis Khan* p. 57.
33. Pelliot & Hambis, *Campagnes* p. 309.
34. Hambis, *Genghis Khan* pp. 61-62.
35. RT i pp. 177-178; SHO pp. 132-133; SHR pp. 80-81.
36. RT i p. 64; Barthold, *Turkestan* p. 362; Pelliot & Hambis, *Campagnes* pp. 333-334.
37. SHO p. 134; SHR p. 82.
38. RT i pp. 178-179; Krause, *Cingis Han* p. 17.
39. RT i pp. 179-180; SHC pp. 76-78; Mostaert, *Sur quelques passages* p. 69;d'Ohsson, *Histoire* i p. 60.
40. RT i pp. 165, 175, 180-181; SHO pp. 126-128; SHR pp. 73-75; SHC pp. 80-81.
41. RT i p. 182; SHC p. 68; Pelliot, *Notes sur Marco Polo* i pp. 225-226; Pelliot & Hambis,*Campagnes* pp. 248-249.
42. Gumilev, *Imaginary Kingdom* p. 150.
43. Ratchnevsky, *Genghis Khan* pp. 38-39.
44. RT i p. 182; SHO p. 115; SHR pp. 62-63. 正如 Lattimore 对锁儿罕失剌的审慎的评

价：" 逃避部落对其部属赋予的集体责任义务需要勇气和时机"(Lattimore, 'Chingis Khan and the Mongol Conquests,' *Scientific American* 209 (1963) pp. 55-68 (at p. 60))。

45. SHC pp. 73-74; SHO pp 120-121; SHR pp. 67-68. 另一个版本说，斡亦剌部本来想要臣服于铁木真，然而就在去投奔他的路上，他们却被拙赤合撒儿率领的克烈部误当作敌人进行了攻击。这样的遭遇激怒了斡亦剌部，他们转而投靠了札木合。(Martin, *Rise of Chingis Khan* pp. 72-73).
46. Rachewiltz, *Commentary* 确定战斗的地点位于 48° N 11° E，地处鄂嫩河和克鲁伦河之间.
47. Pelliot, *Notes sur Marco Polo* i pp. 424-425; Pelliot in *T'oung Pao* 13 (1912) pp. 436-438.
48. 有关这次战斗的描述，参见 RT i pp. 85, 183; ii p. 43; SHO p. 117; SHR 64; Grousset, *Empire* p. 201; Gumilev, *Imaginary Kingdom* pp. 155-156; Whiting, *Military History* p. 367.
49. For Jamuga's use of these arrows see SHO pp. 87-88; SHR pp. 37-38.
50. SHO pp. 118-119; SHR pp. 65-67; d'Ohsson, *Histoire* i p. 63.
51. SHC pp. 69-70.
52. SHC p. 81.
53. Grousset, *Empire* p. 207; 亦见于 Melville, *Amir Chupan*.
54. 对此最佳的分析见于 Rachewiltz, *Commentary* pp. 528-531.
55. SHO pp. 118-119; SHR pp.65-67.
56. SHC pp. 74-75; SHW p. 275; lSHO pp. 121-122; SHR p. 69. 也应指出，一些学者对哲别事件的历史真实性持怀疑态度，将其视为史诗中的一种标准的母题或主题。有关这个观点的正反两方详细意见，参见 Rachewiltz, *Commentary* pp. 533-534, 536-538。
57. 某些学者质疑这是不是种族灭绝，他们认为铁木真只是想要处决部落联盟中所有与此相关的男性，否则这就是在浪费潜在的苦役和"箭靶子"。(Rachewiltz, *Commentary* p. 571)。
58. SHW p. 278; SHO p. 129; SHR p.176; Grousset, *Empire* p. 208. 有关塔塔儿部落和答阑捏木儿格思附近的全部氏族，参见 Pelliot & Hambis, *Campagnes* pp. 240-245。
59. SHW p.279.
60. Hambis, *Genghis Khan* pp. 72-73; Rachewiltz, *Commentary* pp. 572-573.
61. RT i pp. 182-183; Krause, *Cingis Han* p. 19.
62. SHW pp. 279-280; SHO pp.130-131; SHE p. 79.
63. Ratchnevsky, *Genghis Khan* p. 99; Pelliot & Hambis, *Campagnes* p. 172.
64. Grousset, *Empire* p. 208.
65. SHO p. 135; SHR p. 84; Vladimirtsov, *Le regime social* p. 76. 亦剌合的头衔是"桑昆"。有些历史学家错将这个头衔当作此人，并将克烈部王子叫作"桑昆"，仿佛这是他本人的名字。
66. Rachewiltz (*Commentary* p. 594) 指出，脱斡邻在不屑地提及亦剌合时，暗示桑昆是他的独子。如今，我们已知脱斡邻至少有两个儿子，所以要么是他不再供养其他的儿子，要么是他们已经不在人世。
67. RT i p. 183.
68. SHO pp. 136-137. 人们认为交换条件是铁木真的女儿也立可敦和亦剌合的儿子秃撒合的婚姻 (Ratchnevsky, *Genghis Khan* pp. 84-86)。
69. RT i p. 184.
70. Ratchnevsky, *Genghis Khan* p. 68.
71. SHC pp. 88-90.
72. SHW p. 281: SHO pp. 136-139; SHR pp. 58-61.
73. 这是 Waley (SHW p. 281) 的翻译版本。Onon 认可这个译文，除了将其中的两个关键性的描述改为"陪伴你的百灵"而不是"远方的百灵"。Onon 认为这就是凤头百灵和云雀 (通常被认作角百灵 (SHO p. 133)) 这两个物种之间的区别。Grousst 的翻译则更加随意："我是百灵鸟，无论季节好坏总是待在同一个地方——铁木真是雁，冬天就飞走了。"(Grousset, *Empire* p. 209) Gumilev, *Imaginary Kingdom* 译成

"我是一只鸥,是一只定居的留鸟,但我的安答是一只云雀,是一只候鸟。"

74. SHO p. 156; SHR pp. 102-103; Gumilev, *Imaginary Kingdom* p. 252.
75. SHO p. 158; SHR p. 104.
76. SHC p. 93; Ratchnevsky, *Genghis Khan* pp. 84-86.
77. SHW p. 285.
78. 更多细节,参见 RT i p. 185. 关于铁木真在 1206 年的忽里台大会上给这两个牧民的奖赏,参见 SHO pp. 191, 209; SHR pp. 133-134, 149-150; Rachewiltz, *Commentary* pp. 607-609.
79. RT i p. 191.
80. Vladimirtsov, *Genghis Khan* p. 51.
81. SHO pp. 143-145; SHR pp. 91-92.
82. RT i p. 186.
83. SHC pp. 148-149.
84. SHO pp. 145-146, 197-199; SHR pp. 91-92, 139-141; SHC pp. 96-98.
85. Rachewiltz, *Commentary* pp. 623-624. 有关合兰真沙陀的更多记录,参见 JB i p. 37; Pelliot & Hambis, *Campagnes* pp. 45-47; Grousset, *Empire* pp. 157-160.
86. SHO pp. 148-149; SHR p. 95.
87. SHO p. 147; SHR pp. 92-93.
88. SHC pp. 98-99; SHO p. 147; SHR p. 94.
89. Ratchnevsky, *Genghis Khan* pp. 70-71.
90. JB i p. 38; SHO pp. 149-150, SHR p. 95; Pelliot & Hambis, *Campagnes* pp. 406-407.
91. Ratchnevsky, *Genghis Khan* p. 77.
92. RT i pp. 187-190; Mostaert, *Sur quelques passages* pp. 96-97; SHO pp. 150-157; SHR pp. 96-104; SHC pp. 102-109. 铁木真列出了他怨恨的主要原因:1) 他把札阿绀孛从中原带回来以帮助脱斡邻;2) 他应脱斡邻的要求处决了撒察别乞和泰出;3) 1196 年突袭蔑儿乞惕部时,他把战利品分给了脱斡邻,而当脱斡邻在 1198 年突袭蔑儿乞惕部时,他却什么也没有分给铁木真;4) 当脱斡邻受到乃蛮部的侵扰时,铁木真派出了自己属下最好的四名将领"四獒"去救他。
93. Ratchnevsky, *Genghis Khan* p. 78.
94. Pelliot & Hambis, *Campagnes* pp. 71-72.
95. d'Ohsson, *Histoire* i p. 45; Pelliot & Hambis, *Campagnes* pp. 42-46. 著名的班朱尼湖的具体地点无人知晓。它可能是音果达河的一条支流,抑或是 Lake Balzino 的另一个称呼,那里是图拉河的源头,位于如今赤塔的南边。
96. Grousset, *Conqueror of the World* pp. 134-135.
97. Pelliot, 总是持反对意见,他坚持认为班朱尼盟誓只是传说 (Pelliot, 'Une ville musulmane dans la Chine du Nord sous les Mongols,' *Journal Asiatique* 211 (1927) pp. 261-279)。但 Cleaves 运用他高超的学识证明,盟誓毫无疑问是一个真实的历史事件 (Cleaves, 'The Historicity of the Baljuna Covenant,' *Harvard Journal of Asiatic Studies* 18 (1955) pp. 357-421)。亦见于 Krause, *Cingis Han* p. 23; Grenard, *Genghis Khan* (1935) p.246.
98. Krause, *Cingis Han* p. 94.
99. Rachewiltz, *Commentary* p. 664.
100. SHO pp. 158-159; SHR pp. 104-105.
101. d'Ohsson, *Histoire* i p. 81; SHO pp.159-160; SHR pp. 105-106.
102. Rachewiltz, *Commentary* p. 664.
103. Krause, *Cingis Han* p. 24; Herrmann, *Atlas of China* p. 49.
104. 关于木华黎,参见 SHC p.147; Rachewiltz, 'Muqali, Bol, Tas and An-t'ung,' *Papers on Far Eastern History* 15 (1977) pp. 45-62.
105. RT i pp. 65, 191; SHR pp. 109-110; SHO p. 164; SHC pp.113-115; d'Ohsson, *Histoire* i p. 82.
106. Pelliot, 'A propos des Comans', *Journal Asiatique* 15 (1920) pp. 125-185 (at pp. 180-185).
107. Rachewiltz, *Commentary* p. 677.
108. SHO p. 165; SHR pp. 110-112.

109. Ratchnevsky, *Genghis Khan* p. 180.
110. Pelliot & Hambis, *Campagnes* pp. 416-417.
111. ibid pp. 36, 56, 123-124, 127, 245-247, 398.
112. RT i pp. 94-95.
113. RT i p. 192.
114. 关于乃蛮部，参见 RT i pp. 67-70; Roemer et al, *History of the Turkic Peoples*.
115. Pelliot, 'Chrétiens d'Asie centrale et d'Extreme-Orient,' *T'oung Pao* (1914) pp. 630-631; Rachewiltz, *Commentary* p. 685.
116. RT i pp. 70, 201; Pelliot & Hambis, *Campagnes* p. 364.
117. Mostaert, *Sur quelques passages* p. 110; Pelliot & Hambis, *Campagnes* pp. 308-309; Rachewiltz, *Commentary* p. 679.
118. ibid. p. 689.
119. SHC pp. 119-120; Mostaert, *Sur quelques passages* p. 252.
120. Larry Moses, 'A theoretical approach to the process of Inner Asian confederation,' *Etudes Mongoles* 5 (1974) pp. 113-122 (at pp. 115-117).
121. SHR pp. 111-112.
122. RT i p. 202.
123. ibid. p. 201.
124. 例如，决定性的察乞儿马兀惕之战发生在纳忽崖脚下。根据某些资料可以发现，蒙古针对乃蛮部的战斗有两次，察乞儿马兀惕和纳忽崖是两次不同的独立战斗。Grousset 在叙述中融合了两场战斗的各个方面 (*Empire Mongol* pp. 163-168).
125. SHC pp. 125-127; Vladimirtsov, *Genghis Khan* p. 60.
126. SHW p. 297; SHO pp. 169-170; SHR pp. 115-116.
127. Rachewiltz 认为这是铁木真颁布的新法典《大札撒》中的第一条命令 (Rachewiltz, *Commentary* p. 697).
128. SHO pp. 171-172; SHR pp. 116-117.
129. Rachewiltz 认为其中有些地点很不可思议 (*Commentary* pp. 695-696)。
130. Rachewiltz 认为纳忽崖位于 47° N 104° E *(Commentary* p. 703)。
131. Krause, *Cingis Han* p. 26.
132. SHO pp. 172-176; SHR pp. 118-121.
133. d'Ohsson, *Histoire* i p. 87; Ratchnevsky, *Genghis Khan* p. 85.
134. RT i p. 204.
135. SHO p. 177; SHR p. 122.
136. RT i p. 202.
137. 关于太阳汗的死亡，参见 d'Ohsson, *Histoire* i pp. 87-88; Rachewiltz, *Commentary* p. 720.
138. Grousset, *Conqueror of the World* pp. 152-161.
139. SHO p. 177; SHR p. 122.
140. ibid.
141. SHO p. 185.
142. SHR pp. 128-130.
143. Mostaert, *Sur quelques passages* pp.126-127.
144. 对其的精彩分析，参见 Gumilev, *Imaginary Kingdom* pp. 244-260.
145. 关于这两种截然不同的评价，参见 Timothy May, 'Jamugka and the Education of Chinggis Khan,' *Acta Mongolica* 6 (2006) pp. 273-286 和 Owen Lattimore, 'Honor and Loyalty: the case of Temukin and Jamukha,' in Clark & Draghi, *Aspects of Altaic Civilization* pp. 127-138.
146. "泄露天机"可见于 Gumilev, *Imaginary Kingdom* p. 257. Cf Rachewiltz: "正如我们预料的那样，在所有的史料中，札木合或多或少地以恶棍的形象出现，但偶尔也会出现'泄露天机'的情况，一旦如此我们就能窥见事情的真实状态。"(*Commentary* p. 472). 针对札木合诺斯底似的言论，Gumilev 恰如地描述为："故意以谜语呈现的一种政治圈套。"(Gumilev, *Imaginary Kingdom* p. 144)
147. Conan Doyle, *The Sign of Four*, Chapter Six.
148. SHO pp. 187-189; SHR pp. 130-133.

149. 这是路德维希·费尔巴哈著名的主谓错误的变体。基督教教义问答书里说"上帝创造了人类",而对于费尔巴哈和所有的无神论者来说,事实上是人类创造了上帝(见于 Feuerbach, *Lectures on the Essence of Religion* (1849))。
150. SHO pp. 187-189; SHR pp. 130-132.
151. SHC pp. 137-141.
152. 关于阿勒赤台,参见 JB i pp. 184, 249, 271-274; SHO pp. 215-219, 271-274; SHR pp. 157-158, 209-213; Hambis, *Genghis Khan* pp. 29-30.
153. Rachewiltz, *Commentary* p. 757; Ratchnevsky, *Genghis Khan* p. 88; Gumilev, *Imaginary Kingdom* p. 235.
154. 关于和答里台的死法的对比,参见 Ratchnevsky, 'Die Rechtsverhältnisse bei den Mongolen im 12–13 Jahrhundert,' *Central Asiatic Journal* 31 (1987) pp. 64-110 (at pp. 102-103)。有关铁木真的暴行是如何影响了蒙古人对宣誓的态度的,参见 F. Isono, 'A Few Reflections on the *Anda* Relationship,' in Clark & Draghi, *Aspects of Altaic Civilization* pp. 81-87; Isono, 'More about the *Anda* Relationship,' *Journal of the Anglo-Mongolian Society* 8 (1983) pp. 36-47; Henry Serruys, 'A Note on Arrows and Oaths among the Mongols,' *Journal of the American Oriental Society* 78 (1958) pp. 279-294.
155. Gumilev, *Imaginary Kingdom* p. 259.

4　从铁木真到成吉思汗

1. RT i pp. 72-74; Krause, *Cingis Han* pp. 27, 65.
2. SHO p. 182; SHR pp. 125-126.
3. RT i pp. 204-205; Rachewiltz, *Commentary* pp. 724-725, 730-732. 有人认为脱黑脱阿直到 1208 年才被杀,不过我认同 Rachewiltz 的观点,他认为极有可能是在 1205 年 (ibid. pp. 734-735)。
4. SHO p. 181; SHW p. 304; SHR pp. 126-128; SHC pp. 133.
5. Gabriel, *Subotai* p. 20.
6. Rachewiltz, *Commentary* pp. 735-736; Krause, *Cingis Han* p. 11.
7. RT i p. 204; SHC p. 141; SHO pp. 190-191; SHR pp. 133-134.
8. Rachewiltz, 'The Title Chinggis Qan/Qaghan Re-examined,' in Heissig & Sagaster, *Gedanke und Wirken* pp. 281-298 (esp. pp. 282-288). 更早的解释,参见 Pelliot, 'Notes sur le "Turkestan",' loc. cit. p. 25; Ratchnevsky, *Genghis Khan*, pp. 89, 246-247; Pelliot, *Notes sur Marco Polo* i pp. 296-303; Vladimirtsov, *Genghis* pp. 37-38.
9. Telfer, *Johann Schiltberger*.
10. Moule & Pelliot, *Marco Polo* i pp. 222-223. 关于对成吉思汗旗帜的崇拜,参见 Pelliot, 'Notes sur le "Turkestan",' loc. cit. p. 32.
11. 关于 1206 年蒙古国的构成以及其造成的某些影响,参见 Lane, *Daily Life* pp. 4, 12; A. M. Khazanov, 'The Origin of Genghis Khan's State: An Anthropological Approach,' *Ethnografia Polska* 24 (1980) pp. 29-39; A. Sarkozi, 'The Mandate of Heaven. Heavenly Support of the Mongol Ruler,' in Kellner-Heinkele, *Altaica Berolinensia* pp. 215-221.
12. SHO pp. 194-195, 205-207; SHR pp. 137-138, 145-148; SHC p. 146.
13. RT i pp. 91-93.
14. SHO pp. 195-196; SHR p. 138; SHC p. 147; Pelliot, *Campagnes* p. 138.
15. SHO pp. 191-192, SHR pp. 134-136.
16. Mostaert, *Sur quelques passages* p. 74; SHC pp. 148-149; SHO pp. 177-179. 关于术赤台的有趣反应,参见 Rachewiltz, *Commentary* pp. 787-788.
17. SHC p.153; SHO pp. 202-203; SHR p. 143; Pelliot, *Campagnes* pp. 155, 164, 340-341.
18. SHO pp. 209-210; SHR p. 151.
19. SHO pp. 208-209; SHR pp. 149-150.

20. SHO pp. 202, 207, 225; SHR pp. 143, 148, 167.
21. SHO p. 201; SHR p. 142; SHC pp. 129, 153; Mostaert, *Sur quelques passages* p. 129; Grousset, *Conqueror of the World*. 从龙功臣地位更高，参见 Dawson, *Mongol Mission* p. 57。
22. 有关九位从龙功臣，参见 Elisabetta Chiodo, 'History and Legend: The Nine Paladins of Cinggis (Yisün örlüg) 见于 "Great Prayer" (Yeke öc̆ig),' *Ural-Altaischer Jahrbucher* 131 (1994) pp. 175-225 (esp. pp. 207-210)。有关忽必来职位的奇怪之处，参见 Rachewiltz, *Commentary* pp. 793-794。
23. Galatians 3: 18.
24. Vladimirtsov, *Le regime social* pp. 110-11.
25. Buell, *Dictionary* p. 287.
26. "早期蒙古人的族谱……只是为了加强政治团结而设计的意识形态，并不是对血缘关系的真实描述。"(Franke & Twitchett, *Cambridge History* p. 325). 孛端察儿的故事通常都是关于"至善的傻瓜"或"笨蛋"，他们战胜了所谓高人一等的人（Rachewiltz, *Commentary* p. 260）。孛端察儿的母亲是阿阑豁阿，她曾嫁给朵奔篾儿干，后者的哥哥哇锁豁儿据说天生额头上另有一眼，视力绝佳（Buell, *Dictionary* p. 103, 122-123, 149）。
27. Bacon, *Obok* pp. 47-65; Vladimirtsov, *Le regime social* pp. 56-74.
28. 有关部落重组的详情，参见 Bold, *Mongolian Nomadic Society*.
29. Neil L. Whitehead, 'The Violent Edge of Empire,' in Ferguson & Whitehead, *War in the Tribal Zone* pp. 1-30.
30. Rudi Paul Lindner, 'What was a Nomadic Tribe?' *Comparative Studies in Society and History* 24 (1982) pp. 689-711. 难以置信的是，根据 Rachewiltz 的笔记，还有其他的问题留存："不幸的是，由于波斯和中国的记载同《蒙古秘史》中的内容无法统一，所以许多有关成吉思汗的血统和蒙古宗族起源的问题无法得到解决。"(Rachewiltz, *Commentary* p. 236)。
31. Vladimirtsov, *Le regime social* pp. 110-112; Jagchid & Hyer, *Mongolia's Culture* pp. 19-72, 245-296; Lattimore, 'Honor and Loyalty: the case of Temujin and Jamukha,' in Clark & Draghi, *Aspects* pp. 127-138 (at pp. 130-132).
32. Fletcher, *Studies* pp. 17-19.
33. Bold, *Mongolian Nomadic Society* p. 110.
34. Lattimore, *Studies in Frontier History* pp. 510-513 (at p. 507).
35. Buell, *Dictionary* pp. 245-246.
36. SHC pp. 161-167.
37. JB i p. 37.
38. Asimov & Bosworth, *History of Civilizations* iv part 1 pp. 250-251.
39. Rachewiltz, *In the Service* pp. 131-135.
40. SHO p. 210; SHR p. 151.
41. Rachewiltz, *Commentary* pp. 763-765.
42. JB i p. 32; Barthold, *Turkestan* p. 386 Spuler, *The Muslim World* ii p. 36.
43. Michael C. Brose, 'Central Asians in Mongol China: Experiencing the "other" from two perspectives,' *Medieval History Journal* 5 (2002) pp. 267-289.
44. Josiah Ober, ' "I Besieged That Man"; Democracy's Revolutionary Start,' in Raaflaub et al, *Origins of Democracy* pp. 83-104; Lambert, *Phratries*; Leveque, *Cleisthenes*; Forrest, *Emergence of Greek Democracy*.
45. 蒙古早期的历史，参见 Jean-Philippe Geley, 'L'ethnonyme mongol a l'époque préc̆inggisquanide (XIIe siecle),' *Etudes Mongoles* 10 (1979) pp. 59-89 (esp. pp. 65-83); P. B. Golden, 'Imperial Ideology and the Sources of Political Unity amongst Pre-Cinggisid Nomads of Western Eurasia,' *Archivum Eurasiae Medii Aevi* 2 (1982) pp. 37-76; Thomas T. Allsen, 'Spiritual Geography and Political Legitimacy in the Eastern Steppe,' in Claessen & Oosten, *Ideology* pp. 116-135 (esp pp. 124-127); Rachewiltz, *Commentary* p. 296.
46. Lane, *Daily Life* p. 15.
47. Rachewiltz, *Commentary* pp. 817-842.

48. M. Biran, 'The Mongol Transformation from the Steppe to Eurasian Empire,' *Medieval Encounters* 10 (2004) pp. 338-361. 几乎所有描写成吉思汗的作家都会强调他学习自契丹人的部分 (见于 Krader, *Social Organisation* p. 201)。但 Biran 强调这些相似之处完全是虚构的。蒙古人更具有破坏力，他们喜欢直接的统治，而契丹人比较喜欢间接行事；蒙古人依靠持续不断的扩张，同时用战利品而不是工资来供养军队；而契丹人从未为大规模的征服进行大型动员 (Biran, *Qara Khitai* pp. 202-206)。
49. 人们对蒙古人的奴隶存在很多误解。蒙古人通常与奴隶关系紧密，这与美国的南方各州在 1861 年之前的奴隶体系完全不同。
50. Vladimirtsov, *Le regime social* pp. 80-82.
51. 有关尼伦和迭列斤的差别，参见 Erdmann, *Temudschin* pp. 194-230.
52. 有关这次大规模改革的研究，参见 Khazanov, *Nomads* pp. 128, 132-133, 148-152; Cribb, *Nomads in Archaeology* pp. 45-49.
53. Asimov & Bosworth, *History of Civilizations* iv part 1 pp. 243-259.
54. Barfield, *Perilous Frontier* p. 192.
55. SHO pp. 212-213; SHR pp. 152-154; SHC pp. 162-166.
56. Pelliot, 'Notes sur le "Turkestan" ,'pp. 27-31; F. W. Cleaves, 'A Chancellery Practice and the Mongols in the Thirteenth and Fourteenth Centuries,' *Harvard Journal of Asiatic Studies* 14 (1951) pp. 493-526 (esp. pp. 517-521); E. Haenisch, 'Weiterer Beitrag zum Text der Geheimen Geschichte der Mongolen,' *Zeitschrift der deutschen Morgenlandischen Gesellschaft* 111 (1961) pp. 139-149 (at pp. 144-149).
57. Atwood, *Encyclopedia* p. 298.
58. SHO pp. 213-219; SHR pp. 155-161; SHC pp. 166-171.
59. Pelliot, 'Notes sur le "Turkestan" ,' pp. 28-31; Mostaert, *Sur quelques passages* pp. 244-249, Édouard Chavannes, 'Inscriptions et pieces de la chancellerie chinoise de l'époque mongole,' *T'oung Pao* 5 (1904) pp. 357-447 (at pp. 429-432); Yule & Cordier, *Ser Marco Polo* pp. 379-381.
60. JB i p. 31; Dawson, *Mongol Mission* pp. 26, 32-33; Jackson & Morgan, *Rubruck* p. 31.
61. SHO pp. 203, 214; SHR p. 157.
62. Hsiao, *The Military Establishment of the Yuan Dynasty* (Harvard 1978) pp. 33-35; T. Allsen, 'Guard and Government in the Reign of Grand Khan Mongke, 1251–59,' *Harvard Journal of Asiatic Studies* 46 (1986) pp. 495-521; Charles Melville, 'The keshig in Iran,' in Komaroff, *Beyond the Legacy* pp. 135-165.
63. JB i p. 40.
64. Rachewiltz, *Commentary* pp. 877-878.
65. Lech, *Mongolische Weltreich* p. 98.
66. SHC p. 175; SHO p. 225; SHR pp. 166-167.
67. JB i pp. 42-43; Barthold, *Turkestan* pp. 392-393. 关于高丽的情况，参见 Henthorn, *Korea* p. 195.
68. F. Schurman, not e s 575 'Mongolian Tributary Practices in the Thirteenth Century,' *Harvard Journal of Asiatic Studies* 19 (1956) pp. 304-389. 成吉思汗可能以他常常宣称的信条进行辩护，即如果让最有能力的人继将将不可避免地导致内战，而这最好通过固定的继承来避免 (JB i p. 186)。
69. Peter Jackson, 'From *Ulus* to Khanate: The Making of the Mongol States,' in Amitai-Preiss & Morgan, *Mongol Empire* pp. 12-38 (at pp. 35-36); Jagchid & Hyer, *Mongolia's Culture* p. 355.
70. 由别勒古台统领断事官 (Buell, *Dictionary* pp. 15-16, 123-124, 166, 170, 224-225, 254, 279)。
71. John Masson Smith, 'Mongol and Nomadic Taxation,' *Harvard Journal of Asiatic Studies* 33 (1970) pp. 46-85; D. O. Morgan, 'Who Ran the Mongol Empire?' *Journal of the Royal Asiatic Society* 10 (1982) pp. 124-136; F. W. Cleaves, 'Daruya and Gerege,' *Harvard Journal of Asiatic Studies* 16 (1953) pp. 235-279.
72. 关于其中的一些问题，参见 Biran, *Qaidu* pp. 69-77; Barthold, *Four Studies* i pp. 128-131.
73. JB ii pp. 579-583; RT ii pp. 406-409.

74. Christopher Atwood, '*Ulus*, Emirs, Keshig, Elders, Signatures and Marriage Partners,' in Sneath, *Imperial Statecraft* pp. 141-173.
75. SHC p. 175. 阿勒赤台分到 3000（比 1206 年的数额增加了 1000），铁木哥·斡赤斤分到 5000，阔列坚分到 4000。
76. JB i p. 39; F. W. Cleaves, 'Teb Tengerri,' in *Ural-Altaische Jahrbucher* 39 (1967) pp. 248-260; Rachewiltz, *Commentary* pp. 869-873.
77. Grousset, *Empire* pp. 229-232.
78. SHO p. 226; SHR p. 168.
79. Pelliot, *Campagnes* p. 172; Ratchnevsky, *Genghis Khan* p. 99.
80. RT ii p. 289; Grousset, *Empire* pp. 217, 585.
81. SHO p. 227; SHR pp. 169-170; SHC pp. 177-178.
82. ibid.
83. Grenard, *Genghis* p. 631; Rachewiltz, *Commentary* p. 877.
84. JB i p. 39; Barfield, *Perilous Frontier* p. 194.
85. SHO pp. 228-229; SHR p. 170.
86. 所有这些细节，参见 SWC pp. 176-182. 还可参见 Rachewiltz, *Commentary* pp. 878-885.
87. SHO p. 231; SHR pp. 173-174; SHC pp. 179-181.
88. ibid.
89. Fletcher, *Studies* pp. 34-35.
90. RT i p. 431.
91. 有关别乞地位的提升，参见 Vladimirtsov, *Le regime social* pp. 60-62; Pelliot, 'Notes sur le "Turkestan",' loc. cit pp. 49-51; Doefer, *Elemente* pp. 235-236.
92. JR ii pp. 1077-1078; V. N. Basilov, 'The Scythian Harp and the Kazakh Kobyz: In Search of Historical Connections,' in Seaman, *Foundations of Empire* pp. 74-100 (at p. 94).
93. J. J. Saunders, 'The Nomad as Empire Builder: A Comparison of the Arab and Mongol Conquests,' in Rice, *Muslims and Mongols* pp. 36-66; Jean Paul Roux, 'Tangri: Essai sur le ciel-dieu des peuples altaiques,' *Revue de l'histoire des religions* 149 (1956) pp. 49-82, 197-230; 150 (1956) pp. 27-54, 173-212; N. Palliser, 'Die Alte Religion der Mongolen und der Kultur Tschingis- Chans,' *Numen* 3 (1956) pp. 178-229; Osman Uran, 'The Ideal of World Domination among the Medieval Turks,' *Studia Islamica* 4 (1955) pp. 77-90.
94. Gumilev, *Imaginary Kingdom* p. 260.
95. Paul Meyvaert, 'An Unknown Letter of Hulagu II, Il-Khan of Persia to King Louis XI of France,' *Viator* 11 (1980) pp. 245-259 (at p. 252).
96. SHC p. 182.
97. L. Hambis, 'Un épisode mal connu de l'histoire de Gengis-Khan,' *Journal des Savants*, Jan-March 1975 pp. 3-46.
98. Pelliot, *Notes sur Marco Polo* i pp. 77-78; Allsen, *Culture and Conquest* pp. 128-129; Meignan, *Paris to Pekin* (1885) pp. 354-355.
99. Amitai-Preiss & Morgan, *Mongol Empire* pp. 200-222.
100. Ratchnevsky, 'Die Rechtsverhältnisse bei den Mongolen I'm 12–13 Jahrundert,' *Central Asiatic Journal* 31 (1987) pp. 64-110 (at pp. 78-80).
101. Dawson, *Mongol Mission* p. 12.
102. JB i pp. 204-205; Jackson & Morgan, *Rubruck* p. 90; Dawson *Mongol Mission* p. 17.
103. Alinge, *Mongolische Gesetze* p. 43; Lech, *Mongolische Weltreich* p. 96; Silvestre de Sacy, *Chrestomathie arabe* ii pp. 161-162; d'Ohsson, *Histoire* ii p. 618. 关于带来闪电的龙，参见 RT i p. 82。
104. Dawson, *Mongol Mission* p. 11.
105. ibid. pp. 54-56, 63, 194, 196; Jackson & Morgan, *Rubruck* p. 117; Heinrich Dörrie, 'Drei Texte der Geschichte der Ungarn und der Mongolen,' *Nachrichten der Akademie der Wissenschaften in Gottingen* 6 (1956) pp. 125-202 (at p. 175); Skelton, Marston & Painter, *Vinland Map* pp. 90-91.
106. Yule & Cordier, *Ser Marco Polo* i pp. 385-386; Yule, *Cathay and the Way Thither* ii p. 224.

107. Darling, *Social Justice* pp. 103-106.
108. David Ayalon, 'The Great Yasa of Chingiz Khan: A Re-examination,' *Studia Islamica* 33 (1970) pp. 97-140; 34 (1971) pp. 151-180; 36 (1972) pp. 117-158; 38 (1973) pp. 107-156. 尤见文章中的第四部分。他写道："确定蒙古《大札撒》的性质和内容、它同成吉思汗本人的联系，甚至它是不是一部连贯的且可供执行的成文法典，以上种种工作都可能存在无法克服的困难。"(34 (1971) p. 172)。
109. D. O. Morgan, 'The "Great Yasa" of Chingiz Khan and Mongol Law in the Ilkhanate,' *Bulletin of the School of Oriental and African Studies* 49 (1986) pp. 163-176 (at pp. 169-170).
110. Gibb, *Ibn Battuta* pp. 560-561; cf also Robert Irwin, 'What the Partridge Told the Eagle: A Neglected Arabic Source on Chinggis Khan and the Early History of the Mongols,' in Amitai-Preiss & Morgan, *Mongol Empire* pp. 5-11.
111. Riasanovsky, *Fundamental Principles* p. 25.
112. Morgan, 'Great Yasa' p. 169.
113. 主要是怀疑论者 Ayalon(Ayalon, 'The Great Yasa' (1971) p. 134; (1972) pp. 152-154)。即便是部分接受了 Ayalon 论点的 Morgan 也不认同这个说法 (Morgan, 'Great Yasa' p. 166)。
114. Driver & Miles, *Babylonian Laws*; Darling, *Social Justice* pp. 15-32 (esp pp. 21-22).
115. Van Seters, *Pentateuch*, esp. pp. 190-210.
116. Exodus 12.
117. Blume, *Justinian Code* (2009).
118. Holtman, *Napoleonic Revolution*.
119. Lech, *Mongolische Weltreich* p. 96.
120. Riasanovsky, *Fundamental Principles* pp. 84-85.
121. ibid. p. 86.
122. G. Vernadsky, 'The Scope and Content of Chingis Khan's Yasa,' *Harvard Journal of Asiatic Studies* (1938) pp. 337-360 (at pp. 350-351).
123. ibid. p. 350; Lech, *Mongolische Weltreich* p. 125.
124. Silvestre de Sacy, *Chrestomathie arabe* ii p. 161.
125. Riasanovsky, *Fundamental Principles* pp. 83-85.
126. Ayalon 认为最初的《大札撒》中并没有豁免宗教领袖——这暗示成吉思汗与长春子的会面（见第 13 章）可能对此起到了重要的作用 (Ayalon, 'Great Yasa'(1971) p. 121)。
127. Alinge, *Mongolische Gesetze* p. 67; Dawson, *Mongol Mission* p. 15。
128. Spuler, *Goldene Horde* p. 362; Spuler, *Mongolen in Iran* p. 373; Vladimirtsov, *Genghis Khan* p. 63.
129. Riasanovsky, *Fundamental Principles* pp. 184-185.
130. JR ii p. 1079; Vernadsky, 'Scope and Content,' loc. cit. p. 352; J. A. Boyle, 'Kirakos of Gandrak on the Mongols,' *Central Asiatic Journal* (1963) pp. 199-214 (at pp. 201-202).
131. Ayalon, 'Great Yasa' (1971) pp. 107, 118-119.
132. Vladimirtsov, *Genghis Khan* pp. 65-66.
133. Bouillane de Lacoste, *Pays sacre* pp. 80-81.
134. Vernadsky, 'Scope and Content' loc. cit. p. 358.
135. Ratchnevsky, *Genghis Khan* p. 195.
136. JR ii p. 953.
137. Rachewiltz, 'Some Reflections on Cinggis Qan's Jasa,' *East Asian History* 6 (1993) pp. 91-104.
138. Riasanovsky, *Fundamental Principles* p. 86.
139. ibid. p. 35.
140. Dawson, *Mongol Mission* p. 17; Jackson & Morgan, *Rubruck* pp. 93-94; Matthew Paris, *Chronica Majora* iv. p. 388; Boyle, 'Kirakos of Kanjak,' loc. cit. p. 202; Jagchid & Hyer, *Mongolia's Culture* pp. 95-96; Vernadsky, *Mongols and Russia* p. 102.
141. Riasanovsky, *Fundamental Principles* p. 36; Vernadsky, 'Scope and Content,' loc. cit.

p. 356.
142. JR ii pp. 1080-1081; SHO pp. 159-160, 192, 269-270; SHR pp. 105-106, 134-136, 207-208.
143. JR ii p. 953; JB i p. 53; Pelliot, *Recherches* p. 98; Yule & Cordier, *Ser Marco Polo* pp. 266-268; Latham, *Travels of Marco Polo* p. 101.
144. Vernadsky, 'Scope and Content,' loc. cit. p. 356.
145. RT ii pp. 510-511.
146. Ostrowski, *Muscovy and the Mongols* p. 72.
147. Vernadsky, 'Scope and Content,' loc. cit. p. 342.
148. Ratchnevsky, *Genghis Khan* p. 194.
149. ibid.
150. Pelliot, 'Les Mongols et la papauté,' *Revue de l'Orient chretien* 23 (1923) pp. 16, 128; E. Voegelin, 'The Mongol orders of submission to European powers, 1245–1255,' *Byzantion* 15 (1942) pp. 378-413 (esp. pp. 404-409).
151. Riasanovsky, *Fundamental Principles* pp. 146, 158; Vernadsky, *The Mongols and Russia* pp. 99-110.
152. Riasanovsky, *Fundamental Principles* p. 149.
153. ibid. pp. 151-152; Lech, *Mongolische Weltreich* pp. 96-97; Sylvestre de Sacy, *Chrestomatie arabe* ii p. 161.
154. Dawson, *Mongol Mission* p. 17; Vernadsky, 'Scope and Content' loc. cit. pp. 352-353.
155. JR ii pp. 1080-1081.
156. Lewis, *Islam* i pp. 89-96.
157. Riasanovsky, *Fundamental Principles* p. 159.
158. Dawson, *Mongol Mission* pp. 14-15; Ratchnevsky, 'Die Yasa (Jasaq) Cinggis Khans und ihre Problematik,' in G. Hazai & P. Zieme, *Sprache, Geschichte und Kultur* pp. 471-487.
159. E. Endicott-West, 'Aspects of Khitan Liao and Mongolian Yuan Rule: A Comparative Perspective,' in Seaman & Marks, *Rulers from the Steppe* pp. 199-222.
160. Riasanovsky, *Fundamental Principles* pp. 173-189 (esp. pp. 182-183).
161. ibid. pp. 183-184.
162. D. Aigle, 'Le grand *jasaq* de Gengis-Khan, l'empire, la culture Mongole et la shari'a,' *Journal of the Economic and Social History of the Orient* 47 (2004) pp. 31-79.
163. Ayalon, 'Great Yasa,' loc. cit. (1971) p. 164.
164. ibid. pp. 137-138.
165. Ostrowski, *Muscovy* p. 71.
166. Vernadsky, 'Scope and Content,' loc. cit. p. 360; Riasanovsky, *Fundamental Principles* pp. 278-297; Ch'en, *Chinese Legal Tradition*.
167. Darling, *Social Justice* pp. 105-125 (esp. pp. 103-105, 111); Ayalon, 'Great Yasa,' loc. cit. (1973) p. 141.
168. Riasanovsky, *Fundamental Principles* p. 88.

5 常胜之师

1. Rachewiltz, 'Muqali, Bol, Tas and An-t'ung,' *Papers on Far Eastern History* 15 (1977) pp. 45-62 (at p. 47); Pelliot, 'Notes sur le "Turkestan",' loc. cit. pp. 12-56 (at p. 33); Rachewiltz, *Commentary* p. 815.
2. RT ii pp. 272-275; Vladimirtsov, *Genghis* p. 58; d'Ohsson, *Histoire* ii pp. 3-5.
3. Barthold, *Turkestan* pp. 383-385; Vladimirtsov, *Genghis* pp. 67-68.
4. Pelliot, *Notes sur Marco Polo* ii pp. 858-859; Ratchnevsky, *Genghis Khan*, p. 224.
5. Dawson, *Mongol Mission* p. 33; Barthold, *Turkestan* pp. 383-385.
6. Buell, *Dictionary* pp. 261-262.
7. Hartog, *Genghis Khan* p. 45; Lane, *Daily Life* pp. 97-98.

8. Michael Edwards & James C. Stanfield, 'Lord of the Mongols: Genghis Khan,' *National Geographic* 190 (December 1996) pp. 14-23.
9. JB i p. 32.
10. JB i p. 30; Jagchid & Hyer, *Mongolia's Culture* pp. 370-372.
11. JB i p. 33; Benedetto, *Marco Polo* pp. 114-116; Beazley, *John de Piano Carpini* p. 121.
12. JB i p. 40; Vernadsky, 'Scope and Content,' loc. cit. p. 351; Riasanovsky, *Fundamental Principles* p. 164.
13. JB i pp. 27-28; Dawson, *Mongol Mission* pp. 100-101.
14. JB i pp. 28-29.
15. Yule, *Cathay* ii pp. 234-240.
16. Jagchid & Hyer, *Mongolia's Culture* pp. 27-37.
17. Jackson & Morgan, *Rubruck* p. 85.
18. N. T. Munkuyer, 'A Mongolian Hunting Practice of the Thirteenth Century,' in Heissig et al, *Tractata Altaica* pp. 417-435 (esp. pp. 421-423).
19. Risch, *Johann de Piano Carpini* pp. 161-169.
20. H. D. Martin, 'The Mongol Army,' *Journal of the Royal Asiatic Society* 75 (1943) pp. 46-85 (at p. 70); Robinson, *Oriental Armour* p. 138.
21. Hildinger, *Story of the Mongols* p. 72.
22. Barthold, *Turkestan* p. 421; Denis Sinor, 'The Inner Asian Warrior,' *Journal of the American Oriental Society* 101 (1981) pp. 133-144 (at p. 137).
23. Martin, *Rise of Chinggis Khan* p. 19; Swietoslawski, *Arms and Armour*.
24. E. G. Pulleybank, 'Why Tockosian?' *Journal of Indo-European Studies* 23 (1995) pp. 415-430; Edward McEwan, Robert L. Miller & A. Bergman, 'Early Bow Designs and Construction,' *Scientific American* 264 (June 1991) pp. 50-56; Jagchid & Hyer, *Mongolia's Culture* p. 367.
25. Rachewiltz, *Commentary* pp. 714-715; Hok-Lam Chan, 'Siting by Bowshot: A Mongolian Custom and its Sociopolitical and Cultural Implications,' *Asia Major*, 3rd series 4 (1991) pp. 53-78.
26. Buell, *Dictionary* pp. 112-114; Turnbull & McBride, *The Mongols* pp. 13-22; Gabriel & Boose, *Great Battles of Antiquity* pp. 539-541.
27. Parker, *Tartars* p. 258.
28. 关于这个话题，参见 Mayor, *Greek Fire*. 关于特定区域（美洲西部）的毒箭矢研究，参见 Jones, *Poison Arrows*.
29. Marsden, *Marco Polo*, p. 214; Vernadsky, *Mongols and Russia* pp. 126-128; Hyland, *Medieval Warhorse* p. 131; S. Jagchid & C. R. Bawden, 'Some Notes on the Horse Policy of the Yuan Dynasty,' *Central Asiatic Journal* 10 (1965) pp. 246-265.
30. Lane, *Genghis Khan* p. 31. 火器的发明在大战中淘汰了骑马射箭，但在美洲西部的小型战争中这种战法依然存在。卡曼契人的技术尤其娴熟 (Fehrenbach, *Comanches* pp. 124-125)。
31. Denis Sinor, 'On Mongol Strategy,' *Proceedings of the Fourth East Asian Altaistic Conference* (Taipei 1971) pp. 238-249.
32. T. Allsen, 'Mongolian Princes and Their Merchant Partners, 1200–1260,' *Asia Major* 2 (1989) pp. 83-126.
33. Dvornik, *Intelligence Services* p. 274.
34. JB i p. 373; Dawson, *Mongol Mission* p. 36; May, *Art of War* pp. 69-70.
35. Yule & Cordier, *Ser Marco Polo* pp. 121-131.
36. Hollyn Conant, 'Genghis Khan's Communications Network,' *Military Review* 94 (August 1994) pp. 65-77.
37. F. Isono, 'Kuriyen Reconsidered,' *Journal of the Anglo-Mongolian Society* 12 (1989) pp. 3-25.
38. Riasanovsky, *Fundamental Principles* p. 83.
39. Moule & Pelliot, *Marco Polo* i p. 173.
40. Martin, *Rise of Chingis Khan* p. 17; Jagchid & Hyer, *Mongolia's Culture* pp. 370-372;

T. Allsen, *Mongol Imperialism* p. 25. 关于渡河，参见 Risch, *Carpini* p. 17.
41. Dawson, *Mongol Mission* pp. 33-34.
42. Leo de Hartog, 'The Army of Genghis Khan,' *Army Defence Journal* 109 (1979) pp. 476-485 (at p. 480).
43. SHO p. 282.
44. Liddell Hart, *Great Captains Unveiled* p. 28.
45. Dawson, *Mongol Mission* p. 36.
46. Skelton, Marston & Painter, *Vinland Map* pp. 88-89.
47. SHO p. 285.
48. Martin, 'Mongol Army,' loc. cit.; Gabriel & Boose, *Great Battles of Antiquity* pp. 545-547.
49. SHO pp. 118-125; SHR pp. 65-72.
50. Skelton, Marston & Painter, *Vinland Map* pp. 98-99; Risch, *Carpini* p. 175.
51. Hartog, 'Army of Genghis Khan,' loc. cit. p. 482.
52. SHO p. 286.
53. 假装撤退的战术确实同战争本身一样古老。公元前 480 年斯巴达人在温泉关用它引诱薛西斯的长生军进入圈套（《希罗多德 8.24》(Herodotus 8. 24)），1066 年黑斯廷战役中的征服者威廉（见于 McLynn, *1066* p. 224）也用了这招。直到 1866 年，苏族首领红云也用它在"费特曼大屠杀"中击败了美国骑兵。关于在战争中的运用，参见 Alexander, *How Wars are Won* pp. 94-95.
54. 关于蒙古马突出的优越性，参见 Denis Sinor, 'What is Inner Asia?' in Heissig, *Altaica Collecta* pp. 245-258 (at p. 251); Sinor, 'Inner Asian Warriors,' *Journal of the American Oriental Society* 101 (1981) pp. 133-144 (at p. 137). 有关蒙古重骑兵出现的特殊环境，参见 V. P. Alekseev, 'Some Aspects of the Study of Productive Factors in the Empire of Chingiz Khan,' in Seaman & Marks, *Rulers from the Steppe* pp. 186-198 (at p. 192).
55. Dawson, *Mongol Mission* p. 37.
56. 就像 1220—1221 年对沙赫摩诃末二世以及 1241 年对匈牙利贝拉四世不遗余力的追捕（见后文）。还可参见 Vernadsky, *Mongols and Russia* pp. 110-120.
57. RT i p. 204; Vladimirtsov, *Genghis* p. 65.
58. RT i pp. 204-205; Barthold, *Turkestan* pp. 361-362; d'Ohsson, *Histoire* i pp. 104-105.
59. Rachewiltz, *In the Service* p. 18.
60. RT i pp. 226-227.
61. Barthold, *Turkestan* pp. 401-402.
62. 关于林中百姓的研究，参见 Rachewiltz, *Commentary* pp. 852-854. 关于不里牙惕部，参见 West, *Encyclopedia* pp. 132-133 和 Matthiessen, *Baikal*. 关于斡亦剌部，参见 RT i pp. 54-57; Rachewiltz, *Commentary* p. 852. 关于秃马惕部，参见 RT i p. 58. 关于图瓦部，参见 Krueger, *Tuvan Manual*; M. N. Mongush, 'Tuvans of Mongolia and China,' *International Journal of Central Asian Studies* 1 (1996) pp. 225-243; Lattimore, *Mongols of Manchuria* p. 165; Bowles, *The People of Asia* pp. 278-279.
63. Vladimirtsov, *Le regime social* op. cit. pp. 41, 61.
64. RT i p. 59.
65. SHC p. 7.
66. SHO pp. 115-117; SHR pp. 62-65.
67. RT i p. 204; Martin, *Rise of Chingis Khan* p. 102.
68. Rachewiltz, *Commentary* p. 852.
69. SHC p. 173; Pelliot, *Notes sur l'histoire de la Horde d'Or* pp. 141-142.
70. Rachewiltz, *Commentary* p. 854. 关于蒙古人对鹰隼的狂热，参见 Hambis, *Marco Polo* p. 426.
71. Rachewiltz, *Commentary* p. 851. 关于在 1206 年忽里台大会上任命豁尔赤担任该职位，参见 SHO pp. 196-197; SHR pp. 138-139.
72. SHO p. 224; SHR p. 166.
73. Ratchnevsky, *Genghis Khan* pp. 117-118, 254-255.
74. RT i p. 227.

75. SHW p. 311; SHO p. 223; SHR p. 165.
76. 关于此次旅程，参见 Carruthers, *Unknown Mongolia* i pp. 114-115.
77. Donner, *Siberie* p. 132.
78. d'Ohsson, *Histoire* i p. 157.
79. SHO p. 224; SHR pp. 165-166.
80. SHW p. 312.
81. Pelliot, *Notes critiques d'histoire Kalmouke* i pp. 55-64; P. D. Buell, 'Early Mongol Expansion in Western Siberia and Turkestan (1207–1219): A Reconstruction,' *Central Asiatic Journal* 36 (1992) pp. 1-32 为这些事件选取了不同的年表。
82. Colin Mackerras, *Uighur Empire*.
83. Golden, *Turkic Peoples* pp. 176-183; Barfield, *Perilous Frontier* pp. 165-169.
84. 别失八里（今吉木萨尔）位于 43° 59' N, 89° 4' E; Asimov & Bosworth, *History of Civilizations* iv part 2 p. 578; Beckwith, *Empires of the Silk Road* pp. 148, 159; Pelliot & Hambis, *Campagnes* pp. 82-95.
85. Barthold, *Turkestan* pp. 48-52; B. Spuler, *History of the Mongols* (1972) pp. 31, 176; Colin Mackerras, 'The Uighurs,' in Sinor, *Cambridge History* pp. 317-342.
86. Brose, *Subjects and Masters* pp. 88-89.
87. JB i pp. 53-61; Yule, *Cathay and the Way Thither* i p. 209; d'Ohsson, *Histoire* i pp. 429-435.
88. Bretschneider, *Mediaeval Researches* i p. 260.
89. Brose, *Subjects and Masters* pp. 86-87.
90. JB i pp. 44-47; SHO pp. 221-222; SHR p. 163; Thomas T. Allsen, 'The Yuan Dynasty and the Uighurs of Turfan in the Thirteenth Century,' in Rossabi, *China among Equals* pp. 248-280 (at pp. 246-248); d'Ohsson, *Histoire* i p. 419.
91. JB i pp. 46-47; Allsen, 'The Yuan Dynasty,' loc. cit. p. 247.
92. JB i p. 140.
93. Rachewiltz, *Commentary* pp. 848-849; Jackson & Morgan, *Rubruck* pp. 283-284; Pelliot, *Recherches* pp. 667-67. Bretschneider 在这个问题上陷入了死局，他荒谬地表示阿勒塔伦在嫁给亦都护之前就死了，所以成吉思汗换成了另一个女儿，但是巴而术在娶她之前就死了。(Bretschneider, *Mediaeval Researches* i p. 261); JB i p.175; Weatherford, *Secret History of the Mongol Queens* pp. 47, 51, 57, 69-72, 79-80, 91, 97, 102.
94. Brose, *Subjects and Masters* pp. 50-54.
95. ibid. pp. 259, 264-265. For the Uighur script see J. Richard, 'La limite occidentale de l'expansion de l'alphabet Ouighour,' *Journal Asiatique* 239 (1951) pp. 71-75. For their culture in general see Hamilton, *Les Ouighurs*.
96. SHO p. 221; SHR p. 162; Rachewiltz, *Commentary* p. 843; Biran, *Qara Khitai* p. 75.
97. 关于党项人的基本情况，可见 Dunnell, *Great State of White and High*, 还有很多学术著作和论文中存在很多有价值的内容：Mary Ferenczy, 'The Foundation of Tangut Statehood as seen by Chinese Historiographers,' in Ligeti, *Tibetan and Buddhist Studies* i pp. 241-249; Dunnell, 'Who are the Tanguts? Remarks on Tangut Ethnogenesis and the Ethnonym Tangut,' *Journal of Asian History* 18 (1984) pp. 778-789; Paul Friedland, 'A Reconstruction of Early Tangut History,' Ph.D. thesis, University of Washington 1969. See also Kwanten & Hesse, *Tangut... Studies*; Asimov & Bosworth, *History of Civilizations*, iv part 1 pp. 206-214.
98. Mote, *Imperial China* pp. 257-259.
99. Franke & Twitchett, *Cambridge History* pp. 155-157, 162, 165, 168-170, 196.
100. Ksenia Kepping, 'The Name of the Tangut Empire,' *T'oung Pao* 80 (1994) pp. 357-376; Beckwith, *Silk Road* p. 31; Gerard Clauson, 'The Future of Tangut (Hsi Hsia) Studies,' *Asia Major* 11 (1964) pp. 54-77.
101. Franke & Twitchett, *Cambridge History* pp. 123-153; Mote, *Imperial China* pp. 257-259; Gumilev, *Imaginary Kingdom* pp. 98-100, 593.
102. Mote, *Imperial China* pp. 261-264; Solonin, *Tangut Chan Buddhism*.
103. Biran, *Qara Khitai* p. 64; Franke & Twitchett, *Cambridge History* pp. 155, 197.

104. H. D. Martin, 'The Mongol Wars with Hsi Hsia, 1205–1227,' *Journal of the Royal Asiatic Society* (1942) pp. 195-228 (at pp. 198-199).
105. RT i p. 204.
106. 关于西夏军的详细内容，参见 Stein, *Tibetan Civilization* pp. 70-77.
107. G. Jenkins, 'A Note on Climatic Cycles and the Rise of Genghis Khan,' *Central Asiatic Journal* (1974) pp. 217-226.
108. Togan, *Flexibility* p. 70; Franke & Twitchett, *Cambridge History* pp. 164, 206; Asimov & Bosworth, *History of Civilizations* iv part 1 p. 213.
109. Mote, *Imperial China* p. 254; Franke & Twitchett, *Cambridge History* p. 157.
110. ibid. p. 183.
111. RT i p. 204.
112. Franke & Twitchett, *Cambridge History* p. 205.
113. Atwood, *Encyclopedia* p. 590; Ruth W. Dunnell, 'The Fall of the Xia Empire: Sino-Steppe Relations in the Late Twelfth to Early Thirteenth Centuries,' in Seaman & Marks, *Rulers from the Steppe* pp. 158-183.
114. Martin, *Rise* p. 116. 达布苏诺尔盐湖大约在 37° N, 95° E.
115. Hambis, *Genghis* pp. 98-99.
116. Krause, *Cingis Han* p. 29.
117. Martin, *Rise* p. 117.
118. Krause, *Cingis Han* p. 29.
119. Martin, *Genghis Khan* p. 118.
120. ibid.
121. 资料中有些内容表明，党项人被金人甚至是蒙古人视为次等人。卢布鲁克在谈到党项人时表示他们除了"皮肤黝黑"没什么优点 (Jackson & Morgan *Rubruck* p. 159)。
122. Martin, *Rise* p. 118.
123. RT ii pp. 289-290; SHR pp. 177-178.
124. Martin, *Rise* pp. 119-120.

6 可汗的品性

1. Vernadsky, *Mongols and Russia* pp. 43-44.
2. SHR p. 18.
3. SHO pp. 81-82; SHR p. 33.
4. SHO pp. 73-74; SHR pp. 26-27.
5. SHR p. 20-21.
6. SHR p. 15; Ratchnevsky, *Genghis Khan* p. 153.
7. Lattimore, *Mongol Journeys* p. 182.
8. Hedley, *Tramps* p. 245.
9. De Windt, *From Pekin* p. 117. De Windt 表示需要学习的一句重要的蒙古语是"拴好你的狗" (ibid. p. 118)。
10. 这当然是一位战争英雄的观点。参见 McLynn, *Fitzroy Maclean* p. 101. 在《吉姆老爷》改编的同名电影中，康拉德笔下的吉姆老爷说过的话值得铭记："我曾是所谓的懦夫，也曾是所谓的英雄，两者之间的距离连一张纸的厚度都没有。"
11. SHO pp. 118-119; SHR pp. 65-67. Dunnell 注意到了他的忘恩负义，*hinggis Khan* p. 40.
12. SHO pp. 226-227; SHR pp. 168-170.
13. SHO pp. 107-108; SHR pp. 54-56.
14. SHO pp. 178-180; SHR pp. 123-124.
15. SHO pp. 90, 105, 186; SHR pp. 39, 53, 130-132.
16. JR ii pp. 1041-1042; d'Ohsson, *Histoire* i pp. 413-414. 然而 Barthold 竟然认为他具备非凡的自控力并且有能力控制自己的脾气 (*Turkestan* p. 459)。
17. Vladimirtsov, *Genghis* pp. 162-163.

18. Gumilev, *Imaginary Kingdom* p. 234.
19. SHO pp. 71-72, 74-76, 184, 252, 260; SHR pp. 25-29, 126-128, 192-193, 198-199.
20. SHO pp. 207-208; SHR pp. 148-149.
21. Ratchnevsky, *Genghis Khan* p. 164.
22. Jackson, *Mongols and the West* p. 47; Ratchnevsky, *Genghis Khan* pp. 158-159. 'Genghis was not someone who shared' (L. Hambis, 'Un episode mal connu,' loc. cit. p. 7).
23. Vernadsky, *Mongols and Russia* p. 6; Grousset, *Empire* p. 248.
24. Ratchnevsky, *Genghis Khan* p. 161.
25. JR ii p. 990.
26. John Masson Smith, 'The Mongols and World Conquest,' *Mongolica* 5 (1994) pp. 206-214.
27. Vladimirtsov, *Genghis* pp. 168-169.
28. JR ii p. 1077; Antoine Mostaert, 'A propos de quelques portraits d'empereurs mongols,' *Asia Major* (1927) pp. 19-156; Pelliot, 'L'édition collective des oeuvres de Wang Kouo-Wei,' *T'oung Pao* 26 (1929) pp. 113-182 (at p. 166); Pelliot, 'Notes sur le "Turkestan",' *T'oung Pao* 27 (1930) pp. 12-56 (at p. 13).
29. RT ii p. 295.
30. Riasanovsky, *Fundamental Principles* p. 88.
31. RT ii p. 295; Riasanovsky, *Fundamental Principles* p. 87.
32. ibid. 他也不认为适用于战争与和平状态的技艺有太大区别。他说，如果你能管理好自己的房子就可以管理一处基业，如果你能够让10人遵守军令，那么你就可以号令1万人。
33. RT ii p. 295.
34. RT ii p. 296.
35. RT ii pp. 294-295; SHO p. 15.
36. Needham, *Science and Civilization* v part 4 pp. 103-106, 141-150.
37. Riasanovsky, *Fundamental Principles* p. 88; d'Ohsson, *Histoire* i p. 412. 成吉思汗自己也喜欢喝点酒，不过他饮用适量。他像拔都和自己的其他许多子孙一样，也喜欢一边饮酒一边欣赏乐器演奏和吟游诗人的歌唱 (Dawson, *Mongol Mission* p. 57; Jackson & Morgan, *Rubruck* p. 175)。
38. Riasanovsky, *Fundamental Principles* p. 89.
39. ibid. p. 91; Ratchnevsky, *Genghis Khan* p. 153.
40. JR ii pp. 1077-1078.
41. Foltz, *Religions of the Silk Road* p. 113; Anatoly M. Khazanov, 'Muhammad and Jenghiz Khan Compared: The Religious Factor in World Empire Building,' *Comparative Studies in History and Society* 35 (1993) pp. 461-479.
42. Ratchnevsky, *Genghis Khan* p. 197.
43. DeWeese, *Islamization* pp. 100-101.
44. Gumilev, *Imaginary Kingdom* pp. 169-218.
45. Nikolai N. Seleznyov, 'Nestorius of Constantinople: Condemnation, Suppression, Veneration,' *Journal of Eastern Christian Studies* 62 (2010) pp. 165-190.
46. Françoise Michaud, 'Eastern Christianities,' in Angold, *Cambridge History of Christianity* v pp. 373-403.
47. Pelliot, *Recherches* pp. 623-644.
48. Henri Bernard, *La decouverte des nestoriens*; John Stewart, *Nestorian Missionary Enterprise*; Morris Rossabi, *Voyager from Xanadu*.
49. Pelliot, *Recherches* op. cit.
50. Wittfogel & Feng, *Liao* p. 308; Asimov & Bosworth, *History of Civilizations* iv part 1 pp. 74-76; Pelliot, *Recherches* p. 626.
51. JB i p. 259; Boyle, *Successors* p. 188; Pelliot, *Recherches* pp. 242-248.
52. Dawson, *Mongol Mission* pp. 144-145, 177-179; Jackson & Morgan, *Rubruck* pp. 163-164, 211-214.
53. SHO pp. 173-176; SHR pp. 118-121.
54. JB ii p. 549; Pelliot & Hambis, *Campagnes* pp. 175-177; Vladimirtsov, *Le regime*

social pp. 66-67.
55. 然而拉施特直截了当地表示铁木哥·斡赤斤是成吉思汗最喜爱的兄弟 (RT i p. 137)。
56. 关于成吉思汗四个儿子之间复杂的兄弟关系，参见 Pelliot, *Notes sur l'histoire* pp. 10-27。
57. SHO pp. 136-137, 202; SHR pp. 84, 143.
58. Larry Moses, 'The Quarrelling Sons in the *Secret History of the Mongols*,' *Journal of Asian Folklore Studies* 100 (1987) pp. 63-68.
59. JR ii p. 1096. 亦见于 P. Golden, 'Tusi, the Turkic Name of Joci,' *Acta Orientalia Academiae Scientiarum Hungaricae* 55 (2002) pp. 143-151.
60. RT i p. 227.
61. Boyle, *Successors* pp. 97-116 (esp. pp. 97-100).
62. 对其性格和个性的研究，参见 Pelliot, *Notes sur Marco Polo* i pp. 250-254; Hambis, *Yuan Che* pp. 57-64。
63. Abel-Rémusat, *Nouveaux melanges* pp. 61-63; Pelliot & Hambis, *Campagnes* p. 298.
64. JB i p. 40; Boyle, *Successors* pp. 154-155; Ratchnevsky, *Genghis Khan* p. 164.
65. JB i p. 41; Grousset, *Empire* pp. 67-71, 228-230, 236-238.
66. JR ii pp. 1106-1107, 1110-1111, 1144-1148; RT i p. 44.
67. Boyle, *Successors* p. 138.
68. RT i p. 77.
69. 对察合台家系的完整记录，参见 Boyle, *Successors* pp. 135-144. 关于也速伦哈屯、秃坚和木阿秃干，参见同上 pp. 135-137.
70. Grousset, *Empire* p. 256.
71. JR ii pp. 1141-1142.
72. 关于窝阔台，参见 initially, Pelliot, *Notes sur Marco Polo* i pp. 125, 253, 287; Pelliot & Hambis, *Campagnes* pp. 266, 375 以及更详尽的内容参见后文章节 14。
73. JB ii pp. 552-553; Ratchnevsky, 'La condition de la femme mongole,' loc. cit. pp. 517-518.
74. RT i p.
75. SHO pp. 205-207; SHR pp. 145-148.
76. Rachewiltz, *Commentary* pp. 805-806; Rachewiltz, *In the Service* pp. 76-78.
77. RT i p. 147; Boyle, *Successors* p. 98. Ayalon 'Great Yasa' (1971) pp. 152-154 认为志费尼高估了拖雷的重要性。
78. 关于拖雷的家系，参见 Boyle, *Successors*, pp. 159-162.
79. ibid. p. 164.
80. JR ii p. 1093; Thomas Allsen, 'The Yuan Dynasty and the Uighurs of Turfan,' loc. cit. p. 271.
81. 关于失吉忽秃忽，参见 Ratchnevsky, 'Sigi-qutuqu, ein mongolischer Gefolgsmann im 12-13 Jahrhundert,' *Central Asiatic Journal* 10 (1965) pp. 87-120; Rachewiltz, *In the Service* pp. 75-94. 关于弃儿的故事参见 JR ii p. 1093 and in F. Aubin, 'Le statut de l'enfant dans la société mongole,' *L'Enfant* 35 (1975) pp. 459-599 (at pp. 471-472)，但这个说法被 Rachewiltz 充分地予以反驳 *Commentary* p. 497。
82. Harcourt & Evans, *Said Gah-I-Shaukati*; Philott, *Baz-nama-yi Nasiri*; Argue, *George Turberville*; Latham, *Travels of Marco Polo* p. 144.
83. Macdonald, *Falcon* pp. 52-56, 90.
84. ibid. p. 59.
85. 对成吉思汗的猎鹰可能杀死天鹅的详细描述和分析，参见 Baker, *Game Birds* pp. 20-27; cf also Upton, *Falconry*.
86. RT i p. 147.
87. Rachewiltz, *Commentary* p. 726.
88. RT i p. 148; JR ii pp. 1091-1092.
89. JR ii p. 1092.
90. RT i p. 149.
91. JR ii p. 1007; Lech, *Mongolische Weltreich* pp. 98, 201-203; Waley, *Travels of an Alchemist* p. 54.

92. Ratchnevsky 的论断参见, *Genghis Khan* p. 165. 关于女子乐队, 参见 Vladimirtsov, *Genghis* p. 124.
93. Rachewiltz, *Commentary* pp. 726-727.
94. SHO pp. 130-131; SHR p. 79.
95. Rachewiltz, *Commentary* p. 577.
96. RT i pp. 148-149; d'Ohsson, *Histoire* i pp. 418-419.
97. 对此的相反意见, 参见 Pelliot & Hambis, *Campagnes* p. 375 and F. Aubin, 'Le statut de l'enfant,' loc. cit. pp. 471-475.
98. Pelliot, *Notes critiques d'histoire Kalmouke*, i pp. 61-62; Boyle, *Successors* p. 164; Rachewiltz, *Commentary* pp. 854-856, 914-915.
99. 引自 Zhao, *Marriage* p. 37.
100. ibid. pp. 28-29.
101. RT i pp. 25-26.
102. Zhao, *Marriage* pp. 93-118 (Ongirrad); pp. 119-126 (Ikires); pp. 127-146 (Oyirad); pp. 163-178 (Uighurs). 还可参见 Jennifer Holmgren, 'Observations on Marriage and Inheritance Practices in Early Mongol and Yuan Society with Particular Reference to the Levirate,' *Journal of Asian History* 20 (1986) pp. 127-192.
103. May, *Culture and Customs* pp. 37-39, 103-115.
104. 'A Mongol woman does many things that in other Asiatic socities would be men's work. She does them responsibly and without being told, because in the normal life the men are frequently away from home' (Lattimore, *Mongol Journeys* p. 186).
105. Riasanovsky, *Fundamental Principles* p. 242.
106. Lane, *Daily Life* pp. 228-229.
107. Jackson & Morgan, *Rubruck* p. 74.
108. 对诃额仑在这一时期经历的全面分析, 参见 Rachewiltz, *Commentary* pp. 350-357.
109. d'Ohsson, *Histoire* i p. 329.
110. Marsden, *Travels of Marco Polo* pp. 417-419.
111. Jennifer Holmgren, 'Observations on Marriage,' loc. cit.; Riasanovsky, *Fundamental Principles* pp. 234-238.
112. RT i p. 89.
113. Zhao, *Marriage* pp. 18-19.
114. Skelton, Marston & Painter, *Vinland Map*.
115. Riasanovsky, *Fundamental Principles* pp. 241-242.
116. Schuyler Cammann, 'Mongol Costume: Historical and Recent,' in Sinor, *Aspects* pp. 157-166; Dawson, *Mongol Mission* pp. 7-8; Jackson & Morgan, *Rubruck* p. 89; Bretschneider, *Mediaeval Researches* i pp. 52-53; Yule, *Cathay* ii p. 222; Waley, *Travels of an Alchemist* p. 67.
117. Ratchnevsky, 'La condition de la femme mongole,' loc. cit p. 516.
118. Gibb, *Ibn Battuta* ii p. 480; Dunn, *Adventures* pp. 299-300; Hamdun & King, *Ibn Battuta* pp. 38-39. For Christian disapproval see Lisa Balabanlilar, 'The Begims of the Mystic Feast. Turco-Mongol Tradition in the Mughal Harem,' *Journal of Asian Studies* 69 (2010) pp. 123-147.
119. Ostrowski, *Muscovy and the Mongols* pp. 73, 81.
120. JB ii p. 52; Boyle, *Successors* pp. 159, 168, 197, 199-200; Budge, *Chronography* p. 412; Morris Rossabi, 'Kublai Khan and the Women in his Family,' in Bauer, *Studia Sino-Mongolica* pp. 153-180 (at pp. 158-166); Dawson, *Mongol Mission* p. 26; Jackson & Morgan, *Rubruck* p. 125; Pelliot, 'Le vrai nom de "Seroctan",' *T'oung Pao* 29 (1932) pp. 43-54.
121. Ratchnevsky, 'La condition de la femme mongole,' loc. cit. pp. 517-518, 522.
122. Zhao, *Marriage* p. 29; Barthold, *Turkestan* pp. 487-491.
123. JR ii p. 1144; JB i pp. 245-246; Boyle, *Successors* pp. 176, 242; Budge, *Chronography* p. 412.
124. 有关的详尽信息, 参见 Lane, *Daily Life* pp. 239-254. 还可参阅 Rossabi, 'Kublai Khan and the Women,' loc. cit; George Qingzhi Zhao & Richard W. L. Grisso, 'Female

Anxiety and Female Power: Political Intervention by Mongol Empresses during the Thirteenth and Fourteenth Centuries,' *Toronto Studies in Central Asia* 7 (2005) pp. 17-46; Weatherford, *Secret History of the Mongol Queens.*

7　伐金之役

1. Rachewiltz, *Commentary* p. 491. 关于 1196 年的战役，参见 Pelliot & Hambis, *Campagnes* pp. 199-203。
2. 参见 Lewis, *China's Cosmopolitan Empire.*
3. Brook,*Troubled Empire* pp. 26, 65, 80, 82, 260.
4. "征服中国并不是蒙古人的主要目标，但具有讽刺意味的是，这仅仅是他们彻底摧毁了女真政权的结果。" (Barfield, *Perilous Frontier* p. 197).
5. Lattimore, 'The Geography of Chingis Khan,' *Geographical Journal* 129 (1963) pp. 1-7; S. Bira, 'The Mongolian Conception of Chinggis Khan: Historic and Mythical Hero,' *Mongolica* 3 (1992) pp. 32-47.
6. Barfield, *Perilous Frontier* pp. 49-51, 91-94, 150-151.
7. Larry V. Clark, 'The Theme of Revenge,' in Clark & Draghi, *Aspects* ii pp. 37-57; Lien-sheng Yang, 'Hostages in Chinese History,' in Yang, *Studies* pp. 43-57.
8. SHC p. 186.
9. Joseph Fletcher, 'The Mongols: Ecological and Social Perspectives,' *Harvard Journal of Asiatic Studies* 46 (1986) pp. 11-50 (at pp. 32-33); Grenard, *Genghis* pp. 111-112; H. Franke, *From Tribal Chieftain* pp. 17-18; Sechin Jachid, 'Traditional Mongol Attitudes and Values as Seen in the *Secret History of the Mongols* and the *Altan Tobchi*,' in Jagchid, *Essays* pp. 51-66.
10. Barthold, *Turkestan* pp. 393-396; Vladimirtsov, *Genghis* pp. 76-77.
11. J. P. Marques, 'Sur la nature du nomadisme des steppes eurasiatiques,' *L'Homme* 108 (1988) pp. 84-98.
12. Denis Sinor, 'The Greed of the Northern Barbarians,' in Clark & Draghi, *Aspects* pp. 171-182.
13. Gumilev, *Imaginary Kingdom* p. 177.
14. Khazanov, *Nomads and the Outside World* pp.235-236; Khazanov, 'Ecological Limitations of Nomadism in the Eurasian Steppes and their Social and Cultural Implications,' *Asian and African Studies* 24 (1990) pp. 1-15.
15. Fletcher, 'The Mongols,' loc. cit. pp. 32-33; Barfield, 'Inner Asia and the Cycles of Power in China's Imperial History,' in Seaman and Marks, *Rulers from the Steppe* pp.21-62 (at p. 25).
16. Fletcher, 'The Mongols,' loc. cit. p. 15.
17. Barfield, *Perilous Frontier* pp. 164-186.
18. 运用 Claude Lévi-Strauss 著名的结构主义人类学说，一位学者区分了外蒙古的"生"野蛮人和长城脚下的"熟"部落 Magnus Fiskesjo, 'On the "Raw" and "Cooked" Barbarians of Imperial China,' *Inner Asia* 1 (1999) pp. 139-168)。
19. Paul D. Buell, 'The Role of the Sino-Mongolian Frontier Zone in the Rise of Chingis Qan,' in Schwarz, *Studies on Mongolia* pp. 63-76 (esp. pp. 63-68).
20. 关于契丹在辽以前的历史，参见 Xu, *Historical Development*, esp. pp. 237-258; Herbert Franke, 'The Forest Peoples of Manchuria: Khitans and Jurchens,' in Sinor, *Cambridge。History* pp. 400-423; Barfield, *Perilous Frontier* pp. 168-173.
21. 关于耶律阿保机之后最杰出也是最长寿的皇帝辽圣宗（Sheng-Tsun）(972–1031)，参见 Franke & Twitchett, *Cambridge History* pp. 56-123; Moule, *Rulers of China* pp. 91-95.
22. 关于党项的建国史，参见 Dunnell, *Great State* p. 3.
23. Pelliot, *Notes sur Marco Polo* i pp.216-229; Barfield, *Perilous Frontier* p. 174.
24. Tao, *Two Sons* passim; Di Cosmo & Wyatt, *Political Frontiers* pp. 192-219; Standen &

Powers, *Frontiers in Question*.
25. Wittfogel & Feng, *Liao* p. 554.
26. Gernet, *Chinese Civilization* p. 354.
27. Mote, *Imperial China* pp. 200-202.
28. Pelliot, *Notes sur Marco Polo* i pp.376-390; P. Huang, 'New Light on the Origin of the Manchus,' *Harvard Journal of Asiatic Studies* 50 (1990) pp. 239-282.
29. Tao, *Jurchen* pp. 21-22.
30. Barfield,*Perilous Frontier* p. 179.
31. ibid.
32. Respectively, Barfield, ibid. p. 179 and Mote, *Imperial China* p. 211. 然而，我们可以认为辽必定忽略了许多警示的讯号。1026年辽朝采取突袭式的掠夺激怒了满洲的部落，于是他们的军队遭到女真人的重创(Wittfogel & Feng, *Liao* p. 588)。
33. Mote, *Imperial China* pp. 195-197.
34. ibid. pp. 203-214; Grousset, *Empire* p. 137.
35. Franke & Twitchett, *Cambridge History* p. 279; Mote, *Imperial China* pp. 223-224.
36. Sechin Jagchid, 'Khitan Struggles against Jurchen Oppression: Nomadization versus Sinicization,' *Zentralasiatische Studien* 16 (1982) pp. 165-185.
37. Wittfogel & Feng, *Liao* p. 634.
38. 金在汉化过程中经历的曲折可见 Mote, *Imperial China* pp. 226-243; Hok Lam Chan, *Legitimation in Imperial China. Discussions under the Jurchen-Chin dynasty, 1115-1234* (1984) pp. 55-72, 116. 还可参见 Jung-Chen Tao, *Jurchen in Twelfth-CenturyChina*.
39. Franke & Twitchett, *Cambridge History* pp. 315-319; Tao, *Jurchen* pp. 41-44.
40. Mote, *Imperial China* p. 237.
41. Franke & Twitchett, *Cambridge History* pp. 205-206.
42. Sechin Jagchid, 'Patterns of Trade and Conflict between China and the Nomads of Mongolia,' in Jagchid, *Essays* pp. 3-20; Jagchid & Symons, *Peace, War and Trade*.
43. Sechin Jagchid, 'The Historical Interaction between Nomadic People in Mongolia and the Sedentary Chinese,' in Seaman & Marks, *Rulers from the Steppe* pp. 63-91.
44. 关于宋金战争，可见 Lorge, *War, Politics and Society* pp. 53-56; Mote, *Imperial China* pp. 207-209, 299-304; Franke & Twitchett, *Cambridge History* pp. 235-249.
45. Mote, *Imperial China* pp. 287, 394.
46. Chou, *Economic History* pp. 102-104. 关于"世界体系"的建立，参见 McNeill, *In Pursuit of Power*.
47. Tao, *Jurchen* pp. 108-109.
48. Mote, *Imperial China* p. 266. 毫无疑问，关于中古时期的中国人口的全部论断都有争议。Martin, *Rise of Chingis Khan* p. 125 认为金的在籍人口有4849万，但实际人口必定更加庞大，毕竟人口普查并不涉及许多至贫的人或是逃税者。
49. Franke & Twitchett, *Cambridge History* pp. 302, 313-315.
50. ibid. p. 302.
51. Tao, *Jurchen* pp. 90-91.
52. Wittfogel & Feng, *Liao* pp. 553, 669.
53. Franke & Twitchett, *Cambridge History* pp. 294-298.
54. Needham, *Science and Civilization* i p. 68.
55. Tregear, *Geography of China* pp. 218-219.
56. Elvin & Cuirong, *Sediments of Time* pp. 554-560; Lorge, *War, Politics and Society* p. 147.
57. Grousset, *Rise and Splendour* p. 303; Martin, *Rise of Chingis* pp. 125-126.
58. Franke & Twitchett, *Cambridge History* pp. 245-249.
59. Brook, *Troubled Empire* pp. 26, 65, 80, 82, 260.
60. Franke & Twitchett, *Cambridge History* pp. 245-249.
61. Buell, *Dictionary* pp. 24, 172-175.
62. Rachewiltz, *In the Service* p. 113.
63. Ratchnevsky, *Genghis Khan* pp. 106, 250-251.
64. Rachewiltz, 'Personnel and Personalities in North China in the Early Mongol Period,'

Journal of the Economic and Social History of the Orient 9 (1966) pp. 88-144 (at p. 98).
65. Lattimore, *Mongol Journeys* pp. 128-129.
66. Pelliot, 'Chrétiens d'Asie centrale et d'Extreme-Orient,' *T'oung Pao* 15 (1914) pp. 623-644 (at p. 631); Halbertsma, *Early Christian Remains* pp. 150-157.
67. Pelliot & Hambis, *Campagnes* pp. 181-182.
68. Martin, *Rise of Chingis* pp. 114-115.
69. d'Ohsson, *Histoire* i p. 122.
70. Martin, *Rise* pp. 120-121.
71. Lattimore, 'The Geography of Genghis Khan,' *Geographical Journal* 129 (1963) pp. 1-7.
72. Mote, *Imperial China* pp. 284-288.
73. Bartold, *Turkestan* pp. 393-396; Vladimirtsov, *Genghis* pp. 76-77.
74. Thomas Allsen, 'The Yuan Dynasty and the Uighurs of Turfan,' loc. cit. pp. 243-280.
75. H. D. Martin, 'Chingis Khan's First Invasion of the Chin Empire,' *Journal of the Royal Asiatic Society* (1943) pp. 182-216 (esp. pp. 190-192).
76. Lattimore, *Mongol Journeys* p. 126.
77. ibid.
78. 在这方面，成吉思汗有不止一位现代的支持者。Gumilev, *Imaginary Kingdom* (p. 175) 将当年金朝企图采取的种族灭绝和17世纪新英格兰清教徒对印第安人的屠杀以及19世纪末阿根廷政府对巴塔哥尼亚印第安人的屠杀进行了比较。
79. Martin, *Rise* pp. 101, 149.
80. d'Ohsson, *Histoire* i p. 128.
81. JR ii p. 954.
82. Gaubil, *Gentchiscan* p. 16.
83. 蒙古的数据总是富有争议。对蒙古中古时期的人口的估算从70万到200万不等（我倾向于后者）。如果我们假设一个粗略的数字，即认为十分之一的人口参与了军事行动，那么蒙古军的实际人数在7万—20万之间。
84. 关于对大戈壁资源的现代分析，参见 Hedley, *Tramps* pp. 92, 239。
85. Rachewiltz, *In the Service* pp. 3-4.
86. Pelliot, 'Chrétiens d'Asie centrale,' loc. cit. pp. 623-624; Saeki, *Nestorian Documents* pp. 423-427; d'Ohsson, *Histoire* i p. 129.
87. Martin, *Rise* p. 133.
88. 关于这一地区的地理，参见 Lattimore, *Inner Asian Frontiers* pp. 21-25。
89. Van Oost, *Au pays des Ortos*.
90. Arthur Waldron, 'The Problem of the Great Wall of China,' *Harvard Journal of Asiatic Studies* 43 (1983) pp. 643-663; Buell, *Dictionary* p. 171; Herrmann, *Historical Atlas* p. 39; Haw, *Marco Polo's China* pp. 52-54; Pletcher, *Geography of China* p. 95; Waldron, *Great Wall*; Lovell, *Great Wall*; Rojas, *Great Wall*; Man, *Great Wall*.
91. Martin, *Rise* p. 134.
92. Lattimore, *Inner Asian Frontiers* pp. 543-546.
93. Martin, *Rise* pp. 133-134.
94. ibid. pp. 135-136.
95. Rachewiltz, *Commentary* p. 890.
96. Wittfogel & Feng, *Liao* p. 521.
97. RT i pp. 216-217.
98. Rachewiltz, *In the Service* p. 4.
99. JR ii pp. 956-957.
100. Krause, *Cingis Han* p. 30.
101. Martin, *Rise* pp. 141-142, 336-337.
102. Waley, *Travels of an Alchemist* pp. 62-63.
103. RT i p. 217.
104. Martin, *Rise* pp. 142-143; d'Ohsson, *Histoire* i p. 131.
105. Rachewiltz, *Commentary* p. 891.
106. SHO p. 234; SHR p. 175; Martin, *Rise* p. 143.

107. May, *Mongol Conquests* p. 225. 关于这些中国马同蒙古马的相似之处（并非完全一致），参见 Hyland, *Medieval Warhorse* pp. 126-127; Herrlee G. Creel, 'The Role of the Horse in Chinese History,' *American Historical Review* 70 (1965) pp. 647-662; S. Jagchid & C. R. Bawden, 'Some Notes on the Horse Policy of the Yuan Dynasty,' *Central Asiatic Journal* 10 (1965) pp. 246-268.
108. Martin, *Rise* p. 144.
109. Harlez, *Histoire de l'empire de Kin* pp. 208-209.
110. Olbricht & Pinks, *Meng-ta pei-lu* p. 61.
111. ibid. pp. 58, 187.
112. 关于速不台在1211—1212年的冒险，参见 Gabriel, *Subotai* p. 17.
113. Grousset, *Empire* pp. 228-229.
114. RT i pp. 215-216.
115. Krause, *Cingis Han* p. 74.
116. SHO p. 234; SHR p. 175.
117. Martin, *Rise* pp. 146-147.
118. 关于陕西地理的比较好的描写，参见 Millward, *Beyond the Pass*.
119. Martin, *Rise* pp. 149-150.
120. ibid. p. 150.
121. Buell, *Dictionary* pp. 28-29, 289.
122. Mark C. Elliott, 'The Limits of Tartary: Manchuria in Imperial and National Geographies,' *Journal of Asian Studies* 59 (2000) pp. 603-646; Parker, *A Thousand Years* pp. 249-250.
123. Carl Sverdrup, 'Numbers in Mongol Warfare,' *Journal of Medieval History* 8 (2010) pp. 109-117 (at pp. 115-116).
124. Lattimore, *Inner Asian Frontiers* p. 113.
125. Krause, *Cingis Han* pp. 30-31; Martin, *Rise* pp. 197-198.
126. JR ii p. 958: Bretschneider, *Mediaeval Researches*, i p. 125; Gaubil, *Gentchiscan* p. 37.
127. JR ii p. 958.
128. d'Ohsson, *Histoire*, i p. 133.
129. Krause, *Cingis Han* pp. 30-31.
130. Martin, *Rise* p. 157.
131. JR ii p. 958; Martin, *Rise* p. 159.
132. Martin, *Rise* p. 160.
133. d'Ohsson, *Histoire* i p. 140.
134. Françoise Aubin, 'The Rebirth of Chinese Rule in Times of Trouble,' in Schram, *Foundations and Limitations* pp. 113-146 (at p. 134).
135. Mote, *Imperial China* p. 244.
136. Martin, *Rise* pp. 160-161.
137. d'Ohsson, *Histoire* i p. 137.
138. Martin, *Rise* pp. 162-163.
139. ibid..
140. Krause, *Cingis Han* pp. 30-32; Boyle, *Successors* not e s 589 pp. 145-146, 165.
141. d'Ohsson, *Histoire* i pp. 140-141.
142. Du Halde, *Description* iv pp. 15-16; Edmonds, *Northern Frontiers* pp. 115-117.
143. Krause, *Cingis Han* pp. 32, 78.
144. Pelliot, *Notes sur Marco Polo* i pp. 8-9; Boyle, *Successors* p. 65.
145. Gibert, *Dictionnaire historique* pp. 668-669.
146. Judges 15: 4.
147. Gibert, *Dictionnaire historique* p. 481.
148. Krause, *Cingis Han* pp. 32, 78.
149. 长清已经不复为一座城市，此地似乎位于今天的济南周边。相关信息参见 Elvin & Skinner, *Chinese City* pp. 171-172.
150. RT i p. 219; Pelliot, *Notes sur Marco Polo* i p. 7. 有关王子们领导的战役，更多细节参见 ibid. i pp. 803, 842; ii p. 736; Boyle, *Successors* pp. 145-146.

151. Krause, *Cingis Han* p. 72.
152. Martin, *Rise* p. 165.
153. d'Ohsson, *Histoire* i pp. 140-141.
154. Ramsey, *Languages of China* pp. 19-26; Lee, *Warp and Weft* pp. 39-40.
155. Herbert Franke, 'Siege and Defense of Towns in Medieval China,' in Kiernan & Fairbank, *Chinese Ways in Warfare* pp. 159-195; Sen Dou Chang, 'The Morphology of Walled Capitals,' in Skinner, *City in Late Imperial China* pp. 75-100.
156. Pelliot, *Notes sur Marco Polo* ii pp. 802, 842.
157. Martin, *Rise* p. 166.
158. 关于成吉思汗掳掠的更多细节，参见 RT i pp. 218-219; Krause, *Cingis Han* pp. 31, 35, 71, 74, 75; Pelliot, *Notes sur Marco Polo* ii p. 736; d'Ohsson, *Histoire* i pp. 141-142.
159. Hildinger, *Warriors of the Steppe* p. 124. See also Giles, *Chinese Biographical Dictionary*.
160. Janhunen, *Manchuria* pp. 3-8; Edmonds, *Northern Frontiers of Qing China* op. cit. pp. 138-140.
161. Lattimore, *Mongols of Manchuria* pp. 44-46.
162. d'Ohsson, *Histoire* i p. 159.
163. Gibert, *Dictionnaire historique* p. 481; Lattimore, *Mongols of Manchuria* p. 193.
164. Abel-Rémusat, *Nouveaux melanges* ii p. 64.
165. d'Ohsson, *Histoire* i p. 142.
166. Martin, *Rise* p. 169.
167. ibid p. 170.
168. Franke, *Geschichte* iv p. 272; Franke & Twitchett, *Cambridge History* pp. 250-267.
169. SHO p. 236; SHR pp. 176-177; Krause, *Cingis Han* pp. 32-33.
170. Elisabetta Chiodo, 'Praising Činggis Qayan and His Campaigns,' *Ural-Altaische Jahrbucher* 17 (2002) pp. 189-233.

8　征服华北

1. Pelliot, *Notes sur Marco Polo* ii p. 789.
2. RT ii p. 222.
3. d'Ohsson, *Histoire* i pp. 143-144.
4. Needham, *Science and Civilization* op. cit. i p. 68.
5. Krause, *Cingis Han* p. 33.
6. Rachewiltz, 'Muqali, Bol, Tas and An-t'ung,' *Papers in Far Eastern History* 15 (1977) pp. 45-62 (at p. 49).
7. Franke & Twitchett, *Cambridge History* p. 258.
8. Martin, *Rise* p. 169.
9. Ratchnevsky, *Genghis Khan* pp. 113-115; Susan Naquin, *Peking*.
10. Li, Dray-Novey & Kong, *Beijing* p. 13; Phillips, *Mongols* p. 56. Han, *Population and Geography of Beijing* scales these figures down considerably.
11. Gabriel, *Great Armies* p. 38; McGraw, *Encyclopedia* pp. 103-104.
12. Bethan V. Purse et al, 'Climate Change and the Recent Emergence of Bluetongue in Europe,' *Nature Reviews Microbiology* 3 (2005) pp. 171-181; Mellor et al, *Bluetongue*; Robertson, *Handbook of Animal Diseases*.
13. Anastasius van den Wyngaert, 'Itinera et Relationes Fratrum Minorum saeculi XIII et XIV,' *Sinica Franciscana* 1 (1929) pp. 47-48, 56; Rockhill, *William of Rubruck* p. 64; Matthew Paris, *Chronica Majora* iv p. 386; Robert des Rotours, 'Quelques notes sur l'anthropophagie en Chine,' *T'oung Pao* 1963 pp. 386-427; Risch, *Geschichte der Mongolen*; Wittfogel & Feng, *Liao* p. 425.
14. RT i p. 223.
15. Krause, *Cingis Han* p. 33.

16. d'Ohsson, *Histoire* i pp.146-147.
17. Martin, *Rise* p. 177.
18. Krause, *Cingis Han* p. 34; Hambis, *Genghis* p. 103.
19. Chase, *Firearms* p. 58; Jaques, *Battles and Sieges* i p. 123; Walter J.Fabrychy & Paul E. Jorgesen, *Operations Economy* p. 254; Lissner, *Living Past* p. 193.
20. Martin, *Rise* p. 178.
21. JR ii p. 965.
22. Barthold, *Turkestan* pp.393-394. See also Boyle, *Cambridge History of Iran* v pp. 303-304.
23. Ping-ti Ho, 'An Estimate of the Total Population of Sung-Chin China,' *Etudes Song* 1 (1970) pp. 32-53; Franke & Twitchett, *Cambridge History* p. 622; Koln, *Dictionary of Wars* p. 206.
24. Needham, *Science and Civilization* i p. 139.
25. ibid. iv part 3 pp. 269-272, 307-309, 313, 350-352.
26. Gernet, *Daily Life* p. 15; Abu-Lughod, *Before European Hegemony* p. 337.
27. Temple, *Genius of China* pp. 218-219.
28. Brook, *Confusions of Pleasure* pp. 46-49.
29. Krause, *Cingis Han* pp. 34-35.
30. Waley, *Travels of an Alchemist* pp. 33-34.
31. JR ii p. 954.
32. Abel-Rémusat,*Nouveaux melanges* ii p. 64.
33. RT i p. 224; SHO pp. 239-240; SHR pp. 179-180; d'Ohsson, *Histoire* i p. 148; Rachewiltz, *In the Service* pp. 80-82; Ratchnevsky, 'Sigi Qutuqu, ein mongolischer Gefolgsmann im 12–13 Jahrhundert,' *Central Asiatic Journal* 10 (1965) pp. 87-120 (at pp. 98-103); Buell, *Dictionary* pp. 243-244.
34. Lee, *Economic History* pp. 325-326.
35. 这演变成了扎克雷起义，称为红袄军或叫红衫军。有时他们被推崇为早期的反叛者或是原始的农民起义军，尽管很多清醒的历史学家认为这种说法不合时宜，因为红袄军只不过是雇佣军集团 Françoise Aubin, 'The Rebirth of Chinese Rule in Times of Trouble: China in the Early Thirteenth Century,' in Schram, *Foundations and Limits* pp. 113-146.
36. Martin, *Rise* p. 181. 在这一点上，《蒙古秘史》的内容非常混乱，它写到为金军战斗的是"红袄军"(SHO p. 238; SHR pp. 178-179)。金的确使用了一支被称为"花帽军"的队伍抵抗红袄军 (Rachewiltz, *Commentary* pp. 912-913)。
37. Vernadsky, *Mongols and Russia* pp. 33-34.
38. Martin, *Rise* p. 182.
39. ibid. p. 187.
40. ibid p. 184.
41. 这几乎是重演了1161年海陵王带领的金军遭遇的溃败。(Ruth Mostern, 'From Battlefields to Counties: War, Border and State Power in Southern Song Huainan,' in Wyatt, *Battlefields* pp. 227-252 (at p. 241); Needham, *Science and Civilization* i p. 134; Tilman & West, *China under Jurchen Rule* p. 29).
42. Martin, *Rise* p. 185.
43. ibid.
44. Lary, *Chinese Migration* p. 49.
45. Henthorn, *Korea* p. 5.
46. Gaubil, *Gentchiscan* p. 26.
47. Martin, *Rise* p. 202.
48. ibid.
49. ibid. p. 203.
50. Parker, *Thousand Years* pp. 249-250.
51. Ratchnevsky, *Genghis Khan* pp. 114-115.
52. 关于木华黎的才智，参见 Buell, *Dictionary* pp. 199, 261; Grousset, *Empire* p. 206.
53. Martin, *Rise* p. 211.
54. ibid. pp. 211-213.

55. Krause, *Cingis Han* pp. 34-35.
56. RT i p. 246.
57. Martin, *Rise* p. 214.
58. ibid. p. 215.
59. Henthorne, *Korea* p. 6.
60. 他同蒙古人的关系非常独特。1217年当蒙古人入侵辽河流域和辽东时，木华黎恰好在别处，他在此起义，随后逃往一座岛屿。其后他为了躲避金和蒙古的追捕迁往了图们盆地，在当地建立政权，称为东真。建国之后，他立刻再次投降蒙古，一直为蒙古人提供有关高丽内部事务的重要情报 (Franke & Twitchett, *Cambridge History* pp. 258-259)。
61. RT i pp. 98-99; SHO p. 239; SHR pp. 178-179.
62. Hartog, *Genghis* p. 71.
63. Lattimore, *Inner Asian Frontiers* pp. 21-25.
64. Erdmann, *Temudschin* p. 328; Buell, *Dictionary* p. 236.
65. Krause, *Cingis Han* p. 86.
66. RT i p. 225.
67. Olbricht & Pinks, *Meng-ta pei-lu* p. 187.
68. Martin, *Rise* p.189.
69. ibid. p. 190.
70. ibid. p. 191.
71. ibid.
72. Franke, *Geschichte* iv pp.266-274.
73. d'Ohsson, *Histoire* i pp. 161-162.
74. Vladimirtsov, *Genghis* pp.78-83.
75. Rachewiltz, *In the Service* pp. 116-117.
76. Dunnell, *Great State* p.xxv; Asimov & Bosworth, *History of Civilizations* iv part 1 pp. 191-214.
77. Rachewiltz, *In the Service* p. 6.
78. Rachewiltz, 'Muqali, Bol, Tas and An-t'ung,' loc. cit. p. 50.
79. Martin, *Rise* p. 244.
80. Robinson, *Empire's Twilight* p. 302; d'Ohsson, *Histoire* i p. 357; Franke & Twitchett, *Cambridge History* p. 358.
81. d'Ohsson, *Histoire* i pp. 358-359; Rachewiltz, *In the Service* p. 47; Lien-Sheng Yang, 'Hostages in Chinese History,' *Harvard Journal of Asiatic Studies* 15 (1952) pp. 507-521.
82. Rachewiltz, *In the Service* pp. 48-49. 这让人想起17世纪孔代亲王和杜伦尼子爵的决斗。
83. Franke & Twitchett, *Cambridge History* p. 358.
84. Martin, *Rise* pp. 250-251.
85. RT i p. 227.
86. Allsen, *Commodity and Exchange* pp. 76-78.
87. Robinson, *Empire's Twilight* pp. 308-309.
88. Rachewiltz, 'Personnel and Personalities in North China in the Early Mongol Period,' *Journal of the Economic and Social History of the Orient* 9 (1996) pp. 88-144 (esp. pp. 128-132).
89. Tao-chung Yao, 'Ch'iu Ch'u-chi and Chinggis Khan,' *Harvard Journal of Asiatic Studies* 46 (1986) pp. 201-219.
90. Franke & Twitchett, *Cambridge History* p. 362; Pelliot & Hambis, *Campagnes* pp. 360-372.
91. Henthorn, *Korea* pp. 5-6, 22; Michael C. Rogers, 'Koryo's Military Dictatorship and its relationship with Kin,' *T'oung Pao* 47 (1949) pp. 43-62.
92. Michael C. Rogers, 'Factionalism and Koryo Policy under the Northern Song,' *Journal of the American Oriental Society* 79 pp. 16-25.
93. Lee, *New History* pp. 343-350.
94. Henthorn, *Korea* pp. 18-22.

95. Robinson, *Empire's Twilight* pp. 7-9, 57.
96. ibid. pp. 53, 265.
97. Pelliot, *Notes sur Marco Polo* i p. 307; Gari Ledyard, 'Yin and Yang in the China-Manchuria-Korea Triangle,' in Rossabi, *China among Equals* pp. 313-353; Ledyard, *Early Koryo–Mongol Relations*.
98. Henthorn, *Korea* pp. 27-29; Gari Ledyard, 'The Mongol Campaigns in Korea and the Dating of the *Secret History of the Mongols*,' *Central Asiatic Journal* 9 (1964) pp. 1-22; Atwood, *Encyclopedia* p. 319.
99. Charles A. Peterson, 'Old Illusions and New Realities: Sung Foreign Policy, 1217–1234,' in Rossabi, *China among Equals* pp. 204-239.
100. ibid. p. 205. 关于1206—1208年的悲惨历史以及宋金战争，参见 Hana, *Der Stadt Te-an* pp. 21-65.
101. Needham, *Science and Civilization* i pp. 134-139; Gernet, *Daily Life* pp. 17-18; Twitchett, *Printing and Publishing*.
102. Yuan-kang Wang, 'Explaining the Tribute System: Power, Confucianism and War in Medieval East Asia,' *Journal of East Asian Studies* 13 (2013) pp. 207-232.
103. Françoise Aubin, 'Li Chi'an,' in Franke, *Sung Biographies* ii pp. 542-546.
104. Waley, *Travels of an Alchemist* p. 48; Franke & Twitchett, *Cambridge History* p. 359.
105. Martin, *Rise* pp. 258-259.
106. d'Ohsson, *Histoire* i p. 363.
107. Krause, *Cingis Han* pp. 35-36.
108. Rachewiltz, *In the Service* pp. 62-64.
109. d'Ohsson, *Histoire* i pp. 360-361.
110. Rachewiltz, 'Muqali, Bol,' loc. cit. pp. 51-52.
111. Bretschneider, *Mediaeval Researches* i pp. 25-34; Krause, *Cingis Han* p. 37.
112. Riasanovsky, *Fundamental Principles* p. 89.
113. ibid. pp. 89-90.
114. Franke & Twitchett, *Cambridge History* p. 359; Martin, *Rise* pp. 264-265.
115. Pelliot, 'Notes sur le "Turkestan",' loc. cit. pp. 13-14.
116. Grousset, *Conquerant* p. 348.
117. Peterson, 'Old Illusions,' loc. cit. pp. 208, 210.
118. 关于赵方，参见 Franke, *Geschichte* iv p. 273; Franke, *Sung Biographies* i pp. 54-56。
119. Charles A. Peterson, 'First Sung Reactions to the Mongol Invasions of the North, 1211–1217,' in Haeger, *Crisis and Prosperity* pp. 215-252 (at pp. 247-248).
120. Peterson, 'Old Illusions,' loc. cit. pp. 213-214, 219-220.
121. Lo, *Yeh Shih* pp. 105-107; Peterson, 'Old Illusions,' pp. 215-217.
122. Herbert Franke, 'Sung Embassies: Some General Observations,' in Rossabi, *China among Equals* pp. 116-137 (at p. 136).
123. ibid.
124. Rachewiltz, 'Muqali, Bol,' loc. cit. pp. 52-53.
125. Martin, *Rise* pp. 264-265.
126. ibid. pp. 265-266.
127. d'Ohsson, *Histoire* i p. 365.
128. Martin, *Rise* p. 267.
129. ibid p. 269.
130. RT ii p. 299.
131. Krause, *Cingis Han* p. 38; d'Ohsson, *Histoire* I p. 366.
132. Martin, *Rise* p. 270.
133. ibid. p. 271.
134. Franke & Twichett, *Cambridge History* p. 360.
135. Martin, *Rise* p. 272.
136. Krause, *Cingis Han* p. 38.
137. Rachewiltz, 'Muqali, Bol,' loc. cit. p. 54; Pelliot & Hambis, *Campagnes* p. 371.
138. Peterson, 'Old Illusions,' loc. cit. p. 209.

139. Goodrich, *Short History* p. 173.
140. Luc Kwanten, 'The Career of Muqali: A Reassessment,' *Bulletin of Sung and Yuan Studies* 14 (1973) pp. 31-38. 唯一可以与他们相提并论的是美国内战中的格兰特、谢尔曼和谢里登三人组,尽管对他们的评价没有那么高。
141. Henthorn, *Korea* pp. ix, 27-29, 195.
142. Martin, *Rise* p. 276.
143. Rachewiltz, *In the Service* p. 64.
144. ibid.
145. Franke & Twitchett, *Cambridge History* p. 360.
146. Rachewiltz, *In the Service* p. 64.
147. ibid p. 29.
148. Martin, *Rise* p. 277.
149. ibid. pp. 278-279.
150. ibid. p. 280.
151. ibid. pp. 280-281.
152. Chi, *Key Economic Areas* pp. 106-107, 140.
153. Franke, *Geschichte* iv p. 285.
154. Peterson, 'Old Illusions,' loc. cit. p. 221.
155. Saunders, *Mongol Conquests* pp. 196-202.
156. Pletcher, *History of China* pp. 172-173.
157. Needham, *Science and Civilization* v part 6 p. 135. 对此更详尽的讨论,参见 Payne-Gallwey, *Crossbow*.
158. 关于契丹带来的影响,参见 P. Buell, 'Sino-Khitan Administration in Mongol Bukhara,' *Journal of Asian History* 13 (1979) pp. 121-151; Silverstein, *Postal Systems* p. 142.

9　一路向西

1. 哈代的诗指的是泰坦尼克号与冰山的注定相撞。正是花剌子模和西辽的碰撞影响了成吉思汗的命运,因此可以看作两者具有相同的必然性。
2. Wittfogel & Feng, *Liao*.
3. 关于耶律大石的完整事迹,参见 Biran, *Qara Khitai* pp. 19-40.
4. Denis Sinor, 'The Khitans and the Kara Khitans,' in Asimov & Bosworth, *History of Civilizations* iv part 1 pp. 227-242 (at p. 235).
5. Biran, *Qara Khitai* pp. 103, 107-108.
6. RT i pp. 228-231; JB i pp. 62-64.
7. JB i p. 64; ii pp. 351, 394, 396.
8. JB ii pp. 360-361.
9. Barthold, *Turkestan* p. 367.
10. Wittfogel & Feng, *Liao* p. 668.
11. ibid. p. 652; Barthold, *Turkestan* pp. 358, 362, 367.
12. JB i pp. 346, 349, 359-360.
13. Biran, *Qara Khitai* p. 78.
14. JB i pp. 361, 395; Barthold, *Turkestan* pp. 365-366; Barthold, *Histoire des turcs* pp. 109-111.
15. Sinor, 'Western Information on the Khitans and Some Related Questions,' *Journal of the American Oriental Society* 115 (1995) pp. 262-269.
16. Waley, *Travels of an Alchemist* pp. 88-89.
17. Barthold, *Turkestan* pp. 382-384.
18. JB ii p. 395; Asimov & Bosworth, *History of Civilizations* iv part 1 pp. 134-136; Barthold, *Turkestan* pp. 365-366.
19. Christian, *History of Russia* i p. 379.
20. Barthold, *Four Studies* i p. 395; Barthold, *Turkestan* p. 364; Hartmann, *An-Nasir li-*

Din Allah p. 80.
21. 希罗多德 (1.203) 认为里海是一个内湖，不过持相反观点的老普林尼，*Natural History* (6.15.36-37) 和斯特拉波，*Geography* (2.5.14) 固执己见。关于蒙古区域内的里海，参见 Pelliot, *Notes sur Marco Polo* i pp. 61-62; Pelliot, *Recherches* pp. 104-106.
22. JB i p. 65.
23. Wittfogel & Feng, *Liao* p. 653.
24. Barthold, *Turkestan* pp. 363, 366, 368.
25. JB i pp. 65-68, 70-73, 75; Biran, *Qara Khitai* pp. 180-191, 194-196.
26. JB i pp. 65, 75.
27. JB ii p. 396.
28. Biran, *Qara Khitai* pp. 81-82.
29. 关于摩诃末的这段事迹，参见 Barthold, *Turkestan* pp. 322-351; cf also Grousset, *Empire* p. 169.
30. Biran, *Qara Khitai* p. 65.
31. Barthold, *Turkestan* p. 401.
32. JB i pp. 75-76.
33. Biran, *Qara Khitai* p. 83; *Turkestan* p.402; Pelliot, 'Notes sur le "Turkestan",' loc. cit. p. 55.
34. Biran, *Qara Khitai* pp. 80-81.
35. Thomas T. Allsen, ' "Ever Closer Encounters" : The Appropriation of Culture and the Apportionment of Peoples in the Mongol Empire,' *Journal of Early Modern History* 1 (1997) pp. 2-25; Peter B. Golden, ' "I Will Give the People Unto Thee" : The Chingissid Conquests and their Aftermath in the Turkic World,' *Journal of the Royal Asiatic Society*, 3rd series 10 (2000) pp. 21-41; Bretschneider, *Mediaeval Researches* i p. 298.
36. JB i pp. 67-68.
37. Bretschneider, *Mediaeval Researches* i p. 233; d'Ohsson, *Histoire* i p. 172; Spuler, *Muslim World* ii p. 89.
38. Bretschneider, *Mediaeval Researches* i pp. 301-304; ii pp. 39-41, 68-73; Pelliot & Hambis, *Campagnes* pp. 109-116.
39. JB p. 67; Biran, *Qara Khitai* pp. 195-196.
40. SHO p. 221; SHR p. 163; Rachewiltz, *Commentary* p. 845. 根据中国的史料，哲别经过的其他地点包括天山、伊塞克湖、别迭里山口、乌什和阿克苏 (Martin, *Rise* p. 231)。
41. JB i pp. 69-70; ii pp. 370-383.
42. JB i p. 68; Barthold,*Turkestan* p. 403.
43. JB ii pp. 347, 357; Biran, *Qara Khitai* p. 171.
44. 对伊尔吉兹河有很好的描写，参见 Schuyler, *Turkistan* p. 16.
45. JB ii p. 371.
46. RT i pp. 235-236; JR i pp. 269-270.
47. JB ii pp. 371-373; Barthold, *Turkestan* pp. 369-372.
48. Nesawi [Nasawi], *Djelal ed-Din Mankobirti* pp. 19-20;Grenard, *Genghis* p. 140.
49. JB i pp. 303-304; Barthold, *Turkestan* pp. 393-394.
50. JR ii p. 966.
51. d'Ohsson, *Histoire* i p. 205.
52. JB i p. 304.
53. Barthold, *Turkestan* pp. 396-397.
54. ibid.
55. JR i p. 270.
56. JB ii pp. 390-391; Hartmann, *An-Nasir* pp. 83-84; Spuler, *Muslim World* ii p. 8.
57. Hartmann, *An-Nasir* p.82; Barthold, *Four Studies* i p. 88.
58. Thomas T. Allsen, 'Mongolian Princes and their Merchant Partners, 1200–1260, *Asia Minor*, 3rd series 2 (1989) pp.83-126 (at p. 91).

536 成吉思汗

59. Minorsky, *Sharaf al Zaman Tahir Marzavi* (1942) pp. 14-15; Hourani, *Arab Peoples* p. 112.
60. JB i pp. 77-78; Lech, *Mongolische Weltreich* p. 19; Barthold, *Four Studies* i p. 71; Vladimirtsov, *Genghis* p. 93.
61. Biran, *Qara Khitai* p. 138.
62. Eisma, *Chinggis Qan* pp. 78-79; d'Ohsson, *Histoire* i pp.205-206.
63. Togan, *Flexibility and Limitation* p. 57.
64. Vernadsky, *Mongols and Russia* p. 117.
65. JR ii p. 967.
66. 讹答剌事件有全面的记述和评论，参见 RT i p. 234; JB i pp. 79-80, 304-305, 367; IAA iii pp. 204-205; JR i p. 271; Barthold, *Turkestan* pp. 398-399; Pelliot, 'Notes sur le "Turkestan" ,' loc. cit. pp. 52-53.
67. JR ii p. 967; Bretschneider, *Mediaeval Researches* i p. 277; Barthold, *Turkestan* pp. 397-399.
68. JR ii p. 1141.
69. IAA iii pp. 205-206.
70. ibid. p. 206.
71. ibid.
72. 这些案例基本遵循 Liddell Hart 提出的经典战略理论，*Strategy*. 还可参见 Bond, *Basil Liddell Hart*; Alex Danchev, 'Liddell Hart and the Indirect Approach,' *Journal of Military History* 63 (1999) pp. 313-337.
73. Clausewitz, *On War*.
74. Ratchnevsky, *Genghis Khan* p. 124.
75. Bregel, *Firdaws al-Iqbal*; D. N. Mackenzie, 'Khwarezmian Language and Literature,' in Yarshater, ed., *Cambridge History of Iran* (1983) iii part 2 pp. 1244-1249.
76. Christian, *History of Russia* i p. 379; Barthold, *Turkestan* p. 377.
77. JR i p. 240; Wittfogel & Feng, *Liao* p. 431; Pelliot & Hambis, *Campagnes* pp. 89-91.
78. JB ii p. 466; Spuler, *History of the Mongols* p. 32.
79. Eisma, *Chinggis Khan* p. 84.
80. Ratchnevsky, *Genghis Khan* pp. 124, 129-130.
81. Bahn, *World Archaeology* pp. 134-135; Gunnar Jarring, 'The Toponym Takla-makan,' *Turkic Languages* 1(1997) pp. 227-240.
82. Barthold, 'Tarim,' in *Encyclopaedia of Islam* (1st ed.,repr. 1993) i p. 673; Hedin, *Explorer* pp. 219, 233; Stein, *Ancient Khotan*; John E.Hill, *Through the Jade Gate* pp. 13, 121, 160-161; Baumer, *Southern Silk Road*.
83. Toynbee, *Between Oxus and Jumma*.
84. Le Strange, *Eastern Caliphate* pp.437-439; Cordier, *Histoire generale* ii pp. 207-211.
85. Asimov & Bosworth,*History of Civilizations* iv part 1 pp. 130-172.
86. Vámbéry, *Bokhara* p. 111.
87. d'Ohsson, *Histoire* i pp. 212-213.

10 摩诃末的垮台

1. JR i p. 272.
2. 这个地区因后来著名的旅行者而闻名，他们包括斯坦因、斯文·赫定、阿尔伯特·冯·勒科克和保罗·伯希和。关于塔里木盆地，参见 W. Barthold, 'Tarim,'loc. cit. i p. 673. 关于塔克拉玛干沙漠，参见 Gunnar Jarring, 'The Toponym Taklamakan,' loc. cit. pp. 227-240; Bahn, *World Archaeology* pp. 134-135. 塔克拉玛干沙漠在 18 世纪的中国历史之中也很重要（见于 Perdue, *China Marches West*）。
3. Yule, *Cathay* i p. 192. 此地位于 39° 56' N 73° 41' E.
4. Bretschneider, *Mediaeval Researches* i pp. 13-15.
5. Le Strange, *Eastern Caliphate* pp. 497-488.

6. JR ii pp. 963-966; JB ii p. 376;Ratchnevsky, *Genghis Khan* p. 120.
7. Bira Shagdar, 'The Mongol Empire inthe Thirteenth and Fourteenth Centuries,' in Elisseeff, *Silk Roads* pp. 127-144(at p. 133).
8. 关于这场战争的不同说法，参见 Lamb, *March of the Barbarians* pp. 124-125, 133-134; Chambers, *Devil's Horsemen* pp. 9-10; Gabriel, *Subotai* pp. 78-79.
9. Pittard, 'Mongol Warfare' pp. 12-13.
10. Grenard, *Genghis* p. 139; Hartog, Genghis p. 96.
11. Barthel, *Mongolei* pp. 34-36.
12. Bretschneider, *Mediaeval Researches* i p. 14. 答必斯丹-答板山峡大约位于 46° N 92°E.
13. 鄂毕-额尔齐斯河总长 3360 千米，是世界第七长的河流。学者对于将鄂毕河还是额尔齐斯河视为主干仍有争议（如同密西西比-密苏里河一样），但传统的观点将额尔齐斯河看作是鄂毕河的支流，而非相反。关于额尔齐斯河在历史中的重要地位，参见 Di Cosmo, *Military Culture* pp. 181-185; Millward, *Xinjiang* p. 33.
14. 相关记述参见希罗多德 4.13.1 和托勒密 6.16.7。对于准噶尔山口的经典描述，参见 Carruthers, *Unknown Mongolia* pp. 415-418..
15. Vernadsky, *Mongols and Russia* pp. 57-60.
16. Lane, *Daily Life* p. 116.
17. Leo de Hartog, 'Army of Genghis Khan,' loc. cit. p. 484; Hartog, *Genghis* pp. 52-53.
18. Barthold (*Turkestan* p. 404) 推测总数为 25 万，其中 15 万—20 万投入远征，另有 5 万在中原。
19. Martin, *Rise* p. 237.
20. Franke & Twitchett, *Cambridge History* p. 210.
21. Eisma, *Chinggis Khan* pp. 81-82.
22. 1715 年著名的罗伯·罗伊·麦格雷戈被他公认为詹姆斯二世党羽的盟友要求参加詹姆斯党暴动时表示："不！不！如果他们没有我就做不到，那么有我也不行。" 阿沙甘不的回答似乎与其遥相呼应。
23. Bretschneider, *Mediaeval Researches* i p. 277; Barthold, *Four Studies* pp. 92-108; Barthold, *Turkestan* pp. 403-404.
24. Gaubil, *Gentchiscan* p. 34.
25. Waley, *Travels of an Alchemist* p. 85.
26. 关于阿力麻里的棉花田、运河和果园，参见 ibid. pp. 85-86; cf also Pelliot, 'L'édition collective des oeuvres de Wang Kouo-Wei,' *T'oung Pao 26 (1929)* p. 174.
27. SHO p. 249; SHR pp. 189-191.
28. JR ii pp. 968-969.
29. 关于别纳客忒，参见 Le Strange, *Eastern Caliphate* pp. 474, 488.
30. 对此的精彩分析，参见 C. C. Walker, 'Genghis Khan's Invasion of South-West Asia,' *Canadian Defence Quarterly (1932–1933)* pp. 23-39, 156-173 (1940 年以专著形式再版)。
31. JB i pp. 79-80, 82-86, 347-348; JR ii pp. 968-970; Barthold, *Turkestan* pp. 356, 364,397-398, 406-407.
32. Walker, 'Genghis Khan's Invasion,' loc. cit..
33. Barthold, *Histoire des turcs* pp. 123-124; Le Strange, *Eastern Caliphate* pp. 484-485; Skrine & Ross, *Heart of Asia* pp. 157-159.
34. JB i pp. 82-84.
35. Spuler, *Mongolen in Iran* pp. 24-26.
36. JR ii p. 1048.
37. d'Ohsson, *Histoire* i pp. 219-221.
38. JR ii p. 910.
39. RT ii pp. 241-242; JR ii pp. 970-971; JB i pp. 84-85.
40. Bretschneider, *Mediaeval Researches* i p. 278; Ratchnevsky, *Genghis Khan* p. 130.
41. Wolff, *Mongolen* pp. 60-71.
42. JB i pp. 96-97.
43. JB i p. 87; Barthold, *Turkestan* p.179.
44. JB i p. 92; d'Ohsson, *Histoire* i pp. 221-224.

45. Barthold, *Turkestan* pp. 417-419.
46. RT ii pp. 243-245; JR ii pp. 972-973.
47. JB i pp. 92-95.
48. Gabriel, *Subotai* p. 81.
49. JB i pp. 98-102; Barthold, *Turkestan* pp. 407-409; d'Ohsson, *Histoire* i pp. 227-228.
50. Liddell Hart (*Great Captains Unveiled* pp.11-15) 认为征服花剌子模是前无古人的战略杰作。
51. 参见 Alex Danchev, 'Liddell Hart and the Indirect Approach,' loc. cit. pp. 313-337; Danchev, *Alchemist of War*。
52. Vámbéry, *Bokhara* p. 28; Wolff, *Mongolen* p. 69·
53. Le Strange, *Eastern Caliphate* pp. 461-462.
54. Asimov & Bosworth, *History of Civilizations* iv part 1 p. 265; Barthold, *Turkestan* p. 88.
55. Frye, *Bukhara* p. 93; Frye, *al-Narshakhi*; Barthold, *Turkestan* pp. 103-104, 112.
56. Eisma, *Chinggis Khan* p. 86.
57. Barthold, *Turkestan* p. 424.
58. Togan, *Flexibility and Limitation* pp. 54-55; Barthold, *Turkestan* pp. 354-355.
59. JB i pp. 102-107; Barthold, *Turkestan* p. 409.
60. 伊本·艾西尔认为是在2月11日 (IAA iii p. 308)，术兹札尼认为是2月15日 (JR ii pp. 978-979)。拉施特虽然提供了关于围攻的所有细节，但他没有提到确切的日期 (RT ii pp. 245-247)。
61. JR ii pp. 976-977; Togan, *Flexibility* p. 55; Dankoff, *Wisdom* p. 221.
62. IAA iii p. 209.
63. Barthold, *Turkestan* pp. 409-410.
64. Ratchnevsky, *Genghis Khan* p. 131..
65. Eisma, *Chinggis Khan* p. 87.
66. JB i p. 107; d'Ohsson, *Histoire* i pp. 231-234.
67. Spuler, *Mongolen in Iran* p. 22; Barthold, *Turkestan* p. 410.
68. Le Strange, *Eastern Caliphate* p. 463.
69. Bloom & Blair, *Grove Encyclopedia of Islamic Art* iii pp. 170-177; Asimov & Bosworth, *History of Civilizations* iv part 1 p. 265.
70. Le Strange, *Eastern Caliphate* pp. 463-471.
71. JB ii pp. 376-377.
72. 这些弱点中有部分是摩诃末自己导致的。在最终征服并缔造了帝国的两年后，他仍然没有派人取代那些被他愚蠢杀害的地方长官的职位 (Barthold, *Four Studies* i p. 71)。
73. ibid. i p. 39; Barthold, *Turkestan* p. 405.
74. ibid. p. 419.
75. JR ii p. 971.
76. IAA iii p. 210; JB ii p. 378; Barthold, *Turkestan* p. 419.
77. IAA iii p. 209; JB i pp. 117-119.
78. RT ii pp. 247-249; JR ii p. 990; JB i pp. 117-119.
79. d'Ohsson, *Histoire* i pp. 235-239.
80. Barthold, *Turkestan* p. 480.
81. IAA iii pp. 209-210.
82. JB i pp. 121-122; JR ii p. 980.
83. JB i p. 122; Barthold, *Turkestan* p. 413.
84. d'Ohsson, *Histoire* i p. 240.
85. 1221年来自中国的真人长春子在前往拜访成吉思汗时途经此地，他和自己的大批信众对当地人口进行了细致的统计，他认为当时人口只有1219年之前的四分之一 (Waley, *Travels of an Alchemist* p. 93)。
86. Le Strange, *Eastern Caliphate* p. 465.
87. Eisma, *Chinggis Khan* p. 89.
88. IAA iii p. 210.
89. Waley, *Travels* p. 110.
90. Le Strange, *Eastern Caliphate* pp. 433-436, 441-444, 457-458.

91. Wolff, *Mongolen* p. 77.
92. Eisma, *Chinggis Khan* pp. 90-96.
93. ibid.
94. RT ii p. 255; JB i p. 129.
95. d'Ohsson, *Histoire* i p. 241.
96. ibid. pp. 241-242.
97. JR i p. 275.
98. JR i p. 276.
99. d'Ohsson, *Histoire* i pp.242-243.
100. Barthold, *Turkestan* pp. 428, 446.
101. JR i p. 274.
102. SHC pp.199-200.
103. IAA iii p. 210.
104. JB i p. 143.
105. d'Ohsson, *Histoire* i p. 244.
106. Barthold, *Turkestan* pp 378-379.
107. d'Ohsson, *Histoire* i p. 244.
108. RT ii pp. 250-251.
109. JB i p. 144.
110. JB i p. 145.
111. 关于菲尔多西，参见 Frye, *Golden Age* p. 200; Davis, *Shahnameh*. 关于徒思城，参见 Kennedy, *Court of the Caliphs*.
112. Eisma, *Chinggis Khan* p. 92.
113. JB i p. 307; Barthold, *Turkestan* pp. 420-422. 关于达姆甘，参见 Bloom & Blair, *Grove Encyclopedia* i p. 291; Sha'bani, *Book of Iran* p. 221。
114. IAA iii pp. 212-213; JR i p. 277.
115. JB ii pp. 466-468; d'Ohsson, *Histoire* i pp. 259-260.
116. JR ii p. 1082. JB i pp. 184, 249.
117. Eisma, *Chinggis Khan* p. 93.
118. IAA iii p. 213.
119. JR i p. 277; JB ii p. 384; Barthold, *Turkestan* pp. 422-425; d'Ohsson, *Histoire* i p.254.
120. Spuler, *Mongolen in Iran* p. 22; Barthold, *Turkestan* p. 160; d'Ohsson, *Histoire* i pp. 250-251.
121. JB ii p. 384; Barthold, *Turkestan* pp. 422-425.
122. d'Ohsson, *Histoire* i pp. 254-255.
123. JB ii p. 385; JR ii pp. 993-994.
124. d'Ohsson, *Histoire* i p. 254.
125. JR i p. 279.
126. Bretschneider, *Mediaeval Researches* i p. 280; Wolff, *Mongolen* p. 80.
127. d'Ohsson, *Histoire* i p. 278.
128. IAA iii pp. 211-212.
129. JB i pp. 142-149

11 花剌子模的覆灭

1. 有关花剌子模的历史和文化，参见 Yuri Bregel, 'The Sarts in the Khanate of Khiva,' *Journal of Asian History* 12 (1978) pp. 121-151; Bregel, *Firdaws al-Iqbal*; D. N. MacKenzie, 'Khwarazmian Language and Literature,' in E. Yarshater, ed., *Cambridge History of Iran* iii part 2 pp. 1244-1249.
2. JB i pp. 174-175.
3. d'Ohsson, *Histoire* i p. 265. For Khiva see Burnaby, *Ride to Khiva*; Philip Glazebrook, *Journey to Khiva*; Moser, *Asie centrale*; Nashriyoti, *Khiva*.

4. JR ii p. 1097.
5. d'Ohsson, *Histoire* i p. 266.
6. Le Strange, *Eastern Caliphate* pp. 458-459; Sykes, *Persia* p. 64; Daniel, *Iran* p. 28.
7. Le Strange, *Eastern Caliphate* pp. 457-458.
8. Barthold, *Turkestan* pp. 433-434.
9. JR ii pp. 1100-1101; Barthold, *Turkestan* p. 432.
10. JB iii pp. 399-402; Bretschneider, *Mediaeval Researches* i p. 280.
11. d'Ohsson, *Histoire* i p. 267.
12. JB i pp. 123-125.
13. JR i p. 280.
14. SHO p. 250; SHR p. 191; Barthold, *Turkestan* pp. 433, 437.
15. JB i pp. 123-125.
16. JR ii pp. 1098-1099.
17. JB ii pp. 126-127.
18. IAA iii pp.227-228; d'Ohsson, *Histoire* i pp. 268-269.
19. Barthold, *Turkestan* pp. 435-437.
20. d'Ohsson, *Histoire* i p. 270.
21. JB i p. 96; Bretschneider, *Mediaeval Researches* i p. 131; Allsen, *Mongol Imperialism* p. 89.
22. IAA iii p. 228; *Encyclopaedia of Islam* (2nd ed.) ii pp. 41-44.
23. JB ii pp. 402-404.
24. JB i pp.174-175; Barthold, *Turkestan* pp. 424-426.
25. SHO p. 251; SHR p. 194.
26. SHO p. 252; SHR p. 194.
27. IAA iii p. 225.
28. JB i p. 130; Bloom & Blair, *Islamic Art and Architecture* i pp. 258-259; Le Strange, *Eastern Caliphate* pp. 420-421.
29. JB i p. 131; Boyle, *Cambridge History of Iran* v pp. 303-421 (at p.312); Barthold, *Turkestan* pp. 427-455.
30. d'Ohsson, *Histoire* i p. 272.
31. J. A.Boyle, 'On the Titles given in Juvaini to certain Mongolian Princes,' *Harvard Journal of Asiatic Studies* 19 (1956) pp. 146-154 (at pp. 146-148); Boyle, 'Iru and Maru in the Secret History of the Mongols,' *Harvard Journal of Asiatic Studies* 17 (1954) pp. 403-410.
32. 关于马鲁和布哈拉的比较，参见 Dumper & Stanley, *Cities of the Middle East* pp. 95-99; cf Frye, *al-Narshakhi*. 有关中世纪城市的规模这个棘手的问题，参见 Chandler, *Urban Growth*.
33. Bloom & Blair, *Islamic Art and Architecture* ii pp. 476-479.
34. 有关拖雷前往马鲁的旅程，参见 JR ii p. 1028. 关于伊朗各大城市（布哈拉、玉龙杰赤、马鲁以及哈烈）中的陵墓，参见 Asimov & Bosworth, *History of Civilizations*, iv part 2 pp. 516-531, 545-549.
35. ibid. p. 265.
36. ibid. p. 297.
37. 马鲁的灌溉系统是一个经典的例子，一位学者称之为"东方专制主义"，马克思主义者称之为"东方生产方式"（see Wittfogel, *Oriental Despotism*）。
38. Asimov & Bosworth, *History of Civilizations* iv part 2 p. 266; Williams, *Merv*.
39. d'Ohsson, *Histoire* i pp. 279-282.
40. ibid. pp. 283-284.
41. JB i pp. 153-158.
42. IAA iii pp. 226-227.
43. JR ii pp. 1031-1033.
44. JB i pp. 158-162; Boyle, 'Dynastic and Political History of the Il-Khans,' in Boyle, *Cambridge History of Iran* v pp. 303-421 (at pp. 313-314).
45. d'Ohsson, *Histoire* i pp. 287-288.

46. Grousset, *L'Empire* pp. 240-241.
47. Eisma, *Chinggis Khan* pp. 98-99.
48. d'Ohsson, *Histoire* i pp. 275-276.
49. JR ii p. 1033.
50. JB i p. 145.
51. 有相当多的文献描写中世纪的尼沙布尔。Asimov & Bosworth, *History of Civilizations* iv part 2 pp. 412-422, 440-443; Bosworth, *Historic Cities* pp. 421-439; Bloom & Blair, *Islamic Art* iii pp. 59-60; Bulliet, *Patricians*; Wilkinson, *Pottery*; R. W. Bulliet, 'Medieval Nishapur: A Topographical and Demographic Reconstruction,' *Studia Iranica* 5 (1976) pp. 67-89; Meri, *Medieval Islamic Civilization* ii; Kröger, *Glass*; C. Melville, 'Earthquakes in the History of Nishapur,' *Iran* 18 (1980) pp. 103-120. 关于尼沙布尔的人口, 参见 Bulliet, 'Medieval Nishapur,' loc. cit. p. 88. 关于苏菲主义, 参见 Margaret Malamud, 'Sufi Organisations and Structures of Authority in Medieval Nishapur,' *International Journal of Middle East Studies* 26 (1994) pp. 427-442. 当然, 此处不会试图引用载默·伽亚谟书籍中的许多内容。
52. JB i pp. 169-178.
53. d'Ohsson, *Histoire* i pp. 289-291. 石弩就是放大版的弩, 它可以发射标枪, 不像投石机是抛掷石头 (Oman, *Art of War* i pp. 137-138)。
54. JR ii p. 1035.
55. IAA iii p. 27.
56. JB i pp. 169-178.
57. JB i p. 152; Bretschneider, *Mediaeval Researches* i p. 281; Boyle, *Successors* p. 165.
58. JR ii p. 997.
59. Le Strange, *Eastern Caliphate* pp. 407-410; Bloom & Blair, *Islamic Art* ii pp. 146-150; Asimov & Bosworth, *History of Civilizations* iv part 2 p. 272.
60. IAA iii p. 27.
61. JR ii p. 1036.
62. JR ii pp. 1037-1039.
63. ibid.
64. JB ii p. 403.
65. d'Ohsson, *Histoire* i pp. 286-287.
66. JB ii pp. 404, 460.
67. JR ii p. 1083.
68. ibid.
69. d'Ohsson, *Histoire* i p. 273.
70. IAA iii p. 225.
71. JB i pp. 132-133; Boyle, *Successors* p. 137.
72. d'Ohsson, *Histoire* i p. 296.
73. Pelliot, *Horde d'Or* pp. 86-87.
74. JR i p. 289; JB i p. 405; Barthold, *Turkestan* p. 442.
75. Yule, *Cathay* iv pp. 209, 257; Dupuy, *Harper Encyclopedia* p. 366.
76. JR i p. 289.
77. JB ii pp. 406-407.
78. d'Ohsson, *Histoire* i p. 302; Barthold, *Turkestan* p. 441.
79. Barthold pp. 441-443.
80. JR i p. 290.
81. JR ii p. 1003; Barthold, *Turkestan* p. 443.
82. RT ii p. 256.
83. Eisma, *Chinggis Khan* p. 102.
84. ibid.
85. Barthold, *Turkestan* pp. 445-446.
86. JB i p. 174; ii p. 411.
87. JR i p. 291.
88. IAA iii p. 229.

89. d'Ohsson, *Histoire* i p. 306.
90. Nesawi [Nasawi], *Djelal ed-Din Mankobirti* pp. 138-141.
91. JB ii pp. 410-411. 成吉思汗说出这句话似乎确有其事，因为拉施特也用了类似的措辞："有其父必有其子！在这世上著名的古人中从未闻过这样的人。他在这样的战斗中将自己救上岸，此后必将会有许多英勇的壮举。"(RT ii p. 256).
92. JR i p. 291.
93. d'Ohsson, *Histoire* i pp. 307-308.
94. JB ii pp. 411-413; JR i p. 537.
95. JB ii p. 391.
96. 尽管这与成吉思汗无关，但札兰丁在印度逗留两年期间发生的故事也堪称传奇。逗留期间，他与当地的部落频繁交战，札兰丁在其中的一场战斗中手臂受了伤。他甚至同首领霍卡结盟，据说还娶了该首领的女儿。札兰丁还企图与卡尔吉人、土库曼人以及古尔人结盟，却因为战利品引发的争端失败了（不出所料）。札兰丁和盟友霍卡在 the Salt Range 待了很久。他深入信德试图说服地方长官 Qabacha 帮忙，然而地方长官本人非常忌惮蒙古人，不愿相助。札兰丁的队伍继续洗劫了一些城市 (JB ii pp. 411-421; JR i pp. 294-295)。
97. JB ii pp. 415-421; Eisma, *Chinggis Khan* p. 103; Chandra, *Delhi Sultanate* p. 40.
98. RT ii p. 257; JB i pp. 141-142; JR i pp. 534-539; Boyle, 'Iru and Maru,' loc. cit.; d'Ohsson, *Histoire* i pp. 309-310; Barthold, *Turkestan* p. 446.
99. JB i, p. 37; JR ii pp. 1046, 1081. 关于印度民族主义者的荒谬说法，参见 Qureshi, *Administration* pp. 136, 140; Ikram, *Muslim Civilization* pp. 44-45, 59, 63.
100. McLeod, *History of India* p. 35.
101. Jackson, *Delhi Sultanate*; Wink, *Slave Kings*; Mehta, *Medieval India* i.
102. Gibb, *Ibn Battuta* ii p. 478.
103. ibid. ii p. 479.
104. J. M. Smith, 'Mongol Manpower and Persian Population,' *Journal of the Economic and Social History of the Orient* 18 (1975) pp. 271-299.
105. JB i p. 137; Barthold, *Turkestan* p. 454.
106. Ratchnevsky, *Genghis Khan* p. 134.
107. JR ii pp. 1045-1047, 1081-1084; JB i p. 139.
108. Rockhill, *Rubruck* pp. 187-188; Bretschneider, *Mediaeval Researches* i p. 289; Krause, *Cingis Han* p. 39; Chunchiang Yen, 'The Chüeh-tuana as Word, Art Motif and Legend,' *Journal of the American Oriental Society* 89 (1969) pp. 578-599 (at pp. 589-591).
109. JR ii p. 1073; JB i pp. 135-138.
110. JR ii p. 1072.
111. Eisma, *Chinggis Khan* p. 102.
112. JB i p. 135; JR ii pp. 1007, 1043, 1057, 1073, 1126; Bretschneider, *Mediaeval Researches* i p. 282.
113. JR ii p. 1047; Bretschneider, *Mediaeval Researches* i p. 293; d'Ohsson, *Histoire* i p. 317; Vladimirtsov, *Genghis* p. 106; Yate, *Khurasan*.
114. Browne, *Literary History of Persia* ii pp. 427-431; Grousset, *Empire* p. 243.
115. JR ii p. 1048; 参考 Dumper & Stanley, *Cities of the Middle East* p. 169，引自 14 世纪历史学家赛义夫・本・默罕默德・本・雅各布赛义夫。
116. JR ii p.1050.
117. d'Ohsson, *Histoire* i p. 315; Barthold, *Turkestan* p. 449.
118. JB i p.131; JR ii pp. 1023-1026.
119. d'Ohsson, *Histoire* i pp. 312-313.
120. JR ii p. 1050.
121. Le Strange, *Eastern Caliphate* pp. 408-409; d'Ohsson, *Histoire* i p. 314. 关于围攻哈烈的详细描写，参见 Bretschneider, *Mediaeval Researches* ii pp. 278-290.
122. JR ii pp. 1051-1055.
123. JR ii p. 1055.
124. ibid. pp. 1062-1066.
125. ibid. pp. 1066-1070.

126. J. T. Wylie, 'The First Mongol Conquest of Tibet Reinterpreted,' *Harvard Journal of Asiatic Studies* 37 (1977) pp. 103-133 (at pp. 104-107).
127. Chase, *Firearms* p. 58; Adle & Habib, *History of Civilizations* v p. 58.
128. Kim Stubbs, 'Facing the Wrath of Genghis Khan,' *Military History* (May 2006) pp. 30-37.
129. Jurgen Paul, 'L'invasion mongole comme révélateur de la société irannienne,' in Aigle, *L'Iran* pp. 37-53 (esp. p. 41).
130. 类似观点参见 Nesawi [Nasawi], *Djelal ed-Din Mankobirti*, passim。

12　大突袭

1. 关于蒙古马的这些特质，参见 Bayarsaikhan, *Mongol Horse*.
2. Lamb, *Genghis*, p. 45.
3. Thackston, *Habibu's-siyar* i p. 118.
4. Kolbas, *Mongols in Iran* pp. 76-77; Boyle, *Cambridge History of Iran* v p. 308-311.
5. IAA iii p. 214; RT ii p. 259; C. E. Bosworth, 'Zanran,' in *Encyclopedia of Islam* (2nd ed.) xi p. 447.
6. Buell, *Dictionary* p. 235.
7. d'Ohsson, *Histoire* i p. 325.
8. IAA iii p. 214.
9. Altunian, *Mongolen und ihre Eroberungen* p. 21.
10. 更为详尽的信息，参见 Constant, *L'Azerbaidjan*.
11. Morgan, *Mongols* p. 142.
12. P. Halfter, 'Die militärischen Triumphe der Georgier und ein wenig beachtetes Erdbeben an der Grenze Armenisch-Kilikiens (c. Ende August 1213),' *Le Museon* 122 (2009) pp. 423-427.
13. Strabo 11.13.5; 11.14.5; Ptolemy 5.12; Pliny the Elder 6.39.
14. IAA iii p. 215; RT ii p. 259; E. Schütz, 'Tatarenstürme in Gebirgsgelande,' *Central Asiatic Journal* 17 (1973) pp. 253-273 (at p. 256).
15. Pierre-Vincent Claverie, 'L'apparition des Mongols sur la scene politique occidentale, 1220–1223,' *Le Moyen Age* 105 (1999) pp. 601-613 (at pp. 608-609); M.-F. Brosset, *Histoire de la Georgie* i pp. 440, 442, 459.
16. IAA iii pp. 216-217.
17. ibid. p. 217; Tyerman, *God's War* pp. 641-649.
18. Peters, *Christian Society* pp. 90-91, 123-124.
19. IAA iii pp. 218-219.
20. ibid. iii p. 219.
21. d'Ohsson, *Histoire* i pp. 332-333.
22. IAA iii p. 220.
23. ibid.; d'Ohsson i pp. 333-334.
24. Altunian, *Die Mongolen* p. 21; Schütz, 'Tatarenstürme,' loc. cit. p. 258.
25. d'Ohsson, *Histoire* i pp. 334-336.
26. 乌提克曾经是亚美尼亚的一个省，如今它位于阿塞拜疆境内 (Mark Chakin, *Armenia* p. 181)。
27. Bedrosian, *Kirakos Gandzakets'i* pp. 234-235.
28. IAA iii p. 221.
29. Bedrosian, *Kirakos* pp. 201-203. 有关蒙古人在亚美尼亚的经历，参见 Bedrosian, 'Armenia during the Seljuk and Mongol Periods,' in Hovannisian, *Armenian People* i pp. 241-291 (esp. p. 256); Thomson, *Rewriting Caucasian History*; Dashdondog, *Mongols and Armenians* p. 43; Herrin & Saint-Guillain, *Identities and Allegiances*.
30. 舍马罕如今位于阿塞拜疆，1195 年格鲁吉亚人曾在那里战胜了阿塞拜疆人 (Allen, *Georgian People* p.104)。

31. IAA iii pp. 221-222.
32. Gabriel, *Subotai* p. 93.
33. RT ii p. 259; IAA iii p. 221; Schütz, 'Tatarenstürme,' loc. cit. p. 257; Suny, *Making of the Georgian Nation* pp. 39-44; Rayfield, *Edge of Empires*.
34. Rodenberg, *Epistolae* i pp. 178-179.
35. d'Ohsson, *Histoire* i p. 335; RT ii p. 260; IAA iii p. 222. 关于高加索，参见 de Waal, *Caucasus*; Coene, *Caucasus*.
36. I. Nasidze et al, 'Genetic Evidence Concerning the Origin of the South and North Ossetians,' *Annals of Human Genetics* (2004) pp. 588-589. 关于阿兰人，参见 Jackson & Morgan, *Rubruck* op. cit. pp. 102-103, 259; Dawson, *Mongol Mission*, p. 41. 他们在10世纪改宗希腊东正教 (Jean Dauvillier, 'Byzantins d'Asie centrale et d'Extreme-Orient au moyen age,' *Revue des Etudes Byzantines* 11 (1953) pp. 73-80)。
37. 关于切尔克斯人参见 Spencer, *Western Caucasus* p. 6; cf also Bell, *Journal*; Jaimoukha, *Circassians*.
38. Pelliot, 'A propos des Comans,' *Journal Asiatique* 11 (1920) pp. 133-150 (esp. p. 149); A. Bruce Boswell, 'The Kipchak Turks,' *Slavonic Review* 6 (1928) pp. 68-85; Vernadsky, *Kievan Russia* pp. 86-90, 222-225, 235-238.
39. d'Ohsson, *Histoire* i p. 337.
40. RT ii p. 260; IAA iii p. 222.
41. Bretschneider, *Mediaeval Researches* i pp. 295-298.
42. Wallace, *Rise of Russia* p. 38.
43. Marie Nystazopoulou-Pélékidis, 'Venise et la Mer Noire du XIe au XVe siecle,' in A. Pertusi, ed., *Venezia* i pp. 541-582; Phillips, *Medieval Expansion* pp. 96-114; Lane, *Venice*.
44. L. Petachi, 'Les marchands italiens dans l'empire mongol,' *Journal Asiatique* 250 (1962) pp. 549-574; Crowdy, *Enemy Within* p. 49; Bra͞tianu, *Commerce genois*. 蒙古人一直很喜欢威尼斯人，在丝绸之路上他们会保护威尼斯的商人 (Peter Jackson, *Delhi Sultanate* pp. 252-253)。
45. Ciocîltan, *Black Sea Trade*, esp. pp. 141-157. 更多的内容参见 Nicola di Cosmo, 'Mongols and Merchants on the Black Sea Frontier in the 13th and 14th Centuries: Convergences and Conflicts,' in Amitai & Biran, *Mongols, Turks* pp. 391-424; di Cosmo, 'Black Sea Empire and the Mongol Empire: A Reassessment of the Pax Mongolica,' *Journal of the Economic and Social History of the Orient* 53 (2010) pp. 83-108.
46. JB i p. 107; Chambers, *Devil's Horsemen* p. 24.
47. Magocsi, *Ukraine* p. 76.
48. Pipes, *Karamzin* pp.105, 110.
49. Volodymyr Mezentsev, 'The Territorial and Demographic Development of Medieval Kiev and Other Major Cities of Rus: A Comparative Analysis Based on Recent Archaeological Research,' *The Russian Review* 48 (1989) pp. 145-170.
50. Martin, *Medieval Russia* p. 61; Franklin & Shepard, *Emergence of Rus* pp. 2, 13, 279, 282, 287.
51. ibid., pp. 337-339. 相关内容还可参见 Perrie, *Cambridge History of Russia*, viz: Jonathan Shepard, 'The Origins of Rus c. 900–1015,' pp. 45-72; Simon Franklin, 'Kievan Rus, 1015–1125,' pp. 73-97; Martin Dimnick, 'The Rus Principalities, 1125–1246,' pp. 98-126.
52. Fennell, *Crisis* pp. 6-9, 12-15, 23; Pelenski, *Contest for the Legacy*.
53. Moss, *History of Russia* i pp. 55-59.
54. Thomas S. Noonan, 'Suzdalia's eastern trade in the century before the Mongol Conquest,' *Cahiers du monde russe et sovietique* 19 (1978) pp. 371-384; Martin, *Medieval Russia* pp. 70, 98-101, 112, 121; Langer, *Medieval Russia* pp. 245-248; Soloviev, *Shift Northward*.
55. Moss, *History of Russia* p. 60.
56. Fennell, *Crisis* pp. 45-51.

57. ibid. pp. 17-19; Martin, *Medieval Russia* pp. 66-70, 81-88, 101-103, 106-107, 121-122, 126, 128.
58. Lazarev, *Russian Icon* pp. 47-48, 53-56, 67; Valentin L. Ianin, 'Medieval Russia,' in Persie, *Cambridge History of Russia* i pp. 188-210; Riasanovsky & Steinberg, *History of Russia* pp. 75-76; Martin, *Medieval Russia* p. 126.
59. Mitchell & Forbes, *Chronicle of Novgorod*, p. 25; Martin, *Medieval Russia* pp. 114-115.
60. Paul Bushkovitch, 'Urban Ideology in Medieval Novgorod: An Iconographic Approach,' *Cahiers du monde russe et sovietique* 16 (1975) pp. 19-26.
61. Martin, *Medieval Russia* p. 123.
62. Christian, *History of Russia* i p. 364.
63. Riasanovsky, *History of Russia* (1993 ed.) p. 42.
64. Bretschneider, *Mediaeval Researches* i p. 297; ii p. 71.
65. Barthold, *Histoire des turcs* pp. 88-91; Golden, *Nomads and their Neighbours*; Golden, *Turkic Peoples*.
66. Robert L. Wolff, 'The Second Bulgarian Empire: Its Origins and History to 1204,' *Speculum* 24 (1949) pp. 167-206; Paul Stephenson, *Byzantium's Balkan Frontier: A Political Study of the Northern Balkans, 900-1204* (Cambridge 2000); Spinei, *Romanians*.
67. *Monumenta Germaniae Historiae, Scriptores* 21 (1869) p. 216; A. Bruce Boswell, 'The Kipchak Turks,' *Slavonic Review* 6 (1928) pp. 68-85.
68. Vásáry, *Cumans and Tatars* pp.4-7, 13-56; Christian, *History of Russia* i p. 361; Pelliot & Hambis, *Campagnes* pp. 43-114.
69. Chaliand, *Nomadic Empires* p. 52.
70. Christian, *History of Russia* i p. 358.
71. Vernadsky, *Source Book for Russian History* i p. 31.
72. Jackson & Morgan, *Rubruck* p. 70.
73. Peter B. Golden, 'The Qipchaqs of Medieval Russia,' in Seaman & Marks, *Rulers from the Steppe* pp. 186-204 (at pp. 197-198).
74. 关于库曼人的突袭以及当地人对此的抵抗有一个优秀的总结，参见 Vernadsky, *Kievan Russia* pp. 86-90, 222-225, 235-238.
75. 关于切尔尼戈夫复杂的政治环境以及伊戈尔在其中扮演的角色，参见 Dimnik, *Dynasty of Chernigov* pp. 108-240.
76. Nabokov, *Song of Igor's Campaign* ll. 93-112.
77. ibid. ll. 153-171.
78. 许多史料都记载了这些事件: Mitchell & Forbes, *Chronicle of Novgorod* p. 32; Cross & Sherbowitz-Wetzor, *Russian Primary Chronicle*; S. A. Zenkovsky, *Medieval Russian Epics* pp. 137-138; 'The Lay of Igor's Campaign,' in Fennell & Obolensky, *A Historical Russian Reader* pp. 63-72; Martin, *Medieval Russia* p. 131.
79. Nabokov, *Song* ll. 733-834.
80. Halperin, *Russia and the Golden Horde* p. 15.
81. T. S. Noonan, 'Rus, Pechenegs and Polovtsy: Economic Interactions along the Steppe Frontier in the Pre-Mongol Era,' *Russian History* 19 (1992) pp. 301-327.
82. Mitchell & Forbes, *Chronicle of Novgorod* p. 65.
83. ibid. p. 64. 更多有关罗斯人对蒙古人一无所知的信息，参见 Grekov & Iakoubovski, *Horde d'Or* pp. 54, 1901-91; Bretschneider, *Mediaeval Researches* i p. 296; Bezzola, *Mongolen in abendlandischer Sicht* p. 41.
84. J. Fennell, 'The Tatar Invasion of 1223,' *Forschungen zur osteuropäischen Geschichte* 27 (1980) pp. 18-31. Fennell 和其他许多作者一样认为卡利奇克河战役发生在1222年，这也是如今学术界认为的确切时间。若是卡利奇克河战役发生在1223年，那么正如我们详细的叙述所阐明的，中间会出现整整12个月的空白期。
85. Fennell, *Crisis* p. 65.
86. Grekov & Iakoubovski, *Horde d'Or* p. 193.
87. Fennell, *Crisis* p. 66.

88. Chambers, *Devil's Horsemen* pp. 17-30.
89. Gabriel, *Subotai* p. 99. Vernadsky (*Kievan Russia* p. 237) 认为大胆的姆斯季斯拉夫"成功地战胜了蒙古的一支分遣队"，但他并未提及那是一支被放弃的自杀小队（这是否算是假声明？）。
90. Munro, *Rise of the Russian Empire* p. 81.
91. 关于卡利奇克河战役的来龙去脉，参见 Nicolle, *Kalka*.
92. Rachewiltz, *In the Service* p. 132.
93. Mitchell & Forbes, *Chronicle of Novgorod* pp. 65-66; Fennell, *Crisis* p. 91.
94. Gabriel, *Subotai* p.100.
95. Nicolle, *Kalka* p. 74; Martin, *Medieval Russia* p. 132.
96. Grekov & Iakoubovski, *Horde d'Or* p. 194; Bretschneider, *Mediaeval Researches* i p. 297.
97. Nicolle, *Kalka* pp. 76-82.
98. ibid. p. 75.
99. IAA iii p. 224.
100. Nicolle, *Kalka* p. 74.
101. Jackson, *Mongols and the West* p. 49.
102. Mitchell & Forbes, *Chronicle of Novgorod* p. 66; Zenkovsky, *Medieval Russian Epics* p. 195.
103. 对于此次战役及其后果的总结，参见 Grousset, *L'empire mongol* pp. 517-520.
104. 关于蒙古前往萨马拉时沿途各地的描写，参见 see Dawson, *Mongol Mission* p. 131; Haxthausen, *Russian Empire* ii pp. 70, 223; Clarke, *Travels* p. 47.
105. I. Zimonyi, 'The First Mongol Raid against the Volga Bulgars,' in Jarring & Rosen, *Altaic Papers* pp. 197-204 (at pp. 197-199); A. M. Khalikov, *Mongols, Tatars* p. 24 (I am grateful to Dr Malcolm Chapman for translations of the relevant sections of this source.).
106. （我认为）正确的版本是 d'Ohsson, *Histoire*, i p. 346 and Grousset, *Empire of the Steppes* p. 247. 伊本·艾西尔暗示蒙古人在萨马拉湾蒙受的损失非常惨重 (IAA iii p. 224) 并且他的观点得到了 Jackson 的支持，*Mongols and the West* p. 39. 其他的观点，参见 Barthold, *Four Studies* i p. 41 and de Hartog, *Mongol Yoke* p. 25. Chambers, *Devil's Horseman* p. 31 坚信有关蒙古人失败的说法是伏尔加保加利亚人的虚假宣传。
107. *Encyclopedia of Islam* (2nd ed.) viii pp. 895-898.
108. Rachewiltz, *In the Service* p. 19.
109. JR ii pp. 1102-1103; Chambers, *Devil's Horsemen* p. 31; Rachewiltz, *In the Service* pp. 19-20; Hartog, *Genghis* p. 123. 对哲别的审慎分析，参见 Rachewiltz, *Commentary* pp. 533-538.
110. Liddell Hart, *Great Captains Unveiled*.
111. George Lane, 'The Mongols in Iran,' in Daryaee, *Iranian History* pp. 243-70 (at p. 248); d'Ohsson, *Histoire* i p. 323.
112. IAA iii p. 215

13 暮 年

1. Rachewiltz, *In the Service* pp. 95-96.
2. Asimov & Bosworth, *History of Civilizations* iv part 2 pp. 510-512.
3. Devin DeWeese, 'Stuck in the Throat of Chingiz Khan: Envisioning Mongol Conquest in some Sufi Accounts of the Fourteenth to the Seventeenth Centuries,' in Pfeiffer & Quinn, *Post-Mongol Central Asia* pp. 23-60 (at pp. 32-33, 52).
4. ibid. pp. 46-49.
5. Hamid Algar, 'Some Observations on religion in Safavid Persia,' *Iranian Studies* 7 (1974) pp.287-293; Devin DeWeese, 'The Eclipse of the Kubraviyah in Central Asia,' *Iranian Studies* 21 (1988) pp. 45-83; Lawson, *Reason and Inspiration* p. 303.

6. DeWeese, 'Stuck in the Throat,' loc. cit. pp. 42-43, 46-47.
7. Kohn, *Daoism*; Silvers, *Taoist Manual*.
8. Vincent Goosaert, 'Quanzhen,' in Pregadio, *Encyclopedia of Taoism* ii pp. 814-820; Komjathy, *Cultivating Perfection*.
9. Despaux & Kohn, *Women in Daoism* pp. 142-148.
10. Eskildsen, *Early Quanzhen Taoist Masters* pp. 10. 12, 18.
11. 关于长春子的生平事迹，参见 Rachewiltz, *In the Service* pp. 208-223.
12. Tao, *Jurchen* pp. 106-107.
13. 关于这些争论的详细介绍，参见 Komjathy, *Cultivating Perfection*.
14. 有一大批研究炼金术和全真教的论文，其中具有代表性的包括 Pregadio, *Awakening to Reality*; Pregadio, *Chinese Alchemy*; Mu, *Neidan*.
15. Rachewiltz, *In the Service* p. 143.
16. Arthur Waley, *Travels of an Alchemist* pp. 44-45.
17. Édouard Chavannes, 'Inscriptions et pieces de chancellerie chinoises de l'époque mongole,' *T'oung Pao* 9 (1908) pp. 297-428 (at p. 399). 此信的另一个版本，参见 Bretschneider, *Mediaeval Researches* i pp. 37-39.
18. Chung to Genghis, April 1220, in Chavannes, 'Inscriptions,' loc. cit. p. 303.
19. Waley, *Travels of an Alchemist*; Bretschneider, *Mediaeval Researches* i pp. 43-44.
20. Chavannes, 'Inscriptions,' p. 305.
21. Waley, *Travels of an Alchemist* pp. 59-64.
22. ibid. pp. 64-65; Bretschneider, *Mediaeval Researches* i pp. 50-51.
23. 根据《长春真人西游记》，"汉、夏公主皆送寒具等食"，迎接长春子的包括从金朝嫁来的公主皇后和从西夏嫁来的察合皇后，但资料并未透露此处斡耳朵属于谁。此处斡耳朵不可能是孛儿帖的，而忽兰的斡耳朵位于蒙古东部的肯特山脉 (Weatherford, *Secret History of the Mongol Queens* p. 28)。不管怎样，此时忽兰与成吉思汗一起居于兴都库什山。
24. 关于这座工匠聚居的城市，参见 Allsen, *Commodity and Exchange* p. 35. 关于镇海，参见 Rachewiltz, *In the Service* pp. 95-110; Dawson, *Mongol Mission* pp. 66-67; Pelliot, *Notes sur Marco Polo* ii p. 825.
25. Waley, *Travels of an Alchemist* pp. 72-75; Bretschneider, *Mediaeval Researches* i p. 61.
26. Waley, *Travels of an Alchemist* pp. 75-77.
27. ibid. p. 78; Bretschneider, *Mediaeval Researches* i pp. 64-67.
28. Pelliot, 'Des artisans chinois a la capitale Abbasid,' *T'oung Pao* 26 (1928) pp. 1-762.
29. Waley, *Travels of an Alchemist* p. 85; Bretschneider, *Mediaeval Researches* i p. 69.
30. Waley, *Travels of an Alchemist* pp. 86-92; Bretschneider, *Mediaeval Researches* i pp. 73-77.
31. Waley, *Travels of an Alchemist* p. 93.
32. 关于耶律阿海，参见 JB i p. 97; Rachewiltz, *In the Service* pp. 112-121 (esp. pp. 118-119); Pelliot, 'Notes sur le "Turkestan",' loc. cit. pp. 47-48.
33. 关于耶律楚材，参见 Rachewiltz, *In the Service* pp. 136-175.
34. ibid. p. 144.
35. ibid.
36. Waley, *Travels of an Alchemist* pp. 94-98.
37. Bretschneider, *Mediaeval Researches* i pp. 82-86.
38. Waley, *Travels of an Alchemist* pp. 98-100.
39. 正如后来 13 世纪 50 年代威廉·卢布鲁克和敌对宗教的牧师在蒙古朝廷上的辩论 (Jackson & Morgan, *Rubruck* pp. 225-233)。Cf Richard Fox Young, 'Deus Unus or Dei Plures Sunt? The Function of Inclusiveness in the Buddhist Defense of Mongol Folk Religion against William of Rubruck,' *Journal of Ecumenical Studies* 26 (1989) pp. 100-137.
40. Waley, *Travels of an Alchemist* p. 102.
41. ibid. pp. 103-16; Bretschneider, *Mediaeval Researches* i pp. 87-93.
42. Waley, *Travels of an Alchemist* pp. 111-112; Bretschneider, *Mediaeval Researches* i pp. 94-96.

43. Tao-chung Yao, 'Chi'u Ch'u-chi and Chinggis Khan,' *Harvard Journal of Asiatic Studies* 46 (1986) pp. 201-219; Ratchnevsky, *Genghis Khan*, pp. 134-135, 149-150, 238.
44. 这种观点可以描述为康德的理论的早期版本，毕竟康德将"本体"描述为思想的对象，而不是认识的对象。
45. See Chavannes & Pelliot, *Un traite manicheen* p. 289.
46. Reid, *The Tao of Health* p. 26; Welch, *Taoism* p.154.
47. Waley, *Travels of an Alchemist* pp. 24, 118. 关于长春子所说的天道好生，此处的"生"究竟指的是成吉思汗，还是在佛教徒看来包括野猪在内的所有生命，学者们对此产生了分歧。可靠的分析认为，长春子对此故意表达得模糊不清。
48. JB ii p. 613.
49. Waley, *Travels of an Alchemist* p. 115.
50. ibid. pp. 115-116.
51. Bretschneider, *Mediaeval Researches* i pp. 97-108.
52. Chavannes, 'Inscriptions et pieces,' loc. cit. p. 372.
53. Waley, *Travels of an Alchemist* pp. 119-133.
54. ibid. pp. 135-136.
55. ibid. p. 150.
56. Rachewiltz, *In the Service* p. 145.
57. ibid. p. 198.
58. Paul Demieville, 'La situation religieuse en Chine au temps de Marco Polo,' *Oriente Poliano* (Rome 1957) pp. 193-236 (at pp. 200-201); Rachewiltz, 'The *Hsi-Yu-lu* by Yeh-Lü Ch'u Ts'ai,' *Monumenta Serica* 21 (1962) pp. 1-128 (at pp. 25-37).
59. RT ii p. 258; Barthold, *Four Studies* i pp. 41, 64; Grousset, *Empire* p. 244.
60. JR ii pp. 1083-1084.
61. Martin, *Rise* pp. 283-284.
62. JR ii p. 1084.
63. d'Ohsson, *Histoire* i pp. 322-323.
64. SHO p. 251; SHR pp. 192-193; Barthold, *Turkestan* p. 455; d'Ohsson, *Histoire* i p. 233.
65. SHO p. 260; SHR p. 198.
66. A. P. Martinez, 'The Use of Mint-Output Data in Historical Research on the Western Appanages,' in Sinor, *Aspects* pp. 87-126; Atwood, *Encyclopedia* p. 362.
67. 相关事例参见，Eleanor Sims, 'Trade and Travel: Markets and Caravanserais,' in Michell, *Architecture* pp. 80-111; Verschuer, *Across the Perilous Sea.*
68. JB i p. 96; Yule, *Cathay* ii pp. 287-288; Bretschneider, *Mediaeval Researches* i p. 283; Barthold, *Turkestan* pp. 456-457.
69. Riasanovsky, *Fundamental Principles* p. 88; Fletcher, 'The Mongols,' loc. cit. p. 50.
70. 关于蒙古饮食的改善，参见 Paul D. Buell, 'Pleasing the palate of the Qan: changing foodways of the imperial Mongols,' *Mongolian Studies* 13 (1990) pp.69-73; Buell, 'Mongol Empire and Turkicisation: the evidence of food and foodways,' in Amitai-Preiss & Morgan, eds, *Mongol Empire* op. cit. pp. 200-223; Lane, *Daily Life* pp. 173-178.
71. Hildinger, *Story of the Mongols* pp. 17, 51.
72. Lane, *Daily Life* pp. 152-153.
73. John Smith, 'Dietary Decadence and Dynastic Decline in the Mongol Empire,' *Journal of Asian Studies* 34 (2000) pp. 35-52.
74. W. Barthold, 'The Burial Rites of the Turks and Mongols,' *Central Asiatic Journal* 12 (1968) pp. 195-227; Boyle, 'Kirakos,' p. 207; J. A. Boyle, 'A Form of Horse Sacrifice among the Thirteenth and Fourteenth-Century Mongols,' *Central Asiatic Journal* 10 (1965) pp. 145-150; Pelliot, *Recherches* p. 99.
75. Skelton, Marston & Painter, *Vinland Map* pp. 92-93.
76. de Windt, *From Pekin to Calais.*
77. H. Haslund, *Mongol Journey* pp. 172-173. According to experts, the word *kodagalaku*

in Mongolian means the depositing of a corpse on the steppes (Lessing, *Mongolian–English Dictionary* p. 477). For the connections of this practice with Mongol religion in general see Bonnefoy, *Asian Mythologies* pp. 314-339; Heissig, *Synkretismus*.
78. JR ii p. 1102; d'Ohsson, *Histoire* i p. 447.
79. Barthold, *Turkestan* p. 458.
80. JB i p. 118.
81. Gumilev, *Imaginary Kingdom* p. 323; Pelliot, *Horde d'Or* pp. 10-27.
82. JR ii p. 1103.
83. 这话出自 Thomas Hobbes, *Leviathan* Part 1, Chapter 17.
84. JR ii p. 1103; Barthold, *Turkestan* p. 495.
85. Morgan, *The Mongols* pp. 64-65.
86. 正如前文所说,"阿沙甘不拒绝协商和妥协的决绝态度刺激了蒙古,让蒙古人决定彻底地毁灭西夏。"(Franke & Twitchett, *Cambridge History* p. 211).
87. Martin, *Rise*.
88. ibid. p. 285.
89. Franke & Twitchett, *Cambridge History* pp. 210-211.
90. Martin, *Rise* p.286.
91. Pelliot, *Notes sur Marco Polo* i pp. 304-330.
92. JB i p. 147.
93. SHC p. 205; SHO pp. 257-258; SHR pp. 196-198.
94. Krause, *Cingis Han* p. 39.
95. Martin, *Rise* pp. 289-290.
96. Ksenia Kepping, 'The Name of the Tangut Empire,' *T'oung Pao* 80 (1994) pp. 357-376; Kepping, 'Chinggis Khan's Last Campaign as seen by the Tanguts,' in Kepping, *Recent Articles* pp. 172-195.
97. Vladimirtsov, *Genghis* p. 185.
98. Mote, *Imperial China* p. 257.
99. JR ii pp. 1085-1086.
100. Meignan, *Paris to Pekin* pp. 356-357.
101. 有关黑水城,参见 Wang & Perkins, *Collections of Sir Aurel Stein* pp. 42-44; Kozlow, *Charachoto* p. 383; John Carswell, 'A Month in Mongolia: Khara-Khoto revisited,' *Asian Affairs* 29 (1998) pp. 287-298.
102. RT ii p. 261; Franke & Twitchett, *Cambridge History* p. 211.
103. ibid..
104. Ebrey, *East Asia* p. 199; Kohn, *Dictionary of Wars* p. 205; Li, *China at War* p. 139. 关于灾难的记述,参见 A. P. Terentyev-Katansky, 'The Appearance, Clothes and Utensils of the Tanguts,' in Olderogge, ed., *Countries and Peoples* pp. 215-244.
105. Pelliot, *Notes sur Marco Polo* p. 315; Yule & Cordier, *Ser Marco Polo* i Chapter 45.
106. R. W. Dunnell, 'Locating the Tangut Military Estabishment: Uraqai (Wulahai) and the Heishui Zhenyan army,' *Monumenta Serica* 40 (1992) pp. 219-234 (at pp. 223-228).
107. Franke & Twitchett, *Cambridge History* p. 211.
108. Martin, *Rise* p. 300.
109. ibid. pp. 293-294.
110. 令人讶异的是,此处并没有提及速不台的重要行动 Gabriel, *Subotai*。
111. 关于祁连山山脉或叫南山,参见 Winchester, *Man Who Loved China* p. 126. 关于阿拉善沙漠(Alashan desert)参见 Lattimore, 'Return to China's Northern Frontiers,' *Geographical Journal* 139 (1973) pp. 233-242.
112. Martin, *Rise* p. 293. For the historical importance of Wuwei see Hill, *Through the Jade Gate* p. 45..
113. 在堪称中国文学史上最著名的爱情故事《西厢记》中有对"黄河九渡"的描写,by Wang Shifu: *The Story of the Western Wing*, p. 118. 还可参见书评 David L. Rolston, 'The Story of the Western Wing,' *The China Quarterly* 145 (1996) pp. 231-232。
114. Pelliot, *Notes sur Marco Polo* iii p. 296; Martin, *Rise* p. 295.
115. Pelliot, *Notes sur Marco Polo* i pp. 315-317; Rachewiltz, *Commentary* pp. 973-975;

Martin, *Rise* p. 294.
116. d'Ohsson, *Histoire* i p. 273.
117. RT ii pp. 261-262; Pelliot, *Notes sur Marco Polo* i p. 315; ii pp. 641-643; Krause, *Cingis Han* pp. 39-40.
118. Martin, *Rise* p. 299.
119. Herrmann, *Atlas of China* pp. 42, 44, 47; Yule & Cordier, *Ser Marco Polo* i pp. 282-283.
120. SHC p. 207; SHO p. 261; SHR pp. 199-200.
121. RT ii p. 263.
122. RT ii p.263; Pelliot, *Notes sur Marco Polo* i pp. 310-315; ii pp. 641-642.
123. Ruth W. Dunnell, 'The Fall of the Xia Empire: Sino-Steppe Relations in the Late Twelfth and Thirteenth Centuries,' in Seaman & Marks, *Rulers from the Steppe* pp. 158-183 (at pp. 178-179).
124. Mote, *Imperial China* pp. 256-257; Franke & Twitchett, *Cambridge History* p. 214.
125. 关于对人口损失的估算，参见 Boland-Crewe & Lea, *People's Republic of China* p. 215.
126. Martin, *Rise* p. 296.
127. ibid.
128. 对于因为帝国分裂带来的种种问题，更详细的分析参见 RT ii pp. 349-350. 535, 583, 649, 654.
129. JB i p. 119; T. Allsen, 'The Princes of the Left Hand: An Introduction to the History of the *Ulus* of Ordu in the Thirteenth and Early Fourteenth Centuries,' *Archivum Eurasiae Medii Aevi* 5 (1987) pp. 5-40.
130. P. Jackson, 'The Dissolution of the Mongol Empire,' *Central Asiatic Journal* 22 (1978) pp. 186-244 (esp. p. 193); Fletcher, 'The Mongols,' loc. cit. p. 50.
131. JR ii pp. 1086-1087.
132. Wittfogel & Feng, *Liao* pp. 398-400; Ratchnevsky & Aubin, *Un code des Yuan* iii p. lxvi; Ayalon, 'The Great Yasa,' loc. cit. (1971) pp. 151-180; Peter Turchin, Jonathan M. Adams & Thomas D. Hall, 'East-West Orientation of Historical Empires,' *Journal of World-Systems Research* 12 (2006) pp. 219-229.
133. Barfield, *Perilous Frontier* pp. 210-212.
134. RT ii p. 262; SHO p. 15.
135. Rachewiltz, 'Some Remarks on the Ideological Foundations of Chingis Khan's Empire,' *Papers on Far Eastern History* 7 (1993) pp. 21-36; Eric Voegelin, 'The Mongol Orders of Submission to the European Powers, 1245–1255,' *Byzantion* 15 (1941) pp. 378-413.
136. SHC p. 209; SHO p. 261; SHR pp. 199-200.
137. Krause, *Cingis Han* p. 40; Vladimirtsov, *Genghis* p. 115.
138. Rachewiltz, *Commentary* pp. 975-977.
139. Mostaert, *Sur quelques passages* pp. 220-225.
140. Rachewiltz, *Commentary* p. 995.
141. JR ii p. 1096; JB i p. 180.
142. Pelliot, *Notes sur Marco Polo* i p. 328.
143. 关于这个故事，参见 Babcock, *The Night Attila Died*.
144. Buell, *Dictionary* pp. 240-241. Rachewiltz refers to 'colourful folklore motifs such as unusual sexual injury caused by the Tangut queen' (*Commentary* p. 980).
145. ibid. 对于成吉思汗死因的猜测，参见 D. C. Wright, 'The Death of Chinggis Khan in Mongolian, Chinese, Persian and European Sources,' in Berta, *Historic and Linguistic Interaction* pp. 425-433; E. Haenisch, 'Die letzte Feldzüge Cinggis Hans und sein Tod nach der ostasiatischen Überlieferung,' *Asia Minor* 9 (1933) pp. 503-551. 持相同观点的还有 Pelliot in *T'oung Pao* 31 (1934) pp. 157-167.
146. RT ii pp. 263-264; JR ii p. 1088; JB i p. 183; Krause, *Cingis Han* pp. 40-41; Pelliot, *Notes sur Marco Polo* i pp. 305-309, 327.
147. RT ii p. 264.
148. Krueger, *Erdeni-yin Tobc'i*; Bawden, *Altan Tobc'i* pp. 144-145.

149. Ratchnevsky, *Genghis Khan* pp. 142-144.
150. JR ii p. 1089.
151. Ratchnevsky, *Genghis Khan* p. 144.

14　窝阔台

1. JB i p. 163; Barfield, *Perilous Frontier* pp. 207-209.
2. JB ii p. 549.
3. Mostaert, *Sur quelques passages* pp. 100-185; Françoise Aubin, 'Le statut de l'enfant sans la societé mongole,' *L'Enfant* 35 (1975) pp. 459-599 (at pp. 551-553); d'Ohsson, *Histoire* ii p. 9;.
4. Krause, *Cingis Han* p. 41; Boyle, *Successors* pp. 186-187.
5. Rachewiltz, *Commentary* p. 936.
6. JB i pp. 183-190; Boyle, *Successors* pp. 30-31, 181-182; Rachewiltz, *Commentary* p. 936.
7. SHC pp. 190-195; SHR pp. 181-186.
8. Mostaert pp. 200-207.
9. Boyle, *Successors* p. 190; d'Ohsson, *Histoire* ii p.13.
10. JB ii p. 549; Bretschneider, *Mediaeval Researches* i p. 160; Pelliot & Hambis, *Campagnes* pp. 175-177; Vladimirtsov, *Le regime social* pp. 66-67.
11. Boyle, *Successors* p. 43.
12. Pelliot, *Horde d'Or* pp. 24, 28-29.
13. Peter Jackson, 'From *Ulus* to Khanate: The Making of the Mongol States c. 1220–1290,' in Amitai-Preiss & Morgan, *Mongol Empire* pp. 12-38.
14. 关于乃马真皇后脱列哥那，参见 JB i pp. 239-244.
15. JR ii p. 1104.
16. Boyle, *Successors* p, 228; Pelliot, *Notes sur Marco Polo* i p. 253.
17. SHO p. 277; SHR pp. 207-208.
18. Boyle, *Successors* pp. 93-94; JB i pp. 235-236.
19. Boyle, *Successors* p. 80.
20. JB i pp. 201-202; Boyle, *Successors* pp. 76, 81-82.
21. JB i pp. 208-235 此处记述了很多表现窝阔台慷慨大方的故事，其中很多几乎显得病态或不真实，仿佛窝阔台是弗兰克·卡普拉电影里的主角。
22. Boyle, *Successors* pp. 83-89, 92-93.
23. SHO p. 262; SHR pp. 201-202.
24. Boyle, *Successors* pp. 147-148.
25. ibid. pp. 155-156.
26. Barthold, *Four Studies* i pp. 114-115.
27. Boyle, *Successors* pp. 155-156.
28. JR ii pp. 1144-1148.
29. RT i p. 44; JR ii pp. 1106-1107.
30. JB i pp. 205-206.
31. ibid. pp. 206-207.
32. ibid. p. 207.
33. JR ii pp. 1110-1115.
34. Barthold, *Four Studies* i pp. 35-37. 类似的事件还有一起。一名穆斯林无法偿还从回鹘人处借的高利贷。回鹘人告诉这名穆斯林，要么他皈依佛教，要么他遵照当地法律遭受殴打的处罚。这名穆斯林求助于窝阔台，于是窝阔台撤销了判决，并反而下令鞭打那个放高利贷的回鹘人，没收他的房屋和妻子送给这名穆斯林债务人。
35. Fletcher, 'Mongols', p. 37.
36. JB ii pp. 411-426; d'Ohsson, *Histoire* iv pp. 64-68.
37. JB ii pp. 421-423.

38. ibid. p. 424.
39. IAA iii pp. 237-240.
40. ibid. iii pp. 244-245.
41. ibid. iii pp. 242-243, 254-256.
42. ibid. iii pp. 252-253, 256-259.
43. J. A. Boyle, *Cambridge History of Iran* v p. 327.
44. 有关札兰丁在1225—1228年对格鲁吉亚人的战争，大量的资料留存于世：IAA iii pp. 269-70, 276-277; JB ii pp. 426-438; Spuler, *Mongolen in Iran* p. 30; Minorsky, *Caucasian History* pp. 149-156.
45. IAA iii pp. 272-273.
46. JR i p. 296.
47. IAA iii p. 288.
48. JR i p. 297.
49. JB ii pp. 438-439.
50. IAA iii p. 289.
51. Lewis, *Assassins*; Hodgson, *Secret Order*; Daftary, *Ismailis*.
52. Minorsky, *Caucasian History* p. 156.
53. JB ii pp. 441-443.
54. IAA iii pp. 258-259; Minorsky, *Caucasian History* pp. 102-103; Grousset, *Empire* pp. 260-261.
55. IAA iii pp. 297-298.
56. ibid. p. 298.
57. ibid. pp. 260, 277-278; George Lane, 'The Mongols in Iran,' in Daryaee, *Iranian History* pp. 243-70; Lane, *Early Mongol Rule*.
58. JB ii p. 438; IAA iii p. 279; Hartmann, *An-Nasir li-Din Allah* pp. 85-86; Minorsky, *Caucasian History* p. 154.
59. Boyle, *Successors* p. 43.
60. ibid. p. 47.
61. IAA iii p. 304.
62. ibid. iii p. 303.
63. JR i p. 297; JB ii p. 451; IAA iii pp. 299-300; Hans Gottschalk, 'Der Bericht des Ibn Nazif al-Hamawi über die Schlacht von Yasyc̆imen (15–28 Ramadan 622/7–10 August 1230),' in *Wiener Zeitschrift fur die Kunde des Morgenlandes* 56 (1960) pp. 55-67; A. C. S. Peacock, 'The Saljuq campaign against the Crimea and the Expansionist Policy of the early reign of Ala al-Din Kayqubad,' *Journal of the Royal Asiatic Society* 16 (2006) pp. 143-149; Cahen, *Pre-Ottoman Turkey* pp. 120-121, 1301-33; Grousset, *Empire* p. 261.
64. IAA iii p. 303.
65. d'Ohsson, *Histoire* iii pp. 47-48.
66. JB ii pp. 453-457.
67. IAA iii pp. 305-307.
68. JR i p. 298; Boyle, *Successors* p. 48.
69. JB ii p. 459; Boyle, *Successors* p. 48.
70. JB ii pp. 459-460; Spuler, *Mongolen in Iran* p. 31.
71. Nesawi [Nasawi], *Djelal ed-Din Mankobirti* p. 230.
72. Spuler, *Mongolen in Iran* pp. 35-38.
73. IAA iii p. 304.
74. ibid. iii pp. 308-310; d'Ohsson, *Histoire* iii pp. 47-74; Allsen, *Culture and Conquest* p. 84.
75. Pelliot 回顾了蒙古对基督教态度的所有相关话题，'Les Mongols et la papauté,' *Revue de l'Orient chretien* 23 (1923) pp. 3-30; 24 (1924) pp. 225-235; 28 (1932) pp. 3-84. The particular references to Chormaqan are at 28 (1932) pp.236-246.
76. Richard Foltz, 'Ecumenical Mischief under the Mongols,' *Central Asiatic Journal* 43 (1999) pp. 42-69.
77. d'Ohsson, *Histoire* iii pp. 75-76.

78. Suny, *Making of the Georgian Nation* pp. 39-44.
79. A. G. Galstyan, trans. R. Bedrosian, 'The Conquest of Armenia by the Mongol Armies,' *The Armenian Review* 27 (1985) pp. 4-108; Altunian, *Die Mongolen* pp. 35-37; Robert Bedrosian, 'Armenia during the Seljuk and Mongol periods,' in Hovannisian, *Armenian People* i pp. 241-271 (esp. p. 256); Dashdondog, *Mongols and the Armenians* p. 43.
80. JB ii pp. 489-500; Spuler, *Die Mongolen in Iran* p. 34; d'Ohsson, *Histoire* iii pp. 78-84.
81. JR ii p. 1137.
82. Franke & Twitchett, *Cambridge History* p.263. 此时有一名金朝的使者不幸身处蒙古朝廷。为了报复金哀宗杀害使者的行为，窝阔台下令慢慢地羞辱并折磨这名金朝使者，而不是立即处死他。这名金朝使者被削去了胡子，然后被送往前线充作蒙古军的"箭靶"(d'Ohsson, *Histoire* ii p. 19)。
83. d'Ohsson, *Histoire* ii pp. 16-18.
84. 一种估算方法是将1230—1235年蒙古（对札兰丁、金朝、高丽以及草原上的伏尔加保加利亚人）同一时间多线作战的各路兵力相累积，那么窝阔台可支配的兵力共有40万人(Martin, *Rise* p. 15)。
85. d'Ohsson, *Histoire* ii pp. 19-20.
86. Whiting, *Military History* p. 355.
87. d'Ohsson, *Histoire* ii p. 20.
88. Vladimirtsov, *Genghis* pp. 112-113.
89. SHO p.264; SHR p. 202.
90. Charles A. Peterson, 'Old Illusions and New Realities: Sung Foreign Policy, 1217–1234,' in Rossabi, *China among Equals* pp. 204-239 (at p. 221).
91. Franke, *Geschichte* iv pp. 286-287.
92. JR i p. 286.
93. JR i p.287.
94. d'Ohsson, *Histoire* ii pp. 22-24.
95. Abel-Rémusat, *Nouveaux melanges* p. 93.
96. d'Ohsson, *Histoire* ii pp. 24-25.
97. Gabriel, *Subotai* p. 63.
98. 尽管学者们通常对蒙古人吃人的说法持怀疑的态度，但很难否认1231—1232年拖雷军中在绝望下爆发的吃人案例 (Gregory G. Guzman, 'Reports of Mongol Cannibalism in the Thirteenth-Century Latin Sources: Oriental Fact or Western Fiction?' in Westrem, ed., *Discovering New Worlds* pp. 31-68)。还可参见 Rachewiltz, *Commentary* p. 915.
99. Boyle, *Successors* p. 35.
100. ibid. p. 36.
101. JR ii pp.1137-1138.
102. Boyle, *Successors* p. 37.
103. ibid. p. 38.
104. JR ii p. 1138.
105. Tao, *Jurchen* p. 23.
106. d'Ohsson, *Histoire* ii pp. 25-26.
107. ibid.
108. Boyle, *Successors* p. 39.
109. Rachewiltz, *In the Service* p. 20.
110. ibid. p. 61.
111. Franke, *Geschichte* iv pp. 285-286.
112. Abel-Rémusat, *Nouveaux melanges* p.95.
113. C. Sverdrup, 'Numbers in Mongol Warfare,' *Journal of Medieval Military History* 8 (2010) pp. 109-117 (at p. 116).
114. Paul J. Smith, 'Family, *Landsmann* and Status-Group Affinity in Refugee Mobility Strategeies: the Mongol Invasions and the Diaspora of Sichuanese Elites, 1230–1300,' *Harvard Journal of Asiatic Studies* 52 (1992) pp. 665-708.

115. Peterson, 'Old Illusions,' loc. cit. p. 224; Jagchid & Symons, *Peace, War and Trade* pp. 134-135.
116. Buell, *Dictionary* p. 138.
117. 这在 12 世纪的宋金战争中表现得尤为明显，人们认为当时暴发的疾病与土拨鼠有关 (Perdue, *China Marches West* p. 47)。
118. Mote, *Imperial China* p. 447.
119. SHO pp. 265-266; SHR pp. 203-205; SHC pp. 211-214.
120. JB i pp. 38-39, 167-168; ii p. 549.
121. Fletcher, 'The Mongols,' p. 36; Rachewiltz, *Commentary* pp. 999-1001. 亦见于 JR ii p. 1138; Boyle, *Successors* pp. 38-39, 167-168.
122. Gumilev, *Imaginary Kingdom* pp.297-298.
123. JB ii pp. 550-553; Boyle, *Successors* pp. 168-171.
124. Haenisch, *Zum Untergang zweier Reiche* pp. 7-26.
125. d'Ohsson *Histoire*, ii pp. 34-35.
126. W. Abramowski, 'Die chinesischen Annalen von Ögödei und Güyük – Übersetzung des 2. Kapitels des Yüan Shih,' *Zentralasiatische Studien* 10 (1976) pp. 117-167 (at pp. 124-130).
127. d'Ohsson, *Histoire* ii p. 29.
128. Jixing Pan, 'On the origin of rockets,' *T'oung Pao* 73 (1987) pp. 2-15.
129. Feng Chia- Sheng, 'The Discovery and Diffusion of Gunpowder', *Historical Journal* 5 (1947) pp. 29-84.
130. G. Schlegel, 'On the Invention of Firearms and Gunpowder in China', *T'oung Pao* 3 (1902) pp. 1-11.
131. RT ii p. 450; Franke, *Geschichte* iv pp. 287-288; Paul E. Chevedden, 'The Invention of the Counterweight Trebuchet: A Study in Cultural Diffusion,' *Dumbarton Oaks Papers* 54 (2000) pp. 71-116. 似乎是在 1165 年的一次围攻中，拜占庭第一次投入使用了平衡锤。平衡锤最著名的一次亮相是狮心王理查在 1189—1191 年用它围城。双平衡锤后来则被腓特烈二世（"世界奇迹"）和路易九世用于十字军东征。可以合理地推论，蒙古人将会在 13 世纪 30 年代早期使用它们，并且在 1237—1242 年的战争中对其的运用完全超越了欧洲人。
132. d'Ohsson, *Histoire* ii p. 32.
133. As graphically portrayed in Chan, *Fall of the Jurchen Chin.*
134. Waley, *Travels of an Alchemist*, p. 34.
135. d'Ohsson, *Histoire* ii p. 40.
136. ibid. p. 41.
137. JR ii p. 1139.
138. Franke, *Geschichte* iv pp. 288-289.
139. d'Ohsson, *Histoire* ii pp. 43-44.
140. ibid. pp. 45-46.
141. Franke, *Geschichte* iv p. 290.
142. 后续参见第 15 章。
143. Franke & Twitchett, *Cambridge History* p.264.
144. Peterson, 'Old Illusions,' loc. cit. p. 224.
145. Franke, *Geschichte* iv p. 290.
146. ibid. v p. 137; JR ii p. 1139.
147. Barfield, *Perilous Frontier* p. 198.
148. Grousset, *Empire* p. 259.
149. Peterson, 'Old Illusions,' loc. cit. pp.226-230.
150. Franke, *Geschichte* iv pp. 291-303, 350; d'Ohsson, *Histoire* ii pp.78-84.
151. Henthorn, *Korea*, p. 53; Kuno, *Japanese Expansion* ii. pp. 387-393; Hazard, *Japanese Marauders.*
152. Henthorn, *Korea*, pp. 61-68, 93-94; G. Ledyard, 'The Mongol Campaign in Korea and the dating of the *Secret History of the Mongols*,' *Central Asiatic Journal* 9 (1964) pp.1-22.

153. Yule & Cordier, *Marco Polo*, ii. pp. 180-181.
154. Henthorn, *Korea* pp. 68-75, 93-99; Louis Hambis, 'Notes sur l'histoire de Corée a l'époque mongole,' *T'oung Pao* 45 (1957) pp.151-218.
155. Hans Sagaster, 'The History of Buddhism among the Mongols,' in Heirman & Bumbacher, *Spread of Buddhism* pp. 379-432; Paul Ratchnevsky, 'Die Mongolische Grosskhane und die buddhistische Kirche,' *Asiatica: Festchrift F. Weller* (1954) pp. 489-504.
156. Allsen, *Royal Hunt* p. 23.
157. Henthorn, *Korea* pp. 92-101.
158. Allsen, *Culture and Conquest* p. 53; Atwood, *Encyclopedia* p. 319.
159. Turrel J. Wylie, 'The First Mongol Conquest of Tibet Reinterpreted,' *Harvard Journal of Asiatic Studies* 37 (1977) pp. 103-133 (at pp. 103-106).
160. ibid. p. 112.

15　帝国的治理

1. SHR pp. 209-213; W. Abramowski, 'Die chinesischen Annalen von Ögödei und Güyük,' loc. cit. pp. 117-167 (at p. 152); Jackson & Morgan, *Rubruck* pp. 33-39. Yarshater, *Encyclopedia Iranica* viii pp. 366-367, 他认为窝阔台身边的阿勒赤台与奉成吉思汗之命去处决札木合以及在1222年摧毁哈烈的阿勒赤台并不是同一个人，不过他的"有两个阿勒赤台"的观点并没有得到所有人的认可。
2. Buell, *Dictionary* p. 202.
3. Rachewiltz, *In the Service* pp. 95-112..
4. Paul D. Buell, 'Chinqai (1169–1252), Architect of Mongolian Empire,' in Kaplan & Whisenhunt, *Opuscula Altaica* pp. 168-186.
5. Franke & Twitchett, *Cambridge History* p. 373; Waley, *Travels of an Alchemist* p. 92; Bretschneider, *Mediaeval Researches* i p. 70.
6. Francis Woodman Cleaves, 'A Chancellery Practice of the Mongols in the Thirteenth and Fourteenth Centuries,' *Harvard Journal of Asiatic Studies* 14 (1951) pp. 493-526; István Vásáry, 'The Origins of the Institution of *Basqaqs*,' *Acta Orientalia Academiae Scientiarum Hungaricae* 32 (1978) pp. 201-206; Vásáry, 'The Golden Horde Term *Daruga* and its Survival in Russia,' *Acta Orientalia Academiae Scientiarum Hungaricae* 30 (1976) pp. 187-196; Barthold, *Turkestan* pp. 468-469.
7. Introductory remarks are found at Ratchnevsky, *Genghis Khan*, p. 138 and d'Ohsson, *Histoire* iv pp. 381-405. Deeper analysis is provided in Vásáry, 'The Origin of the Institution of *Basqaqs*,' loc. cit. p. 323; Spuler, *Mongolen in Iran* pp. 40-42; Spuler, *Goldene Horde* p. 338; Doerfer, *Turkische und mongolische Elemente* iv p. 242. 达鲁花赤制度是成吉思汗的创新，一直沿用至中国的元朝。有关其更详细的研究，参见 Endicott-West, *Mongolian Rule*.
8. 关于镇海在13世纪40年代贵由统治下发挥的巨大作用，参见 Dawson, *Mongol Mission* pp. 63-67.
9. Paul D. Buell, 'Sino-Khitan administration in Mongol Bukhara,' *Journal of Asian History* 13 (1979) pp. 121-151.
10. SHO p. 254; SHR p. 195; Spuler, *Mongolen in Iran* pp. 40-42; Lane, *Daily Life* p. 62; Christian, *History of Russia* i p. 415.
11. Rachewiltz, *In the Service* pp. 124-125.
12. Rachewiltz 对耶律楚材的两次研究非常重要：'Yeh-lü Ch'u-ts'ai (1189–1243): Buddhist Idealist and Confucian Statesman,' in Wright & Twitchett, *Confucian Personalities* pp. 189-216 and the entry in *In the Service*, op. cit. pp. 136-175.
13. Rachewiltz, 'Yeh-lu... Buddhist Idealist,' loc. cit. pp. 192-193; Rachewiltz, *In the Service* pp. 139-140.
14. Rachewiltz, 'The *Hsi-Yu-lu* by Yeh-Lü Ch'u Ts'ai,' *Monumenta Serica* 21 (1962) pp.

1-128 (esp. pp. 17-37).
15. Wittfogel & Feng, *Liao* pp. 749-751.
16. Bretschneider, *Mediaeval Researches* i pp. 9-10.
17. Rachewiltz, 'Yeh-lu... Buddhist Idealist,' loc. cit. pp. 194-195.
18. Gumilev, *Imaginary Kingdom* p. 238. 一些学者持有不同的意见，他们认为耶律楚材被大大地高估了 (Buell, *Dictionary* pp. 287-289)。
19. Allsen, *Culture and Conquest* pp. 177-179; Buell, *Dictionary* pp. 133-134.
20. Grousset, *Empire* p. 321. "居马上得之，宁可以马上治之乎？"经常被引用。据说汉高祖刘邦就是听信此言才开始重视文化的。
21. H. F. Schurmann, 'Mongolian tributary practices of the thirteenth century,' *Harvard Journal of Asiatic Studies* 19 (1956) pp. 304-389.
22. Rachewiltz, 'Yeh-lu... Buddhist Idealist,' loc. cit. p.202; Rachewiltz, *In the Service* pp. 151-152.
23. Allsen, *Imperialism* pp. 144-148.
24. Rachewiltz, 'Yeh-lu... Buddhist Idealist,' loc. cit. pp. 212-213.
25. Rachewiltz, *In the Service* p. 159; P. Ratchnevsky, 'Sigi-qutuqu,' *Central Asiatic Journal* 10 (1965) pp. 87-110 (at p. 87).
26. Rachewiltz, 'Yeh-lu... Buddhist Idealist,' loc. cit. p. 202.
27. Franke & Twitchett, *Cambridge History* p. 378.
28. J. Masson Smith, 'Mongol and nomadic taxation,' *Harvard Journal of Asiatic Studies* 30 (1970) pp. 46-85. 关于蒙古不成体系的财政方案，参见 A. K. S. Lambton, 'Mongol fiscal administration in Persia,' *Studia Islamica* 44 (1986) pp. 79-99; 45 (1987) pp. 97-123.
29. Morgan, *Mongols* pp. 100-103.
30. Kwanten, *Imperial Nomads* pp. 128-129.
31. d'Ohsson, *Histoire* ii p. 63.
32. 这其中的落实于行政上的一些含义由 F. W. Cleaves 加以梳理，'A Chancellery Practice of the Mongols in the Thirteenth and Fourteenth Centuries,' loc. cit. pp. 493-526.
33. Rachewiltz, 'Yeh-lu... Buddhist Idealist,' loc. cit. p. 205.
34. Rachewiltz, *In the Service* pp. 60-69.
35. Farquhar, *Government of China* p. 45; Gernet, *Daily Life* p. 65; Fairbank & Goldman, *China* pp. 95-107; Elman, *Civil Examinations*.
36. Makino Shuji, 'Transformation of the Shih-jen in the late Chin and early Yuan,' *Acta Asiatica* 45 (1983) pp. 1-26.
37. Ch'i-ch'ing Hsiao, 'Yen Shih, 1182–1240,' *Papers on Far Eastern History* 33 (1986) pp. 113-128 (at pp. 119-122).
38. Rachewiltz, 'Yeh-lu... Buddhist Idealist,' loc. cit. p. 202; Rachewiltz, *In the Service* p. 151.
39. ibid. p. 165.
40. Franke & Twichett, *Cambridge History* p. 377.
41. 关于这个话题的一般情况及其内在含义，参见 Nikolay N. Kradin, 'Nomadic Empires: Origin, Rise and Decline,' in Kradin et al, *Nomadic Pathways* pp. 73-87; Kradin, 'Nomadism, Evolution and World Systems: Pastoral Societies and Theories of Historical Development,' *Journal of World-Systems Research* 8 (2002) pp. 363-388.
42. Franke & Twitchett, *Cambridge History* p. 377.
43. Thomas T. Allsen, 'Sharing out the Empire: Apportioning Lands under the Empire,' in Khazanov & Wink, *Nomads and the Sedentary World* pp. 172-190.
44. Jackson, *Mongols and the West* p. 291.
45. JB i pp. 209-210, 213-215.
46. Rachewiltz *In the Service* p. 160.
47. ibid.
48. Franke & Twitchett, *Cambridge History* p. 377.
49. Abel-Rémusat, *Nouveaux melanges* ii pp. 64-68.
50. 关于石抹咸得卜，参见 Rachewiltz, *In the Service* pp. 147-148, 160; Waley, *Travels of an Alchemist* p. 53. For Buyruq Qaya (1197–1265) see *In the Service* pp. 480-481;

Buell, *Dictionary* p. 128; Buell, *A–Z of the Mongol Empire* p. 40.
51. Rachewiltz, *In the Service* p. 165.
52. 关于耶律楚材同窝阔台后一阶段的关系，参见 Bretschneider, *Mediaeval Researches* i pp. 12-24; Tanner, *China: A History* i pp. 239-280.
53. Franke & Twitchett, *Cambridge History* p.378.
54. ibid. p. 380.
55. Rachewiltz, 'Yeh-lu... Buddhist Idealist,' loc. cit. p. 208.
56. ibid.
57. ibid. 215; Rachewiltz, *In the Service* pp. 105-106, 125.
58. Michael Weiers, *Geschichte der Mongolen* p. 76.
59. Gregory G. Guzman, 'European Captives and Craftsmen among the Mongols, 1231–1255,' *The Historian* 72 (2010) pp. 122-150.
60. Jackson & Morgan, *Rubruck* pp. 182-183; Pelliot, *Recherches* pp. 161-164; J. Schneider, *Metz* pp. 191-192.
61. 关于别失八里，参见 JB i pp. 271-272; Barthold, *Four Studies* i pp. 114-115. 关于工匠之城，参见 Asimov & Bosworth, *History of Civilizations* iv part 2 p. 584.
62. Jackson & Morgan, *Rubruck* pp. 144-145.
63. Bretschneider, *Mediaeval Researches* ii p. 331.
64. JB i pp. 236-239; JR ii pp. 1140-1141; Boyle, *Successors* pp. 61-62; Bretschneider, *Mediaeval Researches* i p. 123; Pelliot, *Notes sur Marco Polo* i pp. 166-167; Jackson & Morgan, *Rubruck* pp. 209-213, 221; Dawson, *Mongol Mission* pp. 156, 183-184. See also Phillips, *Mongols* pp. 96-103.
65. Asimov & Bosworth, *History of Civilizations* iv part 2 pp. 582-583.
66. Jackson & Morgan, *Rubruck* pp. 209-210.
67. 相关论文见 Hans-Georg Hüttel in Hirmer Verlag, *Dschingis Khan* pp. 133-137, 140-146.
68. Morgan & Jackson, *Rubruck* pp. 178-179; Pelliot, *Recherches* pp. 161-164; Durand-Guedy, *Turko-Mongol Rulers* p. 232; Shiraishi Noriyuki, 'Avraga Sita: the "Great Ordu" of Genghis Khan,' in Komaroff, *Beyond the Legacy* pp. 83-93 (at pp. 89-90).
69. Thomas T. Allsen, 'Command Performances: Entertainers in the Mongolian Empire,' *Russian History* 28 (2001) pp. 37-46.
70. J. A. Boyle, 'The Seasonal Residences of the Great Khan Ogodei,' *Central Asiatic Journal* 16 (1972) pp. 125-131, reproduced in Hazai & Zieme, *Sprache, Geschichte und Kultur* pp. 145-151.
71. Eva Becker, 'Karakorum– Bukinič vs. Kiselev,' *Zentralasiatische Studien* 37 (2008) pp. 9-32.
72. SHC pp. 227-228; SHR pp. 217-218.
73. Latham, *Travels of Marco Polo* pp. 150-155.
74. Boyle, *Successors* pp. 62-64.
75. 有关驿马快递，参见 Settle, *Saddles and Spurs*. 还可参见 Alberto E. Minetti, 'Efficiency of Equine Express Postal Systems', *Nature* 426 (2003) pp. 785-786.
76. 和万户一样，这些不切实际的数字通常难以落实。一项研究发现，资料提供的数据表明随时待命的马匹从 15 到 500 不等，具体数量取决于驿站的性质和地点 (Lane, *Daily Life* p. 121)。
77. Olbricht, *Postwesen in China* pp. 36-41, 66, 87.
78. Ricci, *Marco Polo* pp. 152-157.
79. Ratchnevsky, *Genghis Khan* pp. 180-181: Silverstein, *Postal Systems*.
80. Ratchnevsky, *Genghis Khan* pp. 181-183.
81. Doerfer, *Turkische und mongolische Elemente* i pp. 102-107; Boyle, *Successors* p. 219.
82. Spuler, *Mongolen in Iran* pp. 349-350, 422-425.
83. Ratchnevsky, *Genghis Khan* p. 186.
84. JB i pp. 197-200; Boyle, *Successors* pp. 65-66; d'Ohsson, *Histoire* ii pp. 84-86.
85. ibid. ii pp. 86-87.

86. Thomas T. Allsen, 'Ögedei and Alcohol,' *Mongolian Studies* 29 (2007) pp. 3-12; Boyle, *Successors* p. 188; Lane, *Daily Life* p. 163.
87. Rachewiltz, *In the Service* pp. 102-104.
88. Boyle, *Successors* pp. 19, 180-181, 201; Fletcher, 'The Mongols,' pp. 37-38.
89. JB i pp. 239-244; Boyle, *Successors* p. 180; Hambis, *Le chapitre CVII du Yuan Che* pp. 3-4. 关于阔端和失烈门，参见 Buell, *Dictionary* pp. 184, 243.
90. Devin DeWeese, 'Islamization in the Mongol Empire,' in Di Cosmo, Frank & Golden, *Chinggisid Age* pp.120-134.
91. Kohlberg, *Ibn Tawus* p. 10; Lambton, *Continuity and Change* p.249.
92. Schurmann, *Economic Structure* pp. 66-67.
93. RT ii p. 330; Boyle, *Successors* pp. 65, 120; Franke, *Geschichte* iv p. 305; d'Ohsson, *Histoire* ii p. 87.
94. JR ii p. 1148.
95. Dawson, *Mongol Mission* p. 13; J. A. Boyle, 'The Burial Place of the Great Khan Ögedei,' *Acta Orientalia* 32 (1970) pp. 45-50.

16 进攻东欧

1. Pelliot & Hambis, *Campagnes* p. 244.
2. Boyle, *Successors* pp. 54-55.
3. 关于宋朝掌握的这方面的专业技能，参见 Needham, *Science and Civilization* iv part 3 pp. 678-687; Atwood, *Encyclopedia* p. 509.
4. Denis Sinor, 'The Mongols in the West,' *Journal of Asian History* 33 (1999) pp. 1-44.
5. Hyland, *Medieval Warhorse* p. 131; Doerfer, *Turkische und mongolische Elemente* i pp. 387-391.
6. Vernadsky, *The Mongols in Russia* p. 49; Moss, *History of Russia* p. 69.
7. Buell, *Dictionary* pp. 255-258.
8. Dawson, *Mongol Mission* p. 57.
9. Moss, *History of Russia* p. 71. 这位尖刻的俄罗斯历史学家是 Nikolai Karamzin, 他在 19 世纪初期写就了十二卷俄国史。关于拔都，参见 Spuler, *Goldene Horde* pp. 10-32. See also Pelliot, *Notes sur Marco Polo* i pp. 88-89; Boyle, *Successors* p. 107; T. Allsen, 'The Princes of the Left Hand,' *Archivum Eurasiae Medii Aevi* 5 (1987) pp. 5-40 (esp. p. 10).
10. JR ii p. 1164.
11. Bretschneider, *Mediaeval Researches* i pp. 308-309, d'Ohsson; *Histoire*, ii p. 111; Rachewiltz, *In the Service* p. 22.
12. Spuler, *Goldene Horde* p. 16.
13. JR ii pp. 809-813; Peter Jackson, *Delhi Sultanate* pp. 39, 104.
14. Thomas T. Allsen, 'Prelude to the Western Campaign: Mongol Military Operations in the Volga–Ural region, 1217–1237,' *Archivum Eurasiae Medii Aevi* 3 (1983) pp. 5-24 (at pp. 10-13); Vernadsky, *Ancient Russia* pp. 222-228.
15. István Zimonyi, 'The Volga Bulghars between Wind and Water, 1220-1236,' *Acta Orientalia Academiae Scientiarum Hungaricae* 46 (1993) pp. 347-355.
16. Spuler, *Goldene Horde* p. 15.
17. Bretschneider, *Mediaeval Researches* i pp. 306-308; Allsen, 'Prelude,' loc. cit. pp. 14-18; d'Ohsson, *Histoire* ii p. 15.
18. Bretschneider, *Mediaeval Researches* i p. 309.
19. Göckenjan & Sweeney, *Mongolensturm* p. 104.
20. Bretschneider, *Mediaeval Researches* i p. 310.
21. 对于资料中提到的一些地名，其详细的语言学分析参见 Donald Ostrowski, 'City Names of the Western Steppes at the Time of the Mongol Invasion,' *Bulletin of the School of Oriental and African Studies* 61 (1998) pp. 465-475.

22. Allsen, 'Prelude,' loc. cit. pp. 19-24.
23. Gerald Mako, 'The Islamization of the Volga Bulghars: A Question Reconsidered,' *Archivum Eurasiae Medii Aevi* 18 (2011) pp. 199-223.
24. Bretschneider, *Mediaeval Researches* i p. 311.
25. Pelliot, 'A propos des Comans,' *Journal Asiatique* 208 (1920) pp., 125-185; Barthold, *Histoire des turcs* pp. 89-91; Peter B. Golden, 'Cumanica IV: The Tribes of the Cuman–Qipchags,' *Archivum Eurasiae Medii Aevi* 9 (1997) pp. 99-122; Golden, 'Religion among the Qipchags of Medieval Eurasia,' *Central Asiatic Journal* 42 (1998) pp. 180-237; Golden, 'War and Warfare in the pre-Chinggisid Steppes of Eurasia,' in Di Cosmo, *Warfare* pp. 105-172; Standen & Powers, *Frontiers in Question*.
26. JB ii pp. 553-554; Boyle, *Successors* pp. 58-59.
27. Bretschneider, *Mediaeval Researches* i p. 311.
28. ibid. p. 312.
29. Pelliot, 'A propos des Comans,' loc. cit. pp. 166-167. For Bujek see JB ii p. 269.
30. Christian, *History* i p. 361.
31. Mitchell & Forbes, *Chronicle of Novgorod* p. 81.
32. Fennell, *Crisis* pp. 69-70.
33. 'Vladimir–Suzdalia,' in Langer, *Medieval Russia* pp. 245-248.
34. Fennell, *Crisis* p. 71-75; Martin, *Medieval Russia* p. 126.
35. Fennell, *Crisis* p. 85, using a figure arrived at by the Russian historian S. M. Soloviev.
36. Grekov & Yakubovski, *Horde d'Or* p. 200.
37. Spuler, *Goldene Horde* p. 17; Vernadsky, *Source Book* i p. 45; d'Ohsson, *Histoire* ii pp. 113-115.
38. Zenkovsky, *Epics, Chronicles and Tales* p. 202.
39. RT ii p. 327; Boyle, *Successors* p. 59; Bretschneider, *Mediaeval Researches* i p. 313.
40. 资料提到雅罗斯拉夫尔、伏尔加斯基、戈罗杰茨、科斯特罗马、加利奇、佩列斯拉夫尔、罗斯托夫、尤里耶夫-波利斯基、德米特罗夫、特维尔、卡申、沃罗科、托尔若克和克斯尼亚金 (Mitchell & Forbes, *Chronicle of Novgorod* p. 83; d'Ohsson, *Histoire* ii pp. 116-117)。
41. Mitchell & Forbes, *Chronicle of Novgorod* pp. 82-83; Bretschneider, *Mediaeval Researches* i p. 315; Fennell, *Crisis* p. 80.
42. Spuler, *Goldene Horde* p. 18; Bretschneider, *Mediaeval Researches* i pp. 313-314, 317; Fennell, *Crisis* pp. 80-81; Vernadsky, *Mongols and Russia* p. 51.
43. Vernadsky, *Kievan Russia* p.199. 还可参见（采用考古学的方法）Brisbane et al, *Medieval Novgorod* (2012)。
44. Vernadsky, *Kievan Russia* p. 311.
45. Bretschneider, *Mediaeval Researches* i p. 313.
46. Mitchell & Forbes, *Chronicle of Novgorod* pp.83-84; d'Ohsson, *Histoire* ii p. 117; Fennell, *Crisis* p. 81.
47. Boyle, *Successors* p. 60; Grekov & Yakubovski, *Horde d'Or* p. 202; Moss, *History of Russia* p. 69.
48. Hyland, *Medieval Warhorse* p. 127.
49. Boyle, *Successors* pp. 60-61; Bretschneider, *Mediaeval Researches* i pp. 316-317. 关于格鲁吉亚人的胜利，参见 Altunian, *Mongolen und ihre Eroberungen* pp. 33-41; Spuler, *Mongolen in Iran* pp.34-35, 41-42; Dawson, *Mongol Mission* p. 41.
50. Rachewiltz, *In the Service* p.24.
51. Pelliot, 'A propos des Comans,' loc. cit. p. 169.
52. Bretschneider,*Mediaeval Researches* i p. 322; Vásáry, *Cumans and Tatars* p. 81.
53. Pentti Aalto, 'Swells of the Mongol Storm around the Baltic,' *Acta Orientalia Academiae Scientiarum Hungaricae* 36 (1982) pp. 5-15.
54. JR ii pp. 1170-1171. 拔都的弟弟升库尔率军队于1242—1243年进行了另一次远征，据说他们深入了极北之地，在当地他们见到了金色头发的人，而且那里的黑夜只有一个小时 (Wolff, *Mongolen oder Tartaren* pp. 148, 383)。
55. Bretschneider, *Mediaeval Researches* i p. 317; Fennell, *Crisis* pp. 81-82.

56. Mitchell & Forbes, *Chronicle of Novgorod* pp. 84-85.
57. Fennell, *Crisis* p. 104.
58. ibid.
59. Bretschneider, *Mediaeval Researches* i pp. 307, 317-318; Grekov & Yakubovski, *Horde d'Or* pp. 204, 305; Fennell, *Crisis* p. 82; Vernadsky, *Mongols and Russia* p. 52.
60. David B. Miller, 'The Kievan Principality on the Eve of the Mongol Invasion: An Inquiry into Current Historical Research and Interpretation,' *Harvard Ukranian Studies* 10 (1986) pp. 215-240; Pelenski, *Contest for the Legacy*; Soloviev, *Shift Northward*. The quote is from Fennell, *Crisis* p.82.
61. Franklin & Shepard, *Emergence of Rus* pp. 2, 13, 279, 282, 287.
62. Bretschneider, *Mediaeval Researches* i p. 318.
63. Fennell, *Crisis* p. 83.
64. Vernadsky, *Mongols and Russia* p. 52.
65. Boyle, *Successors* p. 69.
66. Dawson, *Mongol Mission* pp. 29-30.
67. Wiener, *Anthology of Russian Literature* i pp.105-106.
68. Bretschneider, *Mediaeval Researches* i pp. 319-323; Spuler, *Goldene Horde* pp. 20-25; Vernadsky, *Mongols and Russia* pp. 52-58; d'Ohsson, *Histoire* ii p. 122; Dimnik, *Dynasty of Chernigov* pp. 331-358.
69. SHR pp. 206-207.
70. Skelton, Marston & Painter, *Vinland Map* pp. 76-77.
71. Christian, *History* i p. 412.
72. SHR pp. 206-207; SHC pp. 215-216; Boyle, *Successors* p. 138.
73. Rachewiltz, *Commentary* pp. 1012-1013.
74. ibid. pp. 1015-1016.
75. ibid. pp.1017-1019.
76. P. Ratchnevsky, 'Die Rechtsverhältnisse bei den Mongolen I'm 12.–13. Jahrhundert,' *Central Asiatic Journal* 31 (1987) pp. 64-110 (at pp. 89-90).
77. Rachewiltz, *Commentary* pp. 1012-1013, 1015-1016; d'Ohsson, *Histoire* ii p. 627.
78. JB ii p. 587; Boyle, *Successors* pp. 138, 204, 212; Jackson & Morgan, *Rubruck* pp. 144-145; Dawson, *Mongol Mission* p. 59.
79. Stevenson, *Chronicle of Melrose*, p. 86; Jackson, *Mongols and the West* p. 65.
80. Matthew Paris, *Chronica Majora* iii pp. 488-489; Buell, *Dictionary* p. 161.
81. Matthew Paris, *Chronica Majora* iii pp. 488-489; iv pp. 76-78, 112-119.
82. Jackson, *Mongols and the West* p. 61.
83. 关于祭司王约翰的传说和其与蒙古人的关系，参见 Yule, *Cathay* i pp. 173-182; Yule & Cordier, *Ser Marco Polo* i pp. 226-245; David Morgan, 'Prester John and the Mongols,' in Beckingham & Hamilton, *Prester John* pp. 159-170. Marco Polo identified Prester John not with Genghis but with Toghril (Ong Khan) (ibid. pp. 165-166). 其他描述似乎将成吉思汗和他的宿敌屈出律混为一谈。关于祭司王约翰的传说有很多变体。一种观点认为，俄国的混乱局面是因为"祭司王约翰"的军队反抗他 (Aubrey de Trois-Fontaines, Chronica in Monumenta Germaniae Historica, Scriptores 23 p. 942)。还有一种观点认为，蒙古人就是传说中的巨人歌革和巨人玛各，穆斯林应该比基督徒更惧怕他们。参见 David Cook, 'Apocalyptic Incidents during the Mongol Invasion,' in Brandes & Schmieder, *Endzeiten* pp. 293-312; C. Burnett, 'An Apocryphal Letter from the Arabic Philosopher al-Kindi to Theodore, Frederick II's Astrologer concerning Gog and Magog, the Enclosed Nations and the Scourge of the Mongols,' *Viator* 15 (1984) pp. 151-167.
84. Rodenberg, *Epistolae* i pp. 178-179; Denis Sinor, 'Les relations entre les Mongols et l'Europe jusqu'a la mort d'Arghoun et de Béla IV,' *Journal of World History* 3 (1956) pp. 39-62 (at p. 40).
85. C. W. Connell, 'Western Views on the Origin of the "Tartars": An Example of the Influence of Myth in the Second Half of the Thirteenth Century,' *Journal of Medieval and Renaissance Studies* 3 (1973) pp. 115-137 (at pp. 117-118); Axel Klopprogge, 'Das Mongolenbild im Abendland,' in Conermann & Kusber, *Mongolen I'm Asien* pp.

8-101; Kloprogge, *Ursprung und Auspragung* pp. 155-159; Aubrey de Trois-Fontaines, *Chronica* in *Monumenta Germaniae Historica, Scriptores* 23 p. 911.
86. *Monumenta Germaniae Historica, Scriptores* 32 p. 208; Dörrie, *Drei Texte zur Geschichte der Ungarn und Mongolen*, pp. 125-202 (at pp. 165-182); Denis Sinor, 'Les relations entre les Mongols et l'Europe,' loc. cit pp. 39-62 (at p. 43); Antoine Mostaert & F. W. Cleaves, 'Trois documents mongols des archives secretes vaticanes,' *Harvard Journal of Asiatic Studies* 15 (1952) pp. 419-506.
87. Louis Hambis, 'Saint Louis et les Mongols,' *Journal Asiatique* 258 (1970) pp. 25-33; Richard, *Saint Louis* pp. 160-180; Goff, *Saint Louis* pp. 552-555; Peter Jackson, 'The Crusades of 1239–1241 and their aftermath,' *Bulletin of the School of Oriental and African Studies* 50 (1987) pp. 32-60. 尽管如此，之后路易的确派出了间谍和使者以与蒙古人取得联系，他们带回来了许多重要的情报。参见 Matthew Paris, *Chronica Majora* v pp. 37-38; vi pp. 113-116; Richard, *Simon de St Quentin* pp. 94-117; G. C. Guzman, 'Simon of St Quentin and the Dominican Mission to the Mongol Baiju: A Reappraisal,' *Speculum* 46 (1971) pp. 232-249.
88. 更为全面的细节参见 Sumption, *Albigensian Crusade*.
89. Abulafia, *Frederick II* pp. 346-347.
90. Christiansen, *Northern Crusades* pp. 126-130; Fonnesberg-Schmidt, *Popes and the Baltic Crusades*.
91. Richard Spence, 'Gregory IX and the Attempted Expeditions to the Latin Empire of Constantinople: The Crusade for the Union of the Latin and Greek Churches,' *Journal of Medieval History* 5 (1979) pp. 163-176; Christiansen, *Northern Crusades* pp. 133-134.
92. *Monumenta Germaniae Historica, Scriptores* 10 p. 59; 17 p. 294; Peter Jackson, 'The Crusade against the Mongols, 1241,' *Journal of Ecclesiastical History* 42 (1991) pp. 1-18.
93. Jackson, *Mongols and the West* p. 67.
94. Theiner, *Vetera Monumenta* i pp. 184-185; Göckenjan & Sweeney, *Mongolensturm* p. 169; Jackson, *Mongols and the West* p. 66.
95. 关于腓特烈的传记，参见 Abulafia, *Frederick II*; Kantorowicz, *Frederick the Second*; Wolf, *Stupor Mundi*; Stürner, *Friedrich II*.
96. Maalouf, *Crusades through Arab Eyes* p. 230.
97. Aubrey de Trois-Fontaines, *Chronica* in *Monumenta Germaniae Historica, Scriptores* 23 p. 943.
98. Detwiler, *Germany* p. 43.
99. Bezzola, *Mongolen in abendlandischer Sicht* p. 76.
100. Björn K. U. Weiler, *Henry III* pp. 86-94.
101. *Monumenta Germaniae Historica, Scriptores* 1 pp. 765, 796, 821-823, 826; 2 pp. 2, 102, 105.
102. Matthew Paris, *Chronica Majora* iv pp. 115-118; Göckenjan & Sweeney, *Mongolensturm* p. 253.
103. 没有什么比蒙古入侵欧洲期间的军队数字问题更具有争议性了。现代历史学家似乎是在通过补偿性的"缩减"来弥补中世纪的编年史家们将数字乘以十的习惯。真相可能处在两个极端之间，不过要偏向数字较小的一端。对远征波兰时蒙古军队人数的估算，上自荒谬的 10 万（这个数字比在罗斯和东欧的所有军队人数都多得多），下至离谱的 8000 人，两端都不可信。为了将国家蒙受的耻辱降至最低，一些波兰历史学家认为里格尼茨一役中波兰仅投入 2000 兵力。其他人则认为在里格尼茨作战的大约有 8000 波兰人。而最有可能的是，有 2 万左右（或更少一些）的蒙古人以及 2.5 万左右（或更少一些）的波兰人参与了里格尼茨战役。参见 Eric Hildinger, 'The Battle of Liegnitz,' *Military History*, June 1997。对蒙古军队的人数（以及投入里格尼茨的 2 万之数）的有力论证，参见 John Masson Smith, 'Mongol Manpower and the Persian Population,' *Journal of the Economic and Social History of the Orient* 18 (1975) pp. 271-299 (at p. 272)。Denis Sinor, 'The Mongols in the West,' loc. cit. 认为投入的人数应该更多。"缩减"派的最佳代表人物是 David Morgan (*Mongols* p. 88) 和 Carl Sverdrup, 'Numbers in Mongol Warfare', *Journal of Medieval Military History* 8 (2010)

pp. 109-117。
104. Lerski, *Historical Dictionary of Poland* pp. 309-310.
105. Iwamura Shinobu, 'Mongol Invasion of Poland in the Thirteenth Century,' *Memoirs of the Research Department of the Toyo Bunko* 10 (1938) pp. 103-157.
106. Schmilewski, *Wahlstatt 1241* 35-75.
107. C. W. Connell, 'Western views of the origin of the "Tartars", ' loc. cit. pp. 115-137 (esp. pp. 117-118); Matthew Paris, *Chronica Majora* iv pp. 111-112, 118; J. J. Saunders, 'Matthew Paris and the Mongols,' in Sandquist & Powicke, *Essays* pp. 116-132; Anna Rutkowska-Plachcinska, 'L'image du danger tatar dans les sources polonaises des XIIIe-XIVe siecles,' in Université de Provence, *Histoire et societe* pp. 14-32.
108. Strakosch-Grassman, *Mongolen in Mitteleuropa* p. 42; Spuler, *Goldene Horde* p. 22. 一些史料坚持只有一个万户,尽管支持相反观点的证据更充分。参见 Skelton, Marston & Painter, *Vinland Map* p. 80; Maro´n, *Legnica 1241* pp. 123-131.
109. RT ii p. 411.
110. Davies, *God's Playground* i p. 71.
111. Strakosch-Grassmann, *Mongolen in Mitteleuropa* p. 39.
112. Denis Sinor, 'On Mongol Strategy,' *Proceedings of the Fourth East Asian Affairs Conference* (1971) pp. 238-249 (at p. 245).
113. Strakosch-Grassmann, *Mongolen in Mitteleuropa* p. 43.
114. 这个故事以及其他许多故事比起清晰的历史记录更接近于历史小说,它们经由 15 世纪的波兰修士扬·德乌戈什整理记录 Michael, *Jan Długosz*。
115. JB i pp. 225-226; RT ii pp. 325-326; Boyle, *Successors* pp. 56-57.
116. Hildinger, 'The Battle of Liegnitz,' loc. cit.; Michael, *Jan Długosz*.
117. Strakosch-Grassmann, *Mongolen in Mitteleuropa* pp. 37-52; Oman, *Art of War* pp. 328-330.
118. d'Ohsson, *Histoire* ii pp. 124-126.
119. Skelton, Marston & Painter, *Vinland Map* pp. 80-81; Wolff, *Geschichte* p. 189.
120. Schmilewski, *Wahlstatt 1241* pp. 87-108.
121. Arnold, *Hochmeister* p. 27; Jürgen Sarnowsky, 'The Teutonic Order Confronts Mongols and Turks,' in Barber, *Military Orders* pp. 253-262; Urban, *Teutonic Knights*.
122. Sophia Menache, 'Tartars, Jews, Saracens and the Jewish–Mongol "plot" of 1241,' *History* 81 (1996) pp. 319-342; Israel Jacob Yuval, 'Jewish Messianic Expectations towards 1240 and Christian Reactions,' in Shäfer & Cohen, *Toward the Millennium* pp. 105-121, esp. pp. 119-120.
123. Bretschneider, *Mediaeval Researches* i pp. 320-322.
124. *Monumenta Germaniae Historica, Scriptores* 9 p. 597; Strakosch-Grassmann, *Mongolen in Mitteleuropa* pp. 143, 189.
125. Vernadsky, *Mongols and Russia* p. 56.
126. Liddell Hart, *Great Captains Unveiled* p. 24.
127. Brundage, *Henry of Livonia* p. 205; Göckenjan & Sweeney, *Mongolensturm* p. 252; Dawson, *Mongol Mission* p. 16.
128. Strakosch-Grassmann, *Mongolen in Mitteleuropa* pp. 50-67; d'Ohsson, *Histoire* ii pp. 127-129.

17　匈牙利与亚得里亚海

1. A. N. J. Hollander, 'The Great Hungarian Plain: A European Frontier Area,' *Comparative Studies in Society and History* 3 (1961) pp. 74-88, 155-169.
2. Sinor, *Hungary* pp. 48-64.
3. Kontler, *Hungary* pp. 40-49.
4. Sinor, *Hungary* pp. 58-59.
5. 在她 800 年诞辰时出现了大量的传记作品: Albrecht & Atzbach, *Elisabeth von*

Thuringen; Ohler, *Elisabeth von Thuringen*; Zippert & Jost, *Hingabe und Heiterkeit*; Reber, *Elizabeth von Thuringen.*
6. Reich, *Select Documents* pp. 637-642; Roman, *Austria–Hungary* p. 480.
7. Sinor, *Hungary* pp. 57-60; James Ross Sweeney, 'The Decretal Intellecto and the Hungarian Golden Bull of 1222,' in *Album Elemer Malyusz* (1976) pp. 89-96.
8. Rady et al, *Gesta Hungarorum / Epistola in Miserabile Carmen* pp. 142-143; Szentpétery, *Scriptores rerum Hungaricarum* ii. p.555.
9. Engel, *Realm of St Stephen* pp. 91-93.
10. Rady et al, *Gesta Hungarorum / Epistola in Miserabile Carmen* pp. 144-145; Martyn C. Rady, *Nobility, Land and Service* pp. 179-182.
11. Rady et al, *Gesta Hungarorum / Epistola in Miserabile Carmen* pp. 144-147.
12. Engel, *Realm of St Stephen* p. 98.
13. Nora Berend, *At the Gate of Christendom* pp. 68-73; Robert C.Wolff, 'The "Second Bulgarian Empire": Its Origin and History to 1204,' *Speculum* 24 (1949) pp. 167-206; A. Lognon, 'Les Toucy en Orient et en Italie au XIIIe siecle,' *Bulletin de la Societe des sciences historiques et naturelles de l'Yonne* 96 (1957) pp. 33-43.
14. *Monumenta Germaniae Historica, Scriptores* 9 p. 640; Göckenjam & Sweeney, *Mongolensturm* pp. 142-145, 238.
15. Rady et al, *Gesta Hungarorum / Epistola in Miserabile Carmen* pp. 138-139.
16. Berend, *At the Gate* pp. 85-95.
17. Ferdinandy, *Tschingis Khan* pp. 139-144.
18. Rdy et al, *Gesta Hungarorum / Epistola in Miserabile Carmen* p. 141.
19. ibid.
20. Sinor, *Hungary* p. 69.
21. Veszprémy & Schaer, *Simon of Keza,* p. 157.
22. Rady et al, *Gesta Hungarorum / Epistola inMiserabile Carmen* pp. 140-141,154-155.
23. Sinor, *Hungary* p. 70.
24. Veszprémy & Schaer, *Simon of Keza* pp. 145-147.
25. Kosztolnyik, *Hungary* pp. 151-216; Bezzola, *Mongolen in abendlandischer Sicht* pp. 76-81.
26. Matthew Paris, *Chronica Majora* iv pp. 119-120.
27. Göckenjan & Sweeney, *Mongolensturm* pp. 150, 237.
28. Sinor, *Hungary* p. 70.
29. Strakosch-Grassmann, *Mongolen in Mitteleuropa,* pp. 9, 42; Bezzola, *Mongolen in abendlandischer Sicht* p. 52; Matthew Paris, *Chronica Majora* iv pp. 270-277 (esp. p. 274).
30. Rady et al, *Gesta Hungarorum / Epistola in Miserabile Carmen* pp. 156-157, 164-165.
31. ibid. pp. 156-159; Matthew Paris, *Chronica Majora* iv pp. 112-119.
32. Radyet al, *Gesta Hungarorum / Epistola in Miserabile Carmen* pp. 172-175.
33. Thomas T. Allsen, 'Cumanica IV: The Cumano–Qipc̆aq Clans and Tribes,' *Archivum Eurasiae Medii Aevi* 9 (1997) pp. 97-122 (at pp. 102-105); Göckenjan & Sweeney, *Mongolensturm* pp. 150-159, 176-179.
34. Kubinyi, *Anfange Ofens* pp. 16-17.
35. Sinor, *Hungary* pp. 70-71.
36. D. O. Morgan, 'The Mongol Armies in Persia,' *Der Islam* 56 (1976) pp. 81-96; Chambers, *Devil's Horsemen* p. 93.
37. Liddell Hart, *Great Captains Unveiled* p. 25.
38. 关于地形的分析，可见 Florin Curta, 'Transylvania around ad 1000,' in Urba´nczyk, *Europe around the Year 1000* pp. 141-165. 由于许多关键资料中的年表非常混乱，我们并不清楚对特兰西瓦尼亚的阿尔巴尤利亚（"白色之城"）的洗劫是否发生在此时，抑或是蒙古人在此时绕过了它，但他们在彻底摧毁莫希之后又折返回来将其夷为了平地。更多有关特兰西瓦尼亚的在蒙古入侵期间扮演的角色的信息，参见 László Makkai, 'Transylvania in the Medieval Hungarian Kingdom (896–1526),' in Köpeczi, *Transylvania* i pp. 331-524. 有关阿尔巴尤利亚更为现代的描述，参见 Leigh Fermor, *Betweeen the Woods*

and the Water p. 138.
39. Rady et al, *Gesta Hungarorum / Epistola in Miserabile armen* pp. 161-162.
40. Peric' et al, *Thomas of Split, History* p. 259; J. R. Sweeney, ' "Spurred on by the Fear of Death" : Refugees and Displaced Persons during the Mongol Invasion of Hungary,' in Gervers & Schlepp, *Nomadic Diplomacy* pp. 34-62 (at p. 42).
41. Rachewiltz, *In the Service* p. 24.
42. Rady et al, *Gesta Hungarorum / Epistola in Miserabile Carmen* pp. 166-167.
43. Strakosch-Grassmann, *Mongolen in Mitteleuropa*, pp. 91-98, 153-158; Sedlar, *East Central Europe* pp. 210-221.
44. Rady et al, *Gesta Hungarorum / Epistola in Miserabile Carmen* pp. 200-201.
45. ibid. pp. 178-179; d'Ohsson, *Histoire* ii pp. 141-142.
46. Grousset, *Empire* p. 266.
47. ibid. pp. 594-595. On this point see also Strakosch-Grassmann, *Mongolen in Mitteleuropa* pp. 78-79.
48. ibid. pp. 99-101.
49. Rady et al, *Gesta Hungarorum / Epistola in Miserabile Carmen* pp. 168-169.
50. ibid.
51. Hristo Dimitrov, 'über die bulgarischungarischen Beziehungen, 1218–1255,' *Bulgarian Historical Review* 25 (1997) pp. 3-27 (at pp. 16-19); Matthew Paris, *Chronica Majora* iv pp. 113, 179; Göckenjan & Sweeney, *Mongolensturm* pp. 149-150; Strakosch-Grassmann, *Mongolen in Mitteleuropa* pp. 12-13, 91.
52. ibid. pp. 78-79.
53. Carey, *Warfare* pp. 124-128. 但参与这场辩论需要格外谨慎。一些非常确凿的史料坚称蒙古人的人数相对于敌方的是二比一，参见 JB i p. 270; Göckenjan & Sweeney, *Mongolensturm* p. 251。
54. ibid. p. 240.
55. JB i. pp. 270-271; Rady et al, *Gesta Hungarorum / Epistola in Miserabile Carmen* pp. 180-181.
56. 安德烈有四个儿子，其中一个在他死后出生。四个儿子包括：贝拉（1206—1276）；科洛曼（1208—1241），他在1214—1221年统治加利奇，在1226年后成为斯拉沃尼亚的行政长官；早逝的同名之子安德烈（1210—1234）；第四子斯蒂芬（1236—1272），他是安德烈的遗腹子。
57. Skelton, Marston & Painter, *Vinland Map* pp. 80-81; Pelliot, *Horde d'Or* p. 153.
58. Skelton, Marston & Painter, *Vinland Map* pp. 82-83.
59. Peric' et al, *Thomas of Split, History* pp. 261-273.
60. Rady et al, *Gesta Hungarorum / Epistola in Miserabile Carmen* pp. 182-183.
61. Bretschneider, *Mediaeval Researches* i. p. 331; d'Ohsson, *Histoire* ii p. 142.
62. 对于在莫希使用火器的情况，参见 Chase, *Firearms* p. 58; Carey, *Warfare* pp. 124-128; James Riddick Partington, *Greek Fire* p. 250.
63. Strakosch-Grassmann, *Mongolen in Mitteleuropa* pp. 84-87; d'Ohsson, *Histoire* ii pp. 143-144.
64. Bretschneider, *Mediaeval Researches* i pp. 331-332.
65. Rady et al, *Gesta Hungarorum / Epistola in Miserabile Carmen* pp. 184-185.
66. ibid.
67. ibid. pp. 186-187.
68. Peric' et al, *Thomas of Split, History* p. 293; László Koszta, 'Un prélat français en Hongrie: Bertalan, éveque de Pécs, 1219–1251,' *Cahiers d'Etudes Hongroises* 8 (1996) pp. 71-96.
69. Vambéry, *Hungary* pp. 138-139.
70. Rady et al, *Gesta Hungarorum / Epistola in Miserabile Carmen* pp. 188-189.
71. ibid. pp. 189-191.
72. ibid. pp. 190-191.
73. Jean Richard, 'Les causes des victoires mongoles d'apres les historiens orientaux du XIIIe siecle,' *Central Asiatic Journal* 23 (1979) pp. 104-117.

74. *Monumenta Germaniae Historica, Scriptores* 29 p. 262; Göckenjan & Sweeney, *Mongolensturm* p. 248; Richard, 'Les causes des victories,' loc.cit. pp. 109-110; S´wie̦tosławski, *Arms and Armour* pp. 21-41, 58-61.
75. Jackson & Morgan, *Rubruck* p. 185; Pelliot, *Recherches* p. 154; K. Uray-Köhalmi, 'Über die pfeifenden Pfeile der innerasiatischen Reiternomaden,' *Acta Orientalia Academiae Scientiarum Hungaricae* 3 (1953) pp. 45-71.
76. Liddell Hart, *Great Captains Unveiled* pp. 28-32.
77. 对于 Peter Jackson 的 *Mongols and the West* 这部优秀作品，我的批评之一就是他把所有的主张都太当真了 (see p. 73)。
78. Dawson, *Mongol Mission* p. 46.
79. Buell, *Dictionary* p. 110.
80. Bretschneider, *Mediaeval Researches* i pp. 333-334; d'Ohsson, *Histoire* ii p. 69.
81. Bretschneider, *Mediaeval Researches* i p. 332; Buell, *Dictionary* pp. 235, 258.
82. Bretschneider, *Mediaeval Researches* i p. 331.
83. RT ii p. 519.
84. Liddell Hart, *Great Captains Unveiled* p. 30.
85. Rachewiltz, *In the Service* p. 25.
86. Sinor, *Hungary* p. 73.
87. Rady et al, *Gesta Hungarorum / Epistola in Miserabile Carmen* pp. 196-197.
88. ibid. pp. 192-195.
89. Matthew Paris, *Chronica Majora* iv p. 114; Veszprémy & Schaer, *Simon of Keza* pp. 145-147; Dienst, *Leitha 1246*.
90. Göckenjan & Sweeney, *Mongolensturm* pp. 164-165, 244; Sinor, *Hungary* p. 74.
91. Bretschneider, *Mediaeval Researches* i p. 325; Bezzola, *Mongolen in abendländischer Sicht* pp. 87-88.
92. Rady et al, *Gesta Hungarorum / Epistola in Miserabile Carmen* pp. 206-207.
93. ibid. pp. 208-209.
94. ibid. pp. 206-207; Dawson, *Mongol Mission* pp. 37-38.
95. Bezzola, *Mongolen in abendländischer Sicht* pp. 87-88.
96. Strakosch-Grassmann, *Mongolen in Mitteleuropa* pp. 20-31, 35.
97. Fügedi, *Castle and Society* pp. 45-48.
98. Gerhartl, *Wiener Neustadt* pp. 3-10.
99. Rady et al, *Gesta Hungarorum / Epistola in Miserabile Carmen* pp. 214-215.
100. d'Ohsson, *Histoire* ii pp. 146-155.
101. Rady et al, *Gesta Hungarorum / Epistola in Miserabile Carmen* pp. 216-217.
102. ibid. pp. 218-219.
103. Göckenjan & Sweeney, *Mongolensturm* pp. 159, 182-185.
104. Kahn, *Secret History* p.xxvi.
105. Sinor, *Hungary* pp. 74-75.
106. Bretschneider, *Mediaeval Researches* i p. 325; Strakosch-Grassmann, *Mongolen in Mitteleuropa* pp. 166-167.
107. Peric´ et al, *Thomas of Split, History* p. 299.
108. Göckenjan & Sweeney, *Mongolensturm* p. 180.
109. ibid. pp. 181, 257-260. See also Fine, *Early Medieval Balkans* pp. 283-284; Fine, *Late Medieval Balkans* pp. 143-152.
110. Bretschneider, *Mediaeval Researches* i p. 326; Strakosch-Grassmann, *Mongolen in Mitteleuropa* pp. 168-173.
111. Budge, *Chronography* i p. 398.
112. *Monumenta Germaniae Historica, Scriptores* 9 p. 641.
113. Spuler, *Goldene Horde* pp. 124-126; Vásáry, *Cumans and Tatars* p. 70.
114. *Monumenta Germaniae Historica, Scriptores* 20 p. 335; 22 p. 472; Göckenjan & Sweeney, *Mongolensturm* p. 266.
115. Berend, *At the Gate* pp. 37-38; Jackson, *Mongols and the West* p. 207.
116. *Monumenta Germaniae Historica, Scriptores* 17 p. 394; Göckenjan & Sweeney,

Mongolensturm pp. 159, 182-185, 255.
117. Rady et al, *Gesta Hungarorum / Epistola in Miserabile Carmen* pp. 220-221.
118. Göckenjan & Sweeney, *Mongolensturm* pp. 182-185, 258; Rogers, *Medieval Warfare* iii p. 34.
119. Morris Rossabi, 'The Legacy of the Mongols,' in Manz, *Central Asia* pp. 27-44; John Masson Smith, 'Demographic Considerations in Mongol Siege Warfare,' *Archivum Ottomanicum* 13 (1994) pp. 323-394; James Ross Sweeney, ' "Spurred on by Fear of Death" ,' loc. cit. pp. 34-62; Sweeney, 'Identifying the Medieval Refugee: Hungarians in Flight during the Mongol Invasions,' in Löb et al, *Forms of Identity* pp. 63-76.
120. Gregory G. Guzman, 'European Clerical Envoys to the Mongols: Reports of Western Merchants in Eastern Europe and Central Asia, 1231-1255,' *Journal of Medieval History* 22 (1996) pp. 53-67; cf also Olschki, *Guillaume Boucher*.
121. Jackson, *Mongols in the West* p. 70.
122. Sinor, *Hungary* p. 76.
123. Bezzola, *Mongolen in abendländischer Sicht* pp. 110-113; Sinor, 'Les relations entre les Mongols et l'Europe jusqu'a la mort d'Arghoun et de Béla IV,' *Cahiers d'Histoire Mondiale* 3 (1956) pp. 39-62 (at p. 47); Sinor, 'John of Carpini's Return from Mongolia: New light from a Luxembourg Manuscript,' *Journal of the Royal Asiatic Society* (1957) pp. 193-206 (at pp. 203-205); A. Pálóczi-Horváth, 'L'immigration et l'établissement des Comans en Hongrie,'*Acta Orientalia Academiae Scientiarum Hungaricae* 29 (1975) pp. 313-333; Berend, *At the Gate* pp. 134-138; Anthony Luttrell, 'The Hospitallers in Hungary before 1418: Problems and Sources,' in Hunyadi & Laszlovsky, *Crusades and the Military Orders* pp. 269-281 (at pp. 271-272); J. Muldoon, *Popes, Lawyers and Infidels* pp. 59-60.
124. Berend, *At the Gate* pp. 68-73, 87-93, 97-100.
125. Sinor, *Hungary* pp. 77-78.
126. Vernadsky, *Mongols and Russia* p. 58.
127. Budge, *Chronography* i p. 409; Cahen, *Formation of Turkey* pp. 70-71; Cahen, *Pre-Ottoman Turkey* pp. 137-138; Miller, *Trebizond* pp. 24-26; Bryer, *Trebizond*; John Masson Smith, 'Mongol Nomadism and Middle Eastern Geography: Qishlaqs and Tumens,' in Amitai-Preiss & Morgan, *Mongol Empire and its Legacy* pp. 39-56; Atwood, *Encyclopedia* p. 555.
128. 这一理论主要与 Denis Sinor 有关 Sinor, 'The Mongols in the West,' *Journal of Asian History* 33 (1999) pp. 1-44。Sinor, 'Horses and Pasture,' *Oriens Extremus* 19 (1972) pp. 171-183; Sinor, 'Horse and Pasturage in Inner Asian History,' in his *Inner Asia and its Contacts with Medieval Europe* pp. 171-184 (esp. pp. 181-183).
129. Greg S. Rogers, 'An Examination of Historians' Explanations for the Mongol Withdrawal from East Central Europe,' *East European Quarterly* 30 (1996) pp. 3-26.
130. Kosztolnyik, *Hungary* p. 182.
131. Rachewiltz, *In the Service* p. 25.
132. Dawson, *Mongol Mission* pp. 44-45.
133. *Monumenta Germanie Historica, Scriptores* 32 p. 210; Salimbene de Adam, *Cronica* i p. 317; Matthew Paris, *Chronica Majora* vi pp. 82; Dawson, *Mongol Mission* pp. 44-46.
134. Jackson, *Mongols and the West* p. 358; Nicol, *Last Centuries* p. 22.
135. Jackson, *Mongols and the West* pp. 143-147.
136. Dawson, *Mongol Mission* pp. 44-49.
137. *Monumenta Germaniae Historica, Scriptores* 17 p. 341; Matthew Paris, *Chronica Majora* vi p. 82.
138. ibid. iv p. 387.
139. JB i p. 240; ii p. 588.
140. Mitchell & Forbes, *Chronicle of Novgorod* pp. 86-87.
141. Fennell, *Crisis* p. 105; Tumler, *Deutsche Orden* pp. 266-267; Nicolle, *Peipus*.
142. The quote is from Fennell, *Crisis* p. 106.
143. Donald Ostrowski, 'Alexander Nevskii's "Battle on the Ice" : The Creation of a

Legend,' *Russian History* 33 (2006) pp. 289-312; Dittmar Dahlmann, 'Der russische Sieg über die "teutonischen Ritter" auf dem Peipussee 1242,' in Krumeich & Brandt, *Schlachtenmythen* pp. 63-75; Fennell & Stokes, *Early Russian Literature* pp. 107-121. 把楚德湖之战视作同高加米拉战役、扎马战役、阿莱西亚战役以及滑铁卢战役一样传奇的战役实在是令人不可思议。爱森斯坦在1938年的电影中将涅夫斯基描绘成了一个绝世英雄，但他没有提供任何历史背景。蒙古人在头十分钟里毫无意义地出场，就好像他们是这场戏剧中的布景板或临时演员。当然，这是一部伟大的电影，普罗科菲耶夫为其创作了优美的音乐，但本质上它完全不符合历史实情。通过隐瞒事实的真相以及虚假的声明，涅夫斯基被塑造成一个从东、西方（斯大林说苏联可以同时抵抗来自希特勒的德国和日本的攻击）而来的威胁中拯救了"俄罗斯"（当时当然还不存在）的形象。

144. Buell, *Dictionary* p. 266; Jürgen Sarnowsky, 'The Teutonic Order Confronts the Mongols and Turks,' in Barber, *Military Orders* pp. 253-262.
145. Isoaho, *Aleksandr Nevskiy* pp. 88-98.
146. Dawson, *Mongol Mission* pp. 62, 65, 70; Fennell, *Crisis* pp. 98-99, 107-108, 110-120.
147. 关于撒里答，参见 JR ii p. 1291; JB i p. 223; Jackson & Morgan, *Rubruck* pp. 117-119; Allsen, *Mongol Imperialism* pp. 136-138; Allsen, 'Mongol Census-Taking in Rus', 1245–1275,' *Harvard Ukrainian Studies* 5 (1981) pp. 32-53 (at p. 40); Dawson, *Mongol Mission* pp. 45, 65, 117-118; Jackson & Morgan, *Rubruck* pp. 114-122; Pelliot, *Horde d'Or* pp. 134-144; Spuler, *Goldene Horde* pp. 33-34. 在撒里答和别儿哥的汗国之间存在一段短暂的空白期，当时由撒里答的兄弟乌剌黑赤进行统治（1257年）(Pelliot, *Notes sur Marco Polo* i pp. 92-95; Pelliot, *Horde d'Or* pp. 47-51)。关于别儿哥皈依伊斯兰教，参见 Jean Richard, 'La conversion de Berke et les débuts de l'islamisation de la Horde d'Or,' *Revue des Etudes Islamiques* 35 (1967) pp. 173-184; István Vásáry, 'History and Legend in Berke Khan's conversion to Islam,' in Sinor, *Aspects* iii pp. 230-252.
148. JR ii p. 1149; JB i pp. 239-246.
149. JB i pp. 21,171,176; Hambis, *Le chapitre CVII*; Boyle, *Successors* p. 181. For Koden and Shiremun see Buell, *Dictionary* pp. 184, 243.
150. Bretschneider, *Mediaeval Researches* i p. 332; Boyle, *Successors* pp. 179,183; David Ayalon, 'The Great Yasa,' *Studia Islamica* 34 (1971) pp. 151-180 (at pp. 157-159, 164-165; Spuler, *Mongolen in Iran* p. 39.
151. JB i pp. 255-257; Grousset, *Empire* p. 271; Hodong Kim, 'A Reappraisal of Güyük Khan,' in Amitai &Biran, *Mongols, Turks and Others* pp. 309-338.
152. Allsen, *Mongol Imperialism* pp. 21-22, 54-63.
153. JR ii p.1151; Boyle, *Successors* pp. 99, 180-186; Jackson,'The Dissolution of the Mongol Empire,' *Central Asiatic Journal* 22 (1978) pp. 186-244 (at pp. 200-201); Atwood, *Encyclopedia* p. 213.
154. Jackson & Morgan, *Rubruck* pp. 46-50, 163-164; Atwood, *Encyclopedia* p. 512.
155. Jackson & Morgan, *Rubruck* p. 169; Pelliot, 'Les Mongols et la papauté,' *Revue de l'Orient chretien* 24 (1924) p. 203; Allsen, *Mongol Imperialism* pp. 30-37.
156. Boyle, *Successors* pp. 21-22, 216; W. Abramowski, 'Die chinesischen Annalen der Mongke,' *Zentralasiatische Studien* 13 (1979) pp. 7-71 (at pp. 20-21, 28); Morgan, *Mongols* pp. 103-104.
157. Lane, *Daily Life* p. 9.
158. Barnes & Hudson, *History Atlas of Asia* p. 87.
159. Morgan, *Medieval Persia* pp. 64-72.

结 语

1. Krause, *Epoche der Mongolen* p. 6.
2. Khazanov, *Nomads and the Outside World*, pp. 238-239.

3. D. C. Wright, 'Was Chinggis Khan Literate?' in Janhunen, *Writing* pp. 305-312.
4. Unlu, *Genealogy of a World Empire* p. 88.
5. Sechin Jagchid, 'The Historical Interaction between the Nomadic People in Mongolia and the Sedentary Chinese,' in Seaman & Marks, *Rulers from the Steppe* pp. 63-91 (at p. 81).
6. 引自 Weatherford, *Genghis Khan* p. 125。
7. T. Zerjal et al, 'The Genetic Legacy of the Mongols,' *American Journal of Human Genetics* 72 (2003) pp. 717-721. 我并非一名遗传学家，对于这场争论的细节我难以理解，但它似乎是取决于单倍群 C-M217 及其子群 C-M130。
8. Garrett Hellenthal, Simon Myers, Daniel Falush, et al, 'A Genetic Atlas of Human Admixture History,' *Science* 343 (14 February 2014) pp. 747-751.
9. S. Abilev et al, 'The Y chromosome C3* Star Cluster Attributed to Genghis Khan's Descendants,' *Human Biology* 84 (2012) pp. 79-89. 对此的讨论参见 Hartl & Jones, *Genetics* p. 309; Chapin, *Long Lines*; Cooper, *Geography of Genocide*; Wells, *Journey of Man*.
10. 围绕"英雄史观"诞生了历史学上最为激烈的辩论场，其中的杰出人物包括占支持立场的卡莱尔、尼采和克尔凯郭尔以及持反对意见的恩格斯、托尔斯泰和赫伯特·斯宾塞。参见 Leonid Grinin, 'The Role of an Individual in History: A Reconsideration,' *Social Evolution and History* 9 (2010) pp. 95-136; Friedrich Engels, introduction to *Socialism*; Hook, *Hero*。
11. Montesquieu, *Considerations on the Causes of the Greatness of the Romans* (1734) Chapter 18.
12. Fletcher, 'The Mongols,' loc. cit. pp. 35-36. 托尔斯泰在《战争与和平》中极力反对这个观点："机会和天才这两个词并不能表示任何实际存在的东西，因此它们无法被定义。这两个词仅仅表示对现象的某种程度的理解。我不知道某件事为什么会发生；我想我无法知道；所以我不去尝试了解，我谈论的是机会。我看到了一种力量，它产生的效果超出了普通人类机构的范围；我不明白为什么会发生这种情况，我称其为天才。"(*War and Peace*, Epilogue, part 1.2, translated by Rosemary Edmonds). 这样的修辞十分有力，但论据薄弱，这和曾经托尔斯泰权威的论断相似，它们都强调不可避免的因素一定发挥了作用。
13. 有关伊本·赫勒敦及其对气候的看法，参见 Warren E. Gates, 'The Spread of Ibn Khaldun's Ideas on Climate and Culture,' *Journal of the History of Ideas* 28 (1967) pp. 415-422; Fromherz, *Ibn Khaldun*.
14. 关于其中的气候因素，参见 Montesquieu, *The Spirit of the Laws*, Chapter 14. 关于对蒙古人的见解，参见 ibid. pp. 268-280.
15. Gumilev, *Imaginary Kingdom* pp. 21-24.
16. ibid.
17. 以下所有研究都强调了干旱的影响力：Lattimore, 'The Geographical Factor in Mongol History,' *Geographical Journal* 41 (1938) pp. 1-20, reproduced in *Studies in Frontier History* pp. 241-258; Ellsworth Huntington, 'Changes of Climate and History,' *American Historical Review* 18 (1913) pp. 213-232, and cf Martin, *Ellsworth Huntington* and G. F. Hudson's note in Toynbee, *Study of History* (1962) iii annex 2 p. 453; Brown, *History and Climate Change* pp. 211-221.
18. Yongkang Xue, 'The Impact of Desertification in Mongolia and the Inner Mongolian Grassland on the Regional Climate,' *Journal of Climate* 9 (1996) pp. 2173-2189.
19. Brown, *Geography of Human Conflict* pp. 53-57 (esp. p. 54).
20. 强调寒冷天气带来的影响的学者包括 Gareth Jenkins, 'A Note on Climate Cycles and the Rise of Chinggis Khan,' *Central Asiatic Journal* 18 (1974) pp. 217-226 and William S. Atwell, 'Volcanism and Short-Term Climatic Change in East Asian and World History c. 1200–1699,' *Journal of World History* 12 (2001) pp. 29-98 (at pp. 42-45).
21. Mara Hvistendahl, 'Roots of Empire,' *Science* 337 (28 September 2012) pp. 1596-1599. 强调潮湿的气候带来的影响的学者是 H. H. Lamb, *Climate, History and the Modern World* pp. 184-185, 317。
22. Brown, *History and Climate Change* p. 217.

注　释　569

23. Lattimore, 'The Geographical Factor,' in *Studies in Frontier History* pp. 252-253; Lattimore, 'The Historical Setting of Inner Mongolian Nationalism,' ibid. pp. 440-455.
24. Gumilev, *Imaginary Kingdom* p. 259.
25. ibid. pp. 19-20.
26. Togan, *Flexibility and Limitation* p. 6.
27. Fletcher, 'The Mongols,' loc. cit. pp. 22-34. 更多关于气候的讨论，参见 B. Beentjes, 'Nomadwanderungen und Klimaschwangen,' *Central Asiatic Journal* 30 (1986) pp. 7-17; A. W. B. Meyer, 'Climate and Migration,' in Bell-Fialkoff, *Role of Migration* pp. 287-294; V. G. Dirksen et al, 'Chronology of Holocene Climate and Vegetation Changes and their Connection to Cultural Dynamics in Southern Siberia,' *Radiocarbon* 49 (2007) pp. 1103-1121; B. van Geel, 'Climate Change and the Expansion of the Scythian Culture after 850 bc: A Hypothesis,' *Archaeological Science* 31 (2004) pp. 1735-1742; 33 (2006) pp. 143-148.
28. Julia Pongratz et al, 'Coupled Climate-Carbon Simulations Indicate Minor Global Effects of Wars and Epidemics on Atmospheric CO2,' *The Holocene* 21 (2011) pp. 848-851.
29. Keegan, *History of Warfare* (1994) p. 214. 认为各种暴行应归咎于蒙古人的还有 Salisbury, *Coming War* p. 31.
30. Ostrowski, *Muscovy and the Mongols* pp. 3-4.
31. Weatherford, *Genghis Khan* pp. xxiv, 237-238.
32. Martels, *Travel Fact* pp. 54-71. 有趣的是，Weatherford, *Genghis* p. 236 写到，弗朗西斯·培根在16世纪晚期总结蒙古人带到西方的三大突破性技术：印刷术、火药和指南针，而 Janet Abu-Lughod (The *World System* pp. 23-24) 对两位培根进行了直截了当的对比，这是信仰（罗吉尔·培根）和政治（弗朗西斯·培根）的对比，也是前者忠于教皇与后者忠于君主的对比。
33. Anatoly M. Khazanov, 'Muhammad and Jenghis Khan Compared: The Religious Factor in Empire Building,' *Comparative Studies in Society and History* 35 (1993) pp. 461-479.
34. J. J. Saunders, 'The Nomad as Empire-Builder: A Comparison of the Arab and Mongol Conquests,' in Rice, *Muslims and Mongols* pp. 36-66.
35. Schurmann, *Economic Structure* pp. 66-67; Thomas T. Allsen, 'Mongol Census-Taking in Rus', 1245–1275,' *Harvard Ukraine Studies* 5 (1981) pp. 32-53 (at pp. 33-36).
36. Hans Bielenstein, 'Chinese Historical Demography ad 2-1982,' *Bulletin of the Museum of Far Eastern Antiquities* 59 (1987) pp. 85-88; Ping-ti Ho, 'An Estimate of the Total Population of Sung–Chin China,' in Françoise Aubin, ed. *Etudes Song* pp. 3-53.
37. May, *Mongol Conquests* p. 224.
38. Brook, *Troubled Empire* pp. 42-44.
39. ibid. p. 45; Fitzgerald, *China* pp. 312-315.
40. Buell, *Dictionary* pp. 211-215; Brown, *History of Climate Change* p. 218; J. D. Durand, 'Population Statistics of China, ad 2–1953,' *Population Studies* 13 (1960) pp. 209-256. Morgan, *Mongols* p. 83 估计在蒙古入侵前、后，金朝人口分别为1亿和700万。有关占城稻，参见 Ping-ti Ho, 'Early-Ripening Rice in Chinese History,' *Economic History Review* 18 (1956) pp. 200-218。
41. Pinker, *Better Angels* pp. 94, 707 引用了较大的数字。Fitzgerald, *China* pp. 314, 624 认为那些庞大的数字很可笑。
42. Graff, *Medieval Chinese Warfare* p. 240; Twitchett, *Sui and T'ang China*.
43. Fairbank, *Late Ch'ing* pp. 264-350.
44. Fairbank & Feuerwerker, *Republican China*.
45. Chalmers Johnson, 'The Looting of Asia', *London Review of Books* 25 (20 November 2003) pp. 3-6.
46. Wedgwood, *Thirty Years War*.
47. Hochschild, *King Leopold's Ghost* pp. 226-232.
48. Franke & Twitchett, *Cambridge History* p. 622. McEvedy & Jones, *World Population History* p. 172 认为蒙古入侵后，中原人口从1亿1500万降到了8500万。19世纪的学者 Jeremiah Curtin 认为仅在1211—1223年，在中国境内（含西夏）死于蒙古人之手的人就有1850万 (*Mongols* p. 141)。
49. 仅估算撒马尔罕的人口就很困难，详情参见 Schafer, *Golden Peaches* p. 280。

50. David O. Morgan, 'Ibn Battuta and the Mongols,' *Journal of the Royal Asiatic Society*, 3rd series 11 (2001) pp. 1-11. 还可参见 Dunn, *Adventures of Ibn Battuta*。
51. 编年史家们基本相信，蒙古在战胜花剌子模帝国以及追捕札兰丁的"清洗"行动中造成了1500万的伤亡。支持的编年史家包括 Ward, *Immortal* p. 39; Rummel, *Death by Government* pp. 48-51; Macfarlane, *Savage Wars* p. 50; Grant, *Battle* pp. 92-94.
52. Josiah C. Russell, 'Population in Europe,' in Cipolla, *Economic History* pp. 25-71.
53. Morgan, *Mongols* p. 83. Godbey, *Lost Tribes a Myth* p. 385 想要将这一个数字缩减到2000万。Pinker, *Better Angels* pp. 235-237 因提出4000万人死亡的观点而遭到嘲笑，不过他似乎并没有过分地夸大这个数字。McEvedy & Jones *World Population History* pp. 170-173 取了一个中间值，他估计有2500万死者。还可参见 White, *Atrocities*.
54. Barthold, *Turkestan* p. 461.
55. Lattimore, 'Chingis Khan and the Mongol Conquests,' *Scientific American* 209 (1963) p. 62; Rachewiltz, *Papal Envoys* p. 65.
56. Noreen Giffney, 'Monstrous Mongols,' *Postmedieval* 3 (2012) pp. 227-245.
57. SHR pp. 181-186.
58. George Lane, 'The Mongols in Iran,' in Daryaee, *Iranian History* pp. 243-270 (at p. 249).
59. Bretschneider, *Mediaeval Researches* i p. 93.
60. Halperin, *Golden Horde* p. 22.
61. 这种观点，参见 Schmidt, Tarnovsky & Berkhin, *USSR* pp. 29-30; Wittfogel, *Oriental Despotism* p. 225; Gleason, *Russian History* p. 78.
62. Ostrowski, *Muscovy and the Mongols* 逐条（且令人信服）地、详尽地驳斥了"蒙古枷锁"涉及俄罗斯生活的每个方面这个观点。
63. Charles J. Halperin, 'George Vernadsky, Eurasianism, the Mongols and Russia,' *Slavic Review* 41 (1982) pp. 477-493; Halperin, *Golden Horde*.
64. David B. Miller, 'Monumental Building as an Indicator of Economic Trends in Northern Rus' in the late Kievan and Mongol Periods 1138–1462,' *American Historical Review* 94 (1989) pp. 360-390.
65. Ostrowski, *Muscovy and the Mongols* pp. 64-68.
66. Dawson, *Mongol Mission* p. 18; Jackson & Morgan, *Rubruck* pp. 90-91; Latham, *Travels of Marco Polo* p. 98; Yule, *Ser Marco Polo* i p. 252.
67. Halperin, *Golden Horde* p. 116.
68. Ostrowski, *Muscovy and the Mongols* pp. 7, 63; Vernadsky, *Mongols and Russia* pp. 364-366.
69. Gumilev, *Imaginary Kingdom* pp. 222-223; Khazanov, *Nomads and the Outside World* pp. 152-164.
70. Barthold, *Four Studies* i p. 43.
71. Yule & Cordier, *Cathay* ii pp. 287-291; iii pp. 137-173.
72. Ciocîltan, *Black Sea Trade* pp. 2, 20-21.
73. Hamby, *Central Asia* p. 123.
74. Abu-Lughod, *Before European Hegemony* pp. 153-184; Adshead, *Central Asia* pp. 3-5, 26-27, 53; Gary Seaman, 'World Systems and State Formation on the Inner Eurasian Periphery,' in Seaman & Marks, *Rulers from the Steppe* pp. 1-20; Ruotsala, *Europeans and Mongols*.
75. Asimov & Bosworth, *History of Civilizations*, iv part 2 pp. 221-226.
76. ibid. pp. 389-394, 451-453.
77. H. Franke, 'Sino-Western Contacts under the Mongol Empire,' *Journal of the Royal Asiatic Society* 6 (1966) pp. 59-71; Heissig & Müller, *Mongolen* pp. 54-57.
78. Pegolotti, *Pratica della mercatura* p. 22.
79. Larner, *Marco Polo* p. 28; Reichert, *Begegnungen mit China* pp. 83-84; Jackson, *Mongols in the West* pp. 309-310.
80. Hodong Kim, 'The Unity of the Mongol Empire and Continental Exchanges over Eurasia,' *Journal of Central Eurasian Studies* 1 (2009) pp. 15-42 (at p. 16).
81. 关于若望·孟高维诺，参见 Yule, *Cathay* i pp. 165-173, 197-221; Beazley, *Dawn of Modern Geography* iii pp. 162-178, 206-210.

82. Denise Aigle, 'De la "non negotiation" a l'alliance aboutie: Réflexions sur la diplomatie entre les Mongols et l'Occident latin,' *Oriente Moderno* 88 (2008) pp. 395-434.
83. Abu-Lughod, *World System* p. 18.
84. RT iii pp. 565-566, 605-606; Ricci, *Marco Polo* pp. 16-17; Yule, *Cathay* iii p. 49; J. Richard, *Papaute et les missions* pp. 145-146; Abu-Lughod, *World System* pp. 185-211.
85. Thomas T. Allsen, 'Mongolian Princes and their Merchant Partners, 1200–1260,' *Asia Major*, 3rd series 2 (1989) pp. 83-126.
86. McNeill, *Plagues and Peoples* pp. 93, 102-120, 134, 140-147.
87. Owen Lattimore, 'Feudalism in History,' *Past and Present* 12 (1957) pp. 47-57.
88. Rachewiltz, *Papal Envoys* p. 65. 关于对"游牧式的封建主义"以及"蒙古体系在任何情况下都是某种封建主义"的批评，参见 Bold, *Nomadic Society* pp. 21-24; Khazanov, *Nomads and the Outside World* pp. 132, 135, 139, 144, 159, 255.
89. Rachewiltz, *Papal Envoys* pp. 66-67; Vernadsky, *Mongols and Russia* pp. 118, 213, 339-341.
90. Lattimore, *Inner Asian Frontiers* pp. 61-65, 361-365.
91. Anderson, *Passages from Antiquity* p. 223.
92. Vernadsky, *Mongols and Russia* pp. 130-131.
93. Lattimore, *Inner Asian Frontiers* pp. 519-523.
94. Fletcher, 'The Mongols' p. 50.
95. 参见 Anderson, *Passages from Antiquity* pp. 218-225 出色的分析。
96. Almaz Khan, 'Chinggis Khan from Imperial Ancestor to Ethnic Hero,' in Harrell, *Cultural Encounters* pp. 248-277; P. L. W. Sabloff, 'Genghis Khan, Father of Mongolian Democracy,' in Sabloff, *Modern Mongolia* pp. 225-251.
97. 引自他的作品《阿克塞尔》(1890)。参见 Bourre, *Villiers de L'Isle-Adam*.98. Armstrong et al, *Francis of Assisi: Early Documents*.

附录1 蒙古人的信仰

1. SHO pp. 93, 197-199; SHR pp. 43, 139-141.
2. A. Mostaert, 'A propos d'une priere au feu,' in Poppe, *American Studies in Altaic Linguistics* pp. 191-223; Heissig, *Religions of Mongolia* pp. 48-59.
3. E. Lot-Falck, 'A propos d'Atugan, déesse mongole de la terre,' *Revue de l'Histoire des Religions* 149 (1956) pp. 157-196; Yule & Cordier, *Marco Polo* i pp. 257-259; Heissig, *Religions* p. 7, 76-84.
4. N. Poppe, 'Zum Feuerkultus bei den Mongolen,' *Asia Minor* 2 (1925) pp. 130-145 (at p. 141).
5. Rachewiltz, *Commentary* pp. 329-331; Heissig, *Religions* pp. 84-90.
6. Moule & Pelliot, *Marco Polo* i pp. 199-200; Baldick, *Animal and Shaman* pp. 95, 104, 108.
7. P. Pelliot, 'Notes sur le "Turkestan",' *T'oung Pao* 26 (1929) pp. 113-182 (at p. 133); Yule & Cordier, *Marco Polo* i p. 257; Moule & Pelliot, *Marco Polo* p. 257; Heissig, *Religions* pp. 102-110.
8. Moule & Pelliot, *Marco Polo* i p. 170.
9. Heissig, *Religions* pp. 6-7, 46.
10. Dawson, *Mongol Mission* p. 7.
11. Heissig, *Religions* p. 35.
12. Hutton, *Shamans* pp. 47-49; Caroline Humphrey, 'Shamanic Practices and the State in Northern Asia,' in Thomas & Humphrey, *Shamanism* pp. 191-228 (at p. 208); Humphrey & Onon, *Shamans and Elders* p. 51.
13. Humphrey, 'Shamanic Practices,' loc. cit. pp. 199-200.
14. Dawson, *Mongol Mission* p. 12; Jackson & Morgan, *Rubruck* p. 72; Jean-Paul Roux, 'Tângri: Essai sur le ciel-dieu des peuples altaiques,' *Revue de l'Histoire des Religions*

149 (1956) pp. 49-82, 197-230; 150 (1956) pp. 27-54, 173-212.
15. Jean-Paul Roux, 'La tolérance religieuse dans les empires turco-mongols,' *Revue de l'Histoire des Religions* 203 (1986) pp. 131-168 (at p. 164).
16. Caroline Humphrey, 'Theories of North Asian Shamanism,' in Gellner, *Soviet and Western Anthropology* pp. 242-252.
17. Vitebsky, *Shaman* p. 74.
18. ibid. pp. 56-73, 94-95.
19. Heissig, *Religions* pp. 17-19.
20. Vitebsky, *Shaman* pp. 25, 54-55, 81; Andrew Neher, 'A Physiological Explanation of Unusual Behavior in Ceremonies Involving Drums,' *Human Biology* 34 (1962) pp. 151-160.
21. Vitebsky, *Shaman* p. 22.
22. Hutton, *Shamans* p. 107; Heissig, *Religions* p. 20.
23. 有关蒙古和波斯在神话和神谱上的一致性，参见 Gumilev, *Imaginary Kingdom* pp. 267-269.
24. Jagchid & Hyer, *Mongolia's Culture* pp. 163-167.
25. Asimov & Bosworth, *History of Civilizations* iv part 2 pp. 65-66.
26. Heissig, *Religions* p. 7; Vitebsky, *Shaman* p. 135; Piers Vitebsky, 'Some Medieval European Views of Mongolian Shamanism,' *Journal of the Anglo-Mongolian Society* 1 (1974) pp. 24-42. See also Foltz, *Religions of the Silk Road*.

附录 2　西辽的覆灭

1. Denis Sinor 认为"古儿汗（gur-khan）"这个头衔就如同佛朗哥的"元首（Caudillo）"和希特勒的"领袖（Führer）"：'The Khitans and the Kara Khitans,' in Asimov & Bosworth, *History of Civilizations* iv part 1 pp. 227-242 (at p. 235)。
2. JB i pp. 354-361.
3. 有关喀喇汗王朝的入侵者，参见 E. A. Davidovich, 'The Karakhanids,' in Asimov & Bosworth, *History of Civilizations*, iv part 1 pp. 119-144; Peter B. Golden, 'The Karakhanids and Early Islam,' in Sinor, *Early Inner Asia* pp. 343-370.
4. Hill, *Jade Gate to Rome*.
5. 有关这些附庸国，参见 Beckwith, *Empires of the Silk Road* pp. 148-159; Stein, *Ancient Khotan* pp. 123-133.
6. Grousset, *Empire* pp. 159-167; Golden, *Turkic Peoples*; Tetley, *Ghaznavid and Seljuk Turks*.
7. Biran, *Qara Khitai* pp. 41-44.
8. ibid. pp. 146-160 呈现了西辽军在各个方面的全部细节。
9. 有关祭司王约翰，参见 Beckingham & Hamilton, *Prester John*; Silverberg, *Realm of Prester John*; Hawting, *Muslims, Mongols and Crusaders*; Charles E. Nowell, 'The Historical Prester John,' *Speculum* 28 (1953) pp. 435-445.
10. Bretschneider, *Mediaeval Researches* i pp. 208-235.
11. 有关耶律大石的另一种观点，参见 Thiebaud, *Personnages marquants*.
12. 有关阿力麻里城，参见 Yule, *Cathay and the Way Thither* ii pp. 288, 321, 388; Bretschneider, *Mediaeval Researches* i p. 224; ii p. 33。
13. Biran, *Qara Khitai* pp. 133-135.
14. ibid. p. 136.
15. ibid. pp. 93-131, 146-147.
16. P. D. Buell, 'Sino-Khitan Administration in Mongol Bukhara,' *Journal of Asiatic History* 13 (1979) pp. 121-151; D. O. Morgan, 'Who Ran the Mongol Empire?' *Journal of the Royal Asiatic Society* (1982) pp. 124-136..
17. György Kara, 'On the Khitans' Writing System,' *Mongolian Studies* 10 (1987) pp. 19-24; Daniels & Bright, *Writing Systems* pp. 230-235.

18. Denis Sinor, 'Central Eurasia,' in Sinor, *Orientalism and History* pp. 82-103 (at p. 84); Hambis, *Haute Asie* p. 56; Spuler, *Goldene Horde* p. 346; C. E. Bosworth, 'The Political and Dynastic History of the Iranian World, ad 1000–1217,' in Boyle, *Cambridge History of Iran* v pp. 1-203 (at pp. 147-148); Lieu, *Manichaeism in Central Asia* pp. 126-176.
19. Jennifer Holmgren, 'Imperial Marriage in the Native Chinese and Non-Han State, Han to Ming,' in Watson & Ebrey, *Marriage and Inequality* pp. 58-96 (at pp. 81-82); Biran, *Qara Khitai*, pp. 160-168.
20. Pelliot, *Notes sur Marco Polo* i pp. 216-229; Barthold, *Four Studies* i pp. 27-29, 100-110.
21. Wittfogel & Feng, *Liao* p. 665.
22. Biran, *Qara Khitai* p. 84.
23. JB ii p. 360.
24. Biran, *Qara Khitai* pp. 84-85.
25. Soucek, *Inner Asia* pp. 99-100.
26. Bartold, *Turkestan* pp. 324-327; Barthold, *Four Studies* i p. 29; Herbert Franke, 'The Forest Peoples,' in Sinor, *Early Inner Asia* pp. 400-423 (at p. 410).
27. Grousset, *Empire* p. 160.
28. Barthold, *Turkestan* p. 339.
29. Hartmann, *An-Nasir li-Din Allah* pp. 70-78; Hanne, *Putting the Caliph.*
30. Barthold, *Turkestan* pp. 348-349; Boyle, *Cambridge History of Iran* v p. 167.
31. C. E. Bosworth, 'The Political and Dynastic History of the Iranian World, ad 1000–1217,' in Boyle, *Cambridge History of Iran* v pp. 1-203 (at pp. 182-191).
32. JB i p. 314.
33. Bosworth, 'Ghurids' in Bernard Lewis, ed., *Encyclopedia of Islam* (1991) ii p. 100.
34. Biran, *Qara Khitai* pp. 65-66.
35. Budge, *Chronography* i p. 351.
36. Biran, *Qara Khitai* pp. 69-70.
37. 有关摩诃末早年事迹的详情，参见 JR i pp. 254-267; JB i pp. 316-321。
38. JB ii pp. 325, 357, 390.
39. Luniya, *Life and Culture* p. 293; Biran, *Qara Khitai* p. 70.
40. JB i pp. 329-331; Bosworth in *Cambridge History of Iran* v. pp. 1-202 (at pp. 164-165).
41. JB ii pp. 341-352, 358-361; Barthold, *Turkestan* pp. 355-361.
42. Biran, *Qara Khitai* p. 72.
43. JB ii p. 352.
44. JB i pp. 336-339.
45. JB i pp. 65, 74.
46. Barthold, *Turkestan* p. 362.
47. Biran, *Qara Khitai* p. 73.
48. JB ii pp. 357-358.
49. RT i p. 68.

参考文献

此处所列的并不是有关成吉思汗和蒙古人的全部书目，这仅是对写作过程中查阅的书籍进行的简单列举。

原始文献和对原始史料的整理

Abel-Rémusat, Jean-Pierre, *Nouveaux mélanges asiatiques*, 2 vols (1829)
Abramowski, L. & A. E. Goodman, *A Nestorian Collection of Christological* Texts (1972)
Armstrong, Regis, J. Wayne Hellmann & William J. Short, eds, *Francis of Asissi: Early Documents,* 4 vols (1999–2002)
Bacon, Roger, trans. R. B. Burke, *Opus Majus,* 2 vols (1928)
Bawden, Charles R., ed. and trans., *The Mongol Chronicle Altan Tobc'i* (1955)
Beazley, C. R., ed., *The Texts and Versions of John de Piano Carpini and William de Rubruquis* (1900)
Bedrosian, Robert, ed. & trans., *Kirakos Gandzakets'i's History of the Armenians* (1986)
Benedetto, L. F., ed., *The Travels of Marco Polo* (1931)
Blake, Robert P. & Richard N. Frye, ed. and trans., *The History of the Nation of Archers . . . by Grigor of Akanc* (1954)
Bouquet, Martin, *Recueil des historiens des Gaules et de la France*, 19–20 (1880)
Boyle, J. A., ed. & trans., *Genghis Khan: The History of the World Conqueror by Ata-Malik Juvaini*, 2 vols (1997)
Boyle, J. A., ed. & trans., *The Successors of Genghis Khan* (1971)
Bregel, Yuri, ed. & trans., *Firdaws al-Iqbal: History of Khorezm by Shir Muhammad Mirab Munis and Muhammad Riza Mirab Agahi* (1999)
Bretschneider, Emil, *Mediaeval Researches from Eastern Asiatic Sources,* 2 vols (1888; repr. 2002)
Broadhurst, Roland C., ed. & trans., *The Travels of Ibn Jubayr . . .* (1952)
Browne, Edward Granville, ed. & trans., Chahar Maqala *('Four Discourses')of Nizam-i-'Arudi of Samarqand* (1921)
Browne, Edward Granville, ed. & trans., *The Lubabu 'l-Albáb of Muhammad Awfi*, 2 vols (1906)
Brundage, James A., ed & trans., *The Chronicle of Henry of Livonia* (1961)

Budge, E. A. Wallis, trans. & ed., *The Chronography of Gregory Abu'l Faraj... Commonly Known as Bar Hebraeus,* 2 vols (1932, repr. 2003)
Budge, E. A. Wallis, *The Monks of Kublai Khan, Emperor of China* (1928)
Chan, Hok-lam, trans., *The Fall of the Jurchen Chin: Wang E's Memoir on Ts'aichou under the Mongol Siege, 1233–1234* (1993)
Cleaves, F. W., ed. & trans., *The Secret History of the Mongols* (1982)
Cross, Samuel H., & Olgerd P. Sherbowitz-Wetzor, *The Russian Primary Chronicle: Laurentian Text* (1953)
Dankoff, Robert, trans., *Wisdom of Royal Glory: A Turko-Islamic Mirror for Princes by Yusuf Khass Hajib* (1983)
Davis, Dick, trans., *Abolqasem Ferdowsi, Shahnameh: The Persian Book of Kings* (2006)
Dawson, Christopher, ed., *The Mongol Mission: Narratives and Letters of the Franciscan Missionaries in Mongolia and China in the Thirteenth and Fourteenth Centuries, Translated by a Nun of Stanbrook Abbey* (1955)
Dmytryshyn, Basil, *Medieval Russia: A Source Book 900–1700* (1973)
Dörrie, Heinrich, ed., *Drei Texte zur Geschichte der Ungarn und Mongolen* (1956)
Fennell, John & Dimitri Obolensky, eds., *A Historical Russian Reader: A Selection of Texts from the XIth to the XVth Century* (1969)
Frye, Richard N., ed. & trans., *al-Narshakhi's The History of Bukhara* (1957)
Gibb, H. A. R, trans., *The Travels of Ibn Battuta,* 4 vols (1971–94)
Haenisch, Erich, trans., *Die Geheime Geschichte der Mongolen* (1948)
Haenisch, Erich, trans., *Zum Untergang zweier Reiche: Berichte von Augenzeugenaus den Jahren 1232–1233 und 1368–1370* (1969)
Hambis, Louis, trans., *Le chapitre CVII du Yuan Che* (1945)
Hambis, Louis, ed. & trans., *Marco Polo: La description du monde* (1955)
Hammer-Purgstall, Josef von, ed. & trans., *Geschichte Wassafs* (1856)
Harcourt, E. S., & Humphrey ap Evans, eds, *Said Gah-I-Shaukati, An Urdu Treatise on Falconry in the East* (1968)
Hildinger, Erik, trans., *The Story of the Mongols whom we call Tartars by Friar Giovanni DiPiano Carpini* (1996)
Jackson, Peter, & David O. Morgan, eds & trans., *The Mission of Friar William of Rubruck: His Journey to the Court of the Great Khan Mongke, 1253–1255* (1990)
Joinville, Jean de, trans. R. Hague, *Life of St Louis* (1955)
Kahn, Paul, *The Secret History of the Mongols: The Origins of Chingis Khan, An Adaptation of the Yüan Ch'ao Pi Shih, Based Primarily on the English Translation by Francis Woodman Cleaves* (1988)
Krause, F. E. A., ed. & trans., *Cingis Han. Die Geschichte seines Lebens nach den chinesischen Reichsannalen* (1922)
Kurucz, György, ed., *Guide to Documents and Manuscripts in Great Britain Relating to the Kingdom of Hungary from the Earliest Times to 1800* (1992)
Latham, Ronald E., ed., *The Travels of Marco Polo* (1958)
Lunde, Paul & Caroline Stone, eds & trans., *The Meadows of Gold: The Abbasids by Mas'udi* (1989)
Marsden, William, trans., *The Travels of Marco Polo* (1818, repr. 1987)
Matthew Paris, ed. & trans. H. R. Luard, *Chronica Majora,* 7 vols (1880)
Michael, Maurice, ed. & trans., *The Annals of Jan Długosz: A History of Eastern Europe from ad 965 to ad 1480* (1997)
Michel, Francisque, ed., *Mémoires de Jean, sire de Joinville ou Histoire et chronique du très-chrétien roi Saint Louis* (1858)
Minorsky, V., *Sharaf al Zaman Tahir Marvazi on China, the Turks and India* (1942)
Mitchell, Robert & Neville Forbes, trans., *The Chronicle of Novgorod* (1914)
Moule, Arthur C. & Paul Pelliot, trans., *Marco Polo: The Description of the World,* 2 vols (1938)
Nabokov, Vladimir, trans., *The Song of Igor's Campaign: An Epic of the Twelfth Century*

(1960)
Nesawi, Mohammed en- [Shihab al-Din Muhammad al-Nasawi], trans. O. Houdas, *Histoire du Sultan Djelal ed-Din Mankobirti* (1895)
Olbricht, Peter & Elisabeth Pinks, eds and trans., *Meng-Ta pei-lu und Hei-Tashih-lüeh: chinesische Gesandtenberichte über die frühen Mongolen 1221 und 1237*(1980)
Onon, Urgunge, ed. & trans., *The Secret History of the Mongols: The Life and Times of Chinggis Khan* (2001)
Pegolotti, Francesco Balducci, ed. Allan Evans, *La pratica della Mercatura* (1936)
Pelliot, Paul & Louis Hambis, eds & trans., *Histoire des campagnes de Genghis Khan* (1951)
Perfecky, George A., ed, *The Galician–Volynian Chronicle* (1973)
Peric´, Olga et al, eds & trans, *Thomae Archidiaconis Palatensis Historia Salonitanorum atque Spalatinorum Pontificum: Archdeacon Thomas of Split,History of the Bishops of Salona and Split* (2006)
Pertz, G. H. et al, eds, *Monumenta Germaniae Historica,* Scriptores 38 vols (2000)
Phillot, D. C., ed. & trans., *The Baz-nama-yi Nasiri: A Persian Treatise on Falconry* (1908)
Quatremère, Etienne Marc, trans., *Histoire des sultans mamlouks d'Égypte,écrite en arabe par Taki-Eddin-Ahmed-Makrizi [Ahmad ibn 'Ali Maqrizi]*(1845)
Rachewiltz, Igor de, *The Secret History of the Mongols, Translated with a Historical and Philological Commentary* (2nd ed., 2006)
Rady, Martyn & László Veszprémy / János M. Bak & Martyn Rady, eds & trans., *Anonymi Bele Regis Notarii Gesta Hungarorum: Anonymus, Notary of King Béla, The Deeds of the Hungarians / Magistri Rogerii Epistola in Miserabile Carmen . . . : Master Roger's Epistle . . .* (2010)
Ratchnevsky, Paul & Françoise Aubin, eds & trans., *Un code des Yuan,* 3 vols(1977)
Raverty, H. G., ed. & trans., *[Minhaj Siraj Juzjani,] Tabakat-i-Nasiri: A General History of the Muhammadan Dynasties of Asia,* 2 vols (1881)
Reich, Emil, *Selected Documents Illustrating Mediaeval and Modern History* (2004)
Ricci, A., ed., *The Travels of Marco Polo* (1931)
Richard, Jean, ed., *Simon de St Quentin, Histoire des Tartares* (1965)
Richards, D. S., ed. & trans., The Chronicle of Ibn al-Athir for the Crusading Period from Al-Kamil fi'l-Ta'rikh, Part 3: The Years 589–629/1193–1231: The Ayyubids after Saladin and the Mongol Menace (2008)
Risch, Friedrich, trans., *Johann de Piano Carpini: Geschichte der Mongolen und Reisebericht 1245–1247* (1930)
Rockhill, William Woodville, ed. & trans., *The Journey of William Rubruck to the Eastern Part of the World, 1253–1255, as Related by Himself, with Two Accounts of the Earlier Journey of John of Pian de Carpine* (1900)
Rodenberg, Karl, ed., *Epistolae Saeculi XIII e Regestis Pontificorum Romanorum Selectae, 3 vols* (1883-94)
Salimbene de Adam, ed. *Giuseppe Scalia, Cronica,* 2 vols (1998–9)
Silvestre de Sacy, *Antoine Isaac, Baron, Chrestomathie arabe* (1806–26)
Skelton, R. A., T. E. Marston & George D. Painter, *The Vinland Map and the Tartar Relation* (1995)
Société de Géographie, *Recueil de Voyages et de Mémoires* (1839)
Stevenson, J., ed, *The Chronicle of Melrose* (1835)
Szentpétery, Imre, et al, eds, *Scriptores Rerum Hungaricum Tempore Ducum Regumque Stirpis Arpadianae Gestarum,* 2 vols (1938)
Thackston, W. H., ed. & trans., *Habibu's-siyar [by] Khwandamir,* 2 vols(1994)
Thackston, W. H., ed. & trans., *Rashiduddin Fazlullah's Jami'u't-Tawarikh: Compendium of Chronicles. A History of the Mongols,* 3 vols (1998)
Theiner, Augustin, ed., *Vetera Monumenta Historica Hungariam Sacram Illustrantia* (1861)
Thomson, Robert W., ed. & trans., *Rewriting Caucasian History: The Medieval Armenian Adaptation of the Georgian Chronicles* (1996)
Veszprémy, László & Frank Shaer, with a study by Jeno" Szu"cs, *Simonis de Kéza Gesta*

Hungarorum: Simon of Kéza, the Deeds of the Hungarians (1999)
Waley, Arthur, *The Secret History of the Mongols and Other Pieces* (1963)
Waley, Arthur, *The Travels of an Alchemist . . .* (1931)
Waugh, T., ed. & trans., *The Travels of Marco Polo* (1984)
Wiener, Leon, *Anthology of Russian Literature: From the Earliest Period to the Present Time* (1902)
Wood, Casey A. & F. Marjorie Fyfe, eds & trans., *The Art of Falconry: Being the De Arte Venandi cum Avibus of Frederick II of Hohenstaufen* (2004)
Yule, Henry & Henri Cordier, *The Book of Ser Marco Polo the Venetian Concerning the Kingdoms and Marvels of the East,* 2 vols (1903)
Yule, Henry & Henri Cordier, *Cathay and the Way Thither,* 2 vols (1866); revised ed., with Henri Cordier, 4 vols (1926)
Yusuf Khass Hajib, trans. Robert Dankoff, *Wisdom of Royal Glory: A TurkoIslamic Mirror for Princes* (1983)
Zenkovsky, Serge A., ed. and trans., *Medieval Russia's Epics, Chronicles and Tales* (1974)
Zenkovsky, Serge A. & B. J., eds and trans., *The Nikonian Chronicle* (1984)

二手史料

Abazov, Rafis, *Palgrave Concise Historical Atlas of Central Asia* (2008)
Aberle, David F., *The Kinship System of the Kalmuk Mongols* (1953)
Abramzon, S. M., *The Kirgiz and their Ethnogenetical, Historical and Cultural Connections* (1971)
Abulafia, David, *Frederick II: A Medieval Emperor* (1988)
Abulafia, David, *The New Cambridge Medieval History, 5: c. 1198–1300* (1999)
Abulafia, David & Nora Berend, eds, *Medieval Frontiers: Concepts and Practices* (2002)
Abu-Lughod, Janet L., *Before European Hegemony: the World System, ad 1250–1350* (1989)
Adle, Charyar & Irfan Habib, *History of Civilizations of Central Asia,* 5 (2004)
Adshead, S. A. M., *Central Asia in World History* (1993)
Aigle, Denise, ed. *L'Iran face à la domination mongole, études* (1997)
Albrecht, Thorsten & Rainer Atzbach, *Elisabeth von Thüringen: Leben und Wirken in Kunst und Kulturgeschichte* (2007)
Alexander, Bevin, *How Wars Are Won: The Thirteen Rules of War from Ancient Greece to the War on Terror* (2003)
Alinge, Curt, *Mongolische Gesetze* (1934)
Al-Khalili, Jim, *The House of Wisdom. How Arabic Science Saved Ancient Knowledge and Gave Us the Renaissance* (2010)
Allen, W. E. D., *A History of the Georgian People* (1932)
Allsen, Thomas T., *Commodity and Exchange in the Mongol Empire: A Cultural History of Islamic Textiles* (1997)
Allsen, Thomas T., *Culture and Conquest in Mongol Eurasia* (2001)
Allsen, Thomas T., *Mongol Imperialism: The Policies of the Great Khan Mongke in China, Russia and the Islamic Lands* (1987)
Allsen, Thomas T., *The Royal Hunt in Eurasian History* (2007)
Altunian, G., *Die Mongolen und ihre Eroberungen in kaukasischen und kleinasiatischen Ländern im XIII. Jahrhundert* (1911)
Amitai-Preiss, Reuven, *The Mongols in the Islamic Lands: Studies in the History of the Ilkhanate* (Aldershot 2007)
Amitai-Preiss, Reuven & D. O. Morgan, eds, *The Mongol Empire and its Legacy* (1999)
Amitai[-Preiss], Reuven & Michal Biran, *Mongols, Turks and Others: Eurasian Nomads and the Sedentary World* (2005)
Anderson, Perry, *Passages from Antiquity to Feudalism* (1974)

Angold, Michael, ed., *The Cambridge History of Christianity, 5: The East* (2006)
Anthony, David W., *The Horse, the Wheel and Language: How Bronze-Age Riders from the Eurasian Steppes Shaped the Modern World* (2007)
Arbel, Benjamin, et al, eds, *Latins and Greeks in the Eastern Mediterranean after 1204* (1989)
Argue, Derry, ed. & trans., *George Turberville: The Book of Falconry or Hawking* (2006)
Arnold, Udo, *Die Hochmeister des Deutschen Ordens 1190–1994* (1998)
Asimov, M. S. & C. E. Bosworth, *History of Civilizations of Central Asia*, 4, 2 parts (1998-2003)
Atwood, C. P., *Encyclopedia of Mongolia and the Mongol Empire* (2004)
Aubin, Françoise, ed., *Études Song: In Memoriam Étienne Balars* (1967)
Ayalon, David, *Outsiders in the Lands of Islam: Mamluks, Mongols and Eunuchs* (1988)
Babcock, Michael A., *The Night Attila Died* (2005)
Bacon, Elizabeth E., *Obok: A Study of Social Structure in Eurasia* (1958)
Badger, G. P., *The Nestorians and their Rituals*, 2 vols (1852)
Bahadur, Abu'l Ghazi, *History of the Turks, Mongols and Tartars*, 2 vols (1730)
Bahn, Paul G., *The Atlas of World Archaeology* (2003)
Baker, E. C. Stuart, *The Game Birds of India, Burma and Ceylon* (1921)
Baldick, Julian, *Animal and Shaman: Ancient Religions of Central Asia* (2000)
Balzer, Marjorie Mandelstam, ed., *Shamanic Worlds: Rituals and Lore of Siberia and Central Asia* (1997)
Bamana, Gaby, ed., *Christianity and Mongolia: Past and Present* (2006)
Barber, Malcolm, ed., *The Military Orders: Fighting for the Faith and Caring for the Sick* (1994)
Barclay, Harold, *The Role of the Horse in Man's Culture* (1980)
Barfield, Thomas J., *Perilous Frontier: Nomadic Empires and China 221 BC to AD 1757* (1989)
Barfield, Thomas J., *The Nomadic Alternative* (1993)
Barnes, Ian and Robert Hudson, with a foreword by Bhikhu Parekh, *The History Atlas of Asia* (1998)
Barthel, H., *Mongolei: Land zwischen Taiga und Wüste* (1990)
Barthold, Wilhelm, *Four Studies on the History of Central Asia*, 3 vols (1962)
Barthold, Wilhelm, *Histoire des turcs d'Asie centrale* (1945)
Barthold, Wilhelm, *An Historical Geography of Iran* (1984)
Barthold, Wilhelm, *Turkestan down to the Mongol Invasion* (1928)
Bartold, V. V. [Wilhelm Barthold], *The Kyrgyz: A Historical Essay* (1927)
Bauer, W., ed., *Studia Sino-Mongolica* (1979)
Baumer, Christopher, *Southern Silk Road: In the Footsteps of Sir Aurel Stein and Sven Hedin* (2000)
Bayarsaikhan, Bekhjargal, *Travelling by Mongolian Horse* (2005)
Beazley, C. R., *The Dawn of Modern Geography*, 3 vols (1906)
Becker, Jasper, *The Lost Country: Mongolia Revisited* (1992)
Beckingham, Charles F., *Between Islam and Christendom* (1983)
Beckingham, Charles F. & Bernard Hamilton, eds, *Prester John, the Mongols and the Ten Lost Tribes* (1996)
Beckwith, Christopher, *Empires of the Silk Road: A History of Central Eurasia from the Bronze Age to the Present* (2009)
Beckwith, Christopher, *Warriors of the Cloisters: Central Asian Origins of Science in the Medieval World* (2012)
Bell, James S., *Journal of a Residence in Circassia during the Years 1837, 1838 and 1839* (1840)
Bell-Fialkoff, Andrew, ed., *The Role of Migration in the History of the Eurasian Steppe: Sedentary Civilization versus 'Barbarian' and Nomad* (2000)
Bemmann, J., et al, eds, *Current Archaeological Research in Mongolia* (2009)

Bemmann, J., et al, *Mongolian–German Karakorum Expedition, 1: Excavations in the Craftsmen-Quarter at the Main Road* (2010)

Berend, Nora, *At the Gate of Christendom: Jews, Muslims and 'Pagans' in Mediterranean Hungary c. 1000–c. 1300* (2001)

Bernard, Henri, *La découverte des nestoriens mongols aux Ordos et l'histoire ancienne du christianisme en Extrême-Orient* (1935)

Berta, Árpád, ed., *Historical and Linguistic Interaction between Inner Asia and Europe* (1997)

Bezzola, G., *Die Mongolen in abendländischer Sicht, 1200–1270*(1974)

Bigalli, D., *I Tartari e l'Apocalisse: ricerche sull'escatologia in Adamo Marsh e Ruggero Bacone* (1971)

Binbas, Ilker Evrim & Nurten Kiliç-Schubel, eds, *The Horizons of the World:Festschrift for Isenbike Togan* (2011)

Biran, Michal, *The Empire of the Qara Khitai in Eurasian History: Between China and the Islamic World* (2005)

Biran, Michal, *Qaidu and the Rise of the Mongol State in Central Asia* (1997)

Birge, Bettine, *Women, Property and Confucian Reaction in Sung and Yüan China(960–1368)* (2002)

Blair, Sheila S., *A Compendium of Chronicles: Rashid al-Din's Illustrated History of the World* (1995)

Blench, Roger, *Pastoralism in the New Millennium* (2001)

Bloom, Jonathan M. & Sheila S. Blair, eds, *The Grove Encyclopedia of Islamic Art and Architecture,* 3 vols (2009)

Blume, F. H., *Annotated Justinian Code (1943)*, revised T. Kearley (2009)

Blunden, Caroline & Mark Elvin, *Cultural Atlas of China* (1991)

Bodio, Stephen J., *Eagle Dreams: Searching for Legends in Wild Mongolia* (2004)

Boeschoten, Hendrik & Julian Rentzsch, eds, *Turcology in Mainz* (2010)

Boland-Crewe, Tara & David Lea, eds, *The Territories of the People's Republic of China* (2002)

Bold, Bat-Ochir, *Mongolian Nomadic Society: A Reconstruction of the 'Medieval' History of Mongolia* (2001)

Boikova, Elena Vladimirovna & Giovanni Stary, eds, *Florilegia Altaistica:Studies in Honour of Denis Sinor* (2006)

Bond, Brian, *Basil Liddell Hart: A Study of his Military Thought* (1977)

Bonnefoy, Yves, ed., *Asian Mythologies* (1993)

Bosworth, C. E., *Historic Cities of the Islamic World* (2007)

Bosworth, C. E., ed., *Iran and Islam: In Memory of the late Vladimir Minorsky*(1971)

Bosworth, C. E. et al, eds, *The Islamic World from Classical to Modern Times*(1989)

Bougard, Fr & M. Sot, eds, *Liber, Gesta, histoire: Écrire l'histoire des évêques et des papes . . .* (2009)

Bouillane de Lacoste, Henry de, *Au pays sacré des anciens Turcs et des Mongols*(1911)

Bourre, Jean-Paul, *Villiers de L'Isle-Adam: Splendeur et Misère*(2002)

Bowles, Gordon T., *The People of Asia* (1977)

Boyd, Lee & Katherine A. Houpt, *Przewalski's Horse: The History and Biology of an Endangered Species* (1994)

Boyle, J. A., *The Mongol World Empire* (1977)

Boyle, J. A., ed., *The Cambridge History of Iran, 5: The Saljuq and Mongol Periods*(1968)

Bradbury, Jim, *The Medieval Siege* (1992)

Brandes, Wolfram & Felicitas Schmieder, eds, *Endzeiten:Eschatologie in denmonotheistischen Weltreligionen* (2008)

Bra͞tianu, George Ioan, *Recherches sur le commerce génois dans la mer Noire au XIIIe siècle* (1929)

Bregel, Yuri, *An Historical Atlas of Central Asia* (2003)

Brisbane, Mark, Nikolaj Makarov & Evgenij Nosov, eds, *The Archaeology of Medieval*

Novgorod in Context (2012)
Broadbridge, A. F., *Kingship and Ideology in the Islamic and Mongol Worlds* (2008)
Brook, Timothy, *The Confusions of Pleasure: Commerce and Culture in Ming China* (1998)
Brook, Timothy, *The Troubled Empire: China in the Yuan and Ming Dynasties*(2010)
Brose, Michael C., *Subjects and Masters: Uyghurs in the Mongol Empire* (2007)
Brosset, M.-F., *Histoire de la Géorgie depuis l'antiquité jusqu'au XIXe siècle, 7 vols*(1858)
Brown, Neville, *The Geography of Human Conflict: Approaches to Survival* (2009)
Brown, Neville, *History and Climate Change: A Eurocentric Perspective* (2005)
Browne, Edward Granville, *A Literary History of Persia*, 2 vols (1915)
Bryer, Anthony A. M., ed., *The Empire of Trebizond and the Pontos*(1980)
Buchanan, Brenda J., ed., *Gunpowder: The History of an International Technology*(1996)
Buell, Paul D., *The A–Z of the Mongol Empire* (2010)
Buell, Paul D., *Historical Dictionary of the Mongol World Empire*(2003)
Bulag, Uradyn E., *Collaborative Nationalism: The Politics of Friendship on China's Mongolian Frontier* (2010)
Bull, Bartle, *Around the Sacred Sea: Mongolia and Lake Baikal on Horseback* (1999)
Bulliet, Richard, *The Camel and the Wheel* (1975)
Bulliet, Richard, *The Patricians of Nishapur: A Study in Medieval Islamic Social History* (1972)
Bulliet, Richard et al, eds., *The Earth and Its Peoples: A Global History*(2000)
Burbank, J. & F. Cooper, *Empires in World History: Power and the Politics of Difference* (2010)
Burnaby, Frederick, *A Ride to Khiva* (1876)
Cable, Mildred & Francesca French, *The Gobi Desert* (1943)
Cable, Roger, *Nomads in Archaeology* (1991)
Cahen, Claude, *Pre-Ottoman Turkey: A General Survey of the Natural and Spiritual Culture and History* (1968)
Cahen, Claude, trans. P. M. Holt, *The Formation of Turkey: The Seljukid Sultanate of Rum, 11th to 14th Century* (2001)
Canfield, R. L., ed., *Turco–Persia in Historical Perspective* (1991)
Carey, Brian Todd, *Warfare in the Medieval World* (2007)
Carruthers, Douglas, *Unknown Mongolia*, 2 vols (1913)
Cassady, Richard F., *The Emperor and the Saint: Frederick II of Hohenstaufen,Francis of Assisi and Journeys to Medieval Places* (2011)
Chakin, Mark, *The Kingdom of Armenia* (2001)
Chaliand, Gérard, *Nomadic Empires* (2005)
Chambers, James, *The Devil's Horsemen* (1979)
Chan, Hok-lam, China and the Mongols (1999)
Chan, Hok-lam, *Legitimation in Imperial China: Discussions under the Jurchen–Chin Dynasty, 1115–1234* (1984)
Chandler, Tertius, *Four Thousand Years of Urban Growth: An Historical Census*(1987)
Chandra, Satish, *Medieval India: From Sultanate to the Mughals, 1:The Delhi Sultanate, 1206–1526* (1997)
Chapin, David, *Long Lines: Ten of the World's Longest Continuous Family Lineages*(2012)
Chase, Kenneth Warren, *Firearms: A Global History to 1700* (2003)
Chavannes, Édouard & Paul Pelliot, *Un traité manichéen retrouvé en Chine* (1913)
Ch'en, Paul Heng-Chao, *Chinese Legal Tradition under the Mongols:The Code of 1291 as Reconstructed* (1979)
Chi, Ch'ao-ting, *Key Economic Areas in Chinese History* (1936)
Chou, Chin-Seng, trans. Edward Kaplan, *An Economic History of China* (1974)
Christian, David, *A History of Russia, Central Asia and Mongolia, 1:Inner Eurasia from Prehistory to the Mongol Empire* (1998)
Christiansen, Eric, *The Northern Crusades: The Baltic and the Catholic Frontier 1100–1525* (1980)

Ciocîltan, Virgil, trans. Samuel Willcocks, *The Mongols and the Black Sea Trade in the Thirteenth and Fourteenth Centuries* (2012)
Cipolla, Carlo M., ed., *The Fontana Economic History of Europe, 1: The Middle Ages* (1972)
Claessen, Henri J. M., ed., *The Early State* (1978)
Claessen, Henri J. M. & J. G. Oosten, eds, *Ideology and the Formation of Early States* (1996)
Clark, Larry V. & Paul A. Draghi, *Aspects of Altaic Civilization*, 2 vols (1978)
Clarke, Edward Daniel, *Travels in Russia, Tartary and Turkey* (1839)
Clausewitz, Carl von, trans O. J. Matthijs Jolles, *On War* (1943)
Clot, André, *Harun al-Rashid and the World of The Thousand and One Nights* (1990)
Coene, Frederick, *The Caucasus: An Introduction* (2009)
Conermann, Stephan & Jan Kusber, *Die Mongolen in Asien und Europa* (1997)
Constant, Antoine, *L'Azerbaidjan* (2002)
Cooper, Alan D., *The Geography of Genocide* (2009)
Cordier, Henri, *Histoire générale de la Chine*, 2 vols (1920)
Cotterell, Arthur, *The Imperial Capitals of China: An Inside View of the Celestial Empire* (2008)
Cribb, Roger, *Nomads in Archaeology* (1991)
Crosby, Alfred W., *Throwing Fire: Projectile Technology through History* (2002)
Crossley, Pamela Kyle, Helen F. Siu & Donald S. Sutton, eds, *Empire at the Margins: Culture, Ethnicity and Frontier in Early Modern China* (2006)
Crowdy, Terry, *The Enemy Within* (2006)
Crummey, R. O., *The Formation of Muscovy 1304–1613* (1987)
Cummins, J. G., *The Hound and the Hawk: The Art of Medieval Hunting* (1988)
Curta, Florin, *South-East Europe in the Middle Ages 500–1250* (2006)
Curtin, Jeremiah, *A Journey in Southern Siberia: The Mongols, their Religion and their Myths* (1909)
Curtin, Jeremiah, *The Mongols: A History* (1907)
Daftary, Farhad, *The Ismailis: Their History and Doctrines* (1990)
Danchev, Alex, *Alchemist of War: The Life of Basil Liddell Hart* (1998)
Daniel, Elton L., *The History of Iran* (2001)
Daniels, P. T. & W. Bright, eds, *The World's Writing Systems* (1996)
Darling, Linda T., *A History of Social Justice and Political Power in the Middle East* (2012)
Daryaee, Touraj, *The Oxford Handbook of Iranian History* (2012)
Dashdondog, Bayarsaikhan, *The Mongols and the Armenians 1220–1235* (2010)
David, F. N., *Games, Gods and Gambling: A History of Probability and Statistical Ideas* (1998)
Davies, Norman, *God's Playground: A History of Poland, 1: The Origins to 1795* (1979)
Davis, R. L., *Wind against the Mountain: The Crisis of Politics and Culture in Thirteenth-Century China* (1996)
Despeux, Catherine & Livia Kohn, *Women in Daoism* (2003)
Detwiler, Donald S., *Germany: A Short History* (1999)
De Vries, Kelly and Robert Douglas Smith, *Medieval Military Technology* (2nd ed., 2012)
De Waal, Thomas, *The Caucasus: An Introduction* (2010)
De Weese, Devin, *Islamization and Native Religion in the Golden Horde* (1975)
De Windt, Harry, *From Pekin to Calais by Land* (1892)
Di Cosmo, Nicola, *Ancient China and its Enemies: The Rise of Nomadic Power in East Asian History* (2002)
Di Cosmo, Nicola, *Military Culture in Imperial China* (2009)
Di Cosmo, Nicola, *Warfare in Inner Asian History* (2002)
Di Cosmo, Nicola, Allen J. Frank & Peter B. Golden, *The Cambridge History of Inner Asia, 1: The Chinggisid Age* (2009)
Di Cosmo, Nicola & D. J. Wyatt, *Political Frontiers, Ethnic Boundaries and Human Geographies in Chinese History* (2003)
Dienst, Heide, *Die Schlacht an der Leitha 1246* (1971)

Dimnik, Martin, *The Dynasty of Chernigov 1146–1246* (2003)
Doerfer, Gerhard, *Türkische und mongolische Elemente im Neupersischen, 4 vols*(1975)
D'Ohsson, Abraham Constantin, Baron, *Histoire des Mongols depuis Tchinguiz Khan jusqu'à Timour Bey,* 4 vols (1835)
Donner, Kai, *La Sibérie* (1946)
Drews, Robert, *Early Riders: The Beginnings of Mounted Warfare in Asia and Europe* (2004)
Driver, G. R. & John C. Miles, eds & trans., *The Babylonian Laws*(2007)
Drompp, Michael R., *Tang China and the Collapse of the Uighur Empire: A Documentary History* (2005)
Du Halde, Jean-Baptiste, *Description géographique, historique,chronique et physique de l'empire de la Chine et de la Tartarie Chinoise,* 4 vols (1735)
Dumper, Michael R. & Bruce E. Stanley, eds, *Cities of the Middle East and North Africa: A Historical Encyclopedia* (2008)
Dunn, Ross E., *The Adventures of Ibn Battuta* (1986)
Dunnell, Ruth W., *Chinggis Khan: World Conqueror* (2010)
Dunnell, Ruth W., *The Great State of White and High* (1996)
Dunnell, Ruth W., 'Tanguts and the Tangut State of Ta Hsia' (Ph.D. diss.,Princeton 1983)
Dupuy, R. Ernest & Trevor N., eds, *The Harper Encyclopedia of Military History*(1993)
Durand-Guedy, David, ed., *Turko-Mongol Rulers, Cities and City Life*(2013)
Dvornik, Francis, *Origins of Intelligence Services* (1974)
Eberhard, Wolfram, *Conquerors and Rulers: Social Forces in Medieval China*(1952)
Ebrey, Patricia Buckley, *The Cambridge Illustrated History of China* (2010)
Ebrey, Patricia Buckley, *East Asia: A Cultural and Political History*(2012)
Edbury, P. W., *Crusade and Settlement* (1985)
Edmonds, Richard Louis, *Northern Frontiers of Qing China and Togukawa Japan:A Comparative Study of Frontier Policy* (1985)
Eikemeier, Dieter & Herbert Franke, *State and Law in East Asia* (1981)
Eisma, Doeke, *Chinggis Khan and the Conquest of Eurasia* (2006)
Eisma, Doeke, *Mongol Rule: Reflections on Mongol Sociopolitics* (2003)
Elisseeff, Vadim, *The Silk Roads: Highways of Culture and Commerce* (2000)
Ellis, John, *Cavalry: The History of Mounted Warfare* (2004)
Elman, Benjamin A., *A Cultural History of Civil Examinations in Late Imperial China* (2003)
Elverskog, J., *The Jewel Translucent Sutra: Altan Khan and the Mongols in the Sixteenth-Century* (2003)
Elvin, Mark & Liu Cuirong, eds, *Sediments of Time: Environment and Society in Chinese History* (1998)
Elvin, Mark & G. W. Skinner, *The Chinese City between Two Worlds* (1974)
Encyclopaedia Of Islam (1st ed., 1913–38 (repr. as *E. J. Brill's First Encyclopaedia of Islam,* 9 vols, 1993), 2nd ed., 1960–2005, 3rd ed., 2007–)
Endicott-West, Elizabeth, *Mongolian Rule in China: Local Administration in the Yuan Dynasty* (1989)
Engel, Pál, *The Realm of St Stephen: A History of Medieval Hungary, 895–1526* (2001)
Engels, Friedrich, *Socialism: Utopian and Scientific* (1880)
Enkhtuvshin, B. & S. Tsolmon, *Chinggis Khan and the Contemporary Era* (2003)
Équipe Écologie, L', *Pastoral Production and Society* (1979)
Erdmann, F. von, *Temudschin* (1862)
Eskildsen, Stephen, *The Teachings and Practices of the Early Quanzhen Taoist Masters* (2006)
Fabrycky, Wolter J. & Paul E. Torgesen, *Operations Economy:Industrial Applications of Operations Research* (1966)
Faegre, Torvald, *Tents: Architecture of the Nomads* (1979)
Fairbank, John K., ed., *The Cambridge History of China, 10: Late Ch'ing 1800–1911,*Part 1 (1978)

Fairbank, John K. & Albert Feuerwerker, eds, *The Cambridge History of China, 13: Republican China 1912–1949* (1987)
Fairbank, John King & Merle Goldman, *China: A New History* (2006)
Farquhar, David M., *The Government of China under Mongolian Rule: A Reference Guide* (1990)
Fehrenbach, T. R., *Comanches: The History of a People* (2007)
Fennell, John, *The Crisis of Medieval Russia 1200–1304* (1983)
Fennell, John & Antony Stokes, *Early Russian Literature* (1974)
Ferdinandy, Miguel de, *Tschingis Khan: Der Einbruch des Steppenmenschen* (1958)
Ferguson, R. Brian & Neil L. Whitehead, eds, *War in the Tribal Zone: Expanding States and Indigenous Warfare* (1992)
Findley, Carter Vaughn, *The Turks in World History* (2005)
Fine, John van Antwerp, *The Early Medieval Balkans: A Critical Survey from the Sixth to the Late Twelfth Century* (1991)
Fine, John van Antwerp, *The Late Medieval Balkans: A Critical Survey from the Late Twelfth Century to the Ottoman Conquest* (1994)
Fitzgerald, C. P., *China: A Short Cultural History* (1961)
Fitzhugh, William, Morris Rossabi and William Honeychurch, eds, *Genghis Khan and the Mongol Empire* (Washington 2009)
Fletcher, Joseph F., *Studies on Chinese and Islamic Inner Asia* (1995)
Foltz, Richard C., *Religions of the Silk Road: Overland Trade and Cultural Exchange from Antiquity to the Fifteenth Century* (2000)
Fonnesberg-Schmidt, Iben, *The Popes and the Baltic Crusades* (2007)
Forde, C. Daryll, *Habitat, Economy and Society: A Geographical Introduction to Ethnology* (1934)
Forrest, W. G., *The Emergence of Greek Democracy 800–400 BC* (1966)
Forsyth, James, *The Caucasus: A History* (2013)
Fragner, B. G. et al, eds, *Pferde in Asien: Geschichte, Handel, und Kultur* (2009)
Franke, Herbert, *From Tribal Chieftain to Universal Emperor and God: The Legitimation of the Yuan Dynasty* (1978)
Franke, Herbert, *Sung Biographies,* 3 vols (2006)
Franke, Herbert & Denis Twitchett, eds, *The Cambridge History of China, 6: Alien Regimes and Border States 907–1368* (1994)
Franke, Otto, *Geschichte des chinesischen Reiches,* 5 vols (1948)
Franklin, Simon & Jonathan Shepard, *The Emergence of Rus* 750–1200 (1996)
Friedland, Paul, 'A Reconstruction of Early Tangut History' (Ph.D. diss., University of Washington 1969)
Friedman, John Block & Kristen Mossler Figg, *Trade, Travel and Exploration in the Middle Ages: An Encyclopedia* (2000)
Fromherz, Allen James, *Ibn Khaldun: Life and Times* (2010)
Frye, Richard N., *Bukhara: The Medieval Achievement* (1977)
Frye, Richard N., *The Golden Age of Persia: The Arabs in the East* (1975)
Fügedi, Erik, trans. J. M. Bak, *Castle and Society in Medieval Hungary* (1986)
Gabriel, Richard A., *The Great Armies of Antiquity* (2002)
Gabriel, Richard A., *Subotai the Valiant: Genghis Khan's Greatest General* (2004)
Gabriel, Richard A. & Donald W. Boose, Jr, *The Great Battles of Antiquity* (1994)
Gaubil, Antoine, *Histoire de Gentchiscan et de toute la dinastie des Mongous ses successeurs conquérans de la Chine* (1731, repr. 2011)
Gellner, Ernest, *Soviet and Western Anthropology* (1980)
Gerhartl, Gertrud, *Wiener Neustadt: Geschichte, Kunst, Kultur, Wirtschaft* (1993)
Gernet, Jacques, *Daily Life in China on the Eve of the Mongol Invasion, 1250–1276* (1962)
Gernet, Jacques, *A History of Chinese Civilization* (1996)
Gervers, Michael & Wayne Schlepp, eds, *Nomadic Diplomacy, Destruction and Religion from the Pacific to the Adriatic* (1994)

Gettleman, Marvin E. & Stuart Schaar, eds., *The Middle East and Islamic World Reader* (2003)
Gibert, Lucien, *Dictionnaire historique et géographique de la Mandchourie* (1934)
Giles, Herbert A., *A Chinese Biographical Dictionary* (1898)
Glazebrook, Philip, *Journey to Khiva* (1992)
Gleason, Abbott, ed., *A Companion to Russian History* (2009)
Göckenjan, Hansgerd & James R. Sweeney, *Der Mongolensturm: Berichte von Augenzeugen und Zeitgenossen, 1235–1250* (1985)
Godbey, Allen Howard, *The Lost Tribes a Myth: Suggestions towards Rewriting Hebrew History* (1974)
Goff, Jacques, *Saint Louis* (1996)
Golden, Peter B., *An Introduction to the History of the Turkic Peoples* (1992)
Golden, Peter B., *Nomads and their Neighbours in the Russian Steppes: Turks, Khazars and Qipchaqs* (2003)
Golden, Peter B., ed., *The King's Dictionary: the Rasulid Hexaglot, FourteenthCentury Vocabularies in Arabic, Persian, Turkic, Greek, Armenian and Mongol* (2000)
Goodrich, L. Carrington, *A Short History of the Chinese People* (2002)
Gordon, Stewart, ed., *Robes and Honor: The Medieval World of Investiture* (2001)
Gottschalk, H. L., *Al-Malik al-Kamil von Ägypten und seine Zeit* (1958)
Graff, David A., *Medieval Chinese Warfare 300–900* (2002)
Graff, David A. & Robin Higham, eds, *A Military History of China* (2002)
Grant, R. G., *Battle: A Visual Journey through 5,000 Years of Combat* (2009)
Grekov, B. & A. Yakoubovski, *La Horde d'Or* (1939)
Grenard, Fernand, *Genghis Khan* (1935)
Grothusen, Klaus-Detlev & Klaus Zernack, eds, *Europa Slavica – Europa Orientalis* (1980)
Grousset, René, Le conquérant du monde (1944); trans. Marian McKellar & Denis Sinor as *Conqueror of the World: The Life of Chingis-Khan* (1967)
Grousset, René, *L'empire mongol* (1941)
Grousset, René, *The Empire of the Steppes* (1970)
Grousset, René, *The Rise and Splendour of the Chinese Empire* (1959)
Gumilev, Lev, trans R. E. Smith, *Searches for an Imaginary Kingdom: The Legend of the Kingdom of Prester John* (1987)
Haeger, John W., ed., *Crisis and Prosperity in Sung China* (1975)
Halbertsma, Tjalling H. F., *Early Christian Remains of Inner Mongolia* (2008)
Halperin, Charles J., *Russia and the Golden Horde: The Mongol Impact on Medieval Russian History* (1985)
Halperin, Charles J., *The Tatar Yoke: The Image of the Mongols in Medieval Russia* (1986)
Halperin, Charles J., ed., *Victor Spinei & George Bilavschi, Russia and the Mongols: Slavs and the Steppe in Medieval and Early Russia* (2007)
Hambis, Louis, *Gengis-Khan* (1973)
Hambis, Louis, *La Haute Asie* (1953)
Hamby, Gavin, *Central Asia* (1967)
Hamdun, Said & Noel King, *Ibn Battuta in Black Africa* (1994)
Hamilton, James R., *Les Ouighours à l'époque des cinq dynasties d'après les documents chinois* (1955)
Han, Guanghui, *History of the Population and Geography of Beijing* (1996)
Hana, Corinna, *Bericht über die Verteidigung der Stadt Té-an während der Periode K'ai-Hsi 1205–8* (1970)
Hanne, Eric J., *Putting the Caliph in his Place: Power, Authority and the Late Abbasid Caliphate* (2007)
Hardund, H., *Mongolian Journey* (1949)
Hare, John, *Mysteries of the Gobi: Searching for Wild Camels and Lost Cities in the Heart of Asia* (2009)
Harlez, C. de, *Histoire de l'Empire de Kin* (1887)

Harrell, S., ed., *Cultural Encounters on China's Ethnic Frontiers* (1995)
Hartl, Daniel L. & Elizabeth W. Jones, *Genetics: Analysis of Genes and Genomes* (2008)
Hartmann, Angelika, *An-Nasir li-Din Allah (1180–1225): Politik, Religion, Kultur in der späten 'Abbasidenzeit* (1975)
Hartog, Leo de, *Genghis Khan: Conqueror of the World* (1989)
Hartog, Leo de, *Russia and the Mongol Yoke: The History of the Russian Principalities and the Golden Horde 1221–1502* (1996)
Haslund, Henning, *Mongol Journey* (1949)
Hatton, Ronald, Shamans, *Siberial Spirituality and the Western Imagination* (2001)
Haw, Stephen G., *Marco Polo's China: A Venetian in the Realm of Khubilai Khan* (2006)
Hawting, G. R., ed., *Muslims, Mongols and Crusaders* (2005)
Haxthausen, A. von, *The Russian Empire; Its Peoples, Institutions and Resources,* 2 vols (1856)
Hazai, G. & P. Zieme, eds, *Sprache, Geschichte und Kultur der altaischen Volker* (1974)
Hazard, B. H., *Japanese Marauders and Medieval Korea: A Study of the Genesis of the Wako* (1958)
Hedin, Sven, *My Life as an Explorer* (1925)
Hedley, John, *Tramps in Dark Mongolia* (1910)
Heirman, Ann & Stephan Peter Bumbacher, eds., *The Spread of Buddhism* (2007)
Heissig, Walther, trans. Geoffrey Samuel, *The Religions of Mongolia* (1980)
Heissig, Walther, ed., *Altaica Collecta* (1976)
Heissig, Walther, ed., *Synkretismus in den Religionen Zentralasiens* (1987)
Heissig, Walther & Klaus Sagaster, eds, *Gedanke und Wirkung: Festschrift zum 90. Geburtstag von Nikolaus Poppe* (1989)
Heissig, Walther & Claudius C. Müller, eds, *Die Mongolen* (1989)
Heissig, Walther, et al, eds, *Tractata Altaica: Denis Sinor Sexagenario Optime de Rebus Altaicis Merito Dedicata* (1976)
Helland, J., *Five Essays on the Study of Pastoralists and the Development of Pastoralism* (1980)
Hendricks, Bonnie L., *International Encyclopedia of Horse Breeds* (2007)
Henthorn, William E., *Korea: The Mongol Invasions* (1963)
Hercus, L. A. et al, eds, *Indological and Buddhist Studies* (1982)
Herrin, Judith & Guillaume Saint-Guillain, *Identities and Allegiances in the Eastern Mediterranean after 1204* (2011)
Herrmann, Albert, *A Historical Atlas of China* (1966)
Hildinger, Erik, *Warriors of the Steppe: A Military History of Central Asia 500 BC to 1700 AD* (1977)
Hill, John E., *Through the Jade Gate to Rome: A Study of the Silk Routes during the Later Han Dynasty, First to Second Centuries CE* (2009)
Hirmer Verlag, *Dschingis Khan und seine Erben: Das Weltreich der Mongolen* (2005)
Ho, Ping-ti, *Studies in the Population of China, 1368–1953* (1959)
Hochschild, Adam, *King Leopold's Ghost* (1999)
Hodgson, Marshall G. S., *The Secret Order of Assassins: The Struggle of the Early Nizârî Ismâ'îlîs against the Islamic World* (2005)
Holmes, Richard, ed., *The Oxford Companion to Military History* (2001)
Holtman, Robert B., *The Napoleonic Revolution* (1981)
Hong, Wontack, *East Asian History: A Tripolar Approach* (2012)
Hook, Sidney, *The Hero in History: A Study in Limitation and Possibility* (1955)
Hourani, Albert, *A History of the Arab Peoples* (1991)
Hovannisian, Richard G., ed., *The Armenian People from Ancient to Modern Times, 1: The Dynastic Periods from Antiquity to the Fourteenth Century* (1997)
Hsiao, Ch'i-Ch'ing, *The Military Establishment of the Yuan Dynasty* (1978)
Hsiao, Kung-chuan, trans. F. W. Mote, *A History of Chinese Political Thought* (1978)
Huc, Abbé, ed. Julie Bedier, *High Road in Tartary* (1948)

Hucker, Charles O., *China's Imperial Past: An Introduction to Chinese History and Culture* (1975)
Humphrey, Caroline & Urgunge Onon, *Shamans and Elders: Experience, Knowledge and Power among the Daur Mongols* (1996)
Hunyadi, Zsolt & József Laszlovsky, eds, *The Crusades and the Military Orders: Expanding the Frontiers of Medieval Latin Christianity* (2001)
Hutton, Ronald, *Shamans: Siberian Spirituality and the Western Imagination* (2001)
Hyland, Ann, *The Medieval Warhorse from Byzantium to the Crusades* (1994)
Ikram, S. M., *Muslim Civilization in India* (1964)
Irwin, Robert, *Camel* (2010)
Isoaho, Mari, *The Image of Aleksandr Nevskiy in Medieval Russia: Warrior and Saint* (2006)
Jackson, Peter, *The Delhi Sultanate: A Political and Military History* (1999)
Jackson, Peter, *The Mongols and the West* (2005)
Jackson, Peter, *Studies on the Mongol Empire and Early Muslim India* (2009)
Jagchid, Sechin, *Essays in Mongolian Studies* (1988)
Jagchid, Sechin & P. Hyer, *Mongolia's Culture and Society* (1979)
Jagchid, Sechin & Van Jay Symons, *Peace, War and Trade along the Great Wall: Nomadic–Chinese Interaction through Two Millennia* (1989)
Jaimoukha, Amjad, *The Circassians: A Handbook* (2001)
Janhunen, Juha, *Manchuria: An Ethnic History* (1996)
Janhunen, Juha, ed., *The Mongolic Languages* (2003)
Janhunen, Juha, ed., *Writing in the Altaic World* (1999)
Jankovich, Miklos, *They Rode into Europe* (1971)
Jaques, Tony, *Dictionary of Battles and Sieges*, 3 vols (2007)
Jarring, G. & S. Rosen, eds, *Altaic Papers* (1985)
Jay, Jennifer W., *A Change in Dynasties: Loyalism in Thirteenth Century China* (1991)
Johnson, Douglas L., *The Nature of Nomadism: A Comparative Study of Pastoral Migration in Southwestern Asia and Northern Africa* (1969)
Johnson, Linda Cooke, *Women of the Conquest Dynasties: Gender and Identity in Liao and Jin China* (2011)
Jones, David E., *Poison Arrows* (2007)
Juntunen, Mirja & Birgit N. Schlyter, eds, *Return to the Silk Routes: Current Scandinavian Research on Central Asia* (2009)
Kadoi, Yuko, *Islamic Chinoiserie: The Art of Mongol Iran* (2009)
Kantorowicz, Ernst, *Frederick the Second, 1194–1250* (1957)
Kaplan, Edward H. & Donald W. Whisenhunt, *Opuscula Altaica: Essays Presented in Honor of Henry Schwarz* (1994)
Kaplonski, Christopher, *Truth, History and Politics in Mongolia: The Memory of Heroes* (2004)
Kauz, Ralph, ed., *Aspects of the Silk Road: From the Persian Gulf to the East China Sea* (2010)
Keegan, John, *A History of Warfare* (1994)
Keen, Maurice, *Medieval Warfare: A History* (1999)
Kellner-Heinkele, Barbara, ed., *Altaica Berolinensia: The Concept of Sovereignty in the Altaic World* (1993)
Kelly, Christopher, *Attila the Hun* (2008)
Kelly, Jack, *Gunpowder: Alchemy, Bombards and Pyrotechnics: The History of the Explosive that Changed the World* (2005)
Kennedy, Hugh, *The Court of the Caliphs* (2004)
Kennedy, Hugh, ed., *The Historiography of Islamic Egypt c. 950-1800* (2001)
Kennedy, Hugh, *When Baghdad Ruled the Muslim World: The Rise and Fall of Islam's Greatest Dynasty* (2006)
Kepping, Ksenia, *Recent Articles and Documents* (2003)

Kerner, R. J., *The Urge to the Sea: The Course of Russian History* (1942)
Kessler, Adam T., *Empires Beyond the Great Wall: The Heritage of Genghis Khan* (1993)
Khalikov, A. H., T*he Mongols, the Tatars, the Golden Horde and Bulgaria* (1994)(in Russian)
Khan, Iqtidar Alam, *Gunpowder and Firearms: Warfare in Medieval India* (2004)
Khazanov, A. M., trans. Julia Crookenden, Nomads and the Outside World,(1994)
Khazanov, A. M. & André Wink, eds, *Nomads and the Sedentary World* (2001)
Kiernan, F. A. & J. K. Fairbank, eds, *Chinese Ways in Warfare* (1974)
Klopprogge, Axel, *Ursprung und Ausprägung des abendländischen Mongolenbildes im 13. Jahrhundert: Ein Versuch zur Ideengeschichte des Mittelalters* (1993)
Knapp, R. G., *China's Walled Cities* (2000)
Kohlberg, Etan, *A Medieval Muslim Scholar at Work: Ibn Tawus and his Library*(1992)
Kohn, George C., *Dictionary of Wars* (2006)
Kohn, Livia, ed., *Daoism Handbook* (2000)
Kolbas, Judith G., *The Mongols in Iran: Chingiz Khan to Uljaytu, 1220–1309* (2006)
Komaroff, Linda, *Beyond the Legacy of Genghis Khan* (2006)
Komaroff, Linda & S. Carboni, eds, *The Legacy of Genghis Khan* (2002)
Komjathy, Louis, *Cultivating Perfection: Mysticism and Self-Transformation in Early Quanzhen Daoism* (2007)
Kontler, László, *A History of Hungary* (2002)
Köpeczi, Béla, *History of Transylvania, 1: From the Beginnings to 1606* (2001)
Kosztolnyik, Z. J., *Hungary in the Thirteenth Century* (1996)
Kozlow, P. K., *Die Mongolei, Amdo und die tote Stadt Chara-choto* (1955)
Krader, Lawrence, *Social Organization of the Mongol–Turkic Pastoral Nomads* (1963)
Kradin, Nikolay, et al, eds, *Nomadic Pathways in Social Evolution* (2003)
Krämer, F., K. Schmidt & J. Singer, *Historicizing the Beyond: The Mongolian Invasion as a New Dimension of Violence* (2011)
Krause, F. E. A., *Cingis Han: Die Geschichte seines Lebens nach den chinesischen Reichsannalen* (1922)
Krause, F. E. A., *Die Epoche der Mongolen* (1924)
Kröger, Jens, *Nishapur: Glass of the Early Islamic Period* (1995)
Krueger, John R., *Poetical Passages in the Erdeni-yin Tobc˘i* (1961)
Krueger, John R., *Tuvan Manual* (1977)
Krumeich, Gerd & Susanne Brandt, eds, *Schlachtenmythen: Ereignis–Erzählung–Erinnerung* (2007)
Kubinyi, András, *Die Anfänge Ofens* (1972)
Kuhn, Dieter, *The Age of Confucian Rule: The Song Transformation of China Kuno, Y. S., Japanese Expansion on the Asiatic Mainland,* 2 vols (1940)
Kürsat-Ahlers, Elçin, *Zur frühen Staatenbildung von Steppenvölkern* (1994)
Kwanten, Luc, *Imperial Nomads: A History of Central Asia, 500–1500* (1979)
Kwanten, Luc & Susan Hesse, *Tangut (Hsi Hsia) Studies: A Bibliography* (1980)
Lamb, Harold, *Genghis Khan: The Emperor of All Men* (1927)
Lamb, Harold, *The March of the Barbarians* (1940)
Lamb, H. H., Climate, *History and the Modern World,* (2nd ed., 1995)
Lamb, H. H., Climate, *Present, Past and Future* (1977)
Lambert, S. D., *The Phratries of Attica* (1998)
Lambton, Ann K. S., *Continuity and Change in Medieval Persia: Aspects of Administrative, Economic and Social History 11th–14th Century* (1988)
Lane, Frederic Chapin, *Venice: A Maritime Republic* (1973)
Lane, George E., *Daily Life in the Mongol Empire* (2006)
Lane, George E., *Early Mongol Rule in Thirteenth-Century Iran: A Persian Renaissance* (2003)
Lane, George E., *Genghis Khan and Mongol Rule* (2004)
Lang, Jieming, *Chinese Siege Warfare: Mechanical Artillery and Siege Weapons of*

Antiquity (2006)
Langer, Lawrence N., *Historical Dictionary of Medieval Russia* (2001)
Langlois, John D., ed., *China under Mongol Rule* (1981)
Larner, John, *Marco Polo and the Discovery of the World* (1999)
Lary, Diana, *Chinese Migrations: The Movement of People, Goods and Ideas over Four Millennia* (2012)
Lattimore, Owen, *Inner Asian Frontiers of China* (1940)
Lattimore, Owen, *Mongol Journeys* (1941)
Lattimore, Owen, *The Mongols of Manchuria* (1934)
Lattimore, Owen, *Studies in Frontier History* (1962)
Lawson, Todd, ed., *Reason and Inspiration in Islam* (2005)
Lazarev, Victor Nikitich et al, eds, *The Russian Icon: From Its Origins to the Sixteenth Century* (1997)
Lech, Klaus, *Das mongolische Weltreich* (1968)
Ledyard, Gari, *Early Koryo–Mongol Relations with Particular Reference to the Diplomatic Documents* (1963)
Lee, Hyun-hee, et al, eds, *A New History of Korea* (2005)
Lee, Keekok, *Warp and Weft: Chinese Language and Culture* (2008)
Lee, Mabel Ping-hua, *The Economic History of China* (1921)
Lee, Peter H., ed., *Sourcebook of Korean Civilization, 1: From Early Times to the Sixteenth Century* (1993)
Leigh Fermor, Patrick, *Between the Woods and the Water* (1986)
Lerski, Jerzy Jan, *Historical Dictionary of Poland, 966–1945* (1996)
Lessing, F. D., *Mongolian–English Dictionary* (1973)
Le Strange, Guy, *Baghdad during the Abbasid Caliphate* (1900)
Le Strange, Guy, *The Lands of the Eastern Caliphate* (1905–2011)
Lev, Y., ed., *War and Society in the Eastern Mediterranean, 7th–15th Centuries* (1997)
Lévêque, Pierre, *Cleisthenes the Athenian* (1996)
Lewis, Bernard, *The Assassins: A Radical Sect in Islam* (1967)
Lewis, Bernard, ed., *Islam from the Prophet Muhammad to the Capture of Constantinople*, 2 vols (1973)
Lewis, Mark Edward, *China's Cosmopolitan Empire: The Tang Dynasty* (2009)
Li, Lillian M., Alison J. Dray-Novey & Haili Kong, eds, *Beijing: From Imperial Capital to Olympic City* (2007)
Li, Xiaobing, *China at War: An Encyclopedia* (2012)
Liddell Hart, Basil, *Great Captains Unveiled* (1927)
Liddell Hart, Basil, *Strategy: The Indirect Approach* (1954)
Lieberman, Victor, *Strange Parallels,* 2 vols (2009)
Lieu, S. N. C., *Manichaeism in Central Asia and China* (1998)
Lieu, S. N. C., *Manichaeism in the Later Roman Empire and Medieval China: A Historical Survey* (1985)
Ligeti, Louis, ed., *Mongolian Studies* (1970)
Ligeti, Louis, ed., *Tibetan and Buddhist Studies,* 2 vols (1984)
Lincoln, W. Bruce, *The Conquest of a Continent: Siberia and the Russians* (2007)
Lissner, Ivan, *The Living Past* (1957)
Liu, Xinru, *The Silk Road in World History* (2011)
Lo, Winston Wan, *The Life and Thought of Yeh Shih* (1974)
Löb, Ladislaus et al, eds, *Forms of Identity: Definitions and Changes* (1994)
Lorge, Peter Allan, *War, Politics and Society in Early Modern China, 900–1795* (2006)
Lovell, Julia, *The Great Wall: China against the World, 1000 BC–2000 AD* (2006)
Luniya, Bhanwarlal Nathuram, *Life and Culture in Medieval India* (1978)
Maalouf, Amin, trans. J. Rothschild, *The Crusades through Arab Eyes* (2006)
Macdonald, Helen, *Falcon* (2006)
McEvedy, Colin & Richard Jones, *Atlas of World Population History* (1978)

Macfarlane, Alan, *The Savage Wars of Peace: England, Japan and the Malthusian Trap* (2003)
McGovern, William M., *Early Empires of Central Asia* (1939)
McGrew, Robert E., *Encyclopedia of Medical History* (1985)
McKay, Alex, *The History of Tibet*, 1 (2003)
Mackerras, Colin, ed.,*The Uighur Empire According to the Tang Dynastic Histories: A Study in Sino-Uighur Relations, 744–840* (1972)
McLeod, John, *The History of India* (2002)
MacLeod, Roy, *The Library of Alexandria: Centre of Learning in the Ancient World* (2004)
McLynn, Frank, *1066: The Year of the Three Battles* (1998)
McLynn, Frank, *Fitzroy Maclean* (1992)
McNeill, William, *In Pursuit of Power: Technology, Armed Force and Society since AD 1000* (1982)
McNeill, William, *Plagues And Peoples* (1976)
Magocsi, Paul Robert, *Historical Atlas of Central Europe* (2002)
Magocsi, Paul Robert, *A History of Ukraine* (1996)
Magocsi, Paul Robert and Ivan Pop, *Encyclopedia of Rusyn History and Culture*(2002)
Malek, Roman & Peter Hofrichter, eds, *Jingjiao: The Church of the East in China and Central Asia* (2006)
Man, John, *Gobi: Tracking the Desert* (1997)
Man, John, *The Great Wall* (2008)
Man, John, *The Mongol Empire: Genghis Khan, his Heirs and the Founding of Modern China* (2014)
Mann, Robert, *The Igor Tales and their Folkloric Background* (2005)
Manz, Beatrice F., ed., *Central Asia in Historical Perspective* (1994)
Maro'n, Jerzy, *Legnica 1241* (1996)
Marston, Sallie, Paul L. Knox, Diana M. Liverman et al, eds, *World Regions in Global Context: Peoples, Places and Environments* (2002)
Martels, Zweder von, ed., *Travel Fact and Travel Fiction: Studies on Fiction, Literary Tradition, Scholarly Discovery and Observation on Travel Writing* (1994)
Martin, Geoffrey J., *Ellsworth Huntington* (1973)
Martin, H. Desmond, *The Rise of Chingis Khan and His Conquest of North China* (1950)
Martin, Janet, *Medieval Russia 980–1584* (1995)
Mason, Ian L., ed., *The Evolution of Domesticated Animals* (1984)
Matthiessen, Peter, *Baikal: Sacred Sea of Siberia* (1992)
May, Timothy, *Culture and Customs of Mongolia* (2009)
May, Timothy, *The Mongol Art of War* (2007)
May, Timothy, *The Mongol Conquests in World History* (2012)
Mayor, Adrienne, *Greek Fire, Poison Arrows and Scorpion Bombs: Biological and Chemical Warfare in the Ancient World* (2003)
Mehta, J. L., *Advanced Study in the History of Medieval India*, 2 vols (1986)
Meignan, Victor, *From Paris to Pekin over Siberian Snows* (1885)
Mellor, Philip, Mathew Baylis and Peter Mertens, eds, *Bluetongue* (2008)
Melville, Charles Peter, *The Fall of Amir Chupan and the Decline of the Ilkhanate, 1327-1337* (1999)
Meri, Josef W., *Medieval Islamic Civilization: An Encyclopedia*, 2 vols (2006)
Michell, George, ed., *Architecture of the Islamic World: Its History and Social Meaning* (1978)
Miller, Peter N., ed., *The Sea: Thalassography and Historiography* (2013)
Miller, W., *Trebizond: The Last Greek Empire of the Byzantine Era, 1204–1461* (1926)
Millward, James A., *Beyond the Pass: Economy, Ethnicity and Empire in Qing Central Asia* (1998)
Millward, James A., *A History of Xinjiang* (2007)
Minorsky, V., *Iranica* (Teheran 1964)

Minorsky, V., *Studies in Caucasian History* (1953)
Mohr, Erna, *The Asiatic Wild Horse* (1971)
Molnar, Adam, *Weather Magic in Inner Asia* (1994)
Montesquieu, Charles de Secondat, Baron de, *Considerations on the Causes of the Greatness of the Romans* (1734)
Montesquieu, Charles de Secondat, Baron de, trans. Thomas Nugent, *The Spirit of the Laws* (1949)
Moorcroft, William & George Trebeck, *Travels in the Himalayan Provinces of Hindustan* (1841, repr. 1971)
Morgan, David O., *Medieval Persia 1040–1797* (1988)
Morgan, David O., *The Mongols,* 2nd ed. (2007)
Morgan, David O. & Anthony Reid, eds, *The New Cambridge History of Islam, 3: The Eastern Islamic World, Eleventh to Eighteenth Centuries* (2010)
Morris, Neil, *North-East Asia* (2007)
Moser, Henri, *À travers l'Asie centrale* (1886)
Moses, Larry W., *The Political Role of Mongol Buddhism* (1977)
Moses, Larry W. & Stephen A. Halkovic, Jr, *Introduction to Mongolian History and Culture* (1997)
Moss, Walter G., *A History of Russia, 1: To 1917* (2003)
Mostaert, Antoine, *Dictionnaire Ordos,* 3 vols (1944)
Mostaert, Antoine, *Sur quelques passages de l'Histoire Secrète des Mongols* (1953)
Mote, Frederick W., *Imperial China 900–1800* (1999)
Moule, Arthur C., *The Rulers of China* (1957)
Mu, Wang, trans. Fabrizio Pregadio, *Foundations of Internal Alchemy: the Taoist Practice of Neidan* (2011)
Muldoon, J., *Popes, Lawyers and Infidels* (1979)
Münkler, Herfried, trans. Patrick Camiller, *Empires: The Logic of World Domination from Ancient Rome to the United States* (2007)
Munro, Hector Hugh, *The Rise of the Russian Empire* (1900)
Nairne, W. P., *Gilmour of the Mongols* (1924)
Namkhainyambuu, Tserendash, trans. Mary Rossabi, *Bounty from the Sheep: Autobiography of a Herdsman* (2000)
Naquin, Susan, *Peking: Temples and City Life, 1400–1900* (2000)
Nashriyoti, Davr, *Khiva: The City and the Legends* (2012)
Nauman, Igor V., *The History of Siberia* (2006)
Needham, Joseph, ed., *Science and Civilization in China,* 7 vols (1954–)
Neville, Peter, *A Traveller's History of Russia* (2006)
Nicol, Donald M., *The Last Centuries of Byzantium, 1261–1453* (1993)
Nicolle, David, *Armies of Medieval Russia 750–1250* (1999)
Nicolle, David, *Kalka River 1223* (2001)
Nicolle, David, *Lake Peipus 1242* (1996)
O'Connell, Robert L., *Of Arms and Men: A History of War, Weapons and Aggression* (1989)
Ohler, Norbert, *Elisabeth von Thüringen: Fürstin im Dienst der Niedrigsten* (2006)
Olbricht, Peter, *Das Postwesen in China unter der Mongolenherrschaft im 13. Und 14. Jahrhundert* (1954)
Olderogge, Dmitrii Alekseevich, ed., *The Countries and Peoples of the East* (1974)
Olschki, Leonardo, *Guillaume Boucher: A French Artist at the Court of the Khans* (1946)
Oman, Charles, *A History of the Art of War in the Middle Ages,* 2 vols (1924)
Ostrowski, Donald, *Muscovy and the Mongols: Cross-Cultural Influences on the Steppe Frontier, 1304–1589* (1998)
Pacey, Arnold, *Technology in World Civilization: A Thousand-Year History* (1991)
Paludan, Ann, *Chronicle of the Chinese Emperors* (1998)
Pan, Lynn, *China's Sorrow: Journeys around the Yellow River* (1985)
Parker, E. H., *A Thousand Years of the Tartars* (1895)

Parker, Sybil P., ed., *Grzimek's Encyclopedia of Mammals,* vol. 5 (1990)
Parson, John C., *Medieval Queenship* (1997)
Partington, James Riddick, *A History of Greek Fire and Gunpowder* (1960)
Payne-Gallwey, Ralph, *The Crossbow: Medieval and Modern* (2007)
Peacock, Andrew G. S., *Early Seljuq History: A New Interpretation* (2010)
Peers, C. J., *Imperial Chinese Armies 590–1260 AD* (1996)
Peers, C. J., *Medieval Chinese Armies 1260–1520* (1992)
Pelenski, Jaroslaw, *The Contest for the Legacy of Kievan Rus'* (1996)
Pelliot, Paul, *Notes critiques d'histoire Kalmouke* (1960)
Pelliot, Paul, *Notes sur l'histoire de la Horde d'Or* (1950)
Pelliot, Paul, *Notes sur Marco Polo,* 3 vols (1973)
Pelliot, Paul, *Recherches sur les chrétiens d'Asie centrale et d'Extrême-Orient* (1973)
Percheron, M., *Dieux et* démons, lamas et sorciers de Mongolie (1953)
Perdue, Peter C., *China Marches West: the Qing Conquest of Central Eurasia* (2005)
Peregrine, Peter N. & Melvin Ember, eds, *Encyclopedia of Prehistory, 3: East Asia and Oceania* (2001)
Perrie, Maureen, ed., *The Cambridge History of Russia, 1: From Early Rus' to 1689* (2006)
Pertusi, Agostino, ed., *Venezia e il Levante fino al secolo XV,* 2 vols (1973)
Peters, Edward, ed., *Christian Society and the Crusades, 1198–1229* (1971)
Pfeiffer, Judith & Sholeh A. Quinn, eds, *History and Historiography of PostMongol Central Asia and the Middle East* (2006)
Philby, Harry St John Bridger, *Harun al Rashid* (1933)
Phillips, E. D., *The Mongols* (1969)
Phillips, J. R. S., *The Medieval Expansion of Europe* (1998)
Pinker, Steven, *The Better Angels of Our Nature: Why Violence Has Declined* (2011)
Pipes, Richard, ed., *Karamzin's Memoir on Ancient and Modern Russia* (1966)
Pittard, Dana J. H., 'Thirteenth Century Mongol Warfare: Classical Military Strategy or Operational Art?' (monograph, School of Advanced Military Studies, Fort Leavenworth, Kansas, 1994)
Pletcher, Kenneth, *The Geography of China: Sacred and Historic Places* (2010)
Pletcher, Kenneth, ed., *The History of China* (2011)
Poppe, N., ed., *American Studies in Altaic Linguistics* (1962)
Porter, Patrick, *Military Orientalism: Eastern War through Western Eyes* (2009)
Poucha, P., *Die Geheime Geschichte der Mongolen als Geschichtsquelle und Literaturdenkmal* (1956)
Pregadio, Fabrizio, *Awakening to Reality: A Taoist Classic of Internal Alchemy* (2009)
Pregadio, Fabrizio, *Chinese Alchemy: An Annotated Bibliography of Works in Western Languages* (2011)
Pregadio, Fabrizio, ed., *The Encyclopedia of Taoism,* 2 vols (2008)
Provence, Université de, *Histoire et société: Mélanges offerts à Georges Duby, textes réunis par les médiévistes de l'Université de Provence* (1992)
Purton, Peter Fraser, *A History of the Late Medieval Siege 1200–1500* (2010)
Qureshi, I. H.., *The Administration of the Sultanate of Delhi* (1958)
Raaflaub, K. et al, eds, *Origins of Democracy in Ancient Greece* (2007)
Rachewiltz, Igor de, *Papal Envoys to the Great Khan* (1971)
Rachewiltz, Igor de et al, eds, *In The Service of the Khan: Eminent Personalities of the Early Mongol-Yuan Period (1200–1300)* (1993)
Rady, Martyn C., *Nobility, Land and Service in Medieval Hungary* (2000)
Ramsey, S. Robert, *The Languages of China* (1987)
Raphael, Kate, *Muslim Fortresses in the Levant: Between Crusaders and Mongols* (2011)
Rashid, Ahmed, *Jihad: The Rise of Militant Islam in Central Asia* (2002)
Ratchnevsky, Paul, *Genghis Khan: His Life and Legacy* (1991)
Rayfield, Donald, *Edge of Empires: A History of Georgia* (2012)
Reber, Ortrud, *Elizabeth von Thüringen: Landgräfin und Heilige* (2006)

Reichert, Folker E., *Begegnungen mit China: Die Entdeckung Ostasiens im Mittelalter* (1992)
Reid, Daniel P., *The Tao of Health, Sex and Longevity: A Modern Practical Guide to the Ancient Way* (1989)
Reyna, S. P. & R. E. Downs, eds, *Studying War: Anthropological Perspectives* (1994)
Riasanovsky, Nicholas, *A History of Russia* (1993)
Riasanovsky, Nicholas & Mark D. Steinberg, *A History of Russia* (new ed.,1999)
Riasanovsky, V. A., *Fundamental Principles of Mongol Law* (1937)
Rice, G. W., ed., *Muslims and Mongols: Essays on Medieval Asia* (1977)
Richard, Jean, *La papauté et les missions d'Orient au moyen age* (1977)
Richard, Jean, *Saint Louis: Roi d'une France féodale, soutien de la Terre Sainte*(1983)
Robertson, A., *Handbook of Animal Diseases in the Tropics* (1976)
Robinson, David M., *Empire's Twilight: North-East Asia under the Mongols* (2009)
Robinson, H. Russell, *Oriental Armour* (1967)
Rockhill, William Woodville, *The Land of the Lamas* (1891)
Roemer, Hans Robert, et al, eds, *History of the Turkic Peoples in the Pre-Islamic Period* (2000)
Rogers, Clifford J., ed., *The Oxford Encyclopedia of Medieval Warfare and Military Technology* (2010)
Rojas, Carlos, *The Great Wall: A Cultural History* (2010)
Roman, Eric, *Austria–Hungary and the Successor States: A Reference Guide from the Renaissance to the Present* (2003)
Ronan, Colin A., *The Shorter Science and Civilization in China,* 5 vols (1995)
Ropp, Paul S., *China in World History* (2010)
Rossabi, Morris, *The Mongols: A Very Short Introduction* (2012)
Rossabi, Morris, *The Mongols and Global History: A Norton Documentary Reader* (2011)
Rossabi, Morris, *Voyager from Xanadu: Rabbas Sauma and the First Journey from China to the West* (2010)
Rossabi, Moris, ed., *China among Equals: The Middle Kingdom and its Neighbors 10th–14th Centuries* (1983)
Roux, Jean-Paul, *L'Asie Centrale* (1997)
Roux, Jean-Paul, *La mort chez les peuples altaïques anciens médiévaux d'après les documents écrits* (1963)
Rummel, R. J., *Death by Government* (1994)
Rummel, R. J., *Statistics of Democide* (1997)
Ruotsala, Antti, *Europeans and Mongols in the Middle of the Thirteenth Century: Encountering the Other* (2001)
Rybatzki, V. et al, eds, *The Early Mongols: Language, Culture and History* (2009)
Sabloff, P. L. W., ed., *Modern Mongolia: Reclaiming Genghis Khan* (2005)
Saeki, P. Y., *Nestorian Documents and Relics in China* (1951)
Sagaster, Klaus, ed., *Religious and Lay Symbolism in the Altaic World* (1989)
Salisbury, Harrison E., *The Coming War Between Russia and China* (1969)
Salzman, Philip Carl, *Pastoralists: Equality, Hierarchy and the State* (2004)
Sandquist, T. A. & M.R. Powicke, eds, *Essays in Medieval History presented to Bertie Wilkinson* (1969)
Saunders, J. J., *The History of the Mongol Conquests* (1971)
Sawyer, Ralph D., *Ancient Chinese Warfare* (2011)
Schafer, Edward H., *The Golden Peaches of Samarkand* (1985)
Schäfer, Peter & Mark R. Cohen, *Toward the Millennium: Messianic Expectations from the Bible to Waco* (1998)
Schmidt, S., K. Tarnovsky & I. Berkhin, *A Short History of the USSR* (1984)
Schmilewski, Ulrich, *Wahlstatt 1241: Beiträge zur Mongolenschlacht bei Liegnitz und zu ihren Nachwirkungen* (1991)
Schneider, J., *La ville de Metz au XIIIe et XIVe siècles* (1950)

Schottenhammer, Angela, *The East Asian 'Mediterranean': Maritime Crossroads of Culture, Commerce and Human Migration* (2008)
Schram, S. R, ed., *Foundations and Limits of State Power in China* (1987)
Schubert, J. & U. Schneider, eds, *Asiatica, Festschrift für Friedrich Weller* (1954)
Schurmann, H. F., *Economic Structure of the Yuan Dynasty* (1956)
Schuyler, Eugene, *Turkistan: Notes of a Journey in Russian Turkistan, Kokand, Bukhara and Kuldja* (1966)
Schwartz, Stuart B., ed., *Implicit Understandings; Observing, Reporting and Reflecting on the Encounters between Europeans and Other Peoples in the Early Modern Era* (1994)
Schwarz, Henry G., ed., *Studies on Mongolia* (1979)
Seaman, Gary, ed., *Ecology and Empire: Nomads in the Cultural Evolution of the Old World* (1989)
Seaman, Gary, ed., *Foundations of Empire: Archaeology and Art of the Eurasian Steppe* (1992)
Seaman, Gary & Daniel Marks, *Rulers from the Steppe: State Formation on the European Periphery* (1991)
Sedlar, Jean W., *East Central Europe in the Middle Ages, 1000–1500* (1994)
Semenow, G. L., *Studien zur sogdischen Kultur an der Seidenstrasse* (1996)
Seth, Michael J., *A Concise History of Korea: From the Neolithic Period through the Nineteenth Century* (2006)
Seth, Vikram, *From Heaven Lake: Travels through Sinkiang and Tibet* (1983)
Settle, Raymond W. & Mary Lund, Saddles and Spurs: The Pony Express Saga (1972)
Setton, Kenneth M., gen. ed., *A History of the Crusades,* 6 vols (1969–89)
Severin, Tim, *In Search of Genghis Khan* (1991)
Sha'bani, Reza, *The Book of Iran* (2005)
Sharma, R. C., et al, *Mongolia: Culture, Economy and Politics (Indian–Mongolian Assessment)* (1992)
Shifu, Wang, trans. Stephen H. West & Wilt L. Idema, *The Story of the Western Wing* (1991)
Shoolbraid, G. M. H., *The Oral Epic of Siberia and Central Asia* (1975)
Shultz, Edward J., *Generals and Scholars: Military Rule in Medieval Korea* (2000)
Sicker, Martin, *The Islamic World in Ascendancy: From the Arab Conquest to the Siege of Vienna* (2000)
Silverberg, Robert, *The Realm of Prester John* (1996)
Silvers, Brock, *The Taoist Manual: An Illustrated Guide Applying Taoism to Daily Life* (2005)
Silverstein, Adam J., *Postal Systems in the Pre-Modern Islamic World* (2007)
Singh, Nagendra K., ed., *Encyclopaedic Historiography of the Islamic World,* 3 vols (2004)
Sinor, Denis, *History of Hungary* (1959)
Sinor, Denis, *Inner Asia and its Contacts with Medieval Europe* (1977)
Sinor, Denis, *Orientalism and History* (1954)
Sinor, Denis, *Studies in Medieval Inner Asia* (1997)
Sinor, Denis, ed., *Aspects of Altaic Civilization* (1962–1990)
Sinor, Denis, ed., *The Cambridge History of Early Inner Asia* (1990)
Skinner, George W., *The City in Late Imperial China* (1977)
Skrine, Francis Henry Bennett & Edward Denison Ross, *The Heart of Asia: A History of Russian Turkestan and the Central Asian Khanates from the Earliest Times* (1899)
Smith, P. J. & R. von Glahn, eds, *The Song–Yuan–Ming Transition* (2003)
Sneath, David, *The Headless State: Aristocratic Orders, Kinship Society and Misrepresentations of Nomadic Inner Asia* (2007)
Sneath, David, ed., *Imperial Statecraft: Political Forms and Techniques of Governance in Inner Asia, 6th–20th Centuries* (2006)
Solonin, K. J., *Tangut Chan Buddhism and Guifeng Zong-mi* (2005)
Soloviev, Sergei M., ed. & trans. Helen Y. Prochazka, *The Shift Northward: Kievan Rus 1154–1228* (2000)

Soucek, Svat, *A History of Inner Asia* (2000)
Spencer, Edmund, *Travels in the Western Caucasus* (1836)
Spengen, Wim van, *Tibetan Border Worlds: A Geohistorical Analysis of Trade and Traders* (2010)
Spinei, Victor, *The Romanians and the Turkic Nomads North of the Danube Delta from the Tenth to the Mid-Thirteenth Century* (2009)
Spuler, Bertold, *Die Goldene Horde* (1965)
Spuler, Bertold, *The History of the Mongols* (1972)
Spuler, Bertold, *Die Mongolen in Iran* (1985)
Spuler, Bertold, *The Muslim World*, 2: The Mongol Period (1960)
Standen, N. & D. Powers, eds., *Frontiers in Question: Eurasian Borderlands 700–1700* (1999)
Stein, M. Aurel, *Ancient Khotan: Detailed Reports of Archaeological Explorations in Chinese Turkestan* (1907)
Stein, M. Aurel, *Ruins of Desert Cathay*, 2 vols (1987)
Stein, R. A., *Tibetan Civilization* (1972)
Stephan, John J., *Sakhalin: A History* (1971)
Stephenson, Paul, *Byzantium's Balkan Frontier: A Political Study of the Northern Balkans, 900–1204* (2000)
Stewart, John, *Nestorian Missionary Enterprise: The Story of a Church on Fire* (1928)
Stewart, Stanley, *In the Empire of Genghis Khan: A Journey among Nomads* (2001)
Strakosch-Grassmann, Gustav, *Der Einfall der Mongolen in Mitteleuropa in den Jahren 1241 und 1242* (1893)
Street, J. C., *The Language of the Secret History of the Mongols* (1957)
Stürner, Wolfgang, *Friedrich II*, 2 vols (2000)
Sumption, Jonathan, *The Albigensian Crusade* (1978)
Sunquist, Mel & Fiona, *Wild Cats of the World* (2002)
Suny, Ronald Grigor, *The Making of the Georgian Nation* (1994)
S'wie,tosławski, Witold, *Arms and Armour of the Nomads of the Great Steppe in the Times of the Mongol Expansion, 12th–14th Centuries* (1999)
Sykes, Percy, *A History of Persia* (1921)
Tanner, Harold Miles, *China: A History, 1: From Neolithic Cultures through the Great Qing Empire, 10,000 BCE–1799 CE* (2010)
Tao, Jing-Shen, *The Jurchen in Twelfth-Century China: A Study of Sinicization* (1976)
Tao, Jing-Shen, *Two Sons of Heaven* (1988)
Telfer, J. Buchan, *The Bondage and Travels of Johann Schiltberger* (1879)
Temple, Robert, *The Genius of China: 3,000 Years of Science, Discovery and Invention* (2007)
Tetley, G. E., *The Ghaznavid and Seljuk Turks: Poetry as a Source for Iranian History* (2008)
Thayer, Helen, *Walking the Gobi* (2007)
Thiébaud, Jean-Marie, *Personnages marquants d'Asie Centrale, du Turkestan et de l'Ouzbékistan* (2004)
Thomas, Nicholas & Caroline Humphrey, eds, *Shamanism, History and the State* (1999)
Tillman, Hoyt C. & Stephen H. West, *China under Jurchen Rule: Essays on Chin Intellectual and Cultural History* (1995)
Togan, Isenbike, *Flexibility and Limitation in Steppe Formations: The Kerait Khanate and Chinggis Khan* (1998)
Tolstoy, Leo, trans. Rosemary Edmonds, *War and Peace* (1957)
Torday, Laszlo, *Mounted Archers: The Beginning of Central Asian History* (1997)
Toynbee, Arnold J., *Between Oxus and Jumma* (1961)
Toynbee, Arnold J., *A Study of History*, 12 vols (1934–61)
Tregear, T. R., *A Geography of China* (1965)
Tumler, P. M., *Der deutsche Orden im Werden, Wachsen und Wirken bis 1400* (1955)

Turnbull, Stephen, *Chinese Walled Cities 221 BC–1644 AD* (2009)
Turnbull, Stephen, *Genghis Khan and the Mongol Conquests, 1190–1400* (2003)
Turnbull, Stephen, *The Great Wall of China* (2007)
Turnbull, Stephen, illustr. Angus McBride, *The Mongols* (1980)
Turnbull, Stephen, *Siege Weapons of the Far East ad 960–1644* (2002)
Turner, Samuel, *Siberia: A Record of Travel, Climbing and Exploration* (2008)
Twitchett, Denis C., ed., *The Cambridge History of China, 3: Sui and T'ang China 589–906* (1979)
Twitchett, Denis C., *Printing and Publishing in Medieval China* (1983)
Tyerman, Christopher, *God's War: A New History of the Crusades* (2006)
Unlu, Resat Baris, *The Genealogy of a World Empire: The Ottomans in World History* (2008)
Upton, Roger, *Falconry: Principles and Practice* (1991)
Urban, William, *The Teutonic Knights: A Military History* (2003)
Urba´nczyk, Przemysław, ed., *Europe around the Year 1000* (1973)
Vámbéry, Arminius, *The History of Bokhara* (1873)
Vámbéry, Arminius, *The Story of Hungary* (1887)
Van de Ven, Hans, *Warfare in Chinese History* (2000)
Van Oost, P., *Au pays des Ortos* (1932)
Van Seters, John, T*he Pentateuch: A Social-Science Commentary* (2004)
Vásáry, István, *Cumans and Tatars: Oriental Military in the Pre-Ottoman Balkans, 1183–1365* (2005)
Vernadsky, G., *Ancient Russia* (1943)
Vernadksy, G., *Kievan Russia* (1948)
Vernadsky, G., *The Mongols and Russia* (1953)
Vernadsky, G., ed., *A Source Book for Russian History from Early Times to 1917*, 3 vols (1972)
Verschuer, Charlotte von, *Across the Perilous Sea: Japanese Trade with China and Korea from the Seventh to the Sixteenth Centuries* (2006)
Vitebsky, Piers, *The Reindeer People: Living with Animals and Spirits in Siberia* (2005)
Vitebsky, Piers, *The Shaman* (2001)
Vladimirtsov, Boris, *The Life Of Genghis Khan* (1948)
Vladimirtsov, Boris, *Le régime social des Mongols: le féodalisme nomade* (1948)
Wagner, Donald B., *Iron and Steel in Ancient China* (1993)
Wagner, Palmer J., *American Appaloosa Anthology* (2000)
Waldron, Arthur, *The Great Wall of China: From History to Myth* (1990)
Walker, Harlan, ed., *Food on the Move* (1997)
Wallace, Robert, *The Rise of Russia* (1967)
Wang, Helen & John Perkins, eds, *Handbook to the Collections of Sir Aurel Stein in the British Museum* (2008)
Ward, Steven R., *Immortal: A Military History of Iran and its Armed Forces* (2009)
Watson, Rubie S. & Patricia Buckley Ebrey, eds, *Marriage and Inequality in Chinese Society* (1991)
Weatherford, Jack, *Genghis Khan and the Making of the Modern World* (2004)
Weatherford, Jack, *The Secret History of the Mongol Queens: How the Daughters of Genghis Khan Rescued his Empire* (2010)
Wedgwood, C. V., *The Thirty Years War* (1938)
Weiers, Michael, *Geschichte der Mongolen* (2004)
Weiler, Björn K. V., *Henry III of England and the Staufen Empire: 1216–1270* (2006)
Weiss, Roberto, *The Renaissance Discovery of Classical Antiquity* (1973)
Welch, Holmes, *Taoism: The Parting of the Way* (1966)
Wells, Spencer, *The Journey of Man: A Genetic Odyssey* (2002)
Welsford, Thomas, *Four Types of Loyalty in Early Modern Asia* (2012)
West, Barbara A., *Encyclopedia of the Peoples of Asia and Oceania* (2009)
Westrem, Scott D., ed., *Discovering New Worlds: Essays on Medieval Exploration and*

Imagination (1991)
White, Lynn, *Medieval Technology and Social Change* (1962)
White, Matthew, *Atrocities: The One Hundred Deadliest Episodes in Human History* (2013)
Whiting, Marvin C., *Imperial Chinese Military History 8000 BC–1912 AD* (2002)
Wiet, Gaston, trans. Seymour Feiler, *Baghdad: Metropolis of the Abbasid Caliphate* (1971)
Wilkinson, Charles K., *Nishapur: Pottery of the Early Islamic Period* (1973)
Wilkinson, Endymion, *Chinese History: A Manual* (2000)
Williams T., ed., *Merv, the Medieval City of Sultan Kala: Development and Infrastructure from the Seventh to the Thirteenth Centuries* (2010)
Willey, P., *Eagle's Nest: Ismaili Castles in Iran and Syria* (2005)
Wilson, Don & Dee Ann Reeder, eds, *Mammal Species of the Wild: A Taxonomic and Geographic Reference*, 2 vols (2005)
Winchester, Simon, *The Man Who Loved China* (2008)
Wink, André, *Al-Hind: The Making of the Indo-Islamic World, 2: The Slave Kings and the Islamic Conquest, 11th–13th Centuries* (1997)
Wittfogel, Karl, *Oriental Despotism: A Comparative Study of Total Power* (1981)
Wittfogel, Karl & Feng Chia-Sheng, *History of Chinese Society: Liao, 907–1125* (1949)
Wolf, Gunther, ed., *Stupor Mundi: Zur Geschichte Friedrichs II von Hohenstaufen* (1982)
Wolff, O., *Geschichte der Mongolen oder Tataren* (1872)
Woods, John E. et al, eds, *History and Historiography of Post-Mongol Central Asia and the Middle East* (2006)
Wright, Arthur F. & Denis Twitchett, *Confucian Personalities* (1962)
Wyatt, Don J., ed., *Battlefields Real and Imagined: War, Border, and Identity in the Chinese Middle Period* (2008)
Xu, Elina-Qian, *Historical Development of the Pre-Dynastic Khitan* (2005)
Yang, Lien-Sheng, *Studies in Chinese Institutional History* (1961)
Yarshater, E., ed., *The Cambridge History of Iran, 3: The Seleucid, Parthian and Sassanian Periods*, 2 vols (1983)
Yarshater, E., ed., *Encyclopedia Iranica*, 15 vols (2009)
Yate, C. E., *Khurasan and Sistan* (1900)
Younghusband, Francis, *The Heart of a Continent* (1904)
Zhao, George Qingzhi, *Marriage as Political Strategy and Cultural Expression: Mongolian Royal Marriages from World Empire to Yuan Dynasty* (2008)
Zippert, Christian & Gerhard Jost, *Hingabe und Heiterkeit: Vom Leben und Wirken der heilige Elisabeth* (2007)
Żygas, Egle Victoria & Peter Voorhies, eds, *Folklorica: Festschrift for Felix J. Oinas* (1982)

出版后记

13世纪初期，蒙古人在世界舞台上横空崛起，创建了有史以来连续疆域最为辽阔的帝国，塑造了一个横跨欧洲、中东、东亚、中亚甚至南亚的庞大整体。蒙古帝国对周边国家或武力征伐、或遣使通商，他们主导的贸易与战争影响了现代世界的版图。蒙古治下的和平更是奠定了欧亚大陆的新秩序，有鉴于此，蒙古帝国的诞生可被视为世界历史上的重要节点，而只有了解蒙古的脉络，一个完整的欧亚与完整的世界才能清晰可见。

在蒙古人之前，各文明对世界的认识都受限于其疆域的限制，文明之间仅有商路相通，对于边界以外的世界，人们称其为"化外之地"，对其的认知总是暧昧不清。而受益于蒙古人抉其藩篱，各区域的商贸、文化和政治往来空前频繁，旅行者、商人和传教士们在蒙古人的庇佑下安全便捷地穿梭于欧亚大陆的各个角落，为时人带去天涯海角的信息。虽然蒙古治下的和平甚为短暂，文明交汇的盛世倏忽而来又稍纵即逝，但文明交汇的璀璨光芒必将与其缔造者一起深入人心。

作为这个庞然大物的奠基者，成吉思汗的名字大概无人会觉得陌生，他的形象出现在无数的诗歌、文学作品及历史记载之中。他是"只识弯弓射大雕"的大汗，是又一个"上帝之鞭"，是血腥和野蛮的代名词；他是贤明的可汗，是诸多宗教的保护者，是欧亚大陆崭新秩序的开创者。是他，一手缔造了世界上连续陆地版图最大的帝国。若想要从浩瀚的文字资料中构建出成吉思汗的真正面貌，那有志者恐怕得熟练地掌握回鹘式蒙古文、波斯文、阿拉伯文、乌尔都文、古吉拉特文等诸多文字，毕竟他的兵锋曾抵达偌大的区域，他的威名也留存于此。

就算只论及东西方的传世文献，成吉思汗的人生也占据了《蒙古秘史》《元史》《史集》《世界征服者史》《纳昔儿史话》等浩如烟海的史料里浓墨重彩的篇章。在东方，有关成吉思汗的生平既见于明代官修史书《元史》中，记载于文人笔记《蒙鞑备录》《南村辍耕录》中，留存于蒙古宫廷记录《蒙古秘史》《圣武亲征录》里，还出现在《蒙古源流》《蒙古黄金史》以及《新元史》等后世的追述与史学编纂里；在西方，涉及成吉思汗的史料亦是汗牛充栋，其中以《史集》《世界征服者史》《纳昔儿史话》最为突出，虽三位作者立场不同、观点各异，但三者著述时距离成吉思汗的世界征服俱其时未远，他们笔下的成吉思汗形象甚为鲜活。

想要从上述资料中考订删减无疑是一项巨大的工程，而本书的作者便承担起了这一重任。作者立足于《蒙古秘史》《史集》《世界征服者史》《纳昔儿史话》，融汇欧美的成吉思汗相关研究成果，讲述了一介普通的游牧民铁木真是如何通过对蔑儿乞惕部、塔塔儿部、乃蛮部、克烈部及林中百姓的诸多战争，在金戈铁马中成长为一统草原的成吉思汗，继而践夏戡金、荡平西域的。其间，作者掺杂了对蒙古逐渐完善的战争艺术和军事制度的记述，补充了蒙古在文化风俗和宗教信仰等领域的发展脉络，并以成吉思汗所建造的帝国在其身后的诸多后续作结。在丰沛的史事之中，成吉思汗的形象从零散模糊的碎片化记载里被逐一抽取并连缀成篇，以展现给读者这位世界征服者与草原帝国统治者的全貌。

作者通过讲述成吉思汗与其安达札木合之间的瑜亮之争、他对手下信任与猜忌并重的态度、他对妻子们利益为先的认知、他在儿子们面前兼具父亲与君主的双重身份，展现了成吉思汗的多元性格和枭雄本色。作者既看到了成吉思汗早年的艰难顿挫对其性格的影响，亦道出了他身为草原各部落之主的杀伐决断。作者试图以此书阐明，成吉思汗如何被这个时代塑造，又如何影响这个时代；他如何被当世解读，又如何被后世想象。

正如作者在开篇之中言及,"写就一部成吉思汗的权威传记无疑是天方夜谭",译者和编者对此也力有未逮。本书的诸多不足之处,尚赖读者诸君详加指正。

服务热线:133-6631-2326　188-1142-1266

服务信箱:reader@hinabook.com

后浪出版公司

2021 年 2 月

© 民主与建设出版社，2023

图书在版编目（CIP）数据

成吉思汗：征战、帝国及其遗产 /(英) 弗兰克·麦克林著；周杨译. -- 北京：民主与建设出版社，2021.7（2023.11重印）

书名原文：Genghis Khan：His Conquests，His Empire，His Legacy

ISBN 978-7-5139-3553-1

Ⅰ.①成… Ⅱ.①弗… ②周… Ⅲ.①成吉思汗（1162-1227）—传记 Ⅳ.①K827=47

中国版本图书馆CIP数据核字(2021)第089575号

Genghis Khan by Frank McLynn
Copyright © Frank McLynn 2015
Frank McLynn has asserted his right to be identified as the author of this Work in accordance with the Copyright, Designs and Patents Act 1988.
First published as Genghis Khan by Bodley Head, an imprint of Vintage.
Vintage is part of the Penguin Random House group of companies.
This edition published by arrangement with Random House UK through Big Apple Agency, Inc., Labuan, Malaysia.
Simplified Chinese translation copyright © 2021 Ginkgo (Beijing) Book Co., Ltd.
All rights reserved.
本书中文简体版权归属于银杏树下（北京）图书有限责任公司。

版权登记号：01-2023-3770
地图审图号：GS（2021）2920号

成吉思汗：征战、帝国及其遗产
CHENGJISIHAN: ZHENGZHAN、DIGUO JIQI YICHAN

著　　者	[英]弗兰克·麦克林	译　　者	周杨
出版统筹	吴兴元	责任编辑	王　颂
特约编辑	何　恬　牛昱尧	营销推广	ONEBOOK
封面设计	陈威伸	装帧制造	墨白空间

出版发行　民主与建设出版社有限责任公司
电　　话　（010）59417747　59419778
社　　址　北京市海淀区西三环中路10号望海楼E座7层
邮　　编　100142
印　　刷　北京盛通印刷股份有限公司
版　　次　2021年7月第1版
印　　次　2023年11月第7次印刷
开　　本　655毫米×1000毫米　1/16
印　　张　39
字　　数　579千字
书　　号　ISBN 978-7-5139-3553-1
定　　价　138.00元

注：如有印、装质量问题，请与出版社联系。

后浪微信 | hinabook

后浪出版咨询(北京)有限责任公司
POST WAVE PUBLISHING CONSULTING (BEIJING) CO.,LTD

筹划出版	银杏树下
出版统筹	吴兴元　编辑统筹	张　鹏　林立扬
责任编辑	王　颂　特约编辑	何　恬　牛昱尧
装帧制造	墨白空间·陈威伸	mobai@hinabook.com
后浪微博	@后浪图书
读者服务	reader@hinabook.com 188-1142-1266
投稿服务	onebook@hinabook.com 133-6631-2326
直销服务	buy@hinabook.com 133-6657-3072